U0751074

The Changes of the Legal System
in the Forty Years of
Reform and Opening-up

国家出版基金项目
NATIONAL PUBLICATION FOUNDATION

GZC 高校主题出版
GAOXIAO ZHUTI CHUBAN

改革开放 *40* 年
法律制度变迁

总 主 编　　张文显
执行主编　　柳经纬

行政法卷

Administrative Law

薛刚凌 等◎著

厦门大学出版社
XIAMEN UNIVERSITY PRESS

国家一级出版社
全国百佳图书出版单位

图书在版编目(CIP)数据

改革开放 40 年法律制度变迁. 行政法卷 / 薛刚凌等著.—厦门：厦门大学出版社，2019.12
　　ISBN 978-7-5615-7632-8

I. ①改… II. ①薛… III. ①行政法－法制史－研究－中国－现代 IV. ①D929.7

中国版本图书馆 CIP 数据核字(2019)第 260753 号

出 版 人	郑文礼
策　　划	施高翔
责任编辑	李　宁
装帧设计	李夏凌
技术编辑	许克华

出版发行 厦门大学出版社

社　　址	厦门市软件园二期望海路 39 号
邮政编码	361008
总　　机	0592-2181111　0592-2181406(传真)
营销中心	0592-2184458　0592-2181365
网　　址	http://www.xmupress.com
邮　　箱	xmup@xmupress.com
印　　刷	厦门集大印刷厂

开本	787 mm×1 092 mm　1/16
印张	34.5
字数	698 千字
版次	2019 年 12 月第 1 版
印次	2019 年 12 月第 1 次印刷
定价	155.00 元

本书如有印装质量问题请直接寄承印厂调换

厦门大学出版社
微信二维码

厦门大学出版社
微博二维码

The Changes of the Legal System
in the Forty Years of
Reform and Opening-up

《改革开放40年法律制度变迁》丛书编委会

编委会主任

张文显（中国法学会副会长、学术委员会主任）

张　彦（厦门大学党委书记）

编委会成员 （按姓氏拼音排序）

卞建林（中国政法大学教授，诉讼法学研究院院长）

韩大元（中国人民大学教授）

黄　进（中国政法大学教授、校长）

孔庆江（中国政法大学教授、国际法学院院长）

李建发（厦门大学教授、副校长）

林　嘉（中国人民大学教授、法学院党委书记）

林秀芹（厦门大学教授、知识产权研究院院长）

柳经纬（中国政法大学教授）

卢代富（西南政法大学教授、经济法学院院长）

齐树洁（厦门大学教授）

曲新久（中国政法大学教授、刑事司法学院院长）

宋方青（厦门大学教授、法学院院长）

宋文艳（厦门大学出版社总编辑）

王树义（武汉大学教授）

薛刚凌（华南师范大学教授）

张卫平（清华大学教授）

赵旭东（中国政法大学教授、民商经济法学院副院长）

郑文礼（厦门大学出版社社长）

秘　书

甘世恒（厦门大学出版社法律编辑室主任）

总　序

改革开放 40 年 中国法治的历程、轨迹和经验

今年是中国改革开放 40 年,也是中国厉行法治 40 年。厦门大学出版社立意高远地策划了"改革开放 40 年法律制度变迁"这一重大选题,旨在通过聚合我国当今知名法学家,全面回顾总结改革开放 40 年来我国法律制度变迁和依法治国事业取得的伟大成就,系统梳理改革开放 40 年来中国特色社会主义法律体系在中国特色社会主义事业波澜壮阔的发展进程中的变迁逻辑、生成规律和实现路径,启迪、展望和探索新时代我国法律制度的建构与发展,以唱响我国法学界献礼改革开放 40 周年主旋律和最强音,为庆祝改革开放 40 周年营造良好社会舆论环境,为我国学术界和实务界在新时代更好推动中国特色社会主义法律体系发展完善,推进全面依法治国、建设法治中国新征程,开创法治发展新时代贡献力量。

值此本套丛书出版之际,我以"改革开放 40 年中国法治的历程、轨迹和经验"为主题作序,与各位作者和编辑一道,豪情满怀地纪念改革开放 40 年,抒发中国特色社会主义法治的理论自信、制度自信和实践自信。

一、中国法治 40 年的历程

1978 年,中国共产党召开了十一届三中全会,结束了长达十年的"文化大革命"。这次全会做出了"加强社会主义法制"的决定并提出了"有法可依、有法必依、

执法必严、违法必究"的法制工作方针。以十一届三中全会为起点,中国特色社会主义法治经历了三大历史阶段,实现了三次历史性飞跃。

(一)法制创建新时期(1978—1997)

这一时期,我国的法制建设以恢复重建、全面修宪和大规模立法为引领,主要有以下重要历史节点和重大事件:

1."一日七法"。中共十一届三中全会召开时,虽然"文化大革命"从形式上已经结束,但中国仍处于"无法可依"的状态,国家法律几乎是空白。因此,当务之急是制定一批法律,迅速恢复法律秩序和以法律秩序为支撑的社会秩序。在党中央的领导下,1979 年 7 月 1 日,五届全国人大二次会议一天之内通过了 7 部法律,即《刑法》《刑事诉讼法》《地方各级人民代表大会和地方各级人民政府组织法》《全国人民代表大会和地方各级人民代表大会选举法》《人民法院组织法》《人民检察院组织法》《中外合资经营企业法》,被法学界称为中国法治史上著名的"一日七法"。以"一日七法"为先导,我国陆续制定了《民法通则》《行政诉讼法》等一大批重要法律,形成了中国特色社会主义法律体系框架。

2."九九指示"。有了刑法、刑事诉讼法等法律,能否确保法律实施,在当时的情况下却是一个大大的问号。为此,中共中央于 1979 年 9 月 9 日发出了《关于坚决保证刑法、刑事诉讼法切实实施的指示》。该《指示》要求各级党委要保证法律的切实实施,充分发挥司法机关的作用,切实保证人民检察院独立行使检察权,人民法院独立行使审判权,使之不受其他行政机关、团体和个人的干涉。这是改革开放初期,我们党着手清除法律虚无主义,纠正以党代政、以言代法、有法不依等错误习惯的重要文献,意志坚定、观点鲜明、有的放矢、意义重大。

3.世纪审判。在社会主义法制恢复重建初期,发生了中国现代历史上最重大的法律事件,即对林彪、江青反革命集团的大审判。1980 年 11 月 22 日,《人民日报》发表特约评论员文章,指出:"对林彪、江青反革命集团的审判,是我国民主和法制发展道路上的一个引人注目的里程碑,它充分体现了以法治国的精神,坚决维护了法律的权威,认真贯彻了社会主义民主和法制的各项原则。"

4.全面修宪。新中国成立之初,党中央和中央人民政府就启动了制定宪法的程序。1954 年 9 月 20 日,第一届全国人民代表大会通过《中华人民共和国宪法》。这部《宪法》以"根本法""总章程"的定位,以人民民主原则和社会主义原则为支点,构建了中国历史新纪元的宪法框架,构筑了中国社会主义制度的"四梁八柱"。在"文化大革命"中制定的 1975 年《宪法》和 1978 年《宪法》是带有严重错误和缺点的宪法。1980 年,中共中央决定全面修改"七八宪法"。经过 29 个月的艰苦努力,1982 年 12 月 4 日,五届全国人大五次会议通过了全面修订后的《中华人民共和国宪法》。30 多年来的发展历程充分证明,现行宪法及其修正案有力地坚持了中国共产党领导,有力地保障了人民当家做主,有力地促进了改革开放和社会主义现代化建设,有力地推动了社会主义法治国家建设进程,有力地维护了国家统一、民族团结、社会稳定,具有显著优势、坚实基础、强大生命力。

5.全民普法。在法制恢复重建之初,党和政府启动了全民法制宣传教育活动。1985年11月22日,六届全国人大常委会第四次会议通过《全国人民代表大会常务委员会关于在公民中基本普及法律常识的决议》。至今,我国已经先后制定和实施了七个"五年普法规划"。中国的全民普法运动既是中国历史上、也是人类历史上规模空前和影响深远的法治启蒙运动,是一场先进的思想观念和文明的生活方式的宣传教育运动。

(二)依法治国新阶段(1997—2012)

在中国法治的历史上,1997年是一个难忘的国家记忆。1997年召开的中共十五大划时代地提出"依法治国,建设社会主义法治国家",开启了依法治国新阶段。在这个阶段,主要有以下历史节点和重大事件。

1.确立依法治国基本方略。1997年9月,中共十五大召开。江泽民同志在十五大报告中明确提出,要"进一步扩大社会主义民主,健全社会主义法制,依法治国,建设社会主义法治国家"。这是中共首次将依法治国作为治国理政的基本方略。1999年3月15日,九届全国人大二次会议通过《中华人民共和国宪法》修正案,将"依法治国,建设社会主义法治国家"纳入宪法,使依法治国成为党领导人民治理国家的基本方略,建设社会主义法治国家成为国家建设和发展的重要目标之一。这标志着我国迈向了法治建设新阶段。

2.确立依法执政基本方式。2002年10月,中共十六大召开。江泽民同志在十六大报告正式提出"依法执政"概念。2004年9月19日,党的十六届四中全会通过了《中共中央关于加强党的执政能力建设的决定》,把加强依法执政的能力作为加强党的执政能力建设的总体目标之一,并就依法执政的内涵作出科学规定。依法执政基本方式的确立,表明我们党开启了依法治国基本方略与依法执政基本方式有机结合的治国理政的新境界。

3.形成中国特色社会主义法律体系。2011年3月10日,在十一届全国人大四次会议上,全国人大常委会工作报告庄严宣布:一个立足中国国情和实际、适应改革开放和社会主义现代化建设需要、集中体现党和人民意志的,以宪法为统帅,以宪法相关法、民商法等多个法律部门的法律为主干,由法律、行政法规、地方性法规等多个层次的法律规范构成的中国特色社会主义法律体系已经形成,国家经济建设、政治建设、文化建设、社会建设以及生态文明建设的各个方面均实现有法可依。中国特色社会主义法律体系的形成,是我国依法治国、建设社会主义法治国家历史进程的重要里程碑,也是世界现代法制史上最具标志性事件,其意义重大而深远,其影响广泛而深刻。

(三)全面依法治国新时代(2012 —)

以中共十八大为历史节点,中国特色社会主义进入新时代,中国法治也跨入新时代。党的十八大以来,以习近平同志为核心的党中央在全面推进依法治国、加快建设中国特色社会主义法治体系和社会主义法治国家的伟大实践中,创造性地发展了中国特色社会主义法治理论,提出了全面依法治国新理念新思想新战略为坚持和开拓中国特色社会主义法治道路奠定了思想基础,为推进法治中国建设提供了理论指引。

1. 明确定位"法治小康"。中共十八大提出全面建成小康社会。十八届三中全会、四中全会、五中全会、六中全会不断明晰和丰富全面建成小康社会的目标和各项要求。全面建成小康社会,在法治领域就是要达到依法治国基本方略全面落实,中国特色社会主义法律体系更加完善,法治政府基本建成,司法公信力明显提高,人权得到切实保障,产权得到有效保护,国家各项工作法治化。这是对我国法治建设目标的首次精准而全面的定位。

2. 提出法治新十六字方针。2012 年,由习近平同志主持起草的中共十八大报告提出:"加快建设社会主义法治国家,必须全面推进科学立法、严格执法、公正司法、全民守法进程。"法学界称之为"新十六字方针"。"新十六字方针"体现依法治国新布局,为全面依法治国基本方略的形成奠定了理论和实践基础。

3. 建设法治中国。"建设法治中国"是习近平总书记在十八大之后不久发出的伟大号召。2013 年,中共十八届三中全会通过的《中共中央关于全面深化改革若干重大问题的决定》提出要推进法治中国建设。2014 年,十八届四中全会进一步向全党和全国各族人民发出"向着建设法治中国不断前进""为建设法治中国而奋斗"的号召。"法治中国"概念是我们党在法治理论上的重大创新,也是对新时代中国法治建设的科学定位。在实践上,"建设法治中国",其要义是依法治国、依法执政、依法行政共同推进,法治国家、法治政府、法治社会一体建设。

4. 全面依法治国。十八大之后,以习近平同志为核心的党中央在完善"五位一体"总体布局之后提出了"四个全面"的战略布局,并把全面依法治国放在总体战略布局之中统筹安排。在这个布局中,全面建成小康社会是战略目标,全面深化改革、全面依法治国、全面从严治党是三大战略举措,对实现全面建成小康社会战略目标一个都不能缺,要努力做到"四个全面"相辅相成、相互促进、相得益彰。根据习近平总书记的这一战略思想,2014 年 10 月,中共十八届四中全会通过了《中共中央关于全面推进依法治国若干重大问题的决定》,标志着我国法治建设站在了新的历史起点上。

5. 建设中国特色社会主义法治体系。中共十八届四中全会是中国共产党执政历史上首次以法治为主题的中央全会,全会通过的《决定》原创性地提出全面依法治国的总目标是建设中国特色社会主义法治体系,建设社会主义法治国家。提出这个总目标,既明确了全面推进依法治国的性质和方向,又突出了全面推进依法治国的工作重点和总抓手。全面依法治国各项工作都要围绕这个总抓手来谋划、来推进。

6.开启全面依法治国新征程。中国共产党第十九次全国代表大会是中国特色社会主义进入新时代之后中国共产党召开的最为重要的会议。十九大明确了从现在到 2020 年、从 2020 年到 2035 年、从 2035 年到 21 世纪中叶一个时段、两个阶段的法治建设目标,为依法治国和法治中国建设指明了前进方向、基本任务、实践路径。十九大把坚持全面依法治国上升为新时代坚持和发展中国特色社会主义的基本方略,凸显了法治在"五位一体"总体布局和"四个全面"战略布局中的地位,提升了法治在推进国家治理现代化和建设社会主义现代化强国中的基础性、支撑性、引领性作用。

二、中国法治 40 年的轨迹

以中共十一届三中全会做出的"加强社会主义法制"历史性决策为起点,在 40 年发展历程中,中国法治留下了辉煌的历史轨迹,显现出中国特色社会主义法治发展的鲜明特征和规律。

(一)从"法制"到"法治"

"法制",望文思义,就是国家的法律和制度。改革开放初期,面对法律几乎"荡然无存"的局面,法制建设的重心是加快立法,健全法制,做到有法可依。之后,在法律体系基本形成的情况下,法治建设经历了从法制到法治的发展。主要体现为:

从"法制"概念到"法治"概念。十一届三中全会之后,在法制领域和法学体系中,最正式最流行的概念就是"法制""法制建设"。中共十五大之后,最正式最流行的概念演进为"法治""依法治国""全面依法治国"等。虽然"法治"与"法制"这两个概念表面上只有一字之差,其内涵和意义却大不相同:第一,"法治"突出了实行法治、摒弃人治的坚强意志和决心,针对性、目标性更强。第二,"法治""法治国家"意味着法律至上,依法而治、依法治权。第三,与"法制"比较,"法治"意味着不仅要有完备的法律体系和制度,而且要树立法律的权威,保证认真实施法律,切实依照法律治理国家和社会。第四,法治包容了法制,涵盖面更广泛,更丰富。

从"方针"到"方略"。改革开放初期,中共十一届三中全会把社会主义法制建设作为党和国家坚定不移的基本方针。中共十五大在社会主义法制基本方针的基础上提出依法治国基本方略。从建设法制的方针到依法治国的方略,显现出中国法治理论和实践发生了深刻变化。

从"法制国家"到"法治国家"。1996 年 2 月 8 日,在中共中央第三次法制讲座上,江泽民同志在总结讲话中明确提出要依法治国,建设社会主义"法制国家",并对依法治国和建设法制国家的重大意义进行了阐述。1997 年 9 月,党的十五大报告根据各方面的建议、特别是依法治国的实践逻辑,把此前的提法修改为"依法治国,建设社会主义法治国家。"用"法治国家"代替"法制国家",是一次新的思想解放,标志着中央领导集体和全党认识上的飞跃。

从"健全社会主义法制"到"健全社会主义法治"。改革开放初期,面对无法可依、制度残缺的局面,党中央作出"健全社会主义法制"的决策,1982 年宪法沿用了"健全社会主义法制"的提法。2018 年,现行宪法第五次修改将原序言中的"发扬社会主义民主,健全社会主义法制"修改为"发扬社会主义民主,健全社会主义法治"。这一字"千金"的修改,从宪法上完成了从法制到法治的根本转型,反映出我国社会主义法治建设历史性的跨越和进步。

(二)从"依法治国"到"全面依法治国"

党的十五大将"依法治国"作为党领导人民治理国家的基本方略。十八大提出"全面推进依法治国"。十八届四中全会后习近平总书记提出了内涵更为丰富、表述更为精致的"全面依法治国"概念。从"依法治国"到"全面推进依法治国"再到"全面依法治国",提法的变化表明我们党依法治国的思路越来越清晰、越来越精准。

(三)从建设"法治国家"到建设"法治中国"

十八大以后,习近平总书记明确提出"法治中国"的科学命题和建设法治中国的重大历史任务。"法治中国"比"法治国家"的内涵更加丰富,思想更加深刻,形态更加生动,意义更具时代性。从"法治国家"到"法治中国"的转型,意味着我国法治建设的拓展、深化和跨越。

(四)从建设"法律体系"到建设"法治体系"

在全国人大常委会宣布中国特色社会主义法律体系已经形成之后,法治建设如何推进? 这是摆在全党和全国人民面前的重大课题。习近平总书记经过深入调研和科学论证,提出"建设中国特色社会主义法治体系"。十八届四中全会正式将"建设中国特色社会主义法治体系"作为全面推进依法治国的总目标、总抓手、牛鼻子。从建设"法律体系"到建设"法治体系",体现了我们党对法治建设规律认识的重大突破。

(五)从"以经济为中心"到"以人民为中心"

中共十一届三中全会果断地、历史性地把党和国家的工作重心从以阶级斗争为纲转向以经济建设为中心,与此同步,中国的法制建设也转向了以经济建设为中心,为经济发展"保驾护航"成为法制的核心价值。中共十八大之后,党中央明确地提出"以人民为中心"的思想,这是统揽全局、指导全面的思想。在法治领域,树立"以人民为中心"的思想,就是要倍加关注人民对民主法治、公平正义、人权保障、产权保护、安定有序、环境良好的美好向往,以满足人民对美好法治生活的向往为宗旨;坚持法治为了人民、依靠人民、造福人民、保护人民,把体现人民利益、反映人民意愿、维护人民权益、增进人民福祉、促进人的全面发展作为法治建设的出发点和落脚点,落实到依法治国全过程各方面。

(六)从"法律之治"到"良法善治"

从1978年至1997年间,我国法制建设的基本方针是"有法可依、有法必依、执法必严、违法必究",总体而言,这是一种形式法治意义的"法律之治"。十八大提出"科学立法、严格执法、公正司法、全民守法",从理论和实践上都向形式法治与实质法治的结合前进一大步。十八大以后,我们党明确提出"法律是治国之重器,良法是善治之前提"。十九大报告进一步提出"以良法促进发展、保障善治"。这是对新时代中国特色社会主义法治作为形式法治与实质法治相统一的法治模式的精辟定型。从"法律之治"到"良法善治"是法治理念的根本性飞跃。

(七)从"法制建设"到"法治改革"

从1978年到21世纪第一个十年,在法治领域,总的提法是法制建设,而且总体上也是按照"建设"来规划部署的。中共十八大以来,习近平总书记多次指出,"全面依法治国是国家治理的一场深刻革命",并以革命的勇气和革命的思维,大刀阔斧地推进法治领域的改革,出台了数百项重大法治改革举措,大力解决立法不良、有法不依、执法不严、司法不公、监督疲软、权力腐败、人权保障不力等突出问题。实践充分证明,法治改革是加快推进法治中国建设的强大动力和必由之路。

(八)从常规建设到加快推进

改革开放以来,我国法制建设有序推进,取得了很大成就。但是,常规的、按部就班的法制建设难以适应全面深化改革、全面依法治国、全面从严治党的迫切要求,难以适应人民群众日益增长的多样化、高质量法治需要,难以跟进国家治理现代化的前进步伐。为此,党中央以时不我待、只争朝夕的姿态加快推进法治改革和法治建设,提出一系列"加快"各领域法治建设和改革的重大措施。

(九)法学教育从恢复重建到繁荣发展

中国的法学教育历史悠久,源远流长。但从 20 世纪 50 年代末,我国的法学教育随着法治的衰败而全面衰败。改革开放 40 年来,伴随着中国法治和中国高等教育前进的步伐,我国法学教育历经恢复重建、快速发展、改革创新,已经形成了具有一定规模、结构比较合理、整体质量稳步提高的教育体系。中国的法学教育已经跻身世界法学教育之林,法学教育的中国模式与法学教育的美国模式、欧洲模式呈三足鼎立态势。一个基本适应我国法治人才需要和法治中国建设需要、具有中国特色的法学体系初步形成。

(十)从人治到法治

40 年的中国法治轨迹,总括而言,就是从人治到法治。法治与人治是两种互相对立的治国方略。在这个问题上,我们有经验也有教训。改革开放初期,邓小平同志针对"要人治不要法治"的错误观念以及人治导致"文革"悲剧的沉痛教训,强调指出:"要通过改革,处理好法治和人治的关系"。后来,他又尖锐地指出:要保持党和国家长治久安,避免"文化大革命"那样的历史悲剧重演,必须从法制上解决问题。中共十八大以来,习近平总书记深刻地阐述了厉行法治、摒弃人治的历史规律和深远意义。他指出:"法治和人治问题是人类政治文明史上的一个基本问题,也是各国在实现现代化过程中必须面对和解决的一个重大问题。综观世界近现代史,凡是顺利实现现代化的国家,没有一个不是较好解决了法治和人治问题的。""经验和教训使我们党深刻认识到,法治是治国理政不可或缺的重要手段。法治兴则国家兴,法治衰则国家乱。什么时候重视法治、法治昌明,什么时候就国泰民安;什么时候忽视法治、法治松弛,什么时候就国乱民怨。"基于对人治教训的深刻分析和对治国理政规律的深刻把握,以习近平同志为核心的党中央采取一系列重大举措,推动党、国家和社会告别人治传统而步入法治的光明大道。

三、中国法治 40 年的基本经验

40 年的法治建设不仅取得了历史性成就,而且积累了一系列宝贵经验,形成了一整套科学理论。

(一)坚持和拓展中国特色社会主义法治道路

习近平总书记指出:"中国特色社会主义法治道路,是社会主义法治建设成就和经验的集中体现,是建设社会主义法治国家的唯一正确道路。""具体讲我国法治建设的成就,大大小小可以列举出十几条、几十条,但归结起来就是开辟了中国特色社会主义法治道路这一条。"坚持中国特色社会主义法治道路,"核心要义"是坚持党的领导,把党的领导贯彻到依法治国各方面和全过程,坚持中国特色社会主义制度,贯彻中国特色社会主义法治理论。改革开放40年来,我国的法治建设、法治改革和全面依法治国之所以能够取得历史性成就,根本原因在于我们坚定不移地走中国特色社会主义法治道路。

(二)坚持依法治国与以德治国相结合

法治与德治的关系问题,历来是治国理政的基本问题,是法学和政治学的基本论题。中共十五大以来,党中央总结古今中外治国理政的成功经验,明确提出了坚持依法治国与以德治国相结合的思想。中共十八届四中全会《决定》和习近平总书记在十八届四中全会上的讲话进一步明确提出依法治国与以德治国相结合是中国特色社会主义法治的基本原则,强调"必须坚持一手抓法治、一手抓德治";既重视发挥法律的规范作用,又重视发挥道德的教化作用,实现法律和道德相辅相成、法治和德治相得益彰。党中央关于依法治国与以德治国相结合的深刻论述,突破了法治、德治水火不容的僵化思维定式,阐明了一种现代法治和新型德治相结合的治国理政新思路。正是遵循了依法治国与以德治国相结合的思想路线和决策部署,我国的法治建设和道德建设才能呈现出相得益彰的良好局面。

(三)坚持依法治国与依规治党有机统一

坚持依法治国与依规治党有机统一,是以习近平同志为核心的党中央在治国理政新实践中探索出来的新经验、概括出来的新理论。依法治国与依规治党有着内在联系,治党与治国相辅相成,依法执政与依规执政高度契合,缺一不可。基于对依法治国与依规治党有机统一关系的深刻认识,我们党采取了一系列措施统筹推进依法治国和依规治党。一是把党内法规制度体系纳入到中国特色社会主义法治体系之中,加快形成完善的党内法规制度体系。二是注重党内法规同国家法律的衔接和协调,共同发挥在治党治国中相辅相成的作用。三是提出思想建党和制度治党紧密结合、同向发力。四是同步推进国家治理体系现代化和中国共产党治理体系现代化,提高党科学执政、民主执政和依法执政的本领。五是探索职能相近的党政机关合并设立或合署办公,推进党和国家治理体制改革,推进国家治理体系和治理能力现代化。

(四)坚持法治与自治良性互动

在一个现代化国家,国家法治与社会自治始终是国家治理的根基所在。依法自治为公民、社会组织等各类社会主体通过自我协商、平等对话、参与社会治理、依法解决社会问题留出了广阔空间。中共十八届三中全会《决定》提出,正确处理政府和社会关系,加快实施政社分开,推进社会组织明确权责、依法自治、发挥作用,并要求放宽社会组织准入门槛,实现依法自治管理。四中全会《决定》进一步提出鼓励和支持基层组织和部门、行业依法治理,支持各类社会主体自我约束、自我管理。两个《决定》开辟了社会依法自治的崭新局面。中共十九大报告进一步提出"打造共建共治共享的社会治理格局";发挥社会组织作用,实现政府治理和社会调节、居民自治良性互动;健全自治、法治、德治相结合的乡村治理体系。这些思想和方略,必将使法治、德治、自治更为有效衔接,推动国家治理和社会治理、国家法治与社会自治良性互动。

(五)坚持以依宪执政和依宪治国统领依法治国和法治中国建设

宪法是国家的根本法、总章程,是"治国理政的总依据""全面依法治国的总依据""国家各种制度和法律法规的总依据"。所以,依法治国首先要坚持依宪治国,依法执政首先要坚持依宪执政。1982 年宪法即现行宪法公布施行后,根据我国改革开放和社会主义现代化建设的实践和发展,在党中央领导下,全国人大先后 5 次对其个别条款和部分内容作出必要的、也是十分重要的修正,共通过了 52 条宪法修正案。现行宪法及其历次修改,为法的立改废释提供了宪法依据,使我国宪法以其科学理论、制度优势和强大权威,统领和引领着全面依法治国和法治中国建设的航程。

(六)坚持法治与改革双轮驱动

1978 年以来,中国特色社会主义事业有两大主题,一是改革开放,一是法治建设。两大主题有着内在的、相辅相成的必然联系。改革与法治如"鸟之两翼、车之双轮",共同推动小康社会建设,是小康社会必不可少的动力支持与保障力量。同时,坚持在法治下推进改革,在改革中完善法治,使改革因法治而得到有效推进,使法治因改革而得到不断完善。

(七)坚持统筹推进国内法治与国际法治

统筹国内国际两个大局是我们党治国理政的基本理念和基本经验。十八大以来,以习近平同志为核心的党中央审时度势,统筹推进"两个法治",使国内法治和国际法治相得益彰。我国以构建人类命运共同体为目标,以推动全球治理体系和治理规则变革为动力,秉持共商共建共享的全球治理观,建设国际法治,推进国际关系法治化,积极开展法律外交,主动参与国际立法,参与和支持国际执法、国际司法、国际仲裁,使国内法治与国际法治的契合达到前所未有的程度。

(八)坚持全面推进与重点突破相协调

全面推进依法治国是一项庞大的系统工程,必须统筹兼顾、把握重点、整体谋划,在共同推进上着力,在一体建设上用劲。在全面推进依法治国过程中,以习近平同志为核心的党中央注重统筹推进、协调发展。同时,善于牵住"牛鼻子"形成"纲举目张"的态势,如强调以中国特色社会主义法治体系为总目标、总抓手、"牛鼻子";始终把"关键少数"作为依法治国的重中之重;注重重点突破瓶颈问题,如倾力推进司法体制改革、破解制约司法公正和司法公信的瓶颈问题,仅中央全面深化改革领导小组就先后 42 次审议司法改革方案,出台涉及司法体制改革的文件多达53 件。。

(九)坚持顶层设计、科学布局与试点探索、先行先试相结合

改革开放初期,无论是经济改革,还是法制建设,几乎都是"摸着石头过河"。十八大以来,以习近平同志为核心的党中央加强了对法治改革和法治建设的统一领导和顶层设计,提出全面推进依法治国的总目标、法治中国建设的总路径。把依法治国纳入"四个全面"战略布局,并与"两个一百年"的奋斗目标对接,把中国特色社会主义法治体系建设与国家治理体系和治理能力现代化紧密连接,彰显出顶层设计的政治引领、理论导航、行动指南作用。在加强统一领导和顶层设计的同时,注重调动地方、部门改革积极性,激励和支持地方、行业先行先试。各地在先行先试中创造了经验,积累了可复制可推广的经验。这些经验又为党中央顶层设计和推进全面改革提供了实践基础和科学依据。

(十)坚持遵循法治规律与秉持中国法理相一致

改革开放 40 年来,中国法治建设和法治改革的一个十分鲜明的特点就是既重视规律又重视法理,遵循法治规律,秉持法理精神。中共十八大以来,在全面推进依法治国的整个过程中,习近平总书记反复要求解放思想,实事求是,不断深化对法治规律的认识,按照依法治国、依法执政、依法行政、依法自治的客观规律办事,充分发挥法治在治国理政中的基本方式作用。正是由于注重探索法治规律、总结法治经验、凝练法治理论,保证了中国特色社会主义法治始终沿着法治规律科学发展,从胜利走向胜利。

在尊重和遵循规律的同时,也秉持了法理精神。十八大以来,习近平总书记不仅反复强调要学会运用法治思维和法治方式治国理政,而且善于运用法理思维和法理话语提升中国特色社会主义法治理论的解释力、感召力,夯实全面依法治国重大部署和改革方案的法理基础。在他关于法治的讲话和论著中,可以说各篇都有法理金句,通卷闪耀法理珠玑。如法治兴则国泰民安,法治衰则国乱民怨;法安天

下,德润民心;法律的权威源自人民的内心拥护和真诚信仰;自由是秩序的目的,秩序是自由的保障;发展是安全的基础,安全是发展的条件;党的政策是国家法律的先导和指引;依法设定权力、规范权力、制约权力、监督权力,把权力关进制度的笼子;和平、发展、公平、正义、民主、自由,是全人类的共同价值;等等。习近平总书记提炼出来的一系列法理命题为法律体系和法治体系注入了强大生命力,对全党和全国人民保持法治定力、拓展法治道路、深化法治改革、建设社会主义现代化法治强国产生了强大的感染力和推动力。

张文显

2018 年 11 月 10 日

目　录

第一章

概　论*

　　行政法是调整国内公共行政的法律部门。尽管至今为止,没有一部完整的行政法典来勾勒行政法制度的全貌,但行政法制度框架及行政法秩序仍可以从数以万计的行政法规范及行政法惯例中提炼归纳。改革开放四十年,中国行政法制取得了丰硕成果,但仍有很多领域需要制度化、规范化,与中国国情相适应的具有中国特色的行政法模式仍需要进一步完善。

第一节　改革开放前的行政与行政法

一、改革开放前的行政

　　中华人民共和国成立初期,百业待兴,公共行政任务艰巨。一方面是新政权的巩固和新秩序的建立,另一方面是经济建设的重任。1950 年开始土地改革,1953

　　* 本章是薛刚凌教授主持的国家社科基金重大专项"国家治理模式改革与依法治国研究"(17VZL010)的成果之一。

年启动对农业、手工业和资本主义工商业的社会主义改造,并开始按照苏联的模式实施第一个五年计划。到 1956 年,我国的社会主义改造基本完成。此时,第一个五年计划的许多重要指标也已经提前完成,在这种形势下,为了探索中国社会主义建设的道路,中共中央召开了第八次全国代表大会,大会作出了党和国家的工作重点必须转移到社会主义建设上来的重大战略决策,从此开始了社会主义建设的十年。十年建设为我国的社会主义建设积累了经验,但也经历了很多曲折。1957 年的反右派斗争被严重地扩大化,其结果严重伤害了许多爱国的无辜知识分子。1958 年开始的"大跃进"以及人民公社运动忽视了客观经济规律,忽视了社会主义初级阶段的基本国情,使国民经济遭到严重破坏,加上三年困难时期,广大人民的生活每况愈下,饥荒严重,食品紧缺。1961 年 1 月,中共八届九中全会通过了"调整、巩固、充实、提高"的八字方针。这次扩大的中央工作会议指出全党当前的主要任务是踏踏实实、干劲十足地做好调整工作。到 1965 年,国民经济调整的任务已经基本完成。1966 年开始的十年"文革",严重削弱和破坏了各级党组织和国家政权的威信和领导作用,国民经济损失惨重。"文革"结束到十一届三中全会召开的两年时间,工农业生产快速发展,中断十年的高考制度也开始恢复。虽然"左"的思想路线还在禁锢拨乱反正,但这两年的恢复期为改革开放的启动打下了基础。①

与中华人民共和国成立后社会主义改造和建设同步的是,随着社会主义计划经济的推进,我国建立了一套高度集中的行政管理体制,这也是学习苏联的结果。1949 年中华人民共和国成立时党政机构主要按照苏联的模式设置,以后为了解决机构规模膨胀问题及调整中央与地方的关系,在 1951 年、1954 年、1956 年以及 1961 年启动过多次精简和改进。1951 年的精简主要是为了加强中央集权,巩固新的政权,同时为了实现计划经济的管理目标。1954 年的调整是为了精简机构,裁减冗员。1956 年开始的机构调整主要针对中央权力过于集中束缚了地方的积极性,因而放权给地方。1961 年进行的改革则是大规模裁员和上收 50 年代末下放给地方的权力。"文革"时期政府机构发生了非正常的大变动,之前国务院的 79 个机构裁并成 32 个,并有 13 个机构划归军队管理。"文革"结束后,沿用了 50 年代的行政管理体制。② 改革开放前除了"文革"这一特殊时期外,我国的行政管理体制与计划经济大致匹配。这种相对集中的体制依赖命令—服从的管理手段,而且经济社会运作靠计划和组织手段完成,个人、企业以及整个社会依附于政府,国家的行政管理相对简单。此外,在五六十年代进行的频繁的机构调整,是希望摆脱机

---

① 《中华人民共和国大事记(1949 年 10 月—2009 年 9 月)》,载《人民日报》2009 年 10 月 3 日第 3 版。

② 《新中国成立以来的历次政府机构改革》,http://www.npc.gov.cn/npc/c222/200803/21cb9fa77ae34051a083992cb08dcafe.shtml,最后访问日期:2019 年 7 月 22 日。

构膨胀和中央与地方关系的困惑,遗憾的是并没有走出误区。

二、改革开放前的行政法

中华人民共和国成立后的 28 年,除"文革"十年的非正常状况外,从土地改革到社会主义改造,从社会主义建设到"文革"后的恢复期,一直推行高度集中的计划经济模式,实行一元化领导,造就了"单位人"的社会结构,个人从属于国家,行政的外部性与利益的多元化并不发达,行政法的生长主要局限于政权建设、中央与地方间的关系以及行政机关之间的关系调整,主要制定了一些行政组织法律法规,也有少量的规范外部行为的行政法律法规,如《土地改革法》①、《治安管理处罚条例》②等。这一期间行政法的主要目标是确保政权稳定和管理秩序,促进政府行政目标的达成。

中华人民共和国成立后,废除旧法统。1949 年 9 月,中国人民政治协商会议第一次会议通过的《中国人民政治协商会议共同纲领》,以法律的形式宣布废除国民党的"六法全书",国民党时期形成的旧的行政法制度彻底失效。③ 为巩固政权和国家建设的需要,亟待建立一套强有力的政府组织系统和公共行政秩序,行政法制度开始萌芽。

1949 年 9 月 27 日,中国人民政治协商会议第一届全体会议通过了《中央人民政府组织法》,组建中央人民政府委员会,对外代表中华人民共和国,对内领导国家政权。④《中央人民政府组织法》规定由中央人民政府委员会组织政务院,为国家政务的最高执行机关;政务院设政治法律委员会、财政经济委员会、文化教育委员会、人民监察委员会及 30 个部、会、院、署、行;政务院及各委、部、会、院、署、行、厅的组织条例,由中央人民政府委员会制定或批准。1949 年 12 月 2 日,政务院第九次政务会议修改并最终通过了《政务院及其所属各机关组织通则》。⑤ 该通则基本上建立起各部门组织条例的框架。根据这一通则,政务院各部门自行拟定组织规则草案,报政务院法制委员会和政务院参事室审查,并经政务院政务会议讨论通过。1949 年 12 月 30 日,政务院第十三次会议批准《海关总署试行组织条例》⑥;1950 年 10 月 24 日,政务院批准了政治法律委员会、人民监察委员会、财政经济委员会和文化教育委员会的试行组织条例;1952 年 2 月 22 日,政务院第一百二十五

---

① 1950 年《中华人民共和国土地改革法》(已失效)。
② 1957 年《中华人民共和国治安管理处罚条例》(已失效)。
③ 1949 年《中国人民政治协商会议共同纲领》。
④ 1949 年《中华人民共和国中央人民政府组织法》。
⑤ 转引自张迎涛:《中央政府部门组织法研究》,中国法制出版社 2011 年版,第 33 页。
⑥ 《海关总署试行组织条例》(政务院令 1949 年 12 月 30 日)。

次政务会议通过《各级人民政府民族事务委员会试行组织通则》①。这些法律法规规定了行政机关的法律地位、设置、职责权限以及上下级关系,为政府运行秩序的构建提供了法律支持和保障,也为社会主义改造奠定了组织基础。

为实现社会主义改造的目标,这一时期还制定了几部重要的行政法律,如1950 年 6 月 30 日,中央人民政府委员会通过和颁布了《土地改革法》,成为土地改革的基本依据。该法明确宣布"废除地主阶级封建剥削土地所有制,实行农民土地所有制",规定没收地主的土地,分给无地或少地的贫雇农。② 到 1952 年 9 月为止,除新疆、西藏等少数民族地区及台湾地区外,全国普遍实行了土地改革。

1954 年 9 月,我国第一届全国人民代表大会召开,制定了中华人民共和国宪法,并依据宪法制定了《国务院组织法》,该法规定了国务院的构成、国务院的工作方式和程序,规定了国务院的任免人员范围。③ 第一届全国人大第一次会议还通过了《关于中华人民共和国现行法律、法令继续有效的决议》,确认"所有自从 1949 年 10 月 1 日中华人民共和国建立以来,由中央人民政府制定、批准的现行法律、法令,除同宪法相抵触的以外,一律继续有效"④。据此,政务院时期(1949—1954 年)制定并批准的部门试行组织条例或组织通则将继续沿用。1954 年至 1957 年间,全国人大比较活跃,除宪法外,全国人大还制定或批准了 80 多个法律、条例或决定,涉及国防安全、经济、社会和管理等多个方面。

1953 年,国家开始实行社会主义改造,党中央和国务院出台了一系列政策和规定,如在农业方面,中共中央通过了《关于发展农业生产合作社的决议》(1953)⑤、《关于农业合作化问题的决议》(1955)⑥,第一届全国人大第三次会议通过《高级农业生产合作社示范章程》⑦。手工业改造的依据主要有《国务院关于目前私营工商业和手工业的社会主义改造中若干事项的决定》⑧和《国务院关于对私营工商业、手工业、私营运输业的社会主义改造中若干问题的指示》(1956)⑨。对

---

① 《各级人民政府民族事务委员会试行组织通则》(政务院令 1952 年 8 月)(已失效)。

② 1950 年《中华人民共和国土地改革法》(已失效)。

③ 1954 年《中华人民共和国国务院组织法》(已失效)。

④ 1954 年《中华人民共和国第一届全国人民代表大会第一次会议关于中华人民共和国现行法律、法令继续有效的决议》(已失效)。

⑤ 《中国共产党中央委员会关于发展农业生产合作社的决议》(1953 年 12 月)。

⑥ 《中国共产党第七届中央委员会第六次全体会议(扩大)关于农业合作化问题的决议》(1955 年 10 月)。

⑦ 1956 年《高级农业生产合作社示范章程》(已失效)。

⑧ 《国务院关于目前私营工商业和手工业的社会主义改造中若干事项的决定》(国务院令 1956 年 2 月 8 日)(已失效)。

⑨ 《国务院关于对私营工商业、手工业、私营运输业的社会主义改造中若干问题的指示》(国务院 1956 年 7 月 28 日)。

资本家进行社会主义改造的直接依据有政务院颁布的《公私合营工业企业暂行条例》①、《国务院关于目前私营工商业和手工业的社会主义改造中若干事项的决定》等。这些政策和法规成为对资本主义工商业实行社会主义改造的直接依据。

在社会主义建设十年期间，由于经济、社会高度的一体化，国家的运行主要是依赖政策、指令和内部控制，对法律的需求不大。这期间根据管理的需要，也制定了部分行政法规范，如《治安管理处罚条例》，该条例把污染环境的行为也纳入治安处罚之中；如《国务院关于国家机关工作人员的奖惩暂行规定》，分别对国家机关工作人员的奖励和惩罚的主体、权限、条件和种类作了规定②。"文革"结束后，恢复高度集中的原有体制，行政法也没有很大的存在空间。

从中华人民共和国成立到改革开放前的 28 年间，我国的公共行政经历了巨大变迁，也有许多挫折，道路曲折。行政法在政权建设和公共行政秩序的建构上发挥了积极作用，但高度集中的经济社会体制，遏制了行政法的发展，尤其是"文革"十年压抑了行政法的成长，但对"文革"的反思以及对个人权利的保护需求为改革开放后行政法的快速发展奠定了基础。

第二节　改革开放 40 年行政法秩序的建构

党的十一届三中全会停止"以阶级斗争为纲"，决定把经济建设作为党和国家的中心工作，实行改革开放。此后的 40 年，从农村开始的土地承包改革，到城市全面的经济改革，到社会主义市场经济的方向的确立及后续的各类市场包括要素市场的建设，中国社会发生了巨大变迁。从高度集中的计划经济转化为社会主义市场经济，从完全隶属政府的社会开始转变为相对独立且开放、多元和复杂的社会。一个独具中国特色的政府间关系模式逐渐成形，中央与地方之间呈现出管理上相对统一、经济上相对分权的状态，政府间的竞争与合作也越来越多。政治上，执政党更多致力于国家改革转型的领导、推进和保障，而政府则更侧重于具体的经济运作与管理。在这种改革转型的背景下，经过多种合力的作用，一种独具中国特色的行政法秩序开始逐步成形，中国独特的经济模式、社会模式、管理模式和政治模式决定了中国行政法发展的走向。

一、行政法基本秩序的建立与发展

改革开放后，我国行政法基本制度的建立与发展大体经历了三个阶段，逐步建

---

① 《公私合营工业企业暂行条例》(政务院 1954 年 9 月 2 日通过)(已失效)。

② 《国务院关于国家机关工作人员的奖惩暂行规定》(国务院令 1957 年 10 月 26 日)(已失效)。

立起以权利救济和权力控制为核心的制度体系。

（一）行政法的重新起步

这一阶段始于改革开放初期，终于《行政诉讼法》的颁布。鉴于"文革"破坏民主和法制带来的惨痛教训，十一届三中全会指出要"发扬社会主义民主，健全社会主义法制"，并制定了"有法可依，有法必依，执法必严，违法必究"十六字方针。这一阶段行政法发展的标志是行政管理的转型、依法行政原则的确立、行政立法的加强与行政诉讼制度的建立。

1.法治原则的确立

1982 年《宪法》第 5 条第 3 款规定："一切国家机关和武装力量、各政党和各社会团体、各企业事业组织都必须遵守宪法和法律。一切违反宪法和法律的行为，必须予以追究。"与此相适应，《宪法》第 41 条还规定了人民对政府享有批评、建议、申诉的权利以及国家的侵权损害赔偿责任。新宪法为依法行政与法治政府的建设奠定了基础。

2.行政管理的改革

随着十一届三中全会后经济改革的推进，尤其是十二届三中全会确立了全面改革开放的精神，从农村的土地承包到城市的经济体制改革，从对内搞活到对外开放，从经济领域的改革到其他领域的辐射调整，对传统计划经济的管理体制提出了很大挑战。为适应经济体制改革的需要，我国在 1982 年和 1988 年进行了两次大规模的行政机构改革。1982 年行政机构改革的主要目标是通过机构裁并，建立干部离退休制度，打造高素质的干部队伍，提升政府的管理能力，并且第一次提出行政机构改革要与经济体制改革相适应，强调政府要服务于经济体制改革的需要，从计划经济的直接经营到服务于各类经济主体。1988 年的行政体制改革第一次提出要转变政府职能，强调政企分开和政事分开，要与经济体制的改革契合。这一时期，除了国务院与地方各级人民政府行政机构的改革外，还涉及中央与地方关系的重构，如授权地方改革试点、中央地方财税关系的调整等。这些改革调整打破了高度集权的管理模式，政府向社会分权、中央向地方分权，以充分调动各个方面的积极性和创新性，构建一个有利于多元参与创造的新型的管理秩序架构。

3.行政立法的加强

随着改革开放和新的管理秩序建设的需要，从 1979 年开始，全国人大及其常委会制定了许多管理中急需的法律，如涉及行政组织方面的有《地方各级人民代表大会和地方各级人民政府组织法》[①]、《国务院组织法》[②]等，涉及经济转型的有《中

---

① 1979 年《中华人民共和国地方各级人民代表大会和地方各级人民政府组织法》（2015 年修正）。

② 1982 年《中华人民共和国国务院组织法》。

外合资经营企业所得税法》①、《个人所得税法》②、《外国企业所得税法》③,涉及自然资源保护和环境监管的有《森林法（试行）》④、《环境保护法（试行）》(1979)⑤、《海洋环境保护法》⑥、《水污染防治法》⑦、《草原法》⑧、《矿产资源法》⑨、《土地管理法》⑩、《大气污染防治法》⑪、《水法》⑫、《野生动物保护法》⑬等,涉及食品药品监管的有《食品卫生法（试行）》⑭、《药品管理法》⑮、《国境卫生检疫法》⑯等,也有涉及安全管理的《海上交通安全法》⑰、《居民身份证条例》⑱、《公民出境入境管理法》⑲、《外国人入境出境管理法》⑳、《治安管理处罚条例》㉑等,此外,还有涉及教育、文化方面的立法,如《学位条例》㉒、《文物保护法》㉓、《义务教育法》㉔等。这些法律体现了政府管理职能的变化,也突出了个人和政府关系的重新构建,个人从完全隶属于政府独立出来,获得更多自由和权利,同时也受法律的规制。

特别重要的是新宪法明确国务院可以制定行政法规,一批有关经济改革和对外开放的行政法规得以制定,如《对外合作开采海洋石油资源条例》㉕、《国务院关

---

① 1980 年《中华人民共和国中外合资经营企业所得税法》(已失效)。
② 1980 年《中华人民共和国个人所得税法》(2018 年修正)。
③ 1981 年《中华人民共和国外国企业所得税法》(已失效)。
④ 1979 年《中华人民共和国森林法(试行)》(已失效)。
⑤ 1979 年《中华人民共和国环境保护法(试行)》(已失效)。
⑥ 1982 年《中华人民共和国海洋环境保护法》(2017 年修正)。
⑦ 1984 年《中华人民共和国水污染防治法》(2017 年修正)。
⑧ 1985 年《中华人民共和国草原法》(2013 年修正)。
⑨ 1986 年《中华人民共和国矿产资源法》(2009 年修正)。
⑩ 1986 年《中华人民共和国土地管理法》(2004 年修正)。
⑪ 1987 年《中华人民共和国大气污染防治法》(2018 年修正)。
⑫ 1988 年《中华人民共和国水法》(2016 年修正)。
⑬ 1988 年《中华人民共和国野生动物保护法》(2018 年修正)。
⑭ 1982 年《中华人民共和国食品卫生法(试行)》(已失效)。
⑮ 1984 年《中华人民共和国药品管理法》(2015 年修正)。
⑯ 1986 年《中华人民共和国国境卫生检疫法》(2018 年修正)。
⑰ 1983 年《中华人民共和国海上交通安全法》(2016 年修正)。
⑱ 1985 年《中华人民共和国居民身份证条例》(已失效)。
⑲ 1985 年《中华人民共和国公民出境入境管理法》(已失效)。
⑳ 1985 年《中华人民共和国外国人入境出境管理法》(已失效)。
㉑ 1986 年《中华人民共和国治安管理处罚条例》(已失效)。
㉒ 1980 年《中华人民共和国学位条例》(2004 年修正)。
㉓ 1982 年《中华人民共和国文物保护法》(2017 年修正)。
㉔ 1986 年《中华人民共和国义务教育法》(2018 年修正)。
㉕ 《中华人民共和国对外合作开采海洋石油资源条例》(国发〔1982〕19 号 1982 年 1 月 30 日)。

于全国性专业公司管理体制的暂行规定》①等。1979 年地方组织法授权地方省一级人大及常委会制定地方性法规,并得到新宪法的确认。按照立法权限,国务院和地方有权机关制定了经济转型和社会管理方面大量的行政法规和地方性法规。这些法规弥补了立法的不足,支持了改革试点,也鼓励了地方创新。

4.行政诉讼制度的建立

行政诉讼制度根植于对行政权力的规范和对公民权利的保障理念,其存在和运行要求有相应的政治经济社会文化背景。改革开放初期,政府与个人的关系从内部隶属开始转变为外部关系,三资企业的建立也要求重新审视政府与企业的关系。尤其是传统由政府决定纷争的模式不再适合政府与个人、与企业的纠纷解决。1980 年 9 月至 1981 年 12 月通过的《中外合资经营企业所得税法》、《个人所得税法》和《外国企业所得税法》三部法律都明确规定企业和个人与税务机关发生纳税争议时,应当先按照相应规定纳税,然后再向上级税务机关申请复议。不服复议决定的可以向人民法院提起诉讼。我国行政诉讼制度的雏形由此诞生。1982 年实行的《民事诉讼法(试行)》为行政案件的审理确立了基本程序。② 该法第 3 条第 2 款规定:"法律规定由人民法院审理的行政案件,适用本法规定。"截至 1989 年《行政诉讼法》颁布,共有 130 多部法律、行政法规规定了当事人提起行政诉讼的权利。

1982 年以后,法院也开始了对行政审判实践的探索。最初采取的是民行不分的审判模式,经济行政案件由法院经济审判庭依照民事诉讼程序审理;1986 年的《治安管理处罚条例》则推动了行政审判庭的成立。治安行政案件不同于经济行政案件,依照民事诉讼程序审理不大适宜。1986 年,武汉市中级人民法院和当时的湖南省汨罗县法院率先成立了专事行政审判的行政审判庭;1988 年,最高人民法院也成立了行政审判庭,行政审判庭已在全国范围内建立。最高人民法院通过司法解释为审理此类案件规定了特别程序,至此我国行政审判制度的基本架构已然确立。

与此同时,行政诉讼法的制定也在紧锣密鼓地进行。基于改革转型的内在需求,在 1986 年《民法通则》通过后,实务界与学术界形成了制定行政基本法的共识,经过反复讨论,最后把重点落在了行政诉讼法的制定上。1987 年,党的十三大报告明确提出要制定《行政诉讼法》,经过两年多的立法努力,最终于 1989 年 4 月 4 日通过,于 1990 年 10 月 1 日正式实施。③

与 20 世纪 50 年代行政法侧重于管理秩序不同,行政法的重新起步阶段更重

---

① 《国务院关于全国性专业公司管理体制的暂行规定》(国发〔1982〕45 号 1982 年 3 月 16 日)(已失效)。

② 1982 年《中华人民共和国民事诉讼法(试行)》(已失效)。

③ 1989 年《中华人民共和国行政诉讼法》(2017 年修正)。

视个人与国家关系的建构。随着计划经济体制的松动和转型，个人与国家的关系开始改变，个人从对国家、对政府的完全依赖开始走向个人地位的独立和自由的生长，这一时期行政法制度的发展促进这种平等关系的构建，尤其到行政诉讼法的制定，从法律上全面肯定确认了这种新型的关系，为社会主义市场经济的转型和我国法治的发展打下了坚实的基础。

(二)行政法的快速发展阶段

这一阶段始于 1989 年《行政诉讼法》的颁布，终于 2012 年。在此期间，行政法的发展受到多方面的影响。社会主义市场经济建设目标的确立、WTO 带来的外部要求、行政诉讼对法治政府建设的指引以及依法治国方略的提出，都在很大程度上要求建立一种新型的行政法秩序，推动了我国行政法的快速发展。

1.行政管理的转型

随着国家经济改革尤其是社会主义市场经济改革方向的确立和不断深化，传统管理模式难以继续，行政体制改革势在必行。这一阶段，我国经历了四次大规模的行政体制改革，分别发生在 1993 年、1998 年、2003 年和 2008 年。

1992 年，邓小平同志南方谈话后，经济体制改革加速，建设社会主义市场经济这一目标逐渐成形，"政府机构改革的目的是适应建设社会主义市场经济体制的需要"，行政管理体制改革进入了新的时期。1993 年，改革主要围绕适应经济体制改革的要求而展开。转变政府职能，实现政企分开是本次改革的一大重点。1998 年的改革仍然是以转变政府职能为主要目标。此次改革的力度很大，范围也很广，加强了宏观调控部门，调整和减少了专业经济部门，撤销了几乎所有的行业经济部门，适当调整了社会服务部门，加强了执法监督部门，并发展了社会中介组织。这次改革还对公务员队伍进行了精简。经过 1998 年的政府机构改革，政府的宏观经济调控功能加强，微观管理功能削减，政府对经济的管理地位通过机构调整和职能转型变得比较明确，但政府如何作为公共资源的看护人，如何管理国有企业和国有资源并不清晰。2003 年，政府机构改革的重要目的之一就是实现政资分开，建立了国有资产管理委员会。此外，我国于 2001 年加入了世界贸易组织，中国经济进一步融入世界经济体系之中，需要适应世界贸易组织的有关规则。为加强市场监管，成立了银监会、商务部、国家食品药品监督管理局等重要市场监管机构。这一阶段的行政管理体制改革还包括中央与地方的分税制改革、国企改革、加入 WTO 后的行政审批制度改革以及社会管理体制创新等。2008 年，改革除了要继续转变政府职能和理顺部门职责关系外，最为突出的特点在于对行政管理体制自身的优化，强调改革要符合管理规律。这次改革按照精简统一效能的原则和决策权、执行权、监督权既相互制约又相互协调的要求，着力优化组织结构、规范机构设置、完善运行机制，探索实行职能有机统一的大部门体制。这次改革组建了工业和信息化部、交通运输部、人力资源和社会保障部等"大部"。

经过四次大的改革调整,服务于社会主义市场经济的行政管理体制开始形成。着眼于宏观经济调节和市场监管的机构及其职责逐步明确,但社会主义市场经济体制下,政府的身份定位并没有完全清晰。从促进市场建立、经济发展的角度看,我国各级政府都深度参与了经济活动,政府既是经济领域的管理者又是经济活动的直接参与者,还是公共资源的看护人和土地等市场要素的提供者。不同身份决定其履行职责的方式不同,需要遵循不同规则。在社会主义市场经济条件下到底该如何定位政府职能,需要什么样的权力结构和管理手段,仍然需要继续改革实践。此外,从 2008 年开始,行政管理体制的改革也开始全面回应管理自身的需要。大部制改革的尝试就是要着力解决职能交叉重叠的问题,实现管理的科学化和现代化。

2.行政法重要制度的建立和实施

随着社会主义市场经济的改革和政府管理体制的转型,客观上需要对传统国家与个人的关系和政府的管理权力与手段进行审视,重构行政法的秩序。1997年,党的十五大首次确立了依法治国的治国方略;1999 年,依法治国入宪,加速了我国的行政法治进程。此外,加入 WTO 以及对非歧视原则和经济管理透明度的要求,也推动着行政法制度的发展。这一时期,我国的行政法治受到极大关注,一些重要的行政法制度得以建立。涉及政府与个人关系的一般性的制度,如行政复议制度、国家赔偿制度、行政许可制度、行政处罚制度、行政强制制度以及专门领域的制度,如警察行政法制度、经济行政法制度、教育行政法制度和卫生行政法制度等都有了很大发展。

3.法治政府建设的推进

随着社会主义市场经济的发展和行政诉讼、行政复议等救济制度的推进,依法行政的概念开始深入人心。1997 年,依法治国入宪;1999 年,国务院发布了《关于全面推进依法行政的决定》,2004 年推出了《全面推进依法行政实施纲要》,2008 年制定了《关于加强市县依法行政的决定》,2011 年进一步出台了《关于加强政府法治建设的意见》。从依法行政到法治政府,体现了政府走向法治的决心。法治政府建设的内容主要包括八个方面:一是转变政府职能,深化行政管理体制改革;二是建立健全科学民主决策机制;三是提高制度建设质量;四是规范行政执法行为,加强行政程序建设;五是健全社会矛盾的防范和化解机制;六是完善行政监督机制;七是增强社会自治功能;八是提升公务员依法行政的意识和能力。在政府自上而下的积极推动下,政府的法治建设取得了很大进步。规范性文件审查、立法和行政决策程序控制、综合执法体制的改革和对执法行为的规范以及政府信息公开等都是政府推动法治建设的成果。

4.官员问责制度的建立

随着行政诉讼、行政复议和国家赔偿实践的不断推进,责任政府也已经成为国家法治的应有之义。与责任政府的形成时期不同,行政问责制度的产生延后许多年。行政问责主要适用于有领导职位的官员,有违法行政或领导不力时,要追究其政治责任或法律责任。行政问责源于"非典"时期一些官员对有效抗击"非典"职责的懈怠,最后被追究责任。国务院在《全面推进依法行政实施纲要》中明确规定要"权责一致"。2005 年制定的《公务员法》明确规定了官员责任。2009 年 7 月 12 日,中共中央办公厅、国务院办公厅印发了《关于实行党政领导干部问责的暂行规定》,对党政领导干部问责的行为和问责方式等作了全面规定。

(三)行政法的全面发展阶段

从 2012 年年底开始至今,以习近平同志为核心的党中央自十八大以来尤其是在十八届四中全会报告中对依法治国进行了顶层设计,提出了近 200 项法治建设推进措施,十九大提出全面建设法治中国的目标,行政法进入新的全面发展时期。

1.反腐败对政府法治的促进

十八大以来,我国在打击腐败方面取得了突破性的进展,一大批腐败官员包括高官被绳之以法。腐败产生的原因复杂,但对行政权力控制不力是一个重要因素。虽然行政法多年来一直致力于对行政权的控制,但比较重视政府与个人关系的规范,而对政府内部的管理以及政府在经济领域的资源配置等行政权缺乏足够的关注。反腐败推动了行政决策制度、规范性文件审查制度、政府信息公开制度以及政府法律顾问制度的建立健全,也促进了公共经费严格使用制度、官员财产报告制度的发展,以及经济领域行政权的合法运行。

2.党政机构的改革

十八大以来,我国进行了两次机构改革。2013 年改革重点是紧紧围绕转变职能和理顺职责关系,稳步推进大部门制改革,实行铁路政企分开,整合加强卫生和计划生育、食品药品、新闻出版和广播电影电视、海洋、能源管理机构。这次机构改革沿袭了 2008 年的改革方向,进一步实行政企分工和政府管理职能的整合,精简了部分机构。2018 年 2 月 28 日,中国共产党十九届三中全会通过了《关于深化党和国家机构改革方案》,对国家的治理结构进行了大手笔的改革调整。一是加强党的集中领导,提高统筹和协调能力;二是将行政监察改革为国家监察,对党员干部实行更广范围的监督;三是探索党政合署办公,避免党政机构并存导致的机构臃肿和效率低下;四是整合政府职能,职能相近的部门如法治办与司法部合并,并增设退役军人事务部等重要部门。改革的总体方向是强调整体性、系统性和科学性,推动国家治理体系和治理能力现代化。

3.行政诉讼制度的完善

这期间,行政诉讼法分别于 2014 年和 2016 年进行了两次修订完善。经过 20 多年的实施运行,行政诉讼法在保障救济相对人权利、监督行政机关依法行政以及解决相对人与政府之间纠纷方面取得了较好的成效,但也存在许多问题,如立案难,受案范围小,法院的审理和裁判有很大局限,需要立法推进,另外司法实践积累的经验和进步是以司法解释的方式存在,位阶低,社会知晓程度不够,因此也需要立法吸收,上升到法律层面来保障实施。2014 年 11 月 1 日,第十二届全国人民代表大会常务委员会第十一次会议通过了《行政诉讼法》的第一个修正案,在很多方面取得了突破:建立了立案登记制度,解决立案难的问题;将行政协议纠纷纳入行政诉讼范围,并规定法院可以附带审查一并提起行政诉讼的政府规范性文件;规定可以相对集中行政审判权,实行跨区域管辖;确立行政首长出庭应诉的义务;取消维持判决,完善行政裁判制度;等等。目前在北京、上海和广州建立的铁路法院实行行政案件的跨区域审判实践,取得了很好的成效。2017 年 6 月 27 日,第十二届全国人民代表大会常务委员会第二十八次会议通过了《行政诉讼法》的第二次修正,对实践中积极探索的行政公益诉讼予以肯定。《行政诉讼法》第 25 条第 4 款规定:"人民检察院在履行职责中发现生态环境和资源保护、食品药品安全、国有财产保护、国有土地使用权出让等领域负有监督管理职责的行政机关违法行使职权或者不作为,致使国家利益或者社会公共利益受到侵害的,应当向行政机关提出检察建议,督促其依法履行职责。行政机关不依法履行职责的,人民检察院依法向人民法院提起诉讼。"与救济个人权利的主观诉讼不同,行政公益诉讼更侧重于公共利益,侧重于客观法律秩序的维护和保障。

4.行政手段改革与规制领域的拓展

随着科技发展和时代进步,行政手段改革、智能政府建设已经深刻改变政府与个人的关系,行政运行更加经济便捷,同时,个人的自由空间也受到很大挤压。个人隐私权保护、对大数据的利用和管理流程的科学化改造都需要行政法制度作出回应。2019 年 4 月 26 日,李克强签署国务院令,公布了《国务院关于在线政务服务的若干规定》,以促进和保障全国一体化在线政务服务平台建设。① 这明确了一体化在线平台建设的目标要求和总体架构,一体化在线平台建设管理的推进机制,政务服务在线办理的原则、基本要求以及电子签名、电子印章、电子证照、电子档案的法律效力等。

行政手段改革还体现在政府和社会资本合作(Public Private Partnership,简称 PPP)模式的推进。在公共服务领域,虽然从 1995 年开始,在国家计委的主导之下,广西来宾 B 电厂、成都自来水六厂及长沙电厂等几个 BOT 试点项目相继开展,但 2013 年以后,PPP 政策才大量出台。2015 年 4 月 25 日,中华人民共和国国家发展和改革委员会、中华人民共和国财政部、中华人民共和国住房和城乡建设部、中华人民共和国交通运输部、中华人民共和国水利部、中国人民银行联合发布《基础设施和公用事业特许经营管理办法》,鼓励和引导社会资本参与基础设施和

---

① 《国务院关于在线政务服务的若干规定》(国务院令第 716 号 2019 年 4 月 26 日)。

公用事业建设运营,提高公共服务质量和效率,保护特许经营者合法权益。2014年5月26日,财政部成立PPP中心,主要承担PPP工作的政策研究、咨询培训、信息统计和国际交流等职责。截至2019年一季度,全国PPP综合信息平台项目管理库项目已达8000多个,项目落实5000多个。

此外,随着互联网平台技术的进步,网约车等共享经济也在快速发展。共享经济具有五个要素,即闲置资源、使用权、连接、信息和流动性。如何促进共享经济的发展同时又进行有效规制,中央政府各有关部门和地方政府都在积极探索之中。政府相关部门发布了一些规定和措施,但没有出台完整的规范。

二、行政法秩序建构的特点

中国独特的经济、政治、文化传统和改革路径决定了行政法秩序建构的特殊性。从内容来看,呈现出三元结构。行政法除了要调整以政府外部管理和服务为核心的个人与政府的关系外,还要调整基于政府经营职能而形成的政府与市场的关系以及以国家资源配置和调控为主而建立的政府间关系等。国家资源包括自然资源、公共财产,也包括行政资源等。从建构行政法秩序的过程来看,遵循渐进方式,从局部到整体,改革试点,不断完善。此外,行政法秩序的形成与完善是多元力量共同推动的结果。

(一)三个维度

我国改革开放走的是一条有特色的社会主义道路,不同于任何国家,没有先例可循。我们吸收了西方国家一些合理的成分,例如实行市场经济,鼓励创造和竞争,释放个人的自主空间和能量,但同时继承了具有中国文化特色的集体主义精神,实行社会主义公有制。国家掌握着大量的自然资源、公共财产,也具有了更多的行政资源,在促进国家经济社会发展方面发挥了重要作用。因此,行政法秩序建构具有三个维度,非常复杂。

首先,行政法要建构的是个人与政府的关系。这主要是基于政府的外部管理和服务。从农村的土地承包改革开始到城市改革,到社会主义市场经济的转型发展,政企分开、政事分开,个人从国家的隶属关系中解放出来,单位人转化成社会人,个人的独立地位得到肯定,自由空间得到扩展,为市场经济的发展奠定了厚实的社会基础。个人与政府关系的重建是学界尤其是行政法学界十分关注的领域。以促进个人自由发展和保障个人权利为核心的行政诉讼制度、行政复议制度、国家赔偿制度、行政许可制度、行政处罚制度和行政强制制度等都是围绕着政府权力和个人权利关系而展开的。在西方国家,行政法的重心调整所在也是个人与国家的关系。

其次,行政法要建构的是政府与市场的关系。政府兼具市场管理者和参与者(一类特殊的市场主体)双重身份,决定了政府与市场关系的复杂性。一般认为,宏观调控和市场监管是政府核心的经济职能,即政府置身于市场之外,以管理者身份进行管理。但从我国经济改革的实践来看,除经济管理职能外,政府还具有经营职能,包括出让土地等自然资源的市场化配置、举办国企、招商引资、产业扶持、市场培育等。此时政府以当事人的身份参与市场运作,是一类特殊的市场主体。政府的经营职能由两方面原因造就:一是我国社会主义市场经济模式。在社会主义条件下,部分市场要素由政府掌握,如土地、资本;部分分散于社会,如劳动力、技术、信息等。完整的市场只能由政府与社会共同建构,缺一不可。二是政府在经济发展中的主导地位。以经济建设为中心,经济发展作为考核政府业绩的主要指标,都决定了政府必须像商人一样思考,培育经济增长点,争取项目和投资,促进经济增长。政府作为市场的积极参与者,推动产业发展,培育要素市场,强调经济的整体性和系统控制,加速了经济发展,缩短了我国和世界发达国家的差距。然而,政府的经营职能没有为法律认可,其运行也没有受到应有的规制。实践中,直接经营手段有国有土地出让、政府投资工程建设、政府采购、政府债券及政府设立国有企业等;间接手段包括经济发展规划、政策及项目引导、招商引资、人才和技术引进、各种产业园区和自贸区建设、商品市场和要素市场培育等。

政府对市场的调控和监管与政府的外部管理存在一定程度的交叉,但两者的侧重点不完全相同。尤其在对市场的宏观调控上,其目的是实现市场的供需平衡和防范风险,确保市场稳定和安全,而不是直接考虑市场主体的利益。尤其在我国,为了达到调控目标,政府经常采用行政手段来进行市场调控,虽然达到了调控目标,但也导致市场主体的利益受损,进而影响到创业者的积极性,使其缺乏安全感。因此,很有必要建立相关的政策补偿制度以弥补特定市场主体的损失,共渡难关。

最后,行政法要调整政府间的关系,包括上下级政府间的纵向关系和不是上下级关系的政府间横向关系。由于我国政府具有管理和经营双重职能,因而,政府间的关系十分复杂。改革发展至今,受管理目标和经济发展目标的牵引,形成了政府间纵向上的统分结合的模式和横向上的竞争与合作关系。社会主义公有制和单一制的国家结构决定了政府间关系的调控空间大,手段多元。实践中的行政区划制度、区域经济合作制度、国土综合规划制度、政府改革试点制度以及政府间的资源及权力配置及公务员制度等,都属于这一调整范畴。

比较而言,个人与政府关系在行政法秩序建构中最受重视,行政法制度相对成熟,行政立法也大多侧重于这一领域。政府间的关系建构在实践中也很受重视,因为其直接影响到国家的稳定和安全。但政府间的关系没有上升到法律层面,而是更多依赖政策,经常在党和政府的改革方案和重大决策中出现。目前,在行政法秩序建构中,政府与市场的关系因改革自然生成,没有得到应有的重视。政府的经营职能的履行存在不少问题。许多手段政策性强,稳定性欠缺,缺乏法律支持和规范,尤其是一些经营手段被当作管理手段处理。例如,土地供给是政府把土地投放到市场的经营行为,本应考虑市场自身的供需平衡和价格机制,现实中却把土地供给当特许,追求财政最大收益,造成了房地产市场的畸形,直接损害了市场的均衡发展。出让土地的规模和价格如何确定,需要进行相应的市场测算,以维护市场的均衡和确保利润比例的合理。土地价格过高,催生了高房价,导致资源过度汇集,影响了其他消费品市场的发展。因此,需要对经营手段的实施条件、标准和程序进行全面规定。

(二)渐进式发展

就整体而言,几十年来行政法秩序的建构不完全是顶层设计的结果,而是逐步改革发展而来的,走的是渐进式的路径。其原因有三。

第一,由我国渐进式的改革道路决定,行政法也必须渐进发展。行政法是调整公共行政的法律部门,自然要随着公共行政的改革转型而不断发展;影响公共行政的目标任务又是基于经济模式、社会构造、政治制度和文化传统的,因此,行政法的发展在很大程度上是经济和社会变革的产物。我国的经济改革走的是一条渐进式的改革路径,从农村土地承包到城市经济改革,从计划经济到有计划的商品经济到社会主义市场经济,从终端的商品市场到要素市场,从改革试点到整体推进,社会结构发生了深刻变化,政府职能也在不断调整。政府与个人的关系、政府与市场的关系以及政府间的关系也在不断发生改变,新的公共行政秩序的出现,也就为行政法的发展提供了机遇和空间。

从微观上看,当某领域旧的制度改变需要建构新的秩序时,政府部门和地方人大或政府会通过政策或一般规范性文件予以简单规定,在实践运行过程中会不断调整。如果新的秩序建构属于全局性的或非常重大的调整,会被列入国家层面的立法规划,制定为法律。法律出台后,为实施需要,政府部门和地方人大或政府会制定实施细则予以规定,以增强可操作性。随着法律的生效实施,法律文本的不足会不断出现,而且变化了的情况会使原有的法律适用困难,因此,根据发展需要要对已有法律进行不断修订。

第二,行政法秩序系统的复杂性决定了行政法制度发展的缓慢。与民事法律秩序以及刑事法律秩序比较,行政法秩序更为立体、更为复杂,纵横交错,功能多元。行政法不仅要肯定个人的自由和保障个人的权利,也要为我国社会主义市场经济的建设提供公法的支撑,为中国特色社会主义道路提供保障。我国地域宽阔、人口众多,而且社会主义市场经济与单一制的国家结构,都决定了政府具有宽泛的职能,包括资源配置职能、经营职能和管理职能等,行政任务多样,组织体系庞大,系统复杂。建构一套符合中国国情的可行的行政法秩序,就需要不断实践探索,旧的秩序一点一点打破,新的秩序一点一点建立。急于求成、不顾实际的理想主义,或不顾国情的照搬国外模式,容易引发系统性风险。另外,行政法制度的建设也具有一定的传导性。如行政诉讼制度的发展直接刺激了作为配套的行政复议制度和国家赔偿制度的建立健全,也促进了行政程序制度的创立与完善。

第三,行政法制度建设的艰难也决定了行政法发展的渐进性。实践需求只是法律制度创设的第一步,法律制度的建立还有赖于社会共识、研究深入、配套制度等其他要素的支持。立法自身的局限和立法力量的单薄也会影响法律制度创立的进程。立法也是各种利益博弈的过程,尤其行政立法要在行政目标的达成和规范权力运行之间取得平衡,需要时间,需要攻克各种困难,这都注定了行政法制度建设的艰难复杂,只能循序渐进,一步一步推进。

(三)多种力量推动

四十年来,行政法秩序的建构过程,是中国经济社会改革转型的过程,也是政府与个人、政府与市场以及政府与政府关系的重新塑造的过程,由多元力量共同推动实现。

其一是党和政府主导的经济改革和社会转型推动了行政法秩序的产生与发展。计划经济体制下以命令服从为核心的政府与个人、政府在经济领域的地位、政府与政府的关系十分单一,就是集中指挥、无条件服从。改革至今,这三大关系都发生了深刻变化。其中,政府与个人的关系受法律调整,尤其是法律在肯定个人独立、保障个人自由和救济个人权利方面取得了很大进步。政府与市场的关系形成主要依赖政府的改革创新,政府间的关系建构主要靠党的领导和控制。在行政法秩序建构中,执政党起到了重要的引领、推进和保障作用。1997 年,党的十五大确立了依法治国的方略;1999 年依法治国入宪,党的十八届四中全会对进一步推进依法治国进行了全面的顶层设计;十九大提出了法治中国的建设目标,这都对行政法秩序的建构起到了很好的导向和推动作用。

其二是立法部门、行政部门和司法部门对行政法制度的实践推进。从 1989 年《行政诉讼法》制定至今,我国已经制定了多部重要的行政法律,如普遍适用的《行政复议法》《国家赔偿法》《行政许可法》《行政处罚法》《行政强制法》《公务员法》《立法法》等,还有专门领域的各类法律,如教育领域的《教育法》《义务教育法》《高等教育法》《职业教育法》等。这些法律的制定和实施,框定了政府的职能职责,明确了个人的权利义务,也促进了各项事业的发展。

在法律创建过程中,全国政协机构也在积极参政议政,推动立法进程。地方根据其实际需要,先行先试,积极探索,积累经验,为行政立法作出了重要贡献。此外,为贯彻实施行政法律和行政法规,地方一般会进一步立法制定实施细则,建立起更为细密的法律规则。

其三是社会各界对行政法秩序建构的推动。公共机构、社会团体、公民个人以及新闻媒体等都从不同角度为中国的法治建设贡献力量。如行政诉讼范围的扩展,在很大程度上都是个案引起的,个人为了维护自己的合法权益,在没有先例的情况下向法院提起诉讼,从而突破了原有的观念以及对法律条文的保守解释。新闻媒体对许多重大事件的跟踪报道和分析宣传,也促进了行政法秩序的建构与发展。

其四是学界尤其是法学界对行政法秩序建构的推动。行政法制度建设需要理论指导。宏观的行政法理念、原则和体系结构,中观的行政法制度的创建以及微观的具体规范都离不开学者的探讨研究。许多行政法律的建议稿都出自专家之手,尤其在行政法发展的早期,是专家学者的研究宣传带给社会依法行政、法治政府建设的理念。可以说每一部行政法律的出台都凝聚了学者们的心血,都有学者们的贡献。

三、党对行政法秩序建构的推进和保障

坚持共产党的领导为我国宪法规定,也是我国改革开放取得成功的重要保障。没有一个坚强的政党领导,要实现我国经济社会的全面现代化转型难以想象。汇集全社会的智慧,确立引导改革方向,动员全社会参与,重构经济和社会秩序,维护国家安全和稳定,没有中国共产党的强大和坚守,恐难以取得今天的发展成果。在中国公法秩序的形成中,党对行政的领导和党对行政法秩序的保障也独具特色、意义重大。虽然党的执政权属于宪法范畴,但党在公共行政中的地位和作用,同样是行政法发展的重要组成部分。

(一)党对公共行政的领导

党对公共行政的领导是全方位的,归纳起来有如下四个方面:第一,党的基本路线对公共行政的指引。党的十一届三中全会确立的以经济建设为中心以及改革开放的大政方针,一直引领着公共行政的发展。社会主义市场经济的建设以及社会治理的推进等都是在党的领导下逐步展开的。第二,党对公共行政领域重大改革的决策。每年召开的中央委员会全会对国家的经济、社会、法律等重大问题进行讨论,形成决策,指导每一次重大改革,如政府职能的转变、行政体制改革、行政诉讼等重要行政法律制度的建立都是在党的决策推动下完成的。决策形成后,通常要进行广泛、全面而深入的宣传来动员全党全社会对决策精神的把握,从而作用于实际工作。第三,党对重要官员的选拔、推荐选举与任命。通过人员推荐参加选举和任命来实现党中央确定的大政方针和重大决策,是所有政党都采用的参与政治和行政的手段,我国也是如此,但在官员的选拔推荐方面更注重代表性和全面性,范围也更为广泛。第四,党通过一套严密的组织体系来实现党的大政方针和具体决策。党中央通过调查研究形成大政方针和重大决策后,要通过下级党委和更基层的党支部贯彻落实,如《中国共产党地方委员会条例》规定地方各级党委要落实党中央的各项方针政策;也依赖于党的各种组织来实施领导统筹,如《中国共产党政法工作条例》明确规定党的政法委要统筹领导政法领域的工作;更依赖于各级党

组将党的决策精神转化为本部门的工作行动。党的工作机关、下级组织和党组共同成为党领导公共行政的重要组织机构。

党对行政的领导通常是按照民主集中制、通过决议的方式进行,无论是党的基本路线的调整还是重大改革决策都是通过会议作出,以党的会议文件方式,成为党政机关工作的指南。党对公共行政的领导在许多方面通过党内法规实现,主要规定在党章以及党内组织法规和党的领导法规之中。

(二)党对行政法秩序建构的推进和保障

与西方政党不同的是,共产党不但对公共行政进行全面领导,引导行政法秩序的建构,而且在行政法秩序维护方面也发挥了重要作用。这主要体现在以下三个方面:首先,党对重大风险的防范和化解。2017 年 10 月 18 日,习近平总书记在十九大报告中提出:要坚决打好防范化解重大风险、精准脱贫、污染防治的攻坚战,使全面建成小康社会得到人民认可、经得起历史检验。重大风险如果不能及时排除,就可能会引发严重的社会问题甚至于秩序断裂。因此,要有忧患意识,及时排查风险,化解冲突,确保法律制度的安全和稳定。其次,通过严格的党内纪律实现对全体党员行为的规范。除了廉洁从政,也包括对依法行政的要求,官员不得滥用职权和不作为,以确保行政法的有效实施,保障行政法秩序的安全。最后,通过政治手段来解决行政法建构和运行中的重大问题。虽然 40 年来我国行政法经历了快速发展,但行政法秩序建构远没有完成,尤其是改革转型仍处在实践探索之中,经验积累不足,对一些问题性质认识不清,许多方面尚不能达成共识,可见,行政法秩序的建构仍有许多缺漏,有空白的领域,也有不完善的地方,甚至有脱离实际或者错误的地方,政府的许多手段和行为也还没有完全纳入法治轨道,因此,在行政法秩序缺位或者在特殊情况下,政治手段也就成为保障安全的最终环节。例如在"非典"期间,由于当时没有制定《突发事件应对法》,如何应对"非典"风险,并没有成熟的法律手段,最终通过党组织的有效运行来保障安全和秩序。

40 年来的改革开放和经济社会的全面转型,造就了中国独特的行政法发展路径和具有中国特色的行政法秩序框架。党和政府的主导型改革牵引着经济和管理转型,转型中引发的社会问题和社会需求催生了新秩序,学术界对法律原则精神和法律制度的研究及呼吁推动了法律制度的建设,实务部门的立法和法律实践也在不断促进行政法制度的完善。无庸置疑,40 年来的行政法制度有了飞速发展,尤其是在国家与个人外部关系的法律制度建设方面取得了重大突破,一套以主观救济法为核心的行政法制度逐渐发展成熟。在个人与政府的关系上,从传统的从属关系转型到平等的关系,更强调个人的独立、自由和权利,强调个人与国家的互动。令人遗憾的是,我国政府与市场的关系,政府系统自身的秩序建构还没有一套成熟的理论指引,党对行政的领导和对行政法秩序的保障也没有完全进入法律的调整视野,还有许多行政法制度尚在建立之中,也有许多行政法制度面临修改完善。旧的秩序已经打破,新的秩序开始出现,但法律的支持、规范与保障不足。行政法的秩序建构任重道远。

第三节　一般行政法制度的变迁与发展

一般行政法制度是指适用于行政管理的各个领域,具有普遍适用价值的行政法制度,它们也是行政法的一些基本制度,构成了行政法的体系框架。前揭所述,一般行政法涉及政府与个人、政府与市场以及政府与政府三个部分,但由于发展的不平衡和不充分,政府与市场以及政府与政府之间并没有建立起一套完整的规则,比较成熟的是政府与个人的关系。

计划经济时代,个人从属于政府。改革开放尤其是社会主义市场经济的发展,政企分开、政事分开,单位人转化成社会人,个人的独立地位得到肯定,自由空间极大扩展。但真正从法律上重塑政府与个人关系的是行政诉讼制度的建立。行政诉讼中,个人可以和政府平等对簿公堂,个人的独立地位通过诉讼得以确认,通过诉讼可以纠正行政违法,保障个人合法权益。我国早期的行政诉讼主要以救济个人权利为宗旨,与此配套的行政复议制度和国家赔偿制度也是为了救济个人权利。可以说,保护个人权利一直是我国行政法的核心价值追求。

随着社会主义市场经济的改革转型,政府对经济组织和个人从内部命令转化成外部管理,从而促进了行政运作制度的发展。其中,宏观的行政法制度有行政立法制度、行政决策制度、行政规划制度;微观的有行政许可制度、行政征收制度、行政补偿制度、行政处罚制度、行政强制制度;柔性的有行政协议制度、行政指导制度、行政奖励制度等;此外,还有化解冲突的行政裁决制度、行政仲裁制度等。个人与政府关系的进一步改进体现为行政程序制度的发展,随着知情权、表达权、参与权和监督权的确立,行政听证制度、专家咨询制度、信息公开制度等得到快速发展。与此同时,行政组织法领域的制度也在逐步建立完善,如行政区域制度,行政机构改革、党政合署办公、公务员制度等。政府间纵向的统分结合、横向的竞争与合作也日趋明显,但还没有完全纳入法治的轨道。

一、行政组织法制度

行政组织法制度是通过机构设置、人、财、物的配置以及行政区划、信息等手段组织经济运作,发展各项事业,实现公共行政目标的法律制度之总和。由我国的经济模式、政治制度和文化传统所决定,行政组织手段在我国的公共行政中占有核心位置,政府需要运用国家整体的资源和调控手段促进经济发展、举办各项事业和提供公共服务,推进国家的现代化转型。在中国的现代化进程中,党和政府主导、以整体利益为导向的系统发展模式决定了行政组织法手段的重要性。与政府的外部管理相比,政府更重要的职能是发展经济、增加国民财富、提供公共服务,推动国家改革转型。

实践中,行政组织法的手段很多,在经济领域设立国企,公共项目建设中施行公私合作;在社会领域开办学校、医院、慈善机构,制定扶贫政策;在管理领域进行行政区划调整,设置行政机构,推进公务员制度和智能政府建设;等等。这些组织法手段在实现经济发展和政府管理目标方面发挥了巨大作用,但法治化、制度化的程度不高,也不为学术界重视。

改革开放后,由于中华人民共和国成立初期制定的行政组织法基本处于废止状态,1978 年以后我国重新开始了行政组织立法。改革开放"摸着石头过河"的特点,使得作为以完成行政任务为目标的行政组织的建构依据必然是原则性的,留有较大的自我调整和改革余地。在通说法源层面,我国行政组织法的任务是建立行政组织的基本框架。《宪法》是行政组织法的重要法源,构建行政组织的基本框架,另有两部基本的组织法:1979 年全国人大制定的《地方各级人民代表大会和地方各级人民政府组织法》和 1982 年全国人大制定的《国务院组织法》,前者经过五次修订,后者尽管历经了 8 次机构改革但从未修订。还有一部重要的行政组织法律是 1984 年《民族区域自治法》,为我国民族区域自治提供法律支持。在行政法规层面,1997 年国务院出台行政法规《国务院行政机构设置与编制管理条例》,2007 年国务院通过《地方各级人民政府机构设置和编制管理条例》。除了前述法律和行政法规以外,我国行政组织法还存在大量的特殊渊源,并且是这些特殊渊源真正推动了中国行政组织的发展和实际运作,这些特殊渊源以党的政策文件为主体,辅以不同时期改革国务院批准的三定方案等。在行政组织的人员方面,我国 1993 年以前统称为干部,1993 年国家启动公务员制度改革,发布《国家公务员暂行条例》,2006 年公布《中华人民共和国公务员法》,明确党管干部原则,全面建构公务员各项制度,2018 年修改该法律,引入职务和职级的分类。

在行政组织法制度中,政府间关系是最为重要的组成部分。改革开放对我国传统的政府间关系形成了很大冲击,在以经济建设为政府中心任务的驱动下,政府间的关系已经发生了巨大变化,从计划经济时期单向度的命令服从关系转化为当今的复杂多元关系,即纵向上的统分结合与横向上的竞争与合作。政府间关系的变革既重视了整体性、系统性的要求,又鼓励多元创新,充分调动地方政府的改革积极性和创造性,为经济发展探索道路,积累经验,从而推动国家的整体发展。

（一）纵向政府间的统分结合

纵向政府间的关系可分为中央与地方的关系及省级政府以下的纵向关系。在中央和地方的关系上,40 年的发展演变形成了政治上高度一致、行政上相对分权、经济上更加鼓励自由创造的多元模式。政治上的高度一致体现在统一的路线方针、统一的思想认识、统一的组织体系和高管遴选、统一的监督控制。这主要通过党的民主集中制和层级节制的机制实现，下级服从上级、全党服从中央。

行政上的相对分权体现在通过不断放权改革，地方逐渐拥有了部分立法权、组织人事权、财政权和该改革试点权等。当然，国防、外交等涉及全国性的事务由中央政府负责。行政分权是经济发展的需要，各地经济发展所处阶段不同，遇到的问题和困难也各不相同，加之我国幅员辽阔，各地的自然条件、历史文化也有地域差异，因此，赋予地方一定程度的自我管理权十分必要。

地方经济上的改革创新是我国经济发展的重要推手。最早的农村土地承包改革、四个经济特区和海南省的设置以及后续地方的工业园区建设等都为国家经济发展做出了贡献。地方政府在地区经济发展规划及城市建设、产业选择、市场培育、招商引资以及参与市场运作等方面具有很大的自由空间，调动了地方政府在经济领域的改革积极性和创新性。当然，经济领域的重大事项尤其是事关市场的统一、开放和竞争方面的规则制定以及宏观经济调控方面的职责主要由中央政府承担。

这种统分结合的纵向结构强调国家的整体性和系统控制，同时注重给予地方足够的创新空间，尤其是经济领域的先行先试。目前，这种统分结合的纵向结构并没有总体的法律规定，只是由众多的改革文件和改革决定完成。如 1993 年 12 月 15 日，国务院发布《关于实行分税制财政管理体制的决定》，确定从 1994 年 1 月 1 日起改革现行地方财政包干体制，对各省、自治区、直辖市以及计划单列市实行分税制财政管理体制。其主要内容是：按照中央与地方政府的事权划分，合理确定各级财政的支出范围；根据事权与财权相结合的原则，将税种统一划分为中央税、地方税和中央地方共享税，并建立中央税收和地方税收体系，分设中央与地方两套税务机构分别征管；科学核定地方收支数额，逐步实行比较规范的中央财政对地方的税收返还和转移支付制度；建立和健全分级预算制度，硬化各级预算约束。几十年来，在地方经济创新和中央整体控制的双重要求下，中央与地方的关系一直处于变动之中，呈现出复杂多元的状态。中央通过资源配置、政策规划、组织人事、财政法律等多种手段引导地方发展和实现整体控制，地方则利用手中的资源和自由裁量权甚至于违法突破中央确立的规则，从而实现自身的最好发展。

（二）横向政府间的竞争与合作

改革开放前，横向政府间的关系比较简单，地方政府都是在中央统一领导下各自完成行政任务，相互之间没有太大关联。改革开放后，确立了以经济建设为中心的发展路线，政府从单纯的管理者变成了地方经济的总经理，具有经营者和管理者双重身份，而经济发展在很大程度上依赖于资源支持和制度供给，政府间的竞争关系开始形成，具体有两个方面：一是纵向竞争。为了地方的经济发展，需要向上级争取更多的项目、经费、指标、编制以及区划利益，需要更多的政策支持和更多的改革试点空间。如何实现纵向上政府资源的合理配置,需要建立合理的规则。二是横向竞争,即向市场争取资源和争取其他社会支持。横向竞争表现为争取项目投资、争取人才、为本地企业争取订单等,主要依赖利益回报、优惠政策、产业链优势、营商环境和管理软实力。为了争取更好的项目和资源,培育新的经济增长点,地方政府普遍采取的是招商引资、工业园区或开发区建设等手段,甚至于以违法出让土地以及违法减免税收的方式来达到目的。与市场主体之间的竞争侧重于经济效益不同,地方政府间的竞争大多在于获取政策、项目和投资,旨在打造、提高本区域的经济竞争力。

随着以经济建设为中心的方针路线的确立和社会主义市场经济的改革推进,地方政府在经济领域的竞争日益激烈,激发了地方的积极性和创新精神,加速了我国经济的发展。造成政府间竞争的原因有三:第一,地方利益。因为经济相对分权,地方的经济增长会带来就业增加,财政收入增长,公共投入的空间加大,可以更好地改善环境和吸引人才,可以带来更大的经济发展空间。这是一个正向的可持续发展的路径,也会得到地方官员更多的支持和拥护。第二,中央与地方的统分关系。为确保国家的整体利益,在政治和管理上权力相对集中,也聚集了优势资源和利益分配权,中央还掌握着重大事项的决策权,在整体的利益分配中,地方为了得到更多的利益、政策支持和改革试点权,就必须竞争。第三,官员的抱负和利益驱动。受中国传统文化的影响,官员愿意为地方的发展做出贡献,实现自己的抱负。此外,官员的考评机制和选拔机制也决定了经济发展业绩的重要,地方官员也需要争取更好的资源促进发展。

但由于理论界没有对这种经济和管理模式带来的竞争给予足够重视,也没有建立起一套有效的竞争规则来规范政府间的竞争,其结果导致资源浪费、违法无序,也导致了许多腐败。

改革开放 40 年来,与政府间的竞争秩序自然形成一样,基于经济发展、环境治理等方面的需要,政府间的合作也在不断扩展,具体有以下几种合作类型:一是区域经济合作。粤港澳大湾区的合作、京津冀区域合作、大长三角区域合作等日益为政府与社会所重视,也成为中国经济发展的新增长点,更具有功能互补、整体性发展的特质。二是自然区域间政府的合作。比较典型的是环境污染方面的治理,如中国的黄河、长江和珠江流域治理中的政府合作,太湖治理中的政府间合作等。三是跨区域间的政府合作,如南水北调工程、深圳与汕尾的土地(飞地)合作、产业转移之间的政府间合作等。这类合作是为了实现一个特殊的目的,而在政府间达成的权利义务关系,有些合作具有经济利益,有些合作则主要是为了管理目标,如污染治理就是为了实现环境治理的目标而不是经济利益。

我国目前并没有在公法上确立地方政府的法人地位,但地方具有自己的独特利益则是不争的事实。地方政府间合作是为了实现地方的最大利益,包括经济利益和管理利益,但如何用好这种资源、功能互补手段,推进国家和区域发展,共同实现管理目标,规范和保障合作各方的利益和国家利益,维护公平竞争秩序,则需要在法律制度建设上作出尝试和努力。

伴随着经济改革和社会转型,我国的公法秩序发生了根本变革。由计划经济的政府包揽一切,个人只是被动服从发展到政府与社会共建市场,个人从政府的束缚下解放出来,有更多的机会成长,有更多的自由和选择空间,而政府的职能则分为三个维度:一是为个人提供服务,同时也规范监管个人的行为;二是将公共资源与公共财富投入市场运作,促进和推动市场发展尤其是培育要素市场,同时进行经济调节和市场监管;三是在政府间进行资源和政策配置,促进竞争与合作,以实现管理目标和公共行政的现代化转型。与西方国家不同的是,我国政府不仅仅履行外部管理和服务职能。市场建设与发展主要由社会承担,只有在市场失灵的时候,政府才干预市场。我国政府主要职能之一是经济建设,政府和社会共建市场,政府兼具市场建设者与管理者的职能。为了实现建设与管理的双重职能,政府要进行合理的资源和政策配置,在庞大的政府系统之间要建立竞争与合作机制。我国政府的多元化职能决定了我国行政法秩序远比西方国家的复杂。目前,行政法的一般框架仍在建构之中,政府与个人外部关系得到了学术界和法律界的重视,以保障个人权利和控制行政权为核心的行政法制度得到了快速发展,但政府与市场以及政府与政府关系的法律架构还没有得到应有的关注,进程缓慢。中国发展中许多问题,包括发展不均衡、市场畸形以及腐败都与行政法秩序建构不完善有关。

二、行政运作制度

行政运作制度指的是政府对外管理中的普遍性法律制度,包括行政立法制度、行政决策制度、行政许可制度、行政处罚制度、行政强制制度、行政征收制度、行政补偿制度、行政协议制度和行政指导制度等。这些制度都是从经济转型中脱胎而出,随着计划经济向社会主义市场经济的转型发展,个人与政府的内部命令和控制关系逐步被打破,个人与政府的外部关系主要依赖法律调整。对于政府来说,原则上法无授权不可为,尤其是限制个人自由和损害个人利益的行为,必须有法律依据。对于个人来说,原则上是法无禁止即自由。政府及行政机关的外部行为很多,有管理类的行为,有服务类的行为,也有经营类的行为。其中,管理类的行为对个人自由和权利影响较大,受到更多的重视。1996 年,我国制定了《行政处罚法》,规定了行政处罚的目的、原则、种类与形式、处罚主体、处罚权限、处罚程序与处罚决定的执行等。2001 年制定了《立法法》,规定了行政法规和规章的制定主体、制定权限和制定程序。随后国务院制定了《行政法规制定程序条例》和《规章制定程序条例》,分别就行政法规和规章的制定作了更细致的规定。2003 年制定了《行政许可法》,对行政许可制度进行了全方位的规定。2011 年制定了《行政强制法》,分别对行政过程中的即时强制和行政强制执行制度作了全面规定。2011 年,国务院制定了《国有土地上房屋征收与补偿条例》,明确了国有土地上房屋征收的范围、补偿标准和相关程序等。2019 年 4 月 30 日,国务院出台了《重大行政决策暂行条例》,2019 年 9 月 1 日实施。该条例对重大行政决策的启动、民主参与、专家论证、风险评估和合法性审查,集体讨论和决定、对外公布以及法律责任等都作了具体规定,规范了政府的行政决策行为。

改革开放 40 年来,行政运作法律制度发展较快,但这些制度规定都整齐划一,对各部门各地方的特殊性没有进行太多考量,在实践中常出现合法不合理的情况。因为地方发展不均衡,而且各个行业都有自己的特殊性,法律实施效果就会有折扣。

三、行政程序制度

在政府与个人平等关系的构建中,行政程序制度发挥了独特作用。我国传统文化强调伦理治国,强调等级和秩序,重实体轻程序,比较而言,程序不发达,行政程序就更是如此。值得庆幸的是,40 年来我国的行政程序制度得到了快速发展。行政程序不仅是实现实体权利的一种必要手段,行政程序制度也逐渐获得独立价值。个人的知情权、表达权、参与权与监督权逐渐为法律肯定。实践中的政府信息公开制度、行政听证制度、行政咨询制度、行政调查制度、风险评估制度以及行政送达制度等都属于行政程序制度的范畴。

最早的行政程序条款是《行政诉讼法》第 54 条第 3 款,违反法定程序的行政行为法院应当撤销。之后,关于行政程序立法,学术界和立法界一直有两种不同观点,一种是主张制定统一的行政程序法,另一种认为目前制定行政程序法条件不成熟,主张分步骤推进,成熟的领域先制定,逐步发展。实践走的是第二种路径。1996 年《行政处罚法》专章规定了行政程序的实施程序和行政处罚的执行程序,而后制定的《立法法》《行政许可法》《行政强制法》,以及国务院制定的《政府信息公开条例》《重大决策暂行条例》等对行政程序问题作了比较多的规定。当然,行政程序权以及公民的行政程序意识的觉醒不仅是立法推动的结果,在很大程度上也是社会变革的产物。民主意识、参与意识和维权意识的增强,要求政府及行政机关的行为更加理性,需要行政程序制度予以支持。如政府信息公开、行政听证制度,其目的就是保障相对人的正当权利。当然,在行政程序制度的发展过程中,许多重大事件也起到积极的或客观的推进作用。如中国入世对透明度的要求,政府要就经济领域的相关政策和信息予以公开;"非典"事件也在客观上推动了信息公开制度的发展;著名的"乔某某告铁道部案"推进了价格听证制度的进步。

在行政法秩序建构中,行政程序制度具有独特价值。它超越了中国文化的单向度,强调个人与政府的理性对话,培育了个人的民主意识和参与能力,也提升了政府的理性意识,为经济社会转型注入了更多的活力,也为公共管理的现代化转型奠定了基础。

四、行政救济制度

以保障个人权利为中心的救济制度是我国 40 年行政法发展的引擎。行政救济制度包括行政诉讼制度、行政复议制度和国家赔偿制度等。其中,行政诉讼制度在我国的全面建立具有里程碑的意义。行政诉讼以救济和保障个人权利为宗旨,不仅可以纠正行政违法,解决行政纷争,还促进了社会自由精神的生长,重构了个人与国家的平等关系,强调司法对行政的制约,为社会主义市场经济的发展奠定了坚实的法律基础。此外,行政诉讼制度作为一个孵化器,催生了与之配套的行政复议制度、国家赔偿制度和关联的行政程序制度等。通过行政诉讼来推进我国的行政法治,可以说是我国行政法治发展的一个重要路径。

行政复议制度和国家赔偿制度是作为行政诉讼的配套制度发展起来的,也以保障个人权利为中心。1990 年,国务院制定了《行政复议条例》,1999 年制定了《行政复议法》,行政复议制度的建立和发展为个人寻求法律救济提供了便捷的手段。1994 年制定了《国家赔偿法》,全面确立了国家责任,旨在为受害的相对人提供救济。

行政救济制度虽然侧重于对个人权利的救济,但客观上起到了监督行政权的合法行使,制约和控制行政权的作用,强化了政府和行政机关依法行政的意识和对法律的遵循,促进了政府自身的法治建设,有利于客观法秩序的建构。尤其是最近几年发展的行政公益诉讼已经跨越主观权利保障的局限,更强调客观法秩序的维护,也更重视对公共利益的保护。

确立政府责任与保障个人权利是相辅相成的。政府责任在一定意义上就是对个人被侵害的合法权益的恢复,包括纠正违法的义务,要恢复到合法状态,也包括对于违法给相对人造成实际损害的,要承担赔偿责任,填补造成的损失。行政救济制度的建立和实际运行,通过对多起行政案件和国家赔偿案件的审理和裁判,有效地化解了社会与政府的冲突。

在整个行政法体系或行政法秩序建构中,行政救济制度占据核心地位。行政救济制度既是行政法秩序的重要组成部分,保证个人与政府关系法律规范的最终落实,保障个人权利,纠正违法行政,同时又是行政法秩序的建构者和维护者,通过不间断的行政案件的审理,可以统一法律规则的适用,发现和弥补客观法秩序的不足,引起社会的重视和关注,从而促进立法完善和提高政府依法行政的水平。在实践中,正是借助于行政救济制度的推动,政府对外管理中的许多法律制度得以逐步建立。

第四节　主要领域行政法制度的变迁与发展

　　40 年来,行政法秩序建构除了整体架构外,在各个专门领域也有很多发展。以政府的职能和作用领域为标准划分,专门领域的行政法可分为警察行政法、经济行政法与社会行政法三大部分。其中,警察行政法对应的是国家的安全职能,包括国家安全和公共安全。这个领域涉及的法律问题很多,国防外交不在行政法制度中讨论,涉及刑事犯罪与制裁的也不是行政法规制的范畴,警察行政法主要侧重于政府对国家安全和公共安全管理方面的秩序建构。经济行政法非常复杂,这主要源于政府的多重身份。政府是公共资源的托管者、市场的建设者和调控者,又是市场的监管者。以往经济法学界比较关注如何调控好各类市场,而行政法更侧重于政府与市场的关系建构。在社会主义市场经济模式里,政府究竟该如何定位职能?政府应该赋予经济职能的履行何种手段? 这里有许多中国特色的问题,实践中有许多创新,但规范程度不高。为了更好地把握经济行政法的发展脉络,我们从总体上对经济行政法进行梳理,同时也对经济领域的规制发展作了一个实例分析。社会行政法主要涉及公共服务的范畴,包括教育行政法、卫生行政法、社会保障领域的行政法等。政府管理社会和公共服务的职能如何定位?在社会领域政府与个人关系如何构建? 从广义上说,政府对环境生态的保护和促进文化传承与发展都属于社会领域的重要任务。本书基于篇幅和研究所限,主要梳理教育行政法与卫生行政法的内容。

一、警察行政法制度

(一)警察行政法的地位

　　在行政法制度中,警察行政法制度具有重要地位。警察行政以国家安全和社会安全为宗旨,是最早的国家职能,到今天为止也是最重要的国家职能。没有社会稳定和安全保障,人民的生命和财产将会处于危险境地,经济建设以及文化等其他事业发展都失去了基础。尤其 40 年来我国改革开放,社会转型,传统简单和封闭的经济和社会秩序被打破,取而代之的是一个复杂、多元、开放的经济和社会秩序,国家安全和社会安全问题就更为突出。一方面,警察行政的领域在扩展,如流动人口的管理、网络安全监管、打击恐怖犯罪等,其监管机制和管理手段也在不断发展;另一方面,如何保护公民的生命和财产安全以及其他合法权益,有效规范和控制警察行政权的行使,提高警察行政的执法品质,也日益为社会所重视。因此,建立健全科学合理的警察行政法制度,也就成为我国法治建设的重要内容。

（二）警察行政法的主要制度

40年来，在警察行政领域，多部法律法规出台，主要有以下几方面的制度：

第一，户籍管理与居民身份证制度。《中华人民共和国户口登记条例》[①]、《中华人民共和国居民身份证法》[②]对户口登记、身份证管理方面作了全面规定。我国户籍制度早在1958年就全面建立，实行城乡二元分类管理，户籍制度与教育、住房和社会福利制度等捆绑。户籍制度最早具有统计、身份证明和法律地位及福利的作用。但随着市场经济的发展，为保证人员的流动，身份证和居住证制度得到发展，户籍制度的身份证明功能弱化，但仍然具有统计和福利制度捆绑的功能。户籍制度由于实行二元管理、限制迁徙自由，有违平等之嫌，为社会诟病，但在城市化的缓慢进程中，在城市容量不足的情况下，户籍制度通过农村土地保证了每一个人的基本生存权，保障了社会的有序转型。当然，取消户籍制度的二元分割，促进城乡一体化建设，实现迁徙自由和平等发展是改革的最终目标。

第二，出入境制度及边防制度。《中华人民共和国护照法》[③]、《中华人民共和国国籍法》[④]、《中华人民共和国出境入境管理法》[⑤]、《中国公民因私事往来香港地区或者澳门地区的暂行管理办法》[⑥]、《中国公民往来台湾地区管理办法》[⑦]、《中华人民共和国出境入境边防检查条例》[⑧]等法律法规对出入境及边防管理作了规定。出入境及边防管理涉及国家主权、社会安全，也影响对外开放和经济发展，十分重要。这里既需要实施有效管理，需要建立出入境和边防秩序，确保安全，也需要高品质的服务，提供便捷的申报批准手续。出入境及边防管理涉及许可、检查、处罚和特定事项的处理等。40年来，中国对外开放，逐步走向世界，尤其是"一带一路"的拓展，中国与世界的联系日益紧密，需要更宽阔的胸怀来拥抱世界。2018年3月，我国建立了国家移民局，出入境管理和边防都合并到了国家移民局，而且负责边防事务的边防武警也大部分转成职业警察。可以预测，随着国家发展战略的推进，需要在体制机制上进一步创新，也需要在移民法律以及出入境及边防法律方面进一步完善。

---

① 1958年《中华人民共和国户口登记条例》。

② 2003年《中华人民共和国居民身份证法》（2011年修正）。

③ 2006年《中华人民共和国护照法》。

④ 1980年《中华人民共和国国籍法》。

⑤ 2012年《中华人民共和国出境入境管理法》。

⑥ 《中国公民因私事往来香港地区或者澳门地区的暂行管理办法》（公安部令1986年12月25日）。

⑦ 《中国公民往来台湾地区管理办法》（国务院令第93号1991年12月17日）（2015年修正）。

⑧ 《中华人民共和国出境入境边防检查条例》（国务院令第182号1995年7月20日）。

第三,道路交通安全管理法制度。《中华人民共和国道路交通安全法》①、《中华人民共和国道路交通安全法实施条例》②等法律法规对道路安全涉及的车辆与驾驶人、路面通行情况、路面通行规定、交通事故处理及法律责任有全面的规定。40 年来,我国的交通运输发展快速,家庭拥有车辆也大幅增长,交通事故直接危及个人生命和公私财产,因此,需要严格管理,明确相关当事人权利义务,尽可能地减少交通事故的发生。道路交通管理采用了标准、登记、许可、检查、处罚等各种手段。除道路交通管理外,还有铁路运输、水路交通和民用航空运输管理等,分别归属于不同的管理部门,制定有相应的法律法规,如《海上交通安全法》③、《铁路安全管理条例》④等。随着智能时代的到来,无人驾驶汽车等智能汽车发展迅速,交通管理规则将面临改革拓展,交通执法也面临着许多新的课题。

第四,消防监督管理法制度。这主要规定在《消防法》⑤中。消防是政府的重要职责,涉及火灾预防、监督检查、灭火救援和法律责任的追究。消防的目的是保护人身和财产安全,维护公共秩序。40 年来我国的消防任务由武装警察承担,消防属于公安部门的职责。2018 年机构改革,消防职责从公安部剥离合并到新成立的国家应急部,消防队伍也从武装警察转为职业消防人员,更加注重专业化和职业化建设。

第五,特种行业与特种物品管理法制度。特种行业是指对社会秩序及公共安全会造成影响的一些特殊行业,如酒店业、拍卖业、典当业等,容易发生安全隐患或为犯罪分子利用、需要,故需要公安部门的前置许可和严格管制,以确保秩序安全。这方面的规定主要有《旅馆业治安管理办法》⑥、《典当管理办法》⑦、《废旧金属收购业治安管理办法》⑧、《印刷业管理条例》⑨等。特种物品也是与社会秩序及公共安全有关的特殊物品,如枪支弹药、危险化学品等,为确保安全,需要公安部门特别管制。《中华人民共和国枪支管理法》⑩、《危险化学品安全管理条例》⑪等都是对特种物品的管制规定。

---

① 2003 年《中华人民共和国道路交通安全法》(2011 年修正)。

② 《中华人民共和国道路交通安全法实施条例》(国务院令第 405 号 2004 年 4 月 30 日)(2017 年修正)。

③ 1993 年《中华人民共和国海上交通安全法》(2016 年修正)。

④ 《铁路安全管理条例》(国务院令 693 号 2013 年 8 月 17 日)。

⑤ 1998 年《中华人民共和国消防法》(2019 年修正)。

⑥ 1987 年《旅馆业治安管理办法》(2011 年修正)。

⑦ 2005 年《典当管理办法》。

⑧ 1994 年《废旧金属收购业治安管理办法》。

⑨ 2001 年《印刷业管理条例》(2017 年修正)。

⑩ 1996 年《中华人民共和国枪支管理法》(2015 年修正)。

⑪ 《危险化学品安全管理条例》(国务院令第 591 号 2011 年 3 月 2 日)(2013 年修正)。

第六,其他国家安全与公共安全法律制度。包括治安管理处罚制度、公共场所管理制度、网络安全管理制度、反恐怖主义制度、集会游行制度和国家安全制度等。涉及的法律有《中华人民共和国治安管理处罚法》[①]、《娱乐场所管理条例》、《中华人民共和国计算机信息系统安全保护条例》[②]、《中华人民共和国反恐怖主义法》[③]、《中华人民共和国集会游行示威法》[④]、《中华人民共和国国家安全法》[⑤]等。

(三)警察行政法的特点

与其他领域的行政法制度相比,警察行政法以秩序建构和维护为宗旨,以外部规制为主,旨在为个人提供最基本的人身和财产安全保障,为国家的经济社会发展和走向世界提供基本的秩序保障。

第一,以秩序安全为中心,包括国家安全和公共安全。涉及重大社会领域(人口流动、出入境、交通、消防、互联网、突发事件处理、戒严等)的秩序建构与维护,风险排除与事故处理,秩序恢复与重建等。最常用的法律手段就是设置标准、行政许可、行政检查、事故调查和处理、行政处罚、行政强制等。

第二,警察行政法以规制为重,主要是明确政府在秩序建构与维护中的职责以及相对人的行为底线,但也包含了大量的公共服务,比如便捷的申请审批程序,灾后重建的支持,包括在遇到困难时的救助等。在此意义上,警察行政法通常被称为规制行政法。

第三,警察行政法内容宽泛,调整手段多元。随着互联网和人工智能等高科技的快速发展和中国日益走向世界,人们之间的交往日益增加,国家安全和公共安全也更加复杂多元,对专业性、技术性和开放性的要求更高。从管理人员来看,除了警察承担重要职责外,许多警察之外的专业人士也加入秩序安全领域工作。有一些专业性强的职能,如消防、自然灾害等突发事件处理可以由警察以外的专业人员处理。随着高科技的发展,除警察部门外,还需要相关部门的技术支持,如对智能汽车的管理,需要警察部门和交通部门的共同努力。此外,大数据、人工智能都在警察行政法律制度中发挥越来越重要的作用。

---

① 2005 年《中华人民共和国治安管理处罚法》(2012 年修正)。

② 《中华人民共和国计算机信息系统安全保护条例》(国务院令 417 号 1994 年 2 月 18 日)(2011 年修正)。

③ 2015 年《中华人民共和国反恐怖主义法》(2018 年修正)。

④ 1989 年《中华人民共和国集会游行示威法》(2009 年修正)。

⑤ 2015 年《中华人民共和国国家安全法》。

二、经济行政法制度

(一)经济行政法的界定与地位

改革开放 40 多年来,我国以经济建设为中心,致力于社会主义市场经济建设,取得了举世瞩目的成就。政府采用积极的经济职能,推动大规模的经济改革和技术创新,建立起最完整的现代工业体系,培育和发展了各类商品市场和要素市场,并确保市场的长期相对平稳,为国家的全面发展奠定了坚实的基础。关于社会主义市场经济法律体系的建设,以往经济法学界侧重于市场秩序的建构,市场的开放、自由、公平竞争以及可持续发展,强调政府对市场的宏观调控和微观监管;市场法律制度的建设也以市场为中心,侧重于市场主体、财产权和知识产权、市场交易行为以及市场主体的责任及纠纷解决机制。令人遗憾的是,对于在社会主义市场经济模式下如何定位政府的经济职能,如何建立合理的政府与市场的关系,如何有效规范政府在经济领域的权力,学界虽有部分研究,但没有给予应有的重视和关注。

与西方国家比较,我国政府的经济职能非常独特,其对经济领域的介入程度和调整手段远超过西方。其原因是:第一,改革开放后以经济建设为中心的路线方针决定着政府的工作重心放在经济增长上,各级人民政府都必须尽可能地提高经济发展水平。中央和省级政府主要依靠经济计划、产业政策、项目支持以及行政区划改革调整等培育新的经济增长点,而市县则更多地依靠招商引资、产业链的打造和人、财、物要素市场的培育。第二,社会主义公有制意味着土地、矿藏等自然资源和国家财产大量为政府掌控,政府必须以资产所有人身份将公共资源转化为市场要素,此时,政府是以市场主体的身份进入市场的。如政府土地出让,设立国有企业都是典型的经营性职能。第三,我国独有的政府"大一统"的管理模式决定了地方对中央的服从。中央对经济指标的考核以及为了获得更多的国家支持,地方必须尽其所能发展经济。第四,造福一方的地方官员传统文化也决定了在地方经济竞争激烈的时代,地方政府会努力促进当地的经济发展。

40 年来的中国经济改革一直沿着两条线展开:一是促进市场化的发展。构建以市场为核心的经济法律秩序,制定市场主体方面的法律,保护市场主体的财产权和知识产权,建立交易规则,确保市场的开放、自由竞争和平等,并按照各类市场的特点培育和发展市场,如普通消费品市场、房地产市场、金融市场、信息技术市场以及劳动力市场等。二是重构政府与市场的关系。政府从计划经济时代的包办一切逐步退出,与市场主体剥离,注重对经济发展的整体引导、支持和宏观调控以及市场监管。市场主体的微观经济活动不再由政府严格控制。政府的角色从主要是经营者转化为管理者,但由于前述我国经济、政治模式的特殊性,政府仍然在相当程度保留了经营者的身份,尤其是地方各级人民政府广泛参与到经济竞争中。虽然在法律上地方政府不具有经济主体的地位,但事实上是具有独立利益的经济实体,从而形成了中国经济独特的双重竞争秩序。一个是以市场交易为核心的市场法律秩序,另一个是以利益(包括土地、行政区划、经济政策、项目支持等)获取为目标的地方政府间竞争秩序。后者更侧重于市场整体能力的竞争。这种改革过程中形成的双重竞争机制超越了传统一元市场竞争对经济发展的贡献。市场竞争是通过技术创新、经营模式的改革以及劳动生产率的提高来促进资源的有效配置,促进财富的增长的,而政府间的经济竞争则侧重于整体经济能力的竞争,涉及产业竞争力和要素市场的配套以及经济制度的改革创新。这种双重竞争机制又在一定程度上相互作用、相互促进,形成了政府与市场紧密合作的关系。在很大程度上,在改革中形成的与我国独有的经济、政治和文化模式对接的双重市场竞争模式为我国经济的飞速发展做出了巨大贡献。但由于立法偏重于传统市场秩序所需制度的建设,忽略了政府间经济竞争秩序的建构,尤其是对政府与市场的关系缺乏法律的准确定位和规范,导致竞争无序、资源浪费,也带来了让社会诟病的官商结合和大量腐败现象。

40年的经济改革开放,造就了政府在经济领域的身份转换和政府与市场关系的重构。在经济领域,政府的法律地位,政府参与市场运作的权利义务,政府管理经济的职权职责和手段以及程序等,都属于经济行政法的范畴。令人遗憾的是,带有浓厚中国特色的经济行政秩序没有得到学界的关注和重视,其立法也严重滞后于实际需要。实践中更多地通过政策、规划、项目以及命令服从等行政关系来维系这种秩序,当然也带来了很多问题。

(二)经济行政法的主要制度

政府在经济领域具有经营性职能和管理性职能,从而形成了经营性和管理性两类法律制度。

1.经营性法律制度

政府作为一类特殊的市场主体参与市场运作,与其他市场主体共建市场。作为自然资源和其他公共财富的托管者,政府要将这些资源和财富投入市场运营才能产生更大的价值。因此,政府承担大量的经营职能,即政府直接或间接地参与市场活动。其中,间接的如成立国企,从事涉及国家经济命脉和其他最重要领域的生产经营;直接的有国有资源和资产出让、公共投资、政府采购、政府借债以及以利益让渡为条件的招商引资(类似于交易)。需要说明的是,政府部分经济职能同时具有管理属性和市场属性,如对公共基础设施的政府投入,既是一种宏观调控的手段,也是一种市场性的行为。但两种性质的行为大体还是能够分开的,而且这两种行为的性质不同,对市场运行的影响不同,需要确立不同的规则。

虽然政府的经营职能在任何国家都可能存在,如政府采购、公共工程建设,但由我国社会主义公有制所决定,尤其是自然资源公有(包括国家所有和集体所有)

导致我国政府掌管着大量的资源和资产,其经营职能远超出其他国家。另外,在公共资源的配置方面,如何实现相对均衡和相对公平,也是十分重大的课题。十九大报告指出,当前最主要的社会矛盾是发展不均衡不充分,如何通过公共资源的配置调整来解决这一问题,也是值得认真考虑的。

2.管理性法律制度

政府重要的经济职能之一就是作为管理者促进经济的发展和保障市场的健康运行。由于经济演变的路径不同,各国在经济管理上的职能不尽相同。比较而言,西方国家更倾向于社会办市场,强调市场的自然发展,政府只有辅助功能;我国则强调政府在经济领域的主导作用,既引导和保障经济发展,同时又促进社会、个人在经济领域的积极创新精神,通过政府与社会的双重作用来共同推进技术创新和经济繁荣。这种经济上两轮驱动的模式造就了中国今天的经济发展成就。40 年来,我国政府在经济管理方面积累了许多好的措施和做法,尤其是在发展经济方面有许多好的手段和做法,虽然没有完全上升到法律层面,但已逐渐形成一套秩序。

(1)促进经济发展的手段。政府采取多种手段促进经济发展,包括:制定整体发展规划,例如《中国制造 2025》《中长期铁路网规划》等,为经济的持续发展合理配置资源;采取具体的促进措施,其中最为突出的是招商引资、培育支柱产业等,向市场主体提供信息服务和行政指导,帮助企业快速了解市场信息,提高企业抗击市场风险的能力。

(2)公共财富的管理。社会主义公有制决定了政府掌控着大量的公共资源和国家财富,如土地、矿藏、河流、森林等自然资源,国有企业以及外汇等国家财富,政府类似于公共财富的受托人,有义务保护和管理好这些财富,并保证其不贬值或升值。目前,这方面的立法有《全民所有制企业法》《国有资产管理法》《土地管理法》《矿产资源法》《森林法》《外资企业法》等。

(3)宏观调控法律制度。宏观调控是核心的政府经济职能,政府通过规划、财政、税收、利率、货币发行等手段,促进经济资源的合理配置。我国政府掌握土地、资本等要素资源,可以采取多种手段进行宏观调控。由于市场经济需要快速回应,因此,宏观调控手段较少以人大立法的形式表现,从实践来看,更多采用规范性文件的形式,如国务院发布的"决定""命令""措施"等。

(4)市场监管制度。在实践中,政府对市场的监管制度比较宽泛和多元,常见的有市场准入制度、反垄断和反不正当竞争制度、产品质量监督制度、知识产权保护制度、行政处罚以及行政强制制度等。三大行政法制度即《行政许可法》《行政处罚法》《行政强制法》等都广泛作用于市场监管领域。

(三)经济行政法制的特点

与警察行政法不同,经济行政法在调整对象、功能定位、法律原则和调整手段方面都有鲜明的特色。

1.调整对象

经济行政调整的是政府与市场的关系。一是政府作为市场参与者即一类特殊的市场主体，在市场建设和运行中应被赋予什么样的法律地位、权利义务，如何通过有效的资源配置来确保市场的供需平衡和均衡发展。二是政府作为市场管理者，如何促进市场的发展、确保市场的开放和自由竞争并通过竞争来提升国家的创新能力。政府与市场的关系不等同政府与市场主体及消费者之间的关系，后者只是政府与市场关系的一个组成部分。市场是以商品交易或要素交易为基础、多元参与的复杂系统。市场是实现资源有效配置和鼓励创新的有效手段。社会主义市场经济模式下，政府与市场的关系具有双重属性，政府既是不可或缺的市场主体，是市场的重要组成部分，同时又是引领者和管理者。在政府与市场关系中，最核心的问题有：如何实现公共资源的市场化配置，政府如何引领市场的发展，政府如何确保市场的安全、相对稳定、自由和公平竞争，政府如何鼓励创新，政府如何保护市场主体的合法正当权益。

2.功能定位

经济行政法致力于社会主义市场经济法律秩序的建构，通过有效的资源配置、双重竞争机制的建设和多元调控，实现市场的整体发展和繁荣。国家层面的市场整体性把控、地方经济竞争以及个人的自由创造与交易结合，形成具有中国特色的社会主义市场经济法律框架。与传统政府与市场分割不同，在社会主义市场经济模式中，政府与市场高度融合，但无论是参与市场经营还是管理市场，都必须遵循市场规律，鼓励多元、鼓励创新、鼓励竞争。

3.法律原则

与警察行政法侧重于强调个人自由和规范控制行政权不同，经济行政法重视政府的积极作用，通过各种手段和工具来推进经济的发展，当然，不得在无法律授权的情况下侵害个人的权利。具体地说，竞争原则、资源有效配置原则、市场整体利益原则、市场主体权利保障原则等都需要考虑。

4.调整手段

与警察行政法相比，经济行政法是对政府参与市场、促进和管理市场的赋权与规范，因而调整手段多元。就参与市场而言，存在土地出让、政府投资、政府采购、政府设立国有企业、举债等；就引领市场发展而言，有政府规划、产业政策、项目补贴、税收减免等。由于涉及资源配置，政府有许多手段是组织性的手段，如行政区划、工业园区建设、政府间的财权划分等。当然也有很多手段是通用的，如微观的市场监督、行政许可、行政处罚和行政强制等，宏观的行政立法和行政决策等。

三、教育行政法制度

改革开放 40 年来，我国的教育改革不断深入，教育事业不断进步，与此同时，我国的教育立法也得到了快速发展。要实现教育的现代化,需要确立科学的教育目标及手段,保证个人的受教育权,公平合理地配置教育资源,实现教育与社会发展的良性互动,这都需要法律的支持、规范和保障,需要建立完备的教育法律制度。

(一)教育立法与背景

我国改革开放后的第一部教育立法是《中华人民共和国学位条例》①。该法于1980 年 2 月由第五届全国人民代表大会第十三次会议通过,主要是为响应邓小平提出的"要建立学位制度",解决恢复高考后的学位授予困境,促进教育学科的有序发展。1981 年,国务院制定了《中华人民共和国学位条例暂行实施办法》②,细化了授予学位的学科门类,规定了学位授予的主体、条件和程序。

1982 年,新宪法规定了个人的受教育权和推进教育事业的发展,为教育法治的发展奠定了宪法基础。随着改革开放的推进,尤其是城市经济改革的启动,对高素质人才的要求非常迫切。1985 年,中共中央制定颁发了《关于教育体制改革的决定》③,为义务教育、职业教育和高等教育的发展提供了方向,并首次提出要实行九年义务教育。1986 年,第六届全国人民代表大会第四次会议通过了《中华人民共和国义务教育法》④,该法对义务教育的目标和手段、义务教育的国家责任、中央与地方的职能划分以及教师、经费筹措等都作了明确规定。为确保义务教育的顺利进行,国务院制定实施了《征收教育费附加的暂行规定》⑤。

为进一步推进教育事业的发展,1993 年 3 月,中共中央和国务院颁布了《中国教育改革与发展纲要》,明确了未来教育改革的目标、职能分工和办学的思路,并提出要加快教育法律、法规的制定,完善教育法规体系。在此《纲要》的引导下,同年制定了《中华人民共和国教师法》⑥。1995 年制定了《中华人民共和国教育法》⑦,这是教育领域的基本法,就教育的目标定位、基本制度、基本要素如学校、教师和受教育者等都作了规定,明确了教育改革和发展的方向。1996 年制定了《中华人民共和国职业教育法》⑧,对职业教育的基本框架和基本制度作了规定;1998 年通过了《中华人民共和国高等教育法》⑨,规定了高等教育的基本框架和基本制度。

为了鼓励和规范民间力量办学,推动民办教育的发展,我国于 1997 年制定了

---

① 1980 年《中华人民共和国学位条例》(2004 年修正)。

② 《中华人民共和国学位条例暂行实施办法》(国发〔1981〕89 号 1981 年 5 月 20 日)

③ 《中共中央关于教育体制改革的决定》(中国共产党中央委员会 1985 年 5 月 27 日)。

④ 1986 年《中华人民共和国义务教育法》(2018 年修正)。

⑤ 《征收教育费附加的暂行规定》(国务院令第 60 号 1990 年 6 月 7 日)(2011 年修正)。

⑥ 1993 年《中华人民共和国教师法》(2009 年修正)。

⑦ 1995 年《中华人民共和国教育法》(2015 年修正)。

⑧ 1996 年《中华人民共和国职业教育法》。

⑨ 1998 年《中华人民共和国高等教育法》(2018 年修正)。

《社会力量办学条例》①,2002年制定了《民办教育促进法》②,以后又有两次修订,将民办教育分为营利和非营利两类,区分管理,并规定义务教育学校不得营利。

此外,国务院制定了许多配套或单项的行政法规,地方也制定了大量的地方性法规和规章,以贯彻落实教育法律的规定。《中华人民共和国国家通用语言文字法》③、《中华人民共和国未成年人保护法》④、《中华人民共和国体育法》⑤以及《中华人民共和国国防教育法》⑥中有许多内容是对教育的规范,成为教育法的特别组成部分。

2010年6月21日,中共中央政治局召开会议,审议并通过《国家中长期教育改革和发展规划纲要(2010—2020年)》,2010年7月29日正式全文发布。这是中国进入21世纪之后的第一个教育规划,对全国教育改革和发展具有重大意义。主要内容包括推进素质教育改革试点、义务教育均衡发展改革试点、职业教育办学模式改革试点、终身教育体制机制建设试点、拔尖创新人才培养改革试点、考试招生制度改革试点、现代大学制度改革试点、深化办学体制改革试点、地方教育投入保障机制改革试点以及省级政府教育统筹综合改革试点等十个方面。该《规划纲要》明确要对相关教育方面的法律予以修改,并就终身学习、学前教育和家庭教育等方面进行立法,推动我国终身教育、学前教育及家庭教育制度的发展。

(二)主要教育法律制度

总结40年来我国的教育立法和教育改革实践,教育法律制度主要分为义务教育制度、高等教育制度、职业教育制度和终身教育制度等其他教育制度。

1.义务教育制度

我国实行九年制的义务教育。有条件的地方,儿童从六岁开始或特殊情况下七岁开始接受义务教育。义务教育是国家教育制度的核心组成部分,我国在1986年制定的《义务教育法》可以说是第一部比较完整的教育法典。义务教育的提供主体或义务主体是国家,具体由省级政府负责,由县级以上地方政府组织实施,包括校舍及教学设施、教师、经费等。教育部主要承担义务教育的标准制定、均衡发展以及监督落实等。义务教育的权利主体是适龄儿童。受教育是一种权利,每一个适龄儿童都有权利得到国家提供的义务教育和公平的教育机会。当然,适龄儿童受教育也是一种义务,其监护人有义务确保适龄儿童接受义务教育。按照2018年

① 《社会力量办学条例》(国务院令第226号1997年7月31日)(已失效)。

② 2002年《民办教育促进法》(2018年修正)。

③ 2001年《中华人民共和国国家通用语言文字法》。

④ 1991年《中华人民共和国未成年人保护法》(2012年修正)。

⑤ 1995年《中华人民共和国体育法》(2016年修正)。

⑥ 2001年《中华人民共和国国防教育法》(2018年修正)。

的统计数据,目前在校接受义务教育的学生有 1.4 亿多人。[①] 此外,义务教育涉及的主体还包括学校、老师和学生的监护人等。

《义务教育法》还规定了义务教育中政府的两大类行为:一类是教育服务行为,政府通过举办学校、聘任教师、编写审定教材、筹措资金等来提供义务教育。服务行为是教育的本质,教育服务的规模、范围和品质都非常重要。另一类是教育管理行为,包括行政许可、对教学秩序的维护、校园安全、对教师的管理等。这些行为具有从属性,是完成教育服务的必要保证。

通过 40 多年的努力,我国义务教育的入学率和教育质量有了很大提升,但义务教育的均衡性、义务教育的品质仍有很大提升的空间,校园安全需要加强,学校与社会的互信关系需要改善。

2.高等教育制度

恢复高考可以说是我国改革开放的序幕。1977 年,我国通过公开考试、择优录取,招收了第一批"文革"后的大学生,从此高考制度步入正轨。40 多年来,高考改变了许多学生及家庭的命运,也为中国的社会主义现代化建设提供了各类人才,从而彻底改变了中国。《高等教育法》是在实践探索的基础上于 1998 年制定的,规定了高等教育的基本制度、政府教育部门、高等学校、学生与老师、经费筹措和保障等多方面的内容。按照 2018 年教育部教育事业统计的数据,现在高校在读的学生规模为 3833 万人。

与义务教育相比,高等教育更为多元和复杂。接受高等教育的学生层次多。除了培养学生外,高等教育还有科学研究和服务社会的重要功能。因此,如何将高等教育与社会发展有机对接,培养创新性、专业化和综合能力强的各类人才,让高等学校更好地参与国家和地方的经济和社会建设,发挥其人才聚集的优势,都是高等教育改革面临的重要任务。

对于如何提升高等教育的品质,党和政府都十分重视,也进行了许多有益的探索,在课程体系、教育模式、考评机制等方面都进行了改革,但学生素质和能力培养离社会实践要求仍有距离。尤其是创新性和职业化的水平还不能适应经济、社会快速发展的要求,以结果为导向的一套培养机制还没有完全建立,注重知识轻能力的状况还很突出,仍需要进一步改革提升。

在高等教育中,政府的管理更为复杂,既要调动大学的自我治理和创新精神,鼓励学术自由和充分竞争,又要保证高等教育既定目标的实现,要科学合理地配置资源,还要通过各种举措包括民办大学来鼓励社会投入,促进高等教育与研究的发展。政府对大学的管理包括设置开办学校、学科和研究生专业的设置、统一考试录取和课程管理、对教师的聘用和管理以及对学生违纪的处理等。在高等教育中,如

[①]　2018 年教育部教育事业统计公告。

何建立现代大学制度,厘清政府与大学的关系,是一个十分突出的问题。大学的功能定位、大学的治理结构、大学的办学特色以及大学之间的公平竞争都需要法律的支持和保障。

3.职业教育制度

在当代社会,随着工业化、信息化、智能化的快速发展,技术能力和职业化需求日益突出,重知识轻能力的教育模式为社会诟病,职业教育变得十分重要。我国改革开放以后,党和政府一直很重视职业教育,除了制定《职业教育法》外,在 2014 年出台了《国务院关于加快发展现代职业教育的决定》[①],并于 2019 年 1 月出台了《国务院关于印发国家职业教育改革实施方案的通知》[②]。政府决定加强对职业教育的扶持,并建立职业教育的质量评估制度。

从法律层面看,职业教育制度与义务教育及高等教育制度一样,都涉及政府、企业和个人的职责、权利义务及分工。谁来举办职业教育,谁来投入,职业教育的标准和教育品质是什么,学生、教师、学校、社会和政府在职业教育中如何合作,各自有哪些权利义务? 目前,我国政府对职业教育的定位较低,投入偏少,而且传统文化对职业技能不重视以及职业教育的师资来源没有保障,行业参与不充分等都影响了职业教育的品质。

4.其他教育制度

主要包括学前教育制度、特殊人群教育制度、家庭教育制度和终身教育制度等。目前,学前教育方面的法律正在制定过程中,政府在学前教育方面的职责有望加强。《残疾人教育条例》[③]规定了残疾人的义务教育、职业教育和高等教育的权利,但受制于各方面的条件,其实施保障并不到位,需要进一步落实。家庭教育对于个人基本素质的培养和道德及价值观的养成十分重要,也是我国传统文化中最优秀的一部分,但快速变革的社会似乎中断了这一传统。家庭教育碎片化和盲目化,重知识、轻性格与道德养成,造成人格畸形,也引发许多家庭悲剧。因此,我国需要重新审视家庭教育的功能,明确政府、家庭、学校和社会在家庭教育中的职责和权利义务,引导家庭教育的健康发展。目前,地方已经有家庭立法的先例,但国家层面的家庭教育立法还在调研阶段,但立法促进的共识已经达成。终身教育也是个人在现代社会一项重要的需求,也是一项值得肯定的重要权利。采用多种手段促进终身教育,提升全民的素质和能力是政府的重要职责。目前,上海市等立法制定了《上海市终身教育促进条例》,但还没有国家层面的完整立法。

---

① 《国务院关于加快发展现代职业教育的决定》(国发〔2014〕19 号 2014 年 5 月 2 日)。

② 《国务院关于印发国家职业教育改革实施方案的通知》(国发〔2019〕4 号 2019 年 1 月 24 日)。

③ 1994 年《残疾人教育条例》(2017 年修正)。

（三）教育行政法的特点

教育行政属于公共服务的范畴。与警察行政追求秩序，经济行政追求市场的良性运行和健康发展不同，教育行政追求的是教育的可及性与教育的品质。就教育法治的发展来看，其呈现出以下特征：

一是教育行政法旨在确认个人的教育权利和扩展政府的教育职责。在现代知识爆炸的年代，教育至关重要。对知识的获取、能力的培养及人格品质的形成，决定了个人的发展空间和生存能力，也决定了国家经济社会的发展潜质和在国际上的竞争力。40 年来，从义务教育到高等教育及职业教育，再到学前教育和终身教育，政府的教育职能不断扩展，个人受教育的机会日益增多。教育规模的扩展和教育品质的提升，全面提升了中国国民的素质，为中国今天的繁荣奠定了基础。

二是教育行政法促进高品质教育机会的供给，满足个人和经济社会发展的需求。除了国家举办教育以外，也需要通过法律制度的完善来促进民办教育的发展和社会对教育的投入。此外，家庭教育也变得十分重要。政府不是要对家庭教育进行干预，而是要对家庭教育提供积极的引导和服务，促进和支持家庭教育的发展。

三是教育行政法通过教育质量标准的建立来确保教育的品质。公共服务的质量不是以合法性和合理性来衡量的，而是需要借助一套标准来评价。当然，政府履行教育义务、尽到法定职责是最基本的要求。

四、卫生行政法制度

卫生行政法以保障个人的健康权为宗旨，也是服务行政的重要组成部分。40 年来，我国的卫生事业经历了根本性的变革，无论是基本医疗服务还是公共卫生监管都有了质的飞跃。

（一）改革与立法背景

改革开放后，在基本医疗领域，我国农村的合作医疗体制瓦解破碎，城市以国企为单位的自我医疗服务也难以为继。1985 年，我国实行全面医疗体制改革，其中心思想是放权让利，调动社会的积极性，许多公立医院承包给个人，带有市场化倾向的改革在增加供给的同时也直接造成了看病难、看病贵，农村因病致穷、因病反穷的家庭很多。我国从 20 世纪 90 年代中期开始实践探索，尤其是 2009 年启动的全面医疗卫生体制改革推进了医疗卫生制度的发展。《中共中央、国务院关于深化医药卫生体制改革的意见》①对改革完善公共卫生体系、医疗服务体系、医疗保

① 《中共中央、国务院关于深化医药卫生体制改革的意见》（中发〔2009〕6 号 2009 年 3 月 17 日）。

障体系和药品服务体系作了顶层设计，有力推动了后续的改革。2016 年 8 月 19 日至 20 日，党中央和国务院召开了全国卫生与健康大会。习近平出席会议并发表重要讲话。他强调，没有全民健康，就没有全面小康。要把人民健康放在优先发展的战略地位，以普及健康生活、优化健康服务、完善健康保障、建设健康环境、发展健康产业为重点，加快推进健康中国建设，努力全方位、全周期保障人民健康，为实现"两个一百年"奋斗目标、实现中华民族伟大复兴的中国梦打下坚实健康基础。随后，我国颁布了《"健康中国 2030"规划纲要》。党的十九大提出"实施健康中国战略"。这些重大举措和部署，都将卫生与健康工作提到了一个新的高度，丰富了卫生与健康的内涵，强调加快推进健康中国建设，要把人民健康放在优先发展的战略地位，将健康融入所有政策，努力全方位全周期保障人民健康。2018 年 3 月，党政机构改革强化了卫生与健康委员会的职能，并成立国家医疗保障局作为国务院的直属机构，负责医疗保险、生育保险、医疗救助和医药采购等方面的管理职能。

从 20 世纪 80 年代开始，我国卫生领域立法也在快速跟进，为我国医疗卫生事业的发展提供了法律支持。1982 年，我国制定了《中华人民共和国食品卫生法（试行）》①，1984 年制定了《中华人民共和国药品管理法》②，1986 年制定了《中华人民共和国国境卫生检疫法》③，1989 年制定了《中华人民共和国传染病防治法》④。可以说，20 世纪 80 年代的卫生立法主要集中在公共卫生管理方面，同时国务院和卫生主管部门还制定大量的行政法规和规章，涉及公共卫生、基本医疗和医疗机构、医生护士、药品、医疗器械等方面的内容，如《公共场所卫生管理条例》⑤、《全国医院工作条例》⑥、《医师、中医师个体开业暂行管理办法》⑦、《新药审批办法》⑧以及《医疗器械监督管理条例》⑨等。

从 20 世纪 90 年代开始，涉及卫生领域的立法主要有 1993 年制定的《中华人民共和国红十字会法》⑩，1994 年制定的《中华人民共和国母婴保健法》⑪，1997 年

---

① 1982 年《中华人民共和国食品卫生法（试行）》（已失效）。

② 1984 年《中华人民共和国药品管理法》（2015 年修正）。

③ 1986 年《中华人民共和国国境卫生检疫法》（2018 年修正）。

④ 1989 年《中华人民共和国传染病防治法》（2013 年修正）。

⑤ 1987 年《公共场所卫生管理条例》（2019 年修正）。

⑥ 《全国医院工作条例》（卫生部发 1982 年 1 月 12 日）。

⑦ 《医师、中医师个体开业暂行管理办法》（卫生部、国家中医药管理局发 1988 年 11 月 21 日）（已失效）。

⑧ 《新药审批办法》（卫生部发 1985 年 7 月 1 日）。

⑨ 《医疗器械监督管理条例》（国务院令第 276 号 2000 年 1 月 4 日）（2017 年修正）。

⑩ 1993 年《中华人民共和国红十字会法》（2017 年修正）。

⑪ 1994 年《中华人民共和国母婴保健法》（2017 年修正）。

制定的《中华人民共和国献血法》①,1998 年制定的《中华人民共和国执业医师法》②,2001 年制定的《中华人民共和国职业病防治法》③和《中华人民共和国人口与计划生育法》④,2007 年制定的《中华人民共和国突发事件应对法》⑤,2012 年制定的《中华人民共和国精神卫生法》⑥,2016 年制定的《中华人民共和国中医药法》⑦。这期间,《食品卫生法》多次修订,并更名为《食品安全法》⑧、《药品管理法》⑨、《国境卫生检疫法》⑩、《传染病防治法》⑪、《职业病防治法》⑫以及《精神卫生法》⑬也进行了修订。此外,国务院还制定了多部重要的行政法规,如《护士条例》⑭、《艾滋病防治条例》⑮、《城镇职工基本医疗保险条例》和《残疾预防和残疾人康复条例》⑯等。为了推进"健康中国"的发展,国家正在制定作为卫生基本法的《基本医疗卫生和健康促进法(草案)》,现已进入二读程序。该草案全面确认和保障个人的健康权,并为其他卫生法律制度的发展与完善奠定基础。

(二)卫生行政法的主要制度

就总体而言,卫生行政法主要包括四类制度:

1.基本医疗制度

医疗即医治、治疗疾病的意思。基本医疗,即采用基本药物、使用适宜技术,按照规范诊疗程序提供的急慢性疾病的诊断、治疗和康复等医疗服务。为个人提供基本医疗服务,保障个人的健康权是现代政府的一项重要职能,政府既要大力发展医疗事业,设立医疗机构,研制生产合格的药品,培养优秀的医务人员,建立合理的就医制度,提供及时、方便和公平的医疗服务;同时也要通过政府投入和社会保险等各种机制筹措资金,保障个人能够得到基本的医疗服务。医疗是专业性极强的

---

① 1997 年《中华人民共和国献血法》。

② 1988 年《中华人民共和国执业医师法》(2009 年修正)。

③ 2001 年《中华人民共和国职业病防治法》(2018 年修正)。

④ 2001 年《中华人民共和国人口与计划生育法》(2015 年修正)。

⑤ 2007 年《中华人民共和国突发事件应对法》。

⑥ 2012 年《中华人民共和国精神卫生法》(2018 年修正)。

⑦ 2016 年《中华人民共和国中医药法》。

⑧ 2009 年《中华人民共和国食品安全法》(2018 年修正)。

⑨ 1984 年《中华人民共和国药品管理法》(2015 年修正)。

⑩ 1986 年《中华人民共和国国境卫生检疫法》(2018 年修正)。

⑪ 1989 年《中华人民共和国传染病防治法》(2013 年修正)。

⑫ 2001 年《中华人民共和国职业病防治法》(2018 年修正)。

⑬ 2012 年《中华人民共和国精神卫生法》(2018 年修正)。

⑭ 《护士条例》(国务院令第 517 号 2008 年 1 月 31 日)。

⑮ 2006 年《艾滋病防治条例》(2019 年修正)。

⑯ 《残疾预防和残疾人康复条例》(国务院令第 675 号 2017 年 2 月 7 日)(2018 年修正)。

活动,医疗过程有一套严格的规程和标准,医疗错误可能导致生命代价,需要慎重对待。医疗也是一项昂贵的事业,国家只能根据有限的财力提供基本的服务。但哪些属于基本医疗的范畴,需要法律界定,当然也需要不断拓展。

　　医疗服务需要多个要素的支持:第一,举办医疗机构。包括政府投资举办和鼓励社会举办。民营医院分非营利的和营利的两种,非营利的可以进入到社保定点医院,提供基本医疗服务。2016年,国务院修订的《医疗机构管理条例》对医疗机构的设置、执业以及监督管理等作了规定。政府鼓励社会办医,并将加大对社会办医的支持力度,支持社会办医与公办医疗机构合作发展"互联网＋医疗健康",开展远程医疗协作,共享医学检验、影像等服务。第二,医务人员。包括医生、护士和其他辅助人员。《执行医师法》和《护士条例》对医生和护士的法律地位和权利义务、培养、资格许可和执业管理作了具体规定。比较而言,我国护士规模小,还不能满足社会需求,尤其是随着老年社会的到来,需要更多的医疗护理人员,需要提高护士的地位和待遇。第三,药品(包括中药)。药品是医疗活动中不可缺乏的重要组成部分。《药品管理法》《中医药法》规定了药品的研制、生产、进口、使用以及相关的管理制度。国家鼓励新药的研制,同时也要保障基本医疗用药的可接受性。2018年成立的国家医药保障局将对进入基本医疗服务的药品实行统一采购及管理,以减少中间环节,降低用药成本。第四,医疗器械。作为医疗的辅助工具,医疗器械具有重要作用。《医疗器械监督管理条例》对医疗器械实行分类管理,并就医疗器械的研制、生产、经营、使用和监督管理作了全面规定。第五,基本医疗保险制度。医疗需要好医院、好医生、好技术,还需要足够的经济条件承担各种医疗费用。近些年来,我国医疗保险制度进入快速发展期。其中,城市职工保险主要适用《中华人民共和国城镇职工基本医疗保险条例》的规定,医疗保险由国家、社会和个人三方分担;农村则实行合作医疗保险制度,实行个人缴费、集体扶持和政府补贴三方分担的机制。目前,我国医疗保险的覆盖面已经达到95％以上,初步解决了看不起病的问题。近40年来,关于基本医疗服务的立法分散进行,统一的基本医疗立法仍在制定过程之中,如果这部基本医疗的上位法能够顺利通过,我国基本医疗服务会更上一级台阶。

　　2.公共卫生制度

　　公共卫生服务,包括疾病预防控制、计划免疫、健康教育、卫生监督、妇幼保健、精神卫生、卫生应急、急救、采血服务以及食品安全、职业病防治和安全饮水等12个领域。我国自1949年以来十分重视公共卫生管理,但随着改革开放,人口流动性加大,加之经济利益驱动,公共卫生监管有很大难度。目前,我国在公共卫生方面的法律有《传染病防治法》①、《母婴保健法》②、《精神卫生法》③、《职业病防治法》④、《献血法》⑤《食品安全法》⑥、《突发公共卫生事件应急条例》⑦等,建立起比较齐全的公共卫生保障制度,但急救领域仍然立法短缺,食品安全等方面的执法需要加强。

3.计划生育制度

计划生育是有计划地控制人口出生规模,强调晚婚、晚育、少生、优生,以确保人口与经济、社会、资源和环境协调发展。为缓解人口增长的压力,我国从 20 世纪 70 年代末期开始重视计划生育。1978 年,《宪法》第 53 条规定国家提倡和推行计划生育。1982 年,《宪法》把计划生育确定为一项基本国策,第 25 条规定:"国家推行计划生育,使人口的增长同经济和社会发展计划相适应";第 49 条规定:"夫妻双方有实行计划生育的义务"。《婚姻法》则将计划生育作为一个基本原则确立在总则之中。2001 年,我国制定了《人口与计划生育法》,提倡一对夫妇生育一个子女。该法于 2015 年 12 月修订,其中,最重要的修订内容是提倡一对夫妇生两个子女。从严格控制人口出生规模到放宽二孩,我国已经走出人口增长压力最大的年代,但国家仍没有完全放开生育,对受政策影响的独生子女家庭,国家有更多义务给予这些家庭更多的照顾和帮助。

4.中医药制度

中医药是包括汉族和少数民族医药在内的我国各民族医药的统称,是反映中华民族对生命、健康和疾病的认识,具有悠久历史传统和独特理论及技术方法的医药学体系。中医药事业是我国医药卫生事业的重要组成部分。国家大力发展中医药事业,实行中西医并重的方针,建立符合中医药特点的管理制度,充分发挥中医药在我国医药卫生事业中的作用。为了更好地保护和推进中医药的发展,我国于 1986 年 12 月成立了中医药管理局,建立了中药的保护、研究和推广使用制度,并促进了中医院的设置和发展。2016 年,我国制定了《中医药法》⑧,2016 年 2 月国务院发布了《中医药发展战略规划纲要(2016—2030 年)》⑨,明确了未来十五年我国

---

① 1989 年《中华人民共和国传染病防治法》(2013 年修正)。
② 1994 年《中华人民共和国母婴保健法》(2017 年修正)。
③ 2012 年《中华人民共和国精神卫生法》(2018 年修正)。
④ 2001 年《中华人民共和国职业病防治法》(2018 年修正)。
⑤ 1997 年《中华人民共和国献血法》。
⑥ 2009 年《中华人民共和国食品安全法》(2018 年修正)。
⑦ 《突发公共卫生事件应急条例》(国务院令第 376 号 2003 年 5 月 9 日)(2011 年修正)。
⑧ 2016 年《中华人民共和国中医药法》。
⑨ 《国务院关于印发中医药发展战略规划纲要(2016—2030 年)的通知》(国发〔2016〕15 号 2016 年 2 月 22 日)。

中医药发展方向和工作重点,以更好地促进中医药事业健康发展。

(三)卫生行政法的改进与完善

从卫生行政法治的实践来看,全面保障人们的健康权及实现"健康中国"建设的目标,仍有许多需要努力的地方。需要加快制定《基本医疗服务和健康促进法》和其他配套法律制度,落实执行好现有的法律法规。无可置疑,提供更优质的基本医疗和公共卫生服务,减少医患冲突,建立和谐的医患关系,引导社会确立健康的生活方式,都需要明确政府、社会和个人的职责和权利义务,需要行政法制度的支持和保障。

改革开放40年来,我国在警察行政、经济行政和社会行政等领域都逐步建立起自成体系的行政法制度。由于各个专门行政领域的性质和目标不同,其调整手段存在巨大差异,其法律制度的价值追求和内容呈现出复杂多元的状况。

第五节 行政法面临的挑战与发展展望

一、行政法面临的挑战

回顾和梳理40年来行政法制度的变迁发展,令人欣慰的是以肯定个人独立、自由和权利为中心的行政法制度逐步建立,推动了社会主义市场经济的改革转型,激发了社会的创新精神,培养了社会的自治能力,保护了行政相对人的合法权益,也促进了政府依法行政和整个社会的法治转型。但行政法的发展仍然滞后于经济、社会与公共行政发展的需求,面临着诸多挑战。

(一)中国自己的国情和发展路径

正是借助于整体发展和个人自由创新的两轮驱动,创造了中国的经济发展速度。在此整体运作中,政府担当了促进经济发展的重要职责。以经济建设为中心和对地方政府绩效考核的指标导向,决定了地方政府最重要的工作是发展经济。但通过什么手段发展经济,政府在经济领域的职能到底如何定位,赋予政府哪些权力和手段来参与市场运作,如何实现社会主义与市场经济的有效对接,如何建立在社会主义市场经济条件下的行政法秩序,这些都是行政法制度研究和建设中必须回答的问题。

传统单纯从管理的角度来看待政府职能、来建构行政法秩序有很大缺漏,我国政府具有经济和管理双重职能,而以往行政法并没有太多关注政府的经济职能,其结果是政府关心的事情,缺乏法律的支持和保障,而行政法规范的行为政府又经常无能为力。

此外,在我国的公共行政中,执政的共产党发挥了重要作用,党对行政的领导和对行政法秩序的保障都是中国改革转型取得成功的重要原因,但如何在公共行政中建立比较清晰的职权职责关系,明确行为的责任后果,都需要研究和探索。

总之,行政法的发展必须立足于中国的国情,回应中国社会经济社会变革的需求,建构符合中国转型发展的行政法制度。

(二)社会发展不平衡和不充分

党的十九大报告指出,我国的社会主要矛盾已经从人民日益增长的物质文化需要同落后的社会生产之间的矛盾转变为人民日益增长的美好生活需要和不平衡不充分发展之间的矛盾。除了自然因素和历史原因外,在很大程度上中国发展的不平衡与不充分与过去的"非均衡"发展政策有关。由于改革试点及特殊政策的引导,许多资源包括人、财、物、项目、特殊制度和优惠政策等汇集在局部地区,优势资源的相对集中,带来了这些地区的快速发展,进而将落后地区的资源吸附到发达地区,加剧了不平衡发展。发挥社会主义的优势、通过政府有效的资源配置手段(行政组织法手段)来实现其平衡和充分发展,有很大的制度创新空间,如地方政府间的合作(包括高校的合作、医院的合作)、与城市发展相关的行政区划制度、区域经济发展制度等,同时也需要建立政府间的公平竞争机制,确保法律的实施和中央政策的执行。

(三)管理体系现代化转型的要求

现代管理日趋复杂,从规制行政到公共服务,内容宽泛,尤其在我国,由于政府承担着大量的经济职能以及改革转型的任务,加上行政至上的历史传统,行政系统十分庞大,任务艰巨。要确保这个系统反应灵敏,运行有效,需要符合系统论和控制论的原理。首先是系统中各个子系统的设置科学、配置合理,各子系统之间运行通畅,发挥系统的最大效能。其中的决策系统、执行系统、监督系统和信息技术等支持系统都需要科学设置、相互协调、各就各位。其次是系统与环境的相容及交互作用。整个行政系统要满足经济、社会发展的需求,要引领经济、社会的发展,同时对实践中发生的各类问题,尤其是重大风险能够快速化解。例如,面对人工智能技术时代的到来,既要建立、修改法律制度支持促进其快速发展,带动经济转型、社会进步,又要进行有效规制,控制其带来的安全风险。最后是整个系统的有效控制。行政系统掌握了大量的权力和资源,如果缺乏制约,很容易导致权力滥用、资源浪费,不仅会损害系统自身,也会给经济、社会运行带来灾难。

按照科学原理来进行行政法制度的改造十分重要。管理体系的现代化转型就是要从伦理走向理性,推进管理的系统化和整体性建设,实现管理的民主化、科学化和法治化要求。

（四）国际化带来的各种问题

向世界开放，共建人类命运共同体，是我国治国理政的重大方略。2015 年 9 月，国家主席习近平在第七十届联合国大会一般性辩论时指出："当今世界，各国相互依存、休戚与共。我们要继承和弘扬联合国宪章的宗旨和原则，构建以合作共赢为核心的新型国际关系，打造人类命运共同体。"我国倡导的"一带一路"也已经得到 100 多个国家的积极响应并签署了相关协议。向世界开放，参与国际竞争，学习国外先进技术和成熟经验，是我国快速发展的重要原因之一，同时，参与国际事务，为世界经济技术发展和人类命运共同体建设贡献中国智慧，也是一个负责任的大国应尽的义务。

不可忽视的是，国际化也带来许多挑战，经济风险、秩序安全都变得更加复杂，尤其是不同文化价值和制度之间的冲突十分激烈。既要开放，走向世界，又要按照我国既定的改革目标完成经济、社会、管理的现代化转型，实现民族复兴的伟大使命，需要在行政法的制度建设，尤其是安全法律制度和经济行政法制度方面作出积极努力。

二、行政法制度的发展展望

40 年的改革开放，为中国行政法的发展提供了机遇和土壤，行政法从无到有，取得丰硕成果。展望未来，行政法制度建设仍然任重道远，需要创新、开拓与发展。

（一）建构行政法的中国模式

中国独特的经济模式、政治体制及文化传统，决定了其公共行政的独特品质，也决定了中国行政法的独特模式。中国社会主义市场经济造就了政府在经济领域的经营和管理双重职能，形成了政府在资源配置方面的强势地位。公共行政不仅是对外部的管理和服务，也是系统资源的调配与使用。政府的经营职能及考核要求引发了地方政府间的激烈竞争和多元合作。党对行政的领导和保障，传统的集体本位精神，塑造了中国行政的整体性和系统性。行政法除了要确立个人与国家的合理关系外，还需要架构政府与市场的关系，需要实现公共资源的整体性、科学性配置。

中国模式的行政法一定要反映中国经济、政治和文化的特色，满足发展需求。行政法的功能定位、价值追求、制度框架和主要制度都要与实践对接。要构建一套合理的行政法秩序来促进社会主义市场经济的健康发展，确保党政的合理分工和有效协作，实现社会的平衡和充分发展。

（二）加快行政法的整体性建设

40 年来行政法的发展是多种力量共同推动的结果。党和政府主导的全面改革开放、社会主义市场经济建设和依法执政、依法治国及依法行政的推进，地方和各部门在制度建设和职能履行手段上的探索创新,立法部门和司法部门在行政法制定和实施上的积极实践,社会对政府依法行政的要求和行政法治实践的参与与监督,学术界尤其是法学界对行政法制度的研究、宣传和对行政法实践的参与推动等,都对行政法的成长发展做出了积极贡献。但这种多元推进的模式以及行政法自身的复杂性导致了行政法制度的分散化和碎片化,整体性、系统性不足。调整个人与国家关系的行政法制度相对成熟,调整政府与市场关系的却模糊不清,与社会主义市场经济关联的行政法秩序没有完全建立。政府如何通过其掌控的资源配置来促进经济社会的均衡发展也没有进入行政法学研究的视野。以个人与国家关系为核心的行政法框架无法覆盖中国公共行政的全部,个人与国家、政府与市场、政府与政府,是中国公共行政必须解决的三大问题,而行政法似乎仅关注了个人与国家的关系。社会主义市场经济条件下的政府与市场的关系没有廓清和理顺,政府之间的关系主要依赖政策,缺乏法律制度的支撑和规范。

当然,推进行政法制度的整体建设复杂而艰巨,需要回到行政法的基础理论研究。行政法的功能定位、调整范围、调整手段和制度框架到底如何认识,行政法应该如何回应中国的现实需求,中国的行政法秩序框架应当包含哪些基本内容? 没有行政法理论的突破,就很难实现行政法的升级跨越。可喜的是 40 年的改革开放已经为行政法的整体性发展奠定了实践基础,但需要系统深入研究,更需要行政法理论的探索创新。

(三)加快部门行政法发展

从行政法的实践来看,其主要有警察行政法、经济行政法和社会行政法三大领域。警察行政法以国家安全和公共安全为主,主要用以规范相对人的行为、维系社会秩序和稳定、保障人身和财产安全。这里主要采用的是行政许可、行政处罚和行政强制等手段。经济行政法主要涉及政府与市场的关系。政府与社会共建市场,公共资源的市场化配置等经营职能,政府对经济的宏观调控和市场监管,都需要建立相应的规则进行规范和控制。社会行政法则是以公共服务为核心,涉及教育、卫生、社会保障等。与警察行政法的权力行政不同,社会行政法主要是提供服务。在社会行政领域,政府主要承担的是对个人的生存照顾的义务,涉及服务机构、服务范围、服务标准以及政府最后的责任等。三大领域的行政法目标不同、手段不同,政府的责任也不相同。目前三大行政法领域的发展不均衡,警察行政法相对成熟,经济行政法和社会行政法相对滞后,需要快速发展,以满足社会的需求。在一定程度上,经济行政法与社会行政法的理论滞后也影响了该领域的行政法的发展,需要加强研究。

(四)建立健全具体的行政法制度

行政法秩序由若干个具体的行政法制度构成。具有普遍意义的政府间关系制度、公务员制度、行政立法制度、行政决策制度、行政许可制度、行政强制制度、行政诉讼制度、行政复议制度、国家赔偿制度,以及警察行政法领域的人民警察制度和武装警察制度、治安处罚制度,经济行政法领域的招商引资制度、工业园区制度、政府投资制度等,社会行政法领域的教育行政法制度、卫生行政法制度等,共同构筑了行政法的秩序框架。目前,有些制度已经相对成熟;有些则还在初创阶段,需要完善;有些制度还没有很好地为社会所认识。如行政区划制度是一种重要的行政组织法手段,对其有效运用有利于实现国家对资源的合理配置,可以在促进经济繁荣和均衡发展方面做出巨大贡献。面对经济、社会的快速变革,行政区划要超越传统的行政功能,更多融入经济元素,更好地服务于国家发展的需要。

由我国的社会主义性质和政府的强大功能所决定,公共行政的范围和手段远远超过西方国家,有些权力和手段为我国所独有,这就需要深入研究、发掘和建设具有实践价值的行政法制度,从而服务于我国经济社会的发展需要。

改革开放 40 年来,我国的行政法制度取得丰硕成果,尤其是在个人与国家关系的建构上有了重大进步,肯定了个人的独立地位,强调个人自由的重要价值和对个人权利的保障。但中国独特的经济、政治和文化造就了政府职能不能仅局限在政府的外部管理,也就是个人对国家的关系上,政府与市场、政府与政府的关系也十分重要,也需要行政法制度的支持、规范和保障。行政法如何立足中国国情,回应实践需要,如何促进社会的平衡和充分发展,如何促进政府管理的现代化转型,如何应对国际化带来的各种问题和风险,都是对行政法制度建设的挑战。从未来发展看,构建行政法的中国模式,加强行政法的体系化建设,拓展部门行政法和建立健全具体的行政法制度都是行政法秩序建构、行政法制度建设的重要内容。

第二章

行政组织法制的变迁与发展[*]

第一节　中国行政组织法的渊源与手段

中国行政组织法是个内涵极为复杂的体系,本节拟以行政组织法的渊源考察为起点,为改革开放后中国行政组织法制 40 年的发展提供一个法规范层面的概貌。

一、行政组织法的内涵发展

对行政组织法变迁的考察,取决于对行政组织法研究范畴的界定,鉴于中国行政法不仅没有统一的实体法,也没有统一的程序法,在成文法层面,不存在行政组织法的规范概念,因此,行政组织法研究范畴,更多地取决于学术界的观点,特别是教科书形成的通说。薛刚凌教授总结,对行政组织法的研究,也许是我国行政法学研究中最薄弱的环节。行政法学发展 20 年,我们对行政行为的研究,对行政诉讼的研究等,都取得了长足的进展,对实践也产生了广泛的影响,唯独对行政组织法

*　本章是薛刚凌教授主持的国家社科基金重大专项"国家治理模式改革与依法治国研究"(17VZL010)的成果之一。

的研究停步不前。① 我国行政法学界对行政组织的研究有两种角度：一种是行政主体的角度，这一角度侧重于解决行政机关及法律法规授权组织在行政法上的地位问题。另一种是行政组织法的角度，强调对行政组织的整体进行法律调控。② 前20年"行政主体"占据了行政组织法研究的核心地位。这一时期行政法教科书多是从行政主体的角度出发研究行政组织，③对行政机关的研究亦是为了确定其是否具有行政主体资格。内部行政组织法不被重视，还因为它不进入司法程序，无关法院的职责，无须律师的服务，不是"法律人的法律"，区别于"正当行为规则"即行为法。④ 20世纪初，我国学术界开始对我国与行政诉讼制度相连接的行政主体理论予以检讨，针对我国现行行政主体理论的种种缺陷，⑤学界的研究开始回归广域的行政组织法，认为行政组织法是调整和规范公共行政组织的法律，⑥关注行政组织的设置权、职责、编制、相互关系等行政组织法制的基本问题。作为有关行政组织的法，行政组织法被认为是关于行政组织的职能权限、组织间关系、编制管理以及公务员管理等内容的法律制度。学术界对实践中出现的多样化的行政组织形态予以关注，开发区、自贸区、保税区等多样化行政组织形态陆续进入行政组织法研究的视野。

二、通说法源层面行政组织法的演进

中国行政组织法的渊源可分为通说意义上的法源与特殊法源。所谓通说意义上的法源是指行政法的一般渊源。我国是成文法国家，行政法法源一般限于制定法。行政法的制定法法源，大致包括下述三类：一是宪法与法律；二是地方性法规与自治条例、单例条例；三是行政立法，指特定国家行政机关依准立法程序制定行政法规和规章的活动；四是条约和协议。⑦ 改革开放后，由于中华人民共和国成立初期制定的行政组织法基本处于废止状态，1978年以后我国重新开始了行政组织立法。改革开放"摸着石头过河"的特点，使得作为以完成行政任务为目标的行政组织，其建构依据必然是原则性的，留有较大的自我调整和改革余地。在通说法源

---

① 应松年、薛刚凌：《行政组织法研究》，法律出版社2002年版，前言。

② 应松年：《行政法学新论》，中国方正出版社2004年第3版，第56页。

③ 应松年：《行政法学新论》，中国方正出版社2004年第3版，第58页；王连昌：《行政学》，中国政法大学出版社1994年版，第67页。

④ 叶必丰：《作为组织法功能的行为法机制》，载《中国社会科学》2017年第7期。

⑤ 薛刚凌：《我国行政主体理论之检讨——兼论全面研究行政组织法的必要性》，载《政法论坛》1998年第6期。

⑥ 《行政法与行政诉讼法》编写组：《行政法与行政诉讼法》，高等教育出版社2018年版，第42页。

⑦ 姜明安：《行政法与行政诉讼法》，北京大学出版社、高等教育出版社2008年第3版，第44～55页。

层面,我国行政组织法的任务是建立行政组织的基本框架,具体发展如下。

1.1982 年《宪法》关于行政组织的规定及修正

1982 年《宪法》第三章用七个小节规定了国家机构,被称为"宪法的骨骼"。该章规定了行政机构在国家机构中的地位,中央行政机关与地方行政机关的关系。其中,第三节明确国务院是最高国家行政机关,规定了国务院的职权及产生方式。第五节规定了地方人民政府的地位、职权与产生方式;第七节对民族自治地方的自治机关作出规定,"自治区、自治州、自治县的自治机关行使宪法第三章第五节规定的地方国家机关的职权,同时依照宪法、民族区域自治法和其他法律规定的权限行使自治权,根据本地方实际情况贯彻执行国家的法律、政策"。

2004 年《宪法修正案》第 29 条对国务院职权作了局部调整,将第(十六)项修改为"依照法律规定决定省、自治区、直辖市的范围内部分地区进入紧急状态"。

2018 年《宪法修正案》对国家机构作出重大变革,增加了监察委员会的设置,将原有的全国人大之下的"一府两院"模式变更为"一府两院一委"。为配合改革,相应地修改了有关行政机构的部分条款,第 46 条修正案将国务院职权"(六)领导和管理经济工作和城乡建设"修改为"(六)领导和管理经济工作和城乡建设、生态文明建设";"(八)领导和管理民政、公安、司法行政和监察等工作"修改为"(八)领导和管理民政、公安、司法行政等工作"。第 51 条修正案删除了县级以上地方各级人民政府原具有的管理本行政区域内"监察"工作的职权。

2.国务院组织法

1982 年 12 月 10 日,第五届全国人民代表大会第五次会议通过《国务院组织法》,该法共 11 条,是中央行政组织基本法,规定了国务院的产生、工作方式、职权等。《国务院组织法》规定国务院设有下述机构:国务院办公厅(第 7 条)、部与委员会(第 8 条),国务院还可以根据工作需要和精简的原则,设立若干直属机构主管各项专门业务,设立若干办事机构协助总理办理专门事项。每个机构设负责人二至五人(第 11 条)。前述机构一直是国务院组成机构中的稳定存在。2003 年,根据国务院机构改革方案,国务院设立了直属特定机构:国有资产管理委员会。

《国务院组织法》原则性地明确了国务院的机构类型,在这些机构类型中,国务院有权自主设立的是直属机构与办事机构。国务院并不能自行决定部、委的设立,"国务院各部、各委员会的设立、撤销或者合并,经总理提出,由全国人民代表大会决定;在全国人民代表大会闭会期间,由全国人民代表大会常务委员会决定"。但从历次国务院机构改革方案的内容来看,多数情况下,国务院直属机构的设立被"打包"入机构改革方案。这种只定机构类型,不定机构名称、职责的框架式规定,使得《国务院组织法》历经八次中央机构改革,未作任何修正。当下,国务院的职能和机构设置与 1982 年《国务院组织法》通过之际相比,已发生巨大变化,这些变化并没有反映到法律文本之中。

3.地方人民政府组织法的发展

1979年,全国人大制定并颁布了《地方各级人民代表大会和地方各级人民政府组织法》(简称《地方组织法》),该法是地方行政组织的基本法,规定了地方各级人民政府的产生机制,不同层级地方人民政府的职权类型、工作机制等。

该法自1979年制定以来经历五次修改,分别在1982年、1988年、1995年、2004年、2018年。前四次修改基本是依据宪法修正案,围绕地方人民代表大会和地方领导人的任期。2018年,全国人大常委会"打包"修改了《中华人民共和国地方各级人民代表大会和地方各级人民政府组织法》《中华人民共和国全国人民代表大会和地方各级人民代表大会选举法》《中华人民共和国全国人民代表大会和地方各级人民代表大会代表法》三部相关的重要地方组织法。本次修正的重点是从法律上、制度上着力解决基层人大依法履行职责、发挥作用以及代表选举中存在的突出问题。其中地方组织法修正案明确了乡镇人大在闭会期间的职权和活动方式的要求,同时规定,增加县级人大常委会组成人员名额;在机构设置上,规定县级人大根据需要,可设法制委员会、财政经济委员会等专门委员会。市辖区、不设区的市的人大常委会可以在街道设立工作机构,负责联系辖区内的人大代表,组织代表开展活动等。将"省、自治区的人民政府所在地的市和经国务院批准的较大的市"修改为"设区的市"。

除《地方组织法》外,我国于1984年制定了《民族区域自治法》,为民族区域自治提供组织法支持,为与宪法的三次修改保持一致,同时为了加快民族自治地方的经济和社会发展,逐步缩小民族自治地方与其他地区的发展差距,进一步巩固和发展平等、团结、互助的社会主义民族关系,完善民族区域自治制度,①九届人大常委会于2001年对《民族区域自治法》进行了大幅修改,从原67条增加到74条。

4.机构设置和编制法制的发展

1997年,国务院出台行政法规《国务院行政机构设置与编制管理条例》,该《条例》第6条对国务院行政机构作了类型划分,指出"国务院行政机构根据职能分为国务院办公厅、国务院组成部门、国务院直属机构、国务院办事机构、国务院组成部门管理的国家行政机构和国务院议事协调机构"。

2007年,国务院通过行政法规《地方各级人民政府机构设置和编制管理条例》,明确了地方机构设置管理、编制管理的主体、权限、调整和批准的程序,并规定违反机构设置和编制管理的,由机构编制管理机关给予通报批评,并责令限期改正;情节严重的,对直接负责的主管人员和其他直接责任人员,依法给予处分,为地

---

① 《全国人大法律委员会关于〈中华人民共和国民族区域自治法修正案(草案)〉修改情况的汇报》,http://www.npc.gov.cn/wxzl/gongbao/2014-12/23/content_1892455.htm,最后访问日期:2018年4月4日.

方机构设置和编制管理提供法制化依据。

我国多地省级政府依据《地方各级人民政府机构设置和编制管理条例》制定了本地机构设置和编制管理的地方规章,为本地的机构设置和编制管理提供进一步的细化依据。

5.法律、行政法规、地方性法规对特定行政组织的规定

这里的特定行政组织主要指游离于国务院组织法与地方人民政府组织法之外的组织,如各类开发区管委会、改革实验区等。对于开发区,依据《中国开发区审核公告目录》,包括经济技术开发区、高新技术产业开发区、边境经济合作区、旅游度假区、海关特殊监管区等。2018 年最高人民法院《关于适用〈中华人民共和国行政诉讼法〉的解释》第 21 条规定:当事人对由国务院、省级人民政府批准设立的开发区管理机构作出的行政行为不服提起诉讼的,以该开发区管理机构为被告;对由国务院、省级人民政府批准设立的开发区管理机构所属职能部门作出的行政行为不服提起诉讼的,以其职能部门为被告;对其他开发区管理机构所属职能部门作出的行政行为不服提起诉讼的,以开发区管理机构为被告;开发区管理机构没有行政主体资格的,以设立该机构的地方人民政府为被告。该条依据是否具有组织法层面的成立依据,对开发区进行了甄别,初步回答了开发区对外承担责任的问题。

对于改革实验区,我国近年开始为改革实验立法,如上海市人大常委会制定的《中国(上海)自由贸易试验区条例》,规定了中国(上海)自由贸易试验区管理委员会(简称管委会)为市人民政府派出机构,明确了海关、检验检疫、海事、边检、工商、质监、税务、公安等部门设立的"驻区机构"与管委会之间的关系。

6.公务员法制化发展

1980 年,中共中央提出了干部队伍建设的"革命化、年轻化、知识化、专业化"方针,此后陆续进行了干部人事制度改革。例如 1982 年前后建立了干部离休制度,1984 年下放干部管理权限,同时实行面向社会公开招考的考试录用制度。1987 年,中共十三大正式提出了建立国家公务员制度的要求。1992 年,中共十四大提出了尽快推行国家公务员制度的要求。1993 年,在经过试点的基础上,国务院发布《国家公务员暂行条例》,自 1993 年 10 月 1 日起施行,标志着我国公务员制度的初步建立。之后国务院又先后制定了公务员制度实施方案、工资改革方案等配套文件,人事部制定了公务员职位分类实施办法等 22 个配套规章及办法,各地各部门也制定了具体实施办法和细则,初步形成了以《国家公务员暂行条例》为主体的公务员法体系。

2000 年,中共中央印发《深化干部人事制度改革纲要》,提出要制定公务员法。2005 年,第十届全国人大表决通过了《中华人民共和国公务员法》,该法确定了"党管干部"原则,把党的机关工作人员纳入公务员范围。2007 年,国务院通过《行政机关公务员处分条例》,中央公务员主管部门制定了《公务员公开遴选办法(试行)》

《公务员调任规定(试行)》《公务员辞退规定(试行)》等配套规章。另外,一些地方和部门针对公务员管理也制定了相关的法规和规章,共同构成发展中的公务员法律体系。

2018年《公务员法》经历了一轮大的修订,将于2019年6月1日起正式施行,这次修订的《公务员法》中有诸多的亮点,其中最大的变化就是取消了非领导职务,设置了公务员职级。

三、特殊渊源层面行政组织法的动态演进

前述对通说层面行政组织法源演进的归纳呈现了一个有所发展但并不剧烈和明显的行政组织演进图像,然而,对于我国行政组织法制而言,前述法源及演进提供的仅是行政组织法发展的原则和框架,行政组织真正的变革和发展均体现在权力来源广泛、非正式化的特殊渊源之中。如果不将规范行政组织调整和变动的这些以规范性文件为主体的特殊渊源纳入行政组织法,中国的行政组织法将成为干瘪无物,徒有结构没有细节的大厦。事实上,在改革和剧变中的中国,正是这些特殊渊源实际导引了中国行政组织的发展、变化。但如果将有关行政组织的规范性文件均纳入中国行政组织法的渊源,行政组织法又将面临繁复浩杂,难以条分缕析的杂乱。因此,需要对规范性文件进行检选,有选择地承认其在行政组织法中的地位。本书提出两项标准:一是文件在内容上是决策性的;二是文件直接影响了行政组织的结构变动或者职能变动。在这两项标准之下,这些特殊渊源主要指向行政组织的改革,本书认为下列规范性文件可以纳入行政组织法的特殊渊源。

1.党中央出台的指导机构改革的报告

党中央作为改革开放的决策者,在中央与地方的机构改革中亦处于决策地位,其出台规范性文件是历次机构改革最为主要的发动依据,1982年以来的历次机构改革都是在党的领导下进行的。例如:1982年,党的十二大报告用最长比例的篇幅在第二部分论述"促进社会主义经济的全面高涨",在第六部分"把党建设成为领导社会主义现代化事业的坚强核心"的第二项提出"改革领导机构和干部制度,实现干部队伍的革命化、年轻化、知识化、专业化";1987年,党的十三大报告提出改革任务"机构改革必须抓住转变职能这个关键",报告在政府机构的设置上,明确将"经济体制改革和政企分开"作为机构调适的目标。1988年,中央政治局讨论通过了《关于党中央、国务院机构改革方案的报告》,1988年机构改革即为了落实该任务,明确提出转变政府职能,改革方案先后经中央政治局会议讨论和第七届全国人大一次会议审议通过;之后的1993年、2003年、2008年、2013年改革亦都是由党的全国代表大会在报告中提出改革要求,中央全会作出统一部署,全国人民代表大

会通过方案后组织实施。① 2018 年,党的十八届三中全会通过的《中共中央关于全面深化改革若干重大问题的决定》中提出"统筹党政群机构改革,理顺部门职责关系",中央设立全面深化改革领导小组。十九大报告提出:"要统筹考虑各类机构设置,科学合理配置党政部门及内设机构权力、职责,形成科学合理的管理体制,完善国家机构组织法。"依据十九大报告,中央启动了 2018 年机构改革。

2.党中央关于机构设置和人事管理的文件

值得注意的是,国务院并不单独享有机构设置和编制管理权限,依据 1991 年《中央机构编制委员会工作规则》,中央编制管理机关对于国务院的机构设置具有如下权限:(1)对国务院组成部门,国务院直属机构、办事机构,国务院组织部门管理的国家机构,国务院议事协调机构的设立、撤销或者合并提出方案权。(2)对国务院行政机构的职能调整提出方案权。(3)对国务院下设机构的司级内设机构的增设、撤销或者合并,行使方案审核权。(4)对国务院行政机构的处级内设机构的设立、撤销或者合并,行使备案权。

为配合 1994 年公务员制度改革,党中央出台了《党政领导干部选拔任用工作暂行条例》;2006 年《公务员法》出台后,中共中央政治局通过、中共中央办公厅印发了《党政领导干部辞职暂行规定》《党政领导干部竞争上岗工作暂行规定》等,这些文件都对我国公务员管理发挥着现实的重要作用。

3.全国人大与国务院关于机构改革的文件

1982 年至 2018 年国务院机构改革方案都经过人大通过,历次机构改革所涉及的机构形态和机构关系很少用制度化的形式来稳定。有学者主张,未来的重点是,机构改革成果必须纳入法律轨道来进行,并以法律、法规形式明确机构地位及相互关系。② (见表 2-1)

表 2-1　全国人大与国务院关于机构改革的相关文件

年份	相关改革文件
1982	《全国人民代表大会常务委员会关于国务院机构改革问题的决议》 《全国人民代表大会常务委员会关于国务院部委机构改革实施方案的决议》 《全国人民代表大会常务委员会关于批准国务院直属机构改革实施方案的决议》
1988	《第七届全国人民代表大会第一次会议关于国务院机构改革方案的决定》 《国务院机构改革方案》

① 王澜明:《改革开放以来我国六次集中的行政管理体制改革的回顾与思考》,载《中国行政管理》2009 年第 10 期。

② 尚虎平:《"理想线"上的选择:中国政府机构改革的演化率及其实现》,载《南京社会科学》2013 年第 2 期。

续表

年份	相关改革文件
1993	《第八届全国人民代表大会第一次会议关于国务院机构改革方案的决定》 《国务院机构改革方案》
1998	《第九届全国人民代表大会第一次会议关于国务院机构改革方案的决定》 《国务院机构改革方案》
2003	《第十届全国人民代表大会第一次会议关于国务院机构改革方案的决定》 《国务院机构改革方案》
2008	《第十一届全国人民代表大会第一次会议关于国务院机构改革方案的决定》 《国务院机构改革方案》
2013	《第十二届全国人民代表大会第一次会议关于国务院机构改革和职能转变方案的决定》 《国务院机构改革和职能转变方案》
2018	《第十三届全国人民代表大会第一次会议关于国务院机构改革方案的决定》 《国务院机构改革方案》

国务院机构改革方案，需经全国人大批准，之后对于批准的方案，国务院以《国务院关于机构设置的通知》的方式决定。2003 年以前该通知涉及的部门包括四类，国务院办公厅、国务院组成部门、国务院直属机构、国务院直属事业单位。2003 年涉及的部门包括六类：在前述五类机构之外，还包括了国务院直属特设机构（特指国有资产管理委员会）。对于上述部门，《国务院关于机构设置的通知》只说明机构名称，不涉及机构的内部设置、编制和职能。关于国务院各机构的内设机构与职能，由国务院以"三定"方案的形式确定。

4.定期调整的"三定"方案

"三定"方案起始于 1988 年。1988 年改革时，《国务院组织法》继续有效，但 20 世纪 50 年代制定的几个部门组织简则，早已失效，也未制定新的组织简则，因此，虽然当时已认识到国务院各部门的成立、性质、职能、机构设置等需要制定部门组织法来规范，但由于经济体制改革和行政体制改革等正在进行之中，部门设置尚不稳定，且时间匆促，故创造了一种"三定"方式，即定职能、定机构、定人员，使得行政机关的职能界定、内部机构设置和编制规模，都有一个大致的规范可以遵循。[①] 所谓"三定"，首先是确定各部门的职能，然后再根据职能确定各部门的机构设置和人员编制，改变了过去就机构论机构的经验管理方法。"三定"方案最初在轻工业部、

---

① 应松年：《完善行政组织法制探索》，载《中国法学》2013 年第 2 期。

国家建材局、国家环保局、交通部、审计署等部门试行。① "三定"方案最初以明确单个部门的职能为主,随着管理经验的丰富,逐步具有了细化职能分工的功能。例如,环境保护部的"三定"方案就对其与有关职能部门在水污染防治与水资源保护的职责分工方面作出规定:"环境保护部对水环境质量和水污染防治负责,水利部对水资源保护负责。环境保护部发布水环境信息,对信息的准确性、及时性负责。水利部发布水文水资源信息中涉及水环境质量的内容,应与环境保护部协商一致。""三定"方案按程序分别报请国务院各分管领导同志审核,最后提请国务院常务会议审议通过。②

"三定"方案在内容上规范的是行政机关一个改革时区内的机构设置和职能,在一个改革时区向后发生功效,具有规范性文件的特点,具有行政机关内部组织法的某些特性。其可以在一个改革时间段内细化行政机关的职能,理顺行政机关之间的关系,促固定改革成果。但"三定"方案的稳定性不足,尚不能有效保障行政管理体制改革的成果。为此,条件成熟时,有必要以"三定"方案为基础尽快制定各个部门的行政组织通则,将改革后机构的职责权限、组织编制和人员编制等重要内容上升为法律,以增强权威性。③

5.关于特定区域的政策与规划

这些方案具有软法性质,内容不具有刚性约束力,但对于特定区域的发展具有指导作用,且在条件成熟时可能转化为立法内容。例如,中共中央、国务院关于推进大湾区建设框架的系列政策和规划性文件,2017 年 7 月 1 日,《深化粤港澳合作推进大湾区建设框架协议》在香港特区签署,国家主席习近平出席签署仪式。2019 年 2 月 18 日,中共中央、国务院印发了《粤港澳大湾区发展规划纲要》,并发出通知,要求各地区各部门结合实际认真贯彻落实。

第二节　国家行政机构改革与行政组织秩序的构建

改革开放 40 年来,我国共进行了八次中央机构改革,时间分别为:1982 年、1988 年、1993 年、1998 年、2003 年、2008 年、2013 年、2018 年,以及以中央机构改革为模板的六次地方机构改革。中央与地方机构改革在行政组织法的粗线条框架下,对改革开放剧变中的中国行政组织进行了结构性重塑。

---

① 李明豫:《强化宏观调控,弱化微观管理——国家建筑材料工业局机械局改革的思路与实践》,载《中央机构与编制》1989 年第 2 期。

② 《中央编办就国务院部门"三定"工作答记者问》,载《工程咨询参考》2008 年第 4 期。

③ 马怀德:《运用法治方式推进党和国家机构改革》,载《中国党政干部论坛》2018 年第 5 期。

一、八次中央机构改革对我国行政组织的结构重塑

中央机构改革具有"牵一发而动全身"的效应,以国家任务为轴心考察八次机构改革,可以做三个阶段的划分:1978年至2003年的机构改革可以概括为第一个阶段——"从属经济体制改革",配合国家从微观管理到宏观调控职能行政任务的转变。[①] 2008年至2013年可以概括为第二个阶段,此阶段改革的目的是适应政府行政管理的四项主要任务,有效进行职能配置,探索更为科学、合理的机构设置。第三阶段的改革是2018年党和国家机构改革,与以往所有改革不同,其超越了以往的改革框架,将行政机构改革置于党和国家机构改革的宏观战略下重新布局,实现了行政管理领域的名实归一,同时对传统行政组织法理论提出了诸多新挑战。

(一)1978—2003年机构改革:配合经济体制改革的组织变革

1.1982年改革:开启机构精简

1976年10月,粉碎"四人帮",国家开始进入新的历史时期。从1977年至1981年,国务院先后恢复和增设了48个工作部门。到1981年年底,国务院设部委机构52个,直属机构43个,共100个政府部门,达到了中华人民共和国成立以来的最高峰。[②] 1982年,中央政府工作部门演变的主题是"归并",归并后,国务院工作机构由100个减为61个(包括三个办事机构),[③]同时撤销了大量的临时性机构。国务院机关人员编制精简了25%,由4.9万人减为3.2万多人。此次改革废除事实存在的领导干部终身制,实行干部离退休制度。[④]

2.1988年机构改革:转变政府职能

1982年机构改革之后,因宏观层面计划体制并未改变,国务院组成部门又陆续增加,到1986年年底,国务院机构数量就已超过70个,各地增设的机构比中央更多,再次改革势在必行。[⑤] 1988年3月,七届人大一次会议审议通过了《国务院机构改革方案》,本次改革第一次提出定职能、定机构、定编制的"三定"工作。改革后,机构从72个减为65个,包括国务院部委41个,直属机构19个,将一些业务比较接近的直属机构划归部委归口管理,被称为部委归口管理的国家局共15个,设置办事机构5个,非常设机构44个。(见表2-2)

---

① 薛刚凌、王湘军:《行政体制改革基本问题研究》,载《中国行政管理》2006年第11期。

② 宋德福:《中国政府管理与改革》,中国法制出版社2001年版,第255~258页。

③ 宋世明:《我国政府机构改革历程与取向观察》,载《改革》2018年第4期。

④ 王澜明:《改革开放以来我国六次集中的行政管理体制改革的回顾与思考》,载《中国行政管理》2009年第10期。

⑤ 刘祺、许耀桐:《改革开放以来政府机构改革的历程和启示》,载《海南大学学报(人文社会科学版)》2017年第5期。

表 2-2　1988 年国务院机构改革中机构变更情况

新组建的机构	撤销的机构	更名的机构
国家计划委员会	国家计划委员会、国家经济委员会	农牧渔业部→农业部
人事部	劳动人事部	新华社 → 直属事业单位(性质改变)
劳动部		
物资部	国家物资局	
能源部	煤炭工业部→中国统配煤矿总公司 石油部→石油天然气总公司 核工业部→中国核工业总公司	
建设部	城乡建设环境保护部	
机械电子工业部	机械工业委员会、电子工业部	
航空航天工业部	航空工业部、航天工业部	
水利部	水利电力部	

3.1993 年机构改革:政企分开的努力

在"精简与膨胀往复循环"的怪圈里,国务院机构数再度膨胀,至 90 年代初期高达 86 个。此次改革吸收了 1988 年改革的教训,对于条件不成熟的部门,暂不取消,采取通过削减职能的方式逐步使其消亡的改革后,国务院组成部门设置 41 个,直属机构由 19 个调整为 13 个,办事机构由 9 个调整为 5 个。(见表 2-3)

表 2-3　1993 年国务院机构改革中机构变更情况

新组建的机构	撤销的机构及职能流向	更名的机构
电力工业部	航空航天工业部→航空工业总公司、航天工业总公司(经济实体)	对外经济贸易部→对外贸易经济合作部
煤炭工业部	轻工业部→中国轻工总会(行业部会)	
机械工业部	纺织工业部→中国纺织总会(行业总会)	
电子工业部	能源部→电力工业部、煤炭工业部(撤销中国统配煤矿总公司)	
国内贸易部	机械电子工业部→机械工业部、电子工业部(同时撤销中国电子工业总公司)	
中华人民共和国国家经济贸易委员会	商业部、物资部→国内贸易部	

4.1998 年机构改革与国务院机构"大瘦身"

此次改革之后的 5 年间,体制惯性再一次出现,机构再次臃肿,1998 年国务院开启了第四轮机构改革。这次改革是改革开放以来机构裁减数量最多的一次改革,本次机构改革是一次"大手术"。首先,对政府管理部门进行了第一次正式分类,中央政府工作部门被分为宏观调控部门、专业经济管理部门、教育科技文化部门、社会保障部门和资源管理部门以及国家政务部门四类。其次,针对社会的发展,对政府部门进行了再次整合,如在邮电部和电子工业部的基础上组建信息产业部;整合国防职能,成立国防科工委。最后,将煤炭部、机械部、冶金部、内贸部等部门降格为经贸委管理的国家局,加强协调力量。本次改革在部门之间划转了 100 多项职能,相同或相似的职能尽可能由一个部门承担。改革后除国务院办公厅外,国务院组成部门由原有的 40 个减少到 29 个,直属机构 17 个,办事机构 5 个,共计 52 个,此外还有部委管理的国家局 19 个。机关行政编制由 3.2 万人减为1.67 万人,精简 47.8%,是历次机构改革中对机构和人员精简幅度最大的一次改革,经过此次改革,国务院真正实现了"瘦身"。

5.2003 年机构改革:适应性微调

2003 年,十届全国人大一次会议审议通过了《国务院机构改革方案》。2003 年关于国务院机构改革方案的说明的提法是"随着经济体制改革的深入和加入世界贸易组织新形势的发展,现行政府机构还存在着一些不适应的问题,必须通过深化改革加以解决"。2003 年机构改革的目标是:"按照完善社会主义市场经济体制和推进政治体制改革的要求,坚持政企分开,精简、统一、效能和依法行政的原则,进一步转变政府职能,调整和完善政府机构设置,理顺政府部门职能分工,提高政府管理水平。"国务院成立国有资产管理委员会,作为正部级特设机构;成立银监会、食品药品监督管理局。此次改革是国家与市场关系进一步深化下中央政府工作部门新的改革尝试。① 至此,为配合经济体制转轨所进行的改革基本走向尾声,国务院机构从 1982 年改革之前的 100 个减少到 28 个,微观经济管理部分除了铁道部以外基本取消,在机构设置层面,基本实现了从微观管理到宏观调控的转轨。

(二)2008—2013 年机构改革:大部制改革

1.2008 年改革:民生职能与大部制

2008 年,十一届全国人大一次会议审议通过了《国务院机构改革方案》,此次改革以大部门体制为核心,对国务院的组成部门进行了整合。经过调整,除国务院办公厅外,国务院组成部门由 28 个减少为 27 个,直属特设机构 1 个,直属机构 15 个。

---

① 《国务院机构改革 20 问 20 答》,载《廉政大视野》2003 年第 3 期。

2.2013 年机构改革:大部制的继续探索

2013 年 3 月,十二届全国人大一次会议审议通过《国务院机构改革和职能转变方案》。本次改革"职能转变"被提到了前所未有的高度,撤销了计划经济时期最后一个微观管理部门——铁道部,设立国家铁路局和中国铁路总公司,实行铁路政企分开;整合和加强卫生和计划生育,组建国家卫生和计划生育委员会;组建国家食品药品监督管理总局;组建国家新闻出版广电总局;重新组建国家海洋局和国家能源局。经过本次改革,国务院正部级机构减少 4 个,除国务院办公厅外,国务院组成部门由 27 个减少为 25 个。

(三)2018 年党和国家机构改革框架下的中央组织变革

2018 年党和国家机构改革是改革开放以来规模最大、范围最广、利益调整最为深刻的一次。[1] 本次改革之前,机构改革主要在"政",党群机构涉及相对较少,党的机构与政府机构职责重叠现象严重。[2] 根据党的十九届三中全会通过的《深化党和国家机构改革方案》,2018 年 3 月 13 日,第十三届全国人民代表大会第一次会议通过了国务院机构改革方案;3 月 21 日,中共中央印发了《深化党和国家机构改革方案》。有学者认为本次国务院机构改革对应政府的五类职能,基本实现了职能与机构设置的对应和一体化。(见表 2-4)

表 2-4 "五位一体"建设与政府机构改革的对应关系[3]

经济建设	政治建设	文化建设	社会建设	生态文明建设
组建农业农村部	重新组建司法部	组建文化和旅游部	组建国家卫生健康委员会	组建自然资源部
重新组建科学技术部	优化审计署职责	组建国家广播电视总局	组建退役军人事务部	组建生态环境部
组建国家市场监督管理总局	监察部和国家预防腐败局并入国家监察委员会	组建中央广播电视总台	组建应急管理部	组建国家林业和草原局
组建中国银行保险监督管理委员会	组建退役军人事务部		组建国家医疗保障局	

---

① 马怀德:《运用法治方式推进党和国家机构改革》,载《中国党政干部论坛》2018 年第 5 期。

② 徐艳晴、周志忍:《基于顶层设计视角对大部制改革的审视》,载《公共行政评论》2017 年第 4 期。

③ 宋世明、王君凯:《我国政府机构改革历程与取向观察》,载《改革》2018 年第 4 期。

续表

经济建设	政治建设	文化建设	社会建设	生态文明建设
重新组建国家知识产权局	组建国际发展合作署		组建国家移民管理局	
改革国税地税征管体制				

经过前述八次机构改革,中央行政组织结构发生了根本性变化,微观经济管理部门均已取消,社会建设部门得到系统性加强,部门之间的职权交叉问题得到较好的理顺,中央行政组织的设置与行政任务更为匹配,也更为科学。

二、地方机构改革对地方行政组织建构的调整

《地方组织法》第 64 条第 3 款规定:"省、自治区、直辖市的人民政府的厅、局、委员会等工作部门的设立、增加、减少或者合并,由本级人民政府报请国务院批准,并报本级人民代表大会常务委员会备案。自治州、县、自治县、市、市辖区的人民政府的局、科等工作部门的设立、增加、减少或者合并,由本级人民政府报请上一级人民政府批准,并报本级人民代表大会常务委员会备案。"

1978—2018 年,我国已经进行了六轮地方机构改革,历次地方机构改革都服从于中央的统一部署,依据《地方组织法》,具体操作逻辑为:地方机构改革启动之前,中央出台有关省级政府改革的指导意见,有时亦会出台市县级政府或县级政府的改革指导意见,地方政府根据指导意见,制定改革方案,省级政府的改革方案由党中央、国务院审批,市县级政府的改革方案由省级政府审批。在此种路径依赖之下,地方政府的改革一般是为配合中央和上级政府的机构改革而进行部门和职能的归并,改革自主空间小,这些改革实际影响了地方行政组织的建制,形塑了现行地方行政组织的面貌。

(一)第一轮:1983 年地方政府机构改革

1983 年改革以调整领导班子为重点,同时提出了精简机构、紧缩编制,实行老干部离退休制度,加强干部的轮训工作以及推行市管县领导体制等多项任务。从效果来看,本轮省级改革有较大的局限性,除了"这次机构改革是在经济管理体制还没有根本改革的情况下进行的,因而不可能是彻底的"以外,对省级政府的定位、机构和职能均没有充分的研究也是导致此次改革局限性的重要原因。例如,此次改革中采取"定编不定人",固然起了稳定军心的作用,却使超编"合法化"了。[①] 本

---

① 任晓:《中国行政改革》,浙江人民出版社 1998 年版,第 268 页。

次改革对我国市县体制产生重大影响,作为改革的主要内容的试行地、市合并,实行"市管县",改革了宪法下的市、县并列体现。县级改革于 1984 年开始进行,从执行结果看,精简成果不明显,各县往往采取改头换面的做法,通过换名称,将机构曲线保留。①

(二)第二轮:1994 年地方政府机构改革

本次改革中,中央编委对省级政府机构设置作了限额规定,省级政府工作机构一般设 55 个左右。限额中不包括人大、政协、法院、检察院和民主党派、人民团体机关的工作机构,省政府驻外地的办事机构,以及由上级垂直管理的机构。根据中央批准的十个省、自治区的党政机构改革方案,省一级党政机构平均设置 53 个,比原平均 77 个减少了 24 个,精简 31.2%,超过了中央 7 号文件要求省、自治区党政机构平均减少 13 个左右的精简任务。同时,改革大幅度地撤销了非常设机构。如广东省,非常设机构从 142 个减少到 57 个。② 此轮改革中央并没有直接针对地、州、市政府出台改革意见,各市级政府的改革一般都是由省级政府根据中央《关于党政机构改革的方案》和《关于党政机构改革方案的实施意见》(〔1994〕57 号文)的通知,并结合经国务院批准的本省政府的改革方案,出台关于地级市政府的改革指导意见。本轮地级政府改革的一个重点是调整了计划单列市,除重庆、大连、青岛、宁波、厦门仍保留计划单列外,其余省会市不再实行计划单列。

(三)第三轮:1999 年地方政府机构改革

1999 年地方机构改革是"改革开放以来地方机构变化较大、人员调整较多的一次"。③ 本轮改革有四个特点:一是将机构加强与机构精简同时进行。在机构精简方面,中央将省、自治区政府工作部门由现有的 53 个左右(含委、厅管理机构)精简为 40 个左右,经济不发达、人口较少的省(自治区)精简为 30 个左右,直辖市政府工作部门由 61 个左右(含委、厅管理机构)精简为 45 个左右。在综合执法部门方面,决定试行工商部门省以下垂直管理。环境保护部门领导管理体制改为双重领导,以地方政府为主,在省级即以省政府为主。将药政、药检和药品生产流通监管职能集中起来,组建药品监督管理部门。二是继续推行政企分开。省级政府不再设置工业、商业、物资管理部门和各种行政性公司,其政府职能并入经贸部门。省级政府对国有重点企业的监管,可以采取派出代表参加监事会的方式,也可以采取派出稽察特派员的方式。水产(海洋水产)、畜牧、农垦、农机等机构改建为经济服务实体,实行政企分开,其政府职能并入有关部门。三是明确省级政府行政机构

---

① 周庆智:《中国县级行政结构及其运行——对 W 县的社会学考察》,贵州人民出版社 2004年版,第 86 页。

② 任晓:《中国行政改革》,浙江人民出版社 1998 年版,第 274 页。

③ 《关于地方政府机构改革的意见》中发〔1999〕2 号文件。

的类型和设置。本次改革将省级政府工作部门分为组成部门和直属机构。省级政府组成部门的设置应与国务院组成部门基本对口,以利于工作的衔接。地方各级政府一般不设置与国务院办事机构对应的机构和部门管理的机构。国防动员的办事机构设置由省一级政府在制定地方机构改革实施方案时通盘考虑。省(自治区)政府组成部门一般称委、厅,直辖市称委、局,直属机构一般称局。四是精简人员。省级政府机关人员编制精简幅度原则上参照国务院精简比例进行,逐步、分期达到精简一半左右,新组建的重庆市根据具体情况,区别对待。

本轮市级政府机构方案由省级政府审批,主要着眼于四个方面:一是实行政企分开、政事分开。地方各级政府不再设置工业、商业、物资管理部门和各种行政性公司,其政府职能并入经贸部门。二是加强宏观调控与综合执法部门。在本轮改革中,全国大中城市所设的区工商行政管理局、质量技术监督局,一律改为市工商行政管理局、质量技术监督局的分局,作为市局的派出机构,由市局统一领导、统一管理,实行省以下垂直管理。环保部门改为双重领导,在市级,以市政府领导为主。三是基本取消"地区"设置。在本轮改革中,根据中央决定,地级市政府及以下政府不再分为组成部门和直属机构,统称政府工作部门,地级市政府工作部门称委、局。

县级政府改革发生在 2000 年到 2001 年。在改革之前,中央出台宏观指导意见,省级政府根据中央意见对县区改革作出部署,地级市政府根据前二者意见,制定所属县区机构改革意见。县级政府根据所属地级市的意见制定改革方案,报地级市审批。此次改革是县级政府机构改革意义最为深远的一次。《关于地方机构改革的意见》要求"县一级政府要切实把职能转向服务与协调,加强农村基层政权建设,逐步发展小城镇,促进农业的专业化、市场化、现代化"。同时,根据县域类型,精简机构。《关于地方机构改革的意见》要求较大的县政府工作部门精简为 22个左右,中等县 18 个左右,小县 14 个左右,贫困县或人口特别少的县,机构应更精简一些。县政府工作部门一律称局。四是精简人员。省级政府机关人员编制精简幅度原则上参照国务院精简比例进行,逐步、分期达到精简一半左右的目标,新组建的重庆市根据具体情况,区别对待。

(四)第四轮:2004 年地方政府机构改革

这次改革主要特点在于:第一,上下对口设置省级国有资产管理机构。与国务院国有资产监督管理委员会相对应,各地组建省级国有资产监督管理委员会。第二,有关机构调整和职能整合从各地实际出发。第三,严格控制机构和编制。各地的方案比较好地体现了精简、统一、效能的原则。做到机构、编制、领导职数"三个不突破":机构调整均在规定的机构限额内进行,人员编制未突破中央核定的总数,领导职数严格按照规定配备。①

（五）第五轮：2008 年地方机构改革

2008 年 2 月，中央《关于深化行政管理体制改革的意见》对地方改革作出初步部署，地方机构"在中央确定的限额内，需要统一设置的机构应当上下对口，其他机构因地制宜设置"。2008 年 8 月，地方政府机构改革工作电视电话会议召开，地方政府机构改革正式启动。会议提出了地方机构改革"7＋1"指导思路，即改革将会涉及农业、工业、交通运输、住房保障、人力资源、文化市场、食品药品 7 个领域，再加上一个"健全基层社会管理体制"，地方政府被赋予更大的改革自主权。随后国务院出台了《关于地方机构改革的意见》，再次指出允许各省市可以因地而异，充分考虑政府职能特点设置机构，不搞一刀切。虽然在各地的"大部制"问题上，地方获得了较大自主权，但机构设置上有严格的量化指标规定，如直辖市的政府办公厅、组成部门、直属机构不超过 45 个，大省不超过 40 个。这将确保地方政府机构改革以"大部制"思维来推进，在整体上将与中央政府机构改革保持一致。

此次改革向下放权，多个省将权力下放作为改革的重点。例如，北京市探索市与区县的分税，安徽省立足于进一步扩大县级政府经济社会管理权限，陕西省积极扩大省直管县财政体制改革试点和扩权强县改革试点范围，将试点县增加 15 个，并依法探索省直管县体制，减少管理层次，扩大县级政府社会管理和经济管理权限。海南省在 1988 年建省办经济特区之初，就在全国率先建立起省直管市县体制，由省政府直接领导 18 个县市和洋浦开发区，不设地区一级。最近，海南省又将 177 项行政管理权直接下放到市县。

（六）第六轮：2013 年地方机构改革

此次改革方案明确提出了地方机构改革的路径和方向。一是推进不同层级间权责合理配置，赋予省级及以下政府更多自主权。权责不匹配是地方机构改革面临的突出问题，进一步加大放权力度、增强地方治理能力是地方机构改革的重要内容，要把直接面向基层、量大面广、由地方实施更为便捷有效的经济社会管理事项下放给地方。二是以职能优化整合为依托推进地方党政机构改革。除中央有明确规定外，允许地方因地制宜设置机构和配置职能；在省市县对职能相近的党政机关探索合并设立或合署办公，进一步推动机构职能的精简优化，形成管理合力。三是构建简约精干的基层行政管理体制。基层党政部门直接承担着社会管理、公共服务和市场监管职能，要按照充实一线、加强基层的原则，将适宜由基层管理的行政审批、行政处罚等权力事项下沉，整合审批、服务、执法等方面力量和资源，实行扁平化和网格化管理，推进直接服务民生的公共事业部门改革，提升基层管理服务水

---

① 盛若蔚：《前 4 次地方政府机构改革回眸》，载《新华月报》2009 年第 4 期。

平。四是进一步规范垂直管理体制和地方分级管理体制。以优化协同高效为原则,理顺和明确中央与地方权责关系,健全垂直管理机构与地方协作配合机制和分级管理体制。[①]

(七)改革实验

在前述六轮正式的地方机构改革之外,我国地方政府还存在各类改革实验。改革实验是在一般序列的地方改革之外,中央选择特定地区作为改革实验区,在实验成熟之前,改革仅限于实验区本地,其他地区并不同步进行。以大部制改革为例:从 20 世纪 80 年代起,为探索机构精简的路径,中央就选定了一批改革实验区,通过机构整合,以大部门取代平常体制下的小部门,福建石狮就在这样的一个实验区,其改革实验于 1988 年启动,通过职能整合,建立了精干的大部门;2000 年,湖北随州再次成为国家大部制改革的实验区,8 月,经国务院批准,湖北省新设立地级随州市,辖曾都区(原省直管随州市所在),代管县级广水市。同年,随州成为中编办大部制改革实验区,实际设置 55 个机构,比其他地级市至少少设 10 个。

三、国家机构改革的路径依赖分析

(一)机构改革具有明显的周期性

从前述分析可以看出,中央机构改革与政府换届呈现高度的一致性。有学者认为此种机构改革是被计划的"计划型变革",而不是基于组织内外部变化的回应型改革。[②] 这么频繁的机构改革有两种解读:一是好的方面,政府能够不断改革以适应社会的发展需要;二是不好的方面,每五年就改革一次,说明之前的改革依然存在问题,需要不断推进和完善。[③]

地方机构改革相对于中央机构改革具有滞后性,地方机构改革一般在中央机构改革完成之后进行,相对于中央机构改革具有迟延期。一些地方政府出于部门利益或改革阻力的考虑可能选择性地落实中央关于地方机构改革的方案,使中央对于地方改革的措施难以完整落实。

(二)机构改革存在精简偏好

综观 1982 年以来的改革,一直存在精简偏好。尽管从 1988 年机构改革起,中央将改革目标转变为政府职能调整。但在具体实践中,政府职能转变是一项具有复杂性、系统性、综合性的改革工程,它不同于机构精简、裁汰冗员这些只涉及政府内部的改革问题,而是要在调整政府与市场、企业、社会多者之间关系的过程中,推

---

① 贠杰:《如何深化地方机构改革》,载《中国党政干部论坛》2018 年第 5 期。

② 何艳玲、李丹:《机构改革的限度及原因分析》,载《政治学研究》2014 年第 3 期。

③ 郑永年:《不确定的未来如何将改革进行下去》,中信出版社 2014 年版,第 304 页。

进行政管理体制改革。[①] 由于转变职能这一目标很难找到合适的操作路径,更直观的机构精简成为历届政府工作报告和机构改革方案的关键词。[②] 一般是按照"先拆庙,后建制"的顺序(先调整机构后调整职能),通过梯次型组织机构归并,精简优化行政管理结构。[③] 由于大规模机构撤并具有政治敏锐性,保持一定程度的权力集中和决策封闭有其必要性,这使得历次机构改革的特征之一是决策权力集中和设计过程的相对封闭性。[④]

这种精简偏好在中央层面由于有足够的资源支持,减员、分流等措施完成得较为顺畅。但在地方政府层面,特别是基层政府,由于缺乏相应的资源支撑减量,特别是减员的成员,在很大程度上影响了地方机构改革的实际成效,导致地方政府层级越低,改革效果越打折扣。

(三)通说层面的行政组织法在改革中发挥的作用微乎其微

从既有的机构改革来看,改革的路径依赖是特殊法源层面的党和政府的规范性文件,一个显明的例证是经历多轮改革后,国务院机构设置发生了显著变化,但制定于 20 世纪 80 年代的《国务院组织法》没做一条修改。这就是说,现行组织法的宽松框架和原则性规定使得法律从来不是机构改革的障碍。从改革的进行来看,中央机构设置与调整依赖于全国人大批准的单次改革方案。组织法层面的灵活性设置也与改革初期摸着石头过河的探索性特点相适应。但改革的稳定,以及国家法治化的推进,对行政组织设置的科学性与稳定性提出了新要求。特别是当改革突破现有行政组织的结构框架,就更需要在法律层面厘清组织的法律地位、组织之间的关系,从行政组织的源头实现法制化。

第三节　政府间关系转型

行政组织法研究的重心是行政组织内部的法制化问题。这种法制化除了机构设置的法制化外,最为重要的就是行政组织之间的纵向与横向关系,简称府际关系。

---

① 吴江:《我国政府机构改革的历史经验》,载《中国行政管理》2005 年第 3 期。

② 何艳铃、李丹:《机构改革的限度及原因分析》,载《政治学研究》2014 年第 3 期。

③ 周志忍:《机构改革应关注并处理好八种关系》,载《行政研究信息》1998 年第 17 期。

④ 周志忍、任钧:《机构改革也需要改革——新西兰大部制改革实践对我们的启示》,载《行政论坛》2013 年第 3 期。

一、中央与地方关系的 40 年演进

(一)中央与地方关系的组织法格局

中央与地方关系是行政组织法的关键内容,对于单一制国家来说,地方行政组织的设置及法制化均受制于央地关系的格局,"文革"之后,随着改变过度集权体制的呼声越来越高,分权逐渐成为当时领导层推行改革的目标模式。领导人不断地强调分权,指出分权是国家改革的方向,[①]即一方面,中央要保持对国家的全面领导,另一方面,又不希望权力过分集中,希望地方政府有发展的积极性。这种思路直接影响了宪法关于中央与地方关系的规定,1982 年《宪法》第 3 条第 4 款将中央与地方的关系规定为:"中央和地方国家机构职权的划分,遵循在中央的统一领导下,充分发挥地方的主动性、积极性的原则。"

为了贯彻此原则,宪法对中央与地方的职权划分作了初步的明确。首先,以列举方式,规定了最高国家权力机关——全国人民代表大会及其常务委员会和最高国家行政机关——国务院的职权,并提出,国务院"统一领导全国各级国家行政机关的工作",这意味着国务院享有未列举的剩余权力。其次,给予地方政府部分立法权。1982 年《宪法》确立了两级立法体制,扩大了省、自治区、直辖市国家权力机关的立法权,提出地方性法规以"不抵触"为基本原则。根据 1982 年《宪法》修订的《地方组织法》,列举了地方权力机关和地方行政机关的职权,规定省、自治区、直辖市以及省、自治区的人民政府所在地的市和国务院批准的较大的市的人民政府,可以根据法律和国务院的行政法规,制定规章。这是许多单一制国家地方政府都没有的权限。

在人事权方面,《地方组织法》对地方政府各工作部门作了新的规定,从过去各工作部门同时接受上一级主管部门和本级政府领导的双重从属制,变为各工作部门受本级地方政府统一领导,除少数部门同时受上级和中央主管部门的领导外,其他部门同上级和中央主管部门的关系则一律改为业务指导。

(二)改革开放 40 年中央统一领导与发挥地方"两性"探索

我国自 1982 年宪法公布以来,中央与地方关系一直在单一制的框架下进行改革实验,这种实验体现为分权以及对分权的修正,"中国经济发展的一个最重要的原因就是中央和地方的分权"[②]。本部分拟回溯我国 1978 年至今央地关系在政策与法律层面的发展与变化,为地方行政组织的法制化发展提供宏观层面的法制

---

① 杨红伟:《分散与重构:中央与地方权力关系的制度化研究》,复旦大学 2007 年博士学位论文。

② 于建嵘:《中国的政治现实和我的梦想》,http://lawlover.fyfz.cn/blog/lawlover/index.aspx?blogid=417117,最后访问日期:2008 年 4 月 14 日。

基础。

1.1979—1982 年的发展：从"分灶吃饭"到 1982 年宪法

在 1949 年至 1979 年的 30 年间，中国的财政总体上实行"统收统支"的体制，辅有短期实行过的收支挂钩和收入分成型的财政体制。这种财政体制将全国的绝大部分财力集中在中央，由中央统一核拨各级政府的开支，地方仅享受地方税收和一些零星收入，无权留用其他收入。[①] 随着改革开放的开启，"统收统支"的财政税收体制已经不适应经济发展的需求。中央向地方下放权力的一个最主要行为就是 1980 年国务院颁发《关于实行"划分收支、分灶吃饭"的财政体制的暂行规定》，"分灶吃饭"是改革开放后中央与地方财政分权的初步尝试，渗透了中央希望发挥地方的主动性与积极性，促进全国共同发展的思路。

2.1982—1993 年央地关系的发展：放权的继续深入

(1)有限度地下放人事权

1984 年，中共中央《关于修订中共中央管理的干部职务名称表的通知》，将中央所直接控制的官员限制为省级，从"下管两级"变为"下管一级"。[②] 1986 年《地方组织法》修改，对政府副职领导人员实行差额选举，对正职领导人也确定了差额选举为主的原则，从而使大多数省(区)出现了主席团提名候选人落选的情况。1992 年的省县政府换届选举，在实行差额选举的情况下，浙江和贵州两省由中央提名的省长候选人在人大选举中落选。[③] 中央文件进一步对差额选举做了制度上的补充，1995 年 5 月中央组织部颁布实施的《党政领导干部选拔任用工作暂行条例》明确规定："由党委推荐，人大常委会决定任免的领导干部人选在人大常委会……连续两次未能通过的，不得再推荐为本地同一职位人选。"

(2)1985—1988 年多种财政包干制

1985 年，国务院推行"划分税种、核定收支、分级包干"的财政体制(简称财政包干制)。财政包干制沿用了 1949 年以来传统的税收划分办法，按照企业的隶属关系划分企业所得税，按照属地征收的原则划分流转税，把工商企业税收与地方政府的财政收入紧密地结合在一起。这在很大程度上刺激了地方政府发展地方企业尤其是乡镇企业的积极性，[④]但其负面作用是严重削弱了中央的财政能力。1980

---

① 赵一苇、贺斌、姜璇：《新一轮财税体制改革：中央和地方关系的重大调整》，载《中国新闻周刊》2018 年第 7 期。

② 需要补充的是，中央直接管理的干部虽然由二级变为一级，放弃了对省政府中局级干部的直接管理，但它加强了对这些局级干部的备案制度，任何由地方任命的局级干部都要向中组部汇报，并进行备案，而且，中组部对这些任命保留了否决权。

③ 黄卫平：《中国政治体制改革纵横谈》，中央编译出版社 1998 年版，第 148 页。

④ Jean Oi，Fiscal Reform and the Economic Foundations of Local State Corporatism in China，*World Politics*，1992，Vol.45，Issue 1，pp.99-126.

年至 1986 年中央财政收入平均每年递增 5.5％,同期地方财政收入平均每年递增
8.29％。[1]1988 年又进行了第三次财政包干体制调整,采取了多种形式,而其实质,
仍是对"分灶吃饭"体制的修改。此次体制调整,产生了一个复杂的方案,使得中央
与地方的关系更加多样化,在同一主权国家之内,存在形形色色的中央与地方的财
政关系,这在世界范围内,都属罕见。调整后的体制在收入方面,共形成了六种规
则,以对应全国不同的省份。[2] (见表 2-5)

表 2-5　1988 年六种包干方案分别适用的地区

具体规则	适用地区
收入递增	北京、河北、辽宁、沈阳、哈尔滨、浙江、宁波、河南、重庆
总额分成	天津、山西、安徽
总额分成加增长分成	大连、青岛、武汉
上解递增包干	广东、湖南
定额上解	上海、山东、黑龙江
定额补助	吉林、江西、陕西、甘肃、福建、内蒙古、新疆、西藏、宁夏、广西、云南、贵州、青海、海南

　　80 年代放权让利改革的副作用是地方政府的利益开始与中央的利益出现矛
盾,在"分灶吃饭"和大包干的体制下,地方政府必定想方设法竭力扩大本地区的财
政收入,这种发展在很多情况下是以牺牲国家的整体利益为代价的,如一些原料产
业纷纷建立相应的工业企业,此外采取阻止本地资金对外省的投资、阻止本地资
源的流出等地方保护主义措施。"放权过程中的主要受惠者,既非中央,也非企业,
而是以省级政府为代表的地方政府,地方利益不断强化,块块日益凸显,出现了某
种程度的块块各自为政,中央宏观调控失控现象",[3]这是 80 年代放权让利改革最
大的负效应。

　　(3)1993 年分税制改革对中央与地方财权、事权划分的影响

　　1989 年,中央财政困难,不得不再次要求地方"做贡献",邓小平亲赴上海,允
诺优先供应上海煤炭,从而从上海得到了 25 亿元,在此之前,中央就已经两次设立
基金(分别是能源交通基金和预算调节基金)向地方政府"借钱"。国家计划委员会
提交了报告,认为应当废止包干制以加强中央的宏观调控能力。在知识界,吴敬琏

---

[1]　单欣红:《财政分配不合理是造成财政不理想的重要原因》,载《财贸经济》1987 年第 10 期。
[2]　杨红伟:《分散与重构:中央与地方权力关系的制度化研究》,复旦大学 2007 年博士学位论文。
[3]　任晓:《中国行政改革》,浙江人民出版社 1998 年版,第 262 页。

批评了包干制,认为它会引起地方主义,损害全国利益,因而它只是暂时的,而不是长久之计。[①] 1992 年,中央和地方同时遭遇了大规模的赤字。中央的财政压力不断增加,通货膨胀严重,宏观调控无力,军费也难以保障,军队普遍从商业活动中寻求资金。[②] 中央政府的财政困境以及知识界的支持,最终推动了十四届三中全会中推行分税制的决心。

1992 年起,十四届三中全会通过的《中共中央关于建立社会主义市场经济体制若干问题的决定》第 18 条指出:"积极推进财税体制改革。"1993 年 12 月,国务院颁布《关于实行分税制财政管理体制的决定》,决定于 1994 年 1 月 1 日起,改革地方财政包干体制,对省、自治区、直辖市以及计划单列市实行分税制财政管理体制。该决定初步建立中央财政对地方的税收返还和转移支付制度,设立国税与地税两套征管系统。国务院决定省及省以下税务局分设为国税局和地税局,各省最迟必须在当年 8 月 15 日分设挂牌。1994 年 8 月,国务院下发《关于分税管理体制税收返还为本地区增值税和消费税增长挂钩的通知》,进一步完善分税制。(见表 2-6)

表 2-6 分税制下中央与地方的收入划分

中央固定收入	关税,海关代征消费税和增值税,消费税,中央企业所得税,地方银行和外资银行及非银行金融企业所得税,铁道部门、各银行总行、各保险总公司等集中交纳的收入(包括营业税、所得税、利润和城市维护建设税),中央企业上缴利润等。外贸企业出口退税,除 1993 年地方已经负担的 20% 部分列入地方上交中央基数外,以后发生的出口退税全部由中央财政负担
地方固定收入	营业税(不含铁道部门、各银行总行、各保险总公司集中交纳的营业税),地方企业所得税(不含上述地方银行和外资银行及非银行金融企业所得税),地方企业上缴利润,个人所得税,城镇土地使用税,固定资产投资方向调节税,城市维护建设税(不含铁道部门、各银行总行、各保险总公司集中交纳的部分),房产税,车船使用税,印花税,屠宰税,农牧业税,对农业特产收入征收的农业税(简称农业特产税),耕地占用税,契税,遗产和赠予税,土地增值税,国有土地有偿使用收入等
中央与地方共享收入	增值税、资源税、证券交易税。增值税中央分享 75%,地方分享 25%。资源税按不同的资源品种划分,大部分资源税作为地方收入,海洋石油资源税作为中央收入。证券交易税,中央与地方各分享 50%(1997 年起,对证券交易税按原税率计征的部分改为中央与地方八二分享,提高税率的收入全部归中央)

[①] 吴敬琏:《中国经济改革所面临的局势与选择——整体协调改革的基本思维和几种实施构想》,载《管理世界》1988 年第 4 期。

[②] 翁杰明、张西明等:《与总书记谈心》,中国社会科学出版社 1996 年版,第 131 页。

与以往改革相比,分税制具有稳定性,目标明确:在于提高中央财政收入占全国财政收入的比重,将财政关系规范化,使中央与地方关系制度化的程度增加。在制度上的意义是以财政关系作为规范中央与地方关系的基础。有学者认为,分税制的实施,标志着中国中央与地方关系核心内容——利益关系的凸显,反映了过去以行政性手段单向度地调整中央与地方关系的终结。[①]

分税制实施后,地方财政收入在总财政收入中的比重由 1993 年的接近 80％迅速下降到 1994 年的 45％左右[②],此后的十年间一直在这个水平徘徊。而地方财政支出的比重在过去 15 年中变化很小,1990 年为 68％左右,2004 年则微升至75％左右。可以看出,通过分税制改革,中央集中了大量的地方财政收入,约占财政总收入的 20％～30％,这就是分税制所造成的"财权上收"的效应;但与此同时,中央和地方的支出划分几乎没有发生显著变化,即分税制没有根本改变中央和地方的事权划分格局。地方财政支出的 20％～30％要依靠中央财政对地方的转移支付补助。这些补助包括税收返还、体制补助、专项补助、过渡期转移支付补助等多种。[③]

上述数字说明分税制达到了强化中央控制力的目的,但分税制并没有解决中央与地方的事权划分问题,相反,使中央与地方的事权与财权划分进一步不匹配。分税制改革在加强中央财政集权的同时,并没有相应集中中央财政支出的责任,相反,中央的财政分支责任在一步步下移,使得地方的财政与事权出现严重的不对称。[④] 并且,分税制体制在设计上忽视了与我国现行政府分级体制的配套问题。当前我国虽然宪法层面只设有中央、省、县、乡四级,但实际运行中存在中央、省、市(州)、县、乡(镇)等五级政府,一级政府享有一级财权,五级政府就要按五级分税。由于纳入中央税和共享税的若干主导税种占全部税收的 90％以上,加之中央分享比例高,地方税体系薄弱,目前的分税制体制仍停留在中央对省级分税的层次,部分省(区)延伸至省对市(州)分税。如再要往下延伸,县、乡(镇)两级政府实际上已无税可分。[⑤] 基层只是小额零星分散的税种,远不足以成为地方财政支柱收入来源。这就根本否定了地方政府财政的独立主体地位。[⑥](见表 2-7)

---

① 魏红英:《宪政架构下的地方政府模式研究》,中国社会科学出版社 2004 年版,第 120 页。

② 引自中国发展出版社副社长倪红日在"中国公共服务体制:中央与地方关系"国际研讨会上演讲《对中国政府间财政关系现状的基本判断及深化改革的若干建议》。

③ 数字均来自《全国地市县财政统计资料(1993—2006)》,中国财政经济出版社 2006 年版。

④ 杨灿明:《基层财政管理体制改革研究》,载《当代财经》2006 年第 4 期。

⑤ 肖爱国:《关于徐州市国税系统垂直管理运行情况的调查与思考》,载《江苏国税调研》总第41 期。

⑥ 何志东:《由中央集权结构向均权结构转变——由铁本事件看中央和地方关系》,http://www.china-region.com/News/HTML/20050125000000_1029.htm,最后访问日期:2009 年 6 月 8 日。

表 2-7　分税制下中央与地方事权的划分

中央财政承担的事权	地方财政承担的事权
国家安全、外交和中央国家机关运转所需经费,调整国民经济结构、协调地区发展、实施宏观调控所必需的支出以及由中央直接管理的事业发展支出。具体包括:国防费,武警经费,外交和援外支出,中央级行政管理费,中央统管的基本建设投资,中央直属企业的技术改造和新产品试制费,地质勘探费,由中央财政安排的支农支出,由中央负担的国内外债务的还本付息支出,以及中央本级负担的公检法支出和文化、教育、卫生、科学等各项事业费支出	本地区政权机关运转所需支出以及本地区经济、事业发展所需支出。具体包括:地方行政管理费,公检法支出,部分武警经费,民兵事业费,地方统筹的基本建设投资,地方企业的技术改造和新产品试制经费,支农支出,城市维护和建设经费,地方文化、教育、卫生等各项事业费,价格补贴支出以及其他支出

根据《国务院关于实行分税制财政管理体制的决定》的相关内容整理。

3.《立法法》对地方立法权的确定与进一步明确

在现代法治国家,地方事权主要体现为地方的专属立法权。以法律形式明确中央与地方的事权划分,是地方分权型单一制国家的普遍做法。我国《立法法》的制定过程中,对地方立法权的定位、能否以列举的方式划分中央与地方的立法权限等问题,学界有过持久的争议。这些分歧意见,反映了对我国单一制国家结构的不同见解。2000 年《立法法》最终选择了以法律保留条款代替了列举"中央专属立法权"的设想。《立法法》明确了地方性法规以"不抵触"为制定原则(第 63 条),指出地方性法规可就两类事项作出规定:(1)为执行法律、行政法规的规定,需要根据本行政区域的实际情况作具体规定的事项;(2)属于地方性事务需要制定地方性法规的事项(第 64 条),这两类事项均以法律保留为前提。地方规章以"根据"为基本原则,可以就两类事项作出规定:(1)为执行法律、行政法规、地方性法规的规定需要制定规章的事项;(2)属于本行政区域的具体行政管理事项(第 73 条)。从《立法法》的相关规定来看,地方性法规与地方规章立法的主要范围均为"地方性事务"或"属于本行政区域的具体行政管理事项"。而所谓"地方性事务",或"地方具体行政管理事项"涉及宪法层面中央与地方事权的划分。在我国单一制的宪法格局下,中央与地方采取总量分割的事权划分,使得地方性事务的控制权事实上掌握在中央手中,地方性事务是个范围不稳定的概念。[①]

2015 年《立法法》实施以来首次修改,将地方性法规的制定主体扩展到所有设区的市,使地方性法规的制定主体由原 49 个扩展到 282 个,同时明确了地方立法权的边界,所有设区的市的人大及其常委会可以就城市建设、市容卫生、环境保护

---

① 　杨利敏:《关于联邦制分权结构的比较研究》,载《北大法律评论》2002 年第 5 卷第 1 辑。

等城市管理方面的事项制定地方性法规。

4.2018 年国税与地税合并及影响

1993 年分税制改革引发的中央与地方事权与财权不匹配问题随着时间的推进,其多方面的后果已然显露,在事权划分没有明确的组织法支持背景之下,单独的财权划分缺乏足够的正当性基础。并且,原来分税制的设立,重在保障中央财税收入和实现央地税务双轨运行。但随着税收征管系统的完善和电子化,国库和预算制度逐步健全,征收税款已实现在到达系统端口时自动分流,原先地方截留中央税款的问题不复存在。同时,随着近年税制改革的深入,增值税、所得税等主要税种成为央地共享税,共享税的范围规模越来越大,央地分配比例也逐渐磨合,从前中央和地方的税种划分不清、财政收入相互挤压的问题也得到解决。从技术上讲,国地税分设已经失去最初的作用。并且,在国地税分设时期,常有地方以税收减免作为优惠条件来招商引资,以此形成地区间的竞争格局。"利用税收优惠来吸引资本的手段,也并非中央所乐见的。"[1]2018 年党的十九届三中全会审议通过的《中共中央关于深化党和国家机构改革的决定》将国税地税体制合并,明确提出:改革国税地税征管体制,将省级和省级以下国税地税机构合并,具体承担所辖区域内的各项税收、非税收入征管等职责。国税地税机构合并后,实行以国家税务总局为主与省(自治区、直辖市)政府双重领导管理体制。

(三)央地关系中的特殊体制——中央垂直管理

《地方组织法》第 66 条规定:"省、自治区、直辖市的人民政府的各工作部门受人民政府统一领导,并且依照法律或者行政法规的规定受国务院主管部门的业务指导或者领导;自治州、县、自治县、市、市辖区的人民政府的各工作部门受人民政府统一领导,并且依照法律或者行政法规的规定受上级人民政府主管部门的业务指导或者领导。"中央垂直管理是指中央政府将一些政府部门的"人、财、物"控制权由地方上收到中央,使这些部门成为不受地方政府控制而完全听命于上级机关的机构。垂直管理本质上是对《地方组织法》第 66 条的突破。

垂直管理源起央地关系格局下中央保证地方贯彻中央政府的需求。从 20 世纪 90 年代初期开始,中国经济出现过热现象。随着中央一系列放权政策,地方政府发展经济的积极性空前高涨。1992 年和 1993 年国民生产总值的增长速度分别为14.2%和 13.5%,[2]增长过快导致经济过热,通货膨胀卷土重来。1994 年,国务院依据《国务院办公厅转发国家税务总局关于组建在各地的直属税务机构和地方

---

[1] 赵一苇、贺斌、姜璇:《新一轮财税体制改革:中央和地方关系的重大调整》,载《中国新闻周刊》2018 年第 7 期。

[2] 陈颂东:《我国 1992 和 2003 年两次通货膨胀的比较研究》,http://info.yidaba.com/news-center/2909343.shtml,最后访问日期:2009 年 6 月 10 日。

税务局实施意见的通知》(国办发〔1993〕87 号),对国税部门实行垂直管理。

1995 年 3 月 18 日,第八届全国人民代表大会第三次会议通过了《人民银行法》,该法第 13 条规定:中国人民银行根据履行职责的需要设立分支机构,作为中国人民银行的派出机构。中国人民银行对分支机构实行统一领导和管理。1998年 11 月 15 日,按照中央金融工作会议的部署,国务院改革人民银行管理体制,撤销省级分行,设立跨省 9 家分行,同时,成立人民银行系统党委,对党的关系实行垂直领导,干部垂直管理。此后的银监、证监、保监等部门也都采用了这一模式。

在进入 21 世纪后,垂直管理出现了新趋势,背景是中央地方之间的利益博弈以及中梗阻现象。在始于 2003 年下半年的新一轮宏观调控中,土地无疑重演了当年金融的角色。地方政府在失去对银行的支配权后,赖以主动推动经济增长并能够独立支配的只有土地这一项核心资源了。而卖地生财的路径选择,又令中国经济面临失衡、耕地底线面临失守的严重威胁。2004 年,中央决定在全国实行省以下土地垂直管理体制。2006 年 3 月,为提高统计的准确度,国务院批准了《国家统计局直属调查队管理体制改革方案》,最重要的一点在于实行垂直管理,以解决地方统计数据失真干扰国家宏观调控的问题。①

目前中央垂直管理的机关包括:国家安全机关、金融、海关、国家税务机关、外汇局、地震局、气象局、测绘局、出入境检验检疫机关、烟草局、邮政局、物资储备局、海事局、央行、证监会、保监会、银监会等。

有学者认为,垂直管理公安厅打破了现行地方组织法的管理体系,层出不穷的垂直管理可能将基层政府的执政"要素"剥夺殆尽,可能损害地方政府的机构和职权完整性。② 中央在地方垂直管理部门的设置,已使得协调垂直管理部门与地方政府部门之间的关系成为行政管理体制改革的新问题。十七大报告提出规范垂直管理部门和地方政府的关系。当前我国关于垂直管理的改革仍在探索之中。

二、地方政府间关系的 40 年演化

我国地方政府间关系亦可分为纵向关系与横向关系,纵向关系依存于地方行政区划,实行领导关系;横向关系在法律横向并不清晰,在实践中呈现多样的形态。

(一)行政区划 40 年演变与地方政府间纵向关系

1.组织法层面关于行政区划的设定

关于行政区划,《宪法》第 30 条规定:"省、自治区分为自治州、县、自治县、市。"

---

① 陈泽伟:《中央加强垂直管理 将人财物控制权收到国家》,http://www.china.com.cn/law/zhuanti/hjtjh/2006-11/14/content_8474810_2.htm,最后访问日期:2009 年 4 月 6 日。

② 何忠洲、唐建光:《"垂直管理"风起 央地博弈:权力边界尚待清晰》,http://hi.people.com.cn/2006/11/28/276784_2.html,最后访问日期:2009 年 4 月 1 日。

目前,我国共有 22 个省、4 个直辖市(上海、天津、北京、重庆)、5 个自治区(内蒙古、新疆、宁夏、广西、西藏),共 31 个省级单位;两个特别行政区:香港与澳门。在前述宪法规定的正式地方设置之外,新疆地区还存在一个特殊建制——新疆建设兵团。[①]

关于行政区划的设立、撤销、更名,根据《行政区划变更报批程序》,除了省、自治区、直辖市以及特别行政区的设立、撤销、更名要以国务院总理的名义提出议案,报请全国人民代表大会审议决定外,行政区划的设置主要由国务院与省级人民政府决定。

2.“市”的多样复杂演化对省、市、县纵向关系的影响

行政区划的改革主要体现在“市”的层面,改革使我国“市”呈现出复杂多样的面貌,从而对省与县的关系、省与市的关系、市与县的关系产生了深刻的影响:

(1)“管县”的地级市

对 1982 年《宪法》第 30 条做文本解释,县、市地位平等,有差异的只是功能。但从县、市关系的实际情况看,政策文件变革了《宪法》层面简单的三级关系,实际呈现的是一个以四级为基础的异常复杂的格局。1982 年《宪法》通过当前,中共中央、国务院发布〔1982〕51 号文件《改革地区体制、实行市领导县体制的通知》,肯定了辽宁等省在经济发达地区实行市领导县体制的经验。1983 年年初,国务院批准在江苏全省试行市管县,开启了市管县的改革。当时的认识是要以经济比较发达的城市为中心,带动周围农村,统一组织生产和流通。市管县的改革一直伴随着争议:首先,市管县直接背离了《宪法》。从 1982 年推行市管县体制以后,我国政府层级已经由四级制为主变成五级制为主。其次,从运行效果来看,市管县偏离了制度设计的目标。市管县体制不但扩大了各中心城市的行政“地盘”,而且由于管县的市权力比较大,导致一些中心城市随意向外扩张,侵占农民土地,造成了大量的土地资源浪费,在部分地方,市县之间的利益冲突还进一步引起市县关系的紧张,对社会稳定产生了极为不利的影响。[②] 由于对市管县的批评日渐汹涌,从 2001 年起,国务院开始在浙江试行省管县的改革,《中共中央关于制定国民经济和社会发展第十一个五年规划的建议》中也明确提出“减少行政层级”,“理顺省级以下财政管理体制,有条件的地方可实行省级直接对县的管理体制”。

(2)计划单列市

我国计划单列市的改革起始于 1983 年 2 月,该年中共中央、国务院批准在重庆进行经济体制改革综合试点,试点的内容之一是对重庆市实行计划单列。所谓

---

① 新疆生产建设兵团于 1954 年组建,承担着国家赋予的屯垦戍边的职责,在自己所辖的垦区内,依照国家和新疆维吾尔自治区的法律、法规,自行管理内部的行政、司法事务。

② 刘君德等:《中外行政区划比较研究》,华东师范大学出版社 2002 年版,第 247～248 页。

"计划单列",就是将这些城市的国民经济和社会发展计划,在国家计划中单列出户头。在计划表上,先将这些城市单列,然后加到有关省的计划数字中,成为所在省的计划的组成部分。从 1983 年起,我国已有 14 个省辖大(中)城市实行了计划单列,实行计划单列后,单列市首先在行政体系中的地位得以提高,这些城市取得了某些准直辖市的地位。国家实行计划单列市的本意是发挥中心城市的作用,让城市带动周围地区的发展,打破条块分割,使得以行政区划为界、横向联系薄弱的"块块经济"走向横向联系发达、资源配置优化的"网络经济"。但计划单列推行的结果并未实现预期目标,并且在省会城市,计划单列形成"一城两政",14 个计划单列市中有 8 个是省会城市。同一城市内由于有两个享有省一级经济管理权限的行为主体,因而就有两套机构,造成职能交叉、管理混乱。[①] 由于种种问题的存在,1993 年通过的《关于党政机构改革的方案》决定,除重庆、深圳、大连、青岛、宁波、厦门仍保留计划单列市外,其余省会城市不再实行计划单列。

(3)副省级市

计划单列市"计划单列"资格的取消意味着其需要重新回到原有的省、市关系格局,其在投资、人事及财政等领域均要服从省政府的规制,为了给这些中心城市的发展创造一个良好的客观环境,从体制上提供有力的保障,1994 年 2 月,党中央、国务院作出决定,将广州、武汉、哈尔滨、沈阳、成都、南京、西安、长春、济南、杭州、重庆、大连、青岛、深圳、厦门、宁波 16 个中心城市的行政级别定为副省级。除济南、杭州外,其余 14 个城市均为原来的计划单列市。1995 年 2 月,中央编委再次下发了关于副省级市若干问题的通知,进一步明确副省级市与所在省的关系、机构规格、干部管理、工资待遇等方面的有关问题。由于副省级城市是中央文件创造的而非法律创造的,相对于省政府所具有的宪法与组织法上的权威,其法律地位不明确,没有法律层面的支持和保障。广州、武汉取消计划单列后,省里上收有关财政、金融、劳动、城建、卫生、交通、外贸、民政、体育、新闻出版、物价监督等几十项经济管理权限,副省级市与所在省的关系出现新矛盾,副省级市与中央的关系也有待进一步规范。

(二)地方政府间横向关系

我国《宪法》规定了行政机关横向关系中的分权。《宪法》、《国务院组织法》和《地方组织法》规定,国务院和地方各级政府按事权性质设置若干工作部门。《宪法》第 107 条规定,各级地方政府依法"管理本行政区域内的"各项行政工作。在行政机关的横向关系中,没有强制或命令关系,"因为,单方面的意志不能给他人强加一种责任,他们也不会受此责任的约束"[②]。地方政府间横向关系早期更多是为经

---

① 中国行政管理学会编:《中国行政管理现状与改革》,北京出版社 1990 年版,第 114 页。

② [德]康德:《法的形而上学原理》,沈叔平译,商务印书馆 1991 年版,第 79 页。

济学者所关注,其关注的视角是地方政府之间在招商引资等方面的竞争,以及此种竞争对我国经济高速发展所起的作用。[1]

从法治的角度,我国宪法和组织法在规定行政机关横向分权关系的同时,并没有规定合作关系。自然本来是浑然一体的。比如水,可能涉及水利、交通、矿产资源、渔业、环境生态和规划建设等各个方面,需要各行政主管部门的协同治理。水和大气等环境还被普遍认为具有外部性。经济活动也必然无法受行政区域范围的限制,某一土地上的开发建设越来越影响到周围地区土地的使用、价值和环境,"蝴蝶效应"和"邻避效应"日益突出。于是,市场必须统一,地方应该合作,区际事务也就必然存在。改革开放后,最初为了满足经济发展的需求,地方政府在竞争的同时也展开合作。1993年的分税制改革,形成了中国式的财政联邦制,地方政府间的竞争与合作由此蓬勃兴起,区际协同合作不断活跃,如我国长三角和珠三角等区域的经济一体化、京津冀等区域的环境协同治理,以及国家"十三五"规划中着重推动的长江经济带建设、长三角城市群建设和西部援助计划等。[2] 这些合作多以区际协议的方式存在,如四川与重庆签署的《关于推进川渝合作共建成渝经济区的协议》。这些协议并非关于缔约双方的民事权利义务的协议,因此不是合同,属于各地方政府之间关于执行政治、经济、社会政策所达成的一致,为政策性文件,没有系统规定不执行政策的法律后果,也不明确指向相关的法律责任条款,也不是其他规范性法律文件指向的配套文件,缺乏有效的约束力。一些地方政府的横向合作基本由当地官员推动,多停留在各种单项合作上,一旦地方官员发生人事变动,原有的合作项目就可能落空。[3]

因此,与政府间合作相伴的是政府间冲突的处理。对于这类冲突我国当前在组织法层面并无规定,但地方政府在行政程序立法中探索并规定了各类协商条款,建立了各类联席会议制度。学者认为,通过政府组织结构的优化减少和理顺行政机关间的横向关系,并通过制定统一的行政程序法整合行为法机制,是今后充分发挥行政组织法功能行为法机制的必经之路。[4] 但不得不承认的是,这种协商或联席会议约束力有限,难以应对规模性的区际补偿等问题。政府间冲突的处理有必要实现法治化。例如,区域环境污染问题、资源保护问题等引发的补偿或赔偿,单纯依靠政府间协商交易成本高,且难以达到有约束力的一致意见。我国有必要在目前的单一制框架下,构建与中国政治体制相适应的政府间冲突解决机制,将冲突

---

① 傅强、周浩等:《中央政府主导下的地方政府竞争机制——解释中国经济增长的制度视角》,载《公共管理学报》2013年第1期。

② 叶必丰:《组织法功能的行为法机制》,载《中国社会科学》2017年第6期。

③ 王纪芒、吴思皖:《西部大开发中地方政府的横向关系问题探讨》,载《理论探索》2008年第6期(总第174期)。

④ 叶必丰:《组织法功能的行为法机制》,载《中国社会科学》2017年第6期。

的解决法制化。

第四节　党对行政的领导和保障

依据我国《宪法》序言中关于党的代表地位的规定以及正文中关于人民主权的规定,执政党与人民代表大会分享人民意志表达的权利,其制定的政策文件可以有条件地作为填补法律漏洞的资源。[①] 党对行政的领导和保障既体现在行政组织的设置和改革,也体现为对领导干部和普通公务员的管理。

一、党对国家机构设置的领导和保障

(一)历次国家机构改革的目标和任务由党的代表大会报告所确定

"东西南北中,党领导一切"在机构改革中切实地体现,行政体制改革一直被列在政治体制改革的子目录下。

1982 年,党的十二大报告提出"计划经济为主,市场调节为辅",在第六部分"把党建设成为领导社会主义现代化事业的坚强核心"的第二项提出"改革领导机构和干部制度,实现干部队伍的革命化、年轻化、知识化、专业化"。

1987 年,党的十三大报告在第五部分"政治体制改革"的第二项与第三项论及了行政体制改革,第二项主要涉及权力下放的内容,第三项指出要"改革我们的政府机构"。此次报告的一个突破是指出"机构改革必须抓住转变职能这个关键","要按照经济体制改革和政企分开的要求,合并裁减专业管理部门和综合部门内部的专业机构,使政府对企业由直接管理为主转变到间接管理为主。要从机构配置的科学性和整体性出发,适当加强决策咨询和调节、监督、审计、信息部门,转变综合部门的工作方式,提高政府对宏观经济活动的调节控制能力。要贯彻精简、统一、效能的原则,清理整顿所有行政性公司和近几年升格的机构,撤销因人设事的机构,裁减人浮于事部门的人员"。报告在政府机构的设置上,明确将"经济体制改革和政企分开"作为机构调适的目标。

1992 年,党的十四大报告指出"要建立社会主义市场经济体制",在此基础上着力阐述了"90 年代改革和建设的主要任务",在第一项任务"围绕社会主义市场经济体制的建立,加快经济改革步伐"中提出"加快政府职能的转变。这是上层建筑适应经济基础和促进经济发展的大问题。不在这方面取得实质性进展,改革难以深化、社会主义市场经济体制难以建立"。在第七项任务中提出"下决心进行行

---

① 袁明圣:《公共政策在司法裁判中的定位与适用》,载《法律科学》2005 年第 1 期。

政管理体制和机构改革,切实做到转变职能、理顺关系、精兵简政、提高效率"。

1997年,党的十五大报告在第六部分"政治体制改革和民主法制建设"中提出了"推进机构改革","要按照社会主义市场经济的要求,转变政府职能,实现政企分开,把企业生产经营管理的权力切实交给企业;根据精简、统一、效能的原则进行机构改革,建立办事高效、运转协调、行为规范的行政管理体系,提高为人民服务水平;把综合经济部门改组为宏观调控部门,调整和减少专业经济部门,加强执法监管部门,培育和发展社会中介组织"。

2002年,党的十六大报告提出了全面建设小康社会的奋斗目标,围绕这个目标提出要加快政府职能转变,在第五部分"政治建设和政治体制改革"中提出了"深化行政管理体制改革"的目标。

2007年10月,党的十七大报告提出科学发展观,报告用一个单元专门阐述了加快推进以改善民生为重点的社会建设,第一次将政府的社会职能与经济职能并列看重,体现了我国政府职能的重大转向。2008年2月,党的十七届二中全会通过了《关于深化行政管理体制改革的意见》《国务院机构改革方案》,之后,党的十八届二中全会《公报》指出,要"以职能转变为核心,继续简政放权、推进机构改革、完善制度机制、提高行政效能,稳步推进大部门制改革",开启了大部制改革的新思路。

2012年,党的十八大报告阐述了"深化行政体制改革"时,严格控制机构编制,减少领导职数,降低行政成本。

2017年,党的十九大报告就深化机构改革作出重要部署,提出"统筹考虑各类机构设置,科学配置党政部门及内设机构权力、明确职责"。与此同时,"统筹使用各类编制资源,形成科学合理的管理体制,完善国家机构组织法"。此外,还需要"赋予省级及以下政府更多自主权。在省市县对职能相近的党政机关探索合并设立或合署办公"。

(二)国家机构改革的方案交由党的代表大会或中央政治局审议

1982年,邓小平在中共中央政治局会议上作了《精简机构是一场革命》的重要讲话,拉开了改革开放后第一次机构改革的序幕,1982年改革方案先后由中央政治局会议和五届全国人大常委会会议审议通过。

1983年,中共中央、国务院联合发布了《关于省、直辖市、自治区党政机关机构改革若干问题的通知》《关于地、市、州党政机关机构改革若干问题的通知》《关于县级党政机关机构改革若干问题的通知》,对改革作出具体部署。

1988年,中央政治局讨论通过了《关于党中央、国务院机构改革方案的报告》。

1993年3月,十四届二中全会讨论通过了机构改革方案,这是第一次在中央全会上讨论通过机构改革方案。

1997年9月,党的十五大提出了改革要求,十五届二中全会审批通过国务院机构改革方案,九届全国人大一次会议审议批准了《国务院机构改革方案》。

1999 年,中共中央、国务院发布了《关于地方政府机构改革的意见》(中发〔1999〕2 号)。

2003 年 2 月,党的十六届二中全会审议通过《关于深化行政管理体制和机构改革的意见》。

2004 年,为推进此轮改革,中央印发了《关于地方政府机构改革的意见》。

2013 年 8 月 27 日,中共中央政治局召开会议,审议通过《关于地方政府职能转变和机构改革的意见》。

2018 年,党的十九届三中全会审议通过《中共中央关于深化党和国家机构改革的决定》。

前述机构改革方案在党的代表大会审议通过之后,交全国人大审议批准。党的认可和同意是国家机构改革启动的重要前置性步骤。

二、党对干部人事制度的领导

(一)党对领导干部任命的领导

党中央出台的有关人事管理的文件首先包括对重要领导的任命管理:1984 年中共中央《关于修订中共中央管理的干部职务名称表的通知》,将中央所直接控制的官员限制为省级,从"下管两级"变为"下管一级",扩大了地方的人事权力。在该体制下,中组部只管理省部级官员。部与省的局级干部管理责任移交给部里的党组与省的党委。

(二)党对公务员制度改革的领导

1987 年,党的十三大提出要对国家干部实行合理分解,改革集中统一管理的现状,建立科学的分类管理体制。"当前人事制度改革的重点是建立国家公务员制度。"1992 年,党的十四大提出了建立公务员制度的要求,之后,根据党中央的部署,国务院出台《国家公务员暂行条例》。2000 年,中共中央印发《深化干部人事制度改革纲要》,提出要制定公务员法。2005 年,第十届全国人大表决通过了《中华人民共和国公务员法》,将"党管干部"作为基本原则写入公务员法。2018 年《公务员法》修订,进一步完善了党对公务员的领导。

三、党在行政组织法中的地位

从前述分析可以看出,是党的政策文件决定了改革开放 40 年以来国家行政机构改革的方向,国务院机构改革方案先由党的代表大会审议通过,人员编制由中央编制委员会决定。全国人大对机构改革方案的批准是下一步程序,且从未出现已经党的代表大会批准的改革方案被全国人大否决的情形。由此而来的提问是:党的这种地位是否超越了法治？

宪法学者的解读是我国宪法的非成文法基础。中国宪法在对政治主权的建构过程中，既不同于美国的成文宪法主导模式，也不同于英国的不成文宪法主导模式，而是在不成文宪法与成文宪法、中国共产党领导的多党合作制度与全国人民代表大会制度、阶级基础上形成的人民与公民个体基础上形成的人民、人民的政治代表与人民的法律代表之间形成一种特别的合作配合关系。中国共产党领导下的多党合作与政治协商制度是中国宪政体制的基础，是制定成文宪法并彻底修改成文宪法的政制基础和宪法前提，成文宪法的制定仅仅是为了认可并巩固中国共产党领导下的多党合作制度这个根本法。我们的成文宪法之所以具有最高的地位，恰恰是因为它承认并巩固了这个根本法。① 中华人民共和国作为一个国家而存在的构成性制度(constitution)，不是全国人民代表大会制，而是中国共产党领导下的多党合作和政治协商制；中国共产党的领导地位是这个制度的根本和核心，是中华人民共和国的"第一根本法"，是中华人民共和国得以构成的"绝对宪法"。② 2018年《宪法修正案》第 36 条在 2004 年《宪法》第 1 条第 2 款"社会主义制度是中华人民共和国的根本制度"后增写一句，内容为："中国共产党领导是中国特色社会主义最本质的特征"，将党的领导确定为正式的宪法内容。

党对行政机构的设置确定宏观方略，批准微观细部，主要原因在于作为实现行政任务的组织，行政机构是推进改革方案的执行性力量，应当纳入改革的总体框架。

第五节　行政组织法制的未来展望

一、2018 年国家机构改革对现行行政组织建构路径的挑战

(一)机构改革与行政组织立法的关系

对机构改革的法治化问题的研究不得不面临的尴尬的前提问题是：机构改革是否需要通说法源层面的行政组织法，正当性何在。对这两个问题的回答，依赖于对行政组织法功能的认知，即为什么要有行政组织法？③ 其与机构改革的关系为何？

---

① 强世功：《中国宪法中的不成文宪法——解读中国宪法的新视角》，载《开放时代》2009 年第 2 期。

② 陈端洪：《论宪法作为根本法和高级法》，载《中外法学》2008 年第 4 期。

③ 下文所指行政组织法均是狭义的通说法源层面的行政组织法，包括法律、行政法规、规章。

对此问题,可以借由对法国、日本的行政改革的观察得窥一斑。大陆法系行政法中均有行政组织法的独立存在,以法国为例,法国行政法将之称为"行政行为实施机构",内容包括为国家行政,包括中央国家行政机关与地方国家行政机关;专门行政法人,包括市镇、省、大区、地位特殊的地方行政区;公立行政机构;其他专业公法人;私法机构等。国家针对这些行政行为实施机构除宪法外还制定有专门的组织法,立法的重要功能之一在于明确不同主体的法律地位,固化改革成果。例如,1982 年 3 月 2 日法律中的地方分权,2003 年 3 月 28 日宪法法律进行的改革,对省分权的立法保障,1972 年关于大区的法律改革等,这些改革均伴有相应的宪法修改或者法律修改。如此,一个基本的观察的是有关行政行为实施机构法律地位的改革,需要行政组织法支持,这涉及国家权力之间的划分,是重要事项,有必要保持稳定性。从法国行政组织法的内容来看,分权是行政组织法的核心内容,在分权之下,不同行政主体的组成、运行、职权范围是行政组织法规制的重点。地方分权的改革均有相应立法支持,中央国家行政机关虽然也历经多次机构变革,但并未专门制定改革法,概因这种调整是总统和总理权限范围内的事宜。

日本行政组织法的重要功能亦是实现行政分权,在分权之下,明确都、道、府、县及市、町、村的机构设置、产生方式、职权范围等。2001 年,日本启动了自明治维新以来最大规模的机关改革,将原有的 1 府 22 省厅大幅度缩编为 1 府 12 省厅。为支持改革的顺利进行,日本专门制定了《中央省厅等改革基本法》,内容可概括为四个方面:(1)实现政治主导的行政运营;(2)进行中央政府机构改革;(3)创设独立行政法人制度;(4)追求精干的小政府。日本中央政府机构改革的所有内容都是上述四个方面的体现和展开。其中,中央政府改革步入由重视权限到重视任务的轨道,有关中央省厅改革的法律不对权限作出规定,却对各省厅承担的任务逐条进行明确规定,基于任务,中央政府机构被缩编。国务大臣的数目由过去的 20 人以内缩减到 14 人以内(特别情况下可以在 17 人以内);省厅的数目由 22 个缩减到 12 个;官房和局的数目由 128 个缩减到 96 个。①

经由观察,可以发现,日本与法国在基本行政组织法之外,针对行政改革,两国也均有相应的与改革相关的组织法出台。地方分权是法国行政改革的重点,改革结构性变更了法国的行政主体制度,需要宪法与组织法层面的支持。日本出台专门的改革基本法,提出改革的指导原则和纲要,特别是其中的政治主导的运营,涉及政治与行政的关系,需要立法层面的正当性支持;其中的独立行政法人制度,也涉及行政主体制度的变革,亦具有结构性,需要立法层面的依据。值得注意的是,对于操作层面的中央国家机构的调整,两国均交由行政系统依据改革法案具体执行。法国并未就此出台专门的中央机构改革法。

---

① 张亲培:《日本中央政府机构改革简论》,载《东北亚论坛》2002 年第 8 期。

由此,进一步的提问是:为什么针对一些改革事项,制定或修改了行政组织法?另一些改革事项,由政治或行政层面决定?法国和日本的经验是:对于涉及行政组织结构性改革的事项,包括新类型行政主体的设立,如地方分权;旧有行政主体形态的变革,如独立行政法人;行政主体关系的变化;中央机构改革的指导性原则,如以行政任务为导向的改革,这些均是重要国家事项,且会改革外部行政法律关系中的责任承担主体,为了使改革获得民众支持,有必要遵循立法程序,广泛听取意见、科学论证。日本 2001 年机构改革就严格遵循了民主、公开、多轮征求意见的过程,最后以议会立法赋予改革以合法性。至于依据改革原则所进行的具体的操作,如机构的增减、合并、更名等,则往往并不存在直接具体的立法,一般实行政府提交方案,议会通过的形式。

综合前述,机构改革是否需要行政组织法这个问题,并无固定的答案,其结论取决于机构改革的内容。

(二)前七轮中央机构改革与行政组织法的关系分析

依据是否对行政组织产生结构性变革这一标准,我国 1978—2008 年的改革可以划分为两个阶段:第一阶段是 2018 年机构改革以前;第二阶段是 2018 年机构改革以后。

2018 年以前的中央机构改革均是在中央政府体系内部的单项改革,并不涉及党的机构。此种改革是否需要修改《国务院组织法》,取决于《宪法》和《国务院组织法》本身对于机构设置权限的规定。1954 年《宪法》第 49 条只授予了国务院"统一领导各部和各委员会的工作"的权限,国务院各部与委员会的组织由 1954 年《国务院组织法》规定。1954 年《国务院组织法》第 2 条规定:"国务院设立下列各部和各委员会:内务部,外交部,国防部,公安部,司法部,监察部,国家计划委员会,国家建设委员会,财政部,粮食部,商业部,对外贸易部,重工业部,第一机械工业部,第二机械工业部,燃料工业部,地质部,建筑工程部,纺织工业部,轻工业部,地方工业部,铁道部,交通部,邮电部,农业部,林业部,水利部,劳动部,文化部,高等教育部,教育部,卫生部,体育运动委员会,民族事务委员会,华侨事务委员会。国务院各部和各委员会的增加、减少或者合并,经总理提出,由全国人民代表大会决定,在全国人民代表大会闭会期间由全国人民代表大会常务委员会决定。"在上述部、委之外,国务院可以根据工作需要,设立直属机构(第 6 条)、办公机构(第 7 条)。也即,在1954 年《国务院组织法》之下,国务院部委的设立权属于全国人民代表大会,全国人民代表大会通过制定组织法设立国务院各部、各委员会。如果变革机构的设置,必须修改《国务院组织法》。

1978 年改革开放,国家任务变革要求政府机构与之保持一致。改革"摸着石头过河"的特点使得机构改革是个经常性任务,为了增加机构改革的灵活性。1982 年《宪法》第 89 条第 3 项规定,各部和委员会的任务和职责,由国务院规定。该条未对部和委员会的设置权作出规定。1982 年《国务院组织法》第 8 条对此问题加以明确:"国务院各部、各委员会的设立、撤销或者合并,经总理提出,由全国人民代表大会决定;在全国人民代表大会闭会期间,由全国人民代表大会常务委员会决定。"这是一种合并行使的权力,全国人大原则上享有"说最后一句话的权力"。根据该条规定,国务院享有各部、各委员会的设立权,而不仅仅是撤销、变更权。至于部委以外的国务院直属机构以及办事机构的组织权,1982 年《国务院组织法》将此种组织权归于国务院,由国务院全权行使。为了避免机构改革对部门行政法的影响,以及保持行政权力的连续性与稳定性,我国事实上采取了以行为法补足组织法的机制。我国部门行政法使用的均是"某某主管部门",而不是"某某机关"的提法。例如,1998 年修订的《中华人民共和国森林法》第 10 条规定:"国务院林业主管部门主管全国林业工作。"此种立法进路加之《国务院组织法》对国务院在机构设置中的授权,使得如果改革只在行政系统内部进行,在当前的立法体例下,确实不需要制定《中央机关改革法》或者修改《国务院组织法》的刚性需求。

这也是前七轮机构改革,虽然学术界一直存在呼吁改革法治化的声音,[①]但机构改革一直保持了既有路径依赖的重要原因。既有路径不存在合法性问题,又具有较高的灵活度,且在减量逻辑之下,如果采取立法模式,前期的公开讨论,将增加机构和人员减量的阻力。

(三)2018 年机构改革与中央行政组织立法的必要性

尽管前七轮机构改革不存在合法性疑问,但以法治方式保障机构改革逐渐成为改革决策者的共识,其原因有四个层面:

一是没有法治保障的改革存在"精简—膨胀"怪圈。事实上,我国之所以进行五年一轮的机构改革,一个重要动机应是应对改革之后的反弹。

二是固化政府职能转变的成果。习近平总书记在中共十八届二中全会第二次全体会议上的讲话指出,政府职能转变到哪一步,法治建设就要跟进到哪一步。要发挥法治对转变政府职能的引导和规范作用,既要重视通过制定新的法律法规来固定转变政府职能已经取得的成果,引导和推动转变政府职能的下一步工作,又要重视通过修改或废止不合适的现行法律法规,为转变政府职能扫除障碍。[②]

三是我国大规模的经济体制改革已基本结束。国家在新时期的任务已基本明确,政府机构做经常性频繁调整的必要性已不存在,当前更需要稳固改革成果,以行政组织法的形式梳理中央政府机关设置的原则、运行规则等。

---

① 杨伟东:《推进行政组织管理的法治化》,载《中国行政管理》2014 年第 6 期;马怀德:《建设法治中国的关键》,载《学习时报》2013 年 3 月 4 日第 5 版。

② 中共中央文献研究室编:《习近平关于全面深化改革论述摘编》,中央文献出版社 2014 年版,第 74 页。

四是积极层面的内容增补。现行《国务院组织法》缺乏部际关系协调的法律机制，国务院机构频繁进行机构改革的目的之一就是协商部际职权交叉。事实上，国务院一直在运用这种宪法所赋予的权力协调部门职能，大规模的职能变迁可能引发机构的撤销与合并，2008年国务院所进行的"大部门制改革"就是国务院力图最大限度解决职能交叉问题的改革之举，也是国务院在可能的领导权范围内的一个极致的方案抉择。① 有必要在组织法中增补相应的内容，促进部际关系协调的法治化。

党的十七大、十八大都指出要确保国家机关依照法定权限和程序行使权力，十九大之后党和国家机构改革更进一步对行政组织法制化提出了要求。正如习近平总书记所强调的："改革和法治是两个轮子，这就是全面深化改革和全面依法治国的辩证关系。深化党和国家机构改革，要做到改革和立法相统一、相促进，发挥法治规范和保障改革的作用，做到重大改革于法有据、依法依规进行。同时，要同步考虑改革涉及的立法问题，需要制定和修改的法律要通过法定程序进行，做到在法治下推进改革，在改革中完善法治。"未来对行政组织法制化的研究将有望成为行政法研究的中心与热点。

二、行政组织法完善或建构的重点议题

(一)扩展行政组织的界定标准

行政组织是相对于行政任务一词的工具性概念，当下对于行政组织的界定，主要指向的是行政体系，不包括党的体系。2018年机构改革在组织层面明确了党的统一领导，将党的组织与行政组织相似的职能予以合并，合并后，部分原归属于国务院部委的职能转向了党中央下属机构，例如中央宣传部统一管理新闻出版工作。这种改革扩展了原有关于行政组织的界定标准，需要在现行标准之外，发展行政组织的新标准。事实上，目前世界各国几乎都在传统的"权力来源"标准之外，扩展了行政任务的界定，从而使行政组织在范围上不再限于国家或地方行政机关体系。从我国的立法与实践看，我国行政任务在外延上均超出了《国务院组织法》《地方组织法》所规定的职权范围。党政统筹改革使得扩展行政组织界定标准的任务变得更为迫切，结合我国当下行政任务行使主体的现状，以及法院通过司法实践的探索，可以考虑将"公共职能"界定行政组织，以更为清晰地认知扩展之后的行政组织范围，并且，"公共职能"标准的引入，将能够更好地解释党政统筹改革体系之下承担行政任务的主体的范围问题，也可以较好地处理行政复议"被申请人"资格、行政诉讼"被告"资格、行政赔偿"赔偿义务机关"资格等相关问题。

---

① 刘伟:《中国行政改革大趋势》，人民出版社2018年版，第603页。

(二)完善国家机构组织法

2018 年改革对我国行政组织产生了结构性变革,提出了制定中央行政组织法,或者修改国务院组织法的刚性需求。这种刚性需求可以分解为如下几方面的立法任务。

1.明确党在行政组织法体系中的法律地位

郑永年早在 2014 年出版的著作中就提出,党的机构就其实质来说也是总体行政机构的一部分,并且占了总体行政机构很大的一部分,从中央到地方,没有必要实行同样的党政两套班子平行的体制。[①] 改革开放初期,党和国家机构特别是各级党委和地方政府之间存在党政分工不明确,在很多行政管理的业务活动中出现了不同程度的党政不分、以党代政的不合理现象,党政机构之间缺乏明确的职能分工和协调配合。此后,1982 年、1988 年、1993 年、1998 年的国务院机构改革中虽然有计划有步骤地推进党政分开改革,在一定程度上解决了党政不分、以党代政的问题,但是造成了党的领导地位的削弱和党政机构设置的重叠以及职能定位的重复。[②] 本次改革对党政职能重合的部门实行合署办公,实现了行政管理领域的实名合一。十六项改革内容中有些涉及行政与党的机构职能的统一,如中央宣传部统一管理新闻出版工作,对外加挂国家新闻出版署(国家版权局)牌子;中央宣传部统一管理电影工作。将国家新闻出版广电总局的电影管理职责划入中央宣传部,对外加挂国家电影局牌子。这种党对行政事务的管理有必要写入《中央行政组织法》作为原则性规定,建立类似于《公务员法》规定的"党管干部"原则。党政关系的法制化、规范化,可以从法律上保证党对国家机关的领导作用,使领导制度、执政方式明确化、具体化,从而更有利于党的路线、方针和政策在国家中的顺利实施,有利于党的正确领导,保证社会稳定健康地发展,使我国社会向现代化的社会迈进。[③]

2.明确中央行政组织内部不同类型的组织的特性及运行规则

当下国务院内部存在部、委员会、直属机构、直属特设机构、事业单位的分类,但均采用首长负责制。单一的首长负责制难以容纳多种决策类型。我国证监会、银监会、保监会之所以不顾及组织功能而划归事业单位行列,很大程度上是因为在现有《宪法》《国务院组织法》所规定首长负责制之下,其无法建构与其管辖事项相适应的组织结构。因此,我国有必要修改《国务院组织法》,根据决策的类型,设定相应的决策机制,将首长制与委员会制并列纳入政府的工作机制;明确这些不同类型的机构的特质、运行规则,比如是实行委员会制还是首长负责制,人员的产生方式等,为组织设置以及机构改革确立基本框架。

---

① 郑永年:《关键时刻中国改革何处去》,东方出版社 2014 年版,第 184 页。

② 陈鹏:《改革开放四十年来我国机构改革道路的探索和完善》,载《浙江社会科学》2018 年第 4 期。

③ 张荣臣:《党政、党群和党法的关系》,载《学习时报》2014 年 6 月 2 日第 3 版。

3.以立法方式建立政府间横向关系的正式协调机制

我国当前大部制改革的一个重要功能就是解决职能交叉问题。有学者认为，大部制作为一定范围内消灭部门间权限分工的措施，是"解决部门间协调配合问题的极端措施"。[①] 我国自改革开放以来，曾有过多次部门整合的实验，如交通领域，1970 年 7 月，交通部、铁道部和邮电部的邮政部就曾分合并组建为交通部。1975 年 1 月，交通部与铁道部分开，邮电业务归还邮电部，同时成立了独立的交通部。导致反复的一个关键原因是，大部制虽然有助于解决部门之间的职权交叉问题，但同时带来了部门内协调的新问题。大部门内部的协调机构常常变得负担过重，真正的一体化往往实现不了。这又会引发小部门的转向。除了部内协调以外，大部制也并不可能完全消灭职能交叉，事实上，只要有职能分工，就可能存在职能交叉，在大部制之后，仍存在行政协调与冲突解决问题。正如于安教授冷静的评述："仅仅依靠机构设置改革，不可能从根本上解决行政职能转变和部门权限冲突。"[②]因此，大部制之外，我国有必要建构多渠道的部际协调机制。

同时，有必要将地方政府之间的横向冲突纳入国务院处理范畴，建立正式的处理程序和机制。

4.制定新的法律法规，为新组建的机构提供法律依据

这轮机构改革新组建了多个部门，如退役军人事务部、应急管理部、国家国际发展合作署、国家医疗保障局、国家移民管理局等。为了保障新组建的机构依法行使职权履行职责，做到依法行政，应当尽快启动制定修改相关部门基本法，如制定国际发展合作方面的法律，制定退役军人事务方面的法律，制定移民管理事务方面的法律，将《突发事件应对法》修改为《应急管理法》等。

最后，我国可考虑在中央行政组织改革成熟时期，彻底修订国务院组织法，对国务院的职权予以细化；同时制定《中央行政机关设置法》《中央行政机关总定员法》等法律或法规，逐步实现中央行政组织法典化。

(三)完善以央—地关系为中心的地方组织法

在完善国家机构组织法之后，有必要对地方组织法做相应的完善，这种完善应当以央—地关系为中心，具体包括如下几个方面：

1.逐步明确中央与地方的事权划分

我国尽管历经多次中央与地方分权改革，但中央与地方的事权在法律层面仍停留在"总量分割"。1982 年《宪法》与《地方组织法》重叠规定了中央与地方的职能范围。有关政府职能单行立法，如《治安管理处罚法》《义务教育法》《森林法》《环境保护法》等关于主管机关的规定，通常用语是"县级以上人民政府主管部门"。我国目前有关中央与

---

① 于安：《"大部门体制"期待大智慧大视角》，载《法制日报》2008 年 1 月 11 日第 3 版。
② 于安：《"大部门体制"期待大智慧大视角》，载《法制日报》2008 年 1 月 11 日第 3 版。

地方事权划分的细则均由中央政府以规范性文件的方式作出,如 1993 年《国务院关于实行分税制财政管理体制的决定》,1996 年《过渡期财政转移支付办法》。中央部门的垂直管理也不是通过修改国务院组织法或地方组织法的形式进行,而是由中央有关部委直接发文将原归属地方管理的职能部门转归中央管理。例如,国税系统垂直管理的依据是国家税务总局《关于组建在各地的直属税务机构和地方税务局的实施意见》(国办发〔1993〕第 087 号文)。这种以规范性文件细化中央与地方事权的方式在"国务院是最高国家行政机关"的宪法语言下,便于中央政府根据社会需求调整地方政府的职能范围,但缺点是缺乏系统论证与整体规划,权威性不高,地方政府的职权没有稳定的法律保障。并且,没有法律层面关于职权划分的规定导致单行立法同样采取总量分割方式,进一步加剧了中央与地方事权的雷同,不同于建立地方政府的责任机制。"随着社会经济和政治的发展,当代中国有必要基于中国政制的成功经验和基本格局进一步制度化中央与地方的关系",①理顺地方自治问题以及中央垂直管理问题,须依赖中央与地方关系的法制化。② 以法律方式进行中央与地方的分权,其形式可以是制定《中央与地方关系法》,或者直接在《地方各级人民代表大会及地方各级人民政府组织法》中规定各级地方政府的职权。法律分权的一个关键问题是对于"剩余权"的处理,即未被明确列举出来的权力归属于中央还是地方? 对于这一问题,学者陈新民认为,应建立"中央法破地方法"原则,这一原则与《立法法》所确定的"不抵触"原则与"根据"原则有异曲同工之处。为了保证中央意志的贯彻,我国可借鉴国外经验,建立"中央强制制度",当地方不接受中央的监督权限,中央即可行使直接的介入权,包括接管地方机关的法定权限。

2.完善与事权相匹配的财政支持

目前我国地方政府的资金来源并没有法律层面的规定,主要依据分税制方案以及中央政府向地方政府提供财政补贴的文件,前者主要针对地税系统征收的税种,后者主要针对中央面对地方的财政转移支付。地税系统征收的税种由于受地方经济发展的限制,一些地方自有税收严重不足,特别是 2002 年开始的所得税分享改革将企业所得税和个人所得税由地方税变为中央——地方共享税种后,地方政府的税收收入进一步减少,一些基层地方政府完全沦为"吃饭财政",无力承担公共服务给付职能。这种情况也使得我国难以在地方政府建立硬预算约束。目前的地方政府预算只能算是"软预算约束"③。因此,我国的问题是:一方面,地方政府履

---

① 苏力:《当代中国的中央与地方分权》,载《中国社会科学》2004 年第 2 期。

② 杨海坤、金亮坤:《中央与地方关系法治化之基本问题研讨》,载《现代法学》2007 年第 6 期。

③ 此概念由科尔奈提出,用于解释国有企业与政府的关系,见科尔奈《短缺经济学》(经济科学出版社 1986 年)。在财政领域,软预算约束主要指下级政府的支出超过预算,而自己并不为其缺口负责,通常由上级政府的事后追加补助(bailout)或者借债来填补。对于借债而言,下级政府相信自己没有或只有部分偿还责任,包袱最终还是由上级政府来背。软预算约束的存在,会鼓励下级政府超额支出或者支出预算不合理从而缺乏效率。

行职能时缺乏法律层面的财政来源支持;另一方面,地方政府在支出时不加控制,"形象工程"现象非常普遍。从国外的经验看,如果中央政府能够一方面控制地方政府的支出,另一方面建立完善的财政转移支付制度来保证地方政府提供公共服务,中央政府财政集中并不是一件坏事。对于中央与地方事权与财政匹配,我国在立法时有两项基本任务:一是要尝试建立地方政府预算的硬约束机制,英国中央政府在 1988 年《地方政府财政法》中采取的"比例上限"措施对我国有借鉴价值;二是要建立起地方政府职能履行的财政保障体系,在法律上确定财政保障的基本原则,这需要完善一系列立法,如我国正在研究制定《财政转移支付法》。[①] 随着国税与地税的合一,我国可考虑在立法层面逐步实现事权与财权的匹配。

3.引入评价机制,完善中央对地方的调控手段

中央政府与地方政府之间的职能并不是一成不变的。例如,当工业废物及生活垃圾污染河流、湖泊和海洋,防治工作就需要各个独立管辖机构的严格管理和共同努力。当享受福利者从贫困地区迁移到繁荣地区,成为繁荣地区的预算负担时,对他们的援助、重新培训和再就业就部分地成为国家的问题,而不完全是州或地方政府的事情。[②] 中央政府可以根据需要上收权力,也可以根据需要下放权力。为了保证中央向地方下放的权力符合相关群体利益,英国在中央向地方放权的立法中引入了"管制影响评价机制",对权力下放进行风险—收益评估。此项制度值得我国借鉴。我国可在建立中央对地方法律放权的同时,实验性引入该制度,依据地方政府既往职责履行的情况,以广泛的意见征求为前提,以放权评估为技术要件,以法律为载体,向地方政府下放某些领域权力。以评估为基础,建立处罚制度、代履行制度等,将把对地方的监督纳入科学化、法治化轨道。

(四)其他重要议题

在当下的中国,行政组织法是个发展薄弱的学科体系,除上述框架式内容外,还有大量的细部问题有待于法制层面的完善。例如,区域合作问题及相关争议解决、国有企业的公法地位问题、承担公共任务的私人主体的地位问题等,都有待于行政法学者深入研究。未来行政组织法将有望成为行政法的重心,从源头层面促进中国行政法治的建设和发展。

---

① 关于《财政转移支付法》的研讨,可参见张道庆:《论中央与地方财政转移支付关系的法律调控》,载《现代法学》2007 年第 6 期。

② [美]莱斯利·里普森:《政治学的重大问题》,刘晓译,华夏出版社 2001 年版,第 252 页。

第三章

公务员制度的变迁与发展

　　国家公务员制度是对公务员进行管理所依据的法律和制度的总称,是公共管理中的核心制度和国家治理体系中的基础性制度。我国公务员制度的建立,是为了适应社会主义市场经济发展,在继承和发扬了干部人事制度优良传统的基础上进行重大改革的结果,经历了一个从无到有,逐渐科学化、制度化、规范化的过程。自《国家公务员制度暂行条例》颁布实施以来,公务员制度稳步推进,逐步改革和完善。2006 年施行的《中华人民共和国公务员法》,是我国干部人事管理中第一部基础性法律,是公务员管理的基本依据,是改革开放以来党政机关干部人事制度改革成果的集中体现,反映了机关干部人事管理的基本规律和要求,具有鲜明的中国特色。党的十八大以来,党和国家的事业发生了历史性变革,在全面深化改革和全面依法治国的大背景之下,公务员制度面临着新的形势和新的挑战。为此,2018 年12 月 29 日,《中华人民共和国公务员法》经第十三届全国人民代表大会常务委员会第七次会议修订,并于 2019 年 6 月 1 日起施行。随着此次公务员法的修订,中国特色公务员制度也进入了一个新的发展阶段,必将为建设一支信念坚定、为民服务、勤政务实、敢于担当、清正廉洁的高素质专业化公务员队伍提供更为有力有效的法律保障。

第一节　公务员制度的发展历程

我国公务员制度是在中国共产党干部人事制度的基础上发展起来的,改革开放以后,大体上经历了三个发展阶段。

一、干部人事制度的恢复与发展阶段(1978—1988)

中华人民共和国成立以后逐步形成的干部人事制度曾经在社会主义革命和社会主义建设中发挥过重要作用,为巩固人民政权,恢复国民经济,完成国家在工业、农业、国防和科学技术等方面的建设计划提供了各类人才保证。党的十一届三中全会以后,随着国家工作重点的转移、经济体制改革的逐步深入和政治体制改革的逐步展开,这套传统的干部人事制度的弊端逐渐显露出来,越来越不能适应形势,改革势在必行。

传统干部人事制度的弊端主要体现在四个方面:一是干部队伍庞杂,缺乏科学分类。在计划经济条件下,凡是在党政群团机关、国有企事业单位工作的,以从事脑力劳动为主的工作人员统称为"国家干部",用同一套制度实行管理,这不能适应在社会主义市场经济条件下政企分开、政事分开、政社分开的新情况。二是管理权限过分集中,管人与管事相脱节。管人的管不了事,管事的管不了人,结果往往导致人和事都管不好。三是管理方式陈旧单一,阻碍人才成长。这套适用于机关、企业、事业单位所有工作人员的制度,难以兼顾各类人才的不同特点,"一刀切"的做法带来的结果就是千人一面,无法实现个性化培养和发展。四是管理制度不健全,用人缺乏法律依据。当干部人事制度改革深入一定程度以后,录用制度和干部选拔任用制度便成了改革的重点,而在这方面的制度建设却没有及时跟上,导致实践中工作难以规范高效推进。随着我国经济体制改革的推进,适应计划经济体制的大一统干部管理模式的弊端和公务员制度建设中的一些问题也逐步显现,干部人事制度改革逐步提上党和国家重要议事日程。加强和改进对党政干部的管理和监督,推进依法治国,建设社会主义法治国家,都迫切需要公务员制度法制化。

邓小平同志在领导我国改革开放和现代化建设的进程中,始终强调正确的政治路线要靠正确的组织路线来保证。他在《党和国家领导制度的改革》中强调,"坚决解放思想,克服重重障碍,打破老框框,勇于改革不合时宜的组织制度、人事制度,大力培养、发现和破格使用优秀人才,坚决同一切压制和摧残人才的现象作斗争"。正是在邓小平同志的直接推动下,我国干部人事制度改革迅速展开,由浅入深,由具体政策措施逐步深入制度建设层面,为法制化奠定了基础。具体来说,进行了以下探索。

一是确立和贯彻了干部"四化"方针。粉碎"四人帮"之初的几年,实现了拨乱反正以后,领导干部年龄普遍偏大,不少领导干部的文化和业务水平偏低,领导班子人数普遍偏多。为了解决这些问题,中央多次强调,一方面要大胆选拔政治性强、坚持社会主义道路、有文化、懂业务、会管理、年富力强的优秀中青年干部;另一方面要妥善安置好老干部,建立和完善干部退休制度,同时强调必须调整难以胜任工作的干部。这些选拔、任免干部的重要思想,逐步得到丰富和完善。1981 年 6月,中共中央召开的十一届六中全会形成了完整的干部队伍"四化"方针,即"在坚持革命化的前提下,逐步实现各级领导人员的年轻化、知识化和专业化",并于1982 年被正式写入党的十二大通过的党章中,从而指明了我国干部队伍和领导班子建设的方向。

二是建立和实施干部离退休制度。党的十一届三中全会提出要废除"干部领导职务实际上存在的终身制"后,中共中央于 1982 年作出"关于建立老干部退休制度的决定"。同年,国务院也颁发了《关于老干部离职休养制度的几项规定》,该《规定》指出,凡 1949 年 9 月 30 日以前参加革命工作的老干部,到了一定年龄又符合离休条件规定的,要离职休养。离休后,"政治待遇不变,生活待遇略为从优"。从1982 年至 1989 年,全国有 390 万名老干部办理了离休或退休。1986 年,国家还对调整不胜任现职的领导干部问题作了规定。该《规定》要求,对各级领导干部每年进行一次定量和定性相结合的考核和民主评议,经考核与评议,不能胜任现职的,要及时调整其职务,另外选用优秀人才。这一时期还改进了选举制度,对选举产生的职务一般都规定了任期和任届的限制。这些制度规定进一步开通了干部能上能下、能进能出的渠道,使废除领导职务终身制有了较大进展,促进了新老干部的交替与合作。

三是提高了干部人事工作的民主化程度。1979 年 11 月,中共中央组织部下发《关于实行干部考核制度的意见》,阐述了建立干部考核制度的重要意义,提出干部考核应坚持德才兼备原则,按照各类干部胜任现职所应具备的条件,从德、能、勤、绩四个方面进行。这一文件第一次明确了干部考核的原则、标准、内容、重点、程序和方法,建立了对领导干部定期考核和民主评议的制度,并规定了选举产生的干部,其候选人必须经过反复酝酿与民主协商,严格依法办理,对一部分重要领导职务实行差额选举的办法。对委任制职务,必须经过民意测验或民主推荐再确定选拔对象,任与免都要认真听取群众意见,充分尊重民意。领导干部的任免必须由集体讨论决定,上级组织也必须由集体讨论审批,不能个人说了算。在决定和审批之前,还必须由干部管理部门深入群众考察了解。对任用党政领导干部,规定了严格的、充分体现领导与群众相结合的选拔程序,不符合规定程序的,上级组织不予审批。采取上述措施,对于打破选拔、任免干部工作中的神秘化,防止和克服个人说了算、单凭领导的好恶等不正之风起了积极的作用,提高了选拔干部的质量。

　　四是建立和健全后备干部制度。进入 20 世纪 80 年代以后,各级组织、人事部门积极挑选培养年轻干部,根据领导班子合理结构的要求,建立了滚动式的后备干部名单,并健全了对后备干部的选拔、培养、考核、管理和使用等制度。这项制度的加强和完善,为顺利实现新老干部的正常交替与合作,加强各级领导班子建设,起到了重要作用。

　　五是改革干部录用制度。其一,制定干部吸收录用规定,解决吸收录用干部缺乏统一制度的问题。1982 年 9 月,劳动人事部制定下发了《关于制定〈吸收录用干部问题的若干规定〉的通知》。该《通知》要求,国家机关、事业、企业单位因工作需要和生产需要,在编制定员以内补充干部,应先由人事部门或主管机关在本地区、本部门现有干部和国家统一分配的军队转业干部中调配,或从大中专毕业生中调派解决。解决不了的,可以从工人中吸收和从社会上录用,也可以从社会上招聘。其二,改革乡镇干部任用制度。改革开放初期,一些省、市、区为加强乡镇干部队伍建设,适应改革新形势的要求,率先进行了乡镇干部任用制度的改革和探索,试行了乡镇干部聘用制。1986 年中办、国办印发的文件中明确提出:乡镇机关除按照党章和法律选举产生的领导人员外,对其他干部要逐步实行聘用制,先在农村补充的新干部中试行。翌年,中央组织部和劳动人事部又颁发规定,对选任和聘用乡镇干部作出了具体制度层面的安排。乡镇干部选聘合同制的实行,使农村干部队伍的来源问题得到解决,打破了“铁饭碗”,从制度上使干部能进能出、能上能下,提高了乡镇干部队伍的素质。其三,国家机关工作人员实行考任制。通过考试录用补充国家机关工作人员是干部人事制度的一项重要改革。1982 年,劳动人事部制定了《吸收录用干部的若干规定》,该规定对招干考试作了明确规定,提出从社会上成批录用干部,要统一招考。1989 年年初,国家人事部和中共中央组织部联合下发了《关于国家行政机关补充工作人员实行考试办法的通知》。该《通知》指出,从1989 年起,国家行政机关补充工作人员,要贯彻公开、平等、竞争的原则,通过考试、考核,择优录取,为今后全面推行国家公务员考试录用制度创造条件。该《通知》不仅对考试补充工作人员的原则、范围、来源、方式、程序、工资待遇、试用期、争议仲裁、监督等作了进一步规定,更为重要的是明确规定笔试内容为机关通用的基础知识和业务工作必备的专业知识,面试内容可依据拟任工作岗位的具体要求确定,改变了过去仅考文化基础知识的做法,使考试充分体现了招考国家机关工作人员的特点,切实是“为用而考”“为事择人”。这不但提高了进人的质量,而且较好地抵制和克服了吸收录用干部工作的不正之风。

　　六是建立合理的人才流动机制。改革开放以后,各地逐步探索和试行了有计划地组织调配与社会调节相结合的做法,主要是利用市场和社会调节机制,实行单位与干部个人双向选择,以促进人才合理流动,达到人才资源合理配置和充分利用,更好地为社会主义建设服务的目的。实践来看,这对搞活人才流动,调剂人才不合理的结构,克服人身依附,打破人才部门、单位所有,解决供需矛盾,发挥人才作用等,起到了很好的作用。在干部调配方面,除探索建立人才流动的社会调节机制外,还实行了智力流动的做法,即干部不转移户口、隶属关系,采取项目承包、技术攻关、对口支援等智力支援。不是人才为我所有,而是人才能为我所用。这对解决人才的余缺、调剂人才的有无、解决人才的急需,起了很好的作用,受到各方面的欢迎。此外,在干部的交流制度、回避制度、轮换制度以及聘用制干部的调动办法等方面也不同程度地进行了一些改革尝试,积累了经验,收到了较好的效果。

综上所述,这一时期的干部人事制度改革取得了显著的效果,探索到了不少经验,为后面的法制化发展奠定了良好的基础。但是可以看出,改革仅是初步的、单项的,主要是对不合时宜的体制机制进行调整和完善,并没有进行系统化的全面改革,公务员制度的法制化水平虽然有所提高,但总体来讲与我国改革开放初期其他领域的法制化程度一样,仍然处于比较初步的阶段。

二、国家公务员制度的诞生与完善阶段(1988—2006)

1987 年,针对我国干部人事制度存在的缺陷和弊端,党的十三大明确指出了我国干部人事制度改革的方向和重点,即对国家干部进行合理分解,改变集中统一管理的现状,建立科学分类管理的体制;改变用管理党政干部的单一模式管理所有人员的现状,形成各具特色的管理制度;改变缺乏民主法制的现状,实现干部人事的依法管理和公开监督。同时还指出,在我国要建立和推行国家公务员制度,并作为当前干部人事制度改革的重点。1988 年 4 月,七届全国人大一次会议的《政府工作报告》强调,要抓紧建立和逐步实施国家公务员制度,从而把我国的干部人事制度改革推进到一个新的阶段。

建立和推行国家公务员制度,首先是从研究制定《国家公务员条例》开始。1984 年,根据中央书记处会议关于"加强人事立法,使干部人事工作有法可依"的要求,中共中央组织部和劳动人事部组织一批专家学者和实际工作者着手研究起草《国家机关工作人员法》。1985 年,中央书记处听取了起草法律草案的汇报后,决定改名为《国家行政机关工作人员条例》。1986 年下半年至 1988 年 4 月,是国家公务员制度正式确立和国家公务员条例基本形成的阶段。党的十二届六中全会之后,中央成立了政治体制改革研讨小组,下设干部人事制度改革专题组。专题组在对《国家行政机关工作人员条例》做了重大修改后,将其改名为《国家公务员暂行条例》,并得到了中央的原则同意,又经广泛征求意见,做了多次修改,在党的十二届七中全会上通过。1987 年 10 月,中共十三大决定在我国建立和推行国家公务员制度,标志着我国公务员制度的确立。1988 年 5 月至 1992 年 9 月,主要是对国家公务员制度进行试点并进一步修订条例。同时,为对推行国家公务员制度做好组织准备,七届全国人大一次会议决定成立国家人事部。人事部成立后,立即着手研究并进行建立和推行国家公务员制度的试点工作,以便通过实践检验和修订完善公务员制度,并为全面推行公务员制度探索经验。1989 年,首先在国务院六个部门,即审计署、海关总署、国家统计局、国家环保局、国家税务局、国家建材局进行国家公务员制度试点。1990 年,又在地方的哈尔滨和深圳市进行试点。试点单位和地方在各个管理环节上,都严格按照《国家公务员暂行条例》的内容和要求进行。在此期间,还多次在全国范围内征求对公务员条例的意见,并对条例进行充实和修改。1992 年 5 月,国务院常务会议听取了关于公务员制度的汇报后,原则上肯定了《国家公务员暂行条例》,并于 1993 年 8 月正式颁发。

《国家公务员暂行条例》紧紧围绕党的基本路线,继承了我国干部人事制度的优良传统,总结了十余年来干部人事制度改革的成功经验,借鉴了国外人事管理中反映现代人事管理规律的一些有益做法,是一部适应建设社会主义市场经济体制需要,使我国政府机关人事管理逐步走向科学化、法制化的总章程,标志着我国各级国家行政机关中开始实施国家公务员制度,并以此推动人事制度改革。《条例》共 18 章 88 条,主要内容为:第一,总则,说明条例的立法依据、指导原则、适用对象;第二,权利义务,明确公务员可以享受的权利和必须履行的义务,并设专章规定了公务员申诉控告的权利和程序;第三,对公务员的各个管理环节分别作出具体的规定,包括职位分类、录用、考核、奖励、纪律、职务升降、职务任免、培训、回避、工资、保险福利、辞职、辞退、退休等;第四,管理与监督,包括人事管理部门的职责及实施本条例的保障措施等。

《国家公务员暂行条例》于 1993 年 10 月 1 日起开始实施。按照国家人事部制定的实施方案要求,我国建立和推行国家公务员制度的工作要在试点的基础上,结合国家行政机关的机构改革,有计划、有步骤地分期分批进行。《暂行条例》颁布以后,国务院又先后制定了公务员制度实施方案、工资改革方案等配套文件,人事部制定了公务员职务分类实施办法和公务员录用、考核、职务任免、职务升降、培训、奖励、轮岗、回避、辞职辞退、申诉控告等 22 个配套规章及办法,初步形成了公务员法规规章体系。中国机关干部人事管理走上了法制化轨道,基本做到了有法可依、有章可循。截至 2003 年年底,中国公务员总数为 636.9 万人。其中,中央机关47.5万人,省级机关 53.5 万人,地市级 144.6 万人,县市级 285.2 万人,乡级106.1万人。

从 1993 年以来,中国公务员制度经过调研准备、推行实施、完善发展三个阶段的多年努力,公务员管理体制初步实现了历史性跨越,取得了一系列初步成果,有中国特色的国家公务员制度已经基本建立,为跨入新世纪的中国公务员制度提供了继续发展的基本框架。

一是公开、平等、竞争、择优的用人机制基本形成,成效显著。推行公务员制度以来,政府机关录用公务员坚持了"凡进必考",即实行公开考试与考核相结合,平等、竞争、择优录用的办法。实行公开、平等、竞争、择优录用人员的机制,使进入政府的大门面向社会敞开,扩大了选人的视野。公开考试、择优用人,提高了选人的质量,也有效地遏制了以往暗箱操作和进人过程中出现的递条子、找路子、走门子等不良现象,受到了广泛支持和好评。

二是职务能上能下、人员能进能出的人事管理机制正在逐步确立。自 1994 年推行正规的公务员年度考核以来,全国各级行政机关 98% 的公务员参加了年度考核。通过考核结果的兑现与奖惩、升降、辞退等制度的结合,实行奖勤罚懒、升优黜劣,对考核结果为不称职的人员给以降职使用或施以辞退处理,收到了积极的效果。公务员的退休制度也得以正常地实施,基本上做到了"到龄就退",加之辞职制度的推行,畅通了公务员队伍的"出口"。上述制度的实施,对于破除干部的"铁饭碗"、"终身制"、干好干坏一个样、职务能升不能降、人员能进不能出等陈规陋习,起到了积极作用,激发了公务人员的积极性和责任感,增进了廉政和勤政建设以及机关的生机和活力。

三是轮岗、回避制度的推行初见成效。各级机关对领导职位和"管人、管钱、管物"等"热点"岗位的人员进行了有计划的轮岗,对有亲属关系的公务员在任职和执行公务员制度时实行回避,这对于打破亲情网,培养锻炼干部,强化对公务员的监督,促进队伍的廉政建设,防止一些不正当行为的发生起到了很好的作用。

四是公务员培训步入制度化轨道。各级人事部门根据经济、社会和行政管理发展的需要,按照职位要求,有计划地对国家公务员进行各类岗位知识的培训,如公务员的初任培训、任职培训、专门业务培训、知识更新培训,特别是对各级领导班子成员的培训等。通过培训,公务员人才资源得到有效开发,素质得到明显增强,适应工作的能力和为人民服务的质量明显提高。

五是人事工作透明度和民主监督力度有所加强。多数人事部门实行办事公开制度,如政策规定公开、办事程序公开、办事结果公开等。有些人事部门还实行挂牌上岗制度、聘请人事监督员制度,有的还建立了群众意见反馈通道,设立局长接待日、局长信箱,开通局长热线等,有效地遏制了人事行政方面的不正之风,树立了良好的政府形象,密切了政府与群众之间的关系,提高了行政效率和效能,受到群众的好评。

六是基本形成了公务员管理的法规体系。自 1993 年以来,围绕《国家公务员暂行条例》所规定的对公务员管理的主要环节,先后制定、出台了一系列配套的暂行规定,包括《国家公务员考核暂行规定》(1994 年)、《国家公务员录用暂行规定》(1994 年)、《国家公务员奖励暂行规定》(1995 年)、《国家公务员辞职辞退暂行规定》(1995 年)、《国家公务员培训暂行规定》(1995 年)、《国家公务员申诉控告暂行规定》(1995 年)等约 40 个配套法规、实施细则和补充规定。其中 12 个全国性的单项法规覆盖了公务员制度的职位分类、录用、考核、奖励、惩戒、职务升降、职务任免、培训、交流、辞退、退休等环节,公务员管理法规体系基本形成,促进了传统人事管理向科学化、法制化、现代化的转变。

2000 年 8 月,中共中央办公厅印发《深化干部人事制度改革纲要》,提出了今后若干年内深化党政干部制度改革的重点和基本要求,即要深化党政领导干部选拔任用制度改革,推进党政领导干部能上能下;通过扩大民主,引入竞争机制,促使优秀人才脱颖而出;健全相关制度措施,形成正常的更新交替机制;逐步实现领导干部选拔、任用、考核、交流、监督等工作规范化;从制度上防止和克服用人上的不正之风和腐败现象;要进一步完善国家公务员制度及法官、检察官制度,提高党政机关干部人事管理法制化、科学化水平,标志着干部人事制度改革进入了全面规划、整体推进的新阶段。《纲要》明确提出,要抓紧研究制定公务员法,逐步健全党政机关干部人事管理的法规体系。

三、公务员法律制度的建立与发展阶段(2006 年至今)

(一)《中华人民共和国公务员法》的出台

《国家公务员暂行条例》的颁布标志着国家公务员制度的开端。《国家公务员暂行条例》是根据全国人民代表大会及其常务委员会制定的行政法规,是一种授权立法。根据我国《立法法》,授权的立法事项经过实践检验,制定法律的条件成熟时,由全国人民代表大会及其常务委员会及时制定法律。《国家公务员暂行条例》实施 10 周年以后,2002 年,党的十六大提出进一步改革和完善干部人事制度和健全公务员制度。2005 年 4 月,历经 4 年和十余次修改的《中华人民共和国公务员法》(简称《公务员法》)经第七届人大常委会十五次会议审议通过,并于 2006 年 1 月 1 日开始施行。《公务员法》颁布后,相应立法事项的授权即被终止。《公务员法》是我国第一部属于干部人事管理总章程性质的重要法律。它的出台,填补了中国法律体系相关方面的空白,标志着我国公务员制度建设进入了法制化、科学化的新阶段,对贯彻依法治国方略,健全干部人事管理法律法规体系,实现干部人事的依法管理,具有十分重要的里程碑意义。

《公务员法》的颁布施行是推进依法行政、全面建设小康社会、建设社会主义法治国家的必然要求。公务员法律制度作为一种现代人事管理的规范体系,是人类文明与进步的共同成果,反映了现代国家管理的客观要求和改革的发展趋势。在国际竞争日趋激烈的情形下,国家要立于不败之地,很大程度上取决于人力资源开发的深度和广度,取决于能否拥有一支高效率的公务员队伍。为此,无论是发达国家还是发展中国家,都在致力于公共行政领域深化改革,特别是重视完善公务员制度。法治是现代文明的标志,从社会内涵上看,法治是与人治相对的一种治国方略或社会的一种调控方式,是一种依法办事的原则,是良好的法律秩序。依法管理是公务员制度的核心要求,通过建立一整套的人事管理法律法规,既能够促使公务员严格履行职责,也能够保障公务员的合法权益。

　　《公务员法》是在《国家公务员暂行条例》的基础上形成的,两者的立法思想、主要内容、立法与管理的基本原则、主要特点都是相一致的、一脉相承的,都是力求对我国公务员制度作系统、科学、全面、规范的设置,反映了我国公务员制度的连续性和稳定性。

　　在基本内容上与《国家公务员暂行条例》相比较,《公务员法》进一步健全了干部人事管理的四个机制。一是新陈代谢机制。《公务员法》对公务员队伍的"进口"和"出口"都作出了规定。"进口"严格,"出口"畅通,做到能进能出。二是竞争择优机制。《公务员法》规定录用采取公开考试、严格考察、平等竞争、择优录用的办法;职务晋升有严格程序;机关内设机构领导职务实行竞争上岗,部分职务可以在社会上公开选拔;对考核结果为不称职的要降职;对工作表现突出,有显著成绩和贡献的个人集体进行奖励等,体现了优胜劣汰的宗旨。三是权益保障机制。《公务员法》规定了公务员的 8 项权利以及申诉控告制度、聘用制公务员的人事争议制度和公务员的工资福利保险制度;明确了不得辞退公务员的 4 种情形,显现了公务员权益保障的重要性。四是监督约束机制。《公务员法》规定了公务员的 9 项义务、16 条不得违反的纪律,规定了考核制度、惩戒制度、辞退制度、领导人员引咎辞职和责令辞职制度等,作为对公务员严格监督的制度保障。

　　《公务员法》的制定,具有重要的现实意义。首先,它是贯彻依法治国方略,实现干部人事依法管理的需要。50 多年来,我国的干部人事管理方面出台了众多政策文件,但是法律法规极少,特别是没有一部人事管理总章程性的法律,从这个意义上说,中国干部人事管理是政策管理,而不是依法管理。如果我国的干部人事管理都无法实现依法管理的话,依法治国就成为空谈。制定《公务员法》既是我国公务员队伍自身建设的需要,也是《国家公务员暂行条例》在公务员法制建设进程中的必然归宿,更是依法治国的内在要求。

　　其次,制定《公务员法》是及时总结十几年推行公务员制度的经验,进一步完善公务员的需要。1993 年 8 月,国务院颁布了《国家公务员暂行条例》,在国家行政机关建立和推行公务员制度。近 12 年的推行实践证明这是一项成功的改革,推行公务员制度促进了干部人事管理,尤其是机关人事管理科学化、民主化和法制化,对于提高公务员的素质,维护公务员的权益,调动公务员的积极性,促进行政能力建设,都发挥了重要作用。在这十几年中,干部人事制度改革进一步深化,出现了一些好的新鲜经验,需要及时补充到公务员制度里面去,公务员法的立法正是吸收了十几年来干部人事制度改革的一些经验,在《国家公务员暂行条例》的基础上进一步扩大了公务员的范围,完善了公务员分类管理制度、职位聘用制等,这正是根据我国的实际,在推进公务员制度的建设中积极探索的结果,是对《国家公务员暂行条例》进一步完善和提高,上升为《公务员法》是非常适时的。

　　最后,制定《公务员法》是完成全面建设小康社会宏伟目标的需要。邓小平同志曾经说过,中国的事情能不能办好,经济能不能快一点发展起来,国家能不能长治久安,从某种意义来讲,关键在于人。这个关键在于人,就是需要各方面的人才,其中之一就是需要高素质的党政机关人才,党政机关人才在改革开放、在现代化建设中的作用是不言而喻的。要提高他们的素质,促进经济建设,提高效益,《国家公务员暂行条例》显然已难以适应现实发展的需要,这就需要一部对国家公务员进行科学而有效管理的综合性法律来保证对国家机关、对党政机关工作人员的管理,维护他们的合法权益,加强监督,这也正是我们制定《公务员法》的目的所在。

此外,关于干部人事制度的一系列党内法规也在这期间相继出台,使中国特色公务员法律制度体系不断完善,主要包括《党政领导干部选拔任用工作条例》(2002年)、《公开选拔党政领导干部工作暂行规定》(2004 年)、《党政机关竞争上岗工作暂行规定》(2004 年)、《党的地方委员会全体会议对下一级党委、政府领导班子正职拟任人选和推荐人选表决办法》(2004 年)、《党政领导干部辞职暂行规定》(2004年)、《关于党政领导干部辞职从事经营活动有关问题的意见》(2004 年)、《关于对党政领导干部在企业兼职进行清理的通知》(2004 年)等。

(二)党的十八大以来公务员法律制度的改革探索

习近平指出:"实现党的十八大确定的各项目标任务,进行具有许多新的历史特点的伟大斗争,关键在党,关键在人。关键在党,就要确保党在发展中国特色社会主义历史进程中始终成为坚强领导核心。关键在人,就要建设一支宏大的高素质干部队伍。"党的十八大以来,以习近平同志为核心的党中央高度重视干部队伍建设,坚持党管干部原则,坚持新时期好干部标准,坚持德才兼备、以德为先,坚持五湖四海、任人唯贤,坚持事业为上、公道正派,不拘一格选人用人,深化干部人事制度改革,强化干部管理监督,激发干部队伍生机活力,确保党和国家各项事业顺利推进。党的十八大以来,中央层面关于公务员制度改革的决策部署主要包括:

一是 2013 年 11 月 12 日中国共产党第十八届中央委员会第三次全体会议通过的《中共中央关于全面深化改革若干重大问题的决定》,专门对干部人事制度改革作出部署,提出要"坚持党管干部原则,深化干部人事制度改革,构建有效管用、简便易行的选人用人机制,使各方面优秀干部充分涌现。发挥党组织领导和把关作用,强化党委(党组)、分管领导和组织部门在干部选拔任用中的权重和干部考察识别的责任,改革和完善干部考核评价制度,改进竞争性选拔干部办法,改进优秀年轻干部培养选拔机制,区分实施选任制和委任制干部选拔方式,坚决纠正唯票取人、唯分取人等现象,用好各年龄段干部,真正把信念坚定、为民服务、勤政务实、敢于担当、清正廉洁的好干部选拔出来。打破干部部门化,拓宽选人视野和渠道,加强干部跨条块跨领域交流。破除'官本位'观念,推进干部能上能下、能进能出。完善和落实领导干部问责制,完善从严管理干部队伍制度体系。深化公务员分类改革,推行公务员职务与职级并行、职级与待遇挂钩制度,加快建立专业技术类、行政执法类公务员和聘任人员管理制度。完善基层公务员录用制度，在艰苦边远地区适当降低进入门槛"。

二是中国共产党十九大报告上明确提出要"建设高素质专业化干部队伍"，强调"坚持党管干部原则，坚持德才兼备、以德为先，坚持五湖四海、任人唯贤，坚持事业为上、公道正派，把好干部标准落到实处"，特别要求"注重培养专业能力、专业精神，增强干部队伍适应新时代中国特色社会主义发展要求的能力"，"大力发现储备年轻干部，注重在基层一线和困难艰苦的地方培养锻炼年轻干部，源源不断选拔使用经过实践考验的优秀年轻干部"，"坚持严管和厚爱结合、激励和约束并重，完善干部考核评价机制，建立激励机制和容错纠错机制，旗帜鲜明为那些敢于担当、踏实做事、不谋私利的干部撑腰鼓劲"。

三是 2018 年 7 月 3 日召开的全国组织工作会议上，习近平提出"新时代党的组织路线"，即全面贯彻习近平新时代中国特色社会主义思想，以组织体系建设为重点，着力培养忠诚干净担当的高素质干部，着力集聚爱国奉献的各方面优秀人才，坚持德才兼备、以德为先、任人唯贤，为坚持和加强党的全面领导、坚持和发展中国特色社会主义提供坚强组织保证。

全面深化改革的重大部署，党的十九大的明确要求，新时代党的组织路线的鲜明确立，都为站在新的起点上的我国公务员法律制度的发展完善提供了基本遵循。为落实党中央的部署要求，进一步完善符合新时代需要的公务员制度，我们又在公务员管理的诸多环节进行了试点探索，积累了宝贵经验，为深化改革奠定了坚实基础。

第一，加强党对公务员队伍的集中统一领导。按照党的十九届三中全会通过的《深化党和国家机构改革方案》要求，为更好落实党管干部原则，更好统筹干部管理，建立健全统一规范高效的公务员管理体制，国家公务员局并入中央组织部，中央组织部统一管理公务员工作，对外保留国家公务员局牌子，不再保留单设的国家公务员局。调整后，中央组织部在公务员管理方面的主要职责是，统一管理公务员录用调配、考核奖惩、培训和工资福利等事务，研究拟订公务员管理政策和法律法规草案并组织实施，指导全国公务员队伍建设和绩效管理，负责国家公务员管理国际交流合作等。

第二，公务员分类改革深入推进。推行公务员职务与职级并行制度是党的十八届三中全会确定的重大改革任务，2014 年开始进行了职务与职级的地方试点与探索，特别是自 2016 年起，开始在全国开展县级以上地区试点职务与职级并行。这样做的主要目的是解决"90％在科级以下、60％在县以下机关"基层公务员面临的问题，"核心内容就是在公务员法的框架下，在保持原有领导职务晋升通道不变的情况下，增加职级晋升的通道，来解决基层公务员'晋升难、待遇低'的矛盾"。此后，经全国人大常委会授权，从 2017 年 6 月起在部分地区和部分在京中央机关开始试点,经过一年多的实践,公务员职务与职级并行制度试点工作取得明显成效,表明制度设计切实可行,具备在全国范围推开的条件。此外,经过 10 年的试点和探索,2016 年制定印发了《专业技术类公务员管理规定(试行)》《行政执法类公务员管理规定(试行)》,对专业技术类和行政执法类公务员设立了 11 个层级职务并确定其与已有职级的对应关系。2017 年制定印发了《聘任制公务员管理规定(试行)》,总结了公务员聘任制试点经验,对聘任制公务员管理进行了详细的规定。这些探索都为进一步做好公务员分类管理工作奠定了制度和实践基础。

第三,公务员管理相关制度不断完善。党的十八大以来,先后出台了一系列制度文件,进一步深化了干部管理制度和公务员制度改革。一是修订《党政领导干部选拔任用工作条例》。深化党政领导干部选拔任用制度改革,改进领导干部政绩考核,完善竞争性选拔,加强改进优秀年轻干部培养选拔等一系列制度、举措陆续出台,解决干部工作存在的顽疾——唯票、唯分、唯 GDP、唯年龄取人的"四唯"问题。二是探索建立干部容错纠错机制,提出"把干部在推进改革中因缺乏经验、先行先试出现的失误和错误,同明知故犯的违纪违法行为区分开来;把上级尚无明确限制的探索性试验中的失误和错误,同上级明令禁止后依然我行我素的违纪违法行为区分开来;把为推动发展的无意过失,同为谋取私利的违纪违法行为区分开来",以解决干部队伍中出现的"懒、庸、推"等"为官不为"问题。三是出台《关于县以下机关建立公务员职务与职级并行制度的意见》。推进职务与职级并行制度,为广大基层公务员开辟了职级晋升通道,极大地调动了他们的工作积极性。四是颁布《推进领导干部能上能下若干规定(试行)》,解决领导干部"能上不能下"问题。此外,还相继印发《中华人民共和国监察法》《关于加强和改进优秀年轻干部培养选拔工作的意见》《关于进一步激励广大干部新时代新担当新作为的意见》《中国共产党巡视工作条例》《中国共产党廉洁自律准则》《中国共产党纪律处分条例》《干部教育培训工作条例》《中国共产党问责条例》《中国共产党党内监督条例》等多部与公务员管理相关的法律法规和党内法规,推动公务员制度法治化程度不断深化,制度体系日趋完善和定型。

(三)《中华人民共和国公务员法》的修订

2017 年 6 月,中央组织部、人力资源社会保障部、原国家公务员局正式启动公务员法修改工作。在开展专题调研、组织课题研究、书面征求各省区市公务员主管部门意见建议的基础上,成立由全国人大常委会法工委、全国人大原内司委和国务院原法制办以及部分省市公务员主管部门的人员组成的修法工作小组,研究起草了公务员法修订草案初稿。党的十九大、十三届全国人大一次会议和全国组织工作会议召开后,又根据中央有关精神进行多次修改,形成了征求意见稿,于 2018 年7 月正式征求各省(自治区、直辖市)公务员主管部门、中央和国家机关各部委干部人事部门的意见建议。9 月,中央组织部部务会议审议了修订草案(送审稿),之后又征求了中央全面依法治国委员会办公室和司法部的意见。随后,中央党的建设工作领导小组会议审议了修订草案(送审稿),根据审议意见对送审稿作了修改完善。十三届全国人大常委会第六次会议对《中华人民共和国公务员法(修订草案)》进行了审议,并于 2018 年 11 月 1 日至 12 月 1 日面向全社会征求意见,而后将在全国人大常委会修订表决通过后,由国家主席宣布实施。

此次修法是《公务员法》颁布以来第一次修订,是公务员制度法治化进程中的一件大事。修改工作以习近平新时代中国特色社会主义思想为指导,全面贯彻党的十九大和十九届二中、三中全会精神,认真贯彻习近平总书记关于干部工作的新精神新要求和新时代党的组织路线,坚持党对公务员工作的集中统一领导,体现干部人事制度改革新经验新成果,以宪法和党章为依据,推动中国特色公务员制度与时俱进、完善发展、成熟定型,为建设一支信念坚定、为民服务、勤政务实、敢于担当、清正廉洁的高素质专业化公务员队伍提供更为有力有效的法律保障。一是坚持正确方向,体现中国特色。把深入贯彻习近平新时代中国特色社会主义思想、坚持和加强党的领导、坚持中国特色社会主义制度、贯彻新时代党的组织路线、坚持党管干部原则、旗帜鲜明讲政治、践行社会主义核心价值观等要求体现到公务员法的修改过程和具体规定中。二是坚持问题导向,巩固改革成果。立足于既有制度框架,根据工作实际需要,将已经成熟的政策措施和重大改革成果上升为法律规范;对不适应现实情况和改革要求的规定及时修改;对已经形成共识、必须改的作出修改,可改可不改的原则上不改,不成熟、有争议的不改,确保法律的连续性、稳定性、权威性。三是坚持严管厚爱,完善制度举措。落实党的十八大以来中央全面从严治党、从严治吏和关于严管和厚爱相结合、激励和约束并重的要求,在从严教育、从严管理、从严监督公务员方面细化实化制度举措,同时,围绕激励公务员新时代新担当新作为,进一步完善公务员激励保障制度规定。四是坚持民主立法,提高修法质量。广泛听取、认真吸纳各级机关、广大公务员和人大代表、政协委员、专家学者的意见建议,使公务员法的修改更具针对性,反映时代声音,体现实践要求。同时,进一步理顺公务员法与宪法、法律、党内法规的关系,保持制度间的有机衔接。2018 年 12 月 29 日,《中华人民共和国公务员法(修订草案)》经第十三届全国人民代表大会常务委员会第七次会议审议通过,于 2019 年 6 月 1 日起实施。

新修订的《公务员法》由原来的 18 章 107 条调整为 18 章 113 条,增加 6 条,实质性修改 49 条,个别文字修改 16 条,条文顺序调整 2 条,主要在以下几个方面作了补充调整和完善:一是突出了政治要求。把习近平新时代中国特色社会主义思想作为公务员制度必须长期坚持的指导思想。把坚持和加强党的领导、坚持中国特色社会主义制度等一系列政治要求,体现到立法目的、管理原则、条件义务等规定中,把落实好干部标准贯穿公务员管理全过程和主要环节,进一步彰显了中国特色。二是调整完善公务员职务、职级等有关规定。进一步推进公务员分类改革,改造非领导职务为职级,实行职务与职级并行制度,对领导职务与职级的任免、升降以及与此相关的条文进行了修改。三是调整充实从严管理干部有关规定。将第九章章名"惩戒"调整为"监督与惩戒",增加了加强公务员监督和公务员应当遵守的纪律等规定,修改完善了回避情形、责令辞职、离职后从业限制等规定,增加了在录用、聘任等工作中违纪违法有关法律责任的规定。四是贯彻落实党中央关于加强正向激励的要求,健全完善公务员激励保障机制,加强了对公务员合法权益的保护。五是根据公务员管理实践需要,对分类考录、分类考核、分类培训等进一步提出明确要求,对公务员考核方式、宪法宣誓、公开遴选等方面作了修改。

第二节　公务员制度的主要内容

一、《中华人民共和国公务员法》的主要规定

(一)"进口""出口"制度

公务员录用与任职制度构成了公务员的进入机制,属于"进口"环节。考试录用是现代公务员制度中最主要的录用与任职方式,它指的是公民通过一定的选拔程序,获得成为公务员并任职某一岗位的资格,任职则是任命具有公务员资格的特定人担任特定岗位职务的程序,其包括新录用公务员的任职,也包括现有公务员担任新的职务。考试录用是我国公务员录用的最主要形式,除此之外,还存在着选任、委任、调任等多种任职方式。

公务员退出制度是指关于公务员依法退出公务员系统,不再保留公务员身份,不再履行相应职责、享受相应待遇的规则体系,属于"出口"环节。公务员退出制度主要包括辞职、辞退、退休、开除与免职五种。

(二)分类管理制度

我国公务员法律制度实行公务员职位分类制度。公务员职位类别按照公务员职位的性质、特点和管理需要,划分为综合管理类、专业技术类和行政执法类等类别。专业技术类公务员,是指专门从事专业技术工作,为机关履行职责提供技术支持和保障的公务员,其职责具有强技术性、低替代性特点。行政执法类公务员,是指依照法律、法规对行政相对人直接履行行政许可、行政处罚、行政强制、行政征收、行政收费、行政检查等执法职责的公务员,其职责具有执行性、强制性特点。综合管理类公务员则是机关中履行综合管理以及内部管理等职责的公务员。国务院根据《公务员法》,对于具有职位特殊性,需要单独管理的,可以增设其他职位类别。各职位类别的适用范围由国家另行规定。

结合综合管理类、专业技术类、行政执法类和聘任制公务员等分类规定,修改后的《公务员法》在分类考录、分类考核、分类培训、职位聘任试用期等方面均作出了具体规定。例如,考核指标根据不同职位类别、不同层级机关分别设置;又如,公务员录用考试的内容根据公务员应当具备的基本能力和不同职位类别、不同层级机关分别设置;再如,与一般公务员的试用期不同,聘任制公务员的合同中可以约定试用期,试用期为 1 个月至 62 个月,且聘任制公务员与所在机关之间因履行聘任合同发生争议的,可以自争议发生之日起 60 日内申请仲裁。

(三)职务职级制度

我国实行公务员职务与职级并行制度。根据公务员职位类别和职责设置公务员领导职务、职级序列变"单轨制"为"双梯制",疏通了公务员职务和职级晋升之间的转换关系,开辟了新路径。

公务员领导职务根据宪法、有关法律和机构规格设置。领导职务层次分为:国家级正职、国家级副职、省部级正职、省部级副职、厅局级正职、厅局级副职、县处级正职、县处级副职、乡科级正职、乡科级副职。而公务员职级则在厅局级以下设置。综合管理类的非领导职务公务员职级序列分为:一级巡视员、副二级巡视员、一级调研员、副二级调研员、三级调研员、四级调研员、一级主任科员、副二级主任科员、三级主任科员、四级主任科员、一级科员、办事二级科员。综合管理类以外其他职位类别公务员的职级序列,则由国家根据修改后的《公务员法》另行规定。

职务职级制度中,公务员的领导职务、职级应当对应相应的级别。公务员领导职务、职级与级别的对应关系由国务院规定。根据工作需要和领导职务与职级的对应关系,公务员担任的领导职务和职级可以互相转任、兼任;符合规定资格条件的,可以晋升领导职务或者职级。此外,修改后的《公务员法》规定,公务员职级应当逐级晋升,根据个人德才表现、工作实绩和任职资历,参考民主推荐或者民主测评结果确定人选,经公示后按照管理权限审批。

(四)考核评价制度

我国公务员的考核制度主要是按照管理权限,全面考核公务员的德、能、勤、绩、廉,重点考核政治素质和工作实绩。考核指标根据不同职位类别、不同层级机关分别设置。考核方式包括平时考核、专项考核和定期考核等,其中定期考核以平时考核、专项考核为基础。

非领导成员公务员的定期考核采取年度考核的方式。先由个人按照职位职责和有关要求进行总结,主管领导在听取群众意见后,提出考核等次建议,由本机关负责人或者授权的考核委员会确定考核等次。对领导成员的定期考核,由主管机关按照《党政领导干部考核工作暂行规定》等有关规定办理。

考核的方法主要有三种,分别是领导与群众相结合的方法,平时与定期相结合的方法,定性与定量相结合的方法。考核的结果分为优秀、称职、基本称职和不称职四个等次,应当以书面形式通知公务员本人。

(五)任免升降制度

公务员的任免制度主要指领导职务实行选任制、委任制和聘任制;公务员职级实行委任制和聘任制;领导成员职务按照国家规定实行任期制。具体来说,选任制公务员在选举结果生效时即任当选职务;任期届满不再连任,或者任期内辞职、被罢免、被撤职的,其所任职务即终止。委任制公务员试用期满考核合格,职务、职级发生变化,不再担任公务员职务以及其他情形需要任免职务的,以及其他情形需要任免职务、职级的,应当按照管理权限和规定的程序任免。聘任制公务员是指机关根据工作需要,经省级以上公务员主管部门批准,可以对专业性较强的职位和辅助性职位实行聘任制。机关聘任公务员可以参照公务员考试录用的程序进行公开招聘,也可以从符合条件的人员中直接选聘。在公务员法律制度中,主要根据《公务员法》和聘任合同对所聘公务员进行管理。

(六)奖励、监督、处罚制度

公务员奖励是指机关按照法定程序对工作表现突出、有显著成绩和贡献的公务员个体或公务员集体所给予的精神或物质上的利益。奖励坚持定期奖励与及时奖励相结合,精神奖励与物质奖励相结合、以精神奖励为主的原则。奖励主要分为嘉奖、记三等功、记二等功、记一等功、授予荣誉称号。此外,按照国家规定,可以向参与特定时期、特定领域重大工作的公务员颁发纪念证书或者纪念章。

《公务员法》中新增了我国公务员监督制度的规定,它是指机关应当对公务员的思想政治、履行职责、作风表现、遵纪守法等情况进行监督,开展勤政廉政教育,建立日常管理监督制度。对公务员监督发现问题的,应当区分不同情况,予以谈话提醒、批评教育、责令检查、诫勉、组织调整、处分。对公务员涉嫌职务违法和职务犯罪的,应当依法移送监察机关处理。修改后的《公务员法》同时规定,公务员应当自觉接受监督,按照规定请示报告工作、报告个人有关事项。

公务员的处罚制度则包括不得散布有损宪法权威、中国共产党和国家声誉的言论等十八项内容。公务员因违纪违法应当承担纪律责任的,依照本法给予处分或者由监察机关依法给予政务处分。处分分为警告、记过、记大过、降级、撤职、开除等六种。

(七)培训交流制度

公务员培训制度主要是指机关根据经济社会发展和公务员队伍建设需要,按照职位职责要求,针对不同层次、不同类别公务员的特点,通过各种形式,有计划、有组织地为公务员提供培养和训练。具体包括对新录用人员进行初任培训;对晋升领导职务的公务员进行任职培训;对从事专项工作的公务员进行专门业务培训;

对全体公务员应当进行提高政治素质和工作能力、更新知识的在职培训等。

我国实行公务员交流制度。公务员可以在公务员和参照本法管理的工作人员队伍内部交流，也可以与国有企业事业单位、人民团体和群众团体和不参照本法管理的事业单位中从事公务的人员交流。交流的方式包括调任、转任。同时，根据培养锻炼公务员的工作需要，机关可以采取挂职方式选派公务员承担重大工程、重大项目、重点任务或者其他专项工作。公务员回避制度是指为保证公务员公正廉洁地执行公务，减少人为因素对公务员工作的影响，而对公务员所任职务、执行公务以及任职地区等方面作出的限制性规定。回避的种类分为职务回避、公务回避和地区回避。

（八）工资福利制度

公务员实行国家统一规定的工资制度，以按劳分配的原则，体现工作职责、工作能力、工作实绩、资历等因素，保持不同领导职务、职级、级别之间的合理工资差距。公务员福利制度，是指按照国家有关法律法规和制度的规定，为公务员提供的工资、奖金、保险以外的补贴、服务、实物报酬和其他非物质性待遇。公务员的保险制度是指国家对因生育、年老、疾病、伤残和死亡等原因，暂时或永久丧失劳动能力的公务员给予的物质保障。

（九）责任救济制度

公务员法律责任是公务员违反公务员法律义务而应当承担的责任，其和公务员作为普通公民应当承担的法律责任不同，是基于公务员身份产生的。包括公务员行政法律责任、公务员刑事法律责任和公务员民事法律责任三种。公务员主管部门的工作人员，违反相关规定，构成犯罪的，依法追究刑事责任；尚不构成犯罪的，给予处分或者由监察机关依法给予政务处分。

根据我国《公务员法》《行政诉讼法》等有关规定，当前我国公务员的权利救济主要是通过内部途径来进行的，即申诉与控告。申诉，是指公务员对机关作出的涉及本人的人事处理决定不服，依法向有关机关提出意见和理由，要求有关机关复核并作出处理决定的制度。控告是指公务员认为自己合法权益受到国家机关及其领导人员的违法侵犯，依法向上级行政机关或有关机关提出指控、告发，请求有关机关予以纠正并保护自己合法权益的行为。此外，修改后的《公务员法》新增规定，受理公务员申诉的机关应当组成公务员申诉公正委员会，负责受理和审理公务员的申诉案件。公务员对监察机关作出的涉及本人的处理决定不服向监察机关申请复审、复核的，可按照有关规定办理。

（十）公务员管理体制

当前，我国的公务员管理体制是由党的机关、国家权力机关、各级人民政府、政府综合人事管理机构和政府各部门人事管理机构，在对公务员管理的职能和权限划分基础上而构成的制度体系,并在管理过程中严格贯彻党管干部、综合管理、分级管理、统分结合等基本原则。

我国各级政府公务员综合管理机构,是负责公务员管理的专门机构,各级政府人事部门是各级国家公务员的综合管理机关。我国公务员管理机构主要包括:国家人力资源和社会保障部、中央组织部国家公务员局、国务院各部门的人事机构、地方政府的人事机构。值得说明的是,原隶属于国务院,由人社部管理的国家公务员局,是由国家设立的统一管理全国国家公务员及相关事务的国家级机构,在《深化党和国家机构改革方案》印发实施后,并入中央组织部。中央组织部对外保留国家公务员局牌子,不再保留单设的国家公务员局。

二、我国公务员制度的主要特点

公务员法的制定从我国国情出发,与中国特色社会主义政治制度相适应,充分体现和反映了我国政治体制的特点和要求,与西方国家的公务员法有着本质的区别。

第一,坚持党的指导思想和党的基本路线。《公务员法》总则规定,坚持以党的指导思想为指导,贯彻社会主义初级阶段的基本路线,公务员必须执行党的路线、方针、政策;公务员中的共产党员必须参加党的组织生活,执行党的决议,遵守党的纪律,发挥党的模范带头作用,而不像西方国家那样实行"两官分途",要求公务员保持政治中立,不得参加任何党派活动,不得在公共活动中表现出对党派的政治倾向性。

第二,贯彻党的干部路线和方针,坚持党管干部原则。我国的公务员制度是党和国家干部人事制度的重要组成部分。除公务员以外,党的干部还包括国有企业、事业单位、军队、纳入国家体制内的人民群体团体、城乡社区组织等各个方面的干部。各个方面的干部人事管理制度都遵循党的干部路线、方针、政策、原则制定。党领导干部任免工作,重要干部由党委决定提名或协商提名候选人,由人大选举、任命或免职。公务员主管部门在党委领导下工作。西方公务员制度强调公务员不受党政干预,公务员管理独立于党派管理之外,与我国的情况截然不同。

第三,公务员范围超出了行政机关工作人员的范围。按照《公务员法》的规定,我国的"公务员"范围既非仅限于行政类公务员,也不是包括全部各类公共事业人员,而是介于二者之间。具体包括各类机关中除工勤人员以外的全部人员。所谓"各类机关",包括:中国共产党机关、人民代表大会及其常务委员会机关、行政机关、中国人民政治协商会议机关、审判机关、检察机关、民主党派和中华全国工商联合会。这一范围符合我国现实国情,体现了制度特色。我国《宪法》明确规定了中国共产党的执政地位,党的各级机关在国家治理中发挥着核心作用。现实中,党的机关工作人员也始终被视为国家工作人员。因此,党的机关工作人员符合法律所规定的相关标准,将其纳入公务员范畴是一种实事求是的做法。同样,将政协、民主党派机关的人员纳入范围也是中国共产党领导的多党合作和政治协商制度所决定的,突出了我国社会主义政治制度的特色。各民主党派作为参政党,中国人民政治协商会议作为参政议政的重要组织,它们同立法机关、司法机关、行政机关一样,都是我国政治生活中不可缺少的政治主体,在中国特色社会主义政治体制中具有不可替代的作用。因此,这些机关中的工作人员都具有公职属性,理当纳入此范围。这与西方从三权分立角度对公务员范围进行的划分是不同的。

第四,坚持德才兼备的用人标准。我们党选拔干部的标准是德才兼备,注重工作实绩。"德"主要指干部的政治思想、道德品质等,"才"主要指干部的工作能力和业务水平。"德才兼备"就是要求干部既有"德"又有"才",二者同时兼备,不可偏废。我国《公务员法》规定,对新进入行政机关担任科员以下非领导职务的公务员的录用,实行公开考试、严格考核、择优录用,并把考核政治思想和道德品质的结果作为是否录用的重要条件;在职务晋升上,坚持德才兼备标准,注重执行党的基本路线的表现和工作实绩,在考核时强调对公务员德、能、勤、绩、廉进行全面考核,重点考核工作实绩,而西方公务员制度在用人标准上,主要强调"专才"或"通才",更多看重的是专业素质。

第五,坚持为人民服务的宗旨。按照马克思主义经典理论的观点,在革命斗争中,最富有革命精神的先锋分子成为人民群众的领导者。此后,在社会主义国家建设的时期,仍然需要先进分子组成的群体承担国家管理职能。这一群体在相当长的历史时期都存在并且需要发挥至关重要的作用。尽管因分工不同而划分为不同的类别,但是其本质是一致的,即受人民群众委托、向人民群众负责而从事公共管理事务的人。因此,社会主义国家公务员的本质是社会公仆,这与资本主义国家对公务员的定位有着本质不同。我国公务员必须全心全意为人民服务,廉洁奉公,不谋私利,不贪污受贿,并接受人民群众的监督。而西方公务员是一个单独的利益集团,他们同政府的关系是雇员同雇主的关系,公务员有工会组织,工会为了公务员的利益同政府进行谈判。

第三节　公务员制度的实践分析

一、《公务员法》实施以来取得的主要成就

《公务员法》全面总结了《国家公务员暂行条例》和《干部选拔任用工作暂行条例》推行多年的实践经验,吸收了干部人事制度改革的最新成果,积极借鉴了近年来国外公务员制度改革的有益做法。自 2006 年 1 月 1 日施行以来,在建设高素质

专业化公务员队伍中发挥了重要作用,在推动公务员管理科学化、法治化方面取得了显著成就。

第一,中国特色公务员法律体系初见雏形。《公务员法》是我国公务员制度的基本法律,因此相对比较简单扼要,带有纲领性、概括性、原则性的特点。完整的公务员制度应当包括诸如考试、录用、职位分类、培训考核、奖惩、任免、升降、工资、福利、保险、辞职、辞退、退休等配套的法律法规。2006年以后,中共中央、国务院、中央组织部、人事部、人力资源与社会保障部及公务员局等联合或单独印发了多部配套法规和规章,各省、直辖市、自治区还制定了一些地方性法规和规章,初步形成了公务员制度的基本框架。① 同时,大力开展围绕公务员法的学习宣传和教育培训,依法管理、依法履职的理念深入人心。各级公务员主管部门严格按照标准和条件,平稳顺利地完成了公务员登记、职务和级别确定、工资套改、参照管理单位集中审批等工作,公务员的进口、出口、管理等环节进一步规范,我国公务员管理法制化迈上了新台阶。尽管到目前为止,我国还没有全面完成《公务员法》配套法规的制定,多数文件还处于试行阶段,但是相信随着《公务员法》的修订,这些配套法规制度都会进一步完善和定型,形成符合新时代特点的公务员法律制度体系。

第二,各项制度日趋完善。坚持和完善公务员录用“凡进必考”制度,为公民提

---

① 主要包括:2006年3月29日,《干部教育培训规章条例(试行)》施行;2006年4月9日,中共中央、国务院印发《〈中华人民共和国公务员法〉实施方案》;2006年6月14日,国务院发布《关于改革公务员工资制度的通知》《公务员工资改革方案》;2007年1月4日,中组部、人事部印发《公务员考核规定(试行)》;2007年2月7日,国务院办公厅印发《国务院办公厅转发人事部“十一五”行政机关公务员培训纲要通知》;2007年4月4日,《行政机关公务员处分条例》经国务院第173次常务会议通过,自2007年6月1日起施行;2007年4月22日,人事部与卫生部制定并发表《公务员录用体检通用标准(试行)》;2007年8月9日,中组部、人事部、总政治部印发《人事争议处理规定》;2007年11月6日,中组部、人事部印发《关于印发〈公务员录用规定(试行)〉的通知》;同日,人事部印发《公务员录用规定(试行)》;2008年1月4日,中组部、人事部印发《公务员奖励规定(试行)》;2008年2月29日,中组部、人事部印发《公务员调任规定(试行)》和《公务员职务任免与职务升降规定(试行)》;2008年5月14日,中组部、人力资源和社会保障部印发《关于印发〈公务员申诉规定(试行)〉的通知》;2008年7月16日,中组部、人力资源和社会保障部印发《关于印发〈新录用公务员任职定级规定〉的通知》;2008年12月12日,中组部、人力资源和社会保障部印发《公务员培训规定(试行)》;2009年7月24日,中组部、人力资源和社会保障部印发《公务员辞去公职规定(试行)》《公务员辞退规定》;2009年7月,中共中央办公厅、国务院办公厅印发《关于实行党政领导干部问责的暂行规定》;2009年11月,《公务员录用考试违纪违规行为处理办法(试行)》颁布;2010年8月,中央纪委、中组部、人力资源和社会保障部、监察部、国家公务员局印发《关于公务员纪律惩戒有关问题的通知》;2010年11月,人力资源和社会保障部、卫生部印发《公务员录用体检特殊标准(试行)》;2011年1月28日,中组部、人力资源和社会保障部印发《聘任制公务员管理试点办法》;2011年5月,人力资源和社会保障部印发《新录用公务员试用期管理办法(试行)》;2011年12月12日,中组部、人力资源和社会保障部印发《公务员回避规定》等。

供了平等竞争机会,探索建立了来自基层一线公务员的培养选拔链,各级机关录用了一大批高素质人才,一大批素质好、年纪轻、学历高的优秀人才脱颖而出,为各级各类机关补充了新鲜血液,逐渐成为机关工作的中坚力量,有效防止了进人上的各种不正之风;建立了竞争上岗、公开选拔等公务员多元选拔晋升机制,促进了优秀人才脱颖而出;积极探索科学的公务员的考核方式方法;逐步完善公务员淘汰制度;健全辞职、辞退、退休、职务任期等制度;公务员激励和约束制度不断健全,通过选树典型、正面宣传,发挥了榜样的示范、引领作用,通过加强干部问责、个人有关事项申报等举措加强对公务员行为的规范。

第三,公务员队伍整体素质得到很大提高。《公务员法》实施以来,各地各部门按照《公务员法》要求,加强公务员思想教育、能力培训、时间锻炼和履职规范,促进勤政廉政,提高各种效能。把思想政治建设放在首要位置,教育引导公务员坚定理想信念,全心全意为人民服务,自觉维护国家安全、荣誉和利益,恪尽职守、廉洁奉公。特别是实行了国家工作人员宪法宣誓制度,增强公务员报效祖国、服务人民的责任感、使命感。[①] 提高依法履职能力,全面加强公务员队伍能力建设,强化法律培训,健全规章制度,规范公务员履职行为,提高依法管理经济社会事务和处理各种矛盾的能力。加大教育培训和实践锻炼力度,提高公务员各方面能力素质,公务员出任培训达到全覆盖,任职培训广泛开展,专门业务培训和在职培训不断加强。按照从严管党治党要求,加强公务员队伍作风建设,涌现出一大批公务员先进典型,冲锋在前、勇挑重担,充分发挥骨干带头作用,树立了良好的社会形象。

二、我国公务员制度存在的主要问题

尽管我国公务员制度在实践中取得了巨大成就,但是毋庸讳言,相比于国家治理体系和治理能力现代化的要求,相比于新时代党和国家事业对专业化高素质公务员队伍的要求,还有一定差距,制度的健全还有一个漫长过程,有待于循序渐进地完善和提高。具体来讲,我国公务员制度在实践运行中主要有以下问题。

(一)配套制度还不够健全

公务员制度作为一项重要的政治制度,其制度体系应该是一个严密完整的法律体系,尽管《公务员法》已经出台十余年并且经过了 2018 年的最新修订,但是与《公务员法》配套的法规制度尚不健全。目前现行的许多法规仍处于试行状态,没有正式施行。一方面是由于公务员制度运行时日尚短,《公务员法》本身仍存在一些规定不详之处,许多实践中的问题还需要不断摸索,尚未得到妥善的解决办法;

---

① 2018 年 2 月 24 日,全国人大常委会对宪法宣誓制度作出修订,新的誓词为:"我宣誓:忠于中华人民共和国宪法,维护宪法权威,履行法定职责,忠于祖国、忠于人民,恪尽职守、廉洁奉公,接受人民监督,为建设富强民主文明和谐美丽的社会主义现代化强国努力奋斗!"

另一方面是由于我国公务员制度的特殊性,决定了公务员制度中许多规范性文件是以党内法规的形式颁布的,这就需要党内法规和国家法律作出相应的协调和对接,而党内法规也处在一个从无到有、从少到多、不断完善的过程中,这在一定程度上影响了相关制度的出台。

(二)分类管理制度尚不完善

与西方公务员制度比较,中国公务员分类制度有三个不同特点:没有明确的政务与事务的分类;没有公务员的职系职组划分;公务员职务划分为领导职务与非领导职务。没有对政务类与事务类公务员进行明确划分,导致难以对不同工作性质的人员进行分类选拔和管理,也不利于区分两类人的政治责任和工作责任。与此同时,按照《公务员法》之规定,我国公务员职位类别按照职位的性质、特点和管理需要,划分为综合管理类、专业技术类和行政执法类。目前,《专业技术类公务员管理规定(试行)》和《行政执法类公务员管理规定(试行)》两部文件已经出台,《聘任制公务员管理规定(试行)》也已经出台,但是文件中仍有一些规定不够完善需要改进。另外,实际上综合管理类公务员才是公务员队伍中数量最庞大、影响力最大同时也是管理难度最大的群体,而现行制度缺少对这一类公务员的细致分类,比如对于高级公务员[①]应该如何区别于一般公务员进行管理,我国缺少相关规定,这也是造成管理粗放化的原因之一。

(三)"能上不能下"问题尚未有效解决

我国此前的《公务员法》没有关于公务员"能上能下"方面的规定。新修订的《公务员法》第50条对此作出了专门规定:"公务员的职务、职级实行能上能下。对不适宜或者不胜任现任职务、职级的,应当进行调整。公务员在年度考核中被确定为不称职的,按照规定程序降低一个职务或者职级层次任职。"将"能上能下"写入《公务员法》中固化下来,做到了于法有据,实现了公务员职级职务管理的有法可依、有章可循。但是这一条款比较宏观,缺乏可操作性,特别是在年度考核不够深入,经常无法准确反映公务员现实表现的情况下,"能下"更是很难实现。而尽管中央出台的《推进领导干部能上能下若干规定(试行)》作了相应的规定,但是在与《公务员法》的协调上,特别是如何从法律的层面作出明确、可操作的规定方面,还有很

---

① 在我国,"高级公务员"一般指由中共中央组织部直接管理的干部,目前约有5000人。1952年,刘少奇在中国共产党第一次全国组织工作会议上提出:"从最初级到最高级的干部,每个人都要由一定的机关来管理。这个制度,我们称之为干部职务名单制。"1955年1月,中共中央颁布了第一份干部名单《中共中央管理的干部职务名称表》,名单上的干部包括了当时地厅级以上所有干部,全部由中央组织部管理。1984年,中共中央决定各级党委对干部的管理由原来的"下管一级"调整为"下管两级"。目前,"中管干部"包括全部副部级以上干部以及部分厅局级干部。蔡如鹏:《解密中组部》,载《中国新闻周刊》2014年总第675期。

大的空间。

(四)考核实效性不够

在公务员考核制度的运行中,主要存在以下方面的问题:一是考核主体不够明确。按照目前的规定,机关负责人的个人好恶对公务员考核结果起着决定性作用,难以保证考核结果的客观公正。二是考核内容过于宽泛。目前规定的考核内容比较宽泛,缺乏具体指标的明确规定,导致实践中无法对考核内容进行量化和比较。特别是对于德、能、廉等方面的考核,往往失之于宽,只能得出比较模糊的结论。三是考核方法比较单一,且缺乏民主参与。定期考核基本上是公务员个人写一份总结,然后由领导进行评定,难以保证考核结果的全面客观,且考核过程缺乏对民意的考虑,"听取群众意见"往往成为摆设。四是考核等次设计不合理。现行制度只设置了 4 个等次,容易出现操作简单化、考核意识淡化、考核结果趋同等现象,实质上造成"干好干坏一个样"的情况。五是考核结果运用不到位。由于结果本身无法反映工作实际,于是实践中对考核结果的运用往往停留在"两头"上,即对最优秀的予以奖励,对十分不称职的进行处理。而多数人只是获得一个不痛不痒的结论而已,考核对于他们成了例行公事。

(五)权利保障渠道有待拓展

现行《公务员法》对公务员的权利救济的路径仍停留于公务员系统内部,通往外部救济的渠道没有打通,这导致公务员难以获得公正救济。我国公务员的权利救济制度长期受"特别权力关系理论"的影响,主要表现在我国《行政诉讼法》第 13 条关于受案范围的排除规定①、《公务员法》第 95 条的内部申诉控告规定。对于聘任制的公务员,《公务员法》第 100 条则规定,因聘用合同发生争议则可以向人事争议仲裁委员会申请仲裁,对于仲裁裁决不服的可以向人民法院提起诉讼②。当前,"特别权力关系理论"的影响力已经逐渐消失,许多国家已经放弃了该理论,因此继续坚持由该理论所衍生的公务员申诉控告权利的救济渠道显然无法保护公务员的合法权益,而我国行政诉讼又完全将此类案件排除在受案范围之外,导致了权利保障的缺失。

---

① 《行政诉讼法》第 13 条第 3 款:"人民法院不受理公民、法人或者其他组织对下列事项提起的诉讼:……(三)行政机关对行政机关工作人员的奖惩、任免等决定。"

② 《公务员法》第 100 条:国家建立人事争议仲裁制度。人事争议仲裁应当根据合法、公正、及时处理的原则,依法维护争议双方的合法权益。人事争议仲裁委员会根据需要设立。人事争议仲裁委员会由公务员主管部门的代表、聘用机关的代表、聘任制公务员的代表以及法律专家组成。聘任制公务员与所在机关之间因履行聘任合同发生争议的,可以自争议发生之日起六十日内向人事争议仲裁委员会申请仲裁。当事人对仲裁裁决不服的,可以自接到仲裁裁决书之日起十五日内向人民法院提起诉讼。仲裁裁决生效后,一方当事人不履行的,另一方当事人可以申请人民法院执行。

(六)专业化能力不足

受干部人事管理传统的影响,我国公务员培养选拔更加强调综合能力,倾向于使用"通才",相对来说,在选人用人方面考虑所学专业、工作经历等因素比较少。而长期以来,公务员培训更加注重的是政治认同方面的内容,对于公务员专业能力方面的培训力度不够。因此,我国公务员队伍在专业知识、专业能力、专业作风、专业精神等方面都有所欠缺。中国特色社会主义新时代,经济社会发展日新月异,科学技术迅猛发展,新老问题交织叠加,各种困难挑战层出不穷。公务员要应对这些新情况,必须突出问题导向、实践导向,不断提高适应新时代中国特色社会主义发展要求的能力。缺少专业化素养,则无法胜任挑战越来越大的公务员工作。

第四节　公务员制度的发展展望

作为一项重要的政治制度,公务员制度的发展水平直接影响到国家治理体系和治理能力现代化建设的效果。公务员法的首次修改,标志着我国公务员制度在继承和吸收以往传统和经验的基础上,已经掀开了崭新的一页。在新的起点上,中国特色公务员制度将继续改进和完善,为建设高素质专业化的公务员队伍提供坚实的制度支撑。

一、公务员政治属性不断得到强化

"党管干部"原则是我国公务员制度区别于西方公务员制度的本质属性。随着党的领导不断强化,全面从严治党深入推进,"党管干部"原则也将在我国公务员制度中得到进一步深化。在新修订的公务员法中,科学发展观、习近平新时代中国特色社会主义思想作为公务员制度必须长期坚持的指导思想已经被写入总则。同时,公务员法在立法目的、公务员政治属性、管理原则、任用原则、公务员条件、公务员义务、不得录用为公务员情形、公务员纪律等规定中,都体现了坚持和加强党的领导、坚持中国特色社会主义制度等一系列政治要求,贯彻新时代党的组织路线,落实好干部标准,进一步彰显中国特色。比如在第 7 条"公务员任用"中,将"坚持任人唯贤、德才兼备"的原则扩展为"坚持德才兼备、以德为先,坚持五湖四海、任人唯贤,坚持事业为上、公道正派",并强调"突出政治标准"。又比如明确公务员是干部队伍的重要组成部分,是社会主义事业的中坚力量,是人民的公仆,强化了公务员的政治属性,必将有力促进公务员队伍的政治建设和思想建设。

二、从严管理与真情关爱将更紧密结合

在全面从严治党和新时代呼唤新担当、新作为的背景下,公务员管理将继续强

化从严管理与真情关爱相结合的原则,在制度设计上,一方面突出纪律规矩的刚性约束,以强有力的管理确保公务员忠诚干净担当;另一方面则在政策上给予公务员特别是基层一线、艰苦地区的公务员更多倾斜。《公务员法》的修订已经贯彻了这一思路。比如,将原第九章章名"惩戒"调整为"监督与惩戒",增加了 2 条监督方面的规定,把监督作为从严管理公务员的一个重要环节在法中予以明确,规定机关应当对公务员的思想政治、履行职责、作风表现、遵纪守法等情况进行监督,对监督发现问题的,应当区分不同情况,予以谈话提醒、批评教育、责令检查、诚勉、组织调整、处分;规定公务员必须按照规定请示报告工作、报告个人有关事项,使公务员的监督与相关法律法规有机衔接。又比如,增强纪律方面的明确规定,与《中国共产党纪律处分条例》相衔接。在遵守政治纪律和政治规矩方面,增加不得"散布有损宪法权威、中国共产党声誉的言论""组织或者参加旨在反对宪法、中国共产党领导的集会、游行、示威等活动""挑拨、破坏民族关系,参加民族分裂活动或者组织、利用宗教活动破坏民族团结和社会稳定"等禁止性规定;针对"为官不为"问题,将"不担当,不作为"列入不得违反的纪律行为;针对个别公务员网络行为失范、缺少自律问题,将"违反有关规定参与禁止的网络传播行为或者网络活动"列入不得违反的纪律行为。此外,在监督措施上也突出针对性,如对任职回避情形、地域回避情形、离职后从业限制规定等作了相应修改完善,特别是增加了"公务员不得在其配偶、子女及其配偶经营的企业、营利性组织的行业监管或者主管部门担任领导成员",体现了对"关键少数"从严管理的要求。完善责令辞职规定,明确"领导成员因其他原因不再适合担任现任领导职务的,或者应当引咎辞职本人不提出辞职的,应当责令其辞去领导职务",从而督促其正确履行职责、积极有效作为。在真情关爱方面,公务员制度将加强正向激励、关心关爱,一方面推动公务员职务与职级并行制度落实见效,另一方面围绕充分调动和激发广大公务员的积极性,健全考核评价机制、奖励机制、权益保障机制,让公务员能够安心工作,没有后顾之忧。

三、公务员管理将日趋精细化、规范化

随着经验的积累和制度的不断完善,我国公务员制度将由粗放型逐渐向精细化、规范化转变。主要体现在:在职位分类上,专业技术类公务员、行政执法类公务员相关管理制度将在实践基础上日趋成熟和定型,这两类公务员与综合管理类公务员既要在管理上突出各自特点,又要把握好适度平衡和合理衔接。聘任制公务员也将越来越普遍、管理越来越规范,更多地在公务员系统中发挥作用。三类公务员相关管理规定将适时由目前的试行调整为正式出台。在职务职级并行制度推开以后,公务员群体的活力将被进一步激发,特别是基层公务员的晋升难问题会得到极大缓解,能者上、庸者下、劣者汰的用人导向和从政环境将逐渐形成。此外,在考录、考核、培训等方面都将强化分类施策,以突出管理的精准性。

四、公务员专业化水平将进一步提升

在公务员分类和管理日渐精细的情况下,公务员队伍的专业化水平也将不断提高。立足新时代,公务员群体只有与时俱进、始终走在时代的前列,不断提高专业精神和专业素养,才能应对新挑战、破解新难题。随着公务员选任、培训、交流等制度的不断完善,我国公务员队伍必将在专业化建设上取得新的进展。

相信随着《公务员法》的修订和配套措施的不断出台,我国以公务员法为核心的公务员管理法律体系将日趋完善,中国特色公务员制度将不断与时俱进、成熟定型,公务员管理各环节的科学规范化法治化水平将会显著提升,对公务员从严管理和激励保障的力度将会更大,一支信念坚定、为民服务、勤政务实、敢于担当、清正廉洁的高素质专业化公务员队伍必将在党和国家事业中发挥更大的作用!

第四章

行政立法的变迁与发展

第一节　行政立法的发展历程

一、行政立法内涵

"行政立法"概念可以从动态和静态两个角度进行理解。从动态的角度看，"行政立法"指具有行政立法权的主体所开展的制定相关法律规范的活动；从静态的角度看，"行政立法"指具有行政立法权的主体开展制定法律规范活动所产生的结果，也就是通过行政立法活动形成的法律规范文件，包括行政法规和行政规章。

对行政立法可从动态和静态两个角度进行理解，理论界与实务界并无大的争议。实践中，人们在不同的语境下也分别从动态或静态的角度理解行政立法。但是，对行政立法概念应该从内容角度进行理解，或从主体角度进行理解，却经历了一个发展变化的过程。

在改革开放初期，人们多从行政立法的内容来界定行政立法概念，即强调行政立法是制定有关行政管理的法律规范的活动或其结果。如 1981 年时任国务院总理在第五届全国人民代表大会第四次会议上所作政府工作报告《关于当前的经济形势和今后经济建设的方针》中提出："要用行政立法明确规定国务院和地方各级政府的各部门的职责权限,以及各个行政机构内部的各个组织和工作人员的职责范围。"此处即将行政立法理解为国家机关制定的有关行政管理的法律规范,认为行政立法的主体包括立法机关和行政机关,行政立法的后果包括法律以及其他能作为行政法的渊源的法律规范。

随着改革开放的推进,对行政立法的概念有了不同的理解。例如,1987 年国务院办公厅《关于印发国务院"七五"期间立法规划的通知》规定:"要加强行政立法管理工作,拟制定《行政法规制定程序暂行条例》等法规。"此处将行政立法视为行政主体依据法定权限和程序制定规范性文件的活动。但 1988 年《关于第六届全国人民代表大会常务委员会工作报告的决议》指出:"建设民主政治需要的一系列法律,特别是加强行政立法,如制定行政诉讼法、国家公务员法等,为行政活动提供基本的规范和程序,使行政管理逐步法制化。"此决议中所称行政立法指由立法机关制定的有关行政管理的法律,其立法主体为立法机关,至于行政主体制定的法律规范是否属于行政立法,该决议中并无提及。

20 世纪 90 年代之后,人们对行政立法概念的理解趋于统一,特别是在《立法法》颁布之后,行政立法概念的内涵相对确定下来,即认为所谓行政立法指的是由行政主体依法所开展的立法活动。具体而言,在行政立法中,立法主体是根据《宪法》《立法法》等相关法律的规定具有行政立法权的行政主体;立法的内容是与行政管理相关的法律规范;立法的结果在形式上表现为行政法规和行政规章。

本章所称的行政立法也指有立法权的行政主体依据法定权限、按照法定程序制定行政法规和规章的活动。

二、行政立法的早期发展(1982 年之前)

中华人民共和国行政立法肇始于 1949 年。依据 1949 年《中华人民共和国中央人民政府组织法》规定,政务院可以根据并为执行中国人民政治协商会议共同纲领,国家的法律、法令和中央人民政府委员会规定的施政方针,颁发决议和命令,并审查其执行;各部、会、院、署、行,在自己的权限内,得颁发决议和命令,并审查其执行。尽管没有明确规定行政机关立法权,"决议""命令"也不是特定的法律文件,但是政务院及其所属各部门以《共同纲领》和《中华人民共和国中央人民政府组织法》为其法律上的依据,制定和批准了许多规范性文件,在实践中事实上起到了法律规范的作用,其效力仅次于法律和法令,具有行政立法的性质。①

在地方层面,中华人民共和国成立初期中国人民政治协商会议和政务院颁布了一系列地方行政机关组织通则,实质上赋予了地方县级以上人民政府委员会一定的行政立法权,规定大行政区、省、市、县人民政府委员会有权拟定与本行政区域

---

① 俞敏声:《中国法制化的历史进程》,安徽人民出版社 1997 年版,第 371 页。

政务有关的暂行法令条例。①

1954 年,中华人民共和国第一部《宪法》颁布,并明确规定:"全国人民代表大会是行使国家立法权的唯一机关。"虽然国务院可以根据宪法、法律、法令,规定行政措施、发布决议和命令,但"唯一"二字排除了其在理论上成为立法主体的可能性。不过,行政立法是在事实上无法否认的客观现象,到 1966 年"文化大革命"前为止,这类行政立法多达 500 余件,内容涵盖了各个行政管理领域。②

"文化大革命"对我国社会主义法制建设造成了严重的破坏。由于"左"倾思想的影响,在此期间颁布的"七五宪法"和"七八宪法"从基本精神到具体内容都存在巨大缺陷,根本无法实施。③

1978 年年底,中国共产党召开了第十一届三中全会,会议总结了中华人民共和国成立以来的法制工作经验教训,要求保障人民民主,恢复和加强社会主义法制建设。④ 这也为新时期法制工作的恢复和健全提供了战略方针和指导思想。在此背景下,尽管"七八宪法"和 1979 年《中华人民共和国地方各级人民代表大会和地方各级人民政府组织法》(简称《地方组织法》)依旧没有有关行政机关立法权限的规定,但是行政立法工作事实上已经恢复开展。⑤

三、行政立法的快速发展阶段(1982—2000)

1982 年《宪法》对我国的立法体制进行了较为重大的改革。依据《宪法》规定:国务院有权根据宪法和法律,制定行政法规;各部、各委员会有权根据法律和国务院的行政法规、决定、命令,在本部门的权限内,发布规章。这也是我国首次在宪法

---

① 《大行政区人民政府委员会组织通则》第 4 条规定:"各大行政区人民政府委员会根据并为执行中国人民政治协商会议共同纲领,国家的法律、法令,中央人民政府委员会规定的施政方针和政务院颁发的决议和命令,有权拟定与地方政务有关之暂行法律法令,报告政务院批准与备案。"《省人民政府组织通则》第 4 条规定:"省人民政府委员会在中央人民政府政务院或大行政区人民政府委员会的领导之下,有权拟定与省政有关的暂行法令条例,报告主管大行政区人民政府转请中央人民政府政务院批准或备案。"《市人民政府组织通则》第 4 条规定:"市人民政府委员会在其上级政府领导之下,有权拟定与市政有关的暂行法令条例,报告上级人民政府批准施行。"《县人民政府组织通则》第 4 条规定:"县人民政府委员会在省人民政府委员会领导之下,有权拟定与县政有关的单行法规送请省人民政府批准或备案。"

② 刘莘主编:《法治政府与行政决策、行政立法》,北京大学出版社 2006 年版,第 138 页。

③ 李步云、汪永清主编:《中国立法的基本理论和制度》,中国法制出版社 1998 年版,第129 页。

④ 《中国共产党第十一届中央委员会第三次全体会议公报》。

⑤ 从 1978 年至 1982 年《宪法》颁布之间,国务院共制定行政立法 104 件。特别是从 1982 年开始,国务院进行了大量的行政立法,例如《国家建设征用土地条例》《水土保持工作条例》《工商企业登记管理条例》《城市流浪乞讨人员收容遣送办法》等;国务院下属各机构共制定行政立法 191 件,例如《劳动教养试行办法》《电信通信保密暂行规定》《全国医院工作条例》等;全国有 23 个省(自治区、直辖市)进行地方行政立法 158 件,内容涉及交通、农业、工业、工商、卫生、能源、矿产等各个方面。

层面明确了行政立法权。同年 12 月,全国人大常委会修改了《地方组织法》,对地方行政立法权作出规定,授予省、自治区、直辖市以及省、自治区的人民政府所在地的市和经国务院批准的较大的市的人民政府制定规章的权力。

除了职权立法之外,我国还对授权立法领域进行了探索。在中央层面,为了适应改革需要,全国人大及其常委会曾经于 1983 年、1984 年以及 1985 年三次授权国务院立法:一是授予国务院对《国务院关于安置老弱病残干部的暂行办法》和《国务院关于工人退休、退职的暂行办法》两个办法修改和补充的权力;二是授予国务院拟定有关国营企业利改税和改革工商税制的税收条例,并以草案形式发布试行的权力;三是授予国务院在不与法律和全国人大及其常委会决定抵触的前提下,必要时可以根据宪法,制定有关经济体制改革和对外开放的暂行规定或者条例的权力。在地方层面,为了加快经济特区建设,全国人大及其常委会分别于 1992 年、1994 年、1996 年授权深圳、珠海、汕头和厦门等经济特区所在市人民政府制定规章的权力。

此外,为保障行政立法的质量,加强行政立法的科学性,提升行政立法的规范性,我国开始重视对行政立法程序的规定。1987 年,国务院颁布了《行政法规制定程序暂行条例》,针对以往行政法规的名称、内容、结构混乱的问题,条例对此进行统一规范,并对行政法规制定原则和制定程序作了一般规定。次年,国务院办公厅发布《关于改进行政法规发布工作的通知》(国办发〔1988〕25 号),决定取消以文件形式公布行政法规的做法,改为由新华社发稿,《国务院公报》《人民日报》全文刊载行政法规,国务院不另行文。此举进一步完善了行政法规的公布程序,增强了行政立法的公开性和透明性。1990 年,国务院颁布《法规规章备案规定》,以加强对行政规章的监督和管理工作。一些部委和地方政府也相继对行政规章制定程序进行规范。①

在这一时期,行政立法进入快速发展阶段。到 1999 年年底,我国有行政法规840 件,行政规章 30000 余件,行政立法的调整范围已涉及社会生活的方方面面。②

四、行政立法的规范发展阶段(2000—2015)

尽管行政立法发展迅速,成就显著,但是由于《宪法》《地方组织法》等法律对行政立法权限划分不够具体,对立法程序缺乏规范,导致有的行政法规、规章内容超越了权限;有的内容同法律相抵触或彼此之间相互冲突;有的质量不高,过于强调、维护部门利益或地方利益,在一定程度上损害了国家法制的统一和尊严,也给执法

---

① 从 1982 年至 2000 年《立法法》颁布之前,国家科学技术委员会、公安部、文化部、国家教育委员会、国家技术监督局、国家档案局等 17 个部委颁布了与行政规章制定程序有关的文件,河北省、云南省、陕西省、吉林省、黑龙江省、山西省、贵阳市等 39 个享有规章制定权的省(自治区、直辖市)、市人民政府制定了本行政区域有关行政规章制定的规则或管理办法。

② 周旺生:《中国立法五十年(上)——1949—1999 年中国立法检视》,载《法制与社会发展》2000 年第 5 期。

造成困难。① 在此背景下,全国人大于 2000 年颁布《中华人民共和国立法法》(简称《立法法》),对立法原则、权限范围、制定程序、适用与备案等问题作出具体规定。依据《立法法》,国务院于 2001 年先后出台了《行政法规制定程序条例》《规章制定程序条例》《法规规章备案条例》,行政立法程序得到完善。

与此同时,我国行政立法的重心也逐渐从立法数量向立法质量过渡。一是行政立法的修改和清理逐渐增多。从 20 世纪 80 年代开始到 2018 年为止,国务院先后对行政立法开展了五次全面清理活动和十余次专项清理活动,其中大部分清理活动发生在 2000 年之后。② 二是立法后评估开始兴起。立法后评估是指有关政府部门、组织或人员对实施一段时间以后的法律规范的实施效果等进行评估,以发现法律规范实施中的问题,从而进一步完善立法。③ 立法后评估首先兴起于地方立法实践,④并得到了中央的肯定和推广,⑤逐步成为行政机关的常态化工作。

在这一时期,行政立法进入规范发展阶段。经过多次行政法规和规章的清理活动之后,截至 2014 年 9 月底,我国现行有效的行政法规 737 件,国务院部门规章 2856 件,地方政府规章 8909 件。⑥ 相比于上一阶段,行政立法在数量上并没有明显增加,但行政立法权限划分更加明确,立法程序得到完善,立法质量不断提高。

五、行政立法制度的新阶段(2015 年至今)

2014 年,中共十八届四中全会首次专题讨论依法治国问题,并提出了"建设中国特色社会主义法治体系,建设社会主义法治国家"的全面推进依法治国总目标,这也对完善中国特色社会主义法律体系提出了新的要求。为了适应立法工作新形势,2015 年全国人大以提高立法质量为重点,对《立法法》进行了较大幅度的修正。在行政立法方面,《立法法》赋予了设区的市地方立法权,规范了部门规章和地方政

---

① 《关于〈中华人民共和国立法法(草案)〉的说明》。

② 国务院先后因适应新宪法的颁布、建立健全社会主义市场经济体制、适应 1998 年国务院机构改革与加入 WTO 新形势、全面推进依法行政以及建设中国特色社会主义法律体系的需要,分别于 1983 年、1990 至 1994 年、2000 年、2007 年、2010 年开展了五次行政立法全面清理活动;并于 1988 年、1996 年、2001 年、2003 年、2004 年、2005 年、2011 年、2013 年、2014 年、2016 年、2018 年开展了十余次行政立法专项清理工作。

③ 汪全胜:《立法后评估概念阐释》,载《重庆工学院学报(社会科学版)》2008 年第 6 期。

④ 2000 年,安徽省人民政府法制办公室组织了对政府规章的实施效果的评估,这也是我国最早的立法后评估实践,此后山东、云南、上海等地陆续开始开展立法后评估工作。

⑤ 2004 年,国务院在《全面推进依法行政实施纲要》中指出:"规章、规范性文件施行后,制定机关、实施机关应当定期对其实施情况进行评估。"2006 年,国务院法制办开始探索开展立法后评估工作,并在 2008 年《国务院工作规则》中规定:"行政法规实施后要进行后评估,发现问题,及时完善。"

⑥ 储信艳:《国务院法制办:中国已制定现行有效行政法规 737 件》,http://news.sohu.com/20141106/n405829447.shtml,最后访问日期:2018 年 5 月 15 日。

府规章的权限,完善了行政立法的程序,强化了对行政立法的监督和审查。2017年,《行政法规制定程序条例》《规章制定程序条例》也据此作出了相应的修改。自此,我国行政立法制度进入了新阶段。

第二节　行政立法制度的主要内容

一、行政立法主体

行政立法主体是指依法享有行政立法权,可以制定行政法规或行政规章的行政机关。目前依据《立法法》和相关法律的规定,我国享有行政立法权的主体包括:(1)国务院;(2)国务院各部、各委员会、中国人民银行、审计署和具有行政管理职能的直属机构;(3)相关法律授权的组织,如中国证券监督管理委员会、中国银行保险监督管理委员会;(4)省、自治区、直辖市和设区的市、自治州的人民政府;(5)全国人大授权的部分不设区的地级市人民政府,如广东省中山市、海南省三沙市。在此之前,我国行政立法主体经历了中央层面不断扩展、地方层面不断下移的过程。

(一)中央层面:行政立法主体不断扩展

改革开放之前,我国的立法体例主要还是沿袭"五四宪法"的规定,即国家立法权由作为最高权力机关的全国人大行使。这是因为中华人民共和国成立之前我国长期处于半殖民地半封建的状态,地方割据严重,国家实际上没有统一的法制,中华人民共和国建立后必须通过实行法制的统一来维护国家的统一。[①] 另外,在苏联法学的影响下,法律被看作人民民主专政的重要武器,是全体人民意志的表现。[②] 由于全国人大是全国人民最高利益和统一意志的集中体现,而人民的利益和意志在根本上是一致的,因此立法权应该归属全国人大统一行使。[③] 虽然在实践中国务院及其部委所发布的规范性文件均被视为国家行政法规,并且被收录进官方历来出版的《中华人民共和国法规汇编》之中,但是由于宪法和法律并未规定行政机关享有立法权,行政机关所制定的规范性文件在法律上、理论上都不属于法的范围,制定规范性文件的活动也不能视为立法活动。[④]

---

① 刘松山:《国家立法三十年的回顾与展望》,载《中国法学》2009年第1期。

② "五四宪法"在很大程度上借鉴了1936年苏联宪法,该法第32条规定:"苏联立法权只能由苏联最高苏维埃行使。"

③ 许崇德:《中华人民共和国宪法史》,福建人民出版社2003年版,第311页。

④ 周旺生:《中国立法五十年(上)——1949—1999年中国立法检视》,载《法制与社会发展》2000年第5期。

改革开放之后,立法权仅由全国人大行使难以适应国家政治体制改革和经济体制改革的需要,不利于保证社会主义现代化建设顺利进行;①另外,由于法律只能作出原则性规定,还须由行政机关制定执行性细则以推进法律的实施。② 因此,1982 年《宪法》赋予了国务院以及国务院各部、委进行行政立法的权力。此外,虽然《宪法》并未明确赋予国务院直属机构规章制定权,但因履行行政职能的需要,国务院直属机构也制定了大量的规范性文件。1990 年,国务院颁布的《法规规章备案规定》中将"部委规章"替换为"部门规章",实际上将国务院直属机构也看作规章制定主体,这也引起了国务院直属机构制定的一般性规定能否算作规章的争议。一种观点认为,《宪法》和相关法律均明确规定,只有国务院部、委享有规章制定权,从文义上理解,直属机构制定的规定不能看作规章。③ 另一种观点认为,直属机构拥有独立的行政管理职能,主要负责一些技术性较强,需要统一管理,但又不能归属于部、委管理的工作,其实际工作职能和各部、委是可比的,应当对《宪法》中所规定的"各部、各委员会"作扩大解释。④ 2000 年《立法法》对此问题作出了明确回应,将规章制定主体扩张到国务院"具有行政管理职能的直属机构"。

(二)地方层面:行政立法主体不断下移

我国幅员辽阔,各地政治、经济、文化的发展情况都有较大的区别,仅靠全国人大立法难以因地制宜地解决问题,也难以发挥地方的主动性和积极性。尽管 1982 年《宪法》仅赋予了省级人大及其常委会地方性法规制定权,并未涉及地方行政立法权,但在同年 12 月,全国人大常委会对《地方组织法》进行修改,规定省、自治区、直辖市以及省、自治区的人民政府所在地的市和经国务院批准的较大的市的人民政府有权制定规章,由此将行政立法权下放到了地方。值得注意的是,"较大的市"原本仅是一个行政区划的概念,⑤但《地方组织法》把"较大的市"与地方立法事务相联系,并用"经国务院批准的"作为定语加以限缩,以解决地级市以上行政立法权配置的问题。其目的就是希望以城市为重点,用地方立法对城市自主性改革进行保障,从而实现在经济体制改革和对外开放中的突破。⑥ 1982 年之后,国务院先后

---

① 彭真:《论新时期的社会主义民主与法制建设》,中央文献出版社 1989 年版,第 113 页。
② 彭真:《论新时期的社会主义民主与法制建设》,中央文献出版社 1989 年版,第 246 页。
③ 江绍铨:《浅论部委规章的两个问题》,载《法学杂志》1991 年第 6 期。
④ 陈海萍:《国务院直属机构应享有规章制定权》,载《法学杂志》1997 年第 1 期。
⑤ "较大的市"首次见于"五四宪法",第 53 条第 2 款规定"直辖市和较大的市分为区","七八宪法"第 33 条第 2 款规定"直辖市和较大的市分为区、县";"八二宪法"则延续了"七八宪法"的规定。
⑥ 曹海东:《温州申要立法权 18 年持久冲动》,载《经济》2005 年第 1~2 期。

批准了 19 个较大的市。① 另外,为了加快经济特区建设,全国人大及其常委会先后授权深圳、珠海、汕头和厦门等经济特区所在市人民政府制定规章的权力。

2000 年《立法法》再次对"较大的市"这个概念进行调整,将省、自治区的人民政府所在地的市,经济特区所在地的市和经国务院批准的较大的市统称为较大的市,并明确了省、自治区、直辖市和较大的市的人民政府的规章制定权。但是用"较大的市"来配置立法权本身存在问题。一是运用"较大的市"扩张地方立法主体存在违宪的嫌疑。宪法对地方立法主体的授权仅到省一级,但部分地级市因为国务院的批准而获得了规章制定权,实质上是由作为行政机关的国务院进行立法授权,违反了法律保留原则,难以认定为是合宪的权力行为。二是"较大的市"的审批机制存在不合理之处。依据学者考证,早期的批准活动主要参考省际名额分配、非农业人口、经济发展水平、工业发展、涉外活动等指标,缺乏科学论证和长期规划,导致审批带有很大的随意性。② 随着社会经济的快速发展,原有的标准已经不能衡量我国城市发展的现状,新的标准也难以确立,直接导致国务院在 1994 年后就停止了较大的市的审批工作。三是地方立法权配置不平等。国家具有平等对待地方的义务,国家应当平等地配置同一行政层级且同一种类的地方立法的权力,也可以基于合理事由适当差别对待同级而不同类的地方。③《立法法》意义上的较大的市有 49 个,而《宪法》意义上的较大的市则有 284 个。其中,经国务院批准的较大的市作为试点,在改革开放的前期确实为地方立法提供了经验和借鉴,但是随着市场经济的发展和参考标准的变化,经国务院批准的较大的市越来越难以基于合理事由和其他较大的市相区别,《立法法》的规定实质上构成了对其他较大的市的立法权力的限制和剥夺,不符合法治的基本要求。

2015 年《立法法》将享有地方行政立法权的主体从较大的市扩容到设区的市,首先是消除了法律体系中概念的混乱,使"较大的市"与"设区的市"在外延上相等同,前者主要在行政区划意义上使用,后者主要在立法意义上使用;其次是明确了市级享有地方立法权的标准,即以是否划分市辖区这个确定的、可操作的标准取代国务院模糊的审批标准;最后是平等配置了地方立法权,有助于丰富地方政府治理手段,推动我国法治建设。同时,将地方行政立法权的主体扩容到设区的市也是基于现实需求。设区市作为地区的政治中心和经济中心,其经济规模不断扩大,社会事务日趋复杂,赋予其行政立法权可以使其根据行政区域内的实际情况和特点制

---

① 19 个较大的市分别为:唐山市、吉林市、大同市、包头市、大连市、鞍山市、抚顺市、齐齐哈尔市、无锡市、淮南市、青岛市、洛阳市、重庆市、宁波市、邯郸市、本溪市、淄博市、苏州市、徐州市。其中,重庆市 1997 年直辖之后不再是"较大的市"。

② 李兵:《关于划定具有立法权的"较大的市"的思考》,载《法学》2005 年第 9 期。

③ 王建学:《论地方性法规制定权的平等分配》,载《当代法学》2017 年第 2 期。

定规章,以更好地贯彻实施法律、行政法规和地方性法规。^① 此外,《全国人民代表大会关于修改〈中华人民共和国立法法〉的决定》还特别规定:"广东省东莞市和中山市、甘肃省嘉峪关市、海南省三沙市,比照适用本决定有关赋予设区的市地方立法权的规定。"上述四个市是《立法法》修改时仅有的不设区的地级市,从此角度看,"决定"的意图应是授予所有地级市以立法权。

总体而言,从中央层面来看,改革开放初期无法可依的混乱局面以及全国人大立法的稀少为行政立法提供了生存的空间。特别是在行政主导下的转轨时期,在面对经济体制和政治体制改革的复杂局面时,大量行政立法的及时出台为维护社会经济秩序作出了重要贡献,行政立法主体从国务院以及国务院部、委扩展到国务院及其具有行政管理职能的直属机构有其必然性与合理性。从地方层面来看,由于国家不可能深入地方因地制宜地解决各种问题,下放行政立法权成为我国的必然选择。随着改革的深入,地方事务日益复杂化、多样化,地方政府立法需求、自治需求不断增长,将行政立法主体下移到设区的市对于充分发挥地方政府的积极性、完善国家治理体系也有着重要的作用。

二、行政立法权限

行政立法权限是指行政立法主体进行行政立法时在内容和形式上的权力界限,其实质是对行政立法权的一种限制。改革开放以来,无论是在中央层面还是地方层面,行政立法主体的立法权限都在更加趋于规范和明确。

(一)规范中央行政立法权限

1982 年《宪法》使用了几个不同的表述对我国国家机构之间的立法权限进行了划分:全国人大制定和修改刑事、民事、国家机构的和其他的基本法律;全国人大常委会制定和修改除应当由全国人大制定的法律以外的其他法律;省、直辖市人大及其常委会可以在不同宪法、法律、行政法规相抵触的前提下,制定地方性法规;国务院可以根据宪法和法律,制定行政法规;各部、各委员会可以根据法律和国务院的行政法规、决定、命令,在本部门的权限内发布规章。行政机关立法权限需要在"根据"原则的规范下运行,但在理论和立法实践中则对"根据"原则产生了不同的认识。一是"职权说",认为行政立法是宪法赋予国务院及其各部、委的固有职权,行政机关可以根据行政管理的实际需要,在其职权范围内自行制定行政法规、规章。^② 二是"依据说",认为行政立法不是行政机关的固有权力,宪法对行政机关立

---

① 全国人大常委会法制工作委员会国家法室编著:《中华人民共和国立法法释义》,法律出版社 2015 年版,第 270 页。

② 陈斯喜:《论我国立法权限的划分》,载《中国法学》1995 年第 1 期。

法职权的规定属于一般授权,行政机关制定行政法规、规章应有直接的根据。[①] 从实际情况来看,"职权说"和"依据说"都存在一定的缺陷。行政机关享有的是进行行政管理的职权,而"职权说"混淆了立法权和行政权的性质,不利于我国的法制建设;"依据说"过于强调行政立法必须有授权或者法律依据,不能及时应对复杂多变的社会情况,难以发挥行政立法的优势。[②]

针对上述问题,2000 年《立法法》进一步地明确了国务院及其各部、委的立法权限。国务院的立法权限主要分为三个部分。一是为执行上位法的规定需要进行行政立法的事项。国务院作为最高行政机关,其立法具有执行性,需要根据现实情况制定具体的实施规定,以落实法律规定的权利义务关系。二是《宪法》第 89 条规定的国务院行政管理职权的事项。但此处并不等同于"职权说",《宪法》对国务院制定行政法规的规定属于一般授权,国务院在行使立法权之前必须遵循法律保留原则和法律优先原则,尽管全国人大及其常委会的专属立法权中的部分事项与国务院的行政管理职权有关,但非经特别授权或者法律规定,国务院不能制定有关事项的行政法规。[③] 三是全国人大及其常务委员会授权国务院制定行政法规的事项。由于社会情况复杂多变,而全国人大及其常务委员会的工作方式决定了其无法在专属立法权领域做到及时立法,因此《立法法》规定了授权立法制度,全国人大及其常务委员会可以授权国务院先行对其专属立法权领域内的事项制定行政法规,待实践经验丰富、立法时机成熟后,再由全国人大及其常委会上升为法律。20世纪 80 年代全国人大及其常委会曾经三次授权国务院立法,授权内容包括干部安置、税收制度改革、经济体制改革和对外开放等内容,但这些授权立法缺乏规范性和明确性,一揽子授权现象严重,对被授权主体的限制过少。针对这些问题,《立法法》规定,授权决定应当明确授权的目的、范围,相比之前有了长足的进步。

国务院各部、委员会、中国人民银行、审计署和具有行政管理职能的直属机构以及其他依法具有行政立法权的组织只有执行性立法制定权,即在本部门的权限范围内,对执行法律或者国务院的行政法规、决定、命令的事项进行规定。如果涉及的事项法律或行政法规没有规定,国务院也未发布过决定、命令的,应当通过行政法规来规定;如果涉及事项超出单个部门职权,应当制定行政法规或是有关部门联合制定规章。

2015 年《立法法》延续了对中央行政机关立法权限的规定,但是针对以往对国

---

① 李林:《关于立法权限划分的理论与实践》,载《法学研究》1998 年第 5 期。

② 张春生主编:《中华人民共和国立法法释义》,法律出版社 2000 年版,第 165 页。

③ 比如全国人大及其常委会专属立法权中有关国家主权的事项,对公民政治权利剥夺,限制人身自由的强制措施和处罚,对非国有财产的征收、征用,基本经济制度以及财政、海关、金融和外贸的基本制度等都与国务院的行政管理职权有关。参见张春生主编:《中华人民共和国立法法释义》,法律出版社 2000 年版,第 169 页。

务院授权立法授权范围过于笼统、缺乏时限要求等缺陷,《立法法》在授权立法条款中增加了对授权的事项、期限以及实施授权的原则的规定,强化了对国务院授权立法活动的监督。另外,基于对部门规章执行性立法性质的认识,《立法法》还明确规定:"没有法律或者国务院的行政法规、决定、命令的依据,部门规章不得设定减损公民、法人和其他组织权利或者增加其义务的规范,不得增加本部门的权力或者减少本部门的法定职责。"①

(二)明确地方行政立法的权限范围

1982 年《宪法》并没有规定地方政府有制定规章的权力,而是在 1982 年通过《地方组织法》的修改,规定省、自治区、直辖市以及省、自治区的人民政府所在地的市和经国务院批准的较大的市的人民政府,可以根据法律和国务院的行政法规,制定规章。1995 年《地方组织法》增加了本省、自治区、直辖市的地方性法规作为政府规章的立法依据。但是由于赋予地方立法权只是发挥地方主动性和积极性的一个探索性改革措施,尚缺乏必要的经验,因此《地方组织法》并没有明确规定划分地方性法规和地方政府规章的权限范围,这也致使二者在立法权上产生了较多的矛盾。② 一些政府将本应由地方性法规规定的事项改用规章来规定,造成了政府规章制定权的不当扩张,立法秩序混乱。

2000 年《立法法》对地方政府规章立法权限进行了界分。《立法法》第 73 条第 1 款沿袭了《地方组织法》的规定,将法律、行政法规和本省、自治区、直辖市的地方性法规作为地方政府规章的制定依据,没有上位法依据,不得制定地方政府规章。第 2 款就地方政府规章的权限范围作出规定:一是为执行法律、行政法规、地方性法规的规定需要制定规章的事项;二是属于本行政区域的具体行政管理事项。《立法法》虽然试图通过列举立法事项的方式界分地方政府规章立法权限,但收效甚微。特别是我国目前处于行政主导的社会转型期,地方政府处于强势地位,在法律工具主义影响下其立法积极性要远大于地方权力机关,地方政府规章的立法权限更加趋于模糊。因此,如何对地方政府立法权限进行合理界定将是具有基础性意义的问题。

2015 年《立法法》对地方政府规章权限的修改主要表现在三个方面。一是明确规定没有上位法的明确授权,地方政府规章没有权利义务的设定权,并将此作为区分地方政府规章和地方性法规立法权限的关键。二是授予行政机关在特定条件

---

① 与此相矛盾的是,《行政处罚法》赋予规章一定的行政处罚创制权,与《立法法》所规定的规章立法权限形成冲突。这是因为在《行政处罚法》制定之初,我国法律体系还不健全,法律、行政法规在某些领域还存在空白,授予规章行政处罚创制权只是一种过渡性规定。但随着我国法治建设的发展,上述问题已不复存在,部门规章行政处罚创制权有改革的需要。

② 刘松山:《地方性法规与政府规章的权限界分》,载《中国法律评论》2015 年第 4 期。

下可以对原属于地方性法规立法权限内的事项制定地方政府规章,设定临时性行政措施的权力,实际上是有条件地肯定了地方性法规与地方政府规章可以共享一定的立法权限。[①]《立法法》将"应当制定地方性法规但条件尚不成熟的"和"行政管理迫切需要"二者作为共享立法权限的条件,这是因为地方性法规的制定要有较为明确的调整对象以及比较确定的制度安排,从起草到公布需要较长的时间。当本行政区域内出现比较紧迫的情况时,由地方政府进行行政管控,充分发挥行政立法的灵活性和先行先试性是有实际需要的。三是在赋予所有设区的市行政立法权的同时,也对设区的市行政立法权限事项范围作出限定,明确设区的市制定地方政府规章限于"城乡建设与管理、环境保护、历史文化保护等方面的事项"。与其他设区的市立法权从无到有相比,过去较大的市立法事项范围从概括式变为了列举式,实质上是收回了一部分较大的市的立法权限。

总体而言,基于对行政立法权被滥用的担心,立法者希望通过明确行政主体的立法权限,使各立法主体能够在立法权限内规范有序地开展立法活动。在立法权下放的背景下,《立法法》通过严格限制行政立法权限来防止行政立法对权力机关立法的侵越,其目的在于在适应地方立法需要的同时,避免重复立法,维护国家法制统一。[②]

三、行政立法程序

行政立法程序是行政立法主体依据法定权限制定、修改和废止行政法规和规章时所遵循的步骤、方式和顺序。其中,行政法规和规章的制定一般包括立项、起草、审查、决定、公布、备案等步骤。改革开放以来,行政立法程序变迁与发展的趋势主要为以下三点:一是重视立项过程中对立法计划的衔接与落实;二是推进起草过程中公众参与制度的发展;三是关注行政立法后的修改和废止工作。

(一)重视立法计划的衔接与落实

1987年《行政法规制定程序暂行条例》将行政立法计划制度予以法制化。一是明确由国务院法制局负责编制国务院五年规划和年度计划,并负责规划和计划的组织实施和监督执行,在执行过程中,国务院法制局还可以根据形势发展的需要,适当调整规划和计划。二是明确编制行政法规五年规划和年度计划的考量因素,国务院法制局需要根据国民经济和社会发展五年计划所规定的各项基本任务进行编制,并报国务院审定。三是规定了立法计划的制定程序,国务院各主管部门可以先分别提出立法规划和计划的建议,然后由国务院法制局通盘研究,综合协调,拟订草案,上报国务院。但是由部门报立法项目,再由法制局综合平衡后发布的立法计划制定方式存在不合理之处:一是基于部门利益,部门在立法项目的选择

---

① 刘松山:《地方性法规与政府规章的权限界分》,载《中国法律评论》2015年第4期。

② 《关于〈中华人民共和国立法法修正案(草案)〉的说明》。

上会倾向于选择能够强化本部门管理权限的项目,有选择地回避一些可能制约本部门权力的项目;二是部门往往缺乏全局性和战略性的眼光,由部门"拼盘"立法项目可能难以和国家长远规划以及改革需求相衔接。

尽管 2000 年《立法法》并未对行政立法计划制度进行规定,但 2001 年制定的《行政法规制定程序条例》对立法计划制度进行了完善。一是进一步明确了列入国务院年度立法工作计划的行政法规项目的具体要求,列入计划的项目应当在国务院的立法权限之内,并适应改革、发展、稳定的需要,具有成熟的改革实践经验,需要国务院通过行政立法予以规范;二是强调对立法计划的落实,要求负责起草的国务院各部门应当抓紧落实立法工作计划,并按照立法计划的要求上报国务院。同年发布的《规章制定程序条例》也将立法计划作为规章制定制度的重要内容。2015年《立法法》修正时,根据多年来的立法实践,增加了关于国务院编制立法工作计划的内容,特别强调了立法计划的衔接和落实的问题。[1] 2017 年修改的《行政法规制定程序条例》和《规章制定程序条例》也强调了政府法制部门要及时跟踪了解行政立法工作计划执行情况,加强组织协调和督促指导。

总体而言,行政立法计划一方面可以对行政立法权的运行方向进行引导,避免行政立法工作的盲目性和随意性;另一方面可以合理分配行政立法资源,防止重复立法和分散立法,是行政立法的前导。[2] 基于行政立法执行性的性质,我国也日益重视立法计划的衔接与落实。行政机关应当逐年分解落实权力机关立法规划提出的立法项目任务,科学合理地安排立法资源。除此之外,立法计划作为行政机关行使行政权力的结果,一旦作出就具有约束力,落实立法计划也是依法行政的必然要求。

(二)推进公众参与制度的发展

行政立法程序中的公众参与是立法民主性与科学性的重要体现和保障。在传统的行政管理主义模式下,行政机关主导了行政立法的启动和立法的进程,公众参与行政立法的政治基础极为匮乏。在《立法法》颁布之前,国务院出台了《行政法规制定程序暂行条例》对行政法规的制定程序进行规定,部分地方政府也通过立法规范了地方政府规章的立法程序。这些行政立法的程序大体包括规划、起草、审查、决定、公布等步骤,从内容上看更类似于行政机关内部工作流程,主要涉及行政机关内部在立法工作上的协调,公众不享有行政立法中的程序权利。

随着改革的深化、社会结构的变迁和公民社会的发展,建立在不同的利益诉求的平等主体之间的契约关系逐步取代了传统的行政隶属以及行政命令关系,国家

---

[1] 2015 年《立法法》规定,国务院年度立法计划中的法律项目应当与全国人大常委会的立法规划和年度立法计划相衔接;国务院法制机构应当及时跟踪了解国务院各部门落实立法计划的情况,加强组织协调和督促指导。

[2] 杨临宏主编:《行政规划的理论与实践研究》,云南大学出版社 2012 年版,第 104~105 页。

与社会的分离给予了公民权利生存的空间,这也使得公众参与行政立法成为可能。2000 年《立法法》首次在中央层面明确了公众参与行政立法的权利,规定行政机关在行政法规、规章起草阶段,应当通过座谈会、论证会、听证会等多种形式,广泛听取有关机关、组织和公民的意见。根据《立法法》,2001 年出台的《行政法规制定程序条例》和《规章制定程序条例》也对公众参与制度作出了相应的规定。自此,公众参与作为行政立法的法定制度被固定了下来。但是,上述法律、行政法规有关公众参与的规定相对来说比较粗糙,一方面仅仅在起草阶段赋予了公众参与的权利,另一方面也缺乏具体制度规定,这使得公众对行政立法参与权的享有和行使尚存在一些不足。

为了增强行政立法的民主性和科学性,2015 年《立法法》修订时将行政法规向社会公布征求意见的做法以法律形式予以规定,以提高行政立法的透明度。2017年修改的《行政法规制定程序条例》和《规章制定程序条例》在公众参与制度方面有了较大的改进:一是完善了立法项目征集制度,行政机关可以向社会公开征集规章制定项目建议,赋予了公众立法动议权;二是确立了起草阶段和审查阶段公开征求意见制度,扩大了公众参与的渠道;三是规定委托第三方起草制度,在起草阶段可以吸收与立法项目领域有关的专家参与或委托专家、教学科研单位、社会组织起草立法草案;四是规定了重大利益调整论证咨询制度,以切实保障公民、法人和其他组织的合法权益。

从我国行政立法程序的变革来看,公众参与制度的完善有助于行政立法民主性和科学性的增强。行政立法程序不断优化的过程中需要更多地体现民意成分,通过拓展公众参与的广度和深度来提升行政立法的正当性,最大限度地化解行政立法的局限性。

(三)关注行政立法后的改、废工作

受"文化大革命"影响,改革开放前夕,我国社会主义法制建设受到严重破坏。改革开放之后,立法工作得到了迅速的恢复和发展。在中国特色社会主义法制体系逐渐形成的过程中,我国行政立法工作的关注重点也从"立法"逐步转变为"立、改、废并举"。[①] 具体而言,就是将行政立法清理和行政立法后评估制度作为修改和废止行政立法的重要机制。

一是行政立法清理制度。改革开放后,国务院先后对行政立法进行了十余次大规模的集中式清理活动。除了集中式清理之外,行政立法清理也在逐步制度化、常态化。行政立法清理制度化始于 1987 年《行政法规制定程序暂行条例》。该《条例》第 11 条规定:"起草行政法规,应当对现行内容相同的行政法规进行清理。如

---

① 俞荣根:《立法后评估:法律体系形成后的一项重要工作》,载《西南政法大学学报》2011 年第 1 期。

果现行的法规将被起草的法规所代替,必须在草案中写明予以废止。"在此之后,国务院各部门、各地也通过制定规章将行政立法清理制度固定下来。2001 年《行政法规制定程序条例》没有对行政法规清理制度进行规定,但在 2017 年修订时对该制度予以了增补。2001 年《规章制定程序条例》规定了规章清理制度,相较于《行政法规制定程序暂行条例》,《规章制定程序条例》拓展了规章清理的范围和时机,将清理制度作为行政机关的日常工作固定下来,要求国务院各部门、各地应当经常对规章进行清理,当行政规章与上位法规定不一致或者相抵触时,应当及时修改或者废止。2017 年《规章制定程序条例》修订时也对制度作了相应的完善:其一是清理时机从"经常"变为了"及时",突出了清理制度维护国家法制统一的功能;其二是将清理标准从不符合上位法规定,不一致或者相抵触变为了不适应全面深化改革和经济社会发展要求、不符合上位法规定,有利于及时协调法律体系之间、行政立法与社会变化和社会需求之间的关系。

二是行政立法后评估制度。我国的立法后评估兴起于 21 世纪初的地方行政立法实践。2000 年,安徽省人民政府法制办公室组织了对政府规章的实施效果的评估,此后山东、云南、上海等地陆续开始开展立法后评估工作。到目前为止,地方政府规章立法后评估已经累积了丰富的经验。截至 2019 年 4 月,共有 15 个省市出台了有关地方政府规章立法后评估的规章或规范性文件,用来指导立法后评估工作的开展。立法后评估也得到了中央的肯定和推广,尽管 2015 年《立法法》只对法律立法后评估进行了规定,但 2017 年修改的《行政法规制定程序条例》和《规章制定程序条例》均对立法后评估作出了制度设计。行政机关可以对行政法规、规章的整体或其中的相关规定进行评估,并将其评估的结果作为修改、废止相关立法的重要参考。

总而言之,行政立法清理和行政立法后评估制度的目的都在于通过对现行行政立法进行分类、整理和分析,发现与上位法规定不符或不适应经济社会发展要求的行政立法,并对其进行修改或废止。二者逐步常态化、制度化的过程也表现出我国从"数量型立法"向"质量型立法"的转变。

四、行政立法监督

行政立法监督是指有权机关依法对行政立法活动及其立法结果进行监控的行为。按照监督主体进行划分,行政立法的监督方式包括权力机关监督、行政机关内部监督、司法机关监督三种。

(一)权力机关监督

改革开放后,1982 年《宪法》肯定了权力机关对行政立法的监督权:全国人大常委会有权撤销国务院制定的同宪法、法律相抵触的行政法规、决定和命令;县级以上的地方各级人大常委会有权撤销本级人民政府的不适当的决定和命令。权力机关的监督主要包括备案审查、异议审查、裁决三种方式。

一是备案审查。在 2000 年《立法法》制定以前,我国宪法及相关法律并没有行政立法向权力机关备案的规定,只是在 1985 年《关于授权国务院在经济体制改革和对外开放方面可以制定暂行规定或者条例的决定》中规定国务院根据该授权决定制定的暂行规定或者条例要报全国人大常委会备案,但并未落实。[①] 随着经济体制改革和对外开放的深入,行政立法活动日益活跃,行政立法数量众多,影响范围广泛,为了加强对行政立法的监督,维护国家法制的统一,《立法法》明确了行政立法向权力机关备案的制度,除了部门规章不需要向权力机关备案之外,制定行政法规应当向全国人大常委会备案,地方政府规章报本级人大常委会备案,较大的市的人民政府制定的规章还应当同时报省级人大常委会备案。权力机关审查后认为行政立法同上位法相抵触,有权予以撤销。尽管权力机关对备案的行政立法进行主动审查是应有之义,可由于《立法法》缺乏主动审查的相关规定,这也影响了权力机关对备案展开审查的积极性,实际上造成了备案审查制度被虚置。据此,2015年《立法法》修改时为了强调备案审查的主动性,将第五章章名由"适用与备案"改为"适用与备案审查",同时在条文中明确规定"有关的专门委员会和常务委员会工作机构可以对报送备案的规范性文件进行主动审查"。

二是异议审查。依据《立法法》规定,国务院、最高人民法院、最高人民检察院和省级人大常委会有向全国人大常委会提出对行政法规进行审查的权力,当其认为行政法规与上位法相抵触时可以提出审查要求;除此以外的其他国家机关、社会团体、企事业组织以及公民可以提出审查建议。尽管《立法法》规定了异议审查制度,但由于权力机关的审查程序并不透明,也缺乏法定机制的约束,可能导致权力机关怠于行使审查的权力。2015 年《立法法》增加了审查的反馈机制,要求审查机构将审查、研究情况向提出审查建议的有关主体反馈,并可以向社会公开。

三是裁决。即由权力机关通过裁决决定行政立法是否具有效力。依据《立法法》规定,地方性法规与部门规章之间对同一事项的规定不一致,不能确定如何适用时,由国务院提出意见,国务院认为应当适用地方性法规的,应当决定在该地方适用地方性法规的规定;认为应当适用部门规章的,应当提请全国人民代表大会常务委员会裁决。全国人大授权国务院制定的行政法规与法律不一致,不能确定如何适用时,由全国人大常委会进行裁决。

(二)行政机关内部监督

行政系统内部对行政立法的监督主要是行政机关之间的层级监督,国务院有权改变或者撤销不适当的部门规章或地方政府规章,上级人民政府有权改变或者

---

① 张春生主编:《中华人民共和国立法法释义》,法律出版社 2000 年版,第 251 页。

撤销下级人民政府不适当的地方政府规章。行政机关的内部监督主要包括备案审查、异议审查、裁决、行政复议中的审查四种方式。

一是备案审查。行政机关内部的备案审查制度始于 1987 年,国务院办公厅在《关于地方政府和国务院各部门规章备案工作的通知》中首次对地方政府规章和部门规章备案的报送内容和报送形式作出了规定。经过三年的实践,1990 年国务院将备案制度予以法制化,在《法规规章备案规定》中对部门规章和地方政府规章备案的报送范围、期限、程序以及审查、处理程序等作出了较为具体的规定。相较于之前的通知,《法规规章备案规定》明确了备案审查维护国家法制统一和进行行政监督的功能,更加强调对备案的主动审查。2000 年《立法法》除了延续所有行政规章报国务院备案的规定外,还增加了较大的市的人民政府制定的规章报省级行政机关备案的规定,强化了行政机关内部的层级监督。根据《立法法》的有关规定,国务院于 2001 年制定了《法规规章备案条例》,进一步完善和细化了行政机关备案审查制度。

二是异议审查。2001 年《规章制定程序条例》和《法规规章备案条例》规定,国家机关、社会团体、企业事业组织、公民认为规章同上位法相抵触的,可以向国务院书面提出审查的建议,由国务院法制机构研究处理;认为较大的市的人民政府规章同上位法相抵触的,也可以向本省、自治区人民政府书面提出审查的建议,由省、自治区人民政府法制机构研究处理。

三是裁决。《立法法》规定,国务院有权在行政规章对同一事项的规定不一致时进行裁决。

四是行政复议中的审查。1999 年《行政复议法》第 27 条规定:"行政复议机关在对被申请人作出的具体行政行为进行审查时,认为其依据不合法,本机关有权处理的,应当在三十日内依法处理;无权处理的,应当在七日内按照法定程序逐级转送或者直接转送有权处理的国家机关依法处理。处理期间,中止对具体行政行为的审查。"行政复议机关可以依此对作为具体行政行为依据的行政规章进行审查。[①]

（三）司法机关监督

在行政诉讼中对行政立法进行审查是司法机关对行政立法的主要监督方式。1989 年《行政诉讼法》规定,行政法规、规章并不属于行政诉讼的受案范围,但是这并不意味着司法机关不能对行政立法进行监督。依据该法第 53 条规定,人民法院在审理行政案件时参照规章。2000 年,最高人民法院《关于执行〈中华人民共和国行政诉讼法〉若干问题的解释》进一步对"参照规章"作出了解释:"人民法院审理行

---

① 应松年主编:《当代中国行政法（上卷）》,中国方正出版社 2005 年版,第 589 页。

政案件,可以在裁判文书中引用合法有效的规章及其他规范性文件。"最高人民法院《关于印发〈关于审理行政案件适用法律规范问题的座谈会纪要〉的通知》(法〔2004〕96号)再次强调:"在参照规章时,应当对规章的规定是否合法有效进行判断,对于合法有效的规章应当适用。"这意味着判断规章是否符合上位法规定成为法院是否参照适用的前提,实质上是赋予了司法机关对规章一定的审查权。

第三节　行政立法制度的实践分析

改革开放40年中,行政立法在我国经历了恢复开展、快速发展、规范发展的过程,行政立法的实践也逐步展开。本部分以《中国法律年鉴》和北大法宝的统计数字为基础,对行政立法制度的实践情况进行分析。

一、行政立法总体情况[①]

(一)行政法规制定情况

在改革开放初期,由于"文化大革命"对我国法制建设造成了严重的破坏,恢复和加强社会主义法制建设也成为党和国家的工作重点之一。

从总体趋势来看,1978年之后,尽管法律中尚无关于行政机关立法权限的规定,但是行政立法工作已经逐渐开始恢复与发展,行政法规的制定数量开始呈现上升趋势。1982年《宪法》首次在宪法层面明确了国务院的行政立法权,行政法规的制定数量开始迅速增加。此后,随着我国法律体系的不断完善,无法可依的局面已经得到一定的扭转,行政法规的制定数量总体而言呈下降趋势,并逐步趋于平稳。除此之外,行政法规在制定数量上还有一个特点就是存在明显的波峰。

第一个波峰出现在1987年。1987年全年共制定76件行政法规,相较于1986年行政法规的制定数量增加了30%。这是因为一方面,政府对法制的重视程度提升,要求尽量采取立法的形式明确改革事项;另一方面,1987年国务院第一次制定了五年立法规划,设定了"力争建立比较完备的经济、行政法规体系"的目标,这也加强了行政法规立法工作的计划性和主动性。第二个波峰出现在1993年。在1992年邓小平南方重要讲话和党的十四大会议精神指导下,我国确立了建立社会主义市场经济体制的目标。在此背景下,1993年,国务院在制定行政法规时以经济立法为重点,制定了大量直接关系市场经济建立和发展的行政法规,涉及市场经济秩序、宏观经济调控、企业改革、对外开放等多项内容,从而导致行政法规立法数

---

①　受数据来源的限制,本部分仅对行政法规以及部门规章的制定情况加以分析。

量激增。第三个波峰出现在 1997 年。1997 年,国务院制定和发布行政法规 47
件,差不多是 1996 年行政法规制定数量的一倍,经济立法和社会立法是该年行政
法规制定工作的重点,主要涉及宏观调控、金融监管、对外经济交流合作、社会稳定
等方面的内容。第四个波峰出现在 2001 年。2001 年行政法规制定数量较多的原
因主要在于我国顺利加入了世界贸易组织,为了完成我国在谈判过程中的承诺,必
须制定、修改、废止相关的行政法规;另外,基于深化改革、促进经济快速增长的目
的,国务院立法的工作重点还放在了整顿和规范市场秩序以及推进行政管理体制
和机构改革上。(见表 4-1,图 4-1)

表 4-1　1979—2018 年行政法规制定数量统计表①

年度	数量	年度	数量	年度	数量	年度	数量
1979	22	1989	43	1999	29	2009	22
1980	26	1990	45	2000	27	2010	22
1981	19	1991	32	2001	46	2011	19
1982	37	1992	27	2002	24	2012	15
1983	34	1993	49	2003	28	2013	15
1984	38	1994	40	2004	32	2014	14
1985	45	1995	30	2005	22	2015	8
1986	44	1996	25	2006	29	2016	8
1987	76	1997	47	2007	30	2017	17
1988	45	1998	24	2008	30	2018	14

(二)部门规章制定情况③

从总体趋势来看,行政法规和部门规章制定数量的变化趋势是一致的,均呈现
出先上升再下降的趋势,并逐步趋于平稳。受经济体制改革的影响,1993 年部门
规章的制定数量达到峰值,1993 年所制定的 440 件部门规章中,与经济相关的立
法占到四成以上。而 1993 年之后部门规章的制定数量下降的原因除了我国法律
体系的不断完善之外,还与行政管理体制的改革密切相关。为了适应社会主义市
场经济发展,1993 年国家开始以转变政府职能为目标进行机构改革,政府开始逐
渐减少对微观经济的直接干预和管理,强化宏观调控、市场监管以及公共服务的职
能。按照改革要求,国务院大力简政放权,根据实际情况将一部分专业经济部门改
为经济实体或事业单位,对一些职能交叉的机构进行撤销或者合并,理顺了各部门

---

① 1987 年前相关数据由北大法宝统计数字整理而得,1987 年后相关数据来源于历年《中国法
律年鉴》,http://tongji. cnki. net/kns55/navi/HomePage. aspx? id ＝ N2019030064&name ＝
YZGFL&floor＝1,最后访问日期:2019 年 7 月 22 日。下文所涉《中国法律年鉴》数据均来源于此。
② 1987 年前相关数据由北大法宝统计数字整理而得,1987 年后相关数据来源于历年《中国法
律年鉴》。

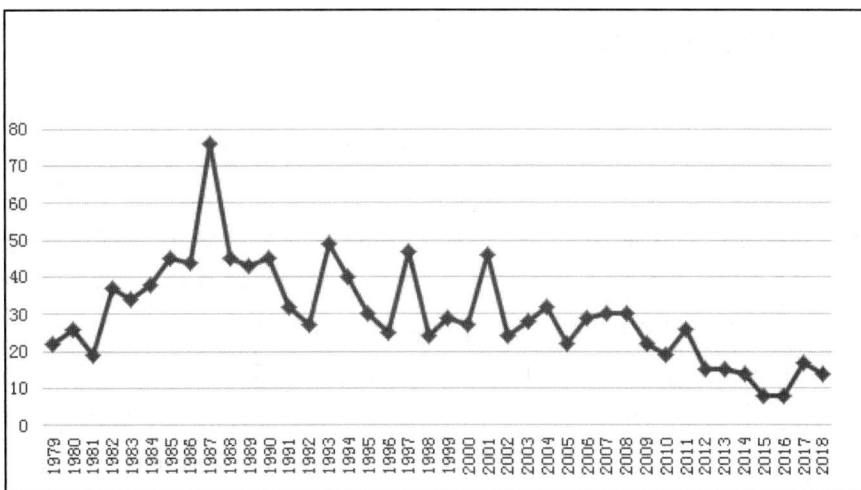

图 4-1　1979—2018 年行政法规制定数量折线图①

之间的关系。国务院组成部门、直属机构和办事机构由 86 个减少到 27 个。② 此后,国务院以优化政府职能为目标,先后于 1998 年、2003 年、2008 年和 2018 年进行机构改革,并将机构改革和简政放权、放管结合、优化服务相结合,反映到行政立法上就体现为部门规章制定数量的下降。(见图 4-2)

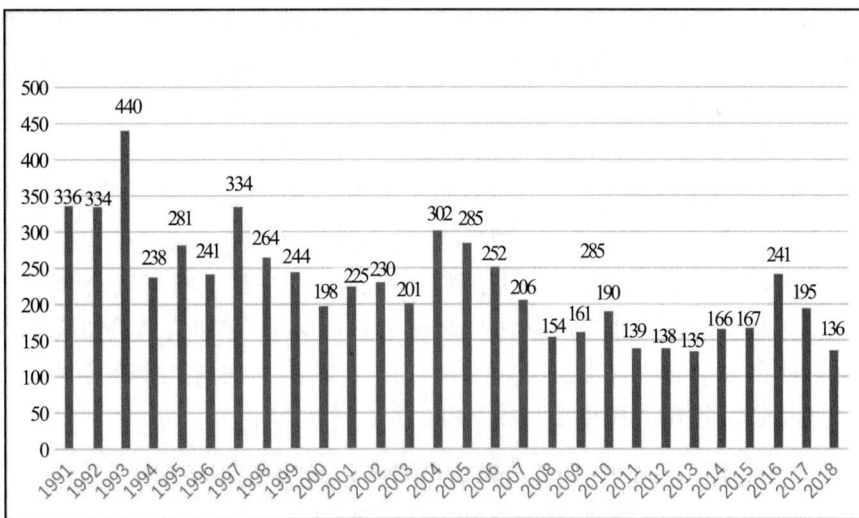

图 4-2　1991—2018 年部门规章制定数量③

---

① 受数据来源的限制,部门规章的相关数据主要从 1991 年开始。
② 《第八届全国人民代表大会第一次会议关于国务院机构改革方案的决定》。
③ 相关数据由作者根据历年《中国法律年鉴》中"国务院各部、委、局规章目录"统计而得。

二、行政立法公众参与实践情况

行政立法公众参与的方式包括征求意见、调查研究、座谈会、论证会、听证会等。在实践中,公开征求意见、举办立法听证等方式已经越来越被立法机关和公众所广泛接受。

在公开征求意见方面,2003 年《物业管理条例(草案)》是第一部向社会公众征求意见的行政法规,此后国务院开始通过《人民日报》《光明日报》《法制日报》《经济日报》等主要媒体和中国政府法制信息网向社会征求意见。[①] 随着互联网的普及和发展,公众可以通过网络不受时间、空间的限制发表意见,网上征求意见逐渐成为最主要的征求意见的方式。2006 年国务院研发了"行政法规草案意见征求收集与管理信息系统",并于 2007 年在中国政府法制信息网上全面开通,行政法规起草单位可以通过该系统发布拟征求意见的行政法规草案及相关资料等,网民可以对草案在线发表意见,再由立法人员分类、整理、统计和处理相关意见并进行汇总,由此实现公众参与。2008 年起,除依法需要保密的外,其余行政法规草案都需要在中国政府法制信息网站上公开征求意见,同年,"国务院部门规章草案征求意见系统"开通,部门的规章草案也需通过中国政府法制信息网站公开征求意见。2010年,《国务院办公厅关于印发国务院 2010 年立法工作计划的通知》提出:"除了依法需要保密的外,所有行政法规草案和部门规章草案都要通过'中国政府法制信息网'公布,公开征求社会各方面意见。"同时,为了扩大征求意见的影响,中国政府法制信息网还与中国政府网、人民网、新华网、新浪网、搜狐网等大型网站建立链接,同步征求意见信息。2011 年,法规规章草案征求意见系统与 26 个省级政府法制信息网站、47 个市级政府法制信息网站建立链接。截至 2018 年 12 月 31 日,共有157 件行政法规草案和 975 部部门规章草案通过中国政府法制信息网征求意见。(见表 4-2)可以看出,网上征求意见有两个发展趋势:一是不断拓宽公众参与行政立法渠道,通过多平台发布行政立法公开征求意见信息,增加信息的知晓度和传播度,使更多社会公众能够提出意见和建议;二是不断扩大在网上征求意见的行政立法数量,保障公民的知情权和参与权。

表 4-2　2008—2017 年通过中国政府法制信息网征求意见的
行政法规草案和部门规章草案数量

年份	行政法规草案	部门规章草案
2008	24	5
2009	24	50

① 袁曙宏主编:《公众参与行政立法:中国的实践与创新》,中国法制出版社 2012 年版,第 6 页。

续表

年份	行政法规草案	部门规章草案
2010	15	54
2011	18	102
2012	16	109
2013	4	88
2014	15	108
2015	15	161
2016	11	163
2017	15	135
总计	157	975

在行政立法听证方面,我国行政立法听证的实践起源于20世纪90年代末期。1999年,广西壮族自治区出台了《广西壮族自治区人民政府立法听证制度实施办法》,这也是我国第一件有关行政立法听证的规范性文件。同年7月,深圳市法制局首次在行政立法过程中引进听证程序,举行了"建筑材料核准制"听证会,对行政立法公众参与形式作出了重要创新。同年9月,《广东省建设工程招标投标管理条例(修正草案)》立法听证会在广州市举行,这也是我国第一次举办的专门的行政立法听证会。由于听证会能够为公众提供直接与行政机关平等对话、表达自己利益诉求的平台,符合公共行政的民主取向,因此日益被社会公众所接受。随着科技的发展,行政立法听证的具体形式也在不断创新。

例如,2018年广州市人民政府法制办在举行《广州市房屋使用安全管理规定(草案)》立法听证会时采用"互联网+现场听证会"的方式,对现场听证会进行全程直播,网民可以上网浏览听证情况和发表具体意见。在立法听证会举办期间,专题网页的总曝光量达将近140万次,直播观看人数超过16.2万人次,网友留言互动超过2000条。这种利用互联网开展听证会的方式突破了以往听证会参与人员有限的局限,进一步拓宽了公民有序参与政治活动的途径,也提升了公众参与的热情,使得行政立法的透明度和开放度大大增加。

三、行政立法清理制度实践情况

改革开放以来,国务院对行政法规和行政规章进行了五次全面清理和十余次专项清理,对促进法与社会协调发展以及维护我国法制统一发挥了重要作用。(见表4-3,表4-4)

表 4-3　改革开放以来国务院对行政法规规章的全面清理

时间	清理原因
1983—1987 年	社会政治、经济形势变化,适应新宪法颁布
1990—1994 年	适应改革开放和建立社会主义市场经济体制新形势的需要
2000 年	适应 1998 年国务院机构改革和加入世界贸易组织的需要
2007 年	适应加快建设法治政府、全面推进依法行政的需要
2010 年	保证社会主义法制统一,确保 2010 年形成中国特色社会主义法律体系目标的实现

表 4-4　改革开放以来国务院对行政法规规章的专项清理

时间	清理原因
1988 年	加快实施沿海地区经济发展战略,促进我国沿海地区外向型经济的发展
1996 年	贯彻实施《行政处罚法》
2000 年	适应我国加入世界贸易组织进程
2003 年	贯彻实施《城市生活无着的流浪乞讨人员救助管理办法》,进一步做好城市流浪乞讨人员救助工作
2003 年	贯彻实施《行政许可法》
2004 年	加快建设全国统一市场,打破地区封锁,纠正设置行政壁垒、分割市场、妨碍公平竞争的做法
2006 年	发现和纠正限制非公有制经济市场的问题,为非公有制经济发展提供制度保障
2011 年	贯彻实施《行政强制法》
2013 年	依法推进行政审批制度改革和政府职能转变,进一步激发市场、社会的创造活力
2014 年	推进政府职能转变,进一步放宽市场主体准入条件,激发社会投资活力,落实《注册资本登记制度改革方案》
2016 年	依法推进简政放权、放管结合、优化服务改革
2018 年	全面落实《中共中央关于深化党和国家机构改革的决定》《国务院机构改革方案》,确保行政机关依法履行职责
2018 年	完善产权保护制度,营造平等保护各种所有制经济产权和合法权益的法治环境
2018 年	全面加强生态环境保护,建立健全最严格最严密的生态环境保护法律制度

从清理原因上看,清理原因主要分两类:一是社会经济形势或者国家大政方针发生变化,如为建立社会主义市场经济体制所进行的全面清理;二是上位法修改后,为保证法制的统一对下位法进行清理,如为贯彻落实《行政许可法》《行政处罚法》《行政强制法》所进行的专项清理。从时间上看,大部分行政立法清理发生在2000年之后,相比于过往运动式的清理,现在的行政立法清理更加趋于常态化和规范化。

四、行政立法后评估制度实践情况

我国行政立法后评估制度的实践始于2000年,安徽省政府法制办对省政府规章的实施效果进行评估,随后立法后评估作为一项立法制度被迅速推广到全国各地。中央层面的行政立法后评估制度起源于2006年,国务院法制办组织对《信访条例》《艾滋病防治条例》等六个行政法规进行立法后评估。在十余年的实践中,行政立法后评估也日益规范化和普遍化。

一是在评估主体方面。目前我国行政立法后评估仍主要由行政机关所主导,行政机关作为评估机关和评估实施机关对规章进行评估。除此之外,一些省市为了提高评估结果的科学性和客观性,还规定评估机关可以根据需要将立法后评估的部分事项或者全部事项委托高等院校、科研机构、社会团体等进行。如2011年长沙市政府法制部门委托中南大学法学院组建课题组对长沙市32部规章进行立法后评估。

二是在评估范围方面。对规定立法后评估相关制度的规章进行总结,可以发现行政立法后评估的范围主要分为两类:其一是规章本身有一定的评估需求,如拟上升为地方性法规、拟作重大修改或拟废止的;其二是在实际运行中出现问题较多的,如公众、媒体、人大代表、政协委员提出较多意见的规章。(见图4-3)

三是在评估标准方面。在实践中各地的评估标准都较为统一,主要从规章的合法性、合理性、协调性、操作性、规范性、实效性六个方面进行评估。基于评估工作的需要,一些单位还构建了完整科学的立法后评估指标体系,并根据评估工作要求设置多级指标,并对每个指标进行赋值,最后得出评估对象的量化得分。

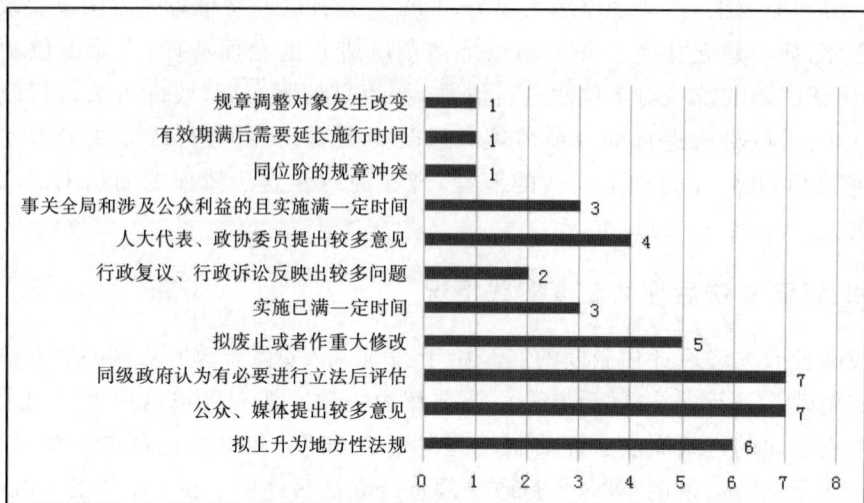

图 4-3　行政立法后评估的范围①

五、行政立法监督实践情况

(一)权力机关监督实践情况

在备案审查方面,2000 年《立法法》颁布以来,全国人大和地方人大对行政立法备案审查的重视程度不断加强,大部分省(自治区、直辖市)都设置了专门的备案审查机构,但除了少数省市对备案审查工作情况公开有要求之外,②备案审查的结果往往不对社会公开,导致备案审查机制透明度较差,社会公众也无法了解到该机制的运行情况。2015 年修改后的《立法法》明确规定了对法规审查、研究的情况可以向社会公开,这无疑是一大进步。在此背景下,为了加强备案审查工作的公开度与透明度,2017 年 12 月 24 日,全国人大常委会首次听取了全国人大常委会法工委有关备案审查工作情况的报告,并集中公布了十大备案审查案例。在行政立法备案审查方面,法工委对十二届全国人大以来报送全国人大常委会备案的 60 件行政法规进行主动审查。此后,北京市、湖南省、福建省、甘肃省等省级人大常委会也

---

①　相关数据根据广东、无锡、西宁、苏州、厦门、重庆、西安等地有关立法后评估的地方政府规章整理而得。

②　如《浙江省各级人民代表大会常务委员会规范性文件备案审查规定》第 18 条规定:"县级以上人民代表大会常务委员会应当每年向人民代表大会会议书面报告上一年度规范性文件备案审查工作情况,并向社会公开。"《上海市人民代表大会常务委员会关于规范性文件备案审查的规定》第 12 条规定:"法工委应当每年向市人大常委会报告规范性文件备案审查情况;市人大常委会应当每年将规范性文件备案审查情况的报告印发全体市人民代表大会代表,并将备案审查情况向社会公布。"

开始听取和审议备案审查报告。除此之外,2019年还将建立健全全国统一的备案审查信息平台,实现互联互通,电子备案、在线审查等功能也会不断完善,备案审查的力度将进一步加强。

在异议审查方面,最为典型的示例莫过于2003年三位法学博士向全国人大常委会提出审查《城市流浪乞讨人员收容遣送办法》的建议,以及2009年北京大学五位教授向全国人大常委会提出审查《城市房屋拆迁管理条例》的建议。2003年,在"孙志刚案"①发生之后,许志永、俞江、滕彪三位法学博士认为《城市流浪乞讨人员收容遣送办法》作为行政法规,其中关于限制人身自由的内容有违法治精神,与《宪法》和《立法法》相关规定相抵触,因此依法向全国人大常委会提出审查建议,最终时任国务院总理温家宝签署第381号国务院令,以《城市生活无着的流浪乞讨人员救助管理办法》取代了《城市流浪乞讨人员收容遣送办法》。早在2003年,杭州市刘进成、金奎喜等116人就针对《城市房屋拆迁管理条例》联名向全国人大常委会提出审查建议,2009年"唐福珍案"②中政府暴力拆迁引发全社会高度关注后,北京大学五位法学教授向全国人大常委会发出书面建议,认为《城市房屋拆迁管理条例》与《宪法》《物权法》《城市房地产管理法》存在重大抵触,使得公民私有财产权的保障无法得到有效落实,损害了社会主义法制的统一与尊严,故提出审查建议。同年12月26日,全国人大常委会法工委首次公开回应,表示有关部门一直在加紧推动拆迁条例修改。2011年1月,国务院废止了《城市房屋拆迁管理条例》,并出台《国有土地上房屋征收与补偿条例》。尽管近年来许多公民、社会团体对部分行政法规提出审查建议,但是类似于2009年年底全国人大公开回应审查建议的情况仍然比较少见。2015年修改后的《立法法》规定了全国人大常委会法规审查反馈机制,对审查建议和审查要求的处理也逐步走向规范化。

(二)行政机关监督实践情况

在备案方面,行政机关内部对行政立法的备案始于1990年,在2000年《立法法》颁布后,备案审查作为维护国家法制统一的重要手段,也受到了行政机关的重视,国务院也于2001年出台了《法规规章备案条例》,进一步规范了行政规章备案的报送工作,基本上消除了行政规章"制而不备"的现象。

但国务院各部门和地方政府在报送部门规章和地方政府规章时仍然存在很多

---

① 2003年3月17日晚上,任职于广州某公司的湖北青年孙志刚在前往网吧的路上,因缺少暂居证,被警察送至广州市"三无"人员(即无身份证、无暂居证、无用工证明的外来人员)收容遣送中转站收容。次日,孙志刚被收容站送往一家收容人员救治站。在这里,孙志刚受到工作人员以及其他收容人员的野蛮殴打,并于3月20日死于这家救治站。

② 2009年11月13日,成都市金牛区城管执法大队拆除违法建筑时,市民唐福珍阻止拆违。其间,唐福珍往自己身上倾倒汽油并引燃,因伤势过重,抢救无效死亡。

问题：一是存在法定年度内不报或漏报现象；二是一些部门和地方政府存在迟报问题突出，规章报备及时率不高；三是一些部门和地方政府未完全按照报备格式要求报送。总体来看，法定年度内不报或漏报和未完全按照报备格式要求报送的国务院部门数量和地方政府数量均在减少，2014 年之后，规章的报备率达到了 100%，真正实现了"有件必备"，国务院部门和地方政府的报备格式也越来越规范。但是目前规章报备及时率问题仍然没有得到很好的解决，纸质和电子规章报备及时率不足 60% 的国务院部门和地方政府依旧很多，这将直接影响到国务院掌握、分析、研究规章制定情况和报备情况的及时性、全面性。（见表 4-5，图 4-4，图 4-5）

表 4-5　国务院对行政规章备案监督情况[①]

存在问题	不报漏报		规章报备及时率不足 60%（纸质）		规章报备及时率不足 60%（电子）		未完全按照报备格式要求报送	
	部门	地方政府	部门	地方政府	部门	地方政府	部门	地方政府
2003			18	20				
2004			17	25				
2005	7	14	12	16				
2006	5	6	9	16			15	43
2007			12	8			22	40
2008	5	3	13	6			13	30
2009	3	2	3	7			9	26
2010	13	9	11	6			7	21
2011	7	17	6	7			7	24
2012	3	4	4	6			9	26
2013	1	6	9	10	15	19	4	27
2014	0	0	8	5	12	8	2	4
2015	0	0	10	1	13	5	3	7
2016	0	0	11	5	20	15	1	1
2017	0	0	11	17	19	19	3	13

---

　　① 相关数据来源于历年《中国法律年鉴》。2012 年之前，国务院法制办是按照"规章报备及时率不足 50%"这一指标进行统计的。2003 年、2004 年均存在不报或漏报以及未完全按照报备格式要求报送的问题，2005 年也存在未完全按照报备格式要求报送的问题，但是国务院法制办没有公布相关统计数据。2007 年，13 个国务院部门和地方政府存在不报或漏报问题，但国务院法制办的统计数据上并未将二者分开。

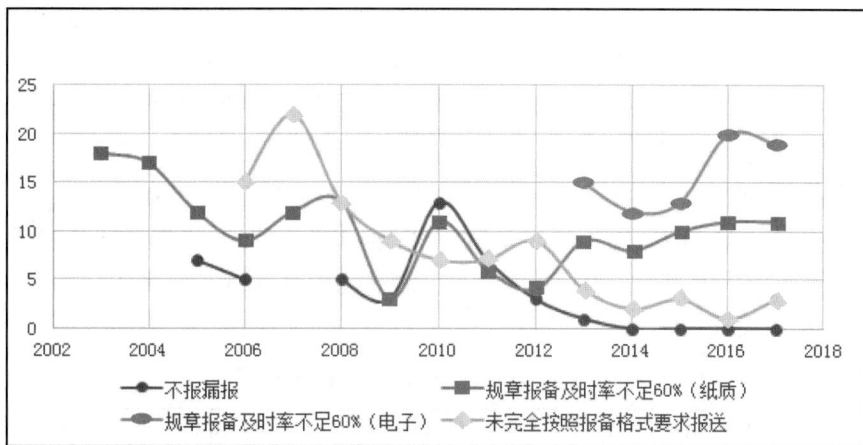

图 4-4　规章报备存在问题的国务院部门数量[1]

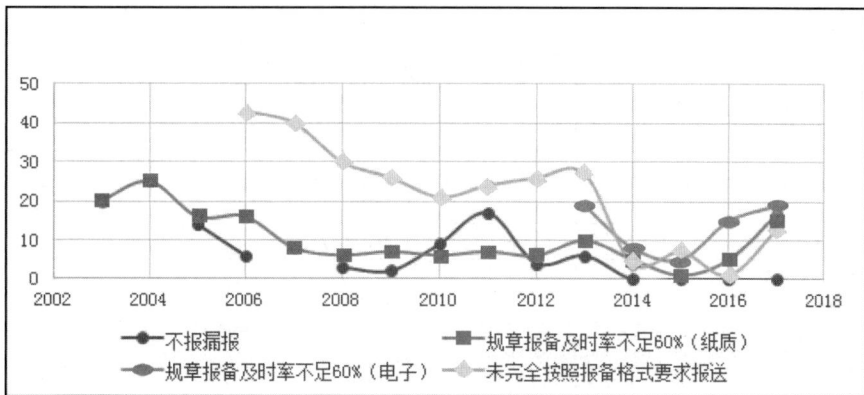

图 4-5　规章报备存在问题的地方政府数量[2]

　　在审查方面,国务院在对备案规章和国家机关、社会团体、企业事业组织、公民针对规章提出的审查建议进行审查的过程中,发现规章存在的问题主要分为以下四类:一是部分规章违反上位法规定,具体表现为扩大或者缩小上位法规定的管理事项范围、违法设定行政许可、违法扩大行政处罚的范围与种类、违法提高或降低行政处罚的罚款额度、违法设立优惠措施、违法自行设定实行地区封锁和部门垄断的内容、违法设定增加相对人义务或减少相对人合法利益的内容等;二是部分规章规范事项超越了制定机关职权范围;三是部分规章未严格遵循法定程序制定规章;四是部分规章立法技术和内容存在瑕疵。依法立法是行政立法的原则之一,也是

---

① 相关数据来源于历年《中国法律年鉴》。
② 相关数据来源于历年《中国法律年鉴》。

行政合法性原则的具体体现,从表 4-6 可以看出,违反上位法规定和超越权限这两类问题主要集中在 2009 年之前,这说明近年来依法立法原则得到了很好的贯彻和体现;除 2005 年之外,几乎每年审查中都存在违背法定程序的问题,2012 年之后对法定程序的违背主要是个别规章关于施行日期的规定不符合《规章制定程序条例》的要求;除此之外,立法技术瑕疵也是近年来国务院进行审查时发现的一类问题,例如存在修订了已经废止的规章、规章内容含义不明确、正文题注日期错误、条目重复、漏字错字等现象,这说明规章制定的规范程度和规章制定主体的立法水平需要进一步提高。

表 4-6 备案规章存在的主要问题①

	违反上位法规定	超越权限	违背法定程序	立法技术瑕疵
2002	√	√	√	
2003	√	√	√	
2004	√	√	√	
2005	√			
2006	√	√	√	
2007	√	√	√	
2008		√	√	
2009		√	√	
2010			√	
2011	未说明			
2012	√		√	
2013	未说明			
2014			√	√
2015			√	√
2016			√	√
2017			√	√

在问题处理方面,根据《法规规章备案条例》第 14 条规定:"经审查,规章超越权限,违反法律、行政法规的规定,或者其规定不适当的,由国务院法制机构建议制定机关自行纠正;或者由国务院法制机构提出处理意见报国务院决定,并通知制定机关。"从收集的数据来看,对于审查后发现存在问题的规章,除已经修改和正在履行修改或者已经宣布废止的规章之外,对其余存在问题的规章更倾向于采取转送有关部门或省、自治区、直辖市人民政府法制机构研究处理的方式或者其他处理方式。"由国务院法制机构提出处理意见报国务院决定"这种方式在实践中几乎没有运用。(见图 4-6)

---

① 备案规章存在的主要问题由作者根据历年《中国法律年鉴》整理而得。

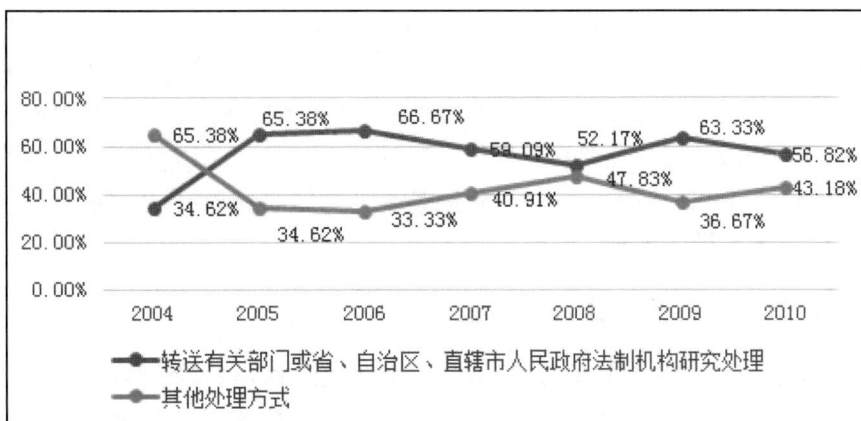

图 4-6　存在问题规章的处理方式[①]

第四节　行政立法制度的发展展望

一、进一步拓展地方立法主体

对多元利益的正当分配是国家治理现代化的基础与保障,而立法权直接关系到对事权、财权、人事权等诸多权力及利益的分配,是治理体系中权力配置和利益分配的本源。[②] 因此,如何在回应地方立法与地方自治需求之下合理地设定标准配置立法权,是我国未来推进立法改革所需解决的重大问题。目前赋予所有"设区的市"立法权在一定程度上平等配置了立法权,并确定了相对明晰的配置标准。但是,仅赋予设区的市立法权是否合理还值得商榷。这样的规定显然不符合强县扩权、扩权强县、省直管县等行政体制改革趋势,也不能满足一些发达的县级市的立法需求。一方面,对于义乌、昆山、常熟、张家港等发达的县级市而言,其经济、人口规模与设区的市相当甚至更大,立法必要性比部分设区的市更强,用"设区的市"这个一刀切的标准来配置立法权显然不利于充分发挥地方行政立法的积极效用。2015 年 3 月 15 日通过的《全国人民代表大会关于修改〈中华人民共和国立法法〉的决定》专门授予东莞市、中山市、嘉峪关市、三沙市这四个不设区的地级市立法权,在"设区的市"立法权配置标准之外又开辟了一条专门授权的道路,但专门授权

---

①　存在问题规章的处理方式由作者根据历年《中国法律年鉴》整理而得。

②　徐向华:《国家治理现代化视角下的〈立法法〉修改》,载《交大法学》2014 年第 3 期。

难免存在"挂一漏万"、标准不明等问题。另一方面,强县扩权、省直管县等行政体制改革的目的就在于通过扩大试点县地方经济社会管理权限,增强县域发展动力活力。县域经济作为国民经济和社会发展的基础和支撑点,其发展对于促进在城乡间均衡配置公共资源,带动农村发展,增强国民经济综合实力有着不可替代的作用。因此,进一步扩大地方立法主体范围是未来发展的趋势,当然目前时机与条件尚不成熟,还需要循序渐进。

二、更加注重对行政立法的监督

总体来看,在《宪法》和《地方组织法》对立法权限划分不甚清晰的情况下,我国对行政立法权限变革的基本思路是通过逐步界分清楚各行政立法主体的立法权限,使行政主体能够在立法权限内有序地开展立法活动。[①] 但是,这样在事先划分立法权限以避免越权立法、重复立法等立法无序现象,维护国家法制和谐统一的做法也面临着诸多挑战。一是基于语义的不确定性,立法者很难通过界定一个准确的、周延的概念对立法权限作出精确划分。例如,2015 年《立法法》规定设区的市、自治州的人民政府制定规章限于城乡建设与管理、环境保护、历史文化保护等方面的事项。该规定引发了理论和实践中对关于"等"是"等外等"还是"等内等"、从狭义还是广义上理解"城乡建设与管理"等问题。二是立法权限的划分本身就具有高度的政治性,在改革进入深水区和攻坚区之后,严格划定立法权限也不利于政府发挥制度创新引导作用,"重大改革于法有据"的要求也难以实现。因此,相对于通过立法权限的划分来控制行政权,未来制度的发展应当更加强调对行政立法的监督,通过备案审查、异议审查等审查监督来弥补静态的立法权限划分在实际运作中所产生的漏洞,实现对行政立法的控制。

三、更加强调行政立法的质量

行政立法是我国现行立法中数量最多、占比最大的法律规范,是我国法律体系的重要组成部分,提高行政立法质量是建设和完善社会主义法治体系的关键。特别是在立法权下放、地方行政立法主体扩容的背景下,如何确保设区的市的地方政府规章的质量是在未来需要考虑的一个重要问题。虽然《立法法》全面赋予了设区的市立法权,但规定设区的市开始制定地方性法规和地方政府规章的具体步骤和时间由省、自治区的人民代表大会常务委员会综合考虑确定,做到"成熟一个、确定一个"。[②] 可是在实践中,部分设区的市将制定规章的数量作为追求政绩的指标,

---

① 苗连营:《立法法重心的位移:从权限划分到立法监督》,载《学术交流》2015 年第 4 期。
② 全国人大常委会法制工作委员会国家法室编著:《中华人民共和国立法法释义》,法律出版社 2015 年版,第 234 页。

部分设区的市立法机构设置不全、立法工作人员储备不足,这就导致行政立法数量骤增,但许多立法缺乏必要性与可行性,立法抄袭、重复上位法现象严重,立法质量较差。[①] 因此,行政机关在今后的立法工作中需要按照《立法法》、《行政法规制定程序条例》和《规章制定程序条例》的规定,在立法权限内,以立法必要为原则,通过立法项目征集和论证、公开征求意见、举行座谈会论证会听证会、重大利益调整论证咨询、委托第三方起草、立法后评估等制度,努力推进科学立法、民主立法、依法立法,切实提升立法质量。

---

① 王春业:《论立法权扩容背景下地方立法的节制》,载《法学论坛》2018 年第 1 期。

第五章

行政决策的变迁与发展

第一节　行政决策的发展历程

一、行政决策内涵

在我国,行政决策通常是行政学或者政治学的研究范畴。在行政学中,行政决策一般被认为是国家行政组织依据既定政策和法律,就行政管理中需要解决的问题,设计解决方案的活动。[①] 对于行政法学而言,行政决策并非一个传统的概念,实践和学理中对其内涵与性质存在较大的分歧:一是认为行政决策只能作为研究对象,而无法成为法学概念,依其具体表现可以归于抽象行政行为或者具体行政行为之中,因此行政决策在行政行为类型体系中不能找到存在的空间,也不能实现建构法秩序的实质功能。[②] 二是认为行政决策是一种行政行为。行政决策由行政机关所制定,是行政机关为了公共利益,行使对公共事务进行管理的权力,其行为实际上是对利益的分配和调整,会对公民、法人或其他组织的利益产生实质影响,具

[①]　高培勇主编:《公共行政学》,经济科学出版社 2002 年版,第 223~224 页。

[②]　叶必丰:《行政决策的法律表达》,载《法商研究》2016 年第 2 期。

有行政行为的性质。① 三是把行政决策放在整个行政过程之中进行考量,将其视为一个完整行政过程必不可少的阶段和程序,是行政程序的一般性制度。②

要将行政决策上升为一个法学概念,关键在于行政决策在法律实践中是否具有独立存在的价值,能否概括和表达出某种法律现象。③ 尽管行政决策在内涵上存在模糊的地方,但是法学界对其特点和范围还是达成了一定的共识,而且"行政决策"概念已经在立法中得到广泛应用,地方政府往往将"重大行政决策"作为必要的制度安排。2019 年,国务院也出台了《重大行政决策程序暂行条例》。行政决策的过程中充满自由裁量、利益分配等因素,仅仅要求形式合法性已经不符合法治建设的需要。④ 因此行政决策制度的法学意义在于,以行政决策作为对象或依托,为行政程序权利提供制度空间,提高决策的正当性。在 2014 年《行政诉讼法》用"行政行为"取代了"具体行政行为"之后,把作为行政机关依法行使行政权的重要方式的行政决策定性为行政行为已经没有了理论上和制度上的障碍。将行政决策看作行政过程的一个阶段也并非对其行政行为性质的否定,而是为了弥补行政行为理论的固有局限,通过全面观察行政决策权运行的过程,以寻求更加符合行政决策的规范机制。⑤ 在行政决策涉及范围广泛,难以类型化背景下,强调行政决策的过程性更有助于明确其在法学中的独特意义和价值。

综合学者观点,本章将行政决策定义为国家行政机关为了实现行政目标,在职权范围内依据法律或政策对公共事务作出决策的行为过程。

二、行政决策制度的初创(1978—1989)

改革开放之前,我国长期处于"党政不分"的局面。⑥ 随着政权逐步稳定,计划经济体制下的国家建设开展需要更高的权力集中和更高的领导效率。1958 年 1 月,毛泽东在南宁会议上提出:"大权独揽,小权分散;党委决定,各方去办;办也有

---

① 周实、齐宁:《行政决策的法制化研究》,东北大学出版社 2014 年版,第 15 页。

② 戴建华:《作为过程的行政决策——在一种新研究范式下的考察》,载《政法论坛》2012 年第 1 期。

③ 茅铭晨:《"行政决策"概念的证立及行为的刻画》,载《政治与法律》2017 年第 6 期。

④ 王锡锌:《行政决策正当性要素的个案解读——以北京市机动车"尾号限行"政策为个案的分析》,载《行政法学研究》2009 年第 1 期。

⑤ 吕成:《行政法学方法论之比较——以行政决策作为分析对象》,载《大连大学学报》2010 年第 1 期。

⑥ 中华人民共和国成立初期,中央人民政府保持了成员的多元结构,体现了民主联合政府的性质。在这一时期,党不直接指挥国家政权机关的工作,党对国家政权的领导主要是通过政权机关中的党员负责同志和党的组织来实现。国家治理主要依靠的是中央与地方各级政府,行政决策也得到了一定的发展。参见陈红太:《从党政关系的历史变迁看中国政治体制变革的阶段特征》,载《浙江学刊》2003 年第 6 期。

决,不离原则;工作检查,党委有责。"同年 10 月,中共中央发出《关于成立财经、政法、外事、科学、文教各小组的通知》,规定"大政方针在政治局,具体布置在书记处","大政方针和具体部署,都是一元化,党政不分"。自此之后,党除了担任制定国家基本路线、方针和政策决策者角色之外,也逐步开始负责具体的执行、监督和行动,行政机关的功能和职责被彻底虚化,演变成了党治理国家的象征性的制度符号。① 在这一时期,行政决策并没有独立存在的空间。

改革开放以后,在我国社会主义建设历史经验特别是"文化大革命"深刻教训的基础上,1980 年,邓小平在《党和国家领导制度的改革》的讲话中提到,最重要的问题是制度问题,以往把一切权力集中于党委、党委权力集中于书记的决策体制与党的领导重大失误有密切的关系。这也成为行政决策改革的先声。1984 年,《中共中央关于经济体制改革的决定》规定,各级行政机关原则上不再直接经营管理企业,避免由于高度集中可能带来的弊端,从而逐步推进政企分开,将行政决策从微观经济管理中分离出来。1986 年,中央政治局委员、国务院副总理万里发表了《决策民主化和科学化是政治体制改革的一个重要课题》的讲话,指出要在决策过程中引入科学,把决策变成集思广益的、有科学依据的、有制度保证的过程,从而实现决策的民主化、科学化和制度化。这也是我国第一次提出决策体制改革的目标,是我国启动行政决策转型的重要标志。

随着经济体制改革的展开和深入,党中央意识到政治体制改革的关键问题是解决"党政不分""以党代政"的问题。1987 年,党的十三大报告明确指出,党的领导是政治领导,主要通过将党的主张经过法定程序变成国家意志来实现对国家事务的领导。"党政分开"也使得行政决策逐步获得了发展的空间。

三、行政决策制度的法制化阶段(1989—2004)

20 世纪 90 年代以前,依法决策的理念尚未产生,行政决策主要根据党的政策和方针作出。1989 年《行政诉讼法》颁布,第一次将依法行政作为根本原则确立下来,强化了政府法制建设,这也是行政决策法制化的开端。1993 年,中共中央发布《关于建立社会主义市场经济体制若干问题的决定》,开始了从计划经济向社会主义市场经济的转型过程。经济的转型迫切要求政府明确职能,完成从全能政府到有限政府的嬗变,从而厘清与市场和社会之间的边界。在此过程中,政府宏观调控、市场监管以及公共服务的职能得到强化,对微观经济的直接干预和管理逐步减少,这也对行政决策的范围和方法造成了深远的影响。1997 年,党的十五大报告第一次将"依法治国"确立为治国的基本方略,提出了建设社会主义法治国家的战略目标。根据十五大精神,1999 年《宪法》修正时将"中华人民共和国实行依法治

---

① 刘杰:《党政关系的历史变迁与国家治理逻辑的变革》,载《社会科学》2011 年第 12 期。

国,建设社会主义法治国家"写入《宪法》,依法治国基本方略得到国家根本大法的保障。依法行政作为依法治国的重要组成部分,对于基本方略的实行具有决定性的意义。同年 11 月,国务院颁布了《关于全面推进依法行政的决定》(国发〔1999〕23 号),强调要把依法行政真正落实到行政活动的各个方面、各个环节。

随着政治体制改革的深化,我国行政决策制度改革的速度也在逐渐加快。2002 年,党的十六大报告提出各级决策机关都要改革和完善决策机制,并具体提出了社情民意反映、重大事项社会公示、重大事项社会听证、专家咨询、决策论证、决策责任六项重大决策制度,为进一步完善重大决策的规则和程序指明了方向。报告还首次提出了要建立健全决策权、执行权、监督权既相互制约又相互协调的权力结构和运行机制。相应的,2003 年国务院制定了《国务院工作规则》(国发〔2003〕11 号),用专章对科学民主决策程序进行了规定,内容包括行政决策机制、重大行政决策程序、行政决策监督等。

这一时期,除了党和政府对行政决策法制化的高度重视外,立法的高速发展也是行政决策的法制化的必要前提,特别是《行政诉讼法》《行政处罚法》《行政监察法》《国家赔偿法》《行政许可法》《国家公务员暂行条例》《信访条例》等一系列法律法规的颁布,使得行政权得到有效的控制和规范,行政决策逐步步入法制轨道。

四、行政决策的法治化阶段(2004 年至今)

2004 年,为了适应全面建设小康社会的新形势和依法治国的进程,国务院颁布了《全面推进依法行政实施纲要》(国发〔2004〕10 号),确立了建设法治政府的目标,并从健全行政决策机制、完善行政决策程序、建立健全决策跟踪反馈和责任追究制度三个方面入手,为科学化、民主化、规范化的行政决策制度的规范和创新勾画了未来蓝图,全面启动了行政决策法治化的进程。2008 年,国务院印发了《关于加强市县政府依法行政的决定》(国发〔2008〕17 号),第一次专门对市县两级政府行政决策工作作出了部署和安排。2010 年,国务院印发了《关于加强法治政府建设的意见》(国发〔2010〕33 号),再次强调了要坚持依法科学民主决策,并从规范行政决策程序、完善行政决策风险评估机制、加强重大决策跟踪反馈和责任追究三个方面对行政决策制度作出细化。2014 年 10 月,党的十八届四中全会通过了《关于全面推进依法治国若干重大问题的决定》,首次把公众参与、专家论证、风险评估、合法性审查、集体讨论决定确定为重大行政决策法定程序,提出要建立行政机关内部重大决策合法性审查机制、政府法律顾问制度和重大决策终身责任追究制度及责任倒查机制,加快法治政府的建设。2015 年,中共中央、国务院印发《法治政府建设实施纲要(2015—2020 年)》,明确规定科学化、民主化、法治化的行政决策基本目标,提出了健全依法决策机制、增强公众参与实效、提高专家论证和风险评估质量、加强合法性审查、坚持集体讨论决定、严格决策责任追究六个完善行政决策制度的具体措施。2019 年 5 月,国务院颁布了《重大行政决策程序暂行条例》,该《条例》以重大行政决策的基本流程为架构,从决策草案的形成、合法性审查和集体讨论决定、决策执行和调整三个方面对重大行政决策进行规范,实现了公众参与、专家论证、风险评估、合法性审查、集体讨论决定等决策机制的法定化。

地方层面的立法实践也为推动行政决策法治化作出了不可磨灭的贡献。2004年,《重庆市行政决策听证暂行办法》出台,这是第一部专门规定行政决策具体制度的法律规范。2005 年,《重庆市政府重大决策程序规定》出台,首次在立法中对行政决策完整程序予以规定,以保证行政权的规范行使。2008 年,《湖南省行政程序规定》颁布实施,规定了重大行政决策中的调查研究、公众参与、专家论证、集体审议、决策执行监督与评估等制度,其中的创新性规定受到普遍关注。

截至 2019 年 4 月,我国已有 18 个省级人民政府出台了有关重大行政决策程序的综合性规定。其中,15 个省份出台了专门的重大行政决策程序规定,其余 3个省份则是在其制定的行政程序规定中以专章形式对重大行政决策程序进行规定。除此之外,很多省、市也就行政决策的公众参与、专家论证、风险评估、合法性审查、责任追究等具体制度出台了专门的规定。例如在公众参与方面,安徽省颁布了《安徽省人民政府重大行政决策公众参与程序规定》,重庆市颁布了《重庆市行政决策听证暂行办法》;在专家论证方面,成都市颁布了《成都市重大行政决策事项专家咨询论证办法》,南京市颁布了《南京市重大行政决策专家咨询办法》;在风险评估方面,大连市颁布了《大连市重大行政决策社会稳定风险评估办法》,青岛市颁布了《青岛市重大行政决策风险评估办法》;在合法性审查方面,湖南省颁布了《湖南省重大行政决策合法性审查暂行办法》,贵阳市颁布了《贵阳市人民政府重大行政决策合法性审查规定》;在责任追究方面,四川省颁布了《四川省重大行政决策责任追究暂行办法》,深圳市颁布了《深圳市行政决策责任追究办法》。

第二节　行政决策制度的主要内容

一、行政决策制度目标

一定意义上,行政决策是行政权力运行的起点,改革开放以来,行政决策制度建设的核心目标从单一的决策科学化转向了决策科学化、民主化、法治化三位一体的多元目标体系。

（一）单一目标:决策科学化

改革开放以前,经验决策是我国主要的决策方式。这是因为战争年代的权力行使具有非常规性的色彩,个人权威与个人经验在决策过程中发挥了重要作用。

中华人民共和国成立以后,经验决策在面对大规模的经济建设和工业建设的要求时便出现了一定的局限性。特别是进入"党政不分"的局面后,决策权高度集中于党委,党委权力又高度集中于书记,经验决策逐渐暴露出重大缺陷:一是容易基于主观主义作出决策,不顾现实条件的约束;二是经验决策对决策者个人素质要求极高,但个人有限的经验和知识无法应对复杂的形式和局面;三是经验决策属于定性决策,无法通过定量分析提升重大决策事项的正确性。[1]

改革开放之后,中央认识到过往党的领导失误与经验决策有着密切关系。[2]行政决策科学化是指在科学的行政决策理论指导下,充分利用现代科学的分析手段与方法,通过科学合理的决策程序作出行政决策。"科学决策"目标的提出就是为了解决我国在经济、政治体制改革不断深化的过程中行政机关所面临复杂的、困难的、重大的行政决策问题,以提高行政决策的正确率,保证国家对国民经济的有效管理和指导。早在1983年《政府工作报告》中就出现了"科学决策"概念的雏形,报告要求建立科学的计划决策制度。在之后的几年中,中央政府也对重大决策提出了做好调查研究、务求取得实效的要求。1986年《政府工作报告》完整地提出了"科学决策"的命题,要求各级政府机构的全体工作人员加强调查研究,提高科学决策和处理实际问题的能力。这也是我国首次对行政决策设定明确的目标。

(二)二元目标:决策科学化、民主化

在经济、政治体制改革的过程中,我国逐渐认识到行政决策中科学化和民主化的不可分性,如何建立健全民主、科学的行政决策制度也引起了党和政府的高度关注。[3]在民主集中制和群众路线所代表的民主理论主导下,行政决策民主化是指保障公众充分参与行政决策,并在行政决策中反映公众的利益和要求。1989年国务院《政府工作报告》中首次出现了"决策科学化、民主化"的概念。1990年国务院《政府工作报告》强调,要建立和健全民主决策、民主监督的程序和制度,重大决策的出台或变动,都要从实际出发,走群众路线,经过民主讨论,科学论证。除此之外,1992年党的十四大报告认为决策的科学化、民主化是实行民主集中制的重要环节,是社会主义民主政治建设的重要任务,要认真听取群众意见,充分发挥各类

---

[1]　周光辉:《当代中国决策体制的形成与变革》,载《当代中国史研究》2011年第5期。

[2]　邓小平在《党和国家领导制度的改革》的讲话中提道:"党的一元化领导,往往因此而变成了个人领导。全国各级都不同程度地存在这个问题。权力过分集中于个人或少数人手里,多数办事的人无权决定,少数有权的人负担过重,必然造成官僚主义,必然要犯各种错误,必然要损害各级党和政府的民主生活、集体领导、民主集中制、个人分工负责制等等。"

[3]　万里在《决策民主化和科学化是政治体制改革的一个重要课题》中首次将民主化和科学化并列,作为行政决策的目标。他提出:"没有民主化,不能广开思路,广开言路,就谈不上尊重知识,尊重人才,尊重人民的创造智慧,尊重实践经验,就没有科学化。反过来说,所谓决策民主化,必须有科学的含义,有科学的程序和方法。否则只是形式的民主,而不是真正的民主。"

专家和研究咨询机构的作用。党的十五大报告再一次强调,要把改革和发展的重大决策同立法结合起来,逐步形成"深入了解民情、充分反映民意、广泛集中民智的决策机制,推进决策科学化、民主化,提高决策水平和工作效率"。与此同时,1992年至1996年连续五年的《政府工作报告》均提到了要努力实现决策民主化、科学化,行政决策的二元目标基本形成。1997年,我国首次提出"依法治国"的基本方略,并提出了建设社会主义法治国家的战略目标。在此背景下,行政决策的民主化、科学化也成为政府能力建设的重要组成部分。[①]

（三）多元目标:决策科学化、民主化、法治化

2004年,国务院在《全面推进依法行政实施纲要》中提出要基本形成科学化、民主化、规范化的行政决策机制和制度。2010年,国务院在《关于加强法治政府建设的意见》中将行政决策的目标明确表述为"科学化、民主化、法治化",正式确立了行政决策的多元目标体系。在此目标体系中,科学化要求通过科学的决策理念、决策机制与决策方法,使行政决策能够解决行政管理中的实际问题,在三者之中居于主导地位;民主化要求公民充分参与,以保障行政决策结果反映民意和社会需求,是科学化与法治化的前提与基础;法治化要求行政决策接受法律的规范与控制,通过权利义务的配置将科学化、民主化的决策机制以法律规范的形式固定下来,是科学化和民主化的保障。[②]《重大行政决策程序暂行条例》中也明确要求健全科学、民主、依法决策机制,并将科学决策、民主决策、依法决策作为重大行政决策的基本原则。

我国行政决策多元目标的形成过程,反映了我国从传统人治向现代化法治的转型。在传统模式下,对行政决策科学化和民主化的要求实质上是通过科学论证和民众的利益表达获取信息,以提升行政决策的准确性。随着国家治理模式的转型,在法治政府建设的要求下,行政决策的多元目标体系为行政决策构建了复合的正当性框架,要求行政决策不仅应当符合形式合法性,还应当符合实质合法性。

二、行政决策结构

行政决策结构是指参与行政决策的行为主体之间相互关系的组成方式,反映了行政决策权力在不同主体之间的分配关系,决定着行政决策的方式以及机制的设计。[③] 改革开放以来,我国的行政决策结构逐渐从封闭走向开放。

[①] 于立深:《论我国行政决策民主机制的法治化》,载《国家行政学院学报》2010年第1期。

[②] 湛中乐、高俊杰:《作为"过程"的行政决策及其正当性逻辑》,载《苏州大学学报》2013年第5期。

[③] 周光辉:《当代中国决策体制的形成与变革》,载《当代中国史研究》2011年第5期。

(一)传统封闭式决策结构及其瓦解

中华人民共和国成立后,面对现代化建设的艰巨任务,政府运用行政权力强力动员和集中社会资源,并将计划作为配置资源的唯一手段,把国家权力延伸到社会的各个角落,形成了层层隶属的金字塔型的社会结构。与之相对应的行政权力运行模式也具有高度控制、高度集中的特点,这也使得行政主体在决策过程中处于中心地位进而起到主导乃至垄断性作用。另外,由于行政权力支配了社会,社会组织事实上也行使着行政职能,成为政府的逻辑延伸;在单位制下,个人高度依赖于组织,本身没有独立性,也不具有参与决策的能力,决策封闭在行政机关内部。

改革开放以后,我国将经济建设确立为党和国家工作的中心,在经济体制改革初期,与经济体制改革相匹配的行政决策体制改革尚未开展,在财政权力下放引发地方政府财政收入和政绩竞争的背景下,原有的行政决策模式对政府短期内快速提升经济发挥了重要作用。[①] 这也使得封闭的行政决策结构得以维持。尽管20世纪80年代中期,我国就将推进行政决策民主化、科学化作为政治体制改革的一个重要方面,提出要实现真正民主和科学的决策,以体现国家的利益和人民的利益,[②]但在实践中,政府仍然在行政决策结构中占据主导地位,而公民往往作为决策客体而存在。

随着经济体制改革的开展和深化,个人逐渐成为独立的经济主体,其权利和自由也得到普遍承认。但公众参与的诉求依旧被视为行政效率的障碍,政府仍然通过封闭的行政决策程序将公众的诉求排除在行政过程之外。[③] 这种为了经济效率牺牲公平的做法遭受到大量质疑,政府的合法性资源严重流失,传统行政决策模式赖以生存的土壤逐步消失。

(二)开放式行政决策结构的兴起及发展

在封闭式决策弊端日益凸显的情况下,引入公众参与,开放行政决策过程,分享行政决策权力,已经成为增强行政决策合法性的重要机制。在党的十四大、十五大报告的基础上,党的十六大报告提出,要形成并完善"深入了解民情,充分反映民意,广泛集中民智,切实珍惜民力"的决策机制。2004年《政府工作报告》进一步将决策机制明确为"公众参与、专家论证和政府决策相结合的决策机制",行政决策结构逐步从封闭走向开放。

在此背景下,中央和地方也展开了一系列行政管理的实践。进入20世纪90

---

① 王锡锌、章永乐:《我国行政决策模式之转型——从管理主义模式到参与式治理模式》,载《法商研究》2010年第5期。

② 万里:《决策民主化和科学化是政治体制改革的一个重要课题》,载中共中央文献研究室编:《新时期科学技术工作重要文献选编》,中央文献出版社1995年版,第197~198页。

③ 章剑生:《我国行政模式与现代行政法的变迁》,载《当代法学》2013年第4期。

年代以后,政府逐步将公众参与引入行政决策。1993 年,深圳市实行的价格审价制度,对重大的价格决策实行听证制度,这也是我国比较早期的具有正式意义的行政决策公众参与。同时,经济活动的日益复杂和决策领域的日益精细也促使许多研究机构、高等院校参与行政决策过程之中。2002 年,原国家计委组织了第一次全国性的行政决策听证会,对"铁路部分旅客列车票价实行政府指导方案"进行听证。原国家计委在全国选拔出 33 名正式代表和 30 名旁听代表,正式代表包括消费者代表、经营者代表、全国人大代表、全国政协委员、专家学者代表以及其他相关代表,旁听代表由 18 名北京代表和 12 名外地代表构成。代表们对方案的合理性、可行性、公平性等方面表达了自己的意见并提出了质询,最终铁道部根据听证会结果对指导方案进行了修改和完善。

但是,除了价格决策之外,绝大部分行政机关并没有在行政决策程序中引入和整合公众参与的意识,行政决策处于一个比较封闭的结构之中,公众被"隔绝"于绝大部分行政决策之外。而 2007 年厦门 PX 项目事件作为公众参与行政决策的标志性事件,被学者认为开启了"中国公众参与的元年"[①]。厦门 PX 项目从 2004 年 2 月国务院批准立项到 2006 年 11 月正式动工,然而在两年多的时间里,当地绝大部分民众对此项目一无所知。2007 年 3 月,赵玉芬等 105 名全国政协委员联名提出《关于建议厦门海沧 PX 项目迁址的议案》,经媒体报道后引发了厦门当地民众的巨大关注,关于 PX 项目的短信、网络帖子在民众之间迅速传播,一部分厦门民众还在市政府前以"散步"的方式来表达对 PX 项目的反对。在舆论的压力下,厦门市政府在 2007 年 5 月 30 日宣布缓建 PX 项目,并进行区域性规划环评,同时通过短信、电话、传真、电子邮件、来信等渠道听取民众意见,并向民众免费发放有关 PX 的科普读物。同年 12 月,在区域性规划环评报告公布之后,厦门网设置了"环评报告网络公众参与活动"投票平台,90% 以上的市民反对 PX 项目;厦门市政府也连续举办两场市民座谈会,85% 以上的市民代表反对继续兴建 PX 项目。最终,福建省政府决定迁建 PX 项目。事实上,从立项到动工,厦门 PX 项目的决策过程完全符合形式合法性的要求,但是公众参与的缺乏使得行政机关难以为自身决策提供实质合法性的证成,由此引发了本次决策的正当性危机。在此之后,通过引入公众参与重塑行政决策结构,以提升决策的民主性和科学性成为政府治理模式转变的必然要求。此后,公众参与行政决策的积极性不断提高,公众已经深深嵌入行政决策的过程之中。

总而言之,改革开放以来,随着市场经济和民主政治的发展,公民的权利意识不断增强,要求对与切身利益相关的行政政策拥有充分的知情权、表达权、参与权和监督权,传统封闭式的行政决策已经难以为继。公众参与对于行政决策的意义

---

① 王锡锌主编:《公众参与和中国新公共运动的兴起》,中国法制出版社 2008 年版,第 1 页。

在于以下两点:一是弥补立法机关对行政机关控制的不足,使得行政机关的运作能够真正体现公众对公共利益的追求,从而提高政策的可接受性;二是弥补行政机关在知识和信息上的不足,以提高行政决策的质量,增强决策合理性。^① 因此,通过引入公众参与开放决策,以提高行政决策的正当性,已成了行政决策变革的必由之路。

三、行政决策程序

行政决策程序是指行政机关在进行行政决策的过程中的步骤、顺序、形式和时限的总和。通过程序设定来规范行政决策,进而规范行政权力也是法治政府建设的必然要求。改革开放以来,行政决策程序特别是重大行政决策程序得到了规范发展。

(一)行政决策程序规定长期处于空白状态

改革开放之前,由于全国整风运动与反右派斗争、"大跃进"运动、人民公社化运动、"反右倾"斗争、"文化大革命"等大规模群众运动持续不断,社会主义法制破坏严重,原有的决策机制由制度化逐步向非制度化的方向发展。

改革开放以后,尽管党和政府高度关注建立健全行政决策制度,将强化决策体制和制度建设作为政治体制改革的重点方面,但党和政府的文件中大多只是提出"科学化、民主化"这样概括性的目标,而缺乏具体的制度设计,加之政府过度注重经济建设的效率,行政决策仍然表现出高度的个人性和非程序性,一些领导意志直接决定着决策的出台、结果和实施,严格的决策程序往往被行政机关视为阻碍决策效率的因素。这就使得我国行政决策程序规定长期处于空白状态。行政决策无章可循的状态导致了决策过程不具有可预见性,缺乏制度约束的行政决策也在公共性、系统性、权威性上有所缺失,决策失误、违法、贪腐等现象广泛存在,进行现代化的行政决策制度建设已经迫在眉睫。^②

(二)行政决策程序的规范和发展

为实现依法治国基本方略和建设社会主义法治国家的战略目标,我国开始全面推进依法行政。行政决策作为行政权运行的重要内容,理应受到法律的规制。就目前而言,规制的重点并非所有行政决策,而是"重大行政决策"。实践中重大行政决策影响深远、涉及范围广、关系重大社会利益,其在民主性、科学性上的欠缺往往是社会矛盾和冲突的根源。另外,如果不加区分地对所有行政决策行为都进行

法律规制,那么将会严重影响行政效率,也不符合我国的现实状况。2002 年,党的十六大报告提出要改革和完善决策机制。相较于之前仅仅提出概括性的行政决策完善目标,报告进一步提出了社情民意反映、重大事项社会公示、重大事项社会听证、专家咨询、决策论证、决策责任六项具体的制度,要求各级决策机关都要完善重大决策的规则和程序,为接下来行政决策程序的规范提供了方向。2003 年国务院制定的《国务院工作规则》用专章对科学民主决策程序进行了规定,将公众参与、专家论证、风险评估、合法性审查和集体讨论决定作为重大决策的必经程序。此后国务院发布的《全面推进依法行政实施纲要》《关于加强市县政府依法行政的决定》《关于加强法治政府建设的意见》等文件均对行政决策程序作出了规定。2014 年10 月,党的十八届四中全会通过了《关于全面推进依法治国若干重大问题的决定》,首次要求把公众参与、专家论证、风险评估、合法性审查、集体讨论决定等重大行政决策程序上升到法定层面。

地方专门的行政决策程序立法始于 2004 年,经过十余年的探索,我国已有 40 多个出台了规范重大行政决策程序的规章。地方各级政府一般沿着两种路径推进行政决策程序立法:一是将重大行政决策程序作为行政程序中的重要制度,在综合性行政程序规定中予以规定,以 2008 年《湖南省行政程序规定》为代表,目前地方已出台的 16 部行政程序规定中除《宁夏行政程序规定》之外,其余都对重大行政决策程序作出了制度设计;二是制定专门的重大行政决策程序立法,有的政府通过制定综合性重大行政决策程序规定进行全面规范,而有的政府则是制定关于重大行政决策的专项制度规定。[①]

中央通过出台指导性文件构建了行政决策的制度框架,地方政府则通过立法先行先试,并在多年的行政决策立法实践中为中央立法积累了较为成熟的立法经验。在此基础上,2019 年 5 月,国务院颁布《重大行政决策程序暂行条例》,以行政法规的形式对重大行政决策进行合理规制,进一步推进了行政决策法治化的进程。

四、行政决策责任

行政决策责任是指行政机关在进行行政决策的过程中没有履行好其职责而应承担的不利后果。行政决策责任是避免行政权力滥用,实现行政决策科学化、民主化、法治化的重要保障。改革开放以来,我国也在不断地完善行政决策责任追究制度。

(一)改革开放初期的行政决策责任追究

在改革开放之前,我国缺乏规范的行政决策责任追究制度,责任是否追究、如

---

① 王万华、宋烁:《地方重大行政决策程序立法之规范分析——兼论中央立法与地方立法的关系》,载《行政法学研究》2016 年第 5 期。

何追究更多依靠的是领导人的个人意愿施加影响。① 特别是在政治斗争广泛、权力高度集中的背景下,公权力被滥用而不受追究的情况十分普遍。

改革开放后,基于对历史的反思,我国逐渐认识到行政决策责任制度在民主政治中的重要地位。邓小平在《党和国家领导制度的改革》讲话中指出:"集体决定了的事情,就要分头去办,各负其责,决不能互相推诿。失职者要追究责任。集体领导也要有个头,各级党委的第一书记,对日常工作要负起第一位的责任。"尽管中央不断强调要强化责任追究,然而在改革开放之初,我国正处于由计划经济向社会主义市场经济转型的时期,对改革的方向和路径都处于探索阶段,从思想上强调要冲破桎梏、大胆开拓,从实践上强调要"摸着石头过河""胆子要大,步子要稳",大胆探索、稳妥前进。因此,在经济、政治体制改革中我国往往采用增量改革的方式,在不触动现存利益格局的情况下逐步发展新体制,以推动原有制度的改革,允许政府在行政决策与实施的动态过程中进行突破,决策失误往往被看作是改革过程中正常的"试错",不要求严格的责任认定和追究。在这一阶段,行政决策责任追究往往是自上而下的权力追究,主要根据上级领导的意见,缺乏明确和具体的规则,追究过程充满随意性,人为因素影响很大,行政决策责任追究的制度化、规范化水平较低。

(二)行政决策责任追究的制度建设

行政机关工作人员对自身的决策是否承担责任是区分民主与专制的重要标准。20 世纪 90 年代以后,行政机关工作人员的法律责任逐步被法律、行政法规明确下来。在《行政诉讼法》颁布之后,我国正式确立了依法行政原则,表明了行政权的责任追究性和受法律制约性,对于规范行政权力运行、保障公民合法权益有着重要的积极的意义,这也为发展行政决策责任追究制度奠定了基础。1993 年国务院颁布了《国家公务员暂行条例》,初步建立了我国的公务员制度,明确了要对违纪公务员进行责任追究。1997 年《行政监察法》的出台确立了行政监察制度,对促进行政机关及其工作人员廉洁奉公、遵纪守法具有重要作用。上述法律规范进一步推进了行政决策责任追究的制度建设。

2003 年,"非典"出现后,相关决策者作出错误决策,隐瞒疫情,没有及时采取有效措施,导致疫情的扩大,最后,为扭转局势,上百名官员在短时间内同时被免职撤职。在此背景下,行政决策责任追究的发展步伐开始加快。2004 年,《党政领导干部辞职暂行规定》颁布,规定党政领导干部因工作失职、决策严重失误等情况,造成严重损失或者恶劣影响,负主要领导责任的,应当引咎辞职。与此同时,国务院颁布的《全面推进依法行政实施纲要》规定,要按照"谁决策、谁负责"的原则,建立健全决策责任追究制度,实现决策权和决策责任相统一。自此,"谁决策,谁负责"

---

① 王仰文:《行政决策责任追究的制度观察》,载《法治研究》2013 年第 12 期。

成为我国行政决策责任追究制度的基本原则,之后与行政决策有关的法律法规,以及党和政府发布的文件也将行政决策责任追究制度作为行政决策的重要制度加以设计。① 2014 年,党的十八届四中全会通过了《关于全面推进依法治国若干重大问题的决定》,并在行政决策责任追究制度的基础上,进一步提出了要建立重大决策终身责任追究制度及责任倒查机制,以加快法治政府的建设。2019 年,国务院颁布《重大行政决策程序暂行条例》,明确了决策机关、决策承办单位、决策执行单位以及承担论证评估工作的专家和组织的法律责任问题,对于决策严重失误,或者依法应当及时作出决策而久拖不决,造成重大损失、恶劣影响的,还应当对决策机关行政首长、负有责任的其他领导人员和直接责任人员实行终身责任追究。此外,在地方层面,各地均在有关行政决策的政府规章中对其法律责任进行了规定,内容涉及责任主体、追责主体、追责情形、归责原则、责任形式等内容,但由于行政决策内容繁杂,各地对重大行政决策责任追究制度的规定差异也比较大。

我国行政决策责任追究制度经历了从无到有的发展历程。在《重大行政决策程序暂行条例》出台之前,我国行政决策责任追究主要以党规追究和地方政府规章追究为主,中央层面的法律规定相对来说还比较薄弱和分散,相关规范性文件也过于抽象。随着我国政治体制改革的不断深入,必然要求进一步加强对行政决策责任的追究,这也是行政法治发展的必然趋势。在地方对重大行政决策责任追究制度规定不统一的背景下,《重大行政决策程序暂行条例》的出台对于进一步理顺决策各方的职权与责任具有重大意义,也有助于行政权力的制约和监督。

第三节 行政决策制度的实践分析

尽管国务院出台了《重大行政决策程序暂行条例》,但是由于目前行政决策的制度建设和实践主要集中于地方,加之相关制度规制的重点是"重大行政决策",因此本部分主要对地方层面的重大行政决策的实践情况进行分析。

---

① 例如 2005 年《公务员法》规定,领导成员因工作严重失误、失职造成重大损失或者恶劣社会影响的,或者对重大事故负有领导责任的,应当引咎辞去领导职务。2007 年《行政机关公务员处分条例》规定,负有领导责任的公务员违反议事规则,个人或者少数人决定重大事项,或者改变集体作出的重大决定的应当给予其处分。2008 年国务院发布的《关于加强市县政府依法行政的决定》规定,对于超越法定权限或违反法定程序的决策行为,要依照《行政机关公务员处分条例》第 19 条第(一)项的规定,对负有领导责任的公务员给予处分。2009 年 7 月,中共中央和国务院联合颁布《关于实行党政领导干部问责的暂行规定》,对于决策严重失误,造成重大损失或者恶劣影响的,各级党委和政府要依照该规定严肃问责。2010 年,国务院印发的《关于加强法治政府建设的意见》,再次强调了要坚持依法科学民主决策,加强重大决策跟踪反馈和责任追究。

一、重大行政决策事项范围的实践分析

重大行政决策事项范围直接关系到何种决策能够被纳入重大行政决策相关制度予以规范。对地方层面有关重大行政决策的规章及规范性文件的规定进行归纳总结，可以看到重大行政决策事项有列举式[①]、概括加列举式[②]、概括加排除式[③]三种立法模式。其中，大部分省市都采用了列举式对重大行政决策的范围进行规定，重大行政决策的事项主要分为重大规划计划、重大公共政策、重大财政、重大改革、其他五类。除此之外，由于列举式无法穷尽所有的重大行政决策事项，所以绝大部分省市都设置了兜底条款。总体而言，大部分地方政府都将重大规划计划、重大公共政策、重大财政类的行政决策列入重大行政决策范围之内，但在其他类上则分歧较大。例如，《广西壮族自治区重大行政决策程序规定》《甘肃省人民政府重大行政决策程序暂行规定》将起草地方性法规草案、制定政府规章和重要的规范性文件列入政府重大行政决策事项，《天津市人民政府重大事项决策程序规则》将重大突发公共事件应急预案的制定与调整列入政府重大行政决策事项，但是《浙江省重大行政决策程序规定》《山东省行政程序规定》《云南省重大行政决策程序规定》等政府规章则明确将其排除。其理由主要在于，有关立法及突发事件的程序已经有其他法律、法规、规章的规定可以适用，因此不适用重大行政决策程序。除此之外，为了明确重大行政决策事项范围，更好地规范重大行政决策行为，促进依法行政和服务型政府建设，广州、合肥、苏州等地还开展了重大行政决策事项目录管理制度的探索，凡是经政府法制机构审查后被纳入重大行政决策事项目录的决策事项，就应按重大行政决策规定程序进行。

---

① 如《上海市重大行政决策程序暂行规定》第3条第1款规定：“本规定所称重大行政决策，包括下列事项：（一）经济和社会发展等方面的重要规划、计划；（二）公共服务、市场监管、社会管理、环境保护等方面的重大公共政策和措施；（三）重大公共建设项目；（四）法律、法规、规章规定或者决策机关认为应当纳入重大行政决策事项范围的其他事项。”

② 如《江苏省行政程序规定》第27条第1款规定：“本规定所称重大行政决策，是指由县级以上地方人民政府依照法定职权，对关系本行政区域经济社会发展全局，社会涉及面广，与公民、法人和其他组织利益密切相关的下列事项作出的决定：（一）编制国民经济和社会发展规划、重要的区域规划和专项规划以及财政预算；（二）制定行政管理体制改革的重大措施；（三）制定公共服务、市场监管、社会管理、环境保护等方面的重大措施；（四）确定和调整重要的行政事业性收费以及政府定价的重要商品、服务价格；（五）决定政府重大投资项目和重大国有资产处置；（六）需要由政府决策的其他重大事项。”

③ 如《苏州市重大行政决策程序规定》第2条第1款规定：“本规定所称重大行政决策，是指市人民政府（以下简称市政府）依法履行行政职能，对涉及社会公共利益的重大事项作出决定的活动。下列事项不得作为行政决策事项：（一）市场竞争机制能够有效调节的；（二）公民、法人或者其他组织能够自主决定的；（三）行业组织或者中介机构能够自律管理的；（四）基层群众组织能够自治管理的。”

但是在实践中,由于"重大"在语义上存在模糊性和不确定性,因此将"重大"作为行政决策的分类标准,事实上难以对重大行政决策和一般行政决策进行界分,这也导致了行政机关在确定重大行政决策事项时具有很大的随意性,可以自由决定一项行政决策是否进入重大行政决策程序。例如,2018 年上海市黄浦区人民政府和东营市人民政府分别将 28 项和 33 项行政决策列入重大行政决策事项目录,而武汉市仅将 3 项行政决策列入重大行政决策事项目录;《温州市人民政府重大行政决策程序暂行规定》中将编制财政预算作为重大行政决策事项予以规定,但是《温州市 2018 年度重大行政决策事项目录》没有将编制财政预算作为重大行政决策项目予以列示。为了减少行政机关在决策动议过程中行政裁量权的滥用,一些地方政府也出台了有关重大行政决策的量化标准[①],以规范重大行政决策行为。(见表5-1)

表 5-1　重大行政决策事项分类

类别	具体事项
重大规划计划类	编制国民经济和社会发展中长期规划、年度计划
	编制各类总体规划、重要的区域规划和专项规划
重大公共政策类	经济和社会发展重大政策措施
	劳动就业、社会保障、教育、医疗卫生等民生领域重大政策措施
	自然资源开发利用、生态环境保护等生态环境领域重大政策措施
	民主与法制建设中的重大政策措施
重大财政类	编制财政预决算和重大财政资金安排
	重大政府投资项目和重大国有资产处置
	重要的行政事业性收费以及政府定价的重要商品、服务价格的确定和调整
重大改革类	行政管理体制改革
	经济体制改革
	财政体制改革
其他	提出地方性法规草案、制定政府规章和重要的规范性文件
	重大突发公共事件应急预案的制定与调整
	关系国民经济命脉、国家安全的行业和特种行业管理
	人才工作和人才队伍建设中的重大事项
	国防后备力量建设、国防动员、国防设施保护中的重大事项
	政府重要奖惩决定
	保护公共安全和公共利益,维护社会秩序采取的长期限制性措施

---

① 　如《汕头市人民政府重大行政决策量化标准规定》。

二、重大行政决策程序实践分析

《关于全面推进依法治国若干重大问题的决定》将公众参与、专家论证、风险评估、合法性审查、集体讨论决定确定为重大行政决策的法定程序。其中,在决策草案形成阶段,主要涉及公众参与、专家论证、风险评估三个程序,在决策草案形成以后,则需要履行合法性审查和集体讨论决定程序。地方重大行政决策程序相关立法和实践也主要围绕这五个程序展开。

(一)公众参与

目前,行政决策公众参与主要有座谈会、协商会、公开征求意见、听证会、走访、民意调查等形式。一般而言,行政机关会基于不同的行政价值目标的考量,根据重大行政决策对公众影响的范围和程度选择适当的公众参与形式,不同的形式也直接关系着公众参与的广度、深度和法律效果。通过报刊、广播电视、网络、电话等公开征求意见由于具有成本低廉、受众面广等优点,已经成为行政机关最为广泛采用的获取民意的形式。而针对一些比较重要的行政决策事项,行政机关往往采用听证会的形式,为公众提供与行政机关平等对话和协商的平台。总结16个与行政决策相关的省级规章或规范性文件中对应当举行行政听证的重大行政决策事项的规定,[①]除了依据法律、法规、规章应当进行听证的事项外,应当进行听证的行政决策事项主要包括涉及重大公众利益、涉及群众切身利益以及公众对决策方案有重大分歧,一些省市还将可能影响社会稳定、较多利害关系人要求听证和社会关注度较高的决策列入其中。此外,为了了解行政草案的社会认同度和承受度,安徽、上海等地还明确要求对重大民生决策实行民意调查制度。(见图5-1)

但是在实践中,行政决策公众参与制度在运行中仍然存在一定的问题。

一是公众参与意识不足,对于行政决策的参与热情和参与程度不高。以深圳市为例,通过对深圳市人民政府门户网站"深圳政府在线"上的数据进行整理和分析,2018年3月至12月期间,深圳市全市就341件行政决策向市民公开征集意见,通过网站留言、电子邮件、电话、信函等方式共收到1709条意见建议,收到0~5条意见建议的行政决策草案有279件,占总数的81.8%,其中有57件行政决策草案未收到意见建议。[②]而列入《深圳市人民政府2018年度重大行政决策事项目录》的8件重大行政决策中,《深圳市房屋使用安全管理规定(征求意见稿)》《深圳国际消费中心城市建设三年行动计划(2018—2020年)(征求意见稿)》和《深圳市人

---

① 该16个省(市)包括:湖南、江西、山东、广西、江苏、宁夏、内蒙古、浙江、上海、山西、四川、湖北、安徽、贵州、广东、重庆。

② 数据系根据深圳市人民政府门户网站"深圳政府在线"中"征集调查"板块公布的情况整理而得,http://www.sz.gov.cn/cn/hdjl/zjdc/index_42150.htm,最后访问日期:2019年7月26日。

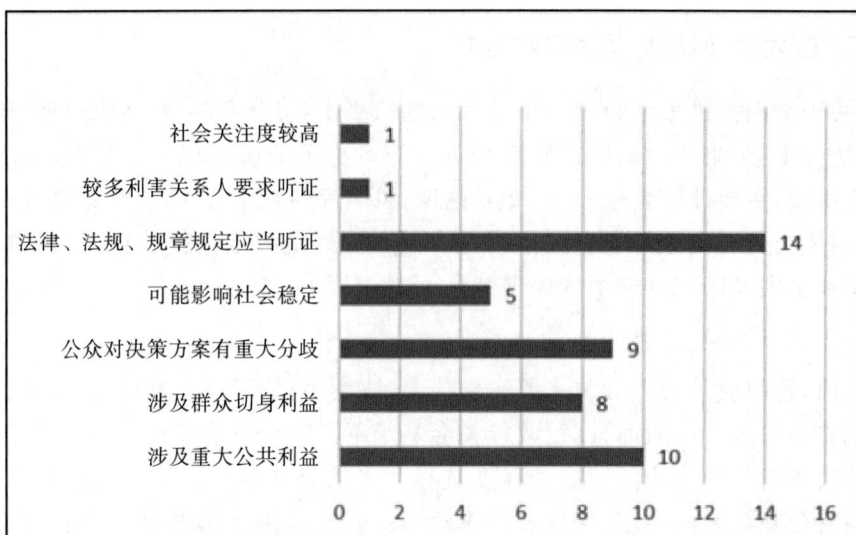

图 5-1　应当举行听证的重大行政决策事项

民政府关于划定禁止使用高排放非道路移动机械区域的通告（征求意见稿）》分别收到 9 条、2 条、2 条意见建议。《关于加快我市注册会计师行业发展的实施意见（征求意见稿）》共收集到意见建议 20 条，但 20 条意见建议均来自深圳证监局、市发改委、人社局、区政府等行政机关和深圳市财政委员会内相关处室，没有来自公众的意见。① （见图 5-2）

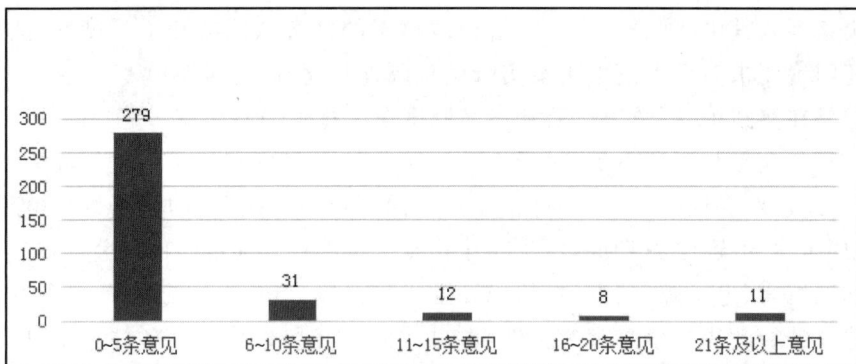

图 5-2　2018 年 3 月—12 月期间深圳市行政决策草案公开征求意见情况

　　二是公众意见实效性有待提升。公众参与作为确保行政决策民主化、科学化

---

　　① 《关于〈关于加快我市注册会计师行业发展的实施意见（征求意见稿）〉征求意见及采纳情况的报告》，http://szfb.sz.gov.cn/ywpd/kjgl/tzgg/201804/t20180428_11804610.html，最后访问日期：2019 年 4 月 29 日。

的重要制度保障,不能仅将公众参与作为程序要求,而是要让公众参与真正对行政决策发挥实际影响力,因此对公众意见的反馈直接影响着公众参与的效果。行政机关必须对收集到的公众意见进行归纳整理,对于其中的合理意见予以采纳,不予采纳的,需要向提出意见的公众说明理由,并在公众参与程序结束后向社会公布公众意见及采纳情况,这样才能保证公众参与不流于形式。在 18 个与行政决策相关的省级规章或规范性文件中,大部分省份对公众参与反馈机制的规定还不够健全。例如,《甘肃省人民政府重大行政决策程序暂行规定》仅提及要将公众参与情况进行归纳整理,但是没有提及对采纳和不予采纳意见的反馈;《湖北省人民政府重大行政决策程序规定(试行)》规定要将重要意见和建议的采纳情况向社会公告,但未提及如何处理不予采纳的意见;《江西省县级以上人民政府重大行政决策程序规定》则缺少向社会公布公众意见及采纳情况的规定。除此之外,仅有 9 个省份规定听证报告应当作为政府决策的重要依据,其余省份则缺乏对听证效力的明确规定。

(二)专家论证

我国行政决策中专家论证的实践最早可以追溯到 20 世纪 80 年代。在社会经济的快速发展的背景下,行政机关利用经验进行决策已经无法应对日益专业化和复杂化的行政事务,而在行政决策的程序中引入专家论证可以利用专家的专业知识为行政机关提供智力支持,补强行政决策的理性,因此也越来越受到国家的重视。一方面,为了提升决策的科学性,各级行政机关纷纷设立专家决策咨询委员会,对行政决策的可行性进行研究,如 1986 年,卫生部成立国家预防和控制艾滋病专家委员会,其职责之一就是对国家预防和控制艾滋病规划进行技术审评。另一方面,一些法律、行政法规中也出现了有关专家论证的规定。例如,2002 年《环境影响评价法》规定设区的市级以上人民政府在审批专项规划草案,作出决策前,应当先由人民政府指定的环境保护行政主管部门或者其他部门召集有关部门代表和专家组成审查小组,对环境影响报告书进行审查。

而随着行政机关对专家论证重视程度的不断上升,一些地方也先行先试,出台了有关重大行政决策专家论证程序的规范性文件,如《成都市重大行政决策事项专家咨询论证办法》《湖南省人民政府重大行政决策专家咨询论证办法》《广西壮族自治区人民政府重大行政决策专家咨询论证办法》。这些规范性文件对专家论证的范围、专家论证组织、专家遴选标准、专家论证方式、专家论证程序、专家权利与义务都进行了规定,大部分地方也在其有关重大行政决策程序规定中将专家论证作为一个重要的程序环节确定下来。但是由于目前中央层面对专家论证制度尚无统一立法,相关规定散见于法律、行政法规之中,而地方层面规范在内容上比较粗糙且效力层级过低,部分地区甚至没有出台有关专家论证的规定,这就导致专家论证在过往的实践中出现很多问题,难以发挥应有的作用。

一是专家缺乏独立性。一般来说,进行论证的专家人选一般由行政机关自行选定,行政机关往往也更倾向于根据自身需求"定做专家意见",专家论证在行政机关的左右下,其意见就失去了公允性和独立性,实际上变成了对已经内定的行政决策的证成。2003 年,因岷江紫坪铺水库水力发电工程的需要,都江堰管理局拟在都江堰附近修建大坝,在其组织的第一次专家论证会上,多数专家会上强烈反对建坝,认为建坝可能会对世界遗产都江堰主体工程造成严重损害,但是都江堰管理局仍坚持继续上马并再次组织专家论证,在第二次专家论证中管理局排除了持反对意见的专家,项目方案得以顺利通过。[①]

二是专家论证易被规避。在目前的地方立法中,只有云南、四川明确规定,重大行政决策事项未经专家论证或者论证未获通过的,不得提交政府讨论决定。而在多数地方,专家论证是作为行政决策的一个选择程序而非必经程序进行规定的。例如,广西、宁夏、浙江、辽宁、上海、青海等地有关重大行政决策程序的规定中均指出,重大行政决策事项在专业性、技术性较强的情况下才需进行专家论证,这就给了行政机关一定的规避专家论证的空间。实践中大量行政决策未经专家论证就匆忙"上马",带来了巨大的损失。

三是专家意见被边缘化。实践中由于缺乏专家论证的具体规则,一些行政决策的论证会被开成了座谈会和咨询会,专家意见往往也仅作为行政机关决策的参考,对最终决策也缺乏明显的约束力。为了迎接 2010 年广州亚运会,广州市于2008 年起草了《广州市污水治理和河涌综合整治工作方案》,拟投入 486.15 亿元对全市 121 条河涌进行整治,以达到 2010 年 6 月 30 日之前"全市水环境出现根本性好转"的目标,并就该治水方案向国内 12 位顶尖专家咨询意见。经过讨论,过半数的专家认为该方案难以达到预期目标,并且在是否推进雨污分流上没有达成共识。但是专家的意见并未得到重视,广州市在 22 天后向社会公布了《广州市污水治理和河涌综合整治工作方案》。[②] 这场运动式的治水的确在短期内大幅度地改善了广州河涌水质,但是在亚运会过去 3 年之后,河涌以及支涌水质就开始反弹,2013 年广州河涌 5 月份的水质监测信息显示,中心城区 31 条河涌中仅有 1 条达标。[③]

（三）风险评估

风险评估作为重大行政决策的法定程序,其目的在于从源头上预防和控制重大决策的风险,对重大行政决策进行风险评估之后,行政机关再根据行政决策的不

---

① 《谁保卫了四川都江堰 媒体打响反对建坝的第一炮》,http://news.sohu.com/23/72/news213497223.shtml,最后访问日期:2019 年 4 月 28 日。

② 《广州 486 亿治水方案曾遭多数专家质疑》,http://gongyi.sina.com.cn/greenlife/2013-07-04/101043923.html,最后访问日期:2019 年 4 月 28 日。

③ 《广州治水日投 1 亿多未获市民满意 总投资 486.15 亿》,http://www.gdep.gov.cn/news/hbxw/201307/t20130701_153557.html,最后访问日期:2019 年 4 月 28 日。

同风险等级采取不同的措施,从而保障决策风险能够得到防范和化解。我国行政决策中风险评估制度的实践发源于四川省遂宁市,在2004年汉源大规模群体性事件之后,面对严峻的维稳形势,遂宁市开始探索并于2005年在全国率先建立了重大工程项目社会稳定风险评估预测化解机制,形成了独特的"遂宁模式"。此后,全国各地纷纷对行政决策风险评估进行试点,并因地制宜地形成了"烟台模式""平阳模式""淮安模式"等。《中共中央关于全面推进依法治国若干重大问题的决定》也将风险评估作为行政决策法定程序予以确定。目前在省级有关重大行政决策程序规定中,上海、广西、宁夏等11个省(市)均对风险评估程序有所规定,大连、青岛等市还出台了专门的重大行政决策风险评估办法。

实践中,行政决策风险评估主要有以下几个发展趋势。一是评估主体向多元化发展,从行政机关评估逐步发展到行政机关、第三方、公民多元主体共同评估。在以往的行政决策风险评估中,一般是"谁决策、谁评估",决策机关在评估过程中占据着主导地位,评估缺乏有效的监督和制约。为了提升评估结果的科学性和有效性,一方面,行政机关可以委托中立的第三方进行评估;另一方面,对于行政机关自行实施评估的,还可以根据需要邀请相关部门和组织参加评估,如《青岛市重大行政决策风险评估办法》规定,决策承办单位应当根据需要邀请人大代表、政协委员、政府法律顾问、专家学者、利益相关方和相关部门、社会组织、专业机构参加。二是评估事项不断拓展。由于行政决策中的风险评估制度的本身就是基于维稳需求而产生的,所以在相当长的一段时间内,风险评估的关注点都集中在可能对社会稳定产生影响的重大行政决策上。但是我国正处于社会转型期,除了涉及社会稳定的重大行政决策事项之外,其余重大行政决策均有可能引发严重的政治、社会、经济、生态等方面的风险,因此必须对评估事项予以拓展,如《云南省重大行政决策程序规定》规定,应当对可能存在社会稳定、生态环境、社会效益、法律纠纷、财政金融和公共安全等风险的重大行政决策事项进行风险评估。

(四)合法性审查

合法性审查是行政机关依法决策的重要保障。从2008年《国务院关于加强市县政府依法行政的决定》提出建立重大行政决策的合法性审查制度以来,经过各地制度化建设,合法性审查已经成为重大行政决策的必经程序。

一是在审查主体方面,合法性审查作为行政机关内部的审查机制,一般由行政机关的内设机构进行,大部分地方政府选择了由本级政府法制机构统一对重大行政决策进行合法性审查,以便于政府对其下属工作部门的重大行政决策行为进行监督。除此之外,一些地方还引入了第三方对重大行政决策进行合法性审查,如《甘肃省人民政府重大行政决策程序暂行规定》提出,省政府法制机构应当组织有关人员和省政府相关法律专家咨询委员进行合法性审查,而上海、宁夏等地规定了政府法律顾问制度,以发挥政府法律顾问在制定重大行政决策中的作用。

二是在审查内容方面,从各地实践情况来看,审查的内容主要是行政决策权限、程序、内容是否合法,是对重大行政决策实质是否合法进行审查,但值得注意的是,《辽宁省重大行政决策程序规定》规定,法制机构还应当对涉及对公民、法人和其他组织权益有直接影响的行政措施是否适当进行审查,将重大行政决策的合理性也纳入了审查内容。

三是在审查效力方面,总体而言,大部分地区都将合法性审查作为重大行政决策的必经程序,规定未经合法性审查的或者经合法性审查不合法的,不得提交决策机关讨论,但是各地在看待审查意见效力方面观点不一。一些地方合法性审查制度刚性不够,没有约束力。例如《宁夏回族自治区重大行政决策规则》规定:"决策承办部门应当对合法性审查意见进行认真研究,根据合法性审查意见对决策方案作相应修改;认为不应采纳的,应当在提请决策机关讨论决定时专门说明理由",仅将合法性审查意见看作行政决策的一个参考依据;《甘肃省人民政府重大行政决策程序暂行规定》中则是将合法性审查意见看作内部工作文件,要求审查意见只供内部使用,不得向外泄露。一些地方合法性审查意见则约束力较强,如《辽宁省重大行政决策程序规定》要求决策承办单位应当采纳合法性审查意见。

(五)集体讨论决定

集体讨论决定是行政机关领导班子在行政首长负责制要求下,对重大行政决策进行充分讨论,并最终在行政首长讨论基础上作出决定的过程。1986 年修正《地方各级人民代表大会和地方各级人民政府组织法》时就明确规定,政府工作中的重大问题,须经政府常务会议或者全体会议讨论决定。地方层面有关重大行政决策程序的立法也明确规定,重大行政决策应当经政府常务会议或者全体会议集体讨论决定。目前,行政机关在作出重大行政决策之前由领导班子进行集体讨论已经成为习以为常的做法,但是在实践中,集体讨论决定还存在着会议形式规范程度差,讨论"走过场",讨论过程"一言堂",以集体讨论为借口逃避决策责任等问题。[①] 为了解决上述问题,地方政府在进行相关立法时也进行了一些制度创新。

针对会议形式规范程度差、讨论"走过场"等问题,《湖南省行政程序规定》就集体讨论内容和程序作出了规定,并创新性地提出由"行政首长最后发表意见"。在此规定下,会议流程一般为:首先由决策承办单位对重大行政决策方案草案进行汇报,并对决策过程中形成的公众参与、专家论证、风险评估、合法性审查等意见进行说明;其次由会议其他组成人员发表意见;再次由决策事项的分管负责人发表意见;最后由行政首长发表意见。这样的发言顺序可以避免行政首长在讨论一开始就发表倾向性意见,将讨论定基调,以此提升讨论的民主性,让讨论真正发挥集思

---

① 宋大涵主编:《深度解读〈法治政府建设实施纲要(2015—2020 年)〉》,中国法制出版社 2016 年版,第 104 页。

广益的作用。

针对讨论过程"一言堂"、以集体讨论为借口逃避决策责任等问题,《宁夏回族自治区重大行政决策规则》规定,决策机关主要负责人一般应当按照多数会议组成人员的意见作出决定,拟作出的决定与多数人的意见不一致的,应当说明理由。会议组成人员的意见、会议讨论情况和决定应当如实记录,对不同意见应当予以载明。《山西省人民政府健全重大行政决策机制实施细则》中还要求对会议如实记录,全程留痕。

三、重大行政决策责任实践分析

行政决策责任包含政治责任、法律责任和道德责任三种类型。而道德责任本身属于一种主观的感受和评价,并不具有强制性,不属于重大行政决策责任追究的范围,因此对于重大行政决策的失误应当就政治责任和法律责任进行追究。就重大行政决策责任主体而言,主要包括决策机关、决策承办单位、决策执行机关、承担论证评估工作的专家或组织四类。但是,目前对重大行政决策追责的实践还比较混乱。

一是以往实践中对重大行政决策的追责缺乏明确的依据,难以开展。在《重大行政决策程序暂行条例》出台之前,重大行政决策相关追责规定散见于《公务员法》《行政机关公务员处分条例》《关于实现党政领导干部问责的暂行规定》等法律、行政法规以及党内法规之中。地方层面的相关立法也纷繁杂乱,内容比较粗糙,在追责主体、追责对象、追责范围、责任承担形式方面都有较大区别,如就归责原则一项,地方立法中就涉及违法加过错归责、违法归责、违法加结果归责、过错责任等原则。

二是重大行政决策所要处理的问题本身就带有一定的复杂性,从行政决策的作出到决策效果的显现往往要经历很长时间,这就加大了对行政决策是否失误的判断难度。在实践中进行追责的机关往往也是以结果为导向,忽视对行政决策过程的追责。有学者还对 2003 年至 2012 年间《人民日报》和《中国青年报》所刊登的318 个问责样本进行了整理和统计,其中针对行政决策问责的事件有 9 个,仅占全部问责事件的 2.8%。[①] (见表 5-2)

---

① 谷志军:《中国决策问责的现状与困境——基于 2003—2012 年问责案例的分析》,载《学习与探索》2015 年第 7 期。

表 5-2　行政过程三个环节问责内容的分布①

行政过程环节	问责事件数量(件)	构成百分比(%)
结果	214	67.3
执行	95	29.9
决策	9	2.8
合计	318	100

除此之外,在重大行政决策中参与论证的专家或提供服务的专业机构虽然不是决策主体,但是其基于自身知识所出具的报告和意见将会对决策产生极大的影响,若缺乏相应的责任约束,专家则很可能被行政机关或相关利益团体所俘获,一旦报告或意见提供错误的结论,那么重大行政决策失误就是在所难免的。例如在2003 年广东兴宁市大兴煤矿特大透水事故发生之前,有关部门曾请了 7 位专家对煤矿能否安全生产进行论证,专家组经过勘查和研究后向当地政府出具了"开采安全"的论证意见,但就在论证意见提交几小时后,大兴煤矿就发生了特大透水事故,直接导致 123 名矿工死亡,而专家组却没有受到责任追究。② 目前的重大行政决策程序相关立法大部分没有对专家责任进行规定,即使有所规定,也仅仅是要求有关机关应当依法追究相应的法律责任,而相关规定又散落于各个法规规范中,追责机关也难以确定。

第四节　行政决策制度的发展展望

一、进一步完善行政决策相关立法

目前,我国很多省市已经通过制定地方政府规章对行政决策程序进行了规定,但是这些规定还存在明显不足。一是在调整对象方面,由于各地对"重大行政决策"的内涵和性质尚无一致看法,对其事项范围的概括、列举和排除还存在较大差异,导致在行政决策程序具体适用过程中可能会出现法律规范不协调或者冲突的问题,不利于重大行政决策程序的启动和开展,也不利于国家法制的统一。二是在程序规定方面,有的地方的规定结构严谨合理、制度完整、可操作性强;有的地方内

---

① 谷志军:《中国决策问责的现状与困境——基于 2003—2012 年问责案例的分析》,载《学习与探索》2015 年第 7 期。

② 赵东辉、凌广志、王攀:《大兴矿难前的专家论证疑云:一份发人深省的煤矿安全开采"意见书"》,载《瞭望》2005 年第 24 期。

容规定简单,仅仅是对中央政策的重述;还有的地方只出台了有关行政决策中专项制度的规定,缺乏完整的程序规定。

2019年,国务院颁布《重大行政决策程序暂行条例》,该条例首先是明确了重大行政决策程序的适用范围,在考虑到我国各地区发展不平衡,由国家统一明确重大行政决策事项范围的具体标准并不现实的情况下,通过列举加排除的方式来明确重大行政决策事项的范围,同时将"对经济社会发展有重大影响、涉及重大公共利益或者社会公众切身利益的其他重大事项"作为兜底条款,以适应各级政府在行政决策方面的不同需求。对于各地对"重大行政决策"认识上的分歧,条例将财政政策、货币政策等宏观调控决策,政府立法决策以及突发事件应急处置决策排除在重大行政决策程序的适用之外,为地方政府重大行政决策范围的界定提供了依据和指引。其次是为重大行政决策程序作出了从决策启动到决策执行和调整的全流程设计,内容涵盖公众参与、专家论证、风险评估、合法性审查、集体讨论决定等制度,并对其提出了具体要求。

因此,在未来行政决策制度的发展过程中,地方政府应当根据《重大行政决策程序暂行条例》的规定进一步修改和完善相关立法,在符合上位法的情况下,根据各地的实际情况以及决策的侧重点确定重大行政决策的事项范围,并对决策程序进行细化,明确各方主体的权利与义务关系,使重大行政决策程序更具有可操作性,实现公众对重大行政决策的知情权、参与权的普遍化、制度化,实质性地发挥规范作用。

二、实现行政决策有效公众参与

从规范层面上看,公众参与制度已经成为重大行政决策程序立法的重要内容之一,在行政决策程序中占有重要地位。但是相较于公众参与在制度层面的规范和拓展,公众参与在实践层面往往由于流于形式而为人所诟病。公众参与应当包括参与主体、参与过程、参与结果三个方面。在参与主体上,存在参与主体有限、代表产生机制不健全等问题,公众的诉求得不到真正的表达;在参与过程上,存在公众决策动议权缺失,形式主义严重等问题,参与的过程实质上变成了决策解释和说明的过程;在参与结果上,行政机关仅把公众参与作为程序合法性的一个考量因素,只赋予了公众提出行政决策意见的权利,公众意见对行政决策的作出并没有实质性的约束力,公众不能保证其提出的意见得到回应、合理的意见获得采纳。这就导致了公众参与实效性不高。公众参与作为民主决策的基本要求,是公民行使知情权、表达权和监督权的重要渠道,也是对行政机关决策权力的抗衡和制约,是提高决策正当性和可接受性的重要方式。因此,在未来提升公众参与的实效也是行政决策制度发展的重要目标。

三、加强行政决策责任的追究

目前,《重大行政决策程序暂行条例》构建了包括责任主体、追责主体、追责原则、追责情形、责任形式在内的重大行政决策责任追究制度框架,形成了相对独立和科学的追责机制,有助于解决以往行政决策追责的随意性和不确定性偏大的问题,实现行政决策追责的体系化和规范化。但是,《重大行政决策程序暂行条例》有关责任追究的规定仍然过于概括,其具体追责程序仍然需要不断细化。除此之外,在重大行政决策终身责任追究制度下,"终身"必然使得行政决策责任的内涵不同于普通行政权力行使所带来的责任,未来我国现行法律体系中对"终身责任"的解释也是亟须解决的重点问题。此外要加强行政机关之外的异体追究。以往的行政决策责任追究制度主要依赖于行政机关的自我约束,通过自我追责、上级追责、行政监察部门追责进行同体追责,制度本身就难以做到完全公正和客观。国家监察体制的改革则是创新行政决策责任追究机制的良好契机。监察体制改革的目标之一就是构建集中统一、权威高效的中国特色国家监察体系,实现对所有行使公权力的公职人员监察全覆盖。通过监察委对行政决策进行监督,将有助于克服同体责任追究的制度缺陷,也有助于促进行政决策责任追究的实现。

第
六
章

行政处罚制度的变迁与发展

作为我国行政管理中最常见的一种行政行为,行政处罚是最典型的侵益性行政行为,历来也是行政法时刻紧盯的对象之一。20 世纪 90 年代,鉴于实践中行政处罚过多、过滥给行政相对人权益带来了严重侵害,不仅引起了社会的强烈不满,也给行政机关的形象造成了严重的负面影响,为此,我国在 1996 年专门制定颁布了《行政处罚法》,标志着我国对行政处罚的治理从此走上了法治化轨道。尽管这部法律还存在一些不足与缺憾,但多年的实践证明,《行政处罚法》对规范行政处罚的设定与实施,促进依法行政,保障当事人的合法权益发挥了重要作用,使其成为我国行政法治建设中的一座里程碑。

第一节　行政处罚制度的发展历程

一、《行政处罚法》颁布之前的行政处罚制度

1979 年之后,随着我国法制建设进入快步发展期,各种法律数量激增。为了确保法律规定能够得以顺利实施,多数法律均在其罚则部分规定了行政处罚手段,但由于对处罚缺乏法律限制,再加上越来越多的行政机关都倾向于运用行政处罚来保障自己有效履行监管职责,各种乱设处罚、滥用处罚的问题也随之而来。鉴于

此,1986 年以后,我国又先后制定了《治安管理处罚条例》《投机倒把行政处罚暂行条例》《国务院关于违反财政法规处罚的暂行规定》等法律法规,对一些重要领域内行政处罚的条件、方式、种类以及程序进行了初步规范。在 1996 年《行政处罚法》颁布之前,我国行政处罚的制度状况表现为以下几个方面。

(一)行政处罚主体多元化

由于利益驱动,各种行政处罚主体竞相出台形形色色的处罚措施。甚至一些没有规章制定权的市、县、乡人民政府,地方基层自治组织或企事业单位都制定了行政处罚。

(二)行政处罚立法内容不尽规范合理

行政处罚内容庞杂,行政处罚种类和形式配置不合理。有的将不具有处罚性质的措施甚至民事责任也纳入行政处罚的范围。法律、法规、规章以及其他规范性文件赋予了行政机关在行政处罚种类、处罚幅度等方面过大的裁量权。同时行政处罚立法偏重于对违法者的制裁和行政效能的实现,把行政处罚视为"官管民"的法,约束对象是处于被管理地位的公民、法人或其他组织,而缺少对行政机关行政处罚行为的监督制约以及行政处罚程序的制约规定。[1]

(三)行政处罚范围广,使用频率高

行政处罚的适用范围非常广泛,在各个领域都得到了极其广泛的运用。各级行政机关和部门为了有效地履行其监督管理职责,越来越多地开始运用行政处罚手段。据调查,1991 年仅北京市行政机关实施的处罚行为就达 800 多万次,其中罚没款物处罚 700 多万次,折合金额 9000 多万,警告、拘留法人59.9 万人次,吊销许可证、责令停业 756 起,拆除违章建筑 2000 多起,行政机关在广泛地行使处罚权。[2]

(四)客观上存在行政处罚"疲软"的现象

行政处罚中也存在"疲软"现象,这主要是在法律之外有诸多因素对行政处罚的实施存在干扰。例如违法现象日渐增多,以生产销售假劣药品现象为例,从1983 年至 1984 年上半年,全国共取缔假药、劣药达 100 多万斤,取缔非法药贩 2 万多人次。[3] 在 1985 年,全国查处了各种假劣药品案件 11300 多起,金额达 18067 万元。20 世纪 90 年代初,有的地方国营主渠道也销售伪劣药品,有的地方以生产销售伪劣药品为生,发展成"假药专业村",这严重威胁着人民群众的健康和生命

---

① 应松年、刘莘主编:《行政处罚法的理论与实务》,中国社会出版社 1996 年版,第 57~59 页。

② 马怀德:《行政处罚现状与立法建议》,载《中国法学》1992 年第 5 期。

③ 江冰:《药政管理工作进入法制化的新阶段》,载《中国卫生事业管理》1985 年第 1 期。

安全。①

同时,非法干预和妨碍执法现象也很严重,在 20 世纪 90 年代初,北京市每年查处 900 万起违法案件,大约有 500 万起处罚存在执行问题。全国工商行政管理系统 1990 年发生妨碍公务案件 1.7 万起,造成 13 名执法人员死亡,754 人重伤,35人致残。②

二、行政处罚法的制定

在前述的背景下,从 20 世纪 90 年代初开始,行政法学界即开始着力于制定行政处罚法的前期工作,呼吁制定一部规定行政处罚共通问题的,具有总则性质的行政处罚立法,来着重从原则、程序等方面规范我国的行政处罚,③同时对行政处罚的相关学理问题进行研究。全国人大常委会的工作部门会同中央有关部门,地方人大、政府和各方面的专家对行政处罚法草案的几个重要问题进行了反复研究、修改。1995 年 10 月,八届全国人大常委会第十六次会议对行政处罚法草案进行了初步审议,会后,又根据全国人大常委会委员和各地方、各方面的意见,对草案作了补充、修改,经八届全国人大常委会第十八次会议再次审议,决定提请八届全国人大四次会议审议。1996 年 3 月 12 日,在第八届全国人民代表大会第四次会议上,全国人民代表大会常务委员会秘书长曹志作《关于〈中华人民共和国行政处罚法(草案)〉的说明》,1996 年 3 月 14 日通过了《中华人民共和国行政处罚法》(简称《行政处罚法》)。

颁布《行政处罚法》的意义在于:第一,行政处罚是行政机关施行行政管理的一个重要手段,行政处罚法是国家法律责任制度的重要组成部分,对保障行政处罚的实施具有重要意义。第二,制定行政处罚法,对完善行政程序法律制度,促进行政机关依法行政有重要意义。第三,制定行政处罚法,有助于保护公民合法权益,密切政府与人民群众的关系,改善行政管理工作,提高执法水平。④ 在《行政处罚法》实施之后,各地方各部门为了实施《行政处罚法》的具体方案和配套制度,相继对行政执法主体、地方性法规、规章和规范性文件进行了清理,使行政处罚从执法主体、处罚依据、处罚程序得到了较大程度的规范。

(一)地方性法规、规章和规范性文件的清理

《行政处罚法》颁布后,各地方、各部门按照"谁制定、谁清理,只要与行政处罚

---

① 《卫生部关于进一步深入开展查处制售假药劣药违法犯罪活动的通知》(1992 年 6 月 2 日发布)。

② 马怀德:《行政处罚现状与立法建议》,载《中国法学》1992 年第 5 期。

③ 杨海坤:《中国行政法基本理论》,南京大学出版社 1992 年版,第 419 页。

④ 顾昂然:《立法札记——关于我国部分法律制定情况的介绍(1982—2004 年)》,法律出版社 2006 年版,第 541～542 页。

法不符的,一律无效"的原则,对 1978 年以来的地方性法规、地方政府规章和国务院部门规章以及规范性文件有关行政处罚的内容进行了专项清理。据统计,截至 1998 年 12 月,全国 31 个省、自治区、直辖市共对约 23 万件地方性法规、规章和规范性文件进行了清理,其中地方性法规 4500 多件,地方政府规章 17000 多件。经清理,共修改地方性法规 315 件,废止 116 件,占清理的地方性法规总数的 10%;修改规章 2175 件,废止 1600 件,占清理的地方政府规章总数的 22%;修改和废止规范性文件 3.5 万件。国务院 41 个部门对 8000 多件国务院部门规章进行了清理,修订 218 件,废止 1077 件,占清理的国务院部门规章总数的 16%;有关部门认为规范性文件需要上升为行政法规的 40 件;修订和废止规范性文件 285 件。

（二）清理行政执法主体

据初步统计,截至 1998 年 12 月,全国 31 个省、自治区、直辖市在建设、计生、公安、劳动、海洋与水产、土地、交通、农业、水利、林业、文化、卫生、物价、工商、税务、地矿、环保、技术监督、盐务、烟草、民政、统计、医药管理、粮食等 24 个部门中,共清理行政执法主体 52373 个,依法重新确认了 36000 个（省级 700 个）行政执法主体资格,取消了 5000 个不符合法定条件的行政执法主体,并按要求对行政执法人员进行了清理。

（三）对规章设定罚款限额的规定

《行政处罚法》颁布后,全国 31 个省、自治区、直辖市的人大常委会对规章设定罚款的限额作了规定,规定基本相同:对非经营性违法行为的罚款,对公民不超过 200 元,对法人不超过 1000 元;对于经营性违法行为的罚款,无违法所得的,罚款不超过 1 万元,有违法所得的,罚款不超过违法所得的 3 倍,最高不超过 3 万元（仅广西、浙江和黑龙江规定最高不超过 5 万元）。[①]

第二节　行政处罚法的主要制度

一、行政处罚的概念与原则

（一）行政处罚的概念

行政处罚是行政机关对违反行政法规范的行政相对人所给予的法律制裁。虽然当前不同的著作都有关于行政处罚概念的界定,但综观来看,关于何为行政处罚

---

① 国务院法制办法制协调司:《〈中华人民共和国行政处罚法〉实施情况》,载《行政与法制》2000 年第 2 期。

这一问题并未在学界得到实质性解决。例如,通说认为,行政处罚是指特定的行政主体依法对违反行政管理秩序而尚未构成犯罪的行政相对人所给予的行政制裁。[①] 但事实上,早已有学者对此提出批评意见,认为在行政处罚的定义中恰恰是不能加入"尚未构成犯罪"这一限制条件的,因为即使在行政违法行为构成犯罪的情况下,也存在着行政处罚的可能性,行政责任与刑事责任并不完全是一一对应的关系,前者不能完全包容在后者之内,两者之间存在着交叉现象。[②]

(二)行政处罚的原则

行政处罚的原则,是指法律规定的,贯穿于行政处罚过程始终,对行政处罚的设定与实施具有指导作用的基本准则。根据《行政处罚法》的规定,行政处罚的原则主要有如下四项:(1)行政处罚法定原则;(2)公正、公开原则;(3)行政处罚与教育相结合原则;(4)权利保障原则。

和规则一样,原则同样也是法的构成要素之一。但由于原则的内容大多抽象笼统,一般并不能直接用来作为行政机关执法和法院裁判的依据。因此,在执法实践中,不少执法人员往往不太在意行政处罚的原则,认为只要作出的行政处罚符合具体的法律规范(规则),行政处罚便是合法的。但事实上,原则大多隐藏在规则背后,在适用法律时行政机关如果仅仅考虑规则而忽视原则,机械、教条地理解法律规定,轻则会让行政处罚失去其惩戒的意义,重则会导致行政处罚违法。

以公正原则为例,我国《行政处罚法》第 4 条对公正原则作出了明确规定,即"设定和实施行政处罚必须以事实为依据,与违法行为的事实、性质、情节以及社会危害程度相当"。因此,行政机关在作出处罚时,既不能轻过重罚,也不能重过轻罚。如果法律对某一违法行为规定不同的处罚种类与处罚幅度,那么行政机关在作出行政处罚时,就应当综合考虑违法行为的事实、性质、情节及社会危害程度等因素,选择与违法行为危害程度相当的处罚种类与幅度来作出行政处罚。如果行政机关未考虑这些因素,导致处罚的结果与违法行为的社会危害程度之间明显不适当的,那么其行为应认定为违法行为。然而,从实践来看,虽然《行政处罚法》已经实施多年,但选择性执法、运动式执法、动辄顶格处罚等破坏公正原则的做法仍然比比皆是,成为我国行政执法中一道"亮丽"的风景。不可否定,这种专项治理、集中整治的执法,固然可以在短期内收到良好的效果,起到遏制违法行为,改善社会秩序的作用。但是,运动式执法带来的负面影响也不容忽视,它不但损害了执法的公正性,助长了执法的选择性和随意性,降低了执法机关的威信,而且也大幅度增加了执法的成本,降低了执法的整体效益,导致社会治理难以步入制度化、规范

---

① 《行政法与行政诉讼法学》编写组:《行政法与行政诉讼法学》,高等教育出版社 2017 年版,第 184 页。

② 冯军:《行政处罚法新论》,中国检察出版社 2003 年版,第 34 页。

化的轨道。

值得一提的是,近年来,我国一些法院已经开始引入公正原则来对行政处罚的合法性进行评判。例如,在 2013 年第 10 期的《最高人民法院公报》公布的"苏州鼎盛食品公司不服苏州市工商局商标侵权行政处罚案"中,法院认为,"工商行政机关依法对行政相对人的商标侵权行为实施行政处罚时,应遵循过罚相当原则行使自由裁量权。也就是说,在保证行政管理目标实现的同时,兼顾保护行政相对人的合法权益,行政处罚以达到行政执法目的和目标为限,并尽可能使相对人的权益遭受最小的损害。工商行政机关如果未考虑应当考虑的因素,违背过罚相当原则,导致行政处罚结果显失公正的,人民法院有权依法变更判决"。

二、行政处罚的种类与设定

(一)行政处罚的种类

《行政处罚法》第 8 条明确规定了六种行政处罚:警告;罚款;没收违法所得、没收非法财物;责令停产停业;暂扣或者吊销许可证、暂扣或者吊销执照;行政拘留。除此以外,法律、行政法规还可以规定其他种类的行政处罚。

从法律规定来看,《行政处罚法》只列举了警告、罚款等六类常见的行政处罚种类,而除此之外的行政处罚,则统称为"其他行政处罚"。由于在立法上对分类采用了严格的"名称形式"标准,导致大量处罚只要与 6 种"本行政处罚"的名称不同就不能被列入"本行政处罚",只能被列入"其他行政处罚",这样不但导致"其他行政处罚"远远多于"本行政处罚"的尾大不掉现象,在总体上给准确认定"行政处罚"带来困难,而且也使得相同功能不同名称的处罚不能作为同一类处罚对待,从而让分类失去原有的法律价值。因此,从划分标准来看,《行政处罚法》第 8 条对行政处罚种类的划分,即"名称形式"标准,并不是理想而科学的标准。在《行政处罚法》的未来发展上,应当按照行政处罚的具体功能,而不是形式名称来进行分类,即将行政处罚分为精神罚、资格罚、财产罚、行为罚和人身罚五类,把控制重点落在"行政处罚的设定权"上,而不是停留在"行政处罚的形式"上。[①]

(二)行政处罚的设定

从性质上来讲,设定权属于立法权的范畴。从《行政处罚法》的规定来看,只有法律、行政法规、地方性法规及规章才可以设定行政处罚,规章以下的任何规范性文件都不得设定行政处罚。同时,如果上位法已经对行政处罚作出规定的,下位法只能在上位法规定的给予行政处罚的行为、种类和幅度的范围之内作出更为具体的规定,而不能超出这一范围。

---

① 胡建淼:《"其他行政处罚"若干问题研究》,载《法学研究》2005 年第 1 期。

"设定"不同于"规定"。"设定"使行政处罚从无到有,"规定"使行政处罚从有到有,无非更详细而已。因此,设定是第一次规定,规定是第二次以后的设定。[①]

三、行政处罚的实施机关与管辖

(一)行政处罚的实施机关

行政处罚由具有行政处罚权的行政机关在法定职权范围内实施。法律、法规授权的具有管理公共事务职能的组织可以在法定授权范围内实施行政处罚。此外,行政机关还可以依法委托其他组织来行使行政处罚权。受委托组织在委托范围内,应当以委托行政机关名义实施行政处罚,不得再委托其他任何组织或者个人实施行政处罚。

(二)行政处罚的管辖

根据《行政处罚法》的规定,除法律、行政法规另有规定的外,行政处罚由违法行为发生地的县级以上地方人民政府具有行政处罚权的行政机关管辖。对管辖发生争议的,报请共同的上一级行政机关指定管辖。

四、行政处罚的决定程序

行政处罚的程序分为一般程序和简易程序,听证程序只是一般程序中的一个特殊环节,仅适用于法律规定的特定行政处罚。

(一)一般程序

一般程序,也称为普通程序,这是大多数行政处罚案件都必须适用的程序。一般程序是除了当场处罚之外都应遵守的行政程序。它比简易程序严格复杂,包括立案、调查取证、听取申辩、作出处罚决定、送达等几个步骤。

(二)简易程序

简易程序适用于违法事实确凿并有法定依据,对公民处以五十元以下、对法人或者其他组织处以一千元以下罚款或者警告的行政处罚案件。简易程序并非可以任意简化处罚程序,它仍然包括以下几个必要的程序性步骤:(1)表明身份。即执法人员应当向当事人出示执法身份证件。(2)说明处罚的理由。(3)听取受处罚人的陈述和申辩。(4)当场制作处罚决定书并交付当事人。(5)报所属行政机关备案。

近年来,《行政处罚法》与其他法律在简易程序适用范围上的规定冲突日益引起学者关注。例如,《道路交通安全法》第 107 条规定:"对道路交通违法行为人予

---

① 胡建淼:《行政法学》,法律出版社 2016 年版,第 231 页。

以警告、二百元以下罚款,交通警察可以当场作出行政处罚决定,并出具行政处罚决定书。"这和《行政处罚法》规定的"五十元以下"可以适用简易程序明显有出入。从立法规定来看,《行政处罚法》在简易程序的适用范围上,并未设置"除外条款",即"法律另有规定的除外"。因此,如何选择适用法律,往往会引发争议。从司法实务来看,在处理两者之间的关系上,法院基本都是按照特别法优于一般法原则来处理的。例如,在"杨桦林与广东省珠海市公安局交通警察支队拱北大队处罚纠纷上诉案"[①]中,法院认为,《行政处罚法》是全国人民代表大会制定的,《道路交通安全法》是全国人民代表大会常务委员会制定的,二者属于同一机关制定的法律。依据《立法法》第 83 条规定,在关于道路交通违法行为当场处罚之罚款数额的规定不一致时,应当适用作为特别规定的《道路交通安全法》。但如果深入分析的话,这一问题的解决,不但涉及如何看待基本法律和一般法律的关系,而且涉及《行政处罚法》在处罚领域内的地位。因此,为了防止其他法律架空《行政处罚法》,未来立法应当在《行政处罚法》当中明确其与其他法律之间的关系,确立《行政处罚法》的总则地位。[②]

(三)听证程序

听证程序是指在作出行政处罚决定前由行政机关组织的并在听证主持人的主持下,举行有调查取证人员、案件当事人以及其他利害关系人参加的听证会。行政处罚听证范围限于责令停产停业、吊销许可证或者执照、较大数额罚款等行政处罚决定。

《行政处罚法》将听证制度作为行政处罚程序的一部分加以规定,标志着我国行政程序在民主化和现代化方面迈出了一大步。但由于当年立法经验不足,再加上听证制度属于新生事物,《行政处罚法》对听证规则规定得并不是很健全,一些规定在实施过程当中常常引发争议。目前来看,该制度至少有如下几个方面需要作出改进:

首先,在听证范围上,《行政处罚法》将处罚听证限定在责令停产停业、吊销许可证或者执照、较大数额罚款这三类处罚上。至于其他处罚是否需要听证,关键在于对这三类处罚后面"等"字的理解。对此,学界一直有"等内等"和"等外等"两种观点。[③] 从立法本意来看,这里的"等"应当指"等内等"。[④] 然而,随着社会的发展,这种理解显然已经不利于保障相对人的合法权益,于是"等外等"逐渐成为学界的主流观点。从目前来看,2012 年最高人民法院发布的第 6 号指导案例(黄泽富、何

---

① 黄新波:《道路交通违法当场处罚之法律适用》,载《人民司法·案例》2011 年第 6 期。

② 杨解君、蒋都都:《行政处罚法面临的挑战与新发展》,载《行政法学研究》2017 年第 3 期。

③ 王万华:《行政程序法研究》,中国法制出版社 2000 年版,第 216 页。

④ 应松年、刘莘主编:《行政处罚法理论与实务》,中国社会出版社 1996 年版,第 151 页。

伯琼、何熠诉四川省成都市金堂工商行政管理局行政处罚案），确立了没收较大数额涉案财产的行政处罚也要听证的规则，从而肯定了"等"具有未列举穷尽的意思。然而，除了没收较大数额的财产外，还有哪些行政处罚需要纳入听证的范围，有待于学界和实务界的共同厘定。

其次，在听证的启动上，《行政处罚法》将听证的启动权赋予了当事人，这种规定本身存在一定的缺陷。因为当事人享有的是参与听证的权利，而非启动听证的权利。按照立法规定，在作出需听证的处罚行为时，行政机关应告知相对人有听证的权利，相对人提出申请的，行政机关应当听证，而相对人未申请的，则听证不再进行。听证程序的启动，视相对人的选择而定，而且此种选择完全是程序性要求，不需要具备足够的实体理由。在此种情形下，当事人的主观意愿实际优于法律的选择。但从规定听证的立法本意看，之所以要听证，是因为某个决定影响重大，而目前的这种规定使得这种立法本意是否在某个具体的决定过程中成为现实，却需要视相对人的主观选择而定，这种做法是与听证制度立法目的的客观属性相冲突的。① 因此，是否有必要将听证的事实启动权赋予当事人，值得学界进行深入讨论。

最后，案卷排他规则未得以确立。听证笔录对行政机关作出处罚决定是否具有约束力，《行政处罚法》未作出规定。听证笔录的约束力是听证制度的核心问题，因为听证制度的设计本是将对实体决定公正的追求置于行政效率之上，如果听证的记录对行政机关作出的决定没有任何的约束力，当事人的主张未能反映在决定中，则听证的进行就没有任何意义。② 从实践来看，为了防止听证走过场，"听而不证"，一些部门和地方政府规章，如《上海市行政处罚听证程序试行规定》已经确定了听证笔录对行政机关的约束效力。未来的《行政处罚法》应当汲取这一有益经验。

五、行政处罚的执行程序

行政处罚的执行程序，是指有关国家机关为保证行政处罚所确定的当事人义务能够得以履行的程序。《行政处罚法》确立了处罚执行的两项原则，即复议和诉讼不停止执行原则以及罚缴相分离原则。此外，为了解决一些地方和部门把罚款作为创收甚至地方财政来源，罚款混乱难以遏制的问题，《行政处罚法》还专门规定了罚款全部上缴国库，明确要求任何行政机关、组织或者个人不得以任何形式截留、私分或者变相私分。财政部门不得以任何形式向作出行政处罚决定的行政机关返还罚款、没收的违法所得或者返还没收非法财物的拍卖款项。但从实践运行

① 王万华：《中国行政程序法立法研究》，中国法制出版社 2005 年版，第 219~221 页。
② 应松年主编：《当代中国行政法》（第 6 卷），人民出版社 2018 年版，第 2498 页。

来看,这一制度的实施并不理想,隐性的财政返还制度仍在不少地方普遍存在,行政机关"罚款创收"屡禁不绝。对这一问题,不能简单地将其看成制度设计的漏洞。有学者认为,目前的地方政府的财权与事权的不对称以及地方官员晋升方式,都使地方政府在分配财政预算时倾向于让执法机关"自收自支",从而使其不得不通过罚款等方式来筹集执法经费。因此,要想杜绝这一现象,只能从改变其赖以生存的制度环境激励条件入手,调整其存在的制度机理,如改革中央与地方的财政分配制度,确保执法经费的充沛供应;将执法绩效纳入地方政府官员考核范围,改变地方政府官员的注意力焦点等。[①]

第三节　行政处罚制度变迁的重点

自《行政处罚法》颁布实施以来,为了贯彻落实这一法律,我国各级政府都做了大量工作,积极开展各项制度建设,一些制度创新也不断涌现,其中以相对集中处罚权、处罚裁量基准和行政执法"三项制度"最为突出。由于相对集中处罚权是《行政处罚法》实施过程中最为亮眼的地方,下面我们将对此进行专节讨论,这里仅就处罚裁量基准和行政执法"三项制度"做一简单论述。

一、处罚裁量基准的发展与建构

长期以来,行政处罚标准不一、处罚不公、同案不同罚,行政机关办"人情案""态度案"等现象,一直为社会所诟病,严重影响了行政执法的公正与廉洁。为了杜绝滥用裁量权,统一行政处罚的尺度,2004 年浙江省金华市公安局推出《关于推行行政处罚自由裁量基准制度的意见》,率先对裁量基准进行了探索和实践。其后,这一做法不断被其他省、市的行政机关所仿效,并得到了中央的认可与肯定。例如,2008 年国务院颁布的《关于加强县市政府依法行政的决定》明确指出:"要抓紧组织行政执法机关对法律、法规、规章规定的有裁量幅度的行政处罚、行政许可条款进行梳理,根据当地经济社会发展实际,对行政裁量权予以细化,能够量化的予以量化,并将细化、量化的行政裁量标准予以公布、执行。"2014 年 10 月,党的十八届四中全会《关于全面推进依法治国若干重大问题的决定》更明确提出要"建立健全行政裁量权基准制度,细化、量化行政裁量标准,规范裁量范围、种类、幅度"。从当前的行政管理实践来看,较为常见的仍然是行政处罚裁量基准。在各部门、各地方出台的行政处罚裁量基准中,行政机关大都在法律规定的范围内,对法律规定的违法行为和相应处罚标准进行了细化,将违法行为按照不同层级加以细分,并规定

---

① 黄锫:《"以罚代管"行政执法方式生成的制度机理研究》,载《政治与法律》2016 年第 5 期。

了相应的处罚裁量幅度,载明了相应的处罚依据。[①]

从实践来看,裁量基准大多由上级机关制定颁布,采取执法手册、工作指南、纲要等方式发布,内容多是在法律规定内对立法上的模糊授权作了更为细化和量化的规定,并不给相对人独立设定或变更新的权利义务,下级行政执法人员在执法时应当加以遵循。裁量基准压缩了行政机关自由裁量的空间,使法律规定相对明确化,有利于维护行政执法的统一,从而实现"法律面前人人平等"。同时,通过颁布裁量基准,不仅提高了行政执法的透明度,也提高了行政相对人对执法结果的预测性,增强了公民对执法结果的认同感,进而也会在一定程度上提高行政执法的效率。

但是,需要注意,裁量基准本身是一把双刃剑,一方面,它压缩了行政机关的裁量空间,有利于执法的统一与公平,但另一方面,裁量基准依赖详细的规则来细化和统一裁量权的行使,过分强调裁量基准,反而会导致取消行政裁量权,造成执法的僵化与不公。法律授予行政机关裁量权的目的是要求行政机关根据具体情况来考虑问题,实现个案正义。因此,即使在已有裁量基准的时候,但当下级行政机关认为严格依规则行事会带来不公正并能够说明正当理由时,则允许其可以置规则于不顾,根据个案的具体情况作出处理决定。[②] 也就是说,在出现裁量基准所未考虑到的事项时,应当允许执法机关逸脱裁量基准,从而实现个案正义。但是,执法机关要逸脱裁量基准,必须有严格的限制。亦即"从确保裁量权的公正行使、平等对待原则,相对人的保护信赖等的要求来看,要作出不同的判断,需要有使其合理化的理由"[③]。也就是说,如果执法机关逸脱裁量基准而又不能作出合理说明,那么其行为就有违法的嫌疑。反之,如果执法机关在具体的个案中确实考虑了执法面临的特殊情形,那么其行为也不能因逸脱裁量基准而认定违法。

从实践来看,虽然行政处罚裁量基准在控制行政机关的行政处罚裁量权,规范行政执法上发挥了巨大作用,但仍然存在不少问题。中国政法大学法治政府研究发布的《2018年中国法治政府评估报告》显示,以生态环境领域污染排放处罚事项为例,在接受评估的100个城市当中,只有41个城市公布了环保领域污染排放处罚的裁量基准且处罚事项齐全,并做到了随着国家法制修改及时作出调整,在剩下的城市当中,有23个城市虽然公布了环保领域污染排放处罚的裁量标准,但未能回应国家法律变化及时修改,还有32个城市未公布环保领域污染排放处罚的裁量

---

① 余凌云:《游走在规范与僵化之间——对金华行政裁量基准实践的思考》,载《清华法学》2008年第3期。

② 周佑勇:《裁量基准的正当性问题研究》,载《中国法学》2007年第6期。

③ 盐野宏:《行政法总论》,北京大学出版社2008年版,第68页。

基准。^① 因此,要想让行政处罚的裁量基准真正发挥作用,还必须对其进行科学合理的设计。为此,在裁量基准的制定过程中,除了要将裁量基准严格限定在法律幅度之内外,还要在制度上引入比例原则,完善行政参与和公开公布机制,建立健全对裁量基准的监控制约。

1. 裁量基准设定的原则

比例原则是行政法的基本原则,它要求行政机关在作出行政行为时,应当全面考虑各种因素,对各种利益进行衡量,使其所采取的手段与措施和所要达到的行政目的相适应。坚持比例原则,要求行政机关在裁量基准的制定过程中,应全面分析违法行为的主体、主观方面、行为情节、社会危害性等要素,对违法行为的种类及其处罚进行判断,以保证裁量基准的科学合理。此外,制定裁量基准,还应坚持适度规范原则,要考虑社会生活的复杂性和多样性,为行政执法留有余地,不能消除行政裁量权。^②

2. 引入公众参与,健全公开机制

裁量基准的订立既是对法律认识理解的过程,也是行政机关与相对人沟通—协作—服务的过程,其最大的优势是规制对象广泛而直接的参与。否则,其积极功能就会大打折扣,甚至可能变成新的"行政专制"。^③ 因此,在裁量基准的制定过程中,行政机关应当尽可能地鼓励社会公众、专家学者和利益群体参与,通过协商与对话,充分听取一线执法人员和相关行政管理人的意见,提高裁量基准的科学性和合理性,增强其可接受性。

此外,虽然裁量基准属于行政内部规则,但由于是行政机关在执法时必须予以考虑的因素,因此,裁量基准一旦制定,就必须向社会公开。"信息公开是保证行政裁量基准正当性、确保行政裁量基准具有约束力的关键所在。"^④公开裁量基准,一方面,会增强行政相对人对其行为后果的预测性,另一方面,也有助于对行政执法进行监督。因此,行政机关应当建立统一的裁量基准公开机制,以利于社会公众及时查阅获取。

3. 强化对裁量基准的监督制约

为了防止行政机关滥用裁量基准制定权,促使其合法有效实施裁量基准的制定活动,必须建立健全对裁量基准的法律监控机制,如建立对裁量基准的评估制度,增强裁量基准的科学性。健全裁量基准的定期清理制度,对不符合执法实践需

---

① 中国政法大学法治政府研究院编:《中国法治政府评估报告(2018)》,社会科学文献出版社2018年版,第110～111页。

② 宋大涵主编:《行政执法教程》,中国法制出版社2011年版,第227页。

③ 周佑勇:《裁量基准的正当性问题研究》,载《中国法学》2007年第6期。

④ 郑雅方:《行政裁量基准研究》,中国政法大学出版社2013年版,第164页。

要的裁量基准及时进行修改、补充和完善，以保障裁量基准的合法合理。

二、行政处罚程序制度日益完善

为了规范行政处罚权力，《行政处罚法》用了很大的篇幅对行政处罚的程序作了规定，"正当法律程序"的理念已经基本确立。但由于立法规定较为粗疏，不少规定操作性较差，在《行政处罚法》实施后，不少地方政府都对处罚的程序进行了进一步细化，并取得了不少成果，但一些制度还不规范、不健全，不少规定都流于形式。从《行政处罚法》实施后的情况来看，实践中行政机关随意执法、粗暴执法、执法寻租、执法不重视程序等现象仍时有发生。与此同时，处罚疲软、违法行为得不到纠正的现象也引起了社会的广泛关注，要求行政执法机关严格执法的呼声越来越高。

鉴于此，2014年党的十八届四中全会《中共中央关于全面推进依法治国若干重大问题的决定》提出要"完善执法程序，建立执法全过程记录制度，明确具体操作流程，重点规范行政许可、行政处罚、行政强制、行政征收、行政收费、行政检查等执法行为。严格执行重大执法决定法制审核制度、推行行政执法公示制度"。2015年12月，中共中央、国务院印发的《法治政府建设实施纲要（2015—2020年）》又对全面推行行政执法公示制度、执法全过程记录制度、重大执法决定法制审核制度（以下统称"三项制度"）作出了具体部署，并提出了明确要求。

为了贯彻落实上述文件的要求，2017年2月，国务院办公厅印发了《推行行政执法公示制度执法全过程记录制度重大执法决定法制审核制度试点工作方案的通知》，确定在天津市、河北省、安徽省、甘肃省、国土资源部以及呼和浩特市等32个地方和部门开展试点，在行政处罚等六类行政执法行为中推行行政执法"三项制度"。从试点后的情况来看，进行工作取得了明显成效：初步建立了统一的执法信息平台，实现了执法依据、执法过程、执法结果及时公开，形成了规范的执法决定法制审核工作规则和工作机制；积极推行使用音像记录仪，对现场检查、调查取证、送达等多个环节进行音像记录，实现执法全过程留痕和可回溯管理，执法乱作为、不作为，野蛮执法，粗暴执法等突出问题得到有效遏制，人民群众合法权益得到有效维护。[①]

经过一年多的试点，"三项制度"对规范执法程序、提升执法能力、强化执法监督发挥了重要作用，各地方和部门都已经初步形成了一套可复制、可推广的经验。在这一基础上，2018年12月，国务院办公厅下发了《关于全面推行行政执法公示制度执法全过程记录制度重大执法决定法制审核制度的指导意见》，决定在全国各地区、各部门全面推行"三项制度"，全面实现执法信息公开透明、执法全过程留痕、

---

① 张璁：《实现新作为 展现新气象 取得新成效——国务院2017年法制工作综述》，载《人民日报》2018年1月19日第6版。

执法决定合法有效,以充分发挥其对促进严格规范公正文明执法的基础性、整体性、突破性作用。应当说,行政执法"三项制度"的全面推行,不但标志着我国行政处罚的程序日益精密化和规范化,而且对于严格规范公正文明执法,提升各级政府依法行政和法治政府建设的水平都具有重要意义。

第四节　相对集中行政处罚权的
制度变革与实践发展

综合执法制度,一开始是专指相对集中行政处罚权制度。因为相对集中行政处罚权,本来含义就是指依照《行政处罚法》的规定,将若干行政机关的行政处罚权综合起来,交由一个行政机关统一集中行使,行政处罚权相对集中后,有关行政机关不再行使已经统一由一个行政机关行使的行政处罚权,因此,相对集中行政处罚权,在创立之始,便被称为综合执法。同时,由于相对集中行政处罚权一开始的试点工作和之后在全国的推开都是在城市管理领域进行的,因而,相对集中行政处罚权又被称为城市管理综合执法即城管综合执法,简称"综合执法"。为此,从 1997 年 3 月 7 日开始,国务院批准开展相对集中行政处罚权试点工作使用的名称就是城市管理综合执法试点工作。全国第一个开展相对集中行政处罚权试点工作的北京市宣武区,就是以城市管理综合执法试点工作的名义开展工作的。在此后的相当长一段时间,在正式的批复和工作中,相对集中行政处罚权工作都是以综合执法试点工作的名义开展的。由于国务院有关部门不赞成使用"城市管理综合执法"的名称,故 2000 年以后,试点工作宣布结束,相对集中行政处罚权工作就未再用"城市管理综合执法"的名称来表述。

相对集中行政处罚权,是《行政处罚法》确定的一项重要制度,也是贯彻《行政处罚法》的一项重要措施,更是执法体制机制的重大创新。它主要包括如下几个要点:一是依法。依法主要是依《行政处罚法》。该法第 16 条规定,国务院或者经国务院授权的省、自治区、直辖市人民政府可以决定一个行政机关行使有关行政机关的行政处罚权,但限制人身自由的行政处罚权只能由公安机关行使。二是集中。主要是跨部门将不同部门的行政处罚权集中。若干行政机关的权力交由一个行政机关来行使。三是集中的相对性。并非所有行政处罚权都集中,只是某个领域部分行政处罚权的集中。四是集中后的法律效果。行政处罚权被集中后,原有机关不再行使。新的执法主体行使被集中的行政处罚权。五是区别。相对集中行政处罚权制度,与联合执法、委托执法是不同的。

对相对集中行政处罚权制度还可以从以下角度来简要认识。一是调整权力。对行政处罚权的重大调整。二是调整法律。对部门执行的法律中的赋予部门行使的行政处罚权的法律规定进行调整,改变一个部门从头到尾的"一条龙"式的管理和执法模式。三是开展相对集中行政处罚权工作,必须按照严格的法定批准程序。也就是说,改变有关法律关于行政处罚权行使主体、权限等的规定,批准城市人民政府开展相对集中行政处罚权工作,有着严格的调整程序,而不是未经批准就可以自行开展。四是相对集中行政处罚权工作的名称变化,体现了城管综合执法的发展变化。五是在执法体制机制改革上,初步确定了决策、执行和监督三权分离的制度。六是通过相对集中行政处罚权工作,探索了有效的《行政处罚法》的法律实施机制,形成了实施《行政处罚法》的重要制度。七是创新体制。相对集中行政处罚权制度基本上是首创性的,在法律制度、国家层面、全国范围,突破了现有的行政执法体制条块的框架,真正可以称得上是重大的创新性执法体制改革,对经济社会有着广泛而深远的影响。

一、相对集中行政处罚权制度的创立与发展历程

(一)相对集中行政处罚权试点工作的初创建立

相对集中行政处罚权制度的发展历程,可以概括为几个阶段。第一阶段是相对集中行政处罚权试点工作的开展即初创建立阶段(1996 年《行政处罚法》的颁布至 1997 年 3 月 7 日国务院法制办对北京市人民政府在宣武区实施相对集中行政处罚权制度的批复之前)。

1.体制创新:相对集中行政处罚权制度产生的历史必然和现实选择

众所周知,我国现行行政管理体制和政府职能运作模式发端于计划经济时期。在改革开放初期,行政管理体制改革和政府职能的转变尚未完全到位,政府管了大量不该管、管不了也管不好的事,而该管的事又没有去管或者没有管好,政府权力的运作与实行经济体制改革、发展社会主义市场经济的形势严重不相适应,行政管理的成本很高,效率很低。受此体制和传统的管理观念的影响和制约,在以往的立法工作中,有关经济管理、社会管理的一些立法项目,存在不少弊端。其中一个突出的表现,就是立法工作过于强调"条条"管理,法律、法规所规定的行政处罚权,往往都要明确政府某一个具体部门来实施。这样,实践中制定一部法律、法规,就要新设置一支执法队伍。在制定《行政处罚法》时,有关方面曾经作过调查,在一些省、市,实施行政处罚的队伍已经接近甚至超过了 100 支,而且每年还要以 3 至 5 支的速度增长。

一方面,行政执法机构林立,行政执法队伍臃肿,执法扰民的现象相当严重,老百姓斥之为"八顶大盖帽,管着一顶破草帽"。同时,行政执法力量一旦分散到众多的行政执法部门,每个部门又都感执法力量单薄,难以形成有效的经常性管理。例如,以前北京市的 127 个市一级行政执法队伍中,共有行政执法人员 6 万多人,另外还有高达 17 万人的各类群众协助执法组织。从总数上看,行政执法队伍是够庞

大的了，但由于各自为战，条条分割，每个条条都覆盖全市，结果每支行政执法队伍的人员都不足，行政执法任务难以到位，只能是依靠"突击""执法""运动式"执法维持局面。

另一方面，部门之间行政执法职责重复交叉，行政执法效率低下，执法扯皮现象严重。据不完全统计，在 1998 年国务院机构改革前设置的 40 个部委中，除外交部、国防部、国防科工委、国家民委、国家安全部等 5 个部门以外，其他 35 个部门都与其他部门有着这样那样的职责纠纷。这些职责纠纷，少则发生在两个部门之间，多则发生在 90 个部门之间。中央是这样，地方也照样"依法打架"。这种状况，加上当前行政机关的权力与利益尚未完全脱钩，有的执法部门把执法权当成牟取本部门利益的手段，有利则争，无利则推，利大的多管，利小的少管或者不管，不仅造成重复处罚或者在处罚中相互推诿，也滋生了行政机关的官僚主义和腐败。由此可见，这种行政管理体制和行政执法体制亟待改革。由此，相对集中行政处罚权制度的产生，不仅是现实的迫切要求，更是一种历史必然。

2.国务院部署推进改革：国务院《关于贯彻实施〈中华人民共和国行政处罚法〉的通知》

1996 年 4 月 15 日，国务院关于贯彻实施《中华人民共和国行政处罚法》的通知，特别提出要积极探索建立有利于提高行政执法的权威和效率的行政执法体制，要求各省、自治区、直辖市人民政府认真做好相对集中行政处罚权的试点工作，结合本地方实际提出调整行政处罚权的意见，报国务院批准后施行；国务院各部门要认真研究适应社会主义市场经济要求的行政执法体制，支持省、自治区、直辖市人民政府做好相对集中行政处罚权工作。

3.北京宣武：改革的第一个实践者

北京市人民政府办公厅 1997 年向国务院报送《关于在北京市宣武区开展城市管理综合执法试点工作的函》（京政办函〔1997〕2 号），要求在北京市宣武区开展城市管理综合执法试点工作。1997 年 3 月 7 日，国务院法制局向北京市人民政府办公厅发送了《关于在北京市宣武区开展城市管理综合执法试点工作的复函》（国法函〔1997〕12 号），原则同意北京市人民政府办公厅《关于在北京市宣武区开展城市管理综合执法试点工作的函》中提出的试点方案。至此，相对集中行政处罚权制度正式进入实施阶段。

（二）相对集中行政处罚权试点工作的扩大

相对集中行政处罚权试点工作的扩大即试点扩大阶段（1997 年 3 月 7 日国务院法制办对北京市人民政府在宣武区开展相对集中行政处罚权工作的批复至国办发〔2000〕63 号文件发布之前），是相对集中行政处罚权制度实施的第二阶段。

在此期间，一直到 2000 年，国务院先后批准北京市、天津市、佳木斯市、白城市、吉林市、大连市、沈阳市、营口市、廊坊市、承德市、青岛市、烟台市、长沙市、广州市、深圳市、南宁市等在城市管理领域开展相对集中行政处罚权的试点工作。

这一阶段批准试点工作的名称仍然都是城市管理综合行政执法试点工作。根据不同城市的不同情况和要求,批复的内容多少不一,大致包括:一是规定行政处罚权集中的范围和集中行使行政处罚权的行政机关的职责,主要是行使市容环境卫生、规划、城市园林绿化、市政公用管理、环境保护、工商行政管理、公安交通管理等方面法律、法规、规章规定的对侵占道路行为的行政处罚权以及市人民政府规定的其他职责。二是规定集中行使行政处罚权的行政机关的组建、人员、编制的划转,执法人员的公务员身份等内容。三是财政保障与收支两条线等。四是规定行政处罚权相对集中后,原有关行政机关不得再行使已经统一由一个行政机关集中行使的行政处罚权,仍然行使的,作出的行政处罚决定无效。五是强调实施行政处罚的程序要求,规定综合执法机关的行政复议的管辖。六是要求城市人民政府建立健全执法监督制度,要求综合执法机关建立健全评议考核制度和行政执法责任制、加强政治教育和法律培训、严格执法、文明执法等。

(三)相对集中行政处罚权试点工作的规范

相对集中行政处罚权试点工作的第三阶段即试点规范阶段,是指国办发〔2000〕63号文件的发布至国发〔2002〕17号文件发布之前的时间段。

2000年9月8日,国务院办公厅下发了《国务院办公厅关于继续做好相对集中行政处罚权试点工作的通知》(国办发〔2000〕63号),对加强试点工作与行政管理体制改革相结合等内容作了具体规定,进一步明确了试点工作的方向。此后,国务院法制办先后又批准了66个城市人民政府在城市管理领域开展相对集中行政处罚权的试点工作。这一阶段的重要变化,就是在国务院法制办的批复中,名称由综合行政执法试点工作改为相对集中行政处罚权试点工作。

经过六年的实践,相对集中行政处罚权的试点工作,从小到大,从探索到发展,从不规范到比较规范,已经取得了阶段性的成果。至此,全国已经有北京、天津、重庆3个直辖市和23个省、自治区的79个市进行了相对集中行政处罚权的试点。

(四)相对集中行政处罚权工作试点结束并在全国推开

相对集中行政处罚权工作试点结束,总结推广并在全国推开以及此后的发展变化,可以看作第四阶段。这个阶段开始的标志是国发〔2002〕17号文件的发布。

1.国务院颁布《关于进一步推进相对集中行政处罚权工作的决定》总结推广相对集中行政处罚权工作

2002年8月22日,国务院颁布了《关于进一步推进相对集中行政处罚权工作的决定》(国发〔2002〕17号),明确规定国务院授权省、自治区、直辖市人民政府可以决定在本行政区域内有计划、有步骤地开展相对集中行政处罚权工作。该《决定》还明确了开展相对集中行政处罚权工作的指导思想和相对集中行政处罚权的范围,并对进一步做好相对集中行政处罚权工作提出了五点具体要求。

国发〔2002〕17 号文件的下发,标志着试点工作的结束。经过六年的试点,相对集中行政处罚权试点工作由点到面逐步推开,起步高力度大,措施得力,在解决行政管理领域中存在的问题,提高行政执法水平和效率,改善城市管理,促进行政管理体制改革等方面,取得了显著成效,由国务院授权省、自治区、直辖市政府决定开展相对集中行政处罚权工作的时机和条件已经基本成熟。此后,省、自治区、直辖市人民政府可以决定在本行政区域内有计划、有步骤地开展相对集中行政处罚权工作,不再使用试点字样;以前国务院批准试点的地方,正式将相对集中行政处罚权作为地方政府依法开展的一项制度化、经常化的日常工作。至此,该项改革工作在全国范围内广泛开展。

2.发展变化:相对集中行政处罚权工作与"综合行政执法试点工作"并存

这个阶段有一个非常重要的特征,就是有关部门又推出了"综合行政执法试点工作",相对集中行政处罚权工作与综合行政执法试点工作并存,并且与第一阶段中的综合执法试点工作,在内涵上是不大一样的。

这个特征的标志,是 2002 年 10 月 11 日国务院办公厅转发的文件即《中央编办关于清理整顿行政执法队伍实行综合行政执法试点工作意见》(国办〔2002〕56号)。这个文件就清理整顿行政执法队伍、实行综合行政执法试点工作作出了部署。该文件还明确要求要按照《关于进一步推进相对集中行政处罚权工作的决定》(国发〔2002〕17 号)的有关规定,做好综合行政执法试点与相对集中行政处罚权有关工作的相互衔接,确保各项行政执法工作的正常开展。

相对集中行政处罚权工作与综合行政执法试点工作究竟如何相互衔接协调好,显然具有挑战性。为此,2003 年 2 月 28 日,中编办起草并以中编办、国务院法制办的名义就关于推进相对集中行政处罚权和综合行政执法试点工作有关问题发出通知(中央编办发〔2003〕4 号)。

该通知论述了相对集中行政处罚权和综合行政执法试点工作的关系,指出:相对集中行政处罚权,是根据《行政处罚法》对部分行政处罚权的相对集中;而综合行政执法则是在相对集中行政处罚权基础上对执法工作的改革。同时,通知还强调,准备开展相对集中行政处罚权工作的地方,要把相对集中处罚权工作与综合行政执法试点工作一并考虑,并按照清理整顿行政执法队伍、实行综合行政执法的原则和要求进行安排和部署。已经确定实行综合行政执法试点的地方,不再单独进行相对集中行政处罚权工作。

虽然这个通知要求"已经确定实行综合行政执法试点的地方,不再单独进行相对集中行政处罚权工作",但是,《中央编办关于清理整顿行政执法队伍实行综合行政执法试点工作意见》却明确要求"要按照《国务院关于进一步推进相对集中行政处罚权工作的决定》(国发〔2002〕17 号)的有关规定,做好综合行政执法试点与相对集中行政处罚权有关工作的相互衔接,确保各项行政执法工作的正常开展"。由于相对集中行政处罚权是最基础的综合,而其他行政执法权的集中有的是尚未开展,比如行政许可的相对集中;有的是在当时集中尚缺乏法律依据,比如行政强制权等。因此,在实际工作中,相对集中行政处罚权有关工作仍在不断发展。

3.继续开展相对集中行政处罚权工作与推进综合执法试点

2004年3月22日,国务院印发《全国推进依法行政实施纲要》,该《纲要》规定:深化行政执法体制改革。加快建立权责明确、行为规范、监督有效、保障有力的行政执法体制。继续开展相对集中行政处罚权工作,积极探索相对集中行政许可权,推进综合执法试点。减少行政执法层次,适当下移执法重心;对与人民群众日常生活、生产直接相关的行政执法活动,主要由市、县两级行政执法机关实施。完善行政执法机关的内部监督制约机制。

2008年5月,国务院发布《关于加强市县政府依法行政的决定》(国发〔2008〕17号),要求改革行政执法体制。适当下移行政执法重心,减少行政执法层次。对与人民群众日常生活、生产直接相关的行政执法活动,主要由市、县两级行政执法机关实施。继续推进相对集中行政处罚权和综合行政执法试点工作,建立健全行政执法争议协调机制,从源头上解决多头执法、重复执法、执法缺位问题。

由于这两个国务院文件都要求"继续推进相对集中行政处罚权和综合行政执法试点工作",因此,在实际工作中,就形成了以相对集中行政处罚权为内容的综合执法,和"在相对集中行政处罚权基础上对执法工作的改革"的"综合行政执法"并存的情况。

4.部门内部集中行政处罚权的执法体制改革

相对集中行政处罚权制度的设计基点之一,是在难以改变部门执法主体的情况下,调整不同法律规定的不同行政部门的行政处罚权,跨部门的相对集中行政处罚权。但是,在实际工作中,存在即使是同一个部门内部也有多个内设执法机构行使行政处罚权的情况。因此,在推行相对集中行政处罚权工作的同时也出现在同一部门内部进行集中行政处罚权的执法体制改革的现象。由于在同一部门内部进行,不涉及改变调整执法主体,不涉及调整法律法规的规定,因而不涉及国务院批准的问题。部门内部集中行政处罚权的执法体制改革,也就出现这方面主要是文化、农业、交通等部门进行的集中行政处罚权改革。

5.变化发展:相对集中行政处罚权十相对集中行政强制权

2011年6月30日,第十一届全国人大常委会第二十一次会议通过了《中华人民共和国行政强制法》,该法第17条规定:"行政强制措施由法律、法规规定的行政机关在法定职权范围内实施。行政强制措施权不得委托。"依据《行政处罚法》的规定行使相对集中行政处罚权的行政机关,可以实施法律、法规规定的与行政处罚权有关的行政强制措施。行政强制措施应当由行政机关具备资格的行政执法人员实施,其他人员不得实施。

随着行政强制法的颁布实施,"相对集中行政处罚权＋相对集中行政强制权"的新的执法权的综合形式的出现,以相对集中行政处罚权为内容的综合执法,就不仅是跨部门的执法主体和行政处罚权的综合,而是变化发展成了符合综合执法本来含义的执法形式了。尽管行政强制权的相对集中是以行政处罚权的相对集中为前提,相对集中行政处罚权仍然是综合执法的核心,但是,仍然以相对集中行政处罚权来表述含了相对集中行政强制权内容的制度的名称,显然概括不全。因此,在这一阶段,就从相对集中行政处罚权与综合执法并存,逐步变为将"相对集中行政处罚权＋相对集中行政强制权"也概括为综合执法。例如,在 2010 年 11 月,国务院发布的《关于加强法治政府建设的意见》(国发〔2010〕33 号)中,在要求继续推进行政执法体制改革的表述上就只提了"推进综合执法"。

(五)理顺城管执法体制:新的发展阶段

2015 年 12 月 24 日,中共中央国务院发布了《关于深入推进城市执法体制改革改进城市管理工作的指导意见》(简称《指导意见》)。《指导意见》的发布,标志着以"相对集中行政处罚权＋相对集中行政强制权和跨部门相对集中行政处罚权＋部门内部集中行政处罚权"为内容的综合执法发展到了一个新的阶段,相对集中行政处罚权制度出现了大的变化。这也可以看成是相对集中行政处罚权制度和工作发展的第五阶段。

《指导意见》总结了城管执法的经验,对城市管理领域的相对集中行政处罚权制度进行了调整,主要内容有如下几点:

1.确立国务院住房和城乡建设主管部门为城市管理综合执法机构的主管部门

确立国务院住房和城乡建设主管部门为城市管理综合执法机构的主管部门,是理顺城管执法体制的主要内容,也是对相对集中行政处罚权制度的最大的调整。同时,《指导意见》还明确要求全国和省、市分别建立城市管理工作部际联席会议制度和相应的协调机制,统筹协调解决制约城市管理工作的重大问题,以及相关部门职责衔接问题。

《指导意见》中对相对集中行政处罚权制度的这种调整,回应了地方城管综合执法机构的强烈呼吁,解决了这些年来地方城市管理综合执法机构在中央层面没有主管部门的问题,对在全国深入推进相对集中行政处罚权制度,统一管理城管综合执法机构,规范城管执法,是有积极意义的。

2.明确规定城市管理执法的领域和性质

城市管理执法究竟指什么? 这一条是被社会各方批评比较多的。城管执法边界不清被认为是相对集中行政处罚权制度的重要不足。《指导意见》明确了城管执法的边界,规定:城市管理执法即在城市管理的主要职责的领域根据国家法律法规规定履行行政执法权力的行为。而城市管理的主要职责是市政管理、环境管理、交通管理、应急管理和城市规划实施管理等。具体实施范围包括：市政公用设施运行管理、市容环境卫生管理、园林绿化管理等方面的全部工作；市、县政府依法确定的，与城市管理密切相关、需要纳入统一管理的公共空间秩序管理，违法建设治理，环境保护管理，交通管理，应急管理等方面的部分工作。

3.进一步推进以相对集中行政处罚权为中心的城管综合执法

《指导意见》要求推进综合执法，规定：重点在与群众生产生活密切相关、执法频率高、多头执法扰民问题突出、专业技术要求适宜、与城市管理密切相关且需要集中行使行政处罚权的领域推行综合执法。具体范围是以下六个方面：

（1）住房城乡建设领域法律法规规章规定的全部行政处罚权；到2017年年底，实现住房城乡建设领域行政处罚权的集中行使。这条实际上是部门行政处罚权的内部集中。

（2）环境保护管理方面社会生活噪声污染、建筑施工噪声污染、建筑施工扬尘污染、餐饮服务业油烟污染、露天烧烤污染、城市焚烧沥青塑料垃圾等烟尘和恶臭污染、露天焚烧秸秆落叶等烟尘污染、燃放烟花爆竹污染等的行政处罚权。

（3）工商管理方面户外公共场所无照经营、违规设置户外广告的行政处罚权。

（4）交通管理方面侵占城市道路、违法停放车辆等的行政处罚权。

（5）水务管理方面向城市河道倾倒废弃物和垃圾及违规取土、城市河道违法建筑物拆除等的行政处罚权。

（6）食品药品监管方面户外公共场所食品销售和餐饮摊点无证经营，以及违法回收贩卖药品等的行政处罚权。

对比国务院《关于进一步推进相对集中行政处罚权工作的决定》规定的相对集中行政处罚权的城管执法范围，《指导意见》更加宽一些，多集中了水务管理方面和食品药品监管方面的部分行政处罚权。

4.关于执法机构的综合设置

《指导意见》要求：按照精简统一效能的原则，住房城乡建设部会同中央编办指导地方整合归并省级执法队伍，推进市、县两级政府城市管理领域大部门制改革，整合市政公用、市容环卫、园林绿化、城市管理执法等城市管理相关职能，实现管理执法机构综合设置。统筹解决好机构性质问题，具备条件的应当纳入政府机构序列。

（六）相对集中行政处罚权制度实施的简要情况

据统计，在2008年前后，除经国务院批准开展相对集中行政处罚权试点工作的82个城市外，全国656个城市中，有266个城市开展了相对集中行政处罚权工作，占城市总数的40.5％。全国287个地级以上城市中有169个开展了相对集中行政处罚权工作，占此项总数的58.8％。全部18个国务院批准的"较大的市"中，有12个市开展了相对集中行政处罚权工作，占此项总数的66％。全部27个省会城市中有 26 个开展了相对集中行政处罚权工作,占总数的 96%。全部 15 个副省级城市都开展了相对集中行政处罚权工作,占总数的 100%。全部 4 个直辖市开展了相对集中行政处罚权工作,占总数的 100%。

随着社会经济的发展和法制建设进程的不断推进,当前,全国开展相对集中处罚权工作的领域除城市管理外,已扩展到文化、旅游、矿山安全、农业、林业、水利、交通、卫生等领域,如上海市在文化领域开展了相对集中行政处罚权工作,辽宁省推行卫生综合执法。一些地方还在农业、林业、交通等部门开展了综合执法改革试点。

相对集中行政处罚权制度实施 20 多年来,由点到面逐步推开,比较有效地解决了城市管理领域中长期存在的职权交叉、多头执法、重复处罚、执法扰民、行政执法机构膨胀等问题,在提高行政执法水平和效率,加强制度建设,规范行政执法,改善城市管理,促进行政管理和执法体制改革等方面,取得了显著成效。总的来说,多年来的实践证明:作为《行政处罚法》的重要制度,相对集中行政处罚权制度是改革创新的产物,其本身也在不断改革创新,其实施过程就是对现行行政执法体制和行政管理体制的不断改革、对行政执法体制和行政管理体制不断创新的过程,因此,体现改革创新精神的相对集中行政处罚权制度,经实践证明具有强大的生命力。

二、相对集中行政处罚权制度的变革创新:特点、制度设计、框架及基本内容

(一)相对集中行政处罚权制度的基础

1.法律基础:《行政处罚法》的规定

《行政处罚法》第 16 条规定,国务院或者经国务院授权的省、自治区、直辖市人民政府可以决定一个行政机关行使有关行政机关的行政处罚权,但限制人身自由的行政处罚权只能由公安机关行使。这条规定是这个制度的法律渊源,也是相对集中行政处罚权制度的合法性的法律根据。我国第一次以法律的形式确立了相对集中行政处罚权制度,为改革行政执法体制提供了法律依据,意义重大、深远。

那么,相对集中行政处罚权制度究竟有什么样的特征?笔者认为,主要有如下特征。

(1)突破了现有的行政体制条块的框架,是对现行行政管理体制的重大改革和创新。这是重要的体制特征。长期以来,我国的行政体制框架往往是按条条分割,行政职能也是分散配置在各部门。相对集中行政处罚权制度突破现有行政体制的条块框架,将若干行政机关分散行使的行政职能从行政处罚的部位横切一刀,将其集中到一个行政机关行使。这在观念上是一个重大改变,在体制改革上是一个重要的改革和创新。

（2）调整改变了法律的相关规定。这是这一制度重要的法律特征，也是本质特征。相对集中行政处罚权制度改变法律、行政法规规定的行政处罚权的实施机关，将赋予其他机关的行政处罚权调整到城管行政执法机关来行使，在不修改法律的前提下，通过《行政处罚法》授权的形式来改变法律的规定，调整行政处罚权的职能。目前，大家熟悉的城管执法，只是社会上的一种泛称。它包括三种不同的体制、情况、执法形式。一是指依法改革执法体制，开展相对集中行政处罚权工作；二是综合行政执法试点；三是未进行过改革的原城建监察执法。相对集中行政处罚权是依据《行政处罚法》的规定将不同部门的行政处罚权按照法定的程序集中起来交由一个部门行使，涉及执法主体的变更和调整法律规定的处罚权；综合行政执法试点是把部门内部分散行使的处罚权集中起来行使，不涉及调整法律和变更执法主体。改革城管执法体制，主要是指实施相对集中行政处罚权制度。

（3）对行政处罚权配置的重要调整。这是职权上的特征。相对集中行政处罚权制度将法律、行政法规原本赋予其他几个行政机关的行政处罚权调整为一个城管行政执法机关来行使，这是对行政处罚权的配置作出的重要调整。体现了相对集中行政处罚权工作的特殊性和改革的内涵。

（4）有着严格的调整程序。这是程序特征。开展相对集中行政处罚权工作，依法必须由国务院或者国务院授权的省、自治区、直辖市批准，否则，无权改变法律、行政法规的规定。

（5）初步实现了决策、执行和监督相分离。这是行政处罚权运行特征。

（6）相对集中行政处罚权制度是实施《行政处罚法》的重要配套制度和操作规程。相对集中行政处罚权本身由《行政处罚法》第16条明确规定，这个制度既是《行政处罚法》的重要配套制度和操作规程，也是对《行政处罚法》的严格贯彻实施。没有这个配套制度和操作规程，就不可能开展相对集中行政处罚权工作，《行政处罚法》也就得不到具体实施。

2.经济基础：计划经济体制向市场经济体制转变条件下改革行政管理体制，改革行政执法体制，解放和发展生产力的客观需要

从计划经济体制向市场经济体制转变，是我国经济基础发生的最重要的变化。这个变化对我国行政管理体制和政府运作模式的改变、政府职能的转变，都提出了要求。从过于强调"条条"管理立法，到实践中制定一部法律、法规，就要新设置一支执法队伍的执法，都对经济社会的发展形成了体制性的障碍。改革行政管理体制和行政执法体制，推行相对集中行政处罚权制度，既是经济社会发展现实的迫切要求，更是一种历史必然。

3.实践基础：实践的需要和现实的选择

对于如何改革行政执法体制，解决行政执法中职权交叉、多头执法、重复处罚、执法扰民、效率低下、执法机构膨胀等问题，如前所述，有同志主张从立法上全面修

订相应的法律、法规,彻底改革现行行政管理体制,从制度上消除"立一部法、设立一支队伍"的根源;也有同志主张通过机构改革,撤并调整职能交叉重叠的部门,归并执法主体,从而解决问题;还有同志主张推行联合执法或者委托执法。

由于这些主张在当时的历史条件下要么难操作,要么条件不成熟,抑或实践证明有局限,因此,制定《行政处罚法》,适应实践提出的从制度上解决行政执法现有问题的现实要求,在一时难以对有关法律、法规作全面修订,同时又难以通过大规模的合并机构来解决执法体制机制和存在的问题的情况下,创新行政处罚体制,规定国务院或者国务院授权的省、自治区、直辖市人民政府可以根据实际需要,统一和重新配置行政处罚权,改变单行法律、法规规定的执法主体和职权配置,为解决我国行政执法中的问题,提供了一条新的有效的法律途径。

4.组织基础:国务院的部署和推进

国务院对相对集中行政处罚权制度十分重视,积极实施和推进这项改革。1996 年 4 月 15 日,国务院在《关于贯彻实施〈中华人民共和国行政处罚法〉的通知》中规定:"各省、自治区、直辖市人民政府要认真做好相对集中行政处罚权的试点工作,结合本地方实际提出调整行政处罚权的意见,报国务院批准后施行;国务院各部门要认真研究适应社会主义市场经济要求的行政执法体制,支持省、自治区、直辖市人民政府做好相对集中行政处罚权工作。"并明确要求:"各级地方人民政府及其部门的法制工作机构要根据本级政府或者本部门的统一部署,具体组织,承担对行政处罚的监督检查工作。"

2000 年 9 月 8 日,经国务院领导同意,国务院办公厅下发了《国务院办公厅关于继续做好相对集中行政处罚权试点工作的通知》(国办发〔2000〕63 号),对加强试点工作与行政管理体制改革相结合等内容作了具体规定,进一步明确了试点工作的方向。2002 年 8 月 22 日,国务院颁布了《关于进一步推进相对集中行政处罚权工作的决定》(国发〔2002〕17 号),明确规定国务院授权省、自治区、直辖市人民政府可以决定在本行政区域内有计划、有步骤地开展相对集中行政处罚权工作,并强调要切实加强对相对集中行政处罚权工作的组织领导。此后,省、自治区、直辖市人民政府可以决定在本行政区域内有计划、有步骤地开展相对集中行政处罚权工作,不再使用试点字样;以前国务院批准的地方试点工作,正式作为地方政府依法开展的一项制度化、经常化的日常工作。

(二)相对集中行政处罚权的范围

1.相对集中行政处罚权的原则

相对集中行政处罚权的原则,是在多头执法、职责交叉、重复处罚、执法扰民等问题比较突出,严重影响执法效率和政府形象的领域开展这项工作以解决这些问题,进而改革现行行政执法体制,提高行政执法质量和水平,深化行政管理体制改革,探索建立与社会主义市场经济体制相适应的行政管理体制和行政执法机制,提高行政执法的效率和水平,保护公民、法人和其他组织的合法权益,保障和促进社会生产力的发展。

中共中央国务院 2015 年发布的《关于深入推进城市执法体制改革改进城市管理工作的指导意见》,对这个问题进行了新的表述:重点在与群众生产生活密切相关,执法频率高、多头执法扰民问题突出,专业技术要求适宜,与城市管理密切相关且需要集中行使行政处罚权的领域推行综合执法。

2.相对集中行政处罚权的范围

主要是在城市管理领域开展相对集中行政处罚权工作,相对集中行政处罚权的具体范围包括:市容环境卫生管理方面法律、法规、规章规定的行政处罚权,强制拆除不符合城市容貌标准、环境卫生标准的建筑物或者设施;城市规划管理方面法律、法规、规章规定的全部或者部分行政处罚权;城市绿化管理方面法律、法规、规章规定的行政处罚权;市政管理方面法律、法规、规章规定的行政处罚权;环境保护管理方面法律、法规、规章规定的部分行政处罚权;工商行政管理方面法律、法规、规章规定的对无照商贩的行政处罚权;公安交通管理方面法律、法规、规章规定的对侵占城市道路行为的行政处罚权。

《关于深入推进城市执法体制改革改进城市管理工作的指导意见》对集中行政处罚权的具体范围规定了新的 6 个方面。其中,集中住房城乡建设领域法律法规规章规定的全部行政处罚权,涵盖了市容环境卫生管理方面、城市规划管理方面、城市绿化管理方面、市政管理方面法律、法规、规章规定的全部行政处罚权。同时,新增了水务管理方面、食品药品监管方面的有关行政处罚权。这样范围就比原来扩大了不少。

3.省、自治区、直辖市人民政府对其颁布的规章设定的城市管理领域的其他行政处罚权的调整

4.集中城市管理领域以外的其他行政管理领域的行政处罚权

需要在城市管理领域以外的其他行政管理领域相对集中行政处罚权的,省、自治区、直辖市人民政府根据国务院的授权,依照《行政处罚法》第 16 条的规定,也可以决定在有条件的地方开展这项工作。《关于深入推进城市执法体制改革改进城市管理工作的指导意见》作了衔接性规定,明确上述范围以外需要集中行使的具体行政处罚权及相应的行政强制权,由市、县政府报所在省、自治区政府审批,直辖市政府可以自行确定。

(三)行政处罚主体的相关制度

1.设置原则

相对集中行政处罚权是深化行政管理体制改革的重要途径之一,最终目的是建立符合社会主义市场经济发展要求的行政执法体制。必须把开展相对集中行政处罚权工作同继续深化行政管理体制改革紧密结合。进一步理顺行政管理体制,

坚决克服多头管理、政出多门的弊端,切实促进政府职能转变。针对有关行政机关必须保留的管理权、审批权,该归并的下决心归并,该集中的下决心相对集中,以精简机构,精简人员。按照社会主义市场经济规律,进一步转变政府职能。

对集中行使行政处罚权的行政机关的设置,原来规定不得将集中行使行政处罚权的行政机关作为政府一个部门的内设机构或者下设机构,也不得将某个部门的上级业务主管部门确定为集中行使行政处罚权的行政机关的上级主管部门。集中行使行政处罚权的行政机关应作为本级政府直接领导的一个独立的行政执法部门,依法独立履行规定的职权,并承担相应的法律责任。

《关于深入推进城市执法体制改革改进城市管理工作的指导意见》确立国务院住房和城乡建设主管部门为主管部门,这是理顺城管执法体制的主要内容,也是对相对集中行政处罚权制度中关于行政处罚主体的相关制度的最大调整。对此,在第一节中已经作了阐述,在此不再重复。

2.设置程序

省、自治区人民政府对有关城市人民政府报送的相对集中行政处罚权工作方案,要依照《行政处罚法》和国务院《关于进一步推进相对集中行政处罚权工作的决定》以及国务院其他有关文件的规定严格审查,对借机增设机构、增加行政编制或者有其他不符合规定情形的,一律不予批准。在组建集中行使行政处罚权的行政机关时,原有关行政部门该撤销的要予以撤销,该合并的要予以合并,不能借机增设行政机关。

关于机构设置,《关于深入推进城市执法体制改革改进城市管理工作的指导意见》规定要综合设置机构。按照精简统一效能的原则,住房城乡建设部会同中央编办指导地方整合归并省级执法队伍,推进市县两级政府城市管理领域大部门制改革,整合市政公用、市容环卫、园林绿化、城市管理执法等城市管理相关职能,实现管理执法机构综合设置。统筹解决好机构性质问题,具备条件的应当纳入政府机构序列。遵循城市运行规律,建立健全以城市良性运行为核心,地上地下设施建设运行统筹协调的城市管理体制机制。有条件的市和县应当建立规划、建设、管理一体化的行政管理体制,强化城市管理和执法工作。

3.经费保障

国务院办公厅《关于继续做好相对集中行政处罚权试点工作的通知》明确要求:集中行使行政处罚权的行政机关所需经费列入本机关的预算,由本级政府财政全额拨款,不得以收费、罚没收入作为经费来源;罚款、没收违法所得或者没收非法财物拍卖的款项,必须按照规定分级全额上缴国库。国务院《关于进一步推进相对集中行政处罚权工作的决定》进一步明确:集中行使行政处罚权的行政机关所需经费,一律由财政予以保障。所有收费、罚没收入全部上缴财政,不得作为经费来源。

4.执法机构与专业服务组织分离

理顺行政机关与专业服务组织的关系,对于目前行政机关内设或者下设的各类技术检测、检验、检疫机构,要创造条件将这类机构从有关行政机关中逐步剥离出来,面向社会广泛提供技术服务,成为依法独立从事技术检测、检验、检疫活动,并对其技术结论独立承担法律责任的专业服务组织。

5.执法人员

集中行使行政处罚权的行政机关的执法人员必须是公务员(国办发〔2000〕63号)。集中行使行政处罚权的行政机关的执法人员,要按照《国家公务员暂行条例》和其他有关规定,采取考试、考核等办法从有关部门和社会符合条件的人员中择优录用。

《关于深入推进城市执法体制改革改进城市管理工作的指导意见》作了些调整,规定:各地应当根据执法工作特点合理设置岗位,科学确定城市管理执法人员配备比例标准,统筹解决好执法人员身份编制问题,在核定的行政编制数额内,具备条件的应当使用行政编制。执法力量要向基层倾斜,适度提高一线人员的比例,通过调整结构优化执法力量,确保一线执法工作需要。区域面积大、流动人口多、管理执法任务重的地区,可以适度调高执法人员配备比例。建立符合职业特点的城市管理执法人员管理制度,优化干部任用和人才选拔机制,严格按照《公务员法》有关规定开展执法人员录用等有关工作,加大接收安置军转干部的力度,加强领导班子和干部队伍建设。

此外,该指导意见还针对现实中的情况,规定了规范协管队伍。各地可以根据实际工作需要,采取招用或劳务派遣等形式配置城市管理执法协管人员。建立健全协管人员招聘、管理、奖惩、退出等制度。协管人员数量不得超过在编人员,并应当随城市管理执法体制改革逐步减少。协管人员只能配合执法人员从事宣传教育、巡查、信息收集、违法行为劝阻等辅助性事务,不得从事具体行政执法工作。协管人员从事执法辅助事务以及超越辅助事务所形成的后续责任,由本级城市管理部门承担。

国务院有关文件对执法人员的服装未作规定。《关于深入推进城市执法体制改革改进城市管理工作的指导意见》明确规定:根据执法工作需要,统一制式服装和标志标识,制定执法执勤用车、装备配备标准,到2017年年底,实现执法制式服装和标志标识统一。

(四)行政处罚权的调整和配置制度

1.配置的原则、程序

按照《行政处罚法》第16条的规定,行政处罚职权调整的权力在国务院或者经国务院授权的省、自治区、直辖市人民政府。相对集中行政处罚权工作涉及有关部门行政处罚职权的调整和重新配置,由各省、自治区、直辖市人民政府建立决定开展相对集中行政处罚权工作的具体程序。

2.审批权与管理权的关系

在开展相对集中行政处罚权工作的同时,有关地方人民政府对原由有关行政机关行使的管理权,要根据需要进行调整和重新配置,防止职责重叠、权力交叉,实现政企分开、政事分开。

3.上下职能配置

要明确市、区两级集中行使行政处罚权的行政机关的职能和责任,探索同一系统上下级部门之间合理分工、协调运作的新机制,解决目前行政执法中同一件事多头管理和各级执法部门职权大体相同,多层执法、重复管理问题。

要按照行政职能配置科学化的要求,从制度上重新配置上下级部门职能,原则上层级较高的部门主要侧重于政策研究、监督指导和重大执法活动的协调,具体的执法活动主要由基层执法队伍承担。

关于上下职能配置,《关于深入推进城市执法体制改革改进城市管理工作的指导意见》要求下移执法重心,规定按照属地管理、权责一致的原则,合理确定设区的市和市辖区城市管理部门的职责分工。市级城市管理部门主要负责城市管理和执法工作的指导、监督、考核,以及跨区域及重大复杂违法违规案件的查处。按照简政放权、放管结合、优化服务的要求,在设区的市推行市或区一级执法,市辖区能够承担的可以实行区一级执法,区级城市管理部门可以向街道派驻执法机构,推动执法事项属地化管理;市辖区不能承担的,市级城市管理部门可以向市辖区和街道派驻执法机构,开展综合执法工作。派驻机构业务工作接受市或市辖区城市管理部门的领导,日常管理以所在市辖区或街道为主,负责人的调整应当征求派驻地党(工)委的意见。逐步实现城市管理执法工作全覆盖,并向乡镇延伸,推进城乡一体化发展。

三、相对集中行政处罚权制度的发展走向

城市管理综合执法经过 20 多年的发展,无论制度内容和形式以及名称有何变化,以相对集中行政处罚权为中心的基本制度构建,大的方向和走向始终是在向前发展。

以实施相对集中行政处罚权制度为主要工作内容的城市管理综合执法,虽然在具体的执法工作中饱受责难,对制度的质疑不断,执法中也确实存在不少问题,但是,不可否认,城市管理综合执法工作对加强和改善城市管理,改善城市秩序,保障城市健康运行,促进城市建设水平逐步提高,提升城市品质,增进民生福祉等发挥了重要作用。对提高城市人民政府的治理能力、推进城市健康发展和新型城镇化的顺利,也有着十分重要的成效。

当然,正如《关于深入推进城市执法体制改革改进城市管理工作的指导意见》

指出,需要进一步理顺城市管理执法体制,解决城市管理面临的突出矛盾和问题,消除城市管理工作中的短板,进一步提高城市管理和公共服务水平,这既是落实"四个全面"战略布局的内在要求,提高政府治理能力的重要举措,也是增进民生福祉的现实需要,是促进城市发展转型的必然选择。

分析相对集中行政处罚权制度的发展走向需要注意几点。第一,要分析相对集中行政处罚权制度的发展方向,首先要明确的是,这个制度是否符合当代社会经济发展的要求,符合才有存在的现实根据,不符合就没有现实根据。第二,这个制度究竟有没有法律根据和存在的合法性。这是它的制度的支撑,离开这一点谈的话很难成立。这个制度的设计是否科学、合理、符合规律,也是它存在和发展的重要的依据。制度设计不合理、不科学、不符合规律,其发展显然最后是没有前景、没有前途的。第三,这个制度在实践中究竟实施得怎么样,是制度的生命力所在,也是检验这个制度是否有发展,是否应当存在的实践标准,也是实践是检验真理的唯一标准在这个领域的体现和运用。第四,从宏观上对各种关于执法体制改革的措施、制度、路径进行分析、比较,才能看出这个制度有没有发展的方向,有没有发展的前景。

关于相对集中行政处罚权制度的发展走向,我们认为,经过20多年的发展,相对集中行政处罚权制度不断调整发展完善,现在已经基本成熟。以实施相对集中行政处罚权制度为主要工作内容的城市管理综合执法的模式基本成型成熟,将会在今后相当长一个时期存在,综合执法的模式已经不可逆转。特别是随着十三届全国人大一次会议确定的国务院机构改革方案的实施,大部门制改革的大幅推进,综合执法模式中的跨部门相对集中行政处罚权和相关行政执法权、部门内部集中行政处罚权和相关行政执法权、跨部门和部门内部相结合集中行政处罚权和相关行政执法权的形式将会进一步完善。相对集中行政处罚权制度基本的发展走向,简单地说,就是继续在《行政处罚法》和相关法律的框架基础上及时调整发展完善,不断深化城市管理综合执法工作,在基本解决了行政管理领域当中"多头执法、职责交叉、重复处罚、执法扰民和行政执法机构膨胀"等问题之后,进一步解决"管理体制不顺、职责边界不清、法律法规不健全、管理方式简单、服务意识不强、执法行为粗放等问题",不断提高城管综合执法的能力与水平,提升政府治理能力和公共服务水平,推进城市健康有序地发展。

(一)基本走向:经济基础决定上层建筑的规律,改革的大势所趋,决定了以实施相对集中行政处罚权制度为主要工作内容的城市管理综合执法的模式,将会在今后相当长一个时期存在,并不断发展完善

第一,我国经济体制改革已经取得了很大的成效,社会主义市场经济体制已建立,经济蓬勃发展,我国已经成为一个世界经济大国。随着经济的发展,经济基础的变化,经济体制的改革,社会方方面面发生了深刻的变化,上层建筑适应经济基

础,这是一条最基本的原理,也是一个社会发展的方向。行政管理体制和行政执法体制适应经济社会发展的要求,进行体制性的改变,是一种必然的趋势。

市场经济发展的根本性要求,是要发挥市场对资源配置的基础性作用,具体在微观经济层面上看,主要是公民法人和有关组织在市场交易的行为中,提高效率、减少成本、降低风险,因此对行政管理和行政执法提出了更好的要求。要求行政执法体制,要求行政管理体制为提高效率、降低风险更多地获取利益提供保障,而不是阻挠公平竞争,增加交易成本和风险。而行政执法在某种意义上说,虽不能增加GDP,但是可能会阻碍 GDP 的增加,行政权力运用不当,不但无助于经济竞争,而且会增加经济主体交易的风险和交易的成本,比如,执法中的寻租和随意行为,导致经济主体的公关和成本加大。经济社会的发展、要求和深刻的变化,要求行政执法体制改革,要求减少并彻底解决职责交叉、多头执法、重复执法、执法扰民等一系列不符合市场经济发展的体制性障碍。

第二,科学发展、改革创新。科学发展观核心是以人为本。社会主义法治理念,本质是执法为民。这些都要靠行政执法体制来体现。通过执法体制的改革为全面建设小康社会提供体制性的保障。这就要求我们的行政管理体制改革朝着这个方向,朝着建设服务政府、责任政府、法治政府和廉洁政府的方向,加快改革。中共十八届四中全会通过的《中共中央关于全面推进依法治国若干重大问题的决定》则进一步明确:深化行政执法体制改革。根据不同层级政府的事权和职能,按照减少层次、整合队伍、提高效率的原则,合理配置执法力量。推进综合执法,大幅减少市县两级政府执法队伍种类,重点在食品药品安全、工商质检、公共卫生、安全生产、文化旅游、资源环境、农林水利、交通运输、城乡建设、海洋渔业等领域内推行综合执法,有条件的领域可以推行跨部门综合执法。完善市县两级政府行政执法管理,加强统一领导和协调;理顺行政强制执行体制,理顺城管执法体制,加强城市管理综合执法机构建设,提高执法和服务水平。

第三,从我们当前的实际情况看,改革开放进入关键时期,面对新形势、新任务,现行行政管理体制仍然存在不少问题,直接影响政府全面正确履行职能,在一定程度上制约经济社会发展。进一步深化行政管理体制和执法体制改革势在必行。

深化行政管理体制改革,重点在改革行政执法体制。行政管理的要害在于行政执法。行政执法的核心在于行政处罚。行政处罚权在所有的行政执法权当中是最主要的权力,从量上讲,要占全部的权利的 $60\%\sim70\%$;从强度讲,它是最主要的法律规范当中的结构形式;从后果讲,它直接剥夺公民的财产。所以,行政执法体制的改革十分重要。这个体制改革,决定了相对集中行政处罚权制度存在的必然性和长期性。从改革的发展看:(1)贯彻《行政处罚法》是一个长期的过程。相对集中行政处罚权也是一个比较长期的过程。(2)相对集中行政处罚权制度是改革的必然产物,它随着改革产生,随着历史发展,会进一步完善。(3)相对集中行政处罚权制度突破了原有行政体制条块的结构、观念、隶属的关系,组织的结构,权力的形式,运行的机制,这项改革既有生命力也存在进一步调整完善的余地。因此,根据不同情况和要求,对制度进行调整完善,会使制度本身更有适应性,更具生命力。比如,调整制度,明确城管综合执法机构的中央和省级主管部门,会使相对集中行政处罚权制度更加成熟、成型、稳定,更加健全完善。(4)经济社会发展改革的要求使得相对集中行政处罚权制度不可能走回头路恢复到原来的体制状态。可以设想,如果取消这个制度,恢复到多个执法队伍并存,"八个大盖帽,管一个破草帽"的境地,是社会不能接受的。所以,从宏观的大的发展方向来分析,从宏观的国家社会经济的发展上来分析,相对集中行政处罚权制度,它的发展方向就是根据新形式、新要求,进一步发展、完善、调整,这就是它的发展方向。(5)随着机构改革大部门制的推行,相对集中行政处罚权制度在基层,在城市人民政府,比较符合大部门制的思路和设计,因为大部门制的基本思路就是在效能精简统一的原则下合并部门、合并职能。相对集中行政处罚权制度,与这个思路和这个精神是吻合的,相对集中行政处罚权制度是大部门制在基层的实践。这个方向也为相对集中行政处罚权制度注入了新的活力。(6)从世界上其他比较发达或者发达国家看,有的发达国家也在实行类似的制度,比如德国,它的秩序局的机构设置、职能配置以及工作机制和我们推行相对集中行政处罚权制度而产生的城市综合行政执法局基本上是一致的。这说明,这个制度是符合精简效能统一的原则和要求的。

以上从宏观上、从发展趋势上,回答了相对集中行政处罚权的发展方向究竟是什么。

(二)合法与合理:制度存在和发展的规律性的体现

相对集中行政处罚权制度是《行政处罚法》确立的重要法律制度,是《行政处罚法》确立的重要的体制的创新。所以,这个制度有坚实的法律基础和法律支撑。这个制度的背后实际上是整个行政处罚体制改革的精神的集中反映和内在规律的表现形式之一。如果说《行政处罚法》所规范的内容依然存在的话,那么相对集中行政处罚权这个制度,它的方向就是在这个法律的基础上进一步完善和发展。

行政管理的本质和核心实际上就是正确处理行政权力和公民法人的权益之间的关系,它的行政管理本质上就是处理这个东西。行政处罚是行政管理或者是行政权力的重要方面,很重要的方面。行政处罚权的改革、行使直接关系到公民法人的权益。所以相对集中行政处罚权制度就是要减少这种行政权与相对人的矛盾。为进一步促进社会的和谐,我们可以用这样的逻辑来推论,管理和被管理是一种永恒矛盾,在这个永恒矛盾当中,处罚和被处罚居于比较核心的地位。这种矛盾的存在要求我们采用更规范更好的制度。在现在的历史阶段上,相对集中行政处罚权制度就是可以有效地处理这种矛盾的较好的形式。

很多人说相对集中行政处罚权制度没有发展前途,走入死胡同,根据之一就是不具有合法性,这完全是误解了或者说不了解这个制度背后的坚实的法律依据。显然,这个结论是不能成立的。

相对集中行政处罚权制度有没有合理性、科学性这也是其能不能存在和发展的重要方面之一,合理性怎么来考虑呢? 合理性就是符不符合社会经济发展的要求,能不能有没有利于处理公权和私权的矛盾、管理者和被管理者的矛盾,就是看这个制度有没有利于生产力的发展,有没有利于保护公民和法人的合法权益,有没有利于促进社会生活的和谐。事实证明,它正好是有利的。因此,它是合理的,理在哪里,理就在于它减少重复执法,减少执法扰民,规范了行政处罚,保障了人民群众的根本利益和经济社会健康的发展。这就是它的理。它的科学性在哪里呢?科学性就在于集中是相对的,并不是绝对的;就在于它权衡了现行的各种体制以后,通过集中行政处罚权减少了职责交叉,提高了执法的效率,使众多的机构得到了精简,使臃肿的人员队伍得到了减裁,使有效的执法资源得到了合理的配置。至少目前是这个样子,这是它的科学性。当然科学性最根本的一条,是看它是否符合规律。符合什么样的规律呢? 即社会发展规律,权力运行和配置的规律。相对集中行政处罚权制度是符合这些规律的。

(三)实践检验:制度真正的生命力

相对集中行政处罚权实施至今已经 20 多年了,20 多年的实践从不同的方面表明,这个制度实施的效果是比较好的。

第一,形成了新的行政执法机制,大幅提高了执法的质量和水平,树立了良好的行政执法形象。据了解,开展相对集中行政处罚权工作的城市在过去各部门分散执法时期,尽管行政执法总数不少,但分散到各支队伍后力量严重不足,只能靠雇用临时工执法,行政执法素质普遍低下,加之大多数没有经费保障,靠罚款和收费养执法队伍,这就导致执法方式简单、粗暴,乱收费、乱罚款、以罚代管的现象相当严重,人民群众意见很大,尖锐地批评有些地方和部门"管理就是收费,执法就是罚款"。对此,按照国务院有关文件严把行政执法人员的录用关,加强对行政执法人员的培训,提高行政执法人员的政治素质、业务素质和法制观念,严格行政执法程序,完善行政执法监督制度,在执法中强调疏堵结合,管理与服务结合,教育与处罚结合,着力解决行政执法中的利益驱动问题。同时,严格实施罚缴分离和"收支两线"制度,城市管理行政执法局的罚没收入全额上缴财政,执法经费由财政予以保障,解决了"靠违法养执法,靠罚款发工资、奖金"的问题。从而,规范了行政执法行为,赢得了人民群众的理解和支持。

第二,在相当的程度上解决了城市管理领域中多头执法、重复处罚、执法扰民等问题,明显地提高了行政执法的质量和水平。中国的城市化进程发展很快,城市的管理是一个很重大的问题,也是一个非常棘手的难题。城管执法局在管理城市提升城市的管理水平,创造一个良好的生活、居住、生产的环境方面发挥了不可替代的十分重要的作用。这就是制度的功劳。没有这个制度可以想象在很多重大的问题上,是难以达到今天的效果的。从我们了解的情况看,各有关城市通过开展相对集中行政处罚权工作,由城市管理行政执法局统一行使市容、规划、园林、市政、环保、工商、公安交通等部门的全部或者部分行政处罚权,原有执法队伍被撤销或者相应精简,多数地方执法人员总数比原有人员减少 20%~30%,有的地方甚至减少一半以上。虽然执法队伍和人员减少,但是执法力量更加集中,执法力度大大增强,执法水平和效率显著提高。一些多年来群众反映强烈的"老大难"问题,开展相对集中行政处罚权工作之后得到了较好的解决。

第三,在一定范围内进行了管理权、审批权与监督权、处罚权适当分离的探索,为改革现行行政管理模式积累了一些经验。由于政府职能转变和行政管理体制改革尚未完全到位,目前城市管理领域中,绝大多数部门都是"一条龙"管理,从立规矩到执行,从管理、审批到监督、处罚,都由一个部门决定;部门自己给自己设定权力,又自己去行使权力,缺乏有效的监督机制,行政执法中存在很大的随意性。结果,自己违法审批,自己又去监督查处,无法从制度上解决滥用权力、权钱交易等腐败问题,影响了法律法规的正确实施。而且,从省到市、县的同一方面的行政主管部门都行使同样的权力,都管同样的事情,在多头执法之外,又形成多层执法、重复处罚、执法"打架"的问题。各有关城市在实行相对集中行政处罚权以后,根据城市管理领域的特点,对有关行政管理权力进行了重新归类和配置,初步实现了城市管理领域的管理权、审批权与监督权、处罚权的适当分离,同时还理顺了市、区两级城市管理行政执法队伍之间的职责,实现执法重心向基层转移。对此,许多同志给予了高度肯定,认为"管理审批权与监督处罚权适当分离,既加强了对执收执罚的监督,也形成了对管理审批的制约",对改革现行行政管理体制具有积极、深远的意义。此外,现在实施的相对集中行政许可权制度,在一定意义上与相对集中行政处罚权制度似孪生兄弟,在制度原理上多有借鉴参考。

第四,通过推行相对集中行政处罚权制度,为合理配置政府部门的职能,精简行政机构探索了一些新的路子。不少城市在调整有关部门的行政权的基础上,按照"精简、效能、统一"的原则,调整归并了相关的行政管理职权,重新配置了有关部门的职能,精简了有关政府机构。

(四)比较鉴别:仍然是最优选择

从行政执法体制各种改革措施和方式方法的比较看,相对集中行政处罚权制度是比较成熟的。当然,这个制度本身的设计并不是十全十美,它也有不足。比如,比较超前的在综合执法主体的行政管理架构上没有明确中央和省级主管部门等,但是,根据社会发展的实际情况不断调整制度的内容,明确上级主管部门等,就使得这个制度更加健全完善。跨部门综合行政处罚权,比较联合执法、委托执法等形式,相对集中行政处罚权这种形式仍然是最优选择。

(五)逻辑结论:发展完善

综上所述,我们可以得出以下几点看法。

第一,相对集中行政处罚权制度本身就是改革创新的产物,也是制度性改革的标记,它本身也在实践中不断发展。在现在大的历史格局、国家体制、行政架构、法律制度等条件下,在行政处罚的执法活动中存在的多头执法、职责交叉、重复处罚、执法扰民、效率低下等问题还没有根本消除的情况下,相对集中行政处罚权制度还会在相当长一段时期存在并发挥重要作用。

第二,从行政处罚体制的主体要素看,集中行使行政处罚权的行政机关即城市管理行政执法局,在执法主体的体系结构(机构设置、领导隶属关系、组织形态等主体结构)上,事实证明,既符合客观需要和经济社会发展的要求,也为国务院所充分肯定;既是行政法理论的成果和结晶,也是相对集中行政处罚权制度这种改革的实践产物和体制改革中主体要素的很好的体现。现在调整了相对集中行政处罚权制度,明确了集中行使行政处罚权的行政机关的上级主管部门,只会在现有的基础上进一步健全和完善,集中行使行政处罚权的行政机关即城市管理行政执法局也不会消失。因此,发展方向就是健全完善。摧毁现有的基础,取消现有的执法主体,不应当是也不可能是发展的方向。

第三,从权力的配置来看,将行政处罚权相对集中行使,更能直接解决行政处罚中存在的突出问题,更经济、更有效、更便捷,在行政处罚权分散或者相对集中行使的抉择中,优选显然在后者。

第四,从体制改革的制度层面上看,相对集中行政处罚权有非常厚实的制度基础和支撑,改革的合法性十分充分。同时,在改革过程中形成的诸多制度和运行机制,也使得相对集中行政处罚权这项体制改革的制度要素比较完备。由此可见,进一步完善制度就是发展的逻辑结论。

第五,行政执法体制中的主体结构、权力配置、制度构成三要素固然十分重要,但是,权力运行和监督机制也很重要。相对集中行政处罚权这项体制改革也不例外。行政处罚权是行政执法权力中最重要的权力之一,它的行使必须遵守一系列的原则、程序和运行和监督机制,必须树立和体现社会主义法治理念,必须真正做到执法为民。说得直白一点,就是不能为处罚而处罚,更不能为谋求私利、打击报复而乱处罚、滥处罚。而这些恰恰才是改革体制需要解决的更深层次的问题,也是仅仅调整权力、执法主体和相关制度构成所难以解决的问题。

由上可见,相对集中行政处罚权改革的发展方向,就是在现有的基础上,使行政处罚权的配置进一步科学合理,主体结构进一步完整,制度构成进一步完善,运行机制、保障机制、监督机制进一步健全。

第五节　《行政处罚法》的贡献与未来发展

一、《行政处罚法》的历史贡献

从颁布到现在，《行政处罚法》已经走过了 23 个年头。尽管以今天的眼光来看，这部法律受当时条件所限，无论在立法内容还是在立法技术上都还存在着或多或少的缺陷，但作为我国规范行政行为的第一部单行立法，它在我国行政立法史上留下了浓墨重彩的一笔，对规范我国行政权力的行使，保护公民合法权益，推动法治政府建设起到了至关重要的作用。

（一）法治政府的助推器

在《行政处罚法》出台之前，处罚乱已经成为我国行政执法的顽疾，乱设处罚、乱用处罚不但随处可见，而且行政机关实施处罚根本不讲程序，不受任何制约，"态度罚""人情罚"的现象满天飞，不仅严重侵犯了行政相对人的合法权益，也给政府形象和威信带来了严重损害。为了改变这一状况，《行政处罚法》从设定、实施主体、管辖、程序等方面对行政处罚均作出了统一规范，不但有效地限制和防范了行政机关乱施行政处罚，而且也有力地保护了行政相对人的合法权益，对我国法治政府的建设起到了积极的推动作用。

从《行政处罚法》实施后的情况来看，为了贯彻落实这一法律，我国相当多的行政执法部门都结合自身的实际需要，对行政处罚工作的方式、方法进行了积极探索，一系列具体的程序制度如听证制度、行政处罚裁量标准制度、执法公开公示制度、执法责任制等不断得以建立健全。这些具体的制度规定不但让《行政处罚法》中的程序要求日益精细化和规范化，而且也极大地提高了我国行政机关依法行政的能力和水平。从目前来看，尽管当前行政处罚工作中还存在着执法不公、乱罚款等现象，但相对于其他行政行为来讲，我国行政处罚的法治化程度已经走在了前列。这一点从目前法院的审判数据中也可以得到证实。2011 年至 2016 年的法院审理行政处罚类案件的数据显示，我国行政处罚类案件中行政机关的败诉率始终低于其他类型案件中行政机关的败诉率。其中原因之一就是《行政处罚法》及相关法律规范较为完善，行政机关内部审查程序及内外监督体系较为完善。[①]

（二）行政立法的先行者

作为第一部规范行政行为的法律，《行政处罚法》在立法内容和技术上都创造

---

① 耿宝建:《行政处罚案件司法审查的数据变化与疑难问题》,载《行政法学研究》2017 年第 3 期。

了多项第一：如第一次确立了法律保留原则，第一次引入了听证程序，第一次赋予行政相对人陈述和申辩权，第一次规定了行政机关的告知义务，第一次规定了行政处罚不遵守法定程序无效，等等。这些内容不但让其成为我国行政立法中的一座里程碑，而且也为我国以后的其他行政立法提供了宝贵的经验。

与以往立法不同的是，《行政处罚法》的特色在于以程序入手，通过规范行政处罚的程序来实现对行政权力的控制和制约，这在我国当时的立法上是不多见的。从条文规定来看，《行政处罚法》有三分之二以上的条文都是有关处罚程序的规定，尤其是它借鉴了国外的正当程序理念，完整规定了行政处罚程序的各个环节，是我国当时在行政程序立法方面所做的最为全面的探索。在我国传统"重实体、轻程序"的执法理念下，这些规定无疑具有划时代意义。事实证明，《行政处罚法》的实施，对于提高执法人员的程序意识，规范行政处罚行为起到了积极的促进作用。尽管一些规定较为粗疏简陋，部分内容还存有缺陷，如听证程序未确立案卷排除规则，导致听证程序容易流于形式，但总体来看，这些规定"所设定的程序义务，非但彼时已是立法先进之范本，而且现在看来，也仍然没有过时"。[①] 可以说，《行政处罚法》为我国各类行政行为的程序立法树立了一个标杆，为我国行政程序立法起到了很大的牵引作用。在《行政处罚法》的影响下，许多法律、行政法规以及地方性法规和规章都制定了程序制度，有些地方性法规和政府规章制定的行政程序制度甚至已经走在国家立法的前面。[②]

二、《行政处罚法》面临的挑战

（一）社会行政的日渐兴起

改革开放以来，随着我国经济体制和社会管理体制的深化改革，国家开始逐渐向社会让渡自己手中的行政权力，一些行业协会、社会组织或依法或基于管理需要，开始承担起部分公共事务的管理职能。尤其是 2013 年党的十八届三中全会作出的《中共中央关于全面深化改革若干重大问题的决定》提出，要"正确处理政府和社会关系，加快实施政社分开，推进社会组织明确权责、依法自治、发挥作用"，明确释放出推动政府职能转变、激发社会组织活力的信号。可以预见，在未来公共服务领域更多地利用社会力量，实现社会自治、行业自治将成为我国社会治理的发展趋势。

从实践来看，这类行业协会或社会组织在进行管理时，对其成员违反协会或组织规章的行为也会采用处罚手段。例如，2019 年 4 月 14 日，大连一方足球俱乐部

---

① 熊樟林：论《行政处罚法》修改的基本立场，载《当代法学》2019 年第 1 期。
② 应松年：《制定统一的行政程序法：我国行政法治的必由之路》，载《中国司法》2006 年第 7 期。

队 4 号球员李帅因在赛场上推击对方球员脸部,造成严重社会影响,遭到中国足协处罚,在自然停赛基础上并被追加停赛 6 场和罚款人民币 6 万元。[①] 但由于这类处罚的依据大多来源于自治组织或协会章程,如上述足协对李帅作出的处罚就是依据《中国足球协会纪律准则》,权力来源于其自身的社会权力而非国家权力,是否将其看成行政处罚,也不无疑问。退一步来讲,即使能将其看成行政处罚,但由于其"契约化特征",也难以简单地将其纳入现有行政处罚制度之下。[②] 从当前来看,由于法律存在空白,这些处罚基本上已经沦为"法外飞地",被处罚人也难以寻求法律救济。面对不断变迁的公共行政,对此类频发的争议,《行政处罚法》乃至《行政法》对此如何回应,都将是未来行政处罚发展中所要解决的重要问题。

(二)风险社会带来的危险

自德国社会学家乌尔里希·贝克(Ulrich Beck)于 1986 年提出"风险社会"(risk society)的概念以来,风险社会理论已对当代社会产生了深远的影响。近年来,日益严峻的环境污染、损失惨重的安全生产事故、频繁爆发的食品药品安全事件等不断冲击着人们的底线,也对我国政府的治理能力提出了严峻的拷问。因此,如何建立有效的风险识别和预警机制,完善风险防范体制,以可控方式和节奏主动释放风险,已经成为当前各级政府面临的重要课题。在行政处罚领域,风险社会的到来,给处罚带来的最大的冲击,莫过于对处罚法定原则的动摇。"因为基于科技而产生的风险往往是不确定的,风险本身究竟是否存在,是否真的具有危害性以及危害与损害结果之间究竟是否具有因果关系都将因为技术上的复杂性而变得扑朔迷离。"[③]在这种情况下,以风险为干预对象,意味着政府将要在大量因素均不确定的情况下采取行动,对风险的规制不再是针对一个具体的、正在面临的违法现象,而是要预见到可能造成破坏的根源,适度缓和"有害性不确定则不规制"的绝对立场,从而对那些"在科学上不确定、结果上不可预见"但风险昭然若揭的行为加以干预。这意味着,传统行政法学原理所主张的以确保干预的确定性和有限性为主要思路的法治化方案,面对风险规制的现实,已经存在某种程度的力不从心。[④] 因此,结合风险规制活动的特点,探寻行政处罚合法化的方案,将是《行政处罚法》的重要任务。

[①] 《关于对大连一方足球俱乐部队球员李帅违规违纪的处罚决定》,http://www.thecfa.cn/cftz/20190419/26838.html,最后访问日期:2019 年 4 月 10 日。

[②] 杨解君、蒋都都:《行政处罚法面临的挑战与新发展》,载《行政法学研究》2017 年第 3 期。

[③] 熊樟林:《论行政处罚法修改的基本立场》,载《当代法学》2019 年第 1 期。

[④] 赵鹏:《风险社会的自由与安全——风险规制的兴起及其对传统行政法原理的挑战》,载《交大法学》2011 年第 1 期。

（三）互联网下的技术变革

这是一个快速变化的时代，随着科学技术的快速发展，互联网与各领域的融合发展已成为不可阻挡的时代潮流，对当今经济和社会生活的各个方面产生了深远的影响。随着信息技术的广泛运用，新经济、新产业、新业态、新模式不断涌现，不仅改变了人们的生活方式，也给行政机关的执法带来了新的冲击。从执法手段上来看，互联网技术的快速应用，不但能够补足行政机关在执法手段上的科技化和信息化短板，而且还可以有效地提高执法效率，形成执法合力，快速有效地打击违法行为。但与此同时，信息化在给执法带来便捷的同时，也使违法的类型和形式也变得多样化、隐蔽化、复杂化和智能化，违法行为的取证和查处也会变得更加困难。因此，在互联网时代，行政处罚如何与"互联网＋"对接，如何用互联网的思维和技术去助推行政处罚机制改革，从而实现行政处罚的精细化、规范化和高效化，是《行政处罚法》要思考和深入探讨的话题。

三、《行政处罚法》的未来发展

随着经济的发展和互联网技术的广泛应用，各种新的社会现象和治理手段都在不断涌现，久未修改的《行政处罚法》在应对这些问题时已显得颇为吃力。当前，全国人大常委会已将《行政处罚法》列入《第十三届全国人大常委会立法规划》中的第一类项目，这也要求学界在新的时代背景下对《行政处罚法》进行新的审视与研究。其中，以下几个方面尤其值得学界关注。

（一）行政处罚的界定与识别

从我国已经颁布的三部关于行政行为的单行立法来看，只有《行政处罚法》未对本法规制的对象，即行政处罚这一基础性概念作出任何界定。其实，早在《行政处罚法》起草过程时，立法者就曾经试图对行政处罚作一法定定义，而且大家也都认为对行政处罚下一个定义，是一部冠以"行政处罚"之名的法，在形式逻辑上的必然要求，但最终出台的《行政处罚法》还是未对行政处罚作出任何界定。个中原因，就在于这个定义下得非常困难。[①] 然而，立法上判断标准的欠缺，却给实践中法律的贯彻实施带来了不少烦扰。由于《行政处罚法》对行政处罚种类的设定只是规范了其所明确列举的六种处罚，对于"其他行政处罚"应如何设定却语焉不详，而是交给了法律、行政法规去自行设定，这就导致了现实中实际存在的行政处罚种类远远多于法律所明确列举的六类。这一情形不但让立法对行政处罚设定的控制意图落空，而且也给识别和界定何为行政处罚带来了极大的困难。

尽管从当前来看，学界通说都认可"制裁性"是行政处罚的本质属性，也是行政

---

① 应松年、刘莘：《行政处罚法理论与实务》，中国社会出版社 1996 年版，第 11 页。

处罚与其他行政行为相区别的主要标准。[①] 但是,如将其应用于执法实践,我们会发现,这一标准事实上并不合格。以"责令类行为"为例,目前各种法律规定了大量此类行为,如责令限期改正、责令停止非法经营、责令限期治理等,到底其性质是行政处罚,还是行政命令,抑或是其他行政行为,理论和实务中一直聚讼不断。[②] 再如,行政取缔是否属于行政处罚,学界和实务界长期以来也是没有一致看法,不但导致行政执法过程混乱无序,而且也让法院在审查这一行为时不知所措,无从判断。[③] 正因为如此,有学者提出,"制裁性"不能成为在个案中界定某种行政措施是否属于行政处罚的标准,因为制裁性标准的两个要素,即行政相对人行为的"违法性"和行政措施对相对人施加的"额外不利效果",本身并不周全。[④] 因此,未来在立法上究竟应当如何界定和识别行政处罚,在立法上给执法和司法提供一个便于操作的标准,防止一些行政处罚因处于灰色地带而逃避《行政处罚法》的管制,仍然是摆在立法者面前的一道难题。

(二)合理划定地方立法权限

将行政处罚的设定权与规定权相区分,是《行政处罚法》的一个创举。从当年的立法背景来看,为了解决行政处罚设定过多过滥的问题,《行政处罚法》对行政处罚的设定权进行了限制,将处罚的设定权主要集中在法律和行政法规上,至于地方性法规和规章,只能在一定范围内对某些行政处罚作出设定,作为补充。如果法律、行政法规对违法行为已经作出行政处罚规定,则地方性法规就必须在法律、行政法规规定的给予行政处罚的行为、种类和幅度的范围内规定。这种设定模式侧重地方对中央规定的落实,并未充分考虑到不同地方、不同领域的实际情况,对地方立法授权不足,随着社会的发展,其弊端日益显现。从实施多年的情况来看,地方基于治理的需要,都在试图突破《行政处罚法》的这一限制,以谋求治理的有效性。《行政处罚法》突破上位法规定的情形要比《行政许可法》《行政强制法》严重,问题主要集中在突破行政处罚行为的限制,增设了新的处罚行为,有的是在法律有关行政处罚规定中直接增加违法行为,有的是另列条文增加规定违法行为。[⑤] 根据《中国法治政府发展报告(2017)》披露,自 2016 年 7 月网约车合法化以来,到 2018 年 2 月 4 日,我国 184 个制定了网约车实施细则的城市中有 70 个城市在没有上位法依据的情况下,擅自增设或者变相设定了罚款、收回经营权、暂停新增注册、

---

① 杨小君:《行政处罚研究》,法律出版社 2002 年版,第 6 页。

② 夏雨:《责令改正之行为性质研究》,载《行政法学研究》2013 年第 3 期。

③ 李孝猛:《行政取缔的法律属性及其适用》,载《杭州师范学院学报》2007 年第 5 期。

④ 陈鹏:《界定行政处罚行为的功能性考量路径》,载《法学研究》2015 年第 2 期。

⑤ 乔晓阳:《如何把握行政处罚法有关规定与地方立法权限的关系》,载《地方立法研究》2017 年第 6 期。

责令停业整顿、吊销许可证等行政处罚。[①] 应当说,下位法突破上位法的规定,原因较为复杂,并不一定都是恶劣的。如上海、深圳和杭州三个城市,交通秩序井然,很大程度上得益于地方性法规的突破。[②] 因此,随着经济社会的快速发展,中央已经无法前瞻性预设事权的解决模式,需要重新审视和划定地方在行政处罚上的设定权限问题。对此,未来的《行政处罚法》要着重解决两个重要方面的问题:一是要赋予地方充分的立法权限,为地方性法规留有必要的空间,以满足地方治理的诉求;二是要防止地方权力扩张,避免出现地方利益法制化。

(三)便宜原则的妥善运用

便宜原则是指处罚机关对于一个轻微违反义务的行为,就具体事实状况,认为以不处罚为适当时,决定不处罚。[③] 目前,在大陆法系国家和地区的行政处罚领域,基本上都确定了便宜原则。如德国《违反秩序法》第 47 条第 1 项规定:"违反秩序之追究,属于追究机关依合义务之裁量。"我国台湾地区行政罚规定第 19 条第 1 项规定违反行政规定上义务应受最高额新台币 3000 元以下罚款之处罚,其情节轻微,认以不处罚为适当者,得免予处罚。这一原则认为,如果行为人行为违反行政规定上义务之情节较为轻微,而以其他方式如纠正或劝导等,对于行政目的之达成较为有效时,则可不处以罚款。[④]

我国《行政处罚法》中虽未规定便宜原则,但并非未蕴含这一精神。《行政处罚法》第 5 条规定:"实施行政处罚,纠正违法行为,应当坚持处罚与教育相结合,教育公民、法人或者其他组织自觉守法。"按照该原则的要求,行政处罚不以单纯的行政处罚为最终目标,行政机关不能把处罚作为履行监管职责的唯一手段,而要本着对社会负责的精神,通过各种教育手段和途径增强公民、法人或者其他组织的守法意识,预防和减少违法行为的发生。[⑤] 为了具体落实这一原则,《行政处罚法》第 27 条第 2 款也明确规定了:"当事人主动消除或者减轻违法行为危害后果的,应当依法从轻或者减轻行政处罚。违法行为轻微并及时纠正,没有造成危害后果的,不予行政处罚。"

然而,从《行政处罚法》施行后的情况来看,惩罚与教育相结合原则并未引起执法机关的高度重视,不少执法人员往往不太在意行政处罚的原则,认为只要作出的

---

① 中国政法大学法治政府研究院编:《中国法治政府发展报告(2017)》,社会科学文献出版社 2018 年版,第 177 页。

② 余凌云:《地方立法能力的适度释放》,载《清华法学》2019 年第 2 期。

③ 蔡震荣:《"行政罚法"逐条释义》,新学林出版股份有限公司 2008 年版,第 53 页。

④ 洪家殷:《"行政罚"法论》,五南图书出版股份有限公司 2006 年版,第 62～63 页。

⑤ 关于惩罚与教育相结合原则的运用,可参见《丹东市城区农村信用合作联社不服丹东市质量技术监督局行政处罚决定案》,载国家法官学院、中国人民大学法学院编:《中国审判案例要览·2012 年行政审判案例卷》,中国人民大学出版社 2014 年版,第 440 页以下。

行政处罚符合具体的法律规范（规则），行政处罚便是合法的。表面来看，这种做法虽然符合形式主义的法治原则，但实际上不但损害了执法的公正性，而且降低了执法的整体效益。尤其在当今新产业、新业态、新模式迅速发展的态势下，如果仍恪守传统的形式法治思维，不要说快递、微信，就是支付宝、滴滴打车、网络订餐等，估计早就死在违法违规的板子上了。这也正是为什么李克强总理提出，对于任何新生事物，要尽量秉持"包容审慎"的监管方式。[①] 因此，在"互联网＋"时代，如何在行政执法中正确处理好包容发展与监管的关系，营造良好的市场环境，促进新产业、新业态健康发展，将是《行政处罚法》所要着重解决的问题之一。

（四）一事不再罚原则的适用

根据《行政处罚法》第24条的规定，一事不再罚原则是指，"对当事人的同一个违法行为，不得给予两次以上罚款的行政处罚"。然而，在理论与实务中，如何准确界定"一事"和"再罚"却屡生争议。从当前来看，这一原则的适用，至少要澄清如下两个问题。

一是何为"一事"。"一事"即一个行政违法行为。但何为"同一个违法行为"，学界并无一致看法，主要有目的动机说、法律规范说、构成要件说等各种观点，三种观点各执一词，立场迥异。[②] 尽管从科学性来看，构成要件说要略胜一筹，但事实上，即使比照《刑法》中的观点，以构成要件说来区分同一个违法行为，由于我们对"应受行政处罚行为成立要件"缺乏深入研究，对相对人违法行为达至何种程度或者说是契合哪些要件才能予以处罚，无法提供系统的分析框架。因为我国《行政处罚法》没有提供此类规范，所以行政处罚权的实际运行也并无此类逻辑可循。[③]

二是何为"再罚"。从《行政处罚法》规定来看，"一事不再罚"，仅仅是指对同一个相对人的同一个违法行为，行政机关不得给予两次以上的罚款。因此，这种意义上的"一事不再罚"，其适用范围是比较狭窄的。当同一个违法行为触犯两个以上法律的时候，如果一个法律规定的罚款数额大，另一个规定的罚款数额小，此时能否采取重罚吸收轻罚的方式，即"依法定数额最高的规定处以罚款"，也不无疑问。

应该说，造成这一状况和我国《行政处罚法》偏重于从程序角度来规范行政处罚有很大关系。如前所述，我国《行政处罚法》大多数条款均属程序性规定，而从实体上设定的控权技术则乏善可陈，并没有形成体系性的权力控制框架，因此作为一项未竟事业，完成架构实体性控权体系的任务，是未来《行政处罚法》修改要考量的

---

① 光明网评论员：《"包容审慎"当为行政监管之圭臬》，http://guancha.gmw.cn/2017-07/15/content_25088194.htm，最后访问日期：2019年4月20日。

② 关于三种观点的介绍评析，参见章剑生：《现代行政法基本理论（上）》，法律出版社2014年版，第365~366页。

③ 熊樟林：《论行政处罚法修改的基本立场》，载《当代法学》2019年第1期。

重点课题。[①]

(五)妥善处理行政处罚与刑事处罚的衔接

《行政处罚法》第 7 条第 2 款规定:"违法行为构成犯罪,应当依法追究刑事责任,不得以行政处罚代替刑事处罚。"但对行政处罚与刑事处罚的衔接,立法上并未作出任何详细规定。为了落实《行政处罚法》的规定,国务院在 2001 年专门制定了《行政执法机关移送涉嫌犯罪案件的规定》,以保证行政执法机关能够向公安机关及时移送涉嫌犯罪案件。此后,行政机关、人民检察院也先后颁布了多项规范性文件,来具体解决"两法衔接"问题。然而,从实践来看,由于对某一个违法行为是否构成犯罪认识不同,"多一事不如少一事"的心态盛行,再加上执法部门之间的利益纷争,一些地方存在保护主义,怕影响经济发展,使得在不少的执法领域内,有案不移、有案难移、以罚代刑的情况仍比较严重,不仅损害了法律的权威,也削弱了国家对危害食品药品安全、环境污染等违法犯罪行为的打击力度和治理成效。2014 年 1 月,习近平总书记在中央政法工作会议上明确指出:"现在有一种现象,就是在环境保护、食品安全、劳动保障等领域,行政执法和刑事司法存在某些脱节,一些涉嫌犯罪的案件止步于行政执法缓解,法律威慑力不够,健康的经济秩序难以真正建立起来。这里面反映的就是执法不严问题,需要通过加强执法监察、加强行政执法与刑事司法衔接来解决。"[②]2014 年,党的十八届四中全会通过的《中共中央关于全面推进依法治国若干重大问题的决定》进一步明确提出,要"健全行政执法和刑事司法衔接机制,完善案件移送标准和程序,建立行政执法机关、公安机关、检察机关、审判机关信息共享、案情通报、案件移送制度,坚决克服有案不移、有案难移、以罚代刑现象,实现行政处罚和刑事处罚无缝对接"。因此,如何实现"两法衔接"制度化,解决行政执法与刑事司法衔接不畅的问题,也是《行政处罚法》在未来修订时应当着重考虑的问题。

---

① 熊樟林:《论行政处罚法修改的基本立场》,载《当代法学》2019 年第 1 期。

② 习近平:《严格执法,公正司法》(2014 年 1 月 7 日),载中央文献研究室编:《十八大以来重要文献选编》(上),中央文献出版社 2014 年版,第 722～723 页。

第
七
章

行政许可制度的变迁与发展

作为我国行政管理中最常见的一种行政行为,行政许可是最典型的授益性行政行为,但由于许可往往带来利益,因此也是《行政法》时刻紧盯的对象之一。2003年前后,鉴于实践中行政许可数量过多、过滥、乱收费给行政相对人权益带来了严重侵害,不仅引起了社会的强烈不满,也束缚了市场经济的健康发展,为此,我国在2003年专门制定颁布了《行政许可法》,标志着我国对行政许可的治理从此走上了法治化轨道。尽管从今天来看,这部法律还存在一些不足与缺憾,但多年的实践证明,《行政许可法》对规范行政许可的设定与实施,促进依法行政和法治政府建设,保障当事人的合法权益发挥了重要作用,使其成为我国行政法治建设中的又一座里程碑。

第一节 行政许可制度的发展历程

一、《行政许可法》颁布之前的行政许可制度

我国的《行政许可法》是世界上第一部对行政许可制度进行综合性的统一调整的法律,其他国家没有类似的综合性许可法。国外的许可制度,是随着市场经济不断发展而自然演进发展出来的,基本是以行业许可为模式发展的,每个行业有自己

的许可制度。《行政许可法》颁布之前我国各个单行的法律、法规、规章以及规章以下规范性文件里有大量的许可,但是整体规定非常混乱。

(一)许可的事项过多、范围不清晰

哪些类型的事项应当设定许可,哪些类型可以由市场调节,在《行政许可法》颁布之前是没有界限的。我国本来就是从计划经济转向市场经济,许可事项在计划经济时代几乎是经济管理的主要模式,任何事项都需要审批、许可。许可的事项涵盖了经济领域的所有范围,事项过多是我国制定《行政许可法》的重要动力。

(二)行政许可的设定权限不明确

在《行政许可法》颁布之前,没有规定什么层级的立法有权规定许可。实践中几乎任何一个"红头文件"都能规定许可事项,县级政府也在设定各类许可事项,许可事项也成为一些政府部门管理经济的重要手段,所以设定权过分被滥用。

(三)行政许可环节多、申请周期长

《行政许可法》在颁布之前另一个饱受大家诟病的现实问题是,当事人申请一个许可可能要一年甚至更长时间才能批下来,许可环节过多、程序复杂、手续繁多。新闻报道过一个企业需要盖几百个章才能合法成立的例子,这样繁杂的许可程序与环节严重束缚了经济的活力与社会的发展。

(四)行政许可的交叉、重复设立问题

《行政许可法》颁布前,行政许可在现实中存在适用范围过于广泛、交叉重复许可现象,给公民法人造成很大负担。例如,沈阳出租汽车司机出车时必须带齐 20多种各类证件,并随时接受检验,按时加盖验章。司机对每月不可懈怠的"跑部门、盖公章"之事有无法明言的苦衷。[①]

(五)行政许可乱收费现象严重

行政机关利用许可乱收费是《行政许可法》颁布之前许可领域存在的主要问题之一。由于法律没有明确限制,利用许可收费现象日益严重,有些情况下,交费成为许可机关实施许可的主要条件,甚至唯一条件,导致许多不具备法定条件的人因此取得了许可证照,社会上还出现了拍卖许可证等新问题。[②]

(六)重行政许可、轻事后监管

在 2004 年以前,我国许可行为的监管存在行政机关及工作人员滥发许可证、发证后疏于监管现象增多,许可证持有人非法转让、倒卖、出租、出借许可证现象严重,行政机关难以有效地履行对许可证的监管职责等问题,这些问题都在于我们的

---

① 马怀德:《行政许可制度存在的问题及立法构想》,载《中国法学》1997 第 3 期。
② 马怀德:《行政许可制度存在的问题及立法构想》,载《中国法学》1997 第 3 期。

许可制度只重事前许可，而轻事后监管。[①]

二、《行政许可法》的制定

2003 年颁布的《行政许可法》是对行政行为进行规范、建设法治政府的一部非常重要的法律，它针对实践存在的行政许可范围不清、事项过多，许可设定权不明确，许可环节多、周期长、手续烦琐，重许可、轻监管或者只许可、不监管，利用许可乱收费，将许可作为权力"寻租"的手段等问题，对行政许可行为进行了全面规范。学界和社会普遍认为，《行政许可法》的颁布实施，是我国社会主义民主法制建设的一件大事，是继《国家赔偿法》《行政处罚法》《行政复议法》之后又一部规范政府行为的重要法律。它对进一步推进行政体制改革，转变政府职能，依法规范政府行为，从源头上预防和治理腐败等都具有极其重要和深远影响。《行政许可法》的颁布实施，无论对立法规范的实体、程序和原则精神，还是对传统政府的施政理念、管理体制、管理方式和方法，以及与老百姓之间的关系等均有许多创新与突破，为行政机关依法行政、正确行使行政许可权，提出了更高层次的法律原则和依据。[②]

在法律制度设计上，《行政许可法》对许可法定、许可程序、信赖保护等重要内容进行了规定，大幅削减了行政机关借用许可进行"寻租"的空间，并且将规章的许可设定权剥夺，对政府行为的影响非常深远。《行政许可法》也被称为国务院"自我革命"、地方政府"瘦身减肥"的良法。

（一）地方性法规、规章和规范性文件的清理

《行政许可法》颁布后，各地方、各部门按照"谁制定、谁实施、谁清理"的原则，对属于本部门制定的地方性法规、政府规章和规范性文件进行研究，按照清理标准提出具体废止、修改的清理意见。根据《国务院关于贯彻实施〈中华人民共和国行政许可法〉的通知》（国发〔2003〕23 号），整个清理工作的目标，是保证《行政许可法》实施后现行有效的地方性法规、规章和规范性文件、政策性文件和行政许可（行政审批）事项以及行政许可实施主体与《行政许可法》的规定相符合，确保《行政许可法》得到统一贯彻实施。清理的文件范围包括所有与行政许可有关的现行有效的地方性法规、规章、规范性文件，含以政府内部机构或办公部门名义发布的规范性文件即俗称"红头文件"。《行政许可法》公布以来，国务院有关部门共清理规章和规范性文件 1360 件，其中废止和修订了 635 件；对行政许可实施机关进行清理后，确定 83 个国务院部门和有关单位有权实施行政许可。

---

① 马怀德：《行政许可制度存在的问题及立法构想》，载《中国法学》1997 第 3 期。

② 曹康泰：《一部规范政府行为的重要法——学习贯彻〈行政许可法〉》，载《求是》2004 年第 4 期；余期江、张霁星：《贯彻实施〈行政许可法〉促进政府职能转变——迎接"行政许可法实施与政府职能转变"信息交流暨理论研讨会综述》，载《中国行政管理》2004 年第 7 期。

(二)行政许可主体的清理

《行政许可法》颁布后,《国务院关于贯彻实施〈中华人民共和国行政许可法〉的通知》(国发〔2003〕23 号)要求各地方开展行政许可主体的清理工作。根据《行政许可法》的规定,行政许可原则上只能由行政机关实施,非行政机关的组织未经法律、法规授权,不得行使行政许可权;没有法律、法规或者规章的明确规定,行政机关不得委托其他行政机关实施行政许可;行政机关实施行政许可,应当确定一个机构统一受理行政许可申请、统一送达行政许可决定。各地区、各部门要严格依照《行政许可法》的规定,抓紧清理现行各类实施行政许可的机构,凡是行政机关内设机构以自己名义实施行政许可的,或者法律、法规以外的其他规范性文件授权组织实施行政许可的,或者没有法律、法规、规章依据行政机关自行委托实施行政许可的,都要予以纠正。对清理后确定保留的行政许可实施机关或者组织的名单,应当向社会公布。在实践中,各个地方对行政许可事项进行认定,基本上按照以下四个标准实施:一是属于管理性外部行政行为,需要依据当事人申请为起始,对管理对象而言,凡未经许可从事依法应当经过许可的活动构成违法的;二是具有准予从事特定活动的性质,是对特定活动的事前控制,具有控制危险、配置资源、证明或者提供某种信誉和信息等方面作用的;三是名称包括审批、审核、核准、同意、审查、批准、认定等;四是该行政许可活动是行政管理中正在实施的。

第二节 行政许可制度变迁的重点

《行政许可法》颁布实施以来,为了贯彻落实这一法律,我国各级政府都做了大量工作,积极开展各项制度建设,一些制度创新也不断涌现,其中以相对集中许可权和权力责任清单最为突出。

一、相对集中行政许可权的实践

多头许可、职能交叉、许可乱收费等问题都是我国行政许可和审批制度中常见的现象,为了根治这些顽疾,规范行政审批权的行使,福建厦门、广东深圳、浙江绍兴等地开始探索建立行政服务中心(又称为行政审批中心,或一站式服务中心),将行政审批事项集中到行政服务中心办理。《行政许可法》实施后,行政服务中心在各地方政府中普遍建立起来。随着改革的深入,2008 年 12 月,成都武侯区率先成立全国首个行政审批局,区发改委、区物价局等 21 个部门的行政审批职能被划到行政审批局,60 项审批事项由 3 个科室全部负责。继四川之后,相对集中行政许可权的改革在全国其他地方逐渐展开。2014 年起,天津滨海新区,河北威县,山西太原,江苏的南通市、盱眙县、盐城市的大丰区和苏州工业园区,浙江温州的部分区县,广东广州市、清远市、深圳市的部分区,四川成都武侯区、新津县,绵阳江油市、巴中市,贵州的贵安新区、贵阳国家高新技术产业开发区、瓮安县,相继展开相对集中行政许可权的改革试点。2015 年,经国务院批准,中央编办和国务院法制办联合发布《关于印发相对集中行政许可权试点工作方案的通知》(中央编办发〔2015〕16 号),通知确定天津、河北、山西、江苏、浙江、广东、四川、贵州八个省市开展相对集中行政许可权改革试点工作,改革的核心内容是:根据《行政许可法》第 25 条规定,由国务院批准有关省级人民政府,根据精简、统一、效能的原则,组织试点市、县(市、区)或开发区就相对集中行政许可权的实现形式进行探索。将政府各部门的行政许可权交由一个部门行使,或者将一个部门的行政许可权交由另一个部门行使。

行政许可的相对集中由此在全国形成了以下三种模式:

第一,行政服务中心模式。这种模式的特点是,由地方政府设立一个或若干个行政服务中心,行政许可机关向行政服务中心派驻工作人员,工作人员代表行政许可机关行使行政许可权,行政服务中心为许可机关派驻窗口提供服务和规范化管理。但行政许可权仍由职能部门行使,原职能部门派出的工作人员仍由原职能部门管理,代表原职能部门作出行政许可决定。[①] 从运行情况看,这种方法取得了一定的效果,一定程度上规范了许可行为,对执法人员提高了要求,减少了以往滥用权力的可能性,增加了许可透明度,使整个许可工作置于公众监督之下,有效预防暗箱操作,降低了行政成本,增强了服务意识,提高了相对人的满意度,对于消除腐败,提高办事效率具有积极的意义。[②]

第二,专门的行政审批局模式。这一模式的特点是,行政许可权从原行政机关职权中分离出来,集中归并到行政审批局,行政审批局以自己的名义行使行政许可权,作出行政许可决定。[③]

第三,并联审批模式。行政许可依法由地方人民政府两个以上部门分别实施的,本级人民政府可以确定一个部门受理行政许可申请并转告有关部门分别提出意见后统一办理。这是所谓的并联审批。并联审批的程序是:第一步,工商受理,申请人向工商局申请注册登记时,经营范围中涉及并联审批项目的,按要求如实填写统一格式的并联审批申请表,连同注册登记申请一并交工商局。第二步,抄告相关部门,工商局受理并联审批申请后,在两个工作日内将并联审批申请表传给相关审批部门。第三步,并联审批,相关部门接到并联审批申请表后,及时与申请人联

---

① 王克稳:《论相对集中行政许可权改革的基本问题》,载《法学评论》2017 年第 6 期。

② 林泰:《当前我国相对集中行政许可权制度的实施状况及问题分析》,载《中共杭州市委党校学报》2007 年第 4 期。

③ 王克稳:《论相对集中行政许可权改革的基本问题》,载《法学评论》2017 年第 6 期。

系,原则上在 5 个工作日内提出审批意见。逾期未回复的,视为同意。第四步,限时办理,工商局收到相关审批部门意见后,对经审核符合注册登记条件的企业,在 5 个工作日内核发半年期的营业执照。取得半年期营业执照的企业可以从事生产经营活动,并在半年内到工商局和市相关部门领取正式的营业执照和许可证书。这就大大减少了审批手续,节约了时间,方便了申请人。①

总体来说,相对集中行政许可权改革具有合法性、合理性、技术性等特点,是行政许可制度改革的重要趋势。②

但相对集中行政许可权的设计及实施也存在一定的问题:一是有学者提出从法理上分析,相对集中行政许可权实施机关的法律性质和法律地位没有明确。许可服务中心到底是一个场所,还是一个机构,一个既不是审批业务主体也不是监督主体的中心管理机构,如何履行对审批的监督管理职责? 相对集中行政许可权的直接法律依据是《行政许可法》。我国的行政机关职权实行职权法定原则,非经法律规定或授权不得行使。行政许可权作为一项行政权力,同样必须受到法律限制,相对集中许可服务的行政服务中心显然不属于一类行政机关,这样的全权委托是否合法? 与原职能部门之间的关系是什么? 如何与原职能部门的职责权限相当? 这些问题由于没有法律定位,导致服务中心在机构设置、进中心部门和项目等问题上五花八门,对进审批过程的监督管理难以到位。二是集中许可的目的之一是精简机构,追求高效率,结果却可能造成机构与人员的膨胀与效率低下。相对集中行政许可制度的具体建构全国并没有统一的规定,目前这项工作也还大多只在进行试点,但各个试点城市又对哪些可以集中哪些不可以集中存在分歧,导致实践中各地的许可权不尽相同。部分集中许可权又造成了新的职位和新的部门,导致权力的交叉。尤其是对一些部分化转的行政许可权,极易与行政职能机关仍保留的行政许可权混淆,造成界限不清,实践中容易形成执法误区,并出现新的执法交叉和重复,而且将部分行政许可权从原行政职能部门中分离出来相对集中行使,增加了执法队伍,与相对集中行政许可权设立的目的是解决我国目前行政执法中执法机构多,职权交叉,人力浪费,执法效率低下等现状问题,通过体制的创新,建立精简、统一、效能的行政执法体制是相悖的。三是可以集中许可的具体领域、范围、程度等不明确,专业性较强的领域是否可以集中值得商榷。具体什么领域什么范围可以相对集中,集中到什么程度,《行政许可法》没有明确的规定,对这些问题国务院给各个试点城市的批复也只是列举了几大类涉及城市管理方面的行政许可权,缺乏明确的界定标准。四是各地实施的集中许可模式都并未从根本上动摇旧行政体

---

① 林泰:《当前我国相对集中行政许可权制度的实施状况及问题分析》,载《中共杭州市委党校学报》2007 年第 4 期。

② 王克稳:《论相对集中行政许可权改革的基本问题》,载《法学评论》2017 年第 6 期。

制,没有根本改变各个职能部门的职能。尽管有许可一站式服务的许可中心,但由于组织法层面的职能交叉问题在许可法层面是无法解决的,一站式服务中心仍然需要盖很多章才能解决,只不过收材料的窗口变成一个。程序问题的根本性简化仅通过设立一站式许可窗口无法实现。[①]

二、权力责任清单的实践

随着《行政许可法》的实施和行政审批改革的推进,在行政许可事项精简的同时,为了促进法治政府的建设,厘清许可与审批的数量、行使依据、行使主体等,防止行政机关法外用权或重拾已被清理的审批事项,自 2013 年起,国务院开始推行行政审批权力清单制度。2013 年 9 月 19 日,国务院发布《关于严格控制新设行政许可的通知》(国发〔2013〕39 号)。该《通知》要求,国务院部门要制定本部门负责实施的行政许可目录并向社会公布,目录要列明行政许可项目、依据、实施机关、程序、条件、期限、收费等情况。行政许可项目发生增加、调整、变更等变化的,应及时更新目录。权力责任清单制度在党的十八届四中全会通过的《中共中央关于全面推进依法治国若干重大问题的决定》中也明确被提出。《中共中央关于全面推进依法治国若干重大问题的决定》提出了加快建设职能科学、权责法定、执法严明、公开公正、廉洁高效、守法诚信的法治政府,而"推行政府权力清单制度,坚决消除权力设租寻租空间"是实现全面履行政府职能的重要措施,也是加快建设法治政府的重要内容。权力责任清单制度在党的十八届三中全会上已经提出,"推行地方各级政府及其工作部门权力清单制度,依法公开权力运行流程"。这是加强权力运行制约和监督体系建设的一项重大举措,有利于深化行政审批制度改革,有利于加快政府职能转变,有利于政府治理体系现代化,有利于把政府权力关进制度的笼子里,打造有限、有为、有效的法治政府和服务型政府。2014 年,国务院办公厅颁布《关于公开国务院各部门行政审批事项等相关工作的通知》(国办发〔2014〕5 号),作为国务院部门权力清单的制定依据。中共中央办公厅、国务院办公厅于 2015 年 3 月24 日下发《关于推行地方各级政府工作部门权力清单制度的指导意见》。该《指导意见》要求省级政府 2015 年年底前、市县两级政府 2016 年年底前要基本完成政府工作部门、依法承担行政职能的事业单位权力清单的公布工作。在上述一系列政策文件的推动下,至 2014 年年底,国务院部门基本完成了本部门权力清单的制定,并在其门户网站上公布本部门的行政审批事项,再由国务院审改办在汇总各部门审批事项的基础上形成国务院部门权力清单并在中国机构编制网上统一发布。在各地方,至 2015 年年底,包括河北、吉林、黑龙江、江苏、浙江等 20 多个省级人民政

[①] 林泰:《当前我国相对集中行政许可权制度的实施状况及问题分析》,载《中共杭州市委党校学报》2007 年第 4 期。

府相继公布了本部门的权力清单。市县两级政府的权力清单亦在推进之中。[①]

从已发布的清单看,由于清单的建构主要是由行政手段推动,由各部门自行清理和制定,清单的制定没有明确的法律依据,缺少统一的法律标准和有效的外部监督机制,因此权力清单总体上比较粗糙简略,内容上多鱼目混珠,暴露出的法律问题比较多,包括:

第一,非行政许可审批名亡实存,清单未能达到有效约束审批权力的目的。[②]如国办发〔2004〕62 号文《国务院办公厅关于保留部分非行政许可审批项目的通知》明确列举了 211 项内部审批,这 211 项内部审批中的很多项都是涉及相对人基本权利的外部许可事项。许多地方政府和政府职能部门通过化许可为内部审批的方式,使清单的作用无法发挥。

第二,行政审批的设定仍不规范,清单中审批事项的合法性难有保障,行政审批的评价机制未能激活,清单中的审批事项难以顺应改革及时修改和调整。[③]

第三,权力责任清单制约主体的合法性存在疑问。有学者指出,尽管有些地方做了聘请人大代表、政协委员、法学专家及法学专业人员的努力,但是省级政府作为编制主体的正当性依然有待商榷。编制责任清单并非行政机关与生俱来的权力。责任清单作为新型行政治理方式之一,有其独特的生成背景和中国特色。最大不同之处在于,作为责任清单的核心构成要素的职责事项和追责事项——特别是职责事项,并非行政机关的权限范围,而是主要来自立法机关的权力配置,最终的审核权和决定权应当交由立法机关行使,至少由立法机关予以备案审查,其间,行政机关仅能成为责任清单编制的实施者和执行者。对此,研究权力清单的学者也意识到该问题,认为应当按照立法程序,根据行政部门的层级不同,分别由相应级别人大常委会作为清单编制主体。权力清单与责任清单虽然性质并不相同,但是两者涉及的职权或职责皆源自权力机关的横向或者纵向配置,因而权力机关的介入不可或缺。因此,有学者提出,应当由人大常委会对责任清单予以备案审查。[④]

---

① 王克稳:《行政审批(许可)权力清单建构中的法律问题》,载《中国法学》2017 年第 1 期。

② 王克稳:《行政审批(许可)权力清单建构中的法律问题》,载《中国法学》2017 年第 1 期。

③ 王克稳:《行政审批(许可)权力清单建构中的法律问题》,载《中国法学》2017 年第 1 期。

④ 刘启川:《责任清单编制规则的法治逻辑》,载《中国法学》2018 年第 5 期。

第三节 《行政许可法》的贡献与未来发展

一、《行政许可法》的历史贡献

从颁布到现在,《行政许可法》已经走过了 16 个年头。尽管以今天的眼光来看,这部法律受当时条件所限,无论在立法内容还是在立法技术上都存在着或多或少的缺陷,但作为世界上第一部以许可制度为综合立法的法律,它在我国行政立法史上占据了重要的地位,对规范我国行政许可的行使,保护公民合法权益,推动法治政府建设起到了至关重要的作用,也是我国政府全面履行加入 WTO 承诺的重要举措。

(一)行政管理体制改革与政府职能转变的助推器

在《行政许可法》出台之前,许可林立、乱收费已经成为我国行政许可的顽疾,乱设许可、乱收费不但随处可见,而且行政机关实施许可的程序复杂、手续烦琐,已经严重阻碍了市场经济的发展,也侵犯了行政相对人的合法权益。《行政许可法》的出台,一定程度上解决了过多、过滥的许可乱象,《行政许可法》从立法宗旨到制度安排,从基本原则的确立到行为模式的设定,从实体到程序,在不同层面、以不同方式演绎放松规制、规范许可、兼顾公益与私益、保障公平竞争、提高行政效率、优化资源配置等方面均有重要突破。它的全面实施,很大程度上推动了行政管理体制改革和政府职能转变。[①]

我国建设社会主义市场经济体制的过程,实质上是一个逐步放松规制的过程,目的在于重塑政府、社会与市场的关系,在于推行"亲市场化"的行政审批制度改革。《行政许可法》的出台与实施,规定行政许可的设定主要针对直接涉及国家安全、公共安全、经济宏观调控、生态环境保护以及直接关系人身健康、生命财产安全、公共资源配置等事项,大凡公民、法人或其他组织能够自主决定的,市场竞争机制能够有效调节的,行业组织能够自律管理的,可以不设许可,大幅降低了企业与公民从事经济活动的门槛。在转变政府职能方面,《行政许可法》的出台,树立了许可法定的原则,严格限定了许可的事项范围,减少了审批部门,缩短许可期限,为全面深化行政管理体制改革提供了新的动力。[②]

---

① 袁曙宏:《行政许可法》实施的深刻影响和需注意的主要问题,载《中国党政干部论坛》2004年第 4 期。

② 袁曙宏:《行政许可法》实施的深刻影响和需注意的主要问题,载《中国党政干部论坛》,2004年第 4 期。

（二）进一步建设法治政府、有限政府、服务政府的契机

第一，《行政许可法》规定了许可的设定和实施必须依据法律，行政法规、规章和规章以下规范性文件不得与其抵触，并对许可的设定权作了严格的规定，同时对公民和法人、其他组织的权利救济进行了规定。职权法定、有权利必有救济、法律保留都是法治政府建设的重要内容。第二，《行政许可法》贯彻始终的原则在于只有市场无法自行解决的事项才需要设定许可，坚持许可的设定只是在必要的范围内，总体上弱化经济性审批，强化安全性审批，符合有限政府的要求。第三，《行政许可法》规定了取消许可收费制度，明确除法律、行政法规有特殊规定外，行政机关实施许可不得收费，并简化和减少了行政许可的实施程序与周期，是建设服务政府的助推器。

二、《行政许可法》面临的挑战

（一）通过审批化解许可制度：当法律实施遇上概念混淆

尽管《行政许可法》在推动法治发展和法治政府建设方面具有重要意义，但《行政许可法》在实施中也遇到了一些有点尴尬却也难以解决的问题。当初在《行政许可法》立法时，立法专家与学者大概怎么也没想到，"审批"与"许可"的区分会成为《行政许可法》实施中一个难以攻破的顽疾。《行政许可法》在许可设定方面的最大突破是将许可的设定权收回在规章以上法律，部门规定和政府规章都不得设定许可。[1] 为了配合《行政许可法》的实施，从国务院到地方政府都开展了清理行政许可事项的专项工作。政府及政府职能部门都将没有法律、法规规定的行政许可清理出来。但是，就是这项清理活动中，"审批"与"许可"的概念混淆发生了。为了将部分许可排除出《行政许可法》调整，很多部门采取了化许可为内部审批的做法。不仅省、市、县级政府存在许可与审批的混淆，国务院的工作部门也存在化许可为审批的现象。国务院工作部门先后取消和调整了 1795 项行政审批项目，保留行政许可 500 项，但有 211 项被认为是属于政府的内部管理事项，不属于行政许可，作为内部审批存在。国办发〔2004〕62 号文件《国务院办公厅关于保留部分非行政许可审批项目的通知》明确列举了 211 项内部审批。而实际上，这 211 项内部审批中的很多项都是涉及相对人基本权利的外部许可事项，如"享受民族贸易优惠政策的省州民族贸易公司审批""暂住证核发"等。此外，还有一些地方政府把行政许可类

---

[1] 《行政许可法》第 14 条至第 16 条规定，法律可以设定行政许可。尚未制定法律的，行政法规可以设定行政许可。必要时，国务院可以采用发布决定的方式设定行政许可。尚未制定法律、行政法规的，地方性法规在立法法规定的权限内可以设定行政许可。因行政管理的需要，确需立即实施行政许可的，省、自治区、直辖市人民政府规章可以设定临时性的行政许可。从这里我们可以发现，《行政许可法》没有赋予部门规章的行政许可设定权。

型分为"许可类许可"和"非许可类许可"、"停止实施类行政许可"和"在实施行政许可"。许多行政许可事项通过被归类为"非行政许可的审批事项"或"对民事权利的许可"、"内部行政许可"而保留下来,用"登记""备案""核准"等方式来代替审批。例如,在《行政许可法》刚刚实施之初,重庆市一投资行政主管部门就草拟出《固定资产投资项目登记备案暂行办法(草案)》,试图将备案作为审批的条件来规避《行政许可法》中行政许可设定的有关规范。[①]

在"审批"与"许可"的概念混淆之下,《行政许可法》的调整范围被一下子大大缩小了:只要政府宣布某一事项是内部审批,而非外部许可,就可以不受《行政许可法》的调整。而对此,现行法律制度却无法提供救济。

(二)《行政许可法》面临"规避法律""选择执法"等实施困境

被称为国务院"自我革命"、地方政府"瘦身减肥"良法的《行政许可法》从2004年7月1日起正式施行。《行政许可法》从起草、出台到实施,引起了社会上广泛的关注,人们对这部法律寄予厚望,希望它能起到规范政府行为、保护公民合法权益的重要作用,推动我国民主法治进程的发展。从立法技术来看,《行政许可法》也是一部从立法意图、原则、制度设计到具体条文规定都备受赞誉的良法,当代中国的立法史上很少有一部法律在立法层面受到如此一致的认同。

但也许正因为立法的接近完美,《行政许可法》在实施中遭遇了比其他立法更大的困境。在2004年下半年,中国社会调查所(SSIC)对北京、上海、广州、重庆、哈尔滨、武汉、南宁等地的1500位公众进行了电话调查,结果不容乐观。调查数据显示,多数公众认为,《行政许可法》的实施效果与自己预想的有差距,而且差距很大。其中,在问到《行政许可法》实施后,作为普通百姓是否切身感受到变化时,73%的被访者表示没有;27%的被访者表示有一点。企业中,69%的被访者表示变化不大。时至今日,情况似乎并未好转。[②]《行政许可法》实施之前的社会效应与实施之后反应的巨大差距已经引起学界和社会的关注。[③]

甚至有学者指出:《行政许可法》10多年的实施历程表明:其法律效用不彰,背离了立法预期。正由于该法实施重心的偏差,行政主体采用"规避法律""选择执法"等策略,加之隐形权力的干涉、"旧体制"的障碍、立法的非完美性等缘故,致使法律实践及其张力,遭遇各方面"顽强"阻抗。自2002年1月始,截至2015年7月底,历届中央政府分9个年度15批次,共取消和调整行政审批3178项。但是,亮

---

① 后来该办法因遭到上级政府和法律专家的坚决否定而未能出台。《重庆一行政主管部门用"办法"规避行政许可法》,http://news.sohu.com/2004/07/06/00/news220880077.shtml,最后访问日期:2019年6月20日。

② 杨寅、韩磊:《行政许可法实施中的困境》,载《法学杂志》2006年第2期。

③ 王霁霞:《行政法实施效果》,中国法制出版社2012年版,第46页。

丽数字的背后,却是不尽如人意的现实。《行政许可法》设计的方案,"无力使行政审批改革脱困于结构性制约"。为了规范行政审批而生的法律,反而在改革中效用不彰,甚至被行政主体束之高阁,被规避适用,乃至产生"被虚置化"的现象。[①]

(三)技术发展尤其是互联网技术发展带来的挑战

现代社会技术发展迅速,互联网技术促进了共享经济(sharing economy)的蓬勃发展。共享经济是经济社会领域近几年来最热门的话题之一,最开始从协同消费(collaborative consumption)[②]中发展而来,逐步形成了以网络平台(platform)、点对点联系(peer to peer,P2P)为特征的共享经济。共享经济一经诞生,即以雷霆之势横扫经济领域,包括 Uber、滴滴、Airbnb 等平台的规模在几年内数倍于传统企业,市场份额呈几何式上升。共享经济产生后,对传统行业构成了根本性冲击,也对现有法律制度构成巨大挑战,[③]尤其是对传统的许可制度带来巨大的挑战:如网约车领域,传统的许可通过颁发一定数量的出租车牌照实现对出租车的规制,但共享经济发展后,传统的许可方式失灵了,对私人车辆的共享行为是否还需要设定许可呢? 如果需要设定,以什么标准设定才能平衡出租车与网约车之间的利益关系? 2016 年,全国范围内兴起了网约车的地方立法高潮,里面的许可设定问题是立法的关键。许多地方关于网约车的规制与上位法相冲突,造成法律体系整体不协调与断裂。很多地方关于网约车的立法与规制不但完全没有体现对新事物、共享经济的新规制思路,对网约车进行了甚至比出租车更为严格的资格准入,[④]而且很多规定有违反七部门规章及上位法嫌疑。目前地方关于网约车准入条件的规定主要体现在以下方面:一是司机本人的资质,有些地方除了要求驾驶条件外,还作出了户籍限制[⑤];二是体现在对车辆的准入条件,很多地方对汽车排量、轴距等方面作出了非常具体的规定。[⑥] 已有学者指出,《上海网约车新规》关于网约车条件

---

① 耿玉基:《法律"被虚置化":以行政许可法为分析对象》,载《法制与社会发展》2016 年第 4 期。

② Rachel Botsman & Roo Rogers,*What's Mine Is Yours：the Rise of Collaborative Consumption*,New York：Harper Business,2011,p.5.

③ 共享经济在现有法律框架内的大部分行为都属于非法行为(illegal),see Miller, Stephen R. First Principles for Regulating the Sharing Economy,*Harvard Journal on Legislation*,2016,Vol. 53,Issue 1,pp.147-202.

④ 北京、上海等地对汽车排量、轴距、年限等要求明显高于出租车的标准。

⑤ 北京、上海、天津都规定了网约车司机必须是当地户籍。

⑥ 除成都外,包括北京、上海、广州、天津等城市在内的几乎所有城市都规定了网约车的轴距标准。高一飞、徐亚:《论网约车地方法律监管中的"区分"机制——基于功能主义的阐论》,载《浙江工商大学学报》2017 年第 3 期。

的规定与其他法律文件之间存在矛盾冲突及违法上位法的情形。[①] 上述限制条件与上位法存在冲突或矛盾:《网络预约出租汽车经营服务管理暂行办法》授权网约车由各地立法,但并没有对车辆与司机进行明确的资质规定,地方立法对车辆与司机的规定属于没有上位法的规定或突破了上位法的授权,[②]且在没有正当理由的情形下条件明显高于传统出租车,这样实质造成了市场准入的不公平,违反了法律的平等原则。这些技术发展带来的新经济形态,都对传统的许可制度带来了挑战。

三、《行政许可法》的未来发展

随着经济的发展和互联网技术的广泛应用,各种新的社会现象和治理手段不断涌现,久未修改的《行政许可法》在应对这些问题时已显得颇为吃力。当前,全国人大常委会已将《行政许可法》列入《第十三届全国人大常委会立法规划》中的第一类项目,这也要求学界在新的时代背景下对《行政许可法》进行新的审视与研究。其中,以下几个方面尤其值得学界关注。

（一）行政许可、审批的界定与识别

《行政许可法》从立法用意和条文构建等方面来看,是一部公认的良法,但实施效果未尽如人意,其中重要的原因在于许可、审批的概念混淆或界定不清。已有学者指出,行政审批是一种我国特有的复杂行政现象,广泛适用于行政管理活动中,其中有大量仅对政府内部适用。但由于《行政法》关注的是外部法律关系,内部的审批并没有引起学界的重视,各种行政法教材及著作中少有专门针对审批进行阐述的。《行政许可法》虽然试图通过法律将两个概念统一起来,但在法律的实施过程中,大量的行政审批被以非许可类审批的名义从行政许可中分离出去,导致《行政许可法》的调整范围不断被限缩。重新梳理行政审批与行政许可的关系以明确《行政许可法》的调整范围已经成为《行政许可法》实施中迫切需要解决的问题。一方面,应当规范及统一对《行政许可法》的解释,明确《行政许可法》的调整范围,并且建立综合性的法律实施保障机构保障《行政许可法》的有效实施;另一方面,对非许可的其他审批行为进行明确的界定,通过完善程序立法加强对审批行为的规范,同时规范行政审批行为的设定,从立法上明确各审批行为的性质。[③]

（二）许可（审批）权力清单的进一步规范化

许可（审批）权力清单是我国许可制度改革的一个创举,在实践中取得了突出成绩。2017 年 5 月 9 日,国务院办公厅颁布《开展基层政务公开标准化规范化试

---

① 黄锆:《共享经济中行政许可设定的合法性问题研究——以〈上海网约车新规〉为分析对象》,载《政法论丛》2017 年第 8 期。

② 张效羽:《网约车地方立法若干法律问题研究》,载《行政与法》2016 年第 10 期。

③ 王克稳:《我国行政审批与行政许可关系的重新梳理与规范》,载《中国法学》2007 年第 4 期。

点工作方案》,明确要求依据权责清单和公共服务事项进行全面梳理,并按条目方式逐项细化分类等,包括许可审批事项在内的权责清单作为政府管理制度改革的重要模式在全国推广。但已有学者指出,权力清单的制定和推广也存在着制定主体的合法性、清单的效力、公开的限度等问题。根据现阶段存在的问题及清单本身的性质,权力责任清单法治化建构的进度学者提出了两种基本的完善方案:第一种是国务院应当尽快作出权力与责任清单的顶层制度设计,统一规定权力与责任清单编制的法治规则,强化这部分工作的规范性;第二种是在推进过程中总结基层政府政务公开标准化规范化试点工作的经验,同步制定权力和责任清单法治化编制规则。无论哪一种,都需要从法治角度去考量和评估清单本身的标准化与规范化。[①]

(三)加强行政许可的监督模式

近年来,我国在人体疫苗、食品安全、环境污染等方面出现了许多严重的问题,已有学者指出这些问题反映了我国以《行政许可法》为核心,经由 20 余部行政许可监督方面的地方性法规及规章进一步细化规范而形成的许可监督模式存在较大缺陷。行政许可监督模式决定了行政许可监督的效果是否良好,因此监督模式的问题如解决不好,则会导致许可监督制度存在先天缺陷,从而使监督无力。有学者指出,行政许可监督在对象方面侧重于监督许可的程序,因而形成行为模式方面的"程序型"监督模式,在监督主体方面以具有行政权力的主体为主而形成主体模式方面的"权力型"监督模式。这些问题根源在于许可过程中存在政治考量以及裁量权力等因素,从而导致许可监督容易实现对程序的监督而难以实现对实体的监督,加之在行政权力行使方面,传统上还存在重视法条主义而忽视人的因素以及监督主体与执法主体之间的价值冲突等缺陷。因此,要引入公众参与、专业机构监督或专家监督、许可裁量基准、社会监督等因素来完善行政许可的监督模式。[②]

(四)资格准入许可为主向过程管理为主的转变

近十年来经济发展的重要变化是平台经济、互联网经济、共享经济的突飞猛进发展。共享经济的发展带来的重要挑战在于以传统的许可为主的方式被技术手段所突破,许可不再像过去一样是经济监管的最主要手段。以出租车行业为例,传统出租车根据《出租车经营服务管理规定》,运营必须取得经营许可,车身须有明显标志。而互联网技术的发展使软件与平台具有了信息共享功能,不需要获得巡游的特许也可以完成与乘客的信息交换功能和载客,技术的发展突破了许可的条件。因此,在共享经济中,规制思路应当转变,不能再以资格管理或准入许可作为主要

---

① 刘启川:《责任清单编制规则的法治逻辑》,载《中国法学》2018 年第 5 期。

② 彭涛:《行政许可监督模式的完善》,载《治理研究》2019 年第 2 期。

甚至唯一的管制方式,应当从重资格管理过渡到重过程管理。共享经济对传统法律制度的突破与破坏不是一点点,而是造成了传统法律体系的崩溃,^①它需要一种全新的规制方式。传统出租车行业的政府管制主要通过特许经营或特定牌照管理,采用的是资格准入式的管制。网约车利用信息互联网的优势,突破了传统巡游出租车的揽客方式,直接瓦解了政府对出租车许可经营的垄断。但准入环节垄断的打破并不意味着网约车不需要受到监管,网约车司机侵权、宰客甚至强奸、杀害乘客的案件时有发生。2018 年 5 月,郑州空姐乘坐滴滴顺风车被杀一案更是引发了全社会的关注。^② 网约车平台作为营利性的企业决定了不可能完全承担由政府部门承担的监管责任。但对网约车的监管应当在准入资格管理的前提下,加强过程管理。针对近期网约车出现的种种问题,交通运输部修订发布了《出租汽车服务质量信誉考核办法》,于 2018 年 6 月 1 日实施,规定网约车需要开展服务质量信誉考核,并加强了对驾驶员的暴力犯罪记录、交通责任事故等背景情况的考察,^③这一修订内容突出了过程管理。同时,在许可制度中,补偿制度也需要纳入考量,要贯彻体现许可的平等管制。在网约车为代表的共享经济领域,平衡传统出租车与网约车权益的包容性强的规制模式是发展趋势,对受到政策影响的一方应当给予补偿。网约车合法化对原有出租车构成极大冲击,克减了原有出租车牌照持有人的财产权,构成了管制性征收。^④ 因此,网约车合法化的同时,应当给予传统出租车适当的政策调整补偿,否则对传统出租车不公平。现实中政府主管部门一方面并未对传统出租车给予补偿,另一方面为了平衡传统出租车与网约车,将网约车的准入门槛提高,造成大部分网约车不符合准入许可条件。这种做法直接导致了网约车领域存在平台事实合法存在,但司机与车辆违规大量存在的现象。许可的平等原则只有在未来的经济发展中被贯彻实施,才能保持经济发展的活力。

① Bamberger, Kenneth A. Platform Market Power, *Berkeley Technology Law Journal*, 2017, Vol.32, pp.1051-1092.

② "5·6郑州空姐打车遇害"在百度上有 489000 个搜索结果,引发极大社会关注。

③ 《出租汽车服务质量信誉考核办法》第 7 条对网络预约出租汽车经营者的服务质量信誉考核指标进行了规定,第 18 条对网约车平台公司服务质量信誉档案进行规定,并给出了相应的评分标准。

④ 刘连泰:《网约车合法化构成对出租车牌照的管制性征收》,载《法商研究》2017 年第 6 期。

第八章

行政强制制度的变迁与发展

《行政强制法》是继《行政处罚法》《行政许可法》之后又一部规范行政权的重要法律。由于这部法律直接面对行政权的核心,相对于其他两部法律而言,它所涉及的问题,不但与所有的行政机关密切相关,而且牵动着亿万民众的日常生活。它的制定和实施,对保护公民、法人和其他组织合法权益,促进行政机关依法行政和法治政府建设,建立社会主义和谐社会都具有十分重要的意义。

第一节　行政强制制度的发展历程

一、"行政强制措施"与"行政强制执行"溯源

（一）行政强制措施

在 1988 年有学者在对"行政强制"概念加以讨论时,所包含的内容大致类似于实定法上的行政强制措施。认为行政强制措施是行政行为的一种,是指一定的国家行政机关对正在危害或将会危害人民利益、正在妨害或将会妨害国家行政管理

的人、行为或物所依法采用的强制手段。[①]

在1989年之前,实定法上没有直接使用行政强制措施这一概念,但仍有相当数量法律、法规中,规定了具体的行政强制措施。其中限制人身自由的行政强制措施主要有对人身的强制约束,强制传唤,强制带回、人身搜查、人体检查,限制活动范围,强制离境,强制隔离,强制立即离境以及人身扣留、强制实施行为,强制进入相对人处所等。限制财产权的行政强制措施主要有对财产的查封、扣押、冻结、征缴滞纳金、强制扣款、强制拆除、强制征收、强行拍卖、以物折抵等。[②] 行政诉讼法颁布之前,由国家法律、行政法规、规章所规定的具体行政强制措施和执行方式,名称有200多种。作为一个法律制度,其最大的缺陷是没有对行政强制措施和决定的可诉性作规定,也缺乏法律救济的规定。行政相对人对行政强制措施和行政强制执行的侵权争议大都只能通过信访途径解决。[③]

1989年制定的《中华人民共和国行政诉讼法》第11条第1款第2项规定,公民、法人和其他组织"对限制人身自由或者对财产的查封、扣押、冻结等行政强制措施不服的",可向人民法院提起行政诉讼。1999年通过的《中华人民共和国行政复议法》第6条规定公民、法人或者其他组织"对行政机关作出的限制人身自由或者查封、扣押、冻结财产等行政强制措施不服的",可以申请行政复议。上述规定把行政强制行为纳入行政复议与行政诉讼的范围之内,为行政相对人提供了法律救济途径。1994年通过的《国家赔偿法》规定,"违法拘留或者违法采取限制公民人身自由的行政强制措施的","违法对财产采取查封、扣押、冻结等行政强制措施的",受害人有权取得赔偿。至此,我国的行政强制措施制度基本形成。

此后学者们开始剖析"行政强制措施"的内涵与特点,认为这更类似于大陆法系国家的"即时强制",不以相对人不履行义务为前提,而是根据事态的紧迫需要,或者由于事件本身的性质,直接而突然地对相对人的人身、自由或财产施加强制的行政措施。[④] 其特点是:第一,行政强制措施是行政机关的具体行政行为之一,能影响相对人的权益,具有可诉性;第二,行政强制措施的实质在于限制相对人的权利;第三,行政强制措施的实施并不以相对人违法为前提;第四,行政强制措施是行政主体执法过程中运用的一种手段,既不是给相对人的行为定性,也不是对相对人作出的处理性结论;第五,行政强制措施的程序较为简便、灵活,即时性强。[⑤]

---

① 胡建淼:《试论行政强制执行》,载《法学研究》1988年第1期。
② 傅士成:《行政强制研究》,法律出版社2001年版,第251页。
③ 信春鹰:《我国的行政强制法律制度》,载《中国人大》2005年第18期。
④ 付士成:《论行政强制措施及其可诉性》,载《行政法学研究》1999年第3期。
⑤ 沈开举:《论行政强制措施》,载《法学研究》1993年第2期。

(二)行政强制执行

在 1983 年的《行政法概要》教材中,即指出,在行政法关系中,当事人不履行其行政法上的义务时,国家机关可以采用法定的强制手段,强制当事人履行其义务,认为这属于行政法上的强制执行。[①]

在改革开放之初,面对行政相对人不履行行政处罚和行政处理决定所确定义务的实际情况,一些行政管理领域的单行法律、法规开始对执行问题加以规定。不同的法律对于行政强制执行权的配置作出了不同的规定。有的规定需由作出行政行政的行政机关申请法院强制执行;有的规定可以由作出行政行为的行政机关自行强制执行,也可以申请法院强制执行;有的则未对行政强制执行问题加以规定。[②]

在 1989 年制定的《中华人民共和国行政诉讼法》第 66 条中,规定"公民、法人或者其他组织对具体行政行为在法定期限内不提起诉讼又不履行的,行政机关可以申请人民法院强制执行,或者依法强制执行"[③]。这被理解为,只有在法律特别授权时,行政机关才可以"依法"强制执行,因此有学者认为中国行政强制执行的基本制度是:以申请人民法院强制执行为原则,以行政机关强制执行为例外。[④]

二、《中华人民共和国行政强制法》的制定

早在 1986 年,就有学者指出:"我国目前还没有行政强制执行法。国家行政机关在其决定得不到切实执行时,有时几乎是束手无策,只得通过其他途径解决,严重影响了国家行政管理的效率。"[⑤]并提出,建议制定国家行政强制执行法,规定行政强制执行的种类,明确规定采取行政强制执行措施的条件和程序。

在《中华人民共和国行政强制法》(简称《行政强制法》)颁布之前,实践中存在的问题包括:第一,并未依法规定行政强制措施的设定权,存在层级较低文件设定行政强制措施的现象;第二,行政强制措施的具体形式繁多,同一行政强制措施有多种表述,缺乏规范;第三,有些没有强制权的行政机关自行实施强制措施,甚至授权、委托其他组织实施行政强制措施;第四,缺乏程序性规定,有些行政机关在采取强制措施时随意性较大,对公民、法人或者其他组织的合法权益造成侵害;第五,行政机关履行行政管理职责时,缺少必要的手段,致使一些严重违法行为得不到有效处理;第六,行政强制执行制度亟待完善,行政强制执行权如何配置,行政机关如何

---

① 王珉灿主编:《行政法概要》,法律出版社 1983 年版,第 125 页。
② 傅士成:《行政强制研究》,法律出版社 2001 年版,第 94 页。
③ 1989 年 4 月 4 日第七届全国人民代表大会第二次会议通过,1990 年 10 月 1 日起施行。
④ 应松年:《论行政强制执行》,载《中国法学》1998 年第 3 期。
⑤ 杨勇萍、叶必丰:《亟需制定国家行政强制执行法》,载《中南政法学院学报》1986 年第 3 期。

申请法院强制执行,法院如何审查等都缺少明确规定。^①

学界和实务界逐步认识到,我国行政强制法律制度同时存在"软"和"滥"的问题,前者是行政强制的主体和手段不规范的问题,后者是行政决定执行难的问题。立法要立足治"滥",同时也要治"软"。^② 在起草过程中,关于法律名称也有分歧,主张包括制定《行政执行法》《行政强制执行法》《行政强制措施法》《行政执行法》《行政强制规范法》等。^③ 最后立法机关选择了"行政强制法"这一名称,并在通过的《行政强制法》第2条第1款中规定:"本法所称行政强制,包括行政强制措施和行政强制执行。"

行政强制法是一部规范行政强制的设定和实施,保障和监督行政机关依法履行职责,维护公共利益和社会秩序,保护公民、法人合法权益的重要法律。全国人大常委会法制工作委员会从1999年3月开始行政强制法的起草工作,在多次调研并广泛征求国务院有关部门、地方人大和一些全国人大代表、专家意见的基础上,形成《行政强制法(草案)》,于2005年12月提请十届全国人大常委会第十九次会议进行初次审议。2007年10月十届全国人大常委会第三十次会议对《行政强制法(草案)》进行了第二次审议,2009年8月第十一届全国人民代表大会常务委员会第十次会议上对《行政强制法(草案)》进行了第三次审议,2011年4月第十一届全国人民代表大会常务委员会第二十次会议上对《行政强制法(草案)》进行了第四次审议,2011年6月第十一届全国人民代表大会常务委员会第二十一次会议上对《行政强制法(草案)》进行了第五次审议,并于2011年6月30日通过了《中华人民共和国行政强制法》,该法共分为总则、行政强制的种类和设定、行政强制措施实施程序、行政机关强制执行程序、申请人民法院强制执行、法律责任、附则等7章,共71条,自2012年1月1日起施行。

第二节　行政强制法的主要制度

一、行政强制的种类

《行政强制法》将行政强制分为行政强制措施和行政强制执行两大类。

---

① 李援:《中国行政强制法律制度的构想》,载全国人大常委会法制工作委员会、德国技术合作公司编:《行政强制的理论与实践》,法律出版社2001年版,第48～49页。

② 李援:《中国行政强制法律制度的构想》,载全国人大常委会法制工作委员会、德国技术合作公司编:《行政强制的理论与实践》,法律出版社2001年版,第49页。

③ 杨建顺:《行政规制与权利保障》,中国人民大学出版社2007年版,第486页。

　　行政强制措施,是指行政机关在行政管理过程中,为制止违法行为、防止证据损毁、避免危害发生、控制危险扩大等情形,依法对公民的人身自由实施暂时性限制,或者对公民、法人或者其他组织的财物实施暂时性控制的行为。根据《行政强制法》第9条的规定,行政强制措施的种类包括限制公民人身自由,查封场所、设施或者财物,扣押财物,冻结存款或汇款以及其他行政强制措施。

　　行政强制执行,是指行政机关或者行政机关申请人民法院,对不履行行政决定的公民、法人或者其他组织,依法强制履行义务的行为。根据《行政强制法》第12条的规定,行政强制执行的方式有六种,分别是加处罚款或者滞纳金;划拨存款、汇款;拍卖或者依法处理查封、扣押的场所、设施或者财物;排除妨碍、恢复原状;代履行;其他强制执行方式。

　　如何区分行政强制措施和行政强制执行,学界对此曾提出过多种标准,如"保障性与执行性""中间型和最终性""事先是否存在可履行的义务并期待当事人履行""事先是否存在行政决定""基础行为与执行行为是否分合""基础行为是否生效"等,但都或多或少存在着缺陷。据此,有学者又提出了以强制履行的义务内容为标准,认为行政强制执行,无论是行政机关自身的强制执行,还是行政机关申请人民法院强制执行,都以当事人在规定期限内不履行行政决定为前提,本质上是行政执行机关强制当事人履行义务的行为。为此,行政强制措施与行政强制执行的分界标准应当从所履行的"义务性质"入手。在对行政强制措施的实施中,当事人不存在"作为义务",只存在"不作为"和"容忍"的义务;相反,在对行政强制执行的实施中,当事人恰恰存在"作为义务",行政强制执行正是在当事人于规定的期限内"不作为"的前提下才发动的。行政强制执行正是通过直接或间接的手段以实现当事人的作为义务被履行的状态。因此,针对当事人负有"不作为"和"容忍"义务的强制行为,属于行政强制措施;相反,针对当事人负有"作为"义务的强制行为,属于行政强制执行。[①]

二、行政强制的设定

　　在行政强制的设定上,《行政强制法》采取了比《行政处罚法》和《行政许可法》更为严格的态度,在彻底剥夺规章设定权的同时,不仅限制了地方性法规在强制上的设定权,也限制了行政法规在强制设定上的权力。根据《行政强制法》第10条、第11条和第13条的规定,行政强制措施原则上由法律来设定,在例外情况下,行政法规和地方性法规才可以设定行政强制措施。对行政强制执行而言,则严格遵守了法律保留的原则,完全剥夺了行政法规和地方性法规的设定权。

　　从立法背景来看,《行政强制法》对行政强制的设定采取如此严格的态度,主要

---

① 胡建淼:《再论"行政强制措施"与"行政强制执行"的分界》,载《中国法学》2012年第2期。

是为了解决长期以来行政强制存在的设定"滥"问题,企图从源头上来规范和控制行政强制。尽管在围绕着行政法规和地方性法规能否有设定权、有多大设定权这一问题,各方进行了激烈的博弈,但最终通过的《行政强制法》仍延续了既往的立法传统,将强制的设定权集中于中央,基本上否认了地方的设定权限。固然,将强制的设定权收归中央所有,有利于解决现实中强制"乱"和"滥"问题,但这种立法垄断忽视了地方在治理上的需求,形成执法"短板",反而会削弱地方的治理能力。如《行政强制法》实施后,不少地方政府及其职能部门在执法过程中就发现,《行政强制法》所规定的地方关于行政强制措施的规定根本不够用,现有有效的行政强制措施面临着被清理的风险,直接促使地方立法机关试图通过对《行政强制法》中的各种行政强制措施和执行方式等概念进行扩大解释,最终达到扩大地方立法权的目的。此外,在涉及"地方性事务"的理解上,也存在"事项说"和"领域说"这种趋利避害的差异化理解现象。[①] 对此,早在《行政强制法》实施之初,就有学者指出,制定《行政强制法》,从制度上防止行政强制权力的滥用,并不必然地意味着相关法规范层次越高越好,其关键在于确立科学的尺度,进行相应的授权和委托立法。[②] 因此,面对地方强烈的治理需求,如何重新划分行政强制的设定权,都需要学界对此进行更深入的思考。

三、行政强制的主体

(一)行政强制措施的主体

行政强制措施的主体是指有权实施行政强制措施的组织,主要有法律、法规直接设定的行政机关,以及法律和行政法规授权的组织。在实施主体上,行政强制法与行政处罚法和行政许可法有两处重要区别:一是在授权组织上,行政强制法要求授权更为严格,限定了只有法律、行政法规可以授权,剥夺了地方性法规的授权。二是在权力委托上,《行政强制法》第 17 条第 1 款规定:"行政强制措施权不得委托。"因此,行政机关只能自己来实施强制措施,不能再将这一权力委托出去。在实施人员上,为了解决"临时工执法"等不规范的执法现象,《行政强制法》明确要求行政强制措施应当由行政机关具备资格的行政执法人员实施,其他人员不得实施。

尽管为了解决行政强制"乱"这一问题,《行政强制法》对行政强制措施的实施主体进行了严格的限制,但限制过严也未必是件好事。如近年来,为了解决经济发达镇的行政管理体制与经济社会发展不匹配问题,中央在一些地方进行了简政强镇的试点改革,要求将基层管理迫切需要且能够有效承接的一些县级管理权限包括行政审批、行政处罚及相关行政强制和监督检查权等赋予经济发达镇,明确镇政

① 郭胜习:《地方立法与"三法"的冲突与协调》,载《西部法学评论》2018 年第 4 期。
② 杨建顺:《论完善行政强制的权力规范和手段保障》,载《四川警察学院学报》2012 年第 2 期。

府为权力实施主体,从而增强发达镇提供社会管理和公共服务的能力。但随着改革的推进,一些深层次的法律障碍逐渐暴露出来,其中就有强制法的问题。如县里将事权下放到镇以后,由于《行政强制法》禁止行政强制措施权进行委托,这就导致镇一级不能通过放权政策实施行政强制措施或行政强制执行,权力在承接上存在法律障碍。① 从当前来看,事多人少的矛盾在我国很多行政管理领域普遍存在。受行政编制所限,行政机关很难在执法人员数量的增加上有所作为。在当前严格控制公务员队伍的编制背景下,面临日益扩大的公共服务范围和内容,为了解决繁重的行政任务与执法人员编制有限之间的矛盾,地方基层政府不得不在交通、城管等领域招募了大量的辅助人员来协助行政执法。实践中,这些辅助人员实际上往往和执法人员一起分享了部分强制权力,却面临着法律支撑缺位的问题。为此,2015 年 4 月,《中共中央、国务院关于深入推进城市执法体制改革改进城市管理工作的指导意见》中明确提出,"协管人员只能配合执法人员从事宣传教育、巡查、信息收集、违法行为劝阻等辅助性事务,不得从事具体行政执法工作"。2015 年 12 月,中共中央、国务院印发的《法治政府建设实施纲要(2015—2020 年)》中再一次明确了"未经执法资格考试合格,不得授予执法资格,不得从事执法活动"。与此同时,对辅助执法人员,提出了要"规范执法辅助人员管理,明确其适用岗位、身份性质、职责权限、权利义务、聘用条件和程序等"。因此,如何具体落实这些规定,对明确执法辅助人员的身份地位,划定其职责权限无疑具有重要的作用。

此外,为了与相对集中处罚权制度相衔接,《行政强制法》第 17 条第 2 款还特别规定了,对依据《行政处罚法》的规定行使相对集中行政处罚权的行政机关,可以实施法律、法规规定的与行政处罚权有关的行政强制措施,从而确立了相对集中行政强制措施权。

(二)行政强制执行的主体

1989 年通过的《行政诉讼法》确立了行政强制执行的双重主体,即行政机关和人民法院都可以成为行政强制执行的主体。在《行政强制法》制定过程当中,对这一模式是否需要修改,学界曾经有过争议。有观点认为,行政强制执行权属于行政权,理由是执行权的性质取决于作出决定的国家机关的性质,既然行政强制的依据是具体行政行为,行政强制权就应该属于行政权。因此,该观点建议改变我国现行的执行体制,在行政机关成立统一的执行机构,不仅负责执行行政决定,也负责执行司法判决。但是,2005 年下发的中央司法体制改革领导小组《关于司法体制和

---

① 王玉凤:《"中国第一镇"官员谈新型城镇化试点:简政强镇改革还要继续突破》,https://www.yicai.com/news/5038593.html,最后访问日期:2019 年 5 月 3 日。

工作机制改革的初步意见》维持了我国现行的执行体制。① 对此,有学者认为,这种折中模式,是对历史形成的行政强制执行体制的"双轨制"的一种确认,也是适合我国国情的,其优点主要有四点:一是这一模式比较符合我国现行宪政体制,可以平衡行政机关与司法机关的关系,缓解二者之间的张力,既保护了行政机关的主动性和能动性,又发挥了法院服务大局的作用,有利于在整个法治建设中形成合力。二是这一模式可以强化法院对于行政权的监督力度,防止行政机关滥用行政强制执行权,促进其依法行政。三是这一模式有利于充分保障行政相对人的合法权益,特别是在相对人因种种原因放弃行政复议和行政诉讼权利时,在法定情形下不致因行政机关自行强制执行一个可能违法的行政决定而受到侵害。四是这一模式在一定程度上体现了"司法终裁"的原则,并有利于提高行政机关和普通民众的法治意识。②

因此,正式通过的《行政强制法》仍继续维持了行政强制执行的"双轨制"模式。但是,并非所有的行政机关都可以成为行政强制执行的主体。根据《行政强制法》第13条规定:"行政强制执行由法律设定。法律没有规定行政机关强制执行的,作出行政决定的行政机关应当申请人民法院强制执行。"只有在法律授予强制执行权的情况下,行政机关才可以成为行政强制执行的主体。由于我国目前只有少数法律如《海关法》等规定了行政机关有直接强制执行权。因此,我国的这种双轨制执行模式,实际上奉行是"以行政机关申请法院执行为原则,以行政机关自己执行为例外",将强制执行权的重心推向了法院一方。

四、行政强制的程序

(一)行政强制措施的实施程序

行政强制措施的程序分为一般程序和特殊程序。一般程序,是指各类行政强制措施都应当遵循的程序,主要步骤有:实施前须向行政机关负责人报告并获批准,由两名以上行政执法人员实施,出示执法身份证件,通知当事人到场并告知采取行政强制措施的理由、依据及当事人依法享有的权利、救济途径,听取当事人陈述和申辩,制作现场笔录并由当事人和行政执法人员签名或盖章等。如果在情况紧急下需要当场实施行政强制措施的,行政执法人员应当在二十四小时内向行政机关负责人报告,并补办批准手续。行政机关负责人认为不应当采取行政强制措施的,应当立即解除。

---

① 信春鹰:《我国的行政强制法律制度》,http://www.npc.gov.cn/npc/xinwen/2005-08/28/content_345220.html,最后访问日期:2019年5月2日。

② 袁曙宏:《我国〈行政强制法〉的法律地位、价值取向和制度逻辑》,载《中国法学》2011年第4期。

行政强制措施的特殊程序有三种：即限制人身自由的行政强制措施程序、实施查封扣押的程序、实施冻结的程序。对限制人身自由的强制措施，除了要遵守一般程序外，行政强制法还额外提出了程序要求：一是要告知当事人家属实施行政强制措施的机关、地点和期限；二是在紧急情况下的事后报批手续。对查封、扣押、冻结这三种行政强制措施，除了要求其遵守一般程序外，行政强制法还对其实施主体、对象、期限、财物保管、处置和解除等作了详细的规定，提出了许多具体明确的要求。例如，对查封、扣押的场所、设施或者财物，行政机关应当妥善保管，不得使用或者损毁；造成损失的，应当承担赔偿责任。对查封的场所、设施或财物，行政机关可以委托第三人保管，第三人不得损毁或擅自转移、处置。因第三人的原因造成的损失，行政机关先行赔付后，有权向第三人追偿。因查封、扣押发生的保管费用由行政机关承担。

（二）行政强制执行的实施程序

根据《行政强制法》的规定，我国行政强制执行的主体有两类，即行政机关和人民法院，因此强制执行的程序也相应地分为两类，即行政机关强制执行程序和人民法院强制执行程序。

1.行政机关强制执行程序。行政机关自行强制执行，一般应当遵循下列程序：催告程序；当事人的陈述和申辩程序；作出和送达行政强制执行的决定。

特别程序又可分为间接强制执行程序和直接强制执行程序两种。前者包括执行罚和代履行程序，后者包括划拨、拍卖、违法建筑的拆除程序等。

2.人民法院强制执行程序。主要程序包括：申请法院执行前的催告程序；行政机关向法院申请执行；法院受理审查并裁定是否予以执行；裁定后的强制执行程序。

行政机关申请法院强制执行的，法院对申请进行审查，原则上采取书面审查的方式，即无须通过开庭、言词辩论等方式来审查，而是以行政机关提供的书面材料为主来进行审查。审查内容主要有：（1）行政机关是否在法定期限内提出申请；（2）行政机关是否按照行政强制法的规定，提供了齐备的申请材料；（3）行政决定是否具备法定执行效力，即行政决定已经发生法律效力；（4）行政决定不具有明显违法情形。[①] 法院经审查，如果发现行政行为有明显违法并损害被执行人合法权益的，在作出裁定前应当听取被执行人和行政机关的意见。对被申请执行的行政行为具有重大明显违法情形的，法院应当裁定不准予执行。对这种审查，有学者认为，在审查方式上是采取了"书面审理与言词审理"相结合的模式，在审查标准上采取了"形式审查与实质审查"相结合的标准。[②] 法院作出准予执行裁定后，如何执

---

① 信春鹰主编：《中华人民共和国行政强制法释义》，法律出版社 2011 年版，第 189～190 页。

② 胡建淼：《行政强制法论》，法律出版社 2014 年版，第 562 页。

行,《行政强制法》没有作出规定,实践中主要是适用民事诉讼法有关民事执行的相关规定。

第三节　行政强制制度变迁的重点

近年来,在行政强制领域,制度变迁最大的,莫过于最高人民法院在非诉行政执行当中推行"裁执分离"的试水改革和行政执法"三项制度"的全面推行。"三项制度"的发展已在《行政处罚法》的制度变迁中予以说明,这里仅就"裁执分离"模式的试点改革作一述评。

我国行政强制执行体制最早确立于 1989 年颁布的《行政诉讼法》,该法第 66 条规定:"公民、法人或者其他组织对具体行政行为在法定期限内不提起诉讼又不履行的,行政机关可以申请人民法院强制执行,或者依法强制执行。"根据这一规定,行政机关在作出具体行政行为后,依行政机关有无强制执行权,其强制执行可分为两种:一是有强制执行权的,行政机关自己强制执行;二是没有行政强制执行权的,行政机关需要申请法院强制执行。这一双轨制模式,吸取了各国在行政强制执行上的经验教训,不仅有利于防止行政专横,保护公民权益,也有利于提升行政效率。总体来说,是适合中国国情的。[①] 出于这种认识,2011 年颁布的《行政强制法》继续沿袭了这一执行模式,其第 13 条规定:"行政强制执行由法律设定。法律没有规定行政机关强制执行的,作出行政决定的行政机关应当申请人民法院强制执行。"

根据最高人民法院相关司法解释的规定,行政机关向法院申请执行其行政行为的,法院应当对行政行为的合法性进行审查,并作出是否准予执行的裁定。需要采取强制执行措施的,由法院负责强制执行非诉行政行为的机构执行。从司法实践来看,自《行政诉讼法》赋予法院强制执行权以来,我国非诉行政执行得到了快速发展。从现行法律制度来看,非诉行政执行主要适用于农林牧渔、食品、药品、卫生、工商执法、土地、环保、城建、交通、资源能源等行政管理领域,涉及的行政行为多为金钱给付义务、征收土地、房屋征收、违反建筑物处罚以及罚款、没收财产等行政处罚决定的执行。[②] 但随着非诉行政案件数量的不断增加,这一执行模式也开始暴露出诸多问题。如法院执行力量不足,导致大量非诉行政执行申请难以敞开收案;面对大量的非诉执行案件,法院审查职能面临弱化风险;裁执不分导致司法

---

① 　应松年:《行政强制立法的几个问题》,载《法学家》2006 年第 3 期。

② 　江必新主编:《行政诉讼法司法解释实务指南与疑难解答》,中国法制出版社 2018 年版,第566 页。

公信难以维系等。① 尤其是《国有土地上房屋征收与补偿条例》在 2011 年 1 月实施以后，这些问题变得更为突出和尖锐，"行政强拆"变"司法强拆"，使得大部分的拆迁矛盾和利益冲突开始从行政机关转移到法院身上，把本应中立的法院推向了矛盾尖锐的第一线，让法院陷入了极其被动的境地。面对沉重的"拆迁压力"，法院不得不在制度之内寻求破解之道。

从立法背景来看，为了解决当时实践中不断出现的暴力拆迁、流血拆迁等恶性事件，加强司法对行政机关的监督，《国有土地上房屋征收与补偿条例》第 28 条第 1 款规定："被征收人在法定期限内不申请行政复议或者不提起行政诉讼，在补偿决定规定的期限内又不搬迁的，由作出房屋征收决定的市、县级人民政府依法申请人民法院强制执行。"这一规定取消了原《城市房屋拆迁管理条例》中行政机关自行强制拆迁的规定，明确了行政机关只能向法院申请强制拆迁，被誉为是该法最大的亮点之一。但是，该法的实施，对法院来讲，并非福音，让本就已经举步维艰的非诉行政执行工作陷入更加困窘的境地。面对沉重的执行压力，法院不得不开始向党委和政府寻求支持。为此，一些地方法院开始尝试探索"法院裁定，政府实施"的裁执分离模式，并得到了最高人民法院的认可。2011 年 9 月，最高人民法院在《关于坚决防止土地征收、房屋拆迁强制执行引发恶性事件的紧急通知》中提出，要"积极探索'裁执分离'即由法院审查、政府组织实施的模式，以更好地发挥党委、政府的政治、资源和手段优势，共同为有效化解矛盾营造良好环境"。2012 年 3 月，最高人民法院发布了《关于办理申请人民法院强制执行国有土地上房屋征收补偿决定案件若干问题的规定》，其第 9 条规定："人民法院裁定准予执行的，一般由作出征收补偿决定的市、县级人民政府组织实施，也可以由人民法院执行。"自此，"裁执分离"模式在房屋征收补偿领域得以正式确立。此后，最高人民法院又通过多种形式，要求各地法院落实"裁执分离"原则，逐步拓宽其适用范围。一些地方的法院也在当地党委和政府的支持下，开始进行试点改革，尝试将"裁执分离"模式从征收拆迁案件中扩展到环保、水利等领域。

所谓"裁执分离"，简单来讲，就是行政机关申请法院强制执行行政行为时，由法院作出是否准予执行的裁定，法院裁定予以执行的，由行政机关负责组织实施，法院予以监督。事实上，在行政强制执行中实行"裁执分离"，并不是一个新话题。早在《行政强制法》审议过程当中，为了解决"法院执行也难"和"法院作为一个中立裁判机构参与执行的地位问题"，就有委员提出，能否适度合理调整强制执行体制，行政机关向法院申请强制执行，由法院作出执行与否的裁决，然后还是再由行政机

---

① 危辉星、黄金富：《非诉行政执行"裁执分离"机制研究》，载《法律适用》2015 年第 1 期。

关去执行。^① 但立法机关最终并未采纳这一建议。2014 年,在《行政诉讼法》修改过程中,最高人民法院和一些常委会人员又提出对非诉行政执行采取裁执分离制度,仍未得到最高立法机关的认可,理由是"2011 年通过的行政强制法已经对执行体制作出了制度安排,司法实践如果确需建立'裁执分离'制度,也应该通过修改行政强制法来进行"^②。

客观地讲,司法权从本质上是一种判断权,将执行权赋予司法机关,本身与司法权的性质发生冲突,也会对司法的根基造成损害。2014 年党的十八届四中全会通过的《中共中央关于全面推进依法治国若干重大问题的决定》中明确提出,要"完善司法体制,推动实行审判权和执行权相分离的体制改革试点"。2015 年 12 月国务院颁布的《法治政府建设实施纲要(2015—2020)》也提出,要将"理顺行政强制执行体制,科学配置行政强制执行权,提高行政强制执行效率"作为在 2020 年基本建成法治政府所设定的一个建设目标。毫无疑问,在非诉行政执行案件中推行"裁执分离"模式是符合这一精神的。从《行政强制法》来看,虽然最终立法并未采取"裁执分离"的建议,但事实上并不否认这一做法。2011 年行政强制法草案四审稿曾规定:"行政机关向人民法院申请强制执行的案件,裁定执行的,由人民法院执行。"在强拆频繁引起暴力冲突的背景下,这一规定让法院倍感压力。2011 年 5 月,最高人民法院致函全国人大常委会法制工作委员会,请求对该规定作进一步研究。法工委经调研认为,实践中涉及土地、房屋等强制执行的案件越来越多,难度日益增大。这些案件的执行往往要动用大量的人力、物力,需要公安、卫生等多部门的协调配合,法院难以完成。《国有土地上房屋征收和补偿条例》实施后,上海探索出一种法院审查、法院监督下由政府实施执行的模式,实施效果比较理想。此后,考虑到这种执行方式尚在改革探索,为给法院探索改革具体执行方式留有空间,删去了四次审议稿的有关规定。^③

但是,由于缺乏明确的法律依据,由法院来推进和探索非诉行政执行的裁执分离模式改革,本身就存在着先天不足。由于没有高位阶法律规定对行政机关形成足够的服从压力,不少行政机关或多或少地对"裁执分离"存有疑问,或认为在该领域推行"裁执分离"没有法律依据,或认为法院是在推卸责任等等,这些都给"裁执分离"工作进一步推进带来很大的困难。^④ 因此,在未来的改革中,如何将这一制

① 《十一届全国人大常委会第十次会议审议行政强制法(草案三次建议稿)的意见》,载中国人大网:http://www.npc.gov.cn/huiyi/cwh/1110/2009-09/27/content_1520379.html,最后访问日期:2019 年 5 月 1 日。

② 袁杰主编:《中华人民共和国行政诉讼法解读》,中国法制出版社 2014 年版,第 267 页。

③ 李适时、信春鹰主编:《科学立法 民主立法——全国人大及其常委会十年立法实例选》,中国民主法制出版社 2013 年版,第 76 页。

④ 危辉星、黄金富:《非诉行政执行"裁执分离"机制研究》,载《法律适用》2015 年第 1 期。

度"合法化",推进其向深层次发展,还有待于实践进一步观察。

第四节　行政强制法的贡献与未来发展

一、行政强制法的贡献

如果从 1988 年国务院开始起草《行政强制执行条例》算起,到 1999 年全国人大开始起草《行政强制法》,再到 2011 年十一届全国人大常委会高票通过为止,《行政强制法》前后历经 23 年才得以出台。与前两部法律不同的是,这部法律出台极为艰难,从 2005 年进入立法程序后,多次审议都是在草案可能被终止审议的节点上,以再次提请审议的方式让草案得以延续,不致成为废案。它的出台,解决了行政强制"散""乱""软"的问题,确立了行政强制制度的法治化框架,结束了我国行政强制没有统一立法的状况,是政府行政权力的第三次"缩水",标志着我国向建成法治政府的目标又前进了一大步。

（一）行政"三法"奏响最后篇章

20 世纪 90 年代初,立法机关在认为起草《行政程序法》条件不成熟后,将目光转向了行政行为立法,决定先把对市场经济影响最大的几个行为单独列出来,对其程序进行规范进行立法,在此基础上再制定《行政程序法》。① 此后,《行政处罚法》《行政许可法》均相继出台,对规范我国政府行为,促进法治政府建设发挥了重要作用。但行政强制作为权力色彩最为浓重,对公民权利侵害可能性最大的行政行为,却迟迟未能受到法律规制,从而使行政机关在执法上存在"缺项"和"短板"。《行政强制法》的制定,表明作为行政行为立法的三部曲,即《行政许可法》《行政处罚法》《行政强制法》已经完成,政府行政管理的主要环节,即审批许可—监督处罚—保障执行,都有了基本的法律依据,政府行政管理真正做到了"有法可依"。② 作为规制行政强制的基本法律,该法是中国特色社会主义法律体系的支架性法律,进一步健全了我国的行政法律制度,是我国行政立法当中的又一个里程碑。

（二）确立"以人为本"执法理念

"以人为本"是中国共产党的根本宗旨与执政理念,也是社会主义法治建设的核心和精髓。在行政执法中强调以人为本,就是要把人看成目的、主体而不是手段、客体,尊重个人的权力、利益,不得假借公共利益、社会利益的名义,随意地侵害

---

① 应松年:《中国行政法的回顾与展望》,载《上海政法学院学报》2008 年第 2 期。
② 胡建淼:《行政强制法论》,法律出版社 2014 年版,第 101 页。

公民合法权益。① 虽然在名称上,《行政强制法》以"强制"为名,但整部法律贯穿了以人为本的法律精神,在维护行政强制权威的同时,更加注重对公民、法人合法权利的保护。从内容来看,它不但确立了比例原则,要求执法机关"采用非强制手段可以达到行政管理目的的,不得设定和实施行政强制",而且以严苛的程序和细节来规范行政强制的实施,如加处罚款或滞纳金的数额不得超出金钱给付义务的数额;不得查封、扣押公民个人及其所扶养家属的生活必需品;行政机关不得在夜间或者节假日实施行政强制执行;不得以停止供水、供电、供热、供燃气等方式迫使当事人履行行政决定;等等。在强制的同时,又不乏温情,不仅体现了我国当前建设法治政府、服务型政府的要求,也体现了法律的人文关怀和权利保障的理念。

二、行政强制法未来的发展

作为规范行政强制的基本法,《行政强制法》曾寄托着立法者解决行政强制"乱"和"软"问题的心愿。但自 2012 年实施以来,这部被寄予厚望的法律似乎并未达成心愿。实践中,不但暴力强拆、城管打人等事件屡禁不止,而且拆违不力,治理无效等也常引起社会的普遍抱怨。由此来看,立法之初的行政强制"乱"和"软"的问题并未得到彻底杜绝。固然这些问题未必都能归结到《行政强制法》上,但《行政强制法》在实施中暴露出来的缺陷和不足,却值得我们去认真反思。其中,以下几个方面已经逐渐引起了学界重视:

(一)妥善平衡公共利益与个人利益

妥善平衡公共利益与个人利益之间的冲突,是行政强制法要解决的重要课题,也是贯穿整个行政强制法的一条主线。这在《行政强制法》第 1 条得到了明确的体现,既要"维护公共利益和社会秩序",又要"保护公民、法人和其他组织的合法权益"。为此,《行政强制法》不厌其烦,用细致的规定对行政强制权进行了规范,不仅要解决行政强制的"滥",也要解决行政强制的"软"。但事实上,这种兼顾二者的功能定位难免顾此失彼,就像在高空行走钢丝,一旦稍有疏忽,就会出现严重问题。以违法建筑拆除为例,为了防止强拆给相对人造成难以恢复的损失,《行政强制法》第 44 条对违法建设的强制拆除规定了两项特殊程序:公告和复议、诉讼停止执行。其立法用意固然良好,却忽视了执法中的实际情况。违法建筑不仅严重影响了城市环境和形象,也给公共利益和他人权益带来严重危害。但按照《行政强制法》的规定,强拆违法建筑要按法定流程进行,处理一桩违建拆除案件至少要半年。等这么久,违法建筑早成型了,而一旦投入使用,拆除成本会直线上升。② 更有甚者,实践中,有些人专门乘着节假日、夜晚等时段突击搭建,前一天才砌起的半堵墙,一觉

---

① 胡玉鸿:《以尊严价值模式重构行政执法程序》,载《浙江学刊》2011 年第 2 期。
② 钱蓓:《社会治理聚焦点:法治、人、创新》,载《文汇报》2014 年 7 月 17 日第 1 版。

醒来,发现已上了房顶,其实就是瞅准了"不得在夜间或法定节假日实施行政强制执行"的法规空子。① 据此,整个违建拆除程序在立法价值取向上打破了平衡状态,转而向行政相对人倾斜。这看似契合了传统行政法学的价值理念,但是从执法实践来看,面对现实中疯狂的违法建设,很多情况下则会使公共利益被置于一种极度尴尬的地位。②《行政强制法》突出权利保护本身并无可厚非。然而,任何权利保护都有其应有的边界,如果法律过度地对个人权利进行维护,那么势必会让站在公共利益一方的行政权难以有效作为,在解决"滥"的同时,仍无法避免"软"的问题。因此,如何为行政机关的社会治理提供法律保障和支撑,实现维护行政权有效行使和保护公民权利之间的平衡,将仍然是《行政强制法》未竟课题。

(二)行政强制措施的识别

与《行政许可法》一样,《行政强制法》明确了行政强制措施的概念,并列举了实践当中最为常见的行政强制措施种类。但事实上,由于第 2 条的定义和第 9 条的列举过于简约,很难用来识别之前早已存在于立法和实践之中的各类"强制措施"。③ 由于立法对哪些行政行为属于"其他行政强制措施"并未明确,导致实践中对有些行政行为是否属于该法所规定的"其他行政强制措施"存在认识分歧。有学者认为,识别行政强制措施,可以从其法律特征入手,即:(1)限权性;(2)暂时性;(3)可复原性;(4)从属性;(5)物理性;(6)合一性。在此基础上,该学者对常见的、争议比较大的 20 种特殊行为进行了分析和识别。④ 但相对于实践中多如牛毛的行政强制措施种类来说⑤,这种具体分析只是九牛一毛,虽在理论上指明了解决的思路和路径,但仍依赖于个案中对行为进行具体分析。此外,对一些行为的定性,本身在理论上就颇有争议。如对"扑杀"这一行为,该学者认为是处理性决定的执行行为,⑥但在官方正式出版的《中华人民共和国行政强制法释义》当中⑦,却将其列为"其他行政强制措施",这表明在行政强制措施的识别上,我国学者并未形成一致观点。因此,有学者认为,传统行政行为概念的精准化仍然是我国行政行为法研

---

① 王海燕:《听执法者说拆违"难事"》,载《解放日报》2014 年 7 月 7 日第 8 版。

② 王青斌、赖普微:《违法建设强制拆除机制的困境与出路——兼论〈行政强制法〉第 44 条的修改》,载《江苏行政学院学报》2018 年第 2 期。

③ 余凌云:《行政法讲义》,清华大学出版社 2014 年版,第 311 页。

④ 胡建淼:《关于〈行政强制法〉意义上的"行政强制措施"之认定》,载《政治与法律》2012 年第 12 期。

⑤ 据浙江大学行政强制法课题组统计,中国从 1949 年至 1999 年法律、行政法规、部门规章所规定的行政强制措施,就有 263 种。胡建淼:《行政强制法论》,法律出版社 2014 年版,第 886 页。

⑥ 胡建淼:《关于〈行政强制法〉意义上的"行政强制措施"之认定》,载《政治与法律》2012 年第 12 期。

⑦ 信春鹰主编:《中华人民共和国行政强制法释义》,法律出版社 2011 年版,第 34 页。

究的未竟任务。①

(三)行政强制程序的精细化

《行政强制法》继承了我国规制行政行为的立法传统,即通过程序来规范行政强制,就具体数量来看,几乎三分之二的条款都是有关行政强制程序的规定。总体来看,立法在公民权利保护上浓墨重彩,却在执法手段上惜墨如金,未赋予行政机关应有的强制手段,一些强制程序的规定还十分笼统,实践操作性不强。在执法手段付之阙如的情况下,行政权自然也难以有效作为。例如,居民在楼顶上违法搭建,拆违人员前往执法,他就是不开门,执法人员无法进入现场,而破门强入又缺乏法律依据。此外,一些违法建筑搭建在高层建筑的露台或平台上,或是在多层居民楼的天井中,如果当事人不配合,执法人员难以进入进行拆除。② "作为立法者,不仅要考虑特定相对人在执法活动中的权利,还要注重执法部门尤其是基层执法部门在具体执法过程中维护社会秩序和公共利益的现实需求。"③为此,《行政强制法》在实施过程中,就必须要注重对一线执法的关注,通过制定可操作性的详细规则来弥补立法不足。

(四)非诉行政执行的改革

尽管行政强制执行的"双轨制"模式是符合我国国情的选择,但从实践来看,这一制度本身也存在一定的缺陷和问题:一是无法保障行政效率。行政机关申请法院强制执行,往往耗费的时间较多,使已经作出的行政行为在较长时间内得不到执行,从而导致行政效率降低,在个别情况下甚至会导致行政行为内容无法实现。二是法院缺乏足够的人手和有效手段,导致执行力不从心。我国法院案件受理量逐渐呈上升趋势,尤其是立案登记制实施后,我国法院案例受理更呈现出井喷现象,案多人少的矛盾十分突出,而非诉行政执行案件又占了行政诉讼司法实务中的相当部分。以 2015 年为例,当年全国法院新收行政诉讼执行案件 10745 件,非诉行政行为执行案件 172880 件,④非诉行政案件的数量远多于诉讼案件数量。大量的非诉行政执行案件,法院不但要进行审查,而且还要负责执行,在案多人少的情况下,法院也是头疼无比。这种状况,不但导致执行效率低下,出现执行错误,而且也会削弱法院的司法权威和公信力,让立法通过法院审查监督行政权行使的本意也无法实现。为了解决这些问题,近年来法院系统进行了多种尝试,如委托执行、分工负责以及府院合作等,但由于缺乏明确的法律依据,使得这些探索的效果过度依

---

① 章志远:《当代中国行政行为法理论发展的新任务》,载《学习与探索》2018 年第 2 期。

② 王海燕:《听执法者说拆违"难事"》,载《解放日报》2014 年 7 月 7 日第 8 版。

③ 沈福俊:《法律应当如何保障行政权的有效行使》,载《东方法学》2016 年第 1 期。

④ 最高人民法院研究室:《2015 年全国法院审判执行情况》,载《人民法院报》2016 年 3 月 18 日第 4 版。

赖于法院和政府自身的意愿,从而制约了改革的进一步推进。因此,如何对现有的非诉行政执行体制进行改革,破解非诉行政案件执行难的问题,将仍然是未来改革需要深入思考的问题。

(五)妥善处理强制手段与非强制手段的关系

在强制手段与非强制手段都能够达到行政管理目的时,应优先选择非强制手段,这是《行政强制法》的明确要求,即行政执法能够"采用非强制手段可以达到行政管理目的的,不得设定和实施行政强制"。尽管法律对此有明确规定,但实践中,我国大多数行政机关仍热衷于通过强制手段和硬权力执法来达到目的,而对非强制性执法手段则较少关注。所谓非强制性执法手段,也称为柔性执法,或协商执法,即在行政执法过程中放弃传统的以命令或直接强制执行为代表的方式,而是采用商谈、说服、诱导、劝诫等方法,谋求相对人的理解、同意和配合,从而达到行政目的的一种执法方式,包括行政指导、行政奖励等。① 近年来,在一些行政领域,尤其是与民生相关的领域,如城市拆迁、管理等,由于行政机关频繁动用暴力等强制执法手段,导致执法方式不被相对人所接受,引起了相对人的强烈反抗,暴力抗法事件时有发生,执法行为面临着严峻的社会风险。为此,一些地方和部门开始积极探索非强制性执法手段的运用,特别是说服教育、约谈、工作建议、行政相对人体验等方式,促使违法行为人主动改正了自己的行为,避免了矛盾的进一步激化,取得了良好的社会效果。2015 年 12 月,中共中央、国务院印发的《法治政府建设实施纲要(2015—2020 年)》中明确提出,要"推广运用说服教育、劝导示范、行政指导、行政奖励等非强制性执法手段"。为了落实中央这一要求,一些地方和部门也相继出台规定,要求推广非强制执法手段的运用。如 2019 年 4 月施行的《湖北省城市管理执法行为规范细则》第 5 条明确规定,执法人员应当灵活运用说服教育、劝导示范、行政指导等非强制行政手段,防止"以罚代教、以罚代管",杜绝粗暴执法,减少行政争议。应当说,将非权力行为引入行政管理当中,是现代行政民主化的发展趋势,这对维系行政机关与相对人之间的良好合作关系,建立和谐社会有着重要作用。但如何在具体操作层面处理两者之间的关系,我国目前还缺乏深入地探讨,如何在发挥非强制手段灵活性和可接受性的同时,防止出现强制"软",有效地将强制手段与非强制手段结合起来,还有待于在实践中进一步总结经验。

---

① 卢剑锋:《试论协商性行政执法》,载《政治与法律》2010 年第 4 期。

第九章

行政程序法制的变迁与发展

　　行政程序法是关于行政机关实施行政活动应当遵循的法定程序的规定。行政程序法既是行政实体法得到正确、及时实施，进而有效实现行政管理目标的制度保证；也是防止行政权力滥用，保障行政权公正运行，保护公民、法人和其他组织合法权益的重要机制。我国目前虽尚未制定《行政程序法》，但已制定大量关于行政程序制度的法律规范。行政程序法治建设是社会主义法治建设的重要组成部分，在40年的行政程序法治进程中，我国的行政程序法律制度发展历经了三个发展阶段：行政程序法律制度的初步发展（1978—1996年）、行政程序法律制度的转型与变革（1997—2007年）、统一行政程序法律制度的地方探索（2008—2018年）。40年的行政程序法制发展进程中，我国行政程序立法数量由少到多，形式由完全分散立法发展到行为统一立法、地方统一立法、制度统一立法，制度实现管理型程序立法到公民权利保障型立法的内容转型。党的十九大报告明确提出2035年建成法治政府的时间表，《行政程序法》作为行政法的基本法，既是如期建成法治政府的制度保障，也是法治政府建成的标志性法律，下一阶段需要在总结40年行政程序法制进程基础上尽早启动《行政程序法》的立法工作。

第一节　行政程序立法的发展历程

　　行政程序法是规定行政机关行使行政权力应遵循的程序的法律规范的总称。程序立法构成行政程序法制的制度基础,中华人民共和国成立后,政府管理活动主要依据计划和政策进行,仅在《劳动争议解决程序的规定》《政务院关于处理人民来信和接见人民工作的决定》等规定中涉及一些程序规定,绝大多数行政行为缺乏法定行政程序的规范。1978 年 12 月 18 日至 22 日召开的党的十一届三中全会拉开了经济体制改革的序幕,也拉开了中国法治建设的进程。程序法治是法治的核心内容,依法行政是法治建设的重要组成部分,行政程序立法进程由此拉开序幕。在 40 年发展进程中,我国行政程序立法从无到有,从少到多,建立了规范不同类型行政行为的程序制度。

一、初步发展阶段的行政程序立法概况(1978—1996)

　　1978 年 12 月 18 日至 22 日召开的党的十一届三中全会拉开了经济体制改革的序幕,市场经济开始得到发展,个体工商户大量出现,外资企业开始来华投资,为规范市场主体及市场秩序,工商管理领域出台了一系列法律法规,其中规定了行政程序法律规范。如规范行政登记程序的《公司登记管理暂行规定》《工商企业名称登记管理暂行规定》《工商企业登记管理条例》《中外合资经营企业登记管理办法》《外国企业常驻代表机构登记管理办法》等;规范行政审批程序的《化妆品审批工作程序》《自然科学研究机构建立调整的审批试行办法》《关于中央一级国家机关、经济组织内部机构设置审批暂行规定》;规范行政监督检查程序的《进出口商品检验条例》《植物检验条例》等。

　　市场经济的发展推动法治建设起步与发展,制定法律、做到"有法可依"是法治建设初期的重点内容。在行政管理领域,1978 年至 1989 年,我国出台了大量行政管理规范,这些行政管理立法中既有行政管理的实体规定,也有行政管理的程序性规定,行政程序法律制度在初步发展阶段基本分散在数量众多的单行立法中。我们收集到如下 99 部法律和行政法规,以其对应的管理部门为标准分列如下。(见表 9-1)

表 9-1　99 部法律行政法规及其对应的行政管理部门

金融、税收 行政收费 （25 部）	《中外合资经营企业所得税法》《外国企业所得税法》《个人所得税法》《产品税条例（草案）》《盐税条例（草案）》《国营企业调节税征收办法》《国营企业所得税条例（草案）》《增值税条例（草案）》《资源税条例（草案）》《盐税条例（草案）》《集体企业所得税暂行条例》《国营企业奖金税暂行规定》《国营企业工资调节税暂行规定》《事业单位奖金税暂行规定》《城乡个体工商业户所得税暂行条例》《营业税条例（草案）》《税收征收管理暂行条例》《耕地占用税暂行条例》《进出口关税条例》《房产税暂行条例》《长江干线航道养护费征收办法》《港口建设费征收办法》《国务院关于坚决制止向企业乱摊派的通知》《价格管理条例》《现金管理暂行条例》《违反外汇管理处罚施行细则》
资源保护 （18 部）	《土地管理法》《土地复垦规定》《国家建设征用土地条例》《森林法》《森林法实施细则》《森林防火条例》《草原法》《渔业法》《矿产资源法》《水法》《城市节约用水管理规定》《野生动物保护法》《野生药材资源保护管理条例》《对外合作开采海洋石油资源条例》《全国地质资料汇交管理办法》《全民所有制矿山企业采矿登记管理暂行办法》《矿产资源勘查登记管理暂行办法》《矿产资源监督管理暂行办法》
工商行政管理 （11 部）	《技术合同法实施条例》《广告管理条例》《企业法人登记管理条例》《国务院关于城镇劳动者合作经营的若干规定》《种子管理条例》《国务院关于城镇非农业个体经济若干政策性规定的补充规定》《国务院关于农村个体工商业的若干规定》《全民所有制工业企业法》《城乡个体工商户管理暂行条例》《私营企业暂行条例》《投机倒把行政处罚暂行条例》
食品药品卫生 （10 部）	《食品卫生法（试行）》《国境卫生检疫法》《公共场所卫生管理条例》《药品管理法》《麻醉药品管理办法》《精神药品管理办法》《医疗用毒性药品管理办法》《兽药管理条例》《医疗事故处理办法》《尘肺病防治条例》

续表

金融、税收 行政收费 （25 部）	《中外合资经营企业所得税法》《外国企业所得税法》《个人所得税法》《产品税条例(草案)》《盐税条例（草案）》《国营企业调节税征收办法》《国营企业所得税条例(草案)》《增值税条例(草案)》《资源税条例(草案)》《盐税条例(草案)》《集体企业所得税暂行条例》《国营企业奖金税暂行规定》《国营企业工资调节税暂行规定》《事业单位奖金税暂行规定》《城乡个体工商业户所得税暂行条例》《营业税条例(草案)》《税收征收管理暂行条例》《耕地占用税暂行条例》《进出口关税条例》《房产税暂行条例》《长江干线航道养护费征收办法》《港口建设费征收办法》《国务院关于坚决制止向企业乱摊派的通知》《价格管理条例》《现金管理暂行条例》《违反外汇管理处罚施行细则》
环境保护 （9 部）	《海洋环境保护法》《海洋石油勘探开发环境保护管理条例》《海洋倾废管理条例》《防止船舶污染海域管理条例》《水污染防治法》《防止拆船污染环境管理条例》《大气污染防治法》《对外经济开放地区环境管理暂行规定》《开发建设晋陕蒙接壤地区水土保持规定》
交通管理 （7 部）	《海上交通安全法》《水路运输管理条例》《内河交通安全管理条例》《河道管理条例》《民用航空器适航管理条例》《航道管理条例》《公路管理条例》
城市建设 与基础设施保护 （5 部）	《城市规划条例》《广播电视设施保护条例》《电力设施保护条例》《民用核设施安全监督管理条例》《石油、天然气管道保护条例》
技术质量 （5 部）	《标准化法》《进出口商品检疫法》《计量法》《测绘成果管理规定》《核材料管制条例》
知识产权保护 （4 部）	《专利法》《专利法实施细则》《商标法》《商标法实施细则》
治安管理 与出入境管理 （3 部）	《治安管理处罚条例》《公民出境入境管理法》《外国人入境出境管理法》

续表

金融、税收 行政收费 （25 部）	《中外合资经营企业所得税法》《外国企业所得税法》《个人所得税法》《产品税条例（草案）》《盐税条例（草案）》《国营企业调节税征收办法》《国营企业所得税条例（草案）》《增值税条例（草案）》《资源税条例（草案）》《盐税条例（草案）》《集体企业所得税暂行条例》《国营企业奖金税暂行规定》《国营企业工资调节税暂行规定》《事业单位奖金税暂行规定》《城乡个体工商业户所得税暂行条例》《营业税条例（草案）》《税收征收管理暂行条例》《耕地占用税暂行条例》《进出口关税条例》《房产税暂行条例》《长江干线航道养护费征收办法》《港口建设费征收办法》《国务院关于坚决制止向企业乱摊派的通知》《价格管理条例》《现金管理暂行条例》《违反外汇管理处罚施行细则》
海关 （2 部）	《海关法》《海关法行政处罚实施细则》

行政管理法律法规在规定实体问题的同时对行政机关如何行使职权的程序作出规定，如《治安管理处罚条例》规定了治安行政处罚的管辖、委托、当场处罚程序、一般程序等程序制度，《城市规划条例》规定了行政规划程序，《征收排污费管理办法》规定了征收程序。当然，这些法律法规中关于行政程序制度的规定还非常简单。

除与实体法规范并存规定在同一行政管理之中，这一时期也出现了单行的专门的程序性立法，如国务院制定的规范行政立法程序的《行政法规制定程序暂行条例》，规范行政处罚程序的《交通管理处罚程序规定》，规范行政审批程序的《化妆品审批工作程序》，规范部门执法程序的《技术监督行政案件办理程序的规定》等。

除仅适用于特定管理部门的部门程序立法出台外，有的地方制定了综合性统一行政执法程序立法，规范所有行政机关的行政执法程序，如济南市 1990 年制定的《济南市行政执法监督暂行规定》、天津市 1991 年制定的《天津市行政执法和行政执法监督暂行规定》、福建省 1992 年制定的《福建省行政执法程序规定》、石家庄市 1992 年制定的《石家庄市行政执法条例》等。

二、转型与变革阶段的行政程序立法概况（1996—2007）

1996 年出台的《行政处罚法》开启我国"先零售、后批发"的行政法制建设进程，这部法律首次规定了听证制度，标志我国行政程序立法实现管理程序法向公民权利保障法的根本转型，是我国行政程序法立法历史进程中一部具有里程碑意义的法律。《行政处罚法》将作为现代行政程序核心内容的听证制度引进了行政处罚领域，给人们的观念带来巨大的冲击，对我国的行政法治建设起到了极大促进作用。除引入听证制度，《行政处罚法》还规定了行政处罚的公开制度、告知制度、说明理由制度、职能分离制度等体现行政程序公正的制度，规定了相对人得到通知权、陈述意见权和申辩权等程序权利。与过去立法相比较，《行政处罚法》在内容上是一个质的飞跃。2004 年国务院发布的《全面推进依法行政实施纲要》(简称《纲要》)将"程序正当"列为依法行政的六项基本要求之一，在原则层面确立了正当法律程序。行政程序法律制度开始进入转型与变革阶段。

(一)具体行政行为程序立法

1.《行政处罚法》《行政许可法》

行政处罚是行政机关常用的行政管理方式，时任全国人民代表大会常务委员会秘书长曹志 1996 年 3 月 12 日在第八届全国人民代表大会第四次会议上所作的《关于〈中华人民共和国行政处罚法(草案)〉的说明》中对制定《行政处罚法》的原因解释如下：由于对行政处罚的一些基本原则没有统一的法律规定，实践中存在一些问题，主要表现在处罚的随意性，特别是有些地方和部门随意罚款，或一事几次罚、几个部门罚等，人民群众很有意见。造成乱处罚、乱罚款的主要原因是：一是行政处罚的设定权不明确，有些行政机关随意设定行政处罚；二是执罚主体混乱，不少没有行政处罚权的组织和人员实施行政处罚；三是行政处罚程序缺乏统一明确的规定，缺少必要的监督、制约机制，随意性较大，致使一些行政处罚不当。为了从法律制度上规范政府的行政处罚行为，制止乱处罚、乱罚款现象，保护公民、法人或者其他组织的合法权益，需要制定行政处罚法。从说明中可以看出，行政处罚程序是《行政处罚法》要规范的重要内容之一。

《行政处罚法》出台后行政程序立法迎来空前繁荣的局面，故本阶段的立法梳理只能为概况描述，无法逐一列举。《行政处罚法》通过后，国务院部门、地方均纷纷出台本部门、本地区的实施性规定。针对行政处罚听证制度，国务院部门、地方进一步细化本部门、本地方听证程序，如财政部、劳动部、司法部、公安部、海关总署、国家工商总局、国家外汇管理局、国家税务总局等相继制定了部门规章，规定了适用于本部门的行政处罚听证细则。截至 2004 年年底，中央立法中规定听证的法律文件的数量为法律 6 部、行政法规 7 件、部门规章 54 件；地方立法中如江苏省地方性法规 2 部、地方政府规章 8 件，浙江省地方性法规 1 部、地方政府规章 9 件。①

2003 年，继《行政处罚法》之后，另一部规范行政行为程序的重要立法《行政许可法》出台，进一步完善了特定种类行政行为的程序制度。《行政许可法》中关于许

---

① 数据以王万华主编的《中国行政程序法汇编》为分析对象，中国法制出版社 2005 年版。

可程序的规定使得程序立法的繁荣达到巅峰。该法第四章"行政许可的实施程序"共计29条,占整部法律83条的三分之一。针对实践中存在的行政许可实施程序暗箱操作、欠缺公平机制、关于行政许可审查期限的规定较少、行政机关与申请人在程序中的权利义务不对等问题[1],该法规定了行政许可的实施程序应当遵循合法原则、公开原则、公正原则、便民原则、监督原则,并规定了相应的程序制度,确保行政许可的实施公正、公开、高效,促进公众参与行政管理,防止行政权力的滥用。《行政许可法》出台后与《行政处罚法》一样,引发了将《行政许可法》关于程序的规定细化的立法热潮。[2] 有的部门和地方还出台了关于行政许可听证的专门性立法,如《农业行政许可听证程序规定》。2012年1月1日,《行政强制法》开始实施,该法对行政强制程序制度作出明确规定。至此,我国完成了《行政处罚法》《行政许可法》《行政强制法》,即"行政三法"的立法工作,对行政机关常用的三种执法方式的程序制度作出规定。

2.管理部门立法中的程序性规定

《行政处罚法》《行政许可法》为关于行政处罚、行政许可程序的一般规定,这两部立法出台后,单行部门管理立法中依然还有关于适用于本部门的程序规范,此类立法数量非常多。如《税收征收管理法》规定的税收征收执法程序,国家外汇管理局制定的《检查处理违反外汇管理行为办案程序》,公安部规定的《公安机关办理行政案件的程序规定》等。《行政处罚法》《行政许可法》通过后,很多部门都规定了本部门的行政处罚程序,如《文化部文化行政处罚程序规定》《卫生行政处罚程序》《药品监督行政处罚程序规定》《海洋行政处罚实施办法》等。

3.地方立法中的程序性立法

地方立法中的程序性立法包括两类:一类是为实施《行政处罚法》《行政许可法》制定的地方立法,如《湖南省行政处罚听证程序规定》《吉林省实施行政处罚若干规定》《白头山市实施行政处罚程序规定》《北京市实施行政处罚程序若干规定》;另一类是地方针对特定事项制定的行政管理立法,如《湖北省无照经营行政处罚办法》《江苏省职业病防治条例》《扬州市社会保障基金监督管理办法》《浙江省水资源管理条例》,这些立法中都有关于执法程序的规定。

4.行政执法统一立法

行政执法统一立法在转型阶段进一步得到加强,如广西制定了《广西壮族自治

---

① 汪永清主编:《中华人民共和国行政许可法教程》,中国法制出版社2003年版,第106~107页。

② 具体可以参见王万华主编:《中国行政程序法汇编》第十章"行政许可相关法律文件选编",中国法制出版社2005年版。笔者当年完成《中国行政程序法汇编》一书的汇编之后,惊异发现中国现行行政程序法的条文数量之多大大超出当初的预想,中国行政程序立法"程序立法不发达、行政法多为实体规定"的认识需要转变了。

区行政执法程序规定》,福建制定了《福建省行政执法程序规定》。黑龙江、吉林、河北、河南、山西、湖北、湖南、四川等省,以及石家庄、乌鲁木齐、南昌、济南、延安、宜春等城市制定了行政执法条例,在上述省、市制定的《行政执法条例》中,80％以上的条款都是程序性规定。行政执法活动不限于行政处罚和行政许可,行政执法主体主要是地方基层执法部门,因而地方有制定行政执法的一般立法以规范行政执法活动的立法需求。

(二)抽象行政行为程序立法

与初期发展阶段的行政程序法制基本集中在具体行政行为领域不同,转型与变革阶段的重大变化之一是行政程序法制开始向抽象行政行为领域扩展。尽管还不是很完善,但是已经覆盖了各类抽象行政行为。

1.行政立法程序。2001 年,《行政法规制定程序条例》替代 1987 年的《行政法规制定程序暂行条例》出台,同年还出台了《规章制定程序条例》,这两部行政法规对两类行政立法的程序制度作出系统规定。

2.行政规范性文件制定程序。如海关总署于 2002 年 10 月制定的《海关规范性文件制定管理办法》,上海市人民政府于 2002 年 10 月制定的《上海市行政机关规范性文件制定程序规定》、广东省潮州市人民政府于 2001 年 11 月制定的《潮州市规范性文件制定办法》等规定了规范性文件的制定程序。

3.重大行政决策听证程序。1999 年《价格法》首次将听证制度由行政处罚领域引入政府价格决策活动中。之后,《环境影响评价法》《城乡规划法》等均规定了听证制度。

(三)政府信息公开立法

20 世纪 60 年代,在世界范围兴起制定政府信息公开立法的浪潮,推动政府透明度建设,促进公众对行政的参与,是行政民主的重要制度体现。在我国,政府信息公开立法经历了由政务公开到政府信息公开的发展过程。1987 年党的十三大报告提出:"……提高领导机关的开放程度,重大情况让人民知道,重大问题经过人民讨论……要通过各种现代化的新闻和宣传工具,增加对政务和党务活动的报道……"[①]1988 年 5 月河北省藁城市探索实行公开办事制度、公开办事结果、接受群众监督的"两公开一监督"制度,并在河北、山东、浙江等地得到推广。1989 年第七届全国人民代表大会第二次会议上的政府工作报告中提出:"凡处理同广大群众利益直接相关的事情,要积极推行公开办事制度,公开办事结果。要增加政务活动

---

① 参见党的十三大报告中"五、关于政治体制改革"之"(五)建立社会协商对话制度"内容。从该部门内容来看,"提高领导机关的开放程度,重大情况让人民知道"主要出于"处理和协调各种不同的社会利益和矛盾"及加强监督的目的。

的透明度,强化制约机制,使各种权力的行使都能严格置于法规制度的规范约束和广大干部、群众的监督之下。"1997年党的十五大报告提出,"坚持公平、公正、公开原则,直接涉及群众切身利益的部门要实行公开办事制度","城乡基层政权机关和基层群众性自治组织,都要健全民主选举制度,实行政务和财务公开,让群众参与讨论和决定基层公共事务和公共事业,对干部实行民主监督"。

在中央文件的推动下,1997年12月贵州省贵阳市政府颁布了《贵阳市行政机关实行政务公开实现优质服务的规定》,属于比较早的政务公开的专门地方规章。2000年中共中央办公厅、国务院办公厅发出《关于在全国乡镇政权机关全面推行政务公开制度的通知》,对在乡(镇)全面推行政务公开作出部署,并对县(市)级以上政府的政务公开提出了要求。政务公开推行范围不断扩大,推行层级不断延伸。2001年9月福建省政府颁布了《福建省政务公开暂行办法》,属于较早政务公开的省级专门地方规章。2002年11月党的十六大报告提出:"扩大党员和群众对干部选拔的知情权、参与权和监督权。"2002年11月6日,广州市颁布《广州市政府信息公开规定》,首开中国政府信息公开立法之先河,之后,其他地方相继跟进,截至2006年12月,我国地方共颁布政务公开与政府信息公开专门性的地方法规2部、地方规章26部、其他规范性文件425件。国务院部门共颁布部门规章2部、部门规范性文件35件。如交通部制定《交通部机关政务公开规定(试行)》,商务部制定《商务部政务公开暂行办法》,劳动和社会保障部办公厅发布《关于在全国劳动保障系统推行政务公开的意见》,财政部发布《财政部关于在全国乡镇财政所建立和推行政务公开制度的通知》,国土资源部发布《关于建立建设用地信息发布制度的通知》。就内容而言,广州、杭州、上海、成都等城市制定的政府信息公开条例,更接近政府信息资源社会共享的政府信息公开立法的宗旨;交通部、商务部等部委制定的有关政务公开的规定,仍然停留在机构的设置、由部门实施的相关法律规定等事项层面,距离政府信息资源的社会共享尚有相当的距离。

在总结地方和部门立法经验基础上,国务院于2007年1月17日制定通过、2007年4月5日公布《中华人民共和国政府信息公开条例》(简称《政府信息公开条例》),2008年5月1日开始施行。条例的立法目的有三点:(1)保障公民、法人和其他组织依法获取政府信息。(2)提高政府工作的透明度,促进依法行政。(3)充分发挥政府信息对人民群众生产、生活和经济社会活动的服务作用。该《条例》作为政府信息公开立法的最高位阶立法,规定了我国政府信息公开的基本制度。这部条例也是我国实施准备期最长的一部立法,目的在于给予行政机关充分的准备时间,更好应对立法的实施。

三、地方探索统一行政程序立法概况(2008—2018)

采用分散立法的方式,固然有其优点,能够做到有的放矢,有针对性进行立法。

然而,分散立法模式存在诸多自身难以克服的缺陷:难以树立行政机关及工作人员程序意识;没有立法的领域存在立法空白,已经立法的领域由于程序规则有很强的一致性造成重复立法;行政法基本原则、行政决定效力等总则性制度无法规定。随着依法行政和法治政府建设的深入推进,总则性行政程序法典的立法必要性日益凸显,自 2008 年湖南省制定《湖南省行政程序规定》始,行政程序法制建设进入新的阶段。2008 年至 2018 年十年间,行政程序法制发展进程由三条主线构成:(1)中央发布推进依法行政和法治政府建设的指导性文件,指导地方展开立法探索。(2)地方开展统一行政程序规定的立法探索。(3)地方开展专门重大行政决策程序立法探索。

(一)中央发布一系列文件指导程序立法

基于各种原因,我国国家层面的《行政程序法》尚未出台,但是,国务院持续通过发布中央文件的方式推进依法行政和法治政府建设。继 2004 年发布《纲要》之后,2008 年国务院发布《国务院关于加强市县政府依法行政的决定》(简称《市县依法行政决定》),《市县依法行政决定》针对市县两级政府依法行政的问题作了专门规定,其中包括市县两级政府在制定重大行政决策、行政规范性文件和行政执法活动中应当遵循的法定程序作出规定。2010 年发布《关于加强法治政府建设的意见》(以下简称《意见》),该《意见》对在新形势下深入贯彻落实依法治国基本方略,全面推进依法行政,进一步加强法治政府建设作出全面部署,其中包括各项程序制度,如提出"健全规范性文件制定程序""要把公众参与、专家论证、风险评估、合法性审查和集体讨论决定作为重大决策的必经程序""各级行政机关都要强化程序意识,严格按程序执法。加强程序制度建设,细化执法流程,明确执法环节和步骤,保障程序公正"。

2014 年 10 月 23 日党的十八届四中全会通过的《中共中央关于全面推进依法治国若干重大问题的决定》(简称《依法治国重大决定》)在法治政府建设部分提出"深入推进依法行政、加快建设法治政府"的任务,明确提出"要完善行政组织和行政程序法律制度,推进机构、职能、权限、程序、责任法定化"。2015 年,中共中央、国务院印发《法治政府建设实施纲要(2015—2020 年)》(以下简称《实施纲要》),制定《实施纲要》的目的是落实十八届四中全会提出的全面推进依法治国战略对法治政府建设的新要求。《实施纲要》同样包含了大量法定程序制度的规定,如在行政立法和行政规范性文件领域,提出:提高政府立法公众参与度;完善规范性文件制定程序,落实合法性审查、集体讨论决定等制度,实行制定机关对规范性文件统一登记、统一编号、统一印发制度。2017 年,党的十九大报告提出到 2035 年,法治国家、法治政府、法治社会基本建成,最终确定法治政府建成时间点。2018 年 5 月 31 日,国务院办公厅印发《关于加强行政规范性文件制定和监督管理工作的通知》,对规范行政规范性文件制定程序作出明确规定。

（二）地方探索制定统一行政程序规定

随着依法行政、法治政府建设的深入推进，单行立法只能解决个别问题的立法缺陷与依法行政的全局性要求之间的矛盾日益突出。与中央通过出台《纲要》《市县依法行政决定》《意见》《实施纲要》等一系列指导文件相对应，地方政府基于解决地方管理和社会治理中的诸多问题的现实需求，在地方立法层面开始探索制定统一的行政程序规定，将中央文件关于依法行政、法治政府建设的一系列基本要求法定化、制度化。这一过程自 2008 年第一部地方行政程序规定《湖南省行政程序规定》出台延续至今。

2008 年 4 月 17 日，湖南省人民政府发布《湖南省行政程序规定》，宣告我国第一部地方统一行政程序规定正式出台，统一行政程序立法在地方开始破冰之旅。截至 2018 年 6 月，地方各级政府陆续出台了共计 18 部地方行政程序规定。其中，11 部地方政府规章是《湖南省行政程序规定》《山东省行政程序规定》《江苏省行政程序规定》《宁夏回族自治区行政程序规定》《浙江省行政程序规定》《西安市行政程序规定》《海口市行政程序规定》《兰州市行政程序规定》《汕头市行政程序规定》《嘉峪关市行政程序规定》《蚌埠市行政程序规定》；7 份行政规范性文件包括《白山市行政程序规则》《酒泉市行政程序规定（试行）》《凉山州行政程序规定》《邢台市行政程序规定》《兴安盟行政程序规定（试行）》《永平县行政程序暂行办法》《海北藏族自治州行政程序规定》。2016 年 12 月 15 日，广州市人大常委会发布《广州市依法行政条例》，与行政程序规定属于政府规章和行政规范性文件不同，这是一部由地方人大制定的地方性法规。

《湖南省行政程序规定》尽管是地方政府规章，但是其立法定位为"推进依法行政，建设法治政府"，旨在将《纲要》《意见》关于依法行政的基本要求转化为法律制度，是国家层面立法在地方的立法探索，因而虽名为行政程序规定，但其内容包含大量实体性内容，实为总则型立法。各地制定的行政程序规定基本以《湖南省行政程序规定》为蓝本制定，内容具有很强的相似性。

（三）重大行政决策程序立法的地方探索

随着社会的快速发展，在社会转型时期涌现相当数量重大事项需要政府作出决策进行利益整合与选择，诸如地方经济发展与环境保护之间的冲突与选择，城市化进程快速推进中城市人口大量增加与住房、交通、教育、公共医疗卫生资源之间的协调与平衡，城市当下的发展需求与保留城市历史文化之间的矛盾等等，行政决策日益成为政府常用的公共管理工具。很多公共事务的处理与解决既涉及复杂的专业性问题，更涉及众多利益主体的利益配置，且由于利益分歧较大难以协调，对政府的公共治理能力带来很大挑战。随着互联网在商业活动、经济发展、社会生活中的渗透与扩展，在为政府完善公共治理提供新的条件的同时也带来新的问题，使得政府公共治理面临的挑战更加严峻。从重大行政决策活动的实践来看,尽管我国依法行政已经推进三十年,但是,行政决策是其中发展较晚的领域,长期以来缺乏对重大行政决策活动的法规范,法院也无法对之进行司法审查。政府在决策观念与决策方式上依然主要采用传统的政府主导决策、闭门决策的做法,决策中的"拍脑袋决策、拍胸脯保证、拍屁股走人"的三拍现象比较普遍、严重,政府乱决策造成错误决策、决策失误、决策不公,引发大量社会矛盾,产生决策腐败。针对重大行政决策在实践中存在的诸多问题,中央通过发布指导性文件对完善重大行政决策程序机制提出基本要求,地方通过制定政府规章和行政规范性文件的方式将决策程序要求制度化。

1.中央文件关于重大行政决策程序的要求演进过程

重大行政决策程序法治的推进是一个实践性话题,行政行为概念体系中并不包含行政决策这一类型,重大行政决策程序制度要求有一个较长的演进过程。2004 年的《纲要》将"科学化、民主化、规范化的行政决策机制和制度基本形成"列为基本建成法治政府目标的一项内容,提出"建立健全行政决策机制",包含三项具体要求:(1)健全行政决策机制。(2)完善行政决策程序。(3)建立健全决策跟踪反馈和责任追究制度。2008 年《市县依法行政决定》进一步规定了六项重大行政决策程序制度:完善重大行政决策听取意见制度、推行重大行政决策听证制度、建立重大行政决策的合法性审查制度、坚持重大行政决策集体决定制度、建立重大行政决策实施情况后评价制度、建立行政决策责任追究制度。2010 年《意见》确立重大行政决策的基本程序制度,提出"要把公众参与、专家论证、风险评估、合法性审查和集体讨论决定作为重大决策的必经程序",加强重大决策跟踪反馈和责任追究。在重大行政决策法治化历经十余年的探索基础上,2014 年《依法治国重大决定》中明确提出"健全依法决策机制。把公众参与、专家论证、风险评估、合法性审查、集体讨论决定确定为重大行政决策法定程序,确保决策制度科学、程序正当、过程公开、责任明确。建立行政机关内部重大决策合法性审查机制,建立重大决策终身责任追究制度及责任倒查机制"。为有效解决实践中的违法决策、不当决策、拖延决策等问题,切实提升行政决策公信力和执行力,2015 年《实施纲要》就完善决策程序提出了六项具体要求:(1)各级行政机关要完善依法决策机制,规范决策流程。(2)增强公众参与实效。(3)提高专家论证和风险评估质量。(4)加强合法性审查。(5)坚持集体讨论决定。(6)严格决策责任追究,健全并严格实施重大行政决策终身责任追究制度及责任倒查机制。为落实《依法治国重大决定》和《实施纲要》关于规范重大行政决策的一系列制度构建要求,2016 年发布的《国务院 2016 年立法工作计划》中将《重大行政决策程序暂行条例》列入"全面深化改革急需的项目"类别。2017 年 6 月 10 日国务院原法制办发布《重大行政决策程序暂行条例(征求意见稿)》,中央层面正式启动重大行政决策程序立法工作。

2.地方重大行政决策程序立法概况

地方制定了大量政府规章和行政规范性文件进一步规范各级地方政府的重大行政决策活动。截至 2016 年 5 月 1 日共检索到 326 份关于重大行政决策的地方规定,其中包括 36 个地方政府规章和 290 个行政规范性文件。

(1)区域分布

除西藏自治区外,其他 30 个省、自治区、直辖市(未包含港澳台地区)都有关于重大行政决策的程序规定,分别是 22 个省、5 个自治区、4 个直辖市,约占全国 31 个省级行政区域的96.8%。其中,21 个省、自治区、直辖市制定了省级重大行政决策规定,如《浙江省重大行政决策程序规定》《重庆市政府重大决策程序规定》等,约占全国 31 个省级行政区域的 67.7%。其他 9 个省、自治区、直辖市(吉林省、新疆维吾尔自治区、陕西省、河北省、河南省、安徽省、江苏省、上海市和海南省)虽未制定省级重大行政决策程序规定,但有市级、县级人民政府制定了重大行政决策程序规定,如上海市《闵行区人民政府重大事项决策程序规定(试行)》等。(参见图 9-1)

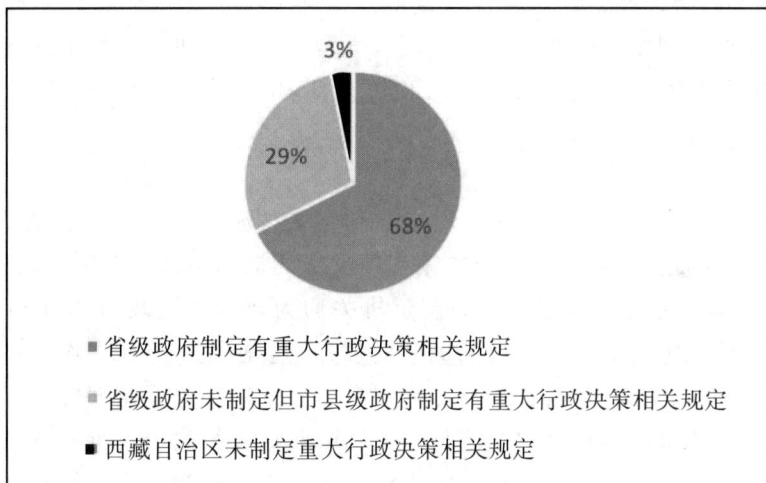

图 9-1　地方重大行政决策规定区域分布比例图

(2)立法形式

立法形式包括两种:一种是在统一行政程序规定中专章或者专节规定重大行政决策程序立法;另一种是制定专门的重大行政决策程序立法。

第一种,15 部地方行政程序规定。收集到的 326 部规定中,15 部是地方行政程序规定,约占全部规定的 4.6%,《宁夏回族自治区行政程序规定》中没有规定重大行政决策程序。之后,2016 年 10 月 1 日出台的《浙江省行政程序办法》中不包含重大行政决策的程序立法,2017 年 12 月 6 日发布的《蚌埠市行政程序规定》中包括重大行政决策程序。

第二种,311 部专门重大行政决策程序规定。制定专门的重大行政决策程序立法是重大行政决策程序立法的主要立法形式。课题组收集到的 326 部规定中,专门立法形式为 311 部,占 95.4%。311 部专门立法又分为两种形式:

其一是制定综合性重大行政决策规定[①],如《浙江省重大行政决策程序规定》,共计 159 部,占总数 311 份的 51.1%。

其二是制定针对单一程序制度的规定,如《珠海市重大行政决策听证办法》等。单一程序制度规定共计 152 份,占总数 311 份的 48.9%。其中,听证制度(44 份)、合法性审查制度(32 份)、专家咨询论证制度(24 份)、实施后评估制度(11 份)、(社会稳定)风险评估制度(10 份)、重大行政决策目录制度(10 份)、听取意见制度(6份)、重大行政决策公示制度(6 份)、过错责任追究制度(4 份)、征求党代表大会代表意见制度(1 份)、集体决定制度(1 份)、审核把关制度(1 份)、量化标准制度(1份)、出台前向区人民代表大会常务委员会报告制度(1 份),共十四类制度。

在十四类单一程序制度规定中,第一位的是听证制度,共 44 份,占 152 份单一规定的 28.9%,听证制度的重要性日益得到认同并在立法层面得到体现。第二位的是合法性审查制度,共 32 份,占 21.1%,显示政府依法决策的意识逐渐增强。排在第三位的是专家咨询论证制度,共 24 份,占 15.8%,专家论证作为决策技术理性支撑机制逐步走向制度化。

(3)制定主体

326 部地方重大行政决策程序规定的制定主体全部为地方各级人民政府,尚未有地方人大制定条例,重大行政决策程序立法的推动主体来自政府,属于政府自我规范。15 部地方行政程序规定的制定机关均为地方人民政府,311 份专门重大行政决策程序规定由 204 个地方人民政府发布,这是因为有的地方政府同时发布数个规定,典型如南昌市人民政府,分别制定了五个单一决策制度规定:《南昌市人民政府重大行政决策听证办法》《南昌市人民政府重大行政决策听取意见办法》《南昌市人民政府重大行政决策集体决定规定》《南昌市人民政府重大行政决策实施情况后评价办法》《南昌市人民政府重大行政决策合法性审查办法》。在 311 份规定中,有 236 份规定的制定机关是县级以上地方各级人民政府,占全部规定的 3/4 以上;74 个规定由政府办公厅(室)制定;1 份较为特殊的是广州市人民政府研究室制定的《广州市重大行政决策论证专家库管理工作细则》。(参见图 9-2)

(4)生效时间

15 部地方行政程序规定中 2008 年出台的《湖南省行政程序规定》是第一部生效的统一程序规定。311 份专门决策程序规定中,除《汕头市人民政府重大行政决策基本程序的规定》生效于 2002 年以外,其余 310 个重大行政决策均生效于 2004 年后。(参见图 9-3)

---

① 包含两项以上程序制度的规定都纳入综合性规定中。

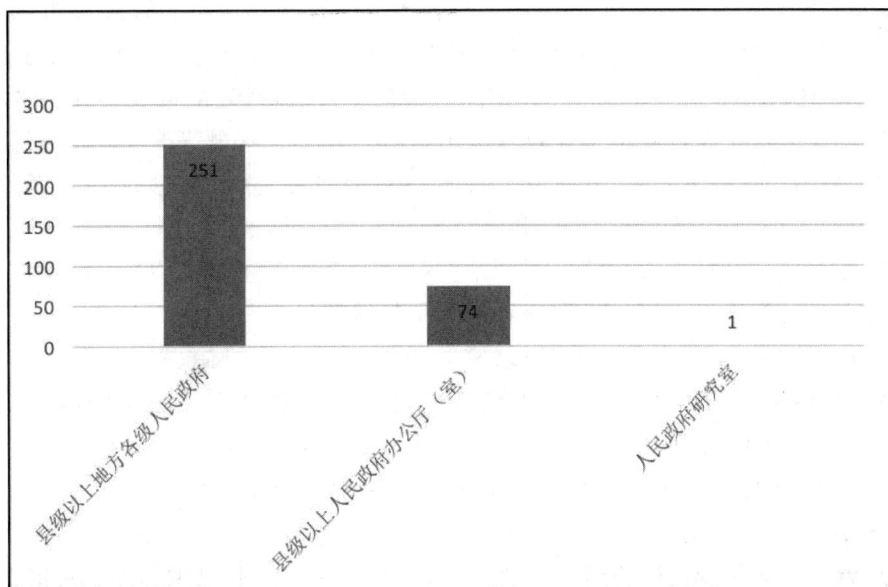

图 9-2　地方重大行政决策规定制定主体对比图

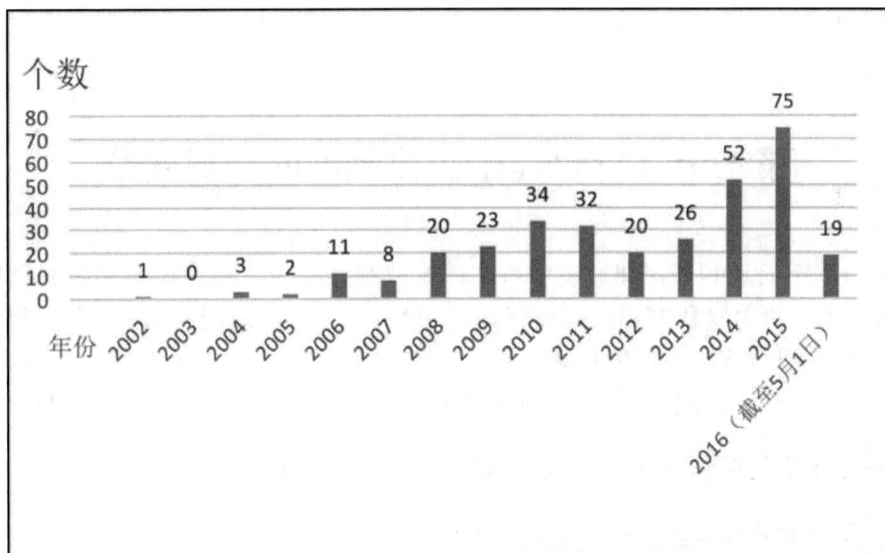

图 9-3　重大行政决策规定生效时间统计图

　　2004 年,《纲要》将"建立健全科学民主决策机制"作为县级以上地方各级人民政府制定重大行政决策相关规定的依据和指南。2004 年以来,部分县级以上地方人民政府开始相继制定综合性重大行政决策规定或单一决策规定,如听证、听取意见、专家咨询论证、公示、实施后评估、过错责任追究等。

2008 年至 2011 年,出现了县级以上地方人民政府制定重大行政决策相关规定的小高峰。这四年中,全国县级以上地方人民政府共制定重大行政决策相关规定 109 份,约占 326 份规定的 1/3。伴随社会快速发展,行政决策在实践中的应用日益广泛,然而,重大行政决策涉及环节多,社会影响大,其规范难度较之行政执法要大得多,加之学界长期以来忽视了行政决策的研究,立法在理论基础很缺乏。2008 年《湖南省行政程序规定》的出台对推动重大行政决策程序立法发挥了非常重要的作用,一方面,重大行政决策开始引起理论界的关注;另一方面,湖南为如何立法树立了具体样本,参照者、批判者都有了具体的目标。

2014 年,《依法治国重大决定》对完善重大行政决策机制提出非常具体的要求,为贯彻落实决定的要求,地方出现又一轮重大行政决策程序立法的高峰,仅 2014 年和 2015 年两年,制定的重大行政决策相关规定就达到了 126 个。其中 2015 年制定重大行政决策规定 75 个,是自 2002 年以来制定重大行政决策规定最多的一年。

从分析 326 份规定的生效时间可以看出,地方重大行政决策相关规定的出台,与国务院不同时期发布的指导性文件中关于完善重大行政决策机制的要求形成有效互动,以中央层面规范性文件确定的制度框架为基础展开的地方立法在程序制度上呈现出相当的共性,从而为中央层面的统一立法奠定了很好的地方先行先试基础。

第二节 行政程序法律制度的发展变革

40 年来,行政程序法律制度由最初的少数制度逐步发展为体系完整的制度体系;内容上逐步由最初的行政机关管理程序制度发展为以保护公民程序权利为核心内容的正当行政程序制度体系。重大行政决策程序立法在地方的大范围出现,则使得程序制度由行政决定程序制度扩展至政府制定重大行政决策程序制度。

一、行政程序法律制度的初步规定(1978—1996)

(一)行政程序基本法律制度的初步规定

尽管初步发展阶段行政程序法律规范数量不多,但是行政程序基本法律制度在这一阶段都已有所规定。总体而言,初步发展阶段的程序制度的规定都比较简单,缺乏对制度要素的完整规定,多为关于程序制度的概括性规定。

1.回避制度。回避是指与行政事务存在法定情形,可能影响行政事务公正处理的行政人员不得参加处理该行政事务的制度。《深圳经济特区规划土地监察条例》第 16 条规定:检察人员是案件的当事人或者当事人的近亲属或者与当事人有其他利害关系,应当回避。监察人员的回避,由主管部门或者派出机构决定。

2.管辖制度。管辖是指不同级别行政机关和不同地区同级行政机关在处理行政事务上的权限划分,包括地域管辖和级别管辖。地域管辖如《沈阳市街道办事处工作暂行规定》第5条规定:街道办事处管辖区域按照便于与群众联系,便于开展工作的原则,根据居民居住状况划分。一般以四万至五万人口为宜,并同公安派出所管辖区域一致。级别管辖如《治安管理处罚条例》规定对违反治安管理行为的处罚,由县、市公安局、公安分局或者相当于县一级的公安机关裁决。警告、五十元以下罚款,可以由公安派出所裁决。

3.调查与证据制度。调查与证据制度是行政执法的核心程序制度,《海关法》《产品质量法》《审计法》《国家安全法》等法律对执法机关的调查活动,包括调查措施、实施调查措施的程序规则等作出规定。如《国家安全法》第7条规定:国家安全机关的工作人员依法执行国家安全工作任务时,经出示相应证件,有权查验中国公民或者境外人员的身份证明;向有关组织和人员调查、询问有关情况。

4.行政委托制度。委托是指行政机关将行政事务委托给其他主体实施完成的制度。根据《治安管理处罚条例》第33条规定,在农村,没有公安派出所的地方,可以由公安机关委托乡(镇)人民政府裁决。

5.说明理由制度。行政决定必须说明理由是现代法治国家公认的一项规则。《集会游行示威法》第9条规定了说明理由制度:主管机关接到集会、游行、示威申请书后,应当在申请举行日期的二日前,将许可或者不许可的决定书通知其负责人。不许可的,应当说明理由。逾期不通知的,视为许可。该法还规定了默示许可制度,这在以后的立法中也是少见的。

6.送达制度。送达是指行政机关将作出的行政决定递交给相对人的制度。《技术监督行政案件办理程序的规定》第29条规定了执法文书送达方式:送达技术监督执法文书,一般采用直接送达的方式,受送达人拒收的,可以留置送达;直接送达有困难的,可以委托有关组织代为送达,或者邮寄送达;受送达人下落不明或者用其他方式无法送达的,可以公告送达。

7.当场处罚程序。治安管理处罚程序分为当场处罚程序和一般程序两种。对违反治安管理的人处警告或者五十元以下罚款的,或者罚款数额超过五十元,被处罚人没有异议的,可以由公安人员当场处罚。

8.一般程序。治安处罚一般程序包括四个阶段:传唤、讯问、取证、裁决。经讯问查证,违反治安管理行为事实清楚,证据确凿的,公安机关作出治安裁决。

(二)初步发展阶段行政程序法制的特点

初步发展阶段的行政程序法制发展具有以下特点:

第一,行政程序法以分散立法为基本立法形式,关于行政程序的规定散见在大量分散单行立法中,以部门立法为主要形式。随着行政执法事项日益增加,在一些地方已经开始出现统一的行政执法程序规定,显示执法实践提出统一立法的需求。

第二,行政程序法律规范与实体法规范并存在同一法律规范中,但已经开始出现少量专门的程序性立法。程序与实体并存是行政程序法初期发展阶段的主要立法形式,立法者在规定行政机关实体管理权限的同时对其如何行使职权的程序作出规定。这一立法思路一直延续至《行政处罚法》《行政许可法》等立法中。

第三,内容以行政机关的管理程序规定为主,仅《集会游行示威法》规定了说明理由制度,缺乏当事人程序权利的规定。如公安部 1988 年制定的《交通管理处罚程序规定》中规定了交通案件的管辖、当场处罚的程序、对相对人的传唤、调查取证、裁决,以及被处罚人提起救济的途径和期限,没有关于相对人的程序权利的规定。卫生部于 1989 年 7 月制定的《化妆品审批工作程序》中规定了相对人应提交的材料、期限和受理申请的机关,环监所进行审批的工作程序,也没有行政机关程序义务的规定。这一阶段的行政程序基本是行政机关的工作程序,行政程序处于行政手续的状态,相对人在行政程序中完全处于被动的地位,缺乏对行政程序的参与,没有对行政权力的运行形成制约。这一特点显示尽管行政程序开始受到关注,但是,通过程序保障公民权利的观念尚未得到体现。

第四,行政程序法律制度主要适用于具体行政行为领域,其中又以行政处罚为主要规范对象,如《治安管理处罚条例》关于治安行政处罚的程序相对于其他立法要完善一些,1989 年《行政诉讼法》出台后部门出台的程序规定也主要集中在行政处罚程序领域。这一特点也反映这一阶段行政处罚是最为常见的行政执法方式,在之后的“零售立法”中最先选择制定了《行政处罚法》。

二、正当行政法律程序制度体系初步确立(1996—2007)

(一)2004 年《全面推进依法行政实施纲要》确立“程序正当”要求

2004 年,国务院发布《全面推进依法行政实施纲要》(以下简称《纲要》),《纲要》性质虽然为行政规范性文件,但其内容涵盖依法行政的各项要求,对指导各级政府推进依法行政和法治政府建设发挥了很大作用。《纲要》将程序正当列为依法行政的六项基本要求之一,程序正当的具体内容是:行政机关实施行政管理,除涉及国家秘密和依法受到保护的商业秘密、个人隐私的外,应当公开,注意听取公民、法人和其他组织的意见;要严格遵循法定程序,依法保障行政管理相对人、利害关系人的知情权、参与权和救济权。行政机关工作人员履行职责,与行政管理相对人存在利害关系时,应当回避。《纲要》还对完善各类行政行为应遵循的程序制度提出要求,如“完善行政决策程序”,“加快行政程序建设,规范行政执法行为”,要求行政机关严格按照法定程序行使权力、履行职责,具体包括:行政机关作出对行政管理相对人、利害关系人不利的行政决定之前,应当告知行政管理相对人、利害关系人,并给予其陈述和申辩的机会;作出行政决定后,应当告知行政管理相对人依法享有申请行政复议或者提起行政诉讼的权利。对重大事项,行政管理相对人、利害关系人依法要求听证的,行政机关应当组织听证。行政机关行使自由裁量权的,应当在行政决定中说明理由。要切实解决行政机关违法行使权力侵犯人民群众切身利益的问题。《纲要》对进一步推动行政程序法治建设发挥了极为重要作用。

(二)引入行政听证制度

听证在中国特指以听证会的方式听取公众、当事人意见的制度。[①] 听证制度是司法化程度最高的一项行政程序制度,《行政处罚法》首次规定听证制度之后,逐步扩展到行政立法、政府定价、城市规划、环境保护、信访等领域。其中,行政处罚听证、行政许可听证、政府价格决策听证、行政立法听证的规定较为系统、完备。

1.行政处罚听证。行政处罚听证适用于责令停产停业、吊销许可证或者执照、较大数额罚款三种行政处罚。行政拘留限制公民人身自由,对公民人身权利有重大影响,但未在听证范围。行政机关作出三类行政处罚决定前,应当告知相对人享有要求听证的权利。行政处罚听证实行公开、言词原则。《行政处罚法》关于听证制度的规定比较原则,之后,很多部门和地方通过制定规章和行政规范性文件的方式细化了听证制度。

2.行政许可听证。《行政许可法》将听证适用情形分为主动举行听证的事项和应申请进行听证的事项。主动举行听证事项如下:法律、法规、规章规定实施行政许可应当听证的事项,或者行政机关认为需要听证的其他涉及公共利益的重大行政许可事项,行政机关应当向社会公告,并举行听证。应申请举行听证的事项如下:行政许可直接涉及申请人与他人之间重大利益关系的,行政机关应当告知申请人、利害关系人享有要求听证的权利。《行政许可法》对许可听证的规定也比较原则,但是,增加规定了《行政处罚法》中未规定的案卷排他原则,《行政许可法》第28条第2款规定:行政机关应当根据听证笔录,作出行政许可决定。《行政许可法》的这一规定弥补了《行政处罚法》关于听证制度规定的缺陷。

3.政府价格决策听证。《价格法》第23条仅规定制定关系群众切身利益的公用事业价格、公益性服务价格、自然垄断经营的商品价格等政府指导价、政府定价,应当建立听证会制度。原国家计委于2002年11月制定的《政府价格决策听证办法》将《价格法》规定的政府价格听证会制度制度化,江西省等地方也制定了《政府价格决策听证实施细则》(2001年)。政府价格决策听证的事项涉及与公民的切身利益密切相关的教育、医疗、交通、水电煤气等事项,加之中央电视台对国家计委

[①] 听证一词在不同国家指称的范围不一样:在有的国家是听取意见的泛称,如美国将听证分为正式听证和非正式听证,前者指以听证会的方式听取意见的制度,后者指以听证会之外的方式听取意见的制度;在有的国家则特指以听证会的方式听取意见的制度,如韩国《行政程序法》将听取意见分为三种形式,即"听证""公听会""意见听取"。

2002 年铁路春运价格听证会和 2003 年民航客运价格听证会的两次现场直播,政府价格决策听证已为公众所熟知。

4.行政立法听证。《立法法》仅规定听证会是行政机关制定行政法规和规章时听取意见的方式之一,并未对行政立法听证会如何举行作具体规定。《行政法规制定程序条例》仅仅重复《立法法》的规定,未将听证规则细化。《规章制定程序条例》第 15 条用一条四款简单规定了规章听证会的几条规则。在部门规章层面,没有对部门规章听证会制度作进一步规定。如《科学技术部规章制定程序的规定》第 17 条第 2 款规定:"规章草案送审稿直接涉及公民、法人或者其他组织切身利益,有关单位、组织或者公民对其有重大意见分歧的,经主管部长批准,法制机构可以向社会公布或者举行听证会征求社会各界的意见。"再如《国家药品监督管理局行政立法程序规定》第 10 条规定:"立法项目起草过程中应当总结实践经验,深入调查研究,广泛听取有关机关、组织和公民的意见,需要与相关部委协调或者征求意见的,应当征得相关部门的意见。征求意见可以采用书面形式或者召开有关论证会、座谈会和听证会。起草单位在上报审核前召集征求意见会议时应当通知政策法规司听取意见。"

对行政立法听证作出详细规定的在地方立法层面。如广西壮族自治区于 1999 年 5 月制定了《广西壮族自治区人民政府立法听证制度实施办法》,杭州市于 2001 年 5 月制定了《杭州市实施立法听证会制度的规定》,厦门市于 2000 年 9 月制定了《厦门市政府立法听证程序试行办法》,南京市于 2004 年 3 月制定了《南京市人民政府立法听证办法》。

(三)规定了普遍性陈述申辩制度

听证制度是听取意见的正式形式,其适用范围有限。陈述申辩制度是听取意见的非正式程序,其适用范围更为宽泛。《行政处罚法》《行政许可法》在规定听证制度的同时还规定了陈述申辩制度。如《行政处罚法》第 32 条规定:当事人有权进行陈述和申辩。行政机关必须充分听取当事人的意见,对当事人提出的事实、理由和证据,应当进行复核;当事人提出的事实、理由或者证据成立的,行政机关应当采纳。行政机关不得因当事人申辩而加重处罚。

(四)调查与证据制度逐渐完善

1.调查制度得到细化。调查制度规定了以下内容:其一,调查应当遵循合法、全面、客观、公正、及时的原则,特别是不能仅收集不利于当事人的证据。其二,当事人有协助、配合行政机关调查的义务。其三,需要调查的事实的范围。其四,各类调查措施。调查措施是调查制度的核心问题,《公安机关办理行政案件程序规定》关于调查措施的规定最为完备。该规定对讯问和询问、勘验与检查、鉴定与检测、抽样取证、先行登记保存证据和扣押证据所应当遵循的程序规则作出非常详细规定,并对实施调查措施中如何保护被调查人的权利也作出相应的规定。

2.行政证据制度初步确立。立法关于行政证据的规定主要集中在收集证据的规则方面,包括:(1)证据种类。如《中国民用航空行政处罚实施办法》第六章第一节"案件调查"中规定证据的种类包括:物证、书证;视听资料;证人证言;当事人陈述;调查笔录和现场笔录;鉴定结论和调查结论。大多数立法规定的证据种类与之相同。(2)证据应当满足的形式要件。如《药品监督行政处罚程序规定》规定,调查笔录起始部分应当注明执法人员身份、证件名称、证件编号及调查目的。执法人员应当在调查笔录终了处签字。调查笔录经核对无误后,被调查人应当在笔录上逐页签字或者按指纹,并在笔录终了处注明对笔录真实性的意见。笔录修改处,应当由被调查人签字或者按指纹。调查人拒绝签字或者按指纹的,应当由两名以上执法人员在笔录上签字并注明情况。(3)证据保全制度。

《最高人民法院关于行政诉讼证据若干问题的规定》第二部分为"提供证据的要求",规定了当事人向人民法院提供的证据形式上应当具备的条件。由于行政诉讼中由被告行政机关对具体行政行为的合法性承担举证责任,而行政机关在行政诉讼中向法院提交的证据一般情形下应当是在行政程序中作出行政决定之前收集到的证据,因此,最高人民法院的司法规范性文件间接规范了行政程序中的证据应当符合的形式要件。

(五)行政委托制度得到细化

很多部门管理立法授权行政机关委托其他主体实施公务,行政委托规则进一步得到完善:(1)委托必须有法律、法规、规章的规定。(2)受委托主体的范围有严格的限制,只能是行政机关和组织,越来越多的立法将受委托组织的范围限定为"依法成立的管理公共事务的事业组织"。[①] (3)委托需签订委托协议,委托协议中应当明确委托事项、权限、期限。(4)行政机关还应当将受托机关及委托事项公开,让公众周知。一些地方立法如《山西省行政执法条例》还规定要将委托事项报同级人民政府备案。(5)行政机关对受委托主体的工作负有指导、监督的义务,并承担受委托主体实施委托行为产生的法律后果。(6)禁止再委托。委托人选择受委托人时往往基于一定因素的考虑,因此,受委托主体应当亲自完成受委托的行为,不得再委托其他组织或者个人实施行政行为。

(六)管辖制度进一步完善

除级别管辖制度和地域管辖制度得到进一步完善,立法还规定了移送管辖制度和管辖争议解决制度。

---

① 《葫芦岛市依法行政规定》《宜春市行政执法暂行办法》《南昌市行政执法办法》都作出此规定。

1.移送管辖。受理机关发现受理的事项不属于本机关管辖的,应当移送至有管辖权的行政机关。移送一般以一次为限,即使受移送机关认为自己也没有管辖权,也不得再次移送,而应当报请上级机关指定管辖。

公安部《110 接处警工作规则》规定了先期处理制度,要求对接报的管辖暂不明确的地区发生的案(事)件,应当先指定处警人员进行先期处置,必要时再移交属地公安机关有关部门进行处理。

2.管辖权争议的解决。行政机关之间因为管辖权发生争议时,首先应当协商解决。如果协商解决不成,一般报请发生争议机关共同上一级行政机关指定管辖。

(七)政府信息公开制度建立

《政府信息公开条例》于 2008 年制定实施,2019 年修改,性质是行政法规。在2019 年的修改中,确立了"公开是常态,不公开是例外"的原则。该《条例》从政府公开其在履行行政管理职责中制作或者获取的政府信息的角度规定了政府信息公开制度,包括政府信息公开范围、政府主动公开的范围和方式、依申请公开的程序和方式、政府信息公开监督与保障等内容。

1.政府信息公开范围。2019 年《政府信息公开条例》的修改明确了"公开是常态、不公开是例外",对于例外的不公开,立法区分了法定不公开和裁量不公开两种类型。其中,依法确定为国家秘密的政府信息,法律、行政法规禁止公开的政府信息,以及公开后可能危及国家安全、公共安全、经济安全、社会稳定的政府信息,不予公开。涉及商业秘密、个人隐私等公开会对第三方合法权益造成损害的政府信息,行政机关不得公开。但是,第三方同意公开或者行政机关认为不公开会对公共利益造成重大影响的,予以公开。行政机关的内部事务信息,包括人事管理、后勤管理、内部工作流程等方面的信息,以及行政机关在履行行政管理职能过程中形成的讨论记录、过程稿、磋商信函、请示报告等过程性信息以及行政执法案卷信息,可以不予公开。在法定不公开的事项中,第 14 条中规定的"国家安全、公共安全、经济安全和社会稳定"属于不确定法律概念,易为行政机关作扩大解释而争议颇大。

2.主动公开。主动公开指行政机关主动将特定种类的信息向公众公开的制度。主动公开制度包括应当主动公开的信息的范围、公开的方式与途径等。《条例》要求对涉及公众利益调整、需要公众广泛知晓或者需要公众参与决策的政府信息,政府应当主动公开。如《传染病防治法》规定国家建立传染病疫情信息公布制度,卫生行政部门定期公布传染病疫情信息。再如《武汉市政府信息公开暂行规定》中规定应当主动公开的信息为四大类:管理规范和发展计划方面;与公众密切相关的重大事项方面;公共资金和使用监督方面;政府机构和人事方面。《政府信息公开条例》对政府应当主动公开的政府信息种类及各层级政府应当重点公开的政府信息事项作了列举规定。要求政府应当将主动公开的政府信息通过政府公报、政府网站或者其他互联网政务媒体、新闻发布会以及报刊、广播、电视等途径予以公开。

《政府信息公开条例》以主动公开为其主要内容,主动公开的信息越多,公众知情权越能够得到充分保障,不需要再通过依申请公开方式获取政府信息,这是我国作为政府信息公开立法相较于域外以依申请公开方式为主的优势所在。

3.依申请公开。依申请公开是指行政机关根据公民的申请将相关信息向申请人公开的制度。《政府信息公开条例》对申请的提出、受理、决定、获得信息的方式、救济等都作出明确规定。2019 年修订完善了申请程序、处理程序的具体内容,增加了关于相对人滥用政府信息公开的规制,规定"申请人申请公开政府信息的数量、频次明显超过合理范围,行政机关可以要求申请人说明理由。行政机关认为申请理由不合理的,告知申请人不予处理",行政和司法实践需要对"明显超过合理范围"作出符合政府信息公开制度设定原意的释义,以免该规定被扩大操作,影响公民的知情权。

(八)其他行政公开制度在单行立法中有所规定

其他行政公开制度是指在特定行政程序中向当事人的公开。如果说政府信息向不特定公众公开是实现政府信息资源社会共享的话,在特定行政程序中将与行政决定相关的信息向当事人公开则是司法程序中"武器平等原则"在行政程序中的体现,有利于当事人有针对性对不利于自己的事实问题和法律问题提出反驳意见,维护自己的利益,也保证了行政决定的准确。此种公开主要通过两项制度体现:

1.阅览卷宗。查阅行政机关的卷宗是当事人实现有效参与行政程序的重要保障,德国等国家的行政程序法都规定了当事人享有查阅行政机关卷宗的权利。但我国立法规定阅览卷宗制度的非常少,其中《海关关于当事人查阅行政处罚案件材料的暂行规定》的规定最为完善。[①] 该规章规定在海关送达《海关行政处罚告知单》至海关作出行政处罚决定前,当事人对告知事项有异议,有权自行或者委托律师向海关申请查阅案件材料。当事人申请查阅的案件材料的范围为《海关行政处罚告知单》中列明的有关事实、理由、依据的证据材料,但涉及国家秘密、商业秘密、个人隐私的除外。海关收到查阅申请后,决定同意申请人查阅案件材料的,应当在作出同意决定后 3 日内安排申请人查阅案件材料。查阅人查阅案件材料在海关指定的时间和场所进行。查阅人查阅案件材料时,经海关许可可以摘录,但不能复印、翻拍、翻录,更不得涂改、毁损、拆换、取走、增添材料。

---

① 《海关关于当事人查阅行政处罚案件材料的暂行规定》,海关总署于 2004 年 1 月 14 日颁布,2004 年 2 月 1 日实施。

2.说明理由。行政决定必须说明理由是现代法治国家公认的一项规则。[①] 各个层级的立法都规定了说明理由制度,要求行政机关对作出的行政决定说明理由,但各层级立法关于说明理由的规定,都简简单单一句"应当说明理由"。如《行政许可法》第 38 条第 2 款仅规定行政机关依法作出不予行政许可的书面决定的,应当说明理由。但对于说明理由的要件没有规定,如是否对关于行政决定的事实问题和法律问题都应当说明,说明理由应当满足何种要求,对这些问题《行政许可法》没有作进一步规定。

(九)更多立法规定了期间制度

期间制度是程序法的重要制度,法律通过规定行为主体必须实施某一行为的期限强制实现某种法律后果,从而促进行为主体积极行为,提高行为的效率,法律关系得以早日确定。在转型与变革阶段,越来越多的法律规定了期间制度。《行政许可法》出台之前,已有不少单行法对行政机关接到申请后作出决定的期间作出明确规定。《行政许可法》将作出行政许可决定的一般期限规定为自受理行政许可申请之日起 20 日内作出行政许可决定,行政许可采取统一办理或者联合办理、集中办理的,办理的时间不得超过 45 日,上述期限经批准分别可以延长 10 日、15 日。从多数立法的规定看,仅规定了时间期限,至于行政机关逾期没有作出行政决定的,将产生何种法律后果,没有规定。

少数立法如《吉林省地图编制出版管理办法》《杭州市河道管理条例》规定了行政机关逾期不作决定产生的直接法律后果。

(十)送达制度关于送达方式的规定进一步完善

行政送达方式进一步得到完善,立法规定了直接送达、留置送达、委托送达、邮寄送达、公告送达等多种送达方式。随着计算机技术的发展和计算机的普及,一些规章中规定以后要逐步采用网上送达的方式。如《国家林业局行政许可工作管理办法》规定,管理办公室应当在国家林业局政府网站上公开行政许可事项的有关信息,并组织逐步推行网上受理行政许可申请、送达行政许可决定。

上述几种送达方式中,直接送达是首先应当采用的方式;采用直接送达方式有困难的,可以采用委托送达和邮寄送达;采用委托送达和邮寄送达仍存在困难的,才能采用公告送达。

(十一)转型与变革阶段行政程序法制的主要特点

第一,行政程序法律规范依然以分散单行立法为主要形式,包括两种立法形

---

① 在葡萄牙,说明理由是宪法所规定的一项义务,其宪法第 268 条第 3 款规定:"……行政行为……如涉及公民的权利和受法律保护的利益,应说明理由。"法国制定了专门的《行政行为说明理由和改善行政机关与公民关系法》,规定下列两种行政决定必须说明理由:一是对当事人不利的具体行政处理;二是对一般原则作出的例外规定的具体决定。

式:一种是程序规定与实体规定并存于同一法律文件中,如在《行政处罚法》《行政许可法》中,关于行政处罚和行政许可的程序与关于行政处罚和行政许可的实体规定并存在同一法律中;一种是制定专门的单行程序立法,如《行政法规制定程序条例》是关于行政法规制定程序的专门行政法规,《公安机关办理行政案件程序规定》是关于公安机关办理行政案件的程序的专门性规定。在上述两种情形中,以前一种方式为主,后一种形式数量相对较少。

第二,规范领域由具体行政行为扩大到抽象行政行为的法定程序。从规范的行为类别来看,行政程序法规范的领域实现抽象行政行为和具体行政行为的全面覆盖,当然,仍以具体行政行为程序规定为主。抽象行政行为的程序立法尽管数量少,但其涵盖的行为类型已经包括行政立法,规范性文件制定,政府价格决策、环境影响评估、城乡规划等重大行政决策活动,为下一阶段重大行政决策程序立法的发展打下基础。

第三,采用"先零售、后批发"的立法思路,将行政行为类型化,然后逐项单行立法加以规范,先行实现某一类行政行为程序规则的统一。1996年,《行政处罚法》出台,其中规定了行政处罚的程序,实现行政处罚程序规则的统一;2001年,《行政法规制定程序条例》和《规章制定程序条例》颁布,实现行政立法制定程序的统一;2003年,《行政许可法》公布,实现行政许可程序制度的统一。2003年12月17日,《十届全国人大常委会立法规划》正式对外公布,《行政收费法》和《行政强制法》出现在第一类立法规划中。行政程序法制推进呈现出清晰的行政行为类型立法的思路。

第四,行政程序制度以保障公民、法人和其他组织的程序权利为核心内容,明确了公民的知情权和参与权,体现了正当法律程序的基本要求。1996年《行政处罚法》规定了当事人的陈述申辩权、获得通知权等程序权利,引入听证制度;2003年《行政许可法》进一步完善了依申请行为行政许可程序制度及许可听证制度。2004年《纲要》明确了程序正当原则,要求行政机关遵循正当程序行使行政权力,并对程序正当的具体内容作出明确规定,要求行政机关听取当事人陈述申辩;重大事项当事人要求听证的,行政机关应当举行听证;作出不利于当事人的行政决定的,应当说明理由。地方政府信息公开立法和《政府信息公开条例》建构了我国政府信息公开制度,保障公民的知情权。这一时期的行政程序法治建设以保障公民知情权、参与权为主要内容,与初步发展阶段相比较,内容出现根本转型。

三、普遍性行政程序法律制度在地方层面得以确立(2008—2018)

地方制定统一行政程序规定和重大行政决策程序立法,使得普遍性行政程序法律制度在地方层面得以确立,为中央层面统一立法奠定了制度基础。

（一）地方行政程序规定建构的普遍性行政程序制度

1.基本原则。包括依法行政原则、比例原则、公开原则、参与原则、信赖保护原则、及时原则等。基本原则不限于程序性原则，也包括实体法原则，实为行政法的基本原则。

2.主体。包括行政机关、其他行使行政权的组织、当事人和其他参与人三类主体。其中行政机关部分规定了以下制度：上下级行政机关职权配置、管辖、区域合作、行政协助、回避；其他行使行政权的组织中规定了行政授权制度、行政委托制度。

3.重大行政决策程序。《湖南省行政程序规定》出台之前，学界关于行政程序法的研究中并没有涉及这一行为类型，正是在制定《湖南省行政程序规定》过程中，重大行政决策这一行为类型进入行政程序立法研究视野，并在行政程序立法中首次予以规定。《湖南省行政程序规定》中对重大行政决策的五大必经程序已经作出规定，并规定了决策后评估制度。为突显听证制度的重要性，《湖南省行政程序规定》《汕头市行政程序规定》《邢台市行政程序规定》《白山市行政程序规定》等专设一章规定了听证制度，其中包括重大行政决策听证制度。

4.行政规范性文件制定程序。《湖南省行政程序规定》首次规定了"统一登记、统一编号、统一公布"的三统一制度，对控制发文数量发挥了很大作用。笔者在2013年对《湖南省行政程序规定》实施情况进行调研时了解到实行三统一制度之后，湖南省全省发文数量减少了三分之一。《山东省行政程序规定》等将行政规范性文件与重大行政决策分开规范，专设一章规定了行政规范性文件制定程序。

5.行政执法程序。行政执法程序是地方行政程序规定的核心内容，以程序发展阶段为主线，地方行政程序规定对行政执法的启动、调查和证据制度、听取意见、决定、期限制度、裁量权基准制度、简易程序、作出行政决定等一系列制度作出具体规定。

6.行政决定的效力制度。包括行政决定的生效、撤销、变更、补正、废止等制度。

7.行政合同制度。规定了行政合同的缔结情形、订立程序、行政机关不得擅自变更、解除合同等。

8.特定类型行政行为程序。各地结合本地特点，对行政指导、行政裁决、行政调解、行政应急等特定种类行政行为形式的程序作出规定。如2018年1月1日开始实施的《蚌埠市行政程序规定》中规定了行政合同、行政指导、行政裁决、行政调解等特定种类行政行为程序。

9.行政机关履行程序义务的监督机制和责任机制。为保障程序规定所设定的程序义务得到履行，地方行政程序规定中规定了对行政机关履行法定程序义务的监督机制和责任机制。

(二)地方行政程序规定实施经验总结

笔者曾经对湖南省、山东省等地方行政程序规定实施情况展开了调研,调研结果表明地方统一行政程序立法一方面对推动依法行政发挥了作用,另一方面为中央层面立法积累了丰富的先行先试经验。

第一,行政工作人员的程序观念与程序意识在程序规定推进过程中逐步确立、提高。如《湖南省行政程序规定》通过之后,各地通过开展大规模动员、宣传、培训工作,广大行政工作人员对行政程序话语体系由不熟悉到熟悉,更多民众开始了解和熟悉行政程序法。

第二,程序机制对规范行政权合法、正当行使发挥了重要作用。包括:(1)有效解决行政规范性文件存在的诸多问题。由湖南省首创的"统一登记、统一编号、统一公布"三统一制度、规范性文件效力期限制度、行政规范性文件效力状态动态提醒工作机制等有效解决了规范性文件制定主体过多、规范性文件过多、过滥,以及规范性文件超越职权"立法"等问题,在规范性文件的数量减少的同时,规范性文件的质量有了明显提升。三统一制度作为成功经验也被写进了2018年5月发布的《国务院办公厅关于加强行政规范性文件制定和监督管理工作的通知》中。(2)合法性审查、公众参与、专家论证制度的重点贯彻与实施,对保证依法决策,提升决策的科学性、民主性,减少决策失误,增强决策的认同度,减少社会矛盾,发挥了重要作用。(3)行政执法规范化程度提高,行政效率提升,申请行政复议和提起行政诉讼案件数量下降。如凉山州的调研显示《凉山程序规定》关于听证程序的规定,克服了我国其他地区听证流于形式的缺陷,使听证在有利于当事人和减少复议或者行政诉讼的有效率达到了95.22%。(4)体系化的行政裁量权控制机制对公正执法发挥较大作用。

第三,行政机关内部关系的法制化得到提升,更有利于解决工作中的联合执法、协调等问题。管辖、行政协助等内部行政程序制度有利于厘清行政机关之间的职责。由于行政组织法的不完善,如何处理行政机关内部上下级、同级之间的关系,如何解决府际之间关系问题,如何解决不同地区区域合作带来的问题等,一直缺乏制度加以规范和解决。地方行政程序规定对此作了尝试性规定,从这些制度实施的情况来看,对解决这些问题取得较好效果。

第四,推动行政合同在实践中的规范和发展。经济的发展,城市化进程的加快,服务政府理念的引入,维稳带来减少执法冲突的需要,诸多因素的叠加,使得行政合同在实践中的应用情形得到相当迅速的发展,但迄今行政合同尚处于无法可依的状态,地方行政程序规定和关于行政合同的专门规定回应实践需要对行政合同制度作出框架性规定,对推动行政合同的规范和发展发挥积极作用。

第三节 行政诉讼对行政程序法制建设的推动

行政诉讼活动在行政程序法制建设中发挥着独特而重要的作用,人民法院通过对行政行为是否符合法定程序进行审查,一方面在个案中将违反法定程序的行政行为撤销,另一方面通过个案发展了正当法律程序原则,从不同层面推动了行政程序法制建设的发展。

一、1989 年《行政诉讼法》对行政程序法治的推动

行政诉讼制度是法治政府建设的重要推动机制。1989 年,《中华人民共和国行政诉讼法》颁布,这部法律的出台,不仅极大推进了中国行政法治建设的进程,也极大推动了中国的行政程序立法。《行政诉讼法》第 54 条规定,对证据确凿、适用法律法规正确、符合法定程序的具体行政行为,法院可以判决维持;对违反法定程序的具体行政行为,法院可以判决撤销,并可以判决被告行政机关重新作出具体行政行为,从而将"违反法定程序"作为撤销判决的理由之一,使程序合法成为依法行政的有机组成部分。违反法定程序在行政诉讼中可能面临的败诉风险使得行政机关开始重视对本部门行政执法程序的规范。为了完善部门执法的法定程序,《行政诉讼法》出台之后,各部委纷纷制定本部门专门的程序性规章,以规范本部门行政行为,包括《道路交通事故处理程序规定》《消防监督程序规定》《交通管理处罚程序补充规定》(公安部);《交通行政处罚程序规定》(交通部);《违反水法规行政处罚程序暂行规定》(水利部);《卫生检疫行政处罚程序规则》(卫生部);《统计违法案件查处工作暂行规定》(国家统计局);《林业行政处罚程序规定》(林业部);《道路交通事故处理程序规定》(公安部);《渔业行政处罚程序规定》(农业部)等。国务院部门作为行业主管机关制定专门程序规定有利于规范行政执法活动。

根据《行政诉讼法》的规定,程序合法是依法行政原则的内容之一,行政机关作出行政行为违反法定程序的,人民法院作出撤销判决。人民法院对行政行为是否符合法定程序的审查对约束行政机关遵守法定程序发挥着重要作用。人民法院除在个案中通过个案对行政机关遵守法定程序进行监督之外,还通过个案发展正当法律程序理念,确立了正当法律程序原则。作为撤销判决适用情形之一的"违反法定程序"中的法一般指实在法,即实定法中关于行政行为程序的规定。我国一直没有制定《行政程序法》,关于法定行政程序的规定并不完善,在法律没有对行政行为应遵循的程序作出规定时,人民法院开始在一些个案中适用正当法律程序原则作出裁判。其中,影响最大的案件是"田永诉北京科技大学拒绝颁发毕业证、学位证案"和"刘燕文诉北京大学拒绝颁发毕业证、学位证案"。"田永案"后被列为最高人

民法院第 38 号指导案例,裁判要点第三点为:高等学校对因违反校规、校纪的受教育者作出影响其基本权利的决定时,应当允许其申辩并在决定作出后及时送达,否则视为违反法定程序。北京市海淀区人民法院在"田永案"中适用正当程序原则作出裁判之后,在"刘燕文诉北京大学案"①中再次适用正当程序原则判决被告败诉。在"刘燕文诉北京大学案"中,海淀区人民法院认为:校学位委员会在作出不批准授予刘燕文博士学位前,未听取刘燕文的申辩意见;在作出决定之后,也未将决定向刘燕文实际送达,影响了刘燕文向有关部门提出申诉或提起诉讼权利的行使,该决定应予撤销。法院判决:(1)责令北大在两个月内颁发给原告博士毕业证书;(2)责令北大在三个月内对是否授予刘燕文博士学位予以重新审查;(3)本案的诉讼费用由被告承担。在《中华人民共和国学位条例》没有对高等学校决定不授予学生博士学位的程序缺乏具体规定的情况下,人民法院的判决指出行政机关应当遵循正当法律程序原则的要求,应当给予刘燕文陈述申辩的权利。②

二、2014 年新《行政诉讼法》对行政程序法治的推动

1989 年《行政诉讼法》规定具体行政行为违反法定程序的,一律判决撤销。但是,行政管理实践中,行政机关违反法定程序的情形十分复杂,行政行为违反法定程序后一律予以撤销显得比较僵化,不能适应复杂的实际情况。针对程序违法司法审查实践中存在的诸多问题,2014 年修改《行政诉讼法》对程序违法的裁判方式作出较大调整,改变了旧法一刀切的做法,将违反法定程序的判决方式区分为两种:一种是撤销判决,为程序违法的一般判决形式;另一种是确认违法判决形式,适用于"程序轻微违法且对原告权利不产生实际影响"的情形。行政机关违反法定程序的情形十分复杂,违法程度差异较大,一律予以撤销的判决形式未免有点僵化,修法借鉴域外普遍采用的根据程序违法的不同情形适用不同类型判决方式的做法,实现了行政行为程序违法判决方式的多样化,有利于兼顾公民程序权利保障与实现行政效率之间的平衡,更符合实际情况。

《最高人民法院关于适用〈中华人民共和国行政诉讼法〉的解释》于 2017 年 11

---

① 1992 年 9 月,刘燕文在获得北大的硕士学位和毕业证书后,继续留在北大无线电电子学系攻读博士学位,主攻方向为电子物理。刘燕文的博士论文《超短脉冲激光驱动的大电流密度的光电阴极的研究》经过了三道程序:一是博士论文答辩委员会的学位论文答辩(当时 7 位委员全票通过);二是北大学位评定委员会电子学系分会的审查(当时 13 位委员中 12 票赞成,1 票反对);三是北大学位评定委员会的审查(北大学位评定委员会委员共计 21 位,对刘文进行审查时到场 16 位委员,6 票赞成,7 票反对,3 票弃权)。根据 1996 年 1 月 24 日北大学位评定委员会的审查结果,决定不授予刘燕文博士学位,只授予其博士结业证书,而非毕业证书。这一决定结果未正式、书面通知刘燕文。

② 关于正当程序原则在司法判决中的应用可以参见何海波:《司法判决中的正当程序原则》,载《法学研究》2009 年第 1 期。

月 13 日由最高人民法院审判委员会第 1726 次会议讨论通过,2018 年 2 月 7 日正式发布[①],2018 年 2 月 8 日起施行。该《适用解释》进一步明确了程序轻微违法的情形。《行政诉讼法》规定行政行为程序轻微违法的,适用确认违法判决,有下列情形之一,且对原告依法享有的听证、陈述、申辩等重要程序性权利不产生实质损害的,属于行政诉讼法第 74 条第 1 款第 2 项规定的"程序轻微违法":处理期限轻微违法;通知、送达等程序轻微违法;其他程序轻微违法的情形。

第四节　我国行政程序法制发展的未来展望

在已经制定数量众多的单行程序立法情况下,是否还有必要制定《行政程序法》一直是一个争议很大的问题。近年来中央层面国务院行政立法出现了一些新动向,间接回答了这一问题:《行政执法程序条例》于 2015 年、2016 年被列入国务院原法制办的三类立法计划项目中,2017 年 6 月 10 日国务院原法制办发布《重大行政决策程序暂行条例(征求意见稿)》。2018 年 5 月 31 日,国务院办公厅发布《关于加强行政规范性文件制定和监督管理工作的通知》。这一系列立法动向显示随着全面依法治国战略的推进,分散立法模式的延续已难以回应法治政府建设面临的新任务与新要求,需要认真考虑中央层面统一立法的推进。党的十九大提出 2035 年法治政府基本建成的目标,统一《行政程序法》既是实现这一目标的制度保障,也是这一目标已经达成的标志性法律。

一、全面推进依法治国战略下法治政府建设面临的任务具有全局性,需要制定综合性《行政程序法》

为实现十八届三中全会确立的"推进国家治理体系和治理能力现代化"目标,《依法治国重大决定》提出全面推进依法治国,其中关于法治政府建设部分提出"深入推进依法行政、加快建设法治政府"的任务,要求"加快建设职能科学、权责法定、执法严明、公开公正、廉洁高效、守法诚信的法治政府"。《依法治国重大决定》对如何建设法治政府提出了一系列制度要求,包括:

1.依法全面履行政府职能。其中明确提出要完善行政组织和行政程序法律制度,推进机构、职能、权限、程序、责任法定化。行政机关要坚持法定职责必须为、法无授权不可为,坚决纠正不作为、乱作为,坚决克服懒政、惰政。

2.健全依法决策机制。《依法治国重大决定》对重大行政决策活动提出要健全

---

① 2018 年 2 月 7 日上午,最高人民法院召开新闻发布会正式发布《适用解释》,江必新副院长就起草《适用解释》的背景、指导思想和主要内容作了详细介绍。

依法决策机制。包括把公众参与、专家论证、风险评估、合法性审查、集体讨论决定确定为重大行政决策法定程序,确保决策制度科学、程序正当、过程公开、责任明确。建立行政机关内部重大决策合法性审查机制,建立重大决策终身责任追究制度及责任倒查机制。

3.严格规范公正文明执法。包括深化行政执法体制改革和坚持严格规范公正文明执法。明确提出要完善执法程序,建立执法全过程记录制度。明确具体操作流程,严格执行重大执法决定法制审核机制。建立健全行政裁量权基准制度,加强行政执法信息化建设和信息共享,提高执法效率和规范化水平。

4.全面推进政务公开。要求坚持以公开为原则、不公开为例外,推进决策公开、执行公开、管理公开、服务公开、结果公开。

全面推进依法治国战略背景下对推进法治政府提出系统、全面的要求,这些要求带有全局性,是对政府依法行政的全面规范,分散立法显然无法满足新的时代要求,需要制定综合性《行政程序法》作出全面规定。

二、制定全面体现法治政府建设要求的《行政程序法》的条件已经具备

二十多年来,经过学界、立法部门、中央和地方政府、司法实践的共同努力,在总结地方立法经验基础上制定国家层面《行政程序法》所需要的理论准备和制度积累应当说都已经具备。

第一,地方统一行政程序立法已为中央层面立法积累了丰富的先行先试经验。十七部地方行政程序规定和《广州市依法行政条例》在内容上具有高度相似性,其内容并不限于程序性规定,而是体现了依法行政方方面面的要求,是总则型《行政程序法》在地方的立法探索,地方立法为中央层面立法积累了丰富的先行先试经验。如《湖南省行政程序规定》首创的三统一制度也被写进了2018年5月发布的《国务院办公厅关于加强行政规范性文件制定和监督管理工作的通知》中。

第二,20余年的行政程序法治实践为制定《行政程序法》奠定坚实的实践基础。1989年的《行政诉讼法》规定"程序违法"是作出撤销判决的理由之一,开始推动我国行政程序立法开始发展。1996年制定的《行政处罚法》则是我国行政程序立法中的一个里程碑,首次在立法中明确规定了相对人的得到通知权、陈述意见权和申辩权等程序权利,并首次引进了听证制度。2007年4月5日《政府信息公开条例》颁布,建立政府信息公开制度。2008年,湖南省制定《湖南省行政程序规定》,开统一行政程序立法的先河。行政诉讼领域,人民法院在"刘燕文诉北京大学案""于艳茹诉北京大学案""张成银诉徐州市人民政府行政复议决定案"等案件中,适用正当法律程序原则作出裁判,确立了正当法律程序原则在行政活动中的应用。法院作出的判决行政机关败诉撤销判决中,行政行为因为程序违法被撤销的在有的地方占到四分之一,促进了行政机关执法程序观念的增强。二十余年来,正当法

律程序理念日益得到社会、行政机关、人民法院的认同,行政程序法治的不断发展推进为制定《行政程序法》奠定坚实的社会基础。

第三,域外可为我国制定《行政程序法》提供成熟的立法经验。《行政程序法》立法历史已逾百年,域外有成熟的立法经验可为我国立法所借鉴。如在重大行政决策方面,对我国最有借鉴意义的是美国 1946 年制定的《联邦行政程序法》,该法已有 70 年的实施经验,其中规章制定的"公告与评论程序"取得极大成功,被誉为美国行政法 20 世纪最伟大的发明,对我国重大行政决策程序立法有很强的借鉴意义。此外,美国在《联邦行政程序法》之外还发展了规章制定的事前评估机制,也可为我国所借鉴。在行政执法程序方面,则可以借鉴行政程序法的另一个代表性国家德国。德国 1976 年制定的《联邦行政程序法》以行政行为为核心,规定了行政行为基本原则、主体、程序、行政行为效力等内容,形成程序实体并重的总则型立法。德国《联邦行政程序法》在实现行政程序法典化的同时部分实现行政法总则法典化的立法思路可为我国立法所借鉴,在制定《行政程序法》时,将建设法治政府涉及的一系列制度均予以规定。此外,德国《联邦行政程序法》、我国台湾地区"行政程序法"都规定了行政合同制度,也可为我们制定《行政程序法》提供经验借鉴。

第四,20 年来学界关于行政程序法的理论研究已经为立法奠定坚实理论基础。自 20 世纪 90 年代理论界突破"程序法就是诉讼法"的认识,开始行政程序法研究以来,历经 20 余年的努力,行政法学界关于行政程序法理论研究渐趋成熟,取得令人瞩目的研究成果,涵盖行政程序法理论及立法的各个方面,包括:行政程序法基本原理得到深入研究;西方发达国家的行政程序法典及其立法经验被介绍到中国;我国台湾地区的理论研究成果、"行政程序法"实施情况也被介绍到大陆;中国现有的行政程序法律规范整理完毕;中国行政程序法立法涉及的诸多重大问题包括立法目的、适用范围、行政程序法典与其他单行法的关系、内容选择、立法架构、基本原则和基本程序制度等问题都得到广泛深入探讨,达成诸多共识。

三、我国未来《行政程序法》的立法设想

(一)立法定位

第一,立足 2035 年如期实现建成法治政府目标,全面回应《依法治国重大决定》对建设法治政府的全局性要求。人民与行政权力的关联最为密切,人民对行政权力运行的感受也最为深切,法治政府建设无疑是全面推进依法治国战略的核心组成部分。《依法治国重大决定》对法治政府建设提出全局性要求,既要求规范重大行政决策活动,也要求规范行政执法活动;既涉及依法行政问题,也涉及合理行使裁量权问题;既涉及防止乱作为问题,也涉及积极履职防止不作为问题;既涉及公民参与权保障问题,也涉及提高行政效能问题。在全面推进依法治国战略实施进程中,《行政程序法》作为规范行政权的基本法应当立足于 2035 年如期实现建成

法治政府这一目标,全面回应《依法治国重大决定》对建设法治政府提出的全局性要求,对决定提出的建设法治政府所涉及的一系列制度作出规定。

第二,不限于程序性规定,包括行政组织法和行政实体法内容,部分实现行政法总则法典化。德国、葡萄牙、荷兰以及我国澳门特区、台湾地区的行政程序法在实现程序法典化的同时部分实现行政法总则法典化。我国法治政府建设的内容不限于行政程序法治,以推动 2035 年如期建成法治政府为目标的《行政程序法》立法应借鉴德国等国家和地区行政程序法立法经验,在规定行政程序法律制度的同时,对部分行政组织法和行政实体法的内容也作出规定,部分实现行政法总则法典化。名称上仍以使用《行政程序法》为宜,就学者目前关于《行政法总则》所规定的内容来看,实则与总则型《行政程序法》的内容大体相同,为何仍要采用《行政程序法》的名称?这是因为如果采用《行政法总则》的名称,则立法必须要对总则性质的内容规定周全,而要做到这一点难度实则很大。如果采用《行政程序法》的名称,则可以不必担心规定是否周全,成熟多少内容就可规定多少内容,立法上实则更为便利一些。

第三,全面回应实践中存在的行政权乱作为、行政权不作为、行政权行使不公等问题,坚持权利保障与行政效能并重的双重立法目的。梳理行政权运行中存在的问题,无论是重大行政决策还是行政执法,均存在行政权乱作为、行政权不作为、行政权行使不公等问题。制定《行政程序法》应对这些问题进行全面回应,不应仅仅强调防止行政权乱作为,还要能够有效解决不作为、行政权行使不公的问题。行政是一种积极的国家作用,国民福祉和优质公共服务均有赖于一个积极作为的政府,行政管理要能够为社会提供有效的公共治理,防止政府权力滥用与保障政府积极行使权力都需要立法予以关注。

第四,《行政程序法》在以公开、参与等外部程序制度为重点内容的同时,对内部程序进行适度规范。传统行政程序法定位于规范行政权力运行的外部程序,很少或者根本不对内部行政程序予以规范,将内部行政程序视为行政自主的范畴。但是,基于以下几点考虑,我国《行政程序法》应突破这一传统认识,对内部行政程序也应进行适度规范:其一,理顺行政执法体制,处理好内部关系,是法治政府建设的重要内容。其二,行政权力内部运行机制不顺畅,直接影响行政对外的治理效能。其三,重大行政决策与传统行政执法活动不同,制定重大行政决策涉及的环节复杂得多,决策过程由外部关系与内部关系共同构成。当然,并不是所有的内部关系都应纳入法律调整范围,应当为行政机关保留必要的行政自主空间。

第五,回应互联网、大数据的时代要求,完善信息时代背景下的行政程序立法。互联网、大数据等技术的深入应用,一方面为传统行政活动提供新的行为方式,另一方面提出了政府数据开放共享等新问题。随着互联网、大数据、人工智能等新技术在我国的迅速发展,地方开始了立法探索:贵州省出台了《贵州省大数据发展应用促进条例》《贵阳市政府数据共享开放条例》等地方性法规；河北省、浙江省等出台了《河北省政务信息资源共享管理规定》(2015)、《浙江省政务服务网信息资源共享管理暂行办法》(2014)、《海南省政务信息资源共享管理办法》(2014)、《山东省政务信息资源共享管理办法》(2015)、《上海市政务数据资源共享管理办法》(2016)、《深圳市政务信息资源共享管理办法》(2015)、《广州市政府信息共享管理规定》(2012)，这些规定均为地方政府规章。此外，三亚市、铜陵市、盐城市、绍兴市、汉中市、新余市等城市发布了政务信息资源共享相关管理办法。我国制定《行政程序法》时应当回应互联网时代的新变化，既包括利用互联网技术、大数据简化行政执法程序，提高行政效率，为民众提供便捷公共服务；也包括建构与政府数据相关的制度，如：确立数据质量原则，建立政府数据在行政系统内部的共享机制，建立政府数据开放机制，并在开放政府数据的同时平衡好商业秘密和个人隐私的保护。

(二)未来《行政程序法》的基本框架设想

与《行政程序法》的立法定位相对应，我国未来《行政程序法》可以考虑规定六编：

总则编。总则主要规定立法目的、行政法基本原则、适用范围、法典与特别法的关系。

主体编。主体编主要规定三类主体：行政机关，其他行使行政权的组织，相对人。

规则制定编。规则制定编包括制定重大行政决策和制定行政规范性文件。

行政执法编。行政执法编包括行政执法程序与行政决定效力等实体法制度。

行政合同编。行政合同编规定行政合同制度。

政府数据编。政府数据编规定政府数据规范管理和政府数据共享开放制度。

第十章

警察法制度的变迁与发展

从 1978 年改革开放政策的提出到 2018 年,整整 40 年过去了,40 年弹指一挥间。在这 40 年中,中国社会发生了深刻的变化。党和政府在引领国家开始走向改革开放和现代化建设的伟大征程的同时,开启了我国法制建设的新纪元。40 年来,我们不但确立了"依法治国,建设社会主义法治国家"的基本方略,而且还初步建立了中国特色的社会主义法律体系,标志着我国法治建设已经取得了重大的成就。警察法制度建设作为我国社会主义法治的一个重要组成部分,也同样取得了可喜的成就。一个具有中国特色的警察法制度已经基本形成。目前,警察执法在主要方面已基本做到有法可依。通过不断加强警察法制度建设,保障了公安机关正确和有效地行使警察执法职能,有力地打击了各种治安行政违法和犯罪活动,加强了社会治安管理,维护了正常的社会秩序,为改革开放和社会主义现代化建设创造了良好的治安环境。

第一节　警察法制度的发展历程

警察法制度,简言之,是有关警察工作的法律和制度的总称。中华人民共和国成立以来,党和国家先后制定和发布了一系列有关警察工作的政策、法律、法规,保证了警察法制度建设与我国社会主义民主法制建设同步发展。

一、警察法的概念与范围①

在警察发展的历史中,由于各国的历史文化、政体、民情互异,因此对传统警察概念做统一的界定是困难的。近年来,探究警察含义的学者多从广义与狭义、实质与形式、功能(作用)与组织、学理与实定法等对立概念的比较上着手。而其中广义的警察含义,包含了实质上、功能上、学理上或作用法上的警察含义,是上述各种角度的统一。而狭义上的警察含义则多是从形式上、组织上或实定法上对警察的概念进行界定。从狭义的警察概念和范围出发,警察法概念和范围的界定也有最广义、广义与狭义的区分。

(一)最广义警察法的概念与范围

最广义警察法,是指警察机关与警察人员为达成警察任务,行使警察职权,于执行职务时所依据或执行的一切法规范的总称。如此界定警察法的概念,警察法的范围大致包括了两大部分:一是警察行政法;二是警察刑事法。由于警察任务同时具有社会治安的危害防止及刑事侦查和刑罚执行双重功能,而前者中维护社会治安任务主要属于国家行政的领域之一,后者刑事侦查和刑罚执行,则具有一定的司法职能,其所适用法律规范即刑事法。正是考虑到警察执行职务时除依据行政法执法外,尚须依据刑事方面的法律,因此,最广义的警察法主要是指警察行政法与警察刑事法两大领域。显而易见,由于行政法与刑事法分属于不同的法的领域,其在适用、执行、解释上皆依据不同的法理,比如,行政法以依法行政为原则,刑事法以罪行法定为根本,即使在争讼救济上两大领域亦显然分道而治。因此在警察执法实践中由于警察机关在不同执法领域使用不同的法领域而产生的诸多问题,也就成为警察法学上的一大特色。

应当指出的是,警察行政法与警察刑事法有时并非泾渭分明,会有部分邻接重叠或竞合的领域。如果从实定法上观察来看,主要有盘查留置、使用枪支警械以及其他具有犯罪预防性质的相关法律法规。对于这部分法律规范也有学者将其归于警察即时强制范畴,自然应当属于警察法的范围。

(二)广义警察法的概念与范围

广义的警察法或称为实质意义上的警察法,主要是指警察行政法,基本上并不包括警察刑事法领域。换言之,从警察法规范的内容上分析,凡涉及刑事诉讼和刑罚执行部分的刑事法律规范,被排除在警察法范畴之外,但警察行政法与警察刑事法邻接的领域,仍属于警察法的范畴。

---

① 本部分内容参见高文英:《我国警察法的概念与范围再析》,载《警察法学研究》(第一辑),中国人民公安大学出版社 2013 年版,第 17~24 页。

为什么广义的警察法概念和范围摒弃了刑事法律规范部分,笔者认为主要是受狭义警察概念和范围的影响。这种观点认为,形式上的警察机关和警察人员属于行政组织法的范围,即使警察具有刑事侦查和对刑罚执行的司法职能,适用了警察刑事法,但警察刑事侦查职能和对刑罚的执行职能是具有行政权性质的,也就是说,警察权虽然具有行政和司法双重属性,本质上是一种行政权,况且警察侦查权与审判权等司法权具有截然不同的性质。[①]

由于警察行政是国家秩序行政中至为重要的一环,因此警察行政法也是秩序行政法中的一支,即便如此,警察法内仍有其基本原则、警察组织法、警察人员法、警察行为法、警察救济法等可以说非常完整的体系,因此往往构成了行政法各论中警察行政法的体系。

若将警察行政法自成一领域成为广义上的警察法的话,警察行政法本身也可以再分为警察法总论与警察法各论。前者是指行政法总论在警察领域的具体化,包括警察法的基本原则、警察组织法、警察人员法、警察行为法、警察救济法等;后者是指因个别性质而特别立法的部分,主要包括两部分:一是由警察机关为主管机关的法律,比如集会游行示威法、国家安全法、枪支和警械使用法等;二是由警察机关与其他机关共同为主管机关的法律法规,比如道路交通管理方面的法律规范等。

(三)狭义警察法的概念与范围

狭义的警察法又称为形式意义上的警察法,或者实定法上的警察法,主要是指于1995年由第八届全国人大常务委员会第十二次会议公布施行的《中华人民共和国人民警察法》及相关警察组织管理等方面的法律法规。在狭义的警察法律规范中,不仅规定了人民警察的任务、警察的职权、警察的义务和纪律,还对警察机关之间的指挥监督关系、警察组织管理、公安机关的设立和编制、警察的职务、待遇、警务保障、警察的法律责任等,作了原则性的规定。狭义警察法的范围类似于广义警察法范围中的警察组织法。从其在警察法的法律地位来看,狭义上的警察法具有警察法制基准法的地位,相当于各种警察法规之"母法""主法",也是警察行政法中具有代表性的上位实定法。所以,即使将狭义的警察法说成是警察法规的"宪法",笔者认为一点也不为过。

由于警察法概念不同,决定了警察法范围大小的不同,可以范围广泛,如最广义的警察法,也可以根据警察权的性质来确定警察法的范围,如广义的警察法,还可以从警察法中警察组织法的特殊地位来研究狭义的警察法。本章倾向于广义的警察法概念和范围,即警察法的范围不仅当然包括了狭义上的警察法,还包括了属于警察行政法与刑事法交叉地带的法律规范,但原则上不涉及刑事法律。

---

① 陈卫东:《刑事诉讼法再修改后刑事警察权与公民权的平衡》,载《法学家》2012年第3期。

二、改革开放前警察法制度体系的发展历程

中华人民共和国成立至改革开放前,警察法制度建设大致经历了初步建立、破坏瘫痪、恢复发展三个阶段。

(一)警察法制度的初步建立阶段

1949 年 11 月 1 日,中华人民共和国公安部成立,并在全国范围内建立了各级公安机关,逐步建立了铁路、森林、航运等专门的公安部门,逐步形成了治安、户籍、交通、消防、铁路、司法等十几个警种。从 50 年代中期开始到 60 年代中期,是中华人民共和国公安机关巩固发展的阶段,这一时期警察机构不断扩大,警察组织日益健全,公安武装进行了多次的整编和体制调整。与此同时,警察法制度建设也初步开展。主要体现在:

1954 年 9 月,第一届全国人民代表大会第一次会议通过了第一部《中华人民共和国宪法》。《宪法》确立的公安机关的职责主要两个方面:一是保卫人民的民主自由权利;二是要镇压一切叛国的和进行反革命破坏活动的卖国贼和反革命分子。依据《宪法》制定的《人民法院组织法》《人民检察院组织法》《逮捕拘留条例》,具体规定了人民公安机关、人民检察院和人民法院三个机关在保卫人民、打击敌人的共同任务中的分工和相互关系,在逮捕、拘留、提起公诉、审判等项工作中必须执行的法律程序。

这一时期在警察组织和治安管理工作的立法方面,也加快了立法进度。在警察组织法方面,如 1954 年第一届全国人大常委会第四次会议通过并颁布了我国第一部《公安派出所组织条例》,使基层公安机关工作实践经验进一步制度化、法律化、正规化,促进了基层公安机关的建设和发展。再如 1957 年 6 月全国人大常委会通过的《中华人民共和国人民警察条例》就是这一时期国家制定的一系列公安工作的法律、法规中关于警察工作制度的最为重要法律。此外,地方国家机关相应也制定了一些地方性警察法规。

在治安管理工作的立法方面,如 1957 年 11 月 29 日,第一届全国人民代表大会第八十六次会议批准了中华人民共和国第一部消防法律《消防监督条例》。该《条例》共 12 条,规定了消防监督工作由各级公安机关实施,明确了消防监督工作的任务、行为准则、火灾扑救中的权限和社会单位消防工作的责任等。再如 1958 年 1 月 9 日,第一届全国人民代表大会第 91 次会议通过并公布施行《中华人民共和国户口登记条例》,该《条例》共 24 条,明确了户口登记工作由各级公安机关主管,确立了我国户籍管理中户口登记的七项制度。

这一时期,除了全国人大的立法外,在治安管理工作的方面,当时的政务院也颁布了若干行政法规,如 1952 年 7 月 28 日政务院颁布的《出入境治安检查暂行条例》,这是全国最早的,较为完整的边防检查法规,同年 8 月 28 日,政务院公布《外

国侨民出入及居住暂行规则》。这些法规、规章的制定实施,初步确立了全国统一的边防检查制度。此外,在道路交通管理、户政、消防、出入境管理等都有行政法规和规章出台。

总之,这些法律、法规的制定实施,奠定了警察法制度的基础,标志着我国警察职权的行使已开始走上社会主义法制的轨道。

(二)警察法制度的破坏阶段

从 1966 年 5 月至 1976 年 10 月,是"文化大革命"时期。许多警察法规被诬蔑为"反动制度"而加以否定,一些行之有效的规章制度被视为"资本主义管卡压的反动枷锁"予以废止,以所谓"革命行动""群众专政",代替了庄严的宪法及其他法律、法规。这一时期,警察法制度建设遭受了严重的挫折和破坏。

(三)公安队伍建设和业务工作得到一定恢复阶段

1970 年 12 月 12 日,公安部召开了第十五次全国公安会议。会后,开始着手恢复了"文化大革命"以来遭受严重破坏的侦察队伍和侦察工作,加强外事保卫和警卫工作,重申参照"文化大革命"前制定的公安规章。比如 1972 年 3 月 27 日,公安部同时发出了参照执行治安管理规章条例、消防规章条例的两个通知,要求各地公安机关继续参照执行"文化大革命"前制定的全国性的有关治安管理、消防安全的规章条例继续参照执行,在执行中总结经验,提出意见报公安部以便统一研究修改。此后,公安部、交通部联合发出通知,重申 1962 年印发的《车站码头公安派出所工作暂行条例(试行草案)》和《旅客列车、轮船乘务民警工作暂行规定(试行草案)》。

应当指出的是,这一阶段公安队伍建设和业务工作的恢复过程是曲折的。之后,1975 年虽然开展过整顿铁路治安秩序等工作,但警察法制度仍有待恢复和建设。

三、改革开放后警察法制度体系的发展历程

1978 年十一届三中全会之后,以邓小平为核心的第二代党的领导集体,平反了"文革"期间的冤假错案,改变了"以阶级斗争为纲"的错误的指导思想,确立了"以经济建设为中心"的党中心任务,提出建设社会主义法治国家的奋斗目标,恢复了公检法部门的正常工作,并开展大规模的新时期立法工作,恢复停滞已久的法学研究,警察法制度建设也迎来了新的发展阶段。

(一)改革开放初期:警察法制度建设的全面恢复和加强

1.重视警察法制度建设

粉碎"四人帮"后特别是党的十一届三中全会后,在恢复公安各项业务工作的同时,党和国家高度重视公安法制建设,使各项公安工作有法可依,有章可循。1979 年五届人大二次会议通过了《刑法》《刑事诉讼法》,这两部法律的制定公布结束了我国刑事审判无法可依的局面。为贯彻两部法律,公安部也制定了多部部门

规章和其他规范性文件,如《关于执行刑事诉讼法规定的案件管辖范围的通知》《公安机关办理刑事案件程序规定》等。

在重视警察刑事法制度建设的同时,警察行政法制度建设方面也有多部法律法规和部门规章相继出台。比如,1980 年 9 月 10 日,第五届全国人大第三次会议颁布实施了《中华人民共和国国籍法》,该法共 18 条,其中规定了受理国籍申请的机关,在国内为当地市、县公安局,在国外为中国外交代表机关和领事机关;加入、退出和恢复中国国籍,由公安部审批。1981 年 4 月,经商外交部,公安部印发了实施国籍法的规定。比如,1984 年 1 月 6 日,国务院发布实施了《中华人民共和国民用爆炸物品管理条例》。根据《条例》第 2 条的规定,公安部公布了《爆炸物品名称》,并发布了《关于执行〈中华人民共和国民用爆炸物品管理条例〉的通知》。1984 年 5 月,第六届全国人大常委会第五次会议批准《中华人民共和国消防条例》,自 1984 年 10 月 1 日施行。再如 1986 年 9 月 6 日,第六届全国人大常委会次第十二会议通过并公布了《中华人民共和国居民身份证条例》,确立了在全国正式实行居民身份证制度,这是我国户口管理上的一项重要改革。此外,这一时期,全国人大还相继颁布施行了《中华人民共和国消防条例》(1984 年 5 月 11 日)、《中华人民共和国外国人入境出境管理法》和《中华人民共和国公民出境入境管理法》(1985 年 11 月 22 日)、《中华人民共和国治安管理处罚条例》(1986 年 9 月 5 日)等,这一阶段国务院也相继颁布了《中华人民共和国道路交通管理条例》(1988 年 3 月 9 日)等公安方面的法规,对于上述法律法规公安部部门均有相当数量的实施办法或者实施细则出台。

2.规范公安机关的执法行为

执法规范化是党和国家对公安执法工作的一贯要求。为实现执法规范化,1979 年至 1982 年,公安部先后印发了《关于执行〈中华人民共和国治安管理处罚条例〉的通知》、《人民警察使用武器和警械的规定》和《劳动教养试行办法》等重要文件。此外,这一时期,公安部还先后制定多部工作细则来规范公安业务工作。比如《公安派出所工作细则(试行草案)》《边防检查站工作细则(试行)》等。这些文件对维护社会治安秩序,保护公民、法人和其他组织的合法权益,保障社会主义现代化建设事业的顺利进行,发挥了重要作用。

3.调整公安内设机构,组建人民武装警察部队

随着各项公安工作的逐步恢复,根据公安工作的需要,公安机关内设机构开始相应调整。比如 1981 年 7 月,组建民航公安机构,民航总局设公安局,执行公安部业务局权限,民航地区、省(自治区)管理局分别设立公安处、公安分处。再如,1982 年 3 月,经国务院和中央军委批准,开始着手将实行兵役制的武装、边防、消防民警,加上内卫执勤部队,统一组建人民武装警察部队,该项工作于 1983 年 4 月全部完成。至此,人民武装警察成为公安部门的一个组成部门,在各级党委和公安部门

的领导下进行工作,并接受上级人民武装警察部队的领导。

(二)适应市场经济需要,全面加强警察法制度建设

中国共产党第十四次全国代表大会确立了建设社会主义市场经济体制的改革目标,我国改革开放和社会主义现代化建设进入新阶段。针对深化改革、扩大开放和建立社会主义市场经济体制新形势新任务提出的新要求,改革公安工作运行机制和公安队伍管理体制、切实做好维护稳定、打击犯罪,治安管理等各项公安工作十分重要。在警察行政法制度方面,包括:

1.建立巡警队、防暴队,实施城市人民警察巡逻制度

随着改革开放和社会主义市场经济体制的逐步建立,我国社会生活发生了深刻变化,与经济相关的社会活动大量增加,人、财、物频繁流动。犯罪分子大多选择人、财、物集中的城市作案,导致城市的各类案件迅速上升,特别是街面上的盗窃、抢劫、杀人、强奸等案件最突出。为了把警力摆在街面上,提高群众见警率,通过快速反应提高动态环境下对城市社会治安的控制能力,相继开始组建巡逻队。同时为了提高公安机关对付突发事件的能力,在试点的基础上,组建了防暴队。此外,为了加强公路治安和交通管理工作,逐步实现一警多能,提高处置刑事、治安案件的快速反应能力,还于 1996 年起组建了公路巡逻警察队。

2.贯彻实施《国家安全法》,加强国内安全保卫工作

1993 年 2 月 22 日,第七届全国人民代表大会第三十次会议审议通过了《中华人民共和国国家安全法》。根据该法及其相关规定,确定了公安机关政治保卫工作的主要职责、任务:防范、打击敌视和破坏我国社会主义制度的敌对势力和敌对分子、民族分裂主义势力和分子、利用宗教进行破坏活动的势力和分子,以及其他反革命分子和反动组织、非法组织(刊物)的破坏活动。1998 年的机构改革中,公安部政治保卫局改为国内安全保卫局。

3.《人民警察法》的公布施行,警察法制度体系的形成

中华人民共和国第一部关于人民警察的法律是 1957 年 6 月 25 日第一届全国人大常委会第七十六次会议通过的《人民警察条例》。该《条例》以法律的形式确立了人民警察制度,发挥了重要的历史性作用。随着我国改革开放的不断深入,公安工作和公安队伍面临许多新情况新问题,社会主义民主法制建设的发展也对人民警察执法活动提出了更高要求。《人民警察条例》已不能适用客观需要,急需制定一部新的人民警察法。1995 年 2 月 28 日,第八届全国人大常委会第十二次会议通过了《中华人民共和国人民警察法》,这是人民警察队伍建设走向科学化、正规化、制度化、法制化的重要里程碑。

《人民警察法》的公布施行,有力地推动了警察法制度建设。以《人民警察法》为依据,一批有关公安工作的法律法规相继制定施行。1996 年 7 月 5 日,第八届全国人大常委会通过了《中华人民共和国枪支管理法》;1998 年 4 月 29 日,第九届

全国人大常委会第二次会议修订通过《中华人民共和国消防法》;1995 年 7 月 20 日,国务院发布《中华人民共和国出境入境边防检查条例》;1996 年 1 月 16 日,又发布了《人民警察使用警械和武器条例》。1994 年至 1998 年,全国人大还相继审议通过了《国家赔偿法》《行政处罚法》,修改了《治安管理处罚条例》。

4.实行警衔制度,加强公安队伍正规化建设

1992 年 7 月 1 日,第七届全国人大常委会第二十六次会议审议通过了《中华人民共和国人民警察警衔条例》。人民警察警衔共五等十三级,由高到低依次为:总警监、副总警监;一级警监、二级警监、三级警监;一级警督、二级警督、三级警督;一级警司、二级警司、三级警司;一级警员、二级警员。该《条例》规定了公安部主管人民警察警衔工作。同年 9 月公安部颁布《评定授予人民警察警衔实施办法》,发布了《人民警察警衔标志式样和佩带办法》。1995 年 5 月 16 日、1998 年 8 月 8 日,国务院又先后两次颁布了《国务院关于修改〈人民警察警衔式样和佩带办法〉的决定》。人民警察实行警衔制度,在人民警察历史上具有划时代的意义,标志着新的历史条件下依法治经警、从严治警进入了一个新的阶段。它对于加强人民警察的革命化、现代化、正规化建设,增强人民警察的责任心荣誉感和组织纪律性,便利人民警察的指挥、管理和执行职务,具有极为重大和深远的影响。

依据《人民警察法》和《公务员暂行条例》,1996 年,公安部、人事部印发了《公安机关人民警察辞退办法》;9 月 10 日,人事部和公安部又印发了《公安机关人民警察录用办法》;11 月 19 日,公安部、民政部印发了《公安机关人民警察抚恤办法》。2000 年 5 月 25 日,人事部、公安部又印发了《关于地方公安机关录用人民警察实行省级统一招考的意见》;6 月 1 日,公安部又颁布实行了《公安机关人民警察内务条令》。

5.建立警务督察机制,加强对公安民警执法执勤的监督

根据《人民警察法》第 47 条关于“公安机关建立督察制度,对公安机关的人民警察执行法律、法规、遵守纪律的情况进行监督”的规定,1997 年 6 月 20 日,国务院发布实施了《公安机关督察条例》。同年 9 月 10 日,公安部发布了《公安机关警务督察队工作规定》,此后,各级公安机关督察机构相继组建并开展工作。2000 年 4 月,公安部成立督察委员会,由警务督察局承担日常工作。

公安机关建立督察制度后,督察部门认真履行职责,充分发挥明察暗访的职能优势,在确保警令畅通、推动工作落实、强化执法监督、保障执法为民、维护民警权益、改善公安形象等方面做出了积极的贡献。

21 世纪之始,我国进入全面建设小康社会、加快推进社会主义现代化的新的发展阶段。新世纪新阶段,如何贯彻落实科学发展观,坚持解放思想,与时俱进,在公安工作理论创新、机制创新、体制创新方面取得新的突破。警察法制度建设进入的新的发展阶段。

（三）适应新时代：警察法制度建设在改革中前行

党的十八大以来，以习近平同志为核心的党中央站在新的时代高度，从维护社会治安稳定的全局出发，发表了一系列关于公安法治工作的重要论述，指明了新时代警察法制度建设和发展的新思路和新方向。对公安机关来说，深化公安改革与建设法治公安两者相辅相成、不可分割。在深化公安改革方面，党的十八届四中全会《全面推进依法治国决定》提出的一系列重大举措，如完善主办侦查员办案责任制、建立人民警察专业职务序列及工资制度、完善立体化社会治安防控体系等，都是全面深化公安改革的重要任务。在警察行政法制度方面包括：

1.废除劳动教养制度，建立健全社会矫正制度

2013 年 11 月 15 日公布的《中共中央关于全面深化改革若干重大问题的决定》提出，要废止劳动教养制度，完善对非法犯罪行为的惩治和矫正法律制度，建立健全社会矫正制度。2013 年 12 月 28 日全国人大常委会通过了《关于废止有关劳动教养法律规定的决定》，这意味着已实施 50 多年的劳教制度被依法废止。

劳动教养制度经历了半个多世纪，近年因其法律依据不足且违反宪法和上位法，有违罪罚相当和程序正当等法治原则，且实践中存在滥用问题而成为众矢之的。该《决定》规定，劳教废止前依法作出的劳教决定有效；劳教废止后，对正在被依法执行劳动教养的人员，解除劳动教养，剩余期限不再执行。

为了完善对非法犯罪行为的惩治和矫正法律制度，2018 年 12 月 1 日，国务院法制工作办公室在公开征求意见系统刊登了《中华人民共和国社区矫正法（征求意见稿）》（简称《社区矫正法（征求意见稿）》），公开向社会征求意见。《社区矫正法（征求意见稿）》共 5 章 36 条，5 章分别为总则、实施社区矫正的程序、监督管理、教育帮扶、附则。相信该部法律的出台将会对规范社区矫正工作，正确执行刑罚，帮助社区矫正人员顺利回归社会，预防和减少犯罪具有重要意义。

2.健全和完善执法和监督机制，修订多部警察法规，不断增强公安机关执法公信力

习近平总书记强调，做到严格执法、公正司法，还要靠制度来保障，让执法司法权在制度的笼子里运行。各级公安机关以深入推进执法规范化建设为载体，着力在健全制度、完善机制上下功夫，积极构建系统完备、公正高效、监督有力的执法制度机制，不断增强公安机关执法公信力。这一时期，围绕执法规范化建设，公安部修订和新颁布了多部部门规章。

在警察行政法制度方面，修订和制定了《公安机关办理国家赔偿案件程序规定》（2018 年 9 月）、《公安机关现场执法视音频记录工作规定》（2016 年 7 月）、《公安机关执法细则》（2016 年 7 月）、《机动车驾驶证申领和使用规定》（2016 年 1 月）、《社会消防技术服务管理规定》（2014 年 2 月）、《公安机关执法公开规定》（2012 年 8 月）等。此外，为了规范公安机关治安管理处罚裁量权，确保执法公平公正，公安

部根据《中华人民共和国治安管理处罚法》《中华人民共和国行政处罚法》,结合执法实践,于 2018 年制定了《对部分违反治安管理行为实施处罚的裁量指导意见》。

3.深化公安机构改革,武警部队改革

中国人民武装警察部队是 1982 年根据中央有关决定组建的,将中国人民解放军担负的地方内卫任务及其值勤部队交给公安部门,与公安部门实行兵役制的警卫、边防、消防三个警种统一组建为中国人民武装警察部队(简称武警部队)。根据《国防法》第 22 条第 3 款以及《人民警察法》第 51 条的规定,武装警察部队的主要任务和职责是:担任首脑机关、重点单位、要害部位、重要桥梁、隧道和看守所、监狱等场所的守卫、看守、警戒、边防检查、守卫、消防监督、灭火救灾等任务,以及紧急状态下的平反、围剿、追击等任务。根据武警部队所承担的任务,武警部队多设有水电、交通、黄金、森林等专业部队,承担相关领域的执法任务,因此人民武装警察部队在 2018 年改革之前也是我国警察组织的重要组成部分。

根据 2018 年 2 月 28 日中国共产党第十九届中央委员会第三次全体会议通过的《中共中央关于深化党和国家机构改革的决定》的精神,按照军是军、警是警、民是民的原则,将列武警部队序列、国务院部门领导管理的现役力量全部退出武警,将国家海洋局领导管理的海警队伍转隶武警部队,将武警部队担负民事属性任务的黄金、森林、水电部队整体移交国家相关职能部门并改编为非现役专业队伍,同时撤收武警部队海关执勤兵,理顺武警部队领导管理和指挥使用关系。改革的具体内容如下:一是公安边防部队改制。公安边防部队不再列武警部队序列,全部退出现役。公安边防部队转到地方后,成建制划归公安机关,并结合新组建国家移民管理局进行适当调整整合。现役编制全部转为人民警察编制。二是公安消防部队改制。公安消防部队不再列武警部队序列,全部退出现役。公安消防部队转到地方后,现役编制全部转为行政编制,成建制划归应急管理部,承担灭火救援和其他应急救援工作,充分发挥应急救援主力军和国家队的作用。三是公安警卫部队改制。公安警卫部队不再列武警部队序列,全部退出现役。公安警卫部队转到地方后,警卫局(处)由同级公安机关管理的体制不变,承担规定的警卫任务,现役编制全部转为人民警察编制。四是海警队伍转隶武警部队。按照先移交、后整编的方式,将国家海洋局(中国海警局)领导管理的海警队伍及相关职能全部划归武警部队。五是武警部队不再领导管理武警黄金、森林、水电部队。按照先移交、后整编的方式,将武警黄金、森林、水电部队整体移交国家有关职能部门,官兵集体转业改编为非现役专业队伍。武警黄金部队转为非现役专业队伍后,并入自然资源部,承担国家基础性公益性地质工作任务和多金属矿产资源勘查任务,现役编制转为财政补助事业编制。原有的部分企业职能划转中国黄金总公司。六是武警森林部队转为非现役专业队伍后,现役编制转为行政编制,并入应急管理部,承担森林灭火等应急救援任务,发挥国家应急救援专业队作用。七是武警水电部队转为非现役专业队伍后,充分利用原有的专业技术力量,承担水利水电工程建设任务,组建为国有企业,可继续使用中国安能建设总公司名称,由国务院国有资产监督管理委员会管理。八是武警部队不再承担海关执勤任务。参与海关执勤的兵力一次性整体撤收,归建武警部队。

此外,为了贯彻落实《深化党和国家机构改革方案》和《武警部队改革实施方案》决策部署,海警队伍整体划归中国人民武装警察部队领导指挥,调整组建中国人民武装警察部队海警总队,称中国海警局,中国海警局统一履行海上维权执法职责。为了保障中国海警局行使海上维权执法职权,2018 年 6 月 22 日第十三届全国人民代表大会常务委员会第三次会议通过了专门的授权决定:一是中国海警局履行海上维权执法职责,包括执行打击海上违法犯罪活动、维护海上治安和安全保卫、海洋资源开发利用、海洋生态环境保护、海洋渔业管理、海上缉私等方面的执法任务,以及协调指导地方海上执法工作。二是中国海警局执行打击海上违法犯罪活动、维护海上治安和安全保卫等任务,行使法律规定的公安机关相应执法职权;执行海洋资源开发利用、海洋生态环境保护、海洋渔业管理、海上缉私等方面的执法任务,行使法律规定的有关行政机关相应执法职权。中国海警局与公安机关、有关行政机关建立执法协作机制。授权决定自 2018 年 7 月 1 日起施行。

综上,中华人民共和国成立后警察法制建设的发展历史说明党和国家向来重视警察法制建设,特别是改革开放后的 40 年里,我国警察法制建设成绩斐然。目前,全国公安机关以《人民警察法》为依托,认真贯彻依法治国方略,全面推进公安立法和改革工作,对立法和执法中存在的问题不断地加以改进,一个中国特色的警察法制度体系逐渐形成。

第二节　警察法制度的主要内容

警察法制度内容广泛,涉及警察工作的方方面面。根据警察法调整对象和内容的不同,可以划分不同的类别,其中代表性的分类有三种。第一种是分成四大类:即警务基本法、警察组织法、警察职能活动法(警察刑事法和警察行政法)、警务保障与救济法(警务保障法、警务监督法和警务救济法);第二种分成七大类:警察组织法、警察行政法、警察刑事法、警察民事法、警察救济法、警察监督法、警务保障法;第三种是分成六大类:警察基本法、警察组织法、警察刑事法、警察行政法、警务保障法、警察监督法。① 本节仅以警察行政法制度为对象,将警察行政法制度的框

---

① 徐武生、高文英主编:《警察法学理论研究综述》,中国人民公安大学出版社 2013 年版,第 101 页。

架及其主要内容梳理如下。

一、户籍管理与居民身份证法制度

户籍管理法制度是由《中华人民共和国户口登记条例》（简称《户口登记条例》）、《中华人民共和国居民身份证法》（简称《居民身份证法》）、《暂住证申领办法》、《中华人民共和国临时居民身份证管理办法》（简称《临时居民身份证管理办法》）等组成。

（一）《户口登记条例》的主要内容

《户口登记条例》是 1958 年 1 月 9 日第一届全国人大常委会第九十一次会议通过的第一部户口登记法律，共 24 条。该《条例》的适用范围是"中华人民共和国公民"，凡中华人民共和国公民都应当依照规定履行户口登记，并明确户口登记工作的主管机关是公安机关。统一负责全国户口管理工作的是公安部，内设相应机构，从事户政管理、居民身份证管理、人口统计等有关业务。地方各级公安机关大多因地制宜设置相应机构，进行户口登记管理。《户口登记条例》主要内容包括：

1.户口管理

户口管理又称"户籍管理""户政管理"，是公安机关代表国家对辖区范围内的住户、人口实施行政管理。它是公安机关一项重要的基层基础工作，也是公安派出所的一项基本任务，具体表现在三个方面：一是登记、调查人口情况，预防和发现违法犯罪活动，维护社会秩序和公共安全；二是证明公民身份，保护公民行使权利和履行义务；三是统计人口数字，为社会主义现代化建设提供人口信息。我国户口登记和户口管理，是按照居民的居住地区和居民的不同情况，按照方便群众、利于管理的原则，将户口分为城镇户口管理、集体户口管理、农村户口管理和船舶户口管理四种类。

2.户口登记

按照规定，凡中华人民共和国公民，必须进行登记；来华外国人（含无国籍人）按外国人入境出境管理法的规定办理；香港特区、澳门特区、台湾地区，按"一国两制"的原则办理。户口登记形成了下列原则：一是"因地制宜"，从实际出发，不一刀切；二是以"户为单位"；三是"唯一常住"，即一人只能以一个常住地登记户口，不得重复；四是"方便群众、利于管理"。为此，1998 年 7 月 24 日公安部发布了《办理户口、居民身份证工作规范》。户口登记的种类分为：一是常住人口登记；二是暂住人口登记；三是出生登记；四是死亡登记；五是迁出登记；六是迁入登记；七是变更、更正登记。

3.违反户口管理的处罚

有关法律、法规规定违反户口管理的行为如下：不按照户口登记条例申报户口的；假报户口的；伪造、涂改、转让、出借、出卖户口证件的；冒名顶替他人户口的；旅店管理人员不按规定办理旅客登记的等。凡有上述行为之一的，根据情节轻重，依法给予治安管理处罚或者追究刑事责任。

(二)《居民身份证法》的主要内容

《居民身份证法》,是 2003 年 6 月 28 日第十届全国人大常委会第三次会议通过、2004 年 1 月 1 日起施行的法律。根据 2011 年 10 月 29 日第十一届全国人大常委会第二十三次会议《关于修改〈中华人民共和国居民身份证法〉的决定》修订,2012 年 1 月 1 日施行。共 5 章 23 条,对本法的立法目的,适用范围和居民身份证的申领和发放、使用和查验、法律责任等作出规定。

《居民身份证法》自 2004 年实施以来,在证明公民身份、保障公民合法权益、便利公民进行社会活动等方面发挥了重要作用。但随着社会的发展变化,特别是社会信息化以及电子证件技术的不断发展,对第二代居民身份证的使用、管理提出了新的要求。《居民身份证法》的修订贯彻了中央关于社会管理创新的指导思想,对于更好地维护公民合法权益、保护公民个人信息以及进一步规范公安机关人民警察依法查验居民身份证行为等都具有重要意义。新修订的《居民身份证法》对居民身份证登记指纹信息、停止使用第一代居民身份证、保护公民个人信息安全、增加人民警察依法查验居民身份证的情形作了明确规定。在居民身份证中加入指纹信息,公安机关和社会用证单位可以通过核验指纹,快速准确地进行"人证同一性"认定,有效防范冒用他人居民身份证以及伪造、变造居民身份证等违法犯罪行为的发生,有利于维护国家安全和社会稳定,有利于保障公民的合法权益,有利于提高工作效率。

(三)有关户口、居民身份证的其他规定

1.关于流动人口管理的规定

改革开放以来,农村人口大批流入城镇务工、经商。对此,国家作出了一系列规定。1984 年 10 月 13 日和同年 11 月 3 日,先后发出了《国务院关于农民进入集镇落户问题的通知》和《公安部关于贯彻实施〈国务院关于农民进入集镇落户问题的通知〉的通知》;1985 年 7 月 13 日又发布了《公安部关于城镇暂住人口管理的暂行规定》;1995 年 6 月 2 日公安部发布了《暂住证申领办法》。这些规范性文件的出发点:一是解决进入集镇务工、经商农民及其家属的权利和义务问题;二是解决城市流动人口管理问题。

2.关于户口改革的规定

众所周知,1958 年公布施行的《户口登记条例》已不适应新时期户口管理的需要,而我国户籍制度改革的任务艰巨而复杂,为解决户口管理中不断出现的问题,改革开放后发布了一系列规定,如 1997 年 6 月 10 日国务院批转了《公安部关于小城镇户籍管理制度改革试点方案》《公安部关于完善农村户籍制度的意见》两个规范性文件;1998 年 7 月 22 日国务院批转了《公安部关于解决当前户口管理工作中几个突出问题的意见》,主要解决婴儿、分居夫妻、老年公民进城投靠子女、公民到城市投资办企业和购买商品房的落户口问题;2001 年 3 月 30 日国发〔2001〕6 号文件发布《国务院批转公安部关于推进城镇户籍制度改革意见的通知》,分目标与原则、范围与内容、执法要求三个方面的规定,引导农村人口向小城镇有序转移,促进小城镇健康发展,为户籍管理制度的总体改革奠定基础。

3.《临时居民身份证管理办法》

为了解决中国公民急需使用身份证件的问题,1989 年 9 月 15 日公安部发布了一个部门规章《临时身份证管理暂行规定》,该规定确定了申办临时居民身份证的基本制度。后 2005 年公安部正式颁布施行《临时居民身份证管理办法》,上述《临时身份证管理暂行规定》同时废止。《临时居民身份证管理办法》共 19 条,明确临时居民身份证的法律效力、临时居民身份证式样、登记的项目、有效期限、制发管理和签发机关等内容。明确规定公民从事有关活动,需要证明身份的,有权使用临时居民身份证证明身份,有关单位及其工作人员不得拒绝。同时还强调了人民警察依法执行职务,有权依法查验公民的临时居民身份证,被查验的公民不得拒绝。

二、出入境和边防管理法制度

出入境和边防管理法制度由《中华人民共和国护照法》、《中华人民共和国出境入境管理法》(简称《出境入境管理法》)、《中国公民因私事往来香港地区或者澳门地区的暂行管理办法》、《中国公民往来台湾地区管理办法》、《中华人民共和国出境入境边防检查条例》(简称《边防检查条例》)等法律法规组成。其中《出境入境管理法》是在 1985 年《中华人民共和国公民出境入境管理法》和《中华人民共和国外国人入境出境管理法》两部法律的基础上制定的,后两部法律同时废止。

(一)《出境入境管理法》的主要内容

2012 年 6 月 30 日发布 2013 年 7 月 1 日起施行的《出境入境管理法》,是随着中国经济社会快速发展和对外开放不断扩大,国际交往日益频繁,中国公民出境和外国人入境数量急剧增多,出入境管理工作出现了一些新情况、新问题。20 世纪 80 年代供出台的《中华人民共和国公民出境入境管理法》《中华人民共和国外国人入境出境管理法》等法律法规已无法适应当前形势发展需要。因此,在总结出入境管理工作实践经验的基础上,一部统一的出境入境管理法应势而生。该法以"以人为本,服务为先"为宗旨,从立法理念上实现了从强调管理向服务和管理并重的重大转变,对中国加强出入境管理、维护国家主权、安全和社会秩序具有积极意义,也将进一步促进中国的对外交往和对外开放,为中外人员出入境提供更多便利。

《出境入境管理法》与前两部法律相比,有以下特点:一是国家建立统一的管理信息平台。在该法实施前,出入境管理信息系统是由中国公安、外交等各部门分别建立。国家建立统一的出境入境管理信息平台,实现有关管理部门信息共享。二是规范停留居留制度。三是增加便民措施。如规定具备条件的口岸应当为中国公民出入境提供专用通道等便利措施。四是加大对外国人非法入境、非法居留、非法就业问题的处罚力度,五是入境签证制度新变化。明确签证分为外交签证、礼遇签证、公务签证和普通签证。

（二）《边防检查条例》的主要内容

《边防检查条例》是 1995 年 7 月 20 日国务院发布,于同年 9 月 1 日起施行的。它是在 1965 年发布的边防检查条例的基础上并结合 30 年来的边防执法实践修订而成的,共分 6 章 47 条。内容包括:人员的检查与管理、交通运输工具的检查和监护、行李物品与货物的检查、对违反边防检查的处罚等。

三、道路交通安全管理法制度

道路交通安全管理法制度是由《中华人民共和国道路交通安全法》(简称《道路交通安全法》)、《中华人民共和国道路交通安全法实施条例》(简称《实施条例》)、《道路交通安全违法行为处理程序规定》(简称《交通安全违法行为处理程序规定》)、《道路交通事故处理程序规定》(简称《交通事故处理程序规定》)、《机动车驾驶证申领和使用规定》、《机动车登记规定》以及各地方的道路交通安全法的实施细则(条例)等以及其他法律、法规、规章中涉及道路交通安全管理内容的规定。道路交通安全法律规范的基本内容,主要包括车辆、驾驶人管理规范、道路条件及道路通行规范、交通警察道路执勤执法规范、交通事故处理规范、道路交通安全监督检查规范、道路交通安全执法监督规范和道路交通安全技术规范等。

（一）《道路交通安全法》和《实施条例》

2003 年 10 月 28 日第十届全国人民代表大会常务委员会第五次会议通过了《道路交通安全法》。2004 年 4 月 30 日国务院第 405 号令发布了《实施条例》。后根据 2007 年 12 月 29 日第十届全国人民代表大会常务委员会第三十一次会议《关于修改〈中华人民共和国道路交通安全法〉的决定》对该法进行了第一次修正。2011 年 4 月 22 日第十一届全国人民代表大会常务委员会第二十次会议再次作出《关于修改〈中华人民共和国道路交通安全法〉的决定》,该法又于 2011 年进行了第二次修正。为了适应公安体制改革,也为了更好履行道路交通管理的职责,提高管理效率,该法目前正在进行新一轮修订工作。《道路交通安全法》共 8 章 124 条,包括了车辆和驾驶人的管理、道路通行条件、道路通行规定、交通事故处理、执法监督、法律责任等。《实施条例》分 8 章 115 条,分别对车辆和驾驶人、道路通行条件、道路通行规定、交通事故处理、执法监督、法律责任等作出了更为详细的规定。

《道路交通安全法》和《实施条例》确立我国道路交通安全管理的基本制度。比如,在车辆的范围上确定了:车辆包括机动车和非机动车。其中"机动车",是指以动力装置驱动或者牵引,上道路行驶的供人员乘用或者用于运送物品以及进行工程专项作业的轮式车辆。"非机动车",是指以人力或者畜力驱动,上道路行驶的交通工具,以及虽有动力装置驱动但设计最高时速、空车质量、外形尺寸符合有关国家标准的残疾人机动轮椅车、电动自行车等交通工具。① 比如,在机动车管理基本制度方面,确定了机动车登记制度、机动车牌证制度、机动车检验制度、机动车第三者责任强制保险制度、机动车第三者责任强制保险制度。再比如,在非机动车管理的基本制度方面,确定了机动车驾驶许可制度、驾驶培训机构许可制度、驾驶资格升级考试制度、机动车驾驶员的累计记分制度。在道路通行条件基本规范方面,确定了交通信号、公安机关及其交通管理部门保障道路通行条件的法定职责。在道路通行基本规范方面,该法确定了通行的基本原则、通行的基本规范。此外,在交通警察道路执勤执法规范、道路交通事故处理规范、道路交通安全监督规范、道路交通安全执法监督规范、道路交通安全管理技术性规范等方面,也有原则规定。

(二)《交通事故处理程序规定》和《交通安全违法行为处理程序规定》

《交通事故处理程序规定》是 2004 年 4 月 30 日公安部令第 70 号发布的部门规章,该《规定》分别于 2007 年 8 月 17 日和 2017 年 7 月 22 日进行了修订。现行的《交通事故处理程序规定》自 2018 年 5 月 1 日起施行,共 12 章 114 条。内容包括:管辖、报警和受案、自行协商、简易程序、调查、认定与复核、处罚执行、损害赔偿调解、涉外道路交通事故处理等。

《交通安全违法行为处理程序规定》是 2004 年 4 月 30 日公安部发布的部门规章,该《规定》于 2008 年 12 月 20 日进行了修订,分 8 章 71 条。包括:管辖、调查取证、政强制措施适用、行政处罚、执法监督等。

四、消防监督管理法制度

消防监督管理法制度是以《中华人民共和国消防法》为主体的各种法律规范性文件的总称。现行的消防安全管理制度除《中华人民共和国消防法》(简称《消防法》)外,主要包括《消防监督检查规定》(2012 年 7 月修订)、《公共娱乐场所消防安全管理规定》(1999 年 5 月)、《建设工程消防监督管理规定》(2012 年修订)、《消防监督检查规定》(2012 年 7 月修订)、《消防产品监督管理规定》(2012 年 8 月修订)、《火灾事故调查规定》(2012 年 7 月修订)等。

"消防"一词 20 世纪初从日本传入我国,开始泛指消灭和预防火灾水患,后来逐步缩小到消灭和预防火灾,于是约定俗成,具有现在"火灾消防"的特定含义。消防工作与消防法制,实际上是人类在同火灾作斗争的长期实践中,逐步形成和发展

---

① 《道路交通安全法》第 119 条第 2 项、第 3 项、第 4 项。

起来的一项社会安全保障措施和法律制度。中华人民共和国成立后,组建了新型的公安消防队伍,制定了消防管理法规。1957 年第一届全国人大常委会第八十次会议制定了《消防监督条例》;1984 年第六届全国人大常委会第五次会议制定了《消防条例》,代替了《消防监督条例》;1998 年 4 月 29 日第九届全国人大常委会第二次会议制定了《消防法》,又代替了《消防条例》。此后,还陆续制定了一系列消防管理法规、规章和消防技术规范,使消防工作基本上做到了有法可依。

为了适应社会主义市场经济条件下消防管理工作的新特点,2008 年 10 月 28 日第十一届全国人民代表大会常务委员会第五次会议再次修订了《消防法》,修订后的《消防法》分 8 章 74 条。包括:火灾预防、消防组织、灭火救援、监督检查、法律责任等。修订后的《消防法》按照政府职能转变和依法行政的要求,在消防安全管理制度、消防责任主体的消防责任和消防执法监督三个方面进行了完善。比如在消防责任主体的消防责任方面,根据国务院关于构建“政府统一领导、部门依法监管、单位全面负责、群众积极参与”的消防工作新机制的要求,从以下四个方面规定了消防责任主体的义务和责任。

一是进一步明确了地方人民政府在火灾预防、灭火救援等方面的职责。规定:县级以上地方人民政府应当组织有关部门针对本行政区域内的火灾特点制定应急预案,建立应急反应和处置机制,为灭火救援工作提供保障。县级以上地方人民政府应当落实消防工作责任制,对本级人民政府有关部门履行消防安全职责的情况进行监督检查。对影响公共安全的重大火灾隐患,县级以上地方人民政府接到公安机关消防机构书面报告后,应当组织制定整改方案,落实整改责任。地方人民政府对本地区影响公共安全的重大火灾隐患未组织制定整改方案、落实整改责任,以及对未经消防验收或者验收不合格的建设工程要求投入使用,造成后果的,对其主管负责人和其他直接责任人员由监察机关或者任免机关给予处分。

二是进一步明确了政府有关部门、团体在消防安全教育、消防安全检查等方面的职责。规定:教育、科技、人力资源和社会保障、司法行政、安全生产等有关部门以及工、青、妇等团体应当加强消防安全宣传教育工作。政府有关部门应当根据所主管的系统的特点有针对性地开展消防安全检查,及时督促整改火灾隐患。

三是赋予公安派出所消防管理职责。考虑到公安机关消防机构只在县级以上人民政府公安机关设立,而公安派出所面对广大农村和城市社区,最了解基层消防安全状况,依法赋予了派出所消防管理职责,规定:公安派出所可以负责日常消防监督检查、开展消防宣传教育。同时,还赋予了公安派出所对消防违法行为的“警告、500 元以下罚款”的行政处罚权。

四是进一步强化了社会组织在保障消防安全方面的具体义务,并规定公众聚集场所以及高火险企业应当参加火灾公众责任保险。

应当强调的是,根据 2008 年《消防法》第三章消防组织的各条规定,消防组织有三种形式:公安消防队、专职消防队和志愿消防队。其中公安消防队以消防站为基地,是公安机关的基层消防组织,属于义务兵役制的武装警察部队序列,直接担负着组织和实施火灾扑救、保卫国家建设和人民生命财产安全的任务。根据 2018 年 2 月 28 日的《中共中央关于深化党和国家机构改革的决定》的精神,公安消防部队不再列武警部队序列,全部退出现役后成建制划归应急管理部,成立消防救援机构,隶属于应急管理部,具体承担灭火救援和其他应急救援工作。

为了适应上述改革的需要,2019 年 4 月 23 日下午,第十三届全国人民代表大会常务委员会第十次会议,表决通过了《消防法》的修改,自 2019 年 5 月 1 日起施行。新《消防法》的修订,共涉及 11 项修改。主要涉及:(1)明确由消防救援机构承担消防监管职能,承担消防产品的监督检查;有权进行消防行政处罚。(2)消防救援机构保留了火灾调查统计职能。(3)公众聚集场所的开业前消防安全检查仍然是法定要求。未经检查或经检查不合格投用或营业的,由消防救援机构责令停止使用、停产停业并处 3 万～30 万元罚款。(4)消防技术服务机构和从业人员,应当依法获得相应的资质、资格。(5)派出所的消防监管职能未变。公安派出所可以负责日常消防监督检查、开展消防宣传教育。

五、特种行业治安管理法制度

所谓特种行业,是指工商、服务行业中一些既与社会生活有密切联系又容易被违法犯罪分子利用来立足藏身、造假、销赃等违法犯罪活动,法律规定由公安机关进行治安管理的特殊行业。特种行业治安管理法制度是规范特种行业治安管理的法律、行政法规、部门规章和地方性法规、规章的总称。主要包括:《典当管理办法》(2005 年 2 月)、《旅馆业治安管理办法》(2011 年修订)、《废旧金属收购业治安管理办法》(1994 年 1 月)、《印刷业管理条例》(2001 年 8 月)等。特种行业治安管理法制度的内容主要包括:适用范围、开业备案和申请许可制度、行业经营登记与报告制度、公安机关在特种行业治安管理中的职权等。

(一)特种行业开业备案和申请许可制度

特种行业开业备案和申请许可制度,是指经营特种行业,必须具备建筑、设施、设备、专业人员、安全防范制度等法定条件,经过行业主管、工商部门的登记许可,向所在地市、县公安局申请备案或者申请特种行业许可证,方准开业,否则就是违法。

1.特种行业申请开业的条件

以《旅馆业治安管理办法》为例。根据《旅馆业治安管理办法》的规定,旅馆业的开办应符合的条件包括:一是房屋建筑符合消防法规的规定,有安全防盗设施,硬件上为旅客提供生命财产的安全保障;二是根据经营规模和职工人数,建立安全保卫机构和治安保卫组织,并指定安全负责人;三是按照单位大小,分别设置财物保管室(库、柜),配备专人负责,并有完善的保管、登记、收取制度;四是附有舞厅、酒吧等娱乐、服务场所的旅馆,还必须符合有关法律或地方法规的规定。

2.特种行业开业申请和审批

以《租赁房屋治安管理规定》为例。根据《租赁房屋治安管理规定》第6条的规定,私有房屋出租的,出租人须持房屋所有权证或者其他合法证明、居民身份证、户口簿,向房屋所在地公安派出所申请登记;单位房屋出租的,出租人须持房屋所有权证、单位介绍信,到房屋所在地公安派出所申请登记,经审核符合本规定出租条件的,由出租人向公安派出所签订治安责任保证书。

(二)特种行业经营登记与报告制度

以《旅馆业治安管理办法》为例。旅馆业治安管理办法规定,旅馆业单位设专人负责旅客登记、查验证件,不得接纳来历不明的人住宿,登记方法力求简化,以掌握旅客基本情况为原则;接待境外旅客的宾馆、饭店,登记方法应符合国际惯例;按规定项目进行登记后,应将登记册或者登记情况报送当地公安机关。旅馆工作人员发现被通缉、通报的犯罪嫌疑人或者其他可疑情况,应当立即报告公安机关,不得知情不报或者违法处置。

(三)公安机关在特种行业治安管理中的职权

以《旅馆业治安管理办法》为例。根据《旅馆业治安管理办法》第14条的规定,公安机关对旅馆治安管理的职责是,指导、监督旅馆建立各项安全管理制度和落实安全防范措施,协助旅馆对工作人员进行安全业务知识的培训,依法惩办侵犯旅馆和旅客合法权益的违法犯罪分子。应当注意的是,公安人员到旅馆执行公务时,应当出示证件,严格依法办事,要文明礼貌待人,维护旅馆的正常经营和旅客的合法权益。旅馆工作人员和旅客应当予以协助。

根据《旅馆业治安管理办法》的有关规定,违法开办旅馆的,公安机关可以酌情给予警告或者处以200元以下罚款;未经登记,私自开业的,公安机关应当协助工商行政管理部门依法处理。旅馆工作人员发现违法犯罪分子,形迹可疑的人员和被公安机关通缉的罪犯,不向当地公安机关报告,知情不报或隐瞒包庇,公安机关可以酌情给予警告或者处以200元以下罚款;情节严重构成犯罪的,依法追究刑事责任。

六、公共安全管理法制度

公共安全管理法制度是概括名称,大致可分为两类:一类是公共场所的治安管理法规,如《娱乐场所管理条例》、《中华人民共和国集会游行示威法》(简称《集会游行示威法》)、《城市生活无着的流浪乞讨人员救助管理办法》和各种禁赌、禁娼、禁毒规定等。另一类是公共安全管理与安全防范类的法规,如《中华人民共和国枪支管理法》(简称《枪支管理法》)、《民用爆炸物品管理条例》、《危险化学品安全管理条例》、《射击场设置管理规程》、《中华人民共和国计算机信息系统安全保护条例》（简称《计算机信息系统安全保护条例》）等。由于公共安全管理法制度数量较多，本部分以《集会游行示威法》《枪支管理法》《计算机信息系统安全保护条例》为例。

（一）《集会游行示威法》的主要内容

1989 年 10 月 31 日公布施行的《集会游行示威法》于 2009 年 8 月 27 日进行了修订。《集会游行示威法》共 5 章 36 条，分别就该法的立法目的，适用范围、法定原则、主管机关、集会游行示威的申请许可、举行、法律责任作出了明确规定。此外，经国务院批准公安部于 1992 年 6 月 16 日还发布了《集会游行示威法实施条例》，该《条例》也于 2011 年进行了修订，分 5 章 33 条，对《集会游行示威法》确定的原则、制度作了具体规定。

1.适用范围、方式和主管机关

集会游行示威，是指聚集于露天公共场所或者公共道路上以集会、游行、静坐等方式表达要求、意愿、抗议或者支持、声援等活动。按照规定，文娱、体育活动，正常的宗教活动，传统的民间习俗活动，不适用本法。《集会游行示威法》还规定了公民行使集会、游行、示威的权利，各级人民政府应当依法予以保障。同时还规定了公民在行使集会、游行、示威的权利的时候，必须遵守宪法和法律，不得反对宪法所确定的基本原则，不得损害国家的、社会的、集体的利益和其他公民的合法的自由和权利。集会、游行、示威应当和平地进行，不得携带武器、管制刀具和爆炸物，不得使用暴力或者煽动使用暴力。

集会、游行、示威的主管机关，是集会、游行、示威举行地的市、县公安局、城市公安分局；游行、示威路线经过两个以上区、县的，主管机关为所经过区、县的公安机关的共同上一级公安机关。

2.申请许可和救济

按照规定，举行集会、游行、示威，必须依照本法规定向主管机关提出申请并获得许可。规定了不需申请和不予许可的情形。比如规定有下列情形之一的，不予许可：(1)反对宪法所确定的基本原则的；(2)危害国家统一、主权和领土完整的；(3)煽动民族分裂的；(4)有充分根据认定申请举行的集会、游行、示威将直接危害公共安全或者严重破坏社会秩序的。

按照规定，举行集会、游行、示威，必须有负责人。其负责人必须在举行日期的 5 日前向主管机关递交书面申请。主管机关接到集会、游行、示威申请书后，应当在申请举行日期的 2 日前，将许可或者不许可的决定书面通知其负责人。不许可的，应当说明理由。逾期不通知的，视为许可。此外还规定，主管机关认为按照申请的时间、地点、路线举行集会、游行、示威，将对交通秩序和社会秩序造成严重影响的，在决定许可时或者决定许可后，可以变更举行集会、游行、示威的时间、地点、路线，并及时通知其负责人。集会、游行、示威的负责人对主管机关不许可的决定不服的,可以自接到决定通知之日起 3 日内,向同级人民政府申请复议,人民政府应当自接到申请复议书之日起 3 日内作出决定。

3.集会游行示威的举行和公安机关的职权

按照规定,主管机关应当派出人民警察维持交通秩序和社会秩序,保障集会、游行、示威的顺利进行。为了保障依法举行的游行的行进,负责维持交通秩序的人民警察可以临时变通执行交通规则的有关规定。主管机关为了维持秩序,可以设置临时警戒线,未经人民警察许可,不得逾越。按照规定,有下列情形之一的,人民警察应当予以制止:(1)未依照本法规定申请或者申请未获许可的;(2)未按照主管机关许可的目的、方式、标语、口号、起止时间、地点、路线进行的;(3)在进行中出现危害公共安全或者严重破坏社会秩序情况的。对于不听制止的,人民警察现场负责人有权命令解散;拒不解散的,人民警察现场负责人有权依照国家有关规定决定采取必要手段强行驱散,并对拒不服从的人员强行带离现场或者立即予以拘留。参加集会、游行、示威的人员越过设置的临时警戒线、进入不得举行集会、游行、示威的特定场所周边一定范围或者有其他违法犯罪行为的,人民警察可以将其强行带离现场或者立即予以拘留。

(二)《枪支管理法》的主要内容

1996 年 7 月 5 日全国人大常委会通过的《枪支管理法》,该法分别于 2009 年 8 月 27 日和 2015 年 4 月 24 日进行了两次修订。《枪支管理法》共 8 章 50 条,分别就枪支管理的原则、枪支的配备、配置、制造、运输、入境、出境和民用枪支的配售、日常管理、法律责任等作出了具体规定。

1.适用范围和主管机关

根据规定,《枪支管理法》适用于中华人民共和国境内的枪支管理。对中国人民解放军、中国人民武装警察部队和民兵装备枪支的管理,国务院、中央军事委员会另有规定的,适用有关规定。国家严格管制枪支。禁止任何单位或者个人违反法律规定持有、制造(包括变造、装配)、买卖、运输、出租、出借枪支。国家严厉惩处违反枪支管理的违法犯罪行为。任何单位和个人对违反枪支管理的行为有检举的义务。国家对检举人给予保护,对检举违反枪支管理犯罪活动有功的人员,给予奖励。

根据规定,国务院公安部门主管全国的枪支管理工作。县级以上地方各级人民政府公安机关主管本行政区域内的枪支管理工作。上级人民政府公安机关监督下级人民政府公安机关的枪支管理工作。

2.枪支的配备和配置

配备和配置的枪支包括公务用枪、民用枪支、猎枪、麻醉注射枪等。公安机关、国家安全机关、监狱的人民警察,人民法院的司法警察,人民检察院的司法警察和担负案件侦查任务的检察人员,海关的缉私人员,在依法履行职责时确有必要使用枪支的,可以配备公务用枪。国家重要的军工、金融、仓储、科研等单位的专职守护、押运人员在执行守护、押运任务时确有必要使用枪支的,可以配备公务用枪。配备公务用枪,由国务院公安部门或者省级人民政府公安机关审批。配备公务用枪时,由国务院公安部门或者省级人民政府公安机关发给公务用枪持枪证件。

《枪支管理法》还对民用枪支、猎枪、麻醉注射枪的配置范围作了详细的规定。如规定,狩猎场配置猎枪,凭省级以上人民政府林业行政主管部门的批准文件,报省级以上人民政府公安机关审批,由设区的市级人民政府公安机关核发民用枪支配购证件。

3.枪支的制造和民用枪支的配售

根据规定,国家对枪支的制造、配售实行特别许可制度。未经许可,任何单位或者个人不得制造、买卖枪支。公务用枪由国家指定的企业制造。制造民用枪支的企业,由国务院公安部门核发民用枪支制造许可证件。配售民用枪支的企业,由省级人民政府公安机关核发民用枪支配售许可证件。民用枪支制造许可证件、配售许可证件的有效期为三年;有效期届满,需要继续制造、配售民用枪支的,应当重新申请领取许可证件。

根据规定,国家对制造、配售民用枪支的数量,实行限额管理。制造民用枪支的年度限额,由国务院林业、体育等有关主管部门、省级人民政府公安机关提出,由国务院公安部门确定并统一编制民用枪支序号,下达到民用枪支制造企业。配售民用枪支的年度限额,由国务院林业、体育等有关主管部门、省级人民政府公安机关提出,由国务院公安部门确定并下达到民用枪支配售企业。公安机关对制造、配售民用枪支的企业制造、配售、储存和账册登记等情况,必须进行定期检查;必要时,可以派专人驻厂对制造企业进行监督、检查。国家禁止制造、销售仿真枪。

4.枪支的日常管理

根据规定,配备、配置枪支的单位和个人必须妥善保管枪支,确保枪支安全。配备、配置枪支的单位,必须明确枪支管理责任,指定专人负责,应当有牢固的专用保管设施,枪支、弹药应当分开存放。对交由个人使用的枪支,必须建立严格的枪支登记、交接、检查、保养等管理制度,使用完毕,及时收回。配备、配置给个人使用的枪支,必须采取有效措施,严防被盗、被抢、丢失或者发生其他事故。配备、配置枪支的单位和个人必须遵守下列规定:(1)携带枪支必须同时携带持枪证件,未携带持枪证件的,由公安机关扣留枪支;(2)不得在禁止携带枪支的区域、场所携带枪支;(3)枪支被盗、被抢或者丢失的,立即报告公安机关。

根据规定,国家对枪支实行查验制度。持有枪支的单位和个人,应当在公安机关指定的时间、地点接受查验。拒不接受查验的,枪支和持枪证件由公安机关收缴。为了维护社会治安秩序的特殊需要,经国务院公安部门批准,县级以上地方各级人民政府公安机关可以对局部地区合法配备、配置的枪支采取集中保管等特别管制措施。

5.枪支的运输、入境和出境

根据规定,任何单位或者个人未经许可,不得运输枪支。需要运输枪支的,必须向公安机关如实申报运输枪支的品种、数量和运输的路线、方式,领取枪支运输许可证件。在本省、自治区、直辖市内运输的,向运往地设区的市级人民政府公安机关申请领取枪支运输许可证件;跨省、自治区、直辖市运输的,向运往地省级人民政府公安机关申请领取枪支运输许可证件。没有枪支运输许可证件的,任何单位和个人都不得承运,并应当立即报告所在地公安机关。公安机关对没有枪支运输许可证件或者没有按照枪支运输许可证件的规定运输枪支的,应当扣留运输的枪支。运输枪支必须依照规定使用安全可靠的封闭式运输设备,由专人押运;途中停留住宿的,必须报告当地公安机关。运输枪支、弹药必须依照规定分开运输。严禁邮寄枪支,或者在邮寄的物品中夹带枪支。

根据规定,国家严格管理枪支的入境和出境。任何单位或者个人未经许可,不得私自携带枪支入境、出境。外国驻华外交代表机构、领事机构的人员携带枪支入境,必须事先报经中华人民共和国外交部批准;携带枪支出境,应当事先照会中华人民共和国外交部,办理有关手续。经批准携带枪支入境的,入境时,应当凭批准文件在入境地边防检查站办理枪支登记,申请领取枪支携运许可证件,向海关申报,海关凭枪支携运许可证件放行;到达目的地后,凭枪支携运许可证件向设区的市级人民政府公安机关申请换发持枪证件。经批准携带枪支出境的,出境时,应当凭批准文件向出境地海关申报,边防检查站凭批准文件放行。

(三)《计算机信息系统安全保护条例》的主要内容

1994年2月18日国务院发布施行的《计算机信息系统安全保护条例》于2011年进行了修订,分5章31条。内容包括了适用范围、基本原则、安全保护制度、安全监督和法律责任。

1.适用范围和主管机关

计算机信息系统,是指由计算机及其相关的和配套的设备、设施(含网络)构成的,按照一定的应用目标和规则对信息进行采集、加工、存储、传输、检索等处理的人机系统。计算机信息系统的安全保护,应当保障计算机及其相关的和配套的设备、设施(含网络)的安全,运行环境的安全,保障信息的安全,保障计算机功能的正常发挥,以维护计算机信息系统的安全运行。计算机信息系统的安全保护工作,重点维护国家事务、经济建设、国防建设、尖端科学技术等重要领域的计算机信息系统的安全。任何组织或者个人,不得利用计算机信息系统从事危害国家利益、集体利益和公民合法利益的活动,不得危害计算机信息系统的安全。

根据规定,公安部主管全国计算机信息系统安全保护工作。国家安全部、国家保密局和国务院其他有关部门,在国务院规定的职责范围内做好计算机信息系统安全保护的有关工作。

2.安全保护制度

根据规定,计算机信息系统实行安全等级保护。安全保护制度涉及计算机机房、计算机信息系统、计算机信息媒体、计算机病毒、计算机信息系统安全专用产品的销售等。如规定,进行国际联网的计算机信息系统,由计算机信息系统的使用单位报省级以上人民政府公安机关备案。运输、携带、邮寄计算机信息媒体进出境的,应当如实向海关申报。计算机信息系统的使用单位应当建立健全安全管理制度,负责本单位计算机信息系统的安全保护工作。对计算机信息系统中发生的案件,有关使用单位应当在 24 小时内向当地县级以上人民政府公安机关报告。对计算机病毒和危害社会公共安全的其他有害数据的防治研究工作,由公安部归口管理。国家对计算机信息系统安全专用产品的销售实行许可证制度。

3.安全监督

根据规定,公安机关对计算机信息系统安全保护工作行使下列监督职权:(1)监督、检查、指导计算机信息系统安全保护工作;(2)查处危害计算机信息系统安全的违法犯罪案件;(3)履行计算机信息系统安全保护工作的其他监督职责。公安机关发现影响计算机信息系统安全的隐患时,应当及时通知使用单位采取安全保护措施。公安部在紧急情况下,可以就涉及计算机信息系统安全的特定事项发布专项通令。

第三节 《人民警察法》的发展与修改完善

在警察法制度体系中,《人民警察法》的地位极为特殊和重要。它不仅奠定了警察组织法制度的基础,还由于中华人民共和国成立以来的两部人民警察法都采取综合性立法模式,其内容定位不仅是组织法,还规定了基础和重要的警察职权及其重要程序等行为法内容,因此还是多部警察行为法的重要立法依据。本节以《人民警察法》的发展和修改完善为线索,从中窥见我国整体警察法制度的实践和发展。

一、两部人民警察法的主要内容和意义

自中华人民共和国成立至今,我们经历了两部人民警察法,现行的《中华人民共和国人民警察法》(简称《人民警察法》)是在 1957 年《中华人民共和国人民警察条例》(简称《人民警察条例》)的基础上修改后重新颁布实施的。1957 年 6 月 25 日第一届全国人民代表大会常务委员会第七十六次会议通过,由国家主席签署命令公布实施的《人民警察条例》,对于确立中华人民共和国的人民警察制度,加强人

民警察队伍建设,保障人民警察依法执行职务,保护公民的合法权益,维护国家安全和社会治安秩序,起到了历史性的重要作用,是中华人民共和国第一部人民警察法。《人民警察条例》共 11 条,未设章、节,基本内容有以下几个方面:(1)人民警察的性质和任务;(2)人民警察和人民群众的关系;(3)人民警察的职责和权限;(4)人民警察的领导体制;(5)人民警察的管理制度。《人民警察条例》以法律的形式确立了中华人民共和国的人民警察制度,30 多年来对加强人民警察的建设和工作起到了历史性的重要作用。

随着我国改革开放的不断深入,人民警察工作和人民警察队伍建设面临着许多新情况和新问题,社会主义民主与法制建设的发展也对人民警察的执法活动提出了新的更高要求,《人民警察条例》已显然不能适应客观需要,亟须制定一部新的人民警察法。第一,《人民警察条例》是在以阶级斗争为纲、实行计划经济和闭关锁国的历史背景下制定的,不能不受时代和社会环境的局限,30 年多年,客观情况已经发生了巨大的变化。第二,改革开放后随着经济的发展,社会治安形势也出现了新变化,过去几乎很少发生的如吸毒贩毒、卖淫嫖娼、拐卖妇女儿童等违法犯罪现象出现甚至在一些地方比较严重,部分地方社会治安不好,群众没有安全感。在这种情况下,人民警察在办理案件和行政管理工作中遇到许多复杂的情况和问题,任务更加繁重,工作难度加大,《人民警察条例》规定的人民警察的任务和职责权限与现实情况和工作要求已经远远不相适应。第三,人民警察的管理体制 30 多年来经历了两次重大的变革。一次是 1982 年党中央决定将公安机关原有的武装警察和边防、消防警察(以后又有警卫)与人民解放军内卫部队合并并组建中国人民武装警察部队。另一次是 1983 年,党中央、国务院决定改革政治体制,将中央调查部与原由公安部主管的对间谍的侦查部门合并组建为国家安全部,将公安部原来主管的监狱和劳动教养管理工作成建制地移交司法部。《人民警察条例》规定的领导体制已经与实际情况不符。第四,人民警察队伍状况有了很大变化,而《人民警察条例》无论在组织管理还是在教育培训和警务保障等方面已经无法适应。另外,30多年来,国家先后出台了一系列法律法规,其中不少与人民警察的职责权限、义务和纪律密切相关,而这些在《人民警察条例》中是没有体现的。

为了使人民警察在执法中的许多问题能够通过法律加以解决,同时,也为了使人民警察队伍的革命化、正规化和现代化建设进一步纳入法制化的轨道,在总结《人民警察条例》实施以来实践经验的基础上制定人民警察法是迫切需要的。公安部 1982 年年初即组织专门班子,着手起草人民警察法。经过 12 年的深入调查研究,广泛征求意见,反复研究论证,参考、借鉴了一些国家的警察法,形成了提请审议的《人民警察法(草案)》。1995 年 2 月 28 日,第八届全国人民代表大会常务委员会第十二次会议通过了《中华人民共和国人民警察法》,当日由中华人民共和国主席令第四十号公布实施。《人民警察法》的颁布实施是我国人民警察队伍建设的一件大事,它是人民警察队伍建设走向科学化、正规化、制度化、法制化的重要里程碑。

《人民警察法》作为警察队伍建设的重要法律规范,明确规定了人民警察的职权、权利和义务、警察的组织管理、警务保障、法律责任等。之后,依据《人民警察法》的规定,全国人大、国务院和公安部又出台了多项有关警察队伍建设的法律法规和规章。这些法律法规主要有:《中华人民共和国人民警察警衔条例》《公安机关督察条例》《公安机关组织管理条例》等。部门规章内容涉及警察组织法规范的多个领域,概括起来主要有:(1)有关警察机构体制、管理和机构编制方面的,如《公安部关于理顺公安派出所和分局管理体制的通知》《关于企业事业单位公安机构体制改革实施办法》《公安部督察委员会工作职责》《公安机关督察条例实施规则》《公安机关执法质量考核评议规定》等。(2)有关人民警察组织管理方面的,如《公安机关人民警察末位调整暂行规定》《公安机关人民警察训练条令》《公安机关人民警察内务条令》《公安机关人民警察录用办法》《公安机关人民警察辞退办法》《公安机关人民警察基本素质考试考核暂行办法》等。(3)有关人民警察标志、装备方面的,如《人民警察警徽使用管理规定》《公安机关人民警察着装管理规定》《人民警察制式服装及其标志管理规定》《警用头盔和警用防弹衣生产登记管理办法》等。

二、《公安机关组织管理条例》主要内容和意义

为了规范公安机关组织管理,保障公安机关及其人民警察依法履行职责,根据《中华人民共和国公务员法》《中华人民共和国人民警察法》,国务院于 2006 年 11 月 1 日通过了《公安机关组织管理条例》,该条例共 7 章、42 条。作为与《人民警察法》配套的重要组织法规,《条例》主要规范了公安机关的职责任务和管理体制,公安机关及其内设机构、派出机构的设置,民警职务序列的设置和管理,公安专项编制的管理,公安机关的经费保障,民警录用、调任、转任、警衔、考核、培训、辞退、奖惩、申诉控告以及工资、保险、抚恤、退休等福利待遇,基本涵盖了公安机关组织管理的主要内容,是我国第一部规范公安机关组织管理的行政法规。

《公安机关组织管理条例》不但科学界定了公安机关性质,进一步理顺了上下级公安机关的领导指挥关系,而且还第一次具体规范了公安机关的内设机构的设置、公安民警职务序列、公安机关辅助人员管理工作,民警加班补休、补助、地方公安机关录警必须实行省级统一招考、公安机关"三个必训"制度,即我们通常所说的上岗前必训、职务和警衔晋升必训、一线民警必训等制度。《公安机关组织管理条例》的颁布实施,是公安队伍建设走向科学化、正规化、制度化、法制化的重要里程碑,它将有助于解决公安机关机构设置不规范、警力配置不科学、职责不清、效率不高、保障不力等问题,同时也为其他职能部门的组织立法提供了可资借鉴的范例。

可以说,自 1995 年颁布实施《人民警察法》后,我国迎来了警察组织立法的春

大,大量警察组织管理方面的法律规范纷纷出台,这些警察组织规范对于完善我国警察组织管理体制,规范人民警察的职务行为具有十分重要的意义。

三、《人民警察法》的修改完善

2016年12月1日公安部公布了《人民警察法(修订草案稿)》。该草案稿一经公布,引起了学界和实务界的热议。现行《人民警察法》是1995年颁布,2012年修订,共8章52条。此次修订草案共有7章109条,与现行的《人民警察法》相比,内容更加具体,有些内容也更具操作性,体现了依法治国,从严治警的理念。但这部草案无论从结构、定位还是从其中一些条款的写法上,却有不少值得商榷的地方。

(一)《人民警察法》的立法定位

我国有关警察组织管理和警察执法方面的法律规范繁多,如果我们将《人民警察法》定位于人民警察的基本法律的话,需要解决两个问题。

第一,内容的定位。《人民警察法》的内容定位是理论界讨论的焦点。内容的定位就是要解决该法是组织法,还是行为法这一定位问题,抑或二者兼而有之。对于《人民警察法》的内容定位,笔者认为还是应当沿袭一贯做法,采取综合性的立法模式。主要有以下三个理由:一是1995年《人民警察法》兼顾了警察职权法、警察组织法、警察行为法、警察责任法等各个方面,即采纳了综合性的立法定位。二是《公务员法》《法官法》《检察官法》也采取了综合性立法,比较而言,偏重于组织人事制度的立法模式。从域外警察法的立法情况来看,大多数国家的警察法无论采取何种模式,均将组织机构和人事制度作为非常重要的组成部分。我国现行《人民警察法》有关这些内容的规定则相当简略,因此,《人民警察法》的立法定位除了采用综合立法模式外,还应当对组织人事制度的主要内容进行规定:一方面是为了保证在法律的层面上理顺公安机关管理体制和警察组织人事体制、保障警察权的有效运行;另一方面也为了与《公务员法》《法官法》《检察官法》等更加有效地衔接。

第二,适用的范围。《人民警察法》的适用范围是理论界和实务界又一热议话题。关于适用范围,笔者认为需要解决下列问题:适用所有的人民警察还是仅限于公安机关的人民警察?问题的争论来自《人民警察法(修订草案稿)》第2条中有关公安机关和人民警察的概念。[①] 与1995年的《人民警察法》第2条规定[②]比较而言,《人民警察法(修订草案稿)》中警察的范围仅限于"公安机关中依法履行治安行

---

① 《人民警察法(修订草案稿)》第2条中有关公安机关和人民警察的概念:"本法所称公安机关是指县级以上人民政府主管公安工作及其人民警察的行政机关。本法所称人民警察,是指公安机关中依法履行治安行政执法和刑事司法职能且被授予人民警察警衔的工作人员。"

② 1995年《人民警察法》第2条规定:"人民警察包括公安机关、国家安全机关、监狱、劳动教养管理机关的人民警察和人民法院、人民检察院的司法警察。"

政执法和刑事司法职能且被授予人民警察警衔的工作人员"。于是,有人提出《人民警察法》是否适用于公安院校的教师,以及其他警察组织中的人民警察。我国警察组织较为复杂,除了公安机关人民警察外,还有安全机关、监狱管理机关、法院、检察院的司法警察。如果我们将《人民警察法》仅定位于公安机关人民警察,或者公安机关组织法,都将失去警察法中基本法的地位。

规范公安机关组织法还是人民警察组织管理法,或二者兼而有之? 问题的争论来自《人民警察法(修订草案稿)》中第三章组织管理的规定。组织管理无疑应当包括机关管理和人员管理,有学者提出,鉴于《人民警察法》是人员法,公安机构的设置、编制、职能定位等是否应当规定在《人民警察法》的条文中。此外,公安机关的事权划分是否能够在《人民警察法》中体现? 众所周知,中央和地方政府的事权划分属于宪法问题,在我国单一制体制下,由《人民警察法》"依法"划分出"中央事权、地方事权、中央和地方共同事权",是否有悖于我国的管理体制。笔者认为,《人民警察法(修订草案稿)》沿袭了现行《人民警察法》的做法,将公安机关与人民警察纳入到了警察法的调整对象之中。公安机关和人民警察各自应当规范的内容不同。对于公安机关而言,其核心内容应当包括机关的构成、职责权限以及行使权限的方式,这是一个国家机关最核心的问题。公安机关的职责是人民警察履行职责的前提,在公安机关与人民警察之间形成明确的职务关系,人民警察只是因为职务关系才具有了履行职务过程中使用某种强制性手段或者措施的权力。因此,《人民警察法》较宜将公安机关和人民警察均纳入规范之中。

（二）人民警察的性质和职权

1.人民警察的性质

是否应当明确警察的概念和性质是本文讨论的话题之一。关于人民警察的性质,理论和实务部门一直存在争议。中华人民共和国成立后先后颁布了两部警察法:1957 年的《人民警察条例》和现行的 1995 年的《人民警察法》。《人民警察条例》的一个突出的贡献就是明确了警察的定义,即"中华人民共和国人民警察属于人民,是人民民主专政的重要工具之一,是武装性质的国家治安行政力量"[①],这是我国警察法中唯一的一次对警察概念的明确表述。这一概念体现出以下几层意思:其一,警察的权力来源于人民,警察是人民的警察;其二,警察是人民民主专政的工具之一;其三,警察具有武装属性;其四,警察是国家的治安行政力量。1957年《人民警察条例》的警察概念中并没有出现人民警察的刑事司法属性。1995 年《人民警察法》中没有明确规定警察的概念,只是从范围上对警察含义进行了描述。1994 年 12 月提交全国人民代表大会常务委员会审议的《人民警察法(草案)》,曾

---

① 1957 年《中华人民共和国人民警察条例》第 1 条。

对警察这样定义："人民警察是人民民主专政政权武装性质的治安行政力量和司法力量。"时任公安部部长的陶驷驹同志在所作的《关于〈中华人民共和国人民警察法（草案）〉的说明》中，曾对此解释认为，《人民警察条例》中警察的定义，比较准确地体现了人民警察的基本性质，但是考虑到人民警察还有刑事侦查、执行刑罚等刑事司法职能，人民法院、人民检察院还有司法警察，为了更准确地体现人民警察的性质，所以在草案中作了这一规定。但最终还是因为理论界和实务界关于警察是否具有司法属性争议太大，《人民警察法（草案）》关于警察的定义没能在审议中通过，取而代之的是对我国警察范围的描述性规定。有学者认为，现行《人民警察法》体现的"警察仍然是一种社会力量，是功能作用的行政主体。这一立法结果为以后进一步探讨警察含义留下了广阔空间"[1]。2006 国务院颁布的《公安机关组织管理条例》第 2 条在 1957 年《人民警察条例》之后以行政法规的立法形式确定了警察的定义，[2]将人民警察确定为"武装性质的国家治安行政力量和刑事司法力量"。这一定义几乎是当年未获通过的《人民警察法（草案）》关于警察定义的翻版。

《人民警察法》是否应当写明人民警察的"武装性"和"刑事司法属性"问题？笔者认为，首先，在《人民警察法》写明人民警察的"武装性"没有必要。人民警察的武装性主要体现在两个方面：一是武器警械使用上；二是对警察人员的组织管理上。依法使用武器警械是警察权与一般行政权的主要区别之一，我们通常讲，警察权的特性之一是它的特殊强制性，而这种特殊强制性主要体现在武器警械的使用和对人身自由的限制。警察权力的属性不易标注在警察人员的身份上。另外，人民警察的组织管理体现了较强的组织纪律性，这些在《人民警察法》的相关条文中均有体现。

刑事司法属性也是警察权的特性之一，我们权且不去讨论警察权是行政权还是具有行政和刑事司法双重属性的问题，警察权包含刑事司法内容这是不争的事实，我们通常认为它反映了警察权的综合性。在《人民警察法（修订草案稿）》明确提出人民警察的"刑事司法性"，笔者认为同样没有必要。至于有学者提出，《公安机关组织管理条例》第 2 条的规定，笔者认为，两个问题需要明确：一是由行政法规规定警察具有司法属性，是否超越了立法权限；二是警察的司法属性是否已经达成共识。在笔者看来，警察是否具有司法性质的争论在学术界和实务界依然存在，特别是目前进行的公安体制改革和司法改革，将会使这种争论进一步深化。

---

① 师维、高文英主编：《警察法学》，中国人民公安大学出版社 2014 年版，第 6 页。

② 《公安机关组织管理条例》第 2 条规定：公安机关是人民民主专政的重要工具，人民警察是武装性质的国家治安行政力量和刑事司法力量，承担依法预防、制止和惩治违法犯罪活动，保护人民，服务经济社会发展，维护国家安全，维护社会治安秩序的职责。

2.人民警察的职责和权力

此次修订草案对人民警察的职责和权力设专章共有 24 条。人民警察职权争论较多,笔者择其要者。

第一,调解处理民间纠纷。《人民警察法(修订草案稿)》第 12 条第 11 款规定了公安机关的职责之一:"调解处理民间纠纷",该条款在学界和实务界引起了广泛的讨论,特别是在不少公安干警中有一种普遍的观点,认为这一条款不仅涉及基层警察日常工作定位,也关乎百姓之间发生纠纷到底找谁解决的问题。甚至认为,相比《人民警察法》第 21 条规定①而言,该条款已经严重影响到了公安机关及其人民警察打击违法犯罪的本职工作,因此,建议将民间纠纷排除在外。

笔者认为,将调解民间纠纷的职责完全排除在公安机关之外既不现实,也有悖公安机关的任务和人民警察的宗旨。周知,警察执法实践中,民间纠纷往往与治安案件、刑事案件,甚至是群体性事件,仅是一步之遥,同样需要公安机关作出快速反应。实践证明,公安机关也确实具有调解处理民间纠纷的诸多优势。另外,无论是《人民警察法》还是《公安机关组织管理条例》确定的公安机关的任务和人民警察的宗旨都使得公安机关无法将民间纠纷完全排斥在职责范围之外。笔者认为,如果将"调解处理民间纠纷"规定为公安机关的职责,就需要明确民间纠纷的概念和范围。没有划定范围和明确适用条件,会给公安机关的增加大量的工作任务和负担,将本来不堪的警力进一步分解,影响公安机关主要任务的实现。

第二,外部协助。外部协助是《人民警察法(修订草案稿)》第 15 条规定②的内容,这条规定同样引起公安实务部门讨论。反对意见的理由包括:模糊了公安机关与其他行政机关的边界、公安机关介入其他机关的管理范围不利于社会治理体系的良性健康运转等,因此,建议删除。笔者认为,修订草案稿规定的外部协助主要是指警察的行政协助问题。我国目前尚未颁布统一的行政程序法对不同行政机关之间的行政协助有明确的规定。该条款的规定是基于行政执法实践的客观需要。周知,由于过细的行政分工,导致了某些社会事务无法由某一个行政机关独立完成,需要行政机关之间的行政协助。在警察执法实践中,由于缺失警察行政协助制度而导致的问题主要包括:一方面是警察权的扩张,在食品、药品安全、环境保护等领域扩张警察权的现象更为严重;另一方面是非警务行为屡禁不止。从其他国家和地区关于警察协助制度的规定来看,往往在《警察法》中对警察协助制度进行规

---

① 《人民警察法》第 21 条规定:"人民警察遇到公民人身、财产安全受到侵犯或者处于其他危难情形,应当立即救助;对公民提出解决纠纷的要求,应当给予帮助;对公民的报警案件,应当及时查处。"

② 《人民警察法(修订草案稿)》第 15 条规定:"其他国家机关遇有妨碍其依法履行职责且自身不能排除的情形,请求公安机关协助的,公安机关应当在法定职责范围内提供协助。除紧急情况外,请求协助的机关应当提出书面申请。不予协助的,公安机关应当说明理由。"

定,如新加坡①、德国②、我国台湾地区等采用此种方式。我国《行政强制法(征求意见稿)》中也曾经出现过警察行政协助的条款。笔者认为,《人民警察法》确定公安机关外部协助制度需要明确以下内容:一是外部协助的条件、形式和拒绝协助的情形;二是外部协助发生纠纷的解决机制,警察协助的效力以及相对人的救济机制等。明确上述内容的意义在于:既充分发挥了警察在维护社会公共安全和公共秩序的真正作用,又能够有效地减少警力的滥用和对警力的随意使用。

(三)《人民警察法》与有关法律的衔接

《人民警察法》的上位法如《宪法》《立法法》《刑法》等,其他相关法律如《公务员法》《刑事诉讼法》《治安管理处罚法》《行政强制法》等。《人民警察法》如何与上述已经制定的法律衔接一致,也是《人民警察法(修订草案稿)》必须注意的问题。《人民警察法》作为公安机关及其人民警察的一个基本法,不能突破《宪法》《刑法》《刑事诉讼法》的规定。但《人民警察法(修订草案稿)》中有大量从重的规定,比如第69条规定的:"暴力袭击或者组织、协助、煽动暴力袭击正在执行职务的人民警察,构成犯罪的,依法从重追究刑事责任。以报复、泄愤为目的,威胁、恐吓、故意伤害、杀害人民警察及其近亲属或者实施其他侵犯人身权利、财产权利的行为,构成违反治安管理行为的,依法从重给予治安管理处罚;构成犯罪的,依法从重追究刑事责任。"周知,我国《刑法》和2015年的《刑法修正案(九)》对妨碍依法执行职务的行为已有相应的规定,如规定:"以暴力、威胁方法,阻碍指挥人员或者值班、值勤人员执行职务的,处五年以下有期徒刑或者拘役;情节严重的,处五年以上十年以下有期徒刑;情节特别严重的,处十年以上有期徒刑或者无期徒刑。战时从重处罚。"因此《人民警察法》应当与相关法律配套,而不能突破相关刑事法律的规定。

《人民警察法(修订草案稿)》不仅存在定位不清,规范不明,以及上位法及其相关法律衔接的问题,还存在着对社会的回应度不够等问题。《人民警察法》的修改是一项复杂的系统工程,需要有多种力量的参与和多种声音的表达。但以下几个方面笔者认为应当注意:一是理论研究的成熟与否与一部法律是否该修有联系但不是绝对的。一部立的较好的法律同样存在理论争议。二是修正草稿是对20多年《人民警察法》的回应,在依法行政、依法治国、社会转型期的当今中国,面对反恐形势、犯罪率居高不下的情形下,其他行政职权都能收缩,唯独警察权不能轻言收缩,但警察权职权应当明确,同时要理清界限。三是警察权力一定要写足,这是依法行使职权的需要。写足并加以规范比不写但实践中滥用职权更有利于警察依法

---

① 如《新加坡共和国警察法》第4条第7项规定:"警察协助贯彻执行税收法、国产税法、卫生法、资源保护法、检疫法和移民法。"

② 如德国在《行政强制执行法》对警察提供协助又作了规定:"义务人在代执行或直接强制过程中反抗时,可对其采用强力。根据执行机关的请求,警察须提供职务协助。"

用权。四是民间纠纷不能完全排除在警察职责范围之外,这是由于警察的宗旨和警察任务决定的,但民间纠纷应当界定,但须明确范围和适用条件。五是警察权的启动机制必须明确,减少警察权介入公民生活的随意性。什么时间用权,能否用权必须明确。

简而言之,以 1995 年 2 月 28 日全国人大常委会通过《人民警察法》为标志,我国的警察法制进入了全面建设和完善阶段。《人民警察法》作为一部建设现代人民警察制度,规范人民警察机关和民警个人权利义务的重要法律,在整个公安工作和公安队伍正规化建设中发挥着极其重要的作用。在此之后,全国公安机关以《人民警察法》为依托,认真贯彻依法治国方略,全面推进公安立法工作,对立法和执法中存在的问题加以改进,取得了巨大的成就。

第四节　《治安管理处罚法》的发展与修改完善

《中华人民共和国治安管理处罚法》(简称《治安管理处罚法》)是中华人民共和国成立以来的第三部治安管理处罚法,而治安管理处罚制度早在中华人民共和国成立后伴随着第一部《中华人民共和国治安管理处罚条例》的实行就已经建立。由于治安管理处罚不但与公民的权利密切相关,而且涉及与《人民警察法》、《刑法》和其他多部行政法律法规的衔接问题,因此在警察法制度中处于及其重要的地位。本节以《治安管理处罚法》及其《公安机关办理行政案件程序规定》的发展和修改完善为线索,从中窥见我国警察执法制度的实践和发展。

一、修改回顾

有中国特色的警察行政处罚制度是通过成文法的形式确立并实施的。1957年 10 月,第一届全国人大常委会就审议通过了第一部《治安管理处罚条例》(以下简称《条例》),这是中华人民共和国成立后第一部的综合性的治安管理基本法规,它成为公安机关保护公民合法权益,维护社会治安,同违反治安管理行为作斗争的有力武器。该《条例》共 34 条(未设章节),主要内容包括了:立法依据、违反治安管理行为的定义、法律的时空效力、治安管理处罚的种类、治安管理处罚的适用、责任主体的认定、违反治安管理行为的种类、治安管理处罚的程序、治安管理处罚案件的管辖、治安管理处罚的裁决、类推原则①等内容。《条例》施行后的一段时间,全

---

① 《中华人民共和国治安管理处罚条例》第 31 条规定:"本条例没有列举的违反治安管理行为,市、县公安局可以比照第 5 条至第 15 条中最类似的条款处罚,但应当经过市、县人民委员会批准。"

国违法犯罪活动大大减少,刑事案件和治安案件大幅下降。

从 1957 年至 1986 年的 29 年时间里,我国的政治、经济形势发生很大变化。1978 年,我国实行了改革开放,随着经济形势逐步转好,社会治安形势也发生了巨大变化,出现了一些新的问题。与此同时,1979 年《刑法》、1982 年《刑事诉讼法》的颁布实施,为治安法规的制定提供了参照。1986 年,全国人大常委会对 1957 年的《条例》进行了重大修改,新修改颁布的《中华人民共和国治安管理处罚条例》扩大了违反治安管理行为的范围,提高了罚款数额,取消了类推原则,增加了公安人员要依法办案,秉公执法,不得徇私舞弊等内容,明确提出了公安机关对于实施治安处罚时的错误应承担法律责任。1987 年的《治安管理处罚条例》标志着我国公安法制建设的进一步完善。随着改革开放的深入发展和治安形势的需要,1994 年 5月,第八届全国人大常委会第七次会议通过了《关于修改治安管理处罚条例的决定》,并对 1986 年的《条例》中的部分内容如违反治安管理的种类、处罚等作了相应的修改与补充。经过修改和补充的 1986 年的《条例》,分为总则、处罚的种类和运用、违反治安管理行为和处罚、裁决与执行、附则共 5 章 45 条,主要有以下几项内容:(1)立法依据;(2)治安管理处罚的性质和违反治安管理行为的概念;(3)时空效力和治安管理处罚的基本原则;(4)治安管理处罚的种类和适用;(5)责任主体的认定;(6)违反治安管理行为的种类及其处罚;(7)治安管理处罚的程序;(8)治安管理处罚的管辖与裁决。

从 1987 年 1 月 1 日起至 2006 年 3 月 1 日的近 20 年的时间里,随着中国的经济快速发展,依法治国、依法行政的提出,社会治安管理形势、手段和理念也发生了很大的变化,原有的违反治安管理行为、处罚种类和幅度、处罚程序等方面的规定,亟待完善。1997 年 8 月,公安部会同有关方面启动了《条例》修改工作,作了大量的调查研究和论证,反复听取了地方和基层公安机关的意见和建议,于 2002 年 4月将《中华人民共和国治安管理处罚法(送审稿)》报送国务院。国务院法制办接到此件后,就送审稿及后来修改形成的修改稿两次征求全国 31 个省、自治区、直辖市(未包含港澳台地区)和国务院 40 多个部门的意见,就重点问题进行了调查研究,召开了专家论证会,并就有关问题向全国人大的主管部门作了汇报。在此基础上,形成了《中华人民共和国治安管理处罚法(草案)》,2004 年 9 月 29 日国务院第六十五次常务会议通过。经过近两年的讨论修改,于 2005 年 8 月 28 日全国人大常委会第十七次会议通过,自 2006 年 3 月 1 日起施行。现行的《中华人民共和国治安管理处罚法》分为总则、处罚的种类和适用、违反治安管理的行为和处罚、处罚程序、执法监督和附则共 6 章 119 条。《中华人民共和国治安管理处罚法》对于维护社会治安秩序,保障公共安全,保护公民、法人和其他组织的合法权益,规范和保障公安机关及其人民警察依法履行治安管理职责已经显示了应有作用。

为了适应与 1995 年《行政处罚法》、2004 年的《行政许可法》等 1987 年后陆续出台的法律相适应,早在 1999 年 4 月,公安部法制局就开始着手制定《公安机关办理行政案件程序规定》(以下简称《程序规定》),并于 2003 年 4 月 2 日在公安部部长办公会议上通过,2004 年 1 月 1 日起实施。自 2004 年至 2006 年的两年时间里,公安机关在贯彻执行《程序规定》的过程中,发现和反映出立法上存在的一些问题,比如程序过于烦琐,尤其是审批手续太多等。2006 年《治安管理处罚法》施行后,2004 年《程序规定》的一些规定与之相抵触,加之实践的需要,修改《程序规定》已经迫在眉睫。2006 年 3 月 29 日在公安部部长办公会议上,通过了修改后的《公安机关办理行政案件程序规定》(以下简称 2006 年版《程序规定》),并于 2006 年 8 月 24 日起发布施行。

2006 年以来,随着《中华人民共和国禁毒法》《中华人民共和国消防法》《中华人民共和国行政强制法》《中华人民共和国出境入境管理法》等法律相继出台,对公安行政案件的办理带来了新的规制和影响。特别是面对《中华人民共和国行政强制法》等提出的许多新的更高的要求和标准,2006 年版《程序规定》一些内容需要修改或者需要进一步明确和细化。加之,近年来执法规范化建设的一些被实践证明行之有效的执法办案经验和做法,也需要在《公安机关办理行政案件程序规定》中予以固化,因此,有必要对 2006 年版《程序规定》进行修订。

2012 年 12 月 19 日重新修订的《公安机关办理行政案件程序规定》(以下简称2013 年版《程序规定》),2013 年 1 月 1 日起施行。该《程序规定》共 15 章 240 条。较 2006 年版《程序规定》,删除了 8 个条文,整合了 12 个条文,增加了 43 个条文,并对 50 多个条文进行重大修改。可以概括为:一是明确了公安行政强制措施的主要种类、适用条件、实施程序及其审批权限;二是将执法规范化建设中的执法办案场所的规范使用、采取约束性保护措施的安全措施等有关执法安全的一些要求和成熟做法上升为规章,进一步完善了执法安全措施;三是进一步扩大了治安调解的适用范围,明确了当事人自行和解的法律效力;四是进一步完善了对涉案财物的统一管理、委托保管制度以及涉案财物的移交、保管、调用等制度;五是进一步完善了涉外案件的办理制度;六是对公安强制执行,包括强制执行的一般程序、罚款的准强制执行措施、代履行、申请人民法院执行程序以及中止、终结强制执行等作出了明确规定,进一步完善了行政处理决定的执行制度。应当说,与 2006 年版《程序规定》相比,2013 年版《程序规定》更加注重与相关法律、法规的协调和衔接,更加注重保护公民、法人和其他组织的合法权益,更加注重兼顾公平和效率的统一,更加注重节约执法资源、减低执法成本,更加注重执法行为的规范化和可操作性。

2018 年 11 月 25 日,根据《公安部关于修改〈公安机关办理行政案件程序规定〉的决定》(公安部第 149 号令),对《程序规定》继 2014 年修订后的再次修改,修订后的《程序规定》自 2019 年 1 月 1 日施行。《修改决定》共 49 条,其中修改《程序规定》的 38 条原有内容,新增 27 条,删除了 1 条。修订后的《程序规定》已从原来的 240 条,增加到 266 条,除第八章、第十三章外,其余十三章的内容均有修改。变动较大的是:增加了快速办理和办案协作的专门规定,明确了法制员的审核权限,修改了涉案财物保管规定,引入了利用传真、互联网通信工具等送达法律文书的方式,规定了辅警可以参与的辅助执法工作事项,新增了对恐怖活动嫌疑人的约束措施、财产冻结等强制措施,增加了录音录像替代书面笔录的情形等。

二、特点和意义

2006 年 3 月 1 日起施行的《治安管理处罚法》针对 1987 年《治安管理处罚条例》施行以来社会治安管理方面出现的一些新情况、新问题,主要在 6 个方面做出了修改:一是突出强调社会治安管理必须坚持综合治理的方针,要求各级人民政府要采取有效措施、化解社会矛盾、增进社会和谐、促进社会稳定。二是增加规定了应该受到治安处罚的一些行为。三是适当提高了罚款的最高数额。四是缩小了治安拘留处罚裁量的幅度,把治安拘留处罚按照不同的违法行为、违法行为的性质,区分为 5 天以下,5 天至 10 天,10 天至 15 天。五是处罚的程序更加公正,对调查、决定、执行以及执法监督程序都作了明确规定。六是加强了对公安机关尤其是人民警察执法规范的要求,专门增加了"执法监督"一章。规定公安机关及其人民警察对治安案件的调查,应当依法进行,严禁刑讯逼供或者采用威胁、引诱、欺骗等非法手段收集证据。公安机关及其人民警察违法行使职权,侵犯公民、法人和其他组织合法权益的,应当赔礼道歉;造成损害的,应当依法承担赔偿责任。

《治安管理处罚法》与现行《刑法》《行政处罚法》《行政复议法》《行政诉讼法》《道路交通安全法》等法律更为协调一致,有效地改善了"法律打架"的现象,从立法源头上保持法制统一。有人是这样评价《治安管理处罚法》的:"《治安管理处罚法》力求平衡警察权与公民权的关系,满足公安执法与保障公民权利的需要,并且提高了程序公正的法律地位。"[①]也有人认为:"该法体现了对警察治安管理职能的制约与监督理论,贯彻了'扩权'与'限权'同步设置的最新设权理念。"[②]还有人作了这样的评价,认为:"该法的颁布遵循了警察自由裁量权的限制和控制理论,体现了社会公正、公平,保障公民的人权和人格尊严的法治理念。"[③]无论从上述哪一个角度

---

① 倪海英:《〈治安管理处罚法〉的法理分析》,载《江西公安专科学校学报》2005 年第 1 期。

② 莫晓宇、蒋潇锋:《〈治安管理处罚法〉对警察治安管理职能的整合》,载《山西警官高等专科学校学报》2005 年第 4 期。

③ 张永生、彭安皇:《〈治安管理处罚法〉中的警察自由裁量权》,载《临沧教育学院学报》2006 年第 1 期;刘洁:《初探〈治安管理处罚法〉之人权保障》,载《吉林公安高等专科学校学报》2006 年第 1 期;展万程:《论〈治安管理处罚法〉对人权的尊重与保护》,载《福建公安高等专科学校学报》2006 年第 2 期;徐智超:《从〈治安管理处罚法〉的出台管窥我国的法治进程》,载《吉林公安高等专科学校学报》2006 年 1 期。

看,《治安管理处罚法》确实在理念上有了新的变化,这种变化是法治的进步,这种进步突出在以下几点:一是与原《条例》相比,现行的《治安管理处罚法》将"尊重和保护人权"作为一条法律基本原则写进了总则,体现了制约行政权力、保护公民权利的现代行政法理念,更加体现了尊重和保障人权的宪法精神;二是与原《条例》相比,现行的《治安管理处罚法》把很多日常生活当中一些人们普遍关注的,具有一定社会危害性但不够刑事处罚的行为,如宠物扰民、足球流氓、噪声扰民、强迫未成年人乞讨、开设"黑网吧"等行为,纳入《治安管理处罚法》的调整范围,凸现了该法"以人为本"的立法精神,彰显了对治安管理相对人的人文关怀;三是与原《条例》相比,现行的《治安管理处罚法》还专门增设了执法监督一章来规范警察执法行为,对公安机关及其人民警察权力行使的程序、规范作出具体、明确的规定和限制,从法律制度上确保其不被滥用,以保障公民合法权益。

《治安管理处罚法》的颁布施行,是我国公安法制建设历程中的一件大事。它不仅是对公民合法权益的有力保障,也是对公安机关执法行为的有效约束;不仅是公安机关维护社会治安,保障公民权利的法律武器,也是一部规范公安机关执法行为的重要法律;不仅是一部规范和约束公安机关及其人民警察行使警察权力的"控权法",也是一部尊重和保障人权的"人权法"。[①]

《公安机关办理行政案件程序规定》作为一部与《治安管理处罚法》配套的规章,在规范公安机关办理治安行政案件程序方面已经开始发挥了重要的作用。它一方面增强了有关法律的可操作性,另一方面规范了办案民警执法行为,减少了错案的发生率,同时对提高执法效率有着重要意义。

2019 年 1 月 1 日开始施行的《公安机关办理行政案件程序规定》在坚持上述原则和理念的基础上,充分体现了大数据背景下新执法方式的变革和与时俱进的理念,使近年来多项困扰基层民警办案的问题得到了明确,比如,首次明确了使用微信等通信工具可以送达法律文书、赋予辅警执法权、新的调解办法、电子签名等、明确了提取生物特征等程序的合法性,以及在有执法记录仪的情况下可以不制作笔录、新增快速办理案件程序,案件审核案件人员范围的扩大等,这些规定不但为公安机关办理行政案件减了负,而且还提高了从接处警到案件办结整个过程的办案效率。

三、《治安管理处罚法》的再次修订

2017 年公安部网站发布《治安管理处罚法(修订公开征求意见稿)》(以下简称

---

① 倪海英:《〈治安管理处罚法〉的法理分析》,载《江西公安专科学校学报》2005 年第 5 期。

《修订意见稿》)①,这是时隔 11 年后《治安管理处罚法》的又一次大修正式开启。与现行《治安管理处罚法》相比,《修订意见稿》由现行《治安管理处罚法》的 119 条增加至 150 条,框架结构依旧分为总则、处罚的种类和适用、违反治安管理的行为和处罚、处罚程序、执法监督、附则六章。修改主要体现在以下几个方面:一是违法处罚力度加大。比如,《修订意见稿》中几乎所有带有罚款处罚的条例,都增加了罚款额度:原来 200 元以下的,变更为 500 元以下;原来 500 以下变更为 1000 元以下。二是为了应对各类国家考试作弊的行为,修订意见稿单独增加了相关违法行为名称,与相关的立法衔接②。三是适应网络时代社会发展,增加了很多条款,应对网络、网络设备违法行为③。四是明确了单位主体违反治安管理处罚法的处罚内容。现行的《治安管理处罚法》中,只有第 18 条规定了"单位违反治安管理的,对其直接负责的主管人员和其他直接责任人员依照本法的规定处罚。其他法律、行政法规对同一行为规定给予单位处罚的,依照其规定处罚"。《修订意见稿》将单位违反治安管理进一步细化至各个条例中,在很多例中新增明确了单位违法本条法

---

① 2012 年为了与当时相关刑事法律修改内容对接,这部法律进行了微调。这次公安部征求意见截止日期为 2017 年 2 月 15 日。

② 【增加】第 24 条 在法律、行政法规规定的国家考试中,有下列行为之一的,处五日以下拘留,有违法所得的,并处违法所得一倍以上三倍以下罚款;没有违法所得或者违法所得不足一千元的,可以并处一千元以上三千元以下罚款。情节较重的,处五日以上十日以下拘留,有违法所得的,并处违法所得三倍以上五倍以下罚款;没有违法所得或者违法所得不足三千元的,可以并处三千元以上二万元以下罚款:(一)组织作弊的;(二)为他人组织作弊提供作弊器材或者其他帮助的;(三)为实施考试作弊行为,向他人非法出售或者提供考试试题、答案的;(四)代替他人或者让他人代替自己参加考试的;(五)其他扰乱考试秩序的。

③ 【增加】第 32 条 网络服务提供者不履行下列信息网络安全管理义务,经公安机关或者其他监管部门责令改正而拒不改正的,处五日以下拘留或者一千元以下罚款;情节较重的,处五日以上十日以下拘留:(一)用户信息登记和保护;(二)公共信息发布审核和巡查;(三)日志留存;(四)发现、拦截、处置违法信息并向公安机关报告;(五)为公安机关、国家安全机关依法履行职责提供技术支持与协助;(六)建立和执行信息网络安全管理制度和措施;(七)法律、行政法规规定的其他信息网络安全管理义务。单位实施前款行为的,处五万元以上二十万元以下罚款;情节较重的,处二十万元以上五十万元以下罚款。

律该如何处罚①。五是对无人机等航空器违反治安管理处罚法做了明确规定②。六是加强维护公民个人人身和信息安全,单独成条或增加了很多维护公民个人人身和信息安全的内容③。七是提升人民警察执法权威,增加警务辅助人员协助执法内容以便更加适用基层执法现状④。八是增加了异地拘留,网络询问等程序规范⑤。比如原《中华人民共和国民事诉讼法》中的异地拘留,在治安管理处罚法中也首次出现。《修订意见稿》第 130 条中规定:被决定行政拘留的人在异地被抓获或者具有其他有必要在异地拘留所执行情形的,经异地拘留所主管公安机关批准,可以在异地执行。此外,《修订意见稿》还增加了远程视频询问,被询问人确认笔录无误后,询问的人民警察应当在笔录上注明,询问和宣读过程应当全程同步录音录

---

① 第 36 条 非法制造、买卖、运输、邮寄、储存、私藏、持有以压缩气体等为动力的非军用枪支的,处十日以上十五日以下拘留,可以并处三千元以上五千元以下罚款。非法制造、买卖、运输、邮寄、储存管制器具或者制造、买卖、运输、邮寄、储存仿真枪的,处十日以上十五日以下拘留,可以并处二千元以下罚款;情节较轻的,处五日以下拘留、一千元以下罚款或者警告。持有仿真枪,拒不交出的,处五日以下拘留或者一千元以下罚款。单位实施第一款、第二款行为的,处货值金额一倍以上三倍以下罚款,货值金额不足一万元的,处一万元以上三万元以下罚款;情节较重的,处货值金额三倍以上五倍以下罚款,货值金额不足一万元的,处三万元以上五万元以下罚款,并由原发证部门吊销其有关证照。

② 【增加】第 46 条 违反国家规定,在低空飞行无人机、动力伞、三角翼等通用航空器、航空运动器材,或者升放无人驾驶自由气球、系留气球等升空物体的,处五日以上十日以下拘留;情节较重的,处十日以上十五日以下拘留。

③ 第 50 条 公然侮辱他人或者捏造事实诽谤他人的,处五日以上十日以下拘留;情节较轻的,处五日以下拘留或者一千元以下罚款。【增加】第 65 条 出租、出借、买卖银行卡、银行结算账户、非银行支付账户,情节较重的,处十日以上十五日以下拘留,可以并处一千元以上三千元以下罚款。【增加】第 66 条 违反国家规定,使用消费终端机具、网络支付接口等方法,以虚构交易、虚开价格、现金退货等方式向信用卡持卡人直接支付现金,经主管部门行政处罚后一年内又实施的,处五日以上十日以下拘留;情节较重的,处十日以上十五日以下拘留。【增加】第 57 条 非法获取、持有、使用、出售、提供、传播公民个人信息的,处十日以上十五日以下拘留,并处违法所得三倍以上五倍以下罚款;没有违法所得或者违法所得不足一千元的,并处三千元以上五千元以下罚款。情节较轻的,处五日以上十日以下拘留,并处违法所得一倍以上三倍以下罚款;没有违法所得或者违法所得不足一千元的,并处一千元以上三千元以下罚款。

④ 【增加】第 61 条第 2 款 有下列行为之一的,依照前款规定从重处罚:(一)侮辱、谩骂、威胁、围堵、拦截正在执行职务的人民警察的;(二)阻碍执行职务的警车通行的;(三)强行冲闯公安机关设置的警戒带、警戒区或者检查点的;【增加】第 117 条 公安机关进行调解、询问、扣押、辨认的,可以由一名人民警察进行,并由警务辅助人员辅助;在公安机关执法办案场所进行调解、询问、扣押、辨认的,可以由一名人民警察进行。

⑤ 在新法第 108 条中,【增加】对在异地的被侵害人或者其他证人,公安机关可以委托异地公安机关代为询问,经被询问人同意的,也可以通过远程视频询问。在第 109 条中,【增加】远程视频询问,被询问人确认笔录无误后,询问的人民警察应当在笔录上注明,询问和宣读过程应当全程同步录音录像。

像等。九是加强了对未成年人违法的处罚,处罚年龄界限变更。比如《修订意见稿》在第 21 条中规定,违反治安管理行为人有下列情形之一,依照本法应当给予行政拘留处罚的,不执行行政拘留处罚,即取消了 14～16 周岁,不执行行政拘留处罚一条合并为:"(一)已满十四周岁(由十六周岁降至十四周岁)不满十八周岁,初次违反治安管理的";取消七十周岁以上,不执行行政拘留处罚一条,改为:"(二)七十周岁以上的,但是二年内曾因违反治安管理受过行政拘留处罚或者曾受过刑事处罚、免予刑事处罚的除外"。

综上,此次修法是为应对社会治安管理新情况、新问题,维护社会治安秩序,保障公共安全,保护公民、法人和其他组织的合法权益,规范和保障公安机关及其人民警察依法履行治安管理职责。

回望过去的 40 年,我们可以深切地感受到 40 年来警察法制度建设所取得的成就,以及给公安执法带来的巨大变化。可以肯定地说,1978 年党的十一届三中全会关于发展社会主义民主和加强社会主义法制建设的基本方针,为加强警察法制度建设指明了方向,使警察法制度建设走上了中华人民共和国成立以来最好的发展时期。

第十一章

经济法律制度的变迁与发展[*]

第一节　我国经济行政法的研究范畴与变迁

一、我国经济行政法的范畴

如果将经济法定性为调整经济管理关系的法律规范,那么这种意义上的经济法实际上就是经济行政法,对此梁慧星教授等已有论述,[①]但关于经济行政法的性质及其法律属性,经济法学界与行政学界在认识上存在较大分歧,经济法学界认为,经济行政法是与行政法相并列的一个独立法律部门,行政法仅是经济行政法形成过程中的一个渗透因素,[②]而在行政法学界看来,经济行政法不构成一个独立的法律部门,它仅仅是行政法的一个分支学科,它与行政法之间是总则与分则,基本

---

　　*　本章是薛刚凌教授主持的国家社科基金重大专项"国家治理模式改革与依法治国研究"(17VZL010)的成果之一。

　　①　梁慧星等:《经济行政法的基本理论》,中国政法大学出版社 1986 年版,第 196～213 页。

　　②　王宝树:《关于经济法与行政法关系的思考》,载《法学研究》1992 年第 2 期。

行政法与部门行政法的关系,经济行政法在法律属性上为行政法。[①]

经济行政法的研究范畴应当与政府的经济职能保持基本对应,围绕政府的经济职能而展开,其调整范围与政府的经济职能基本保持一致。与西方国家比较,我国政府的经济职能具有独特性,其对经济领域的介入程度和调整手段远超过西方。社会主义公有制意味着土地、矿藏等自然资源和国家财产大量为政府掌控,政府必须以资产所有人身份将公共资源转化为市场要素,此时,政府是以市场主体的身份进入市场。如政府土地出让、设办国有企业都是典型的经营性职能。另外,政府作为主体也积极参加竞争,改革开放后以经济建设为中心的路线方针决定着政府的工作重心放在经济增长上,各级人民政府都必须尽可能地提高经济发展水平。在中央和省级政府主要依靠经济计划、产业政策、项目支持以及行政区划改革调整等培育新的经济增长点,而在市县则更多地依靠招商引资、产业链的打造和人、财、物要素市场的培育。这种独特的发展路径决定了我国经济行政法的研究对象不仅止于政府与市场的关系。本书比较赞同德国学者罗尔夫·施托贝尔的观点,其认为经济行政法的调整对象可划分为两个类型:一类是政府与企业和消费者之间的关系,另一类是政府是否能够以及在多大程度内可以亲自参与经济活动,包括亲自经营公共企业等。[②]该界定围绕政府的经济职能展开,是各国政府或多或少均具有的基本职能,也是经济行政法调整的基本范围,只是我国政府的经济职能更为丰富,在基本的两个类型之下,我国经济行政法的内容也更为广阔和复杂。

本书将我国行政经济法分为两个基本的范畴:一类是政府规范市场,确立市场秩序,保护消费者的行政立法,主要包括宏观调控法、市场准入法、市场管理法等;另一类是政府亲自参与经济活动的各类行政立法,包括政府主导的要素市场立法,如《土地管理法》等,也包括政府主动参与的经济性竞争行为,主持的国有企业等相关行政立法。

二、我经济行政法制度的制度变迁

改革开放 40 年,中国的经济体制发生了巨大的变化,从计划经济到商品经济,再到社会主义市场经济。每一次经济体制的转型,都影响经济行政法制度的发展。要认识经济行政法为何今日发展成现在的样子,理解和正视实践运行中的经济行政法问题,必须首先回顾和梳理经济行政法的发展历程。总体而言,我国的经济行政法经历了如下几个发展阶段。

---

① 王克稳:《经济行政法论》,载《法律科学》1994 年第 1 期。

② 参见[德]罗尔夫·施托贝尔:《经济宪法与经济行政法》,谢立斌译,商务印书馆 2008 年版,第 3 页。

（一）改革开放之前的发展

1.1949—1957 年：经济行政法初创时期

这一时期政府经济立法的主要目的在于规范市场经济秩序。1949 年至 1957 年中华人民共和国成立初期，百废待兴，为服务于国家经济建设，保障经济运行顺畅，按照 1949 年《共同纲领》和 1954 年《宪法》的规定，国家重点围绕土地改革和财政金融进行立法，其中就包括《土地改革法》等重要法律法规。[①] 截至 1956 年 12 月，在国家颁布的法律法规中，涉及经济领域的立法包括：有关财政、金融、税收管理的法规 98 个，有关经济建设管理的法规 261 个。[②]

2.1957—1978 年：基本停滞期

这一时期的特点是生产资料国有，几乎没有市场，特别是"文革"期间，自由交换的市场原则上被取消。因而出现了轻视法制建设，以政策代法，以言代法的现象。但仍然有少数农业、工商业立法和财税、计划立法，由于立法思想者认识的不足和时代发展的局限，这些立法在某种程度上和当时社会发展的实践有一定的脱节，存在"一刀切"和揠苗助长的问题。[③] 在这个阶段，经济行政法发展缓慢，基本止步。总体而言，尽管计划经济时代的经济类立法，并不是严格意义上的经济行政法，对于政府经济权力的控制和行政相对人利益的保障不足，但这些立法对经济领域的事项进行了基本的规范，为此后我国经济行政法的发展奠定了基础，增强了国家发展经济的能力。

（二）与"有计划的商品经济"对应的经济行政法的制度建构（1978—1993 年）

1978 年，党的十一届三中全会拉开了改革开放的序幕。伴随着市场回归，重构市场秩序，规范市场运作开始成为经济行政法的重要组成部分。由于计划经济带来的激励不足和低效率成为生产力发展的重要瓶颈，我国的经济形态开始从计划经济过渡到以计划经济为主、市场调节为辅。在经过改变农村基本经营制度，以家庭联产承包责任制和统分结合的双层经营体制代替人民公社制度后，市场机制开始引入经济体制。1984 年党的十二届三中全会通过《中共中央关于经济体制改革的决定》，提出社会主义经济是"公有制基础上有计划的商品经济"，重新认识计划与市场之间的关系。1987 年党的十三大报告提出，要发展有计划的商品经济，"强调法制建设必须贯穿于改革的全过程，提出要建立完备的经济法规体系"。以

---

① 徐彬、陈桂生：《当代中国经济行政法的历史变迁及其动力研究》，载《山东经济》2011 年第 2 期。

② 莫于川：《中国行政法治发展进程的回顾与前瞻》，载《河南省政法管理干部学院学报》2004 年第 3 期。

③ 徐彬、陈桂生：《当代中国经济行政法的历史变迁及其动力研究》，载《山东经济》2011 年第 2 期。

发展商品经济为目标,经济体制改革要求政府职能及其行使方式需要跳出计划经济的传统思维,催生经济领域的市场化和法制化。

改革开放初期,法律体系需要经历从无到有的阶段,政府对各项事务的治理急需法律依据。邓小平指出"法律条文开始可以粗一点,逐步完善……总之,有比没有好,快搞比慢搞好"。[①] 经济类立法进入一个十分活跃的阶段,管理性质的经济类法律发展迅速。从 1978 年至 1987 年的近 10 年间,政府约制定行政法规约 600件。这一时期的经济行政法建设目标主要为吸引投资、促进经济发展和规范经济活动,涉及外商投资、国有企业、自然资源等内容。但值得注意的是,此时计划经济的深刻烙印仍然存在,市场经济运行规律还在摸索之中,市场发挥的作用有限,政府在立法过程中仍抱着"工具主义思想"。经济行政法在制度建设上依然受到计划经济体制惯性的束缚,法律规范仍然是以管理性质的为主,在内容上简单、缺乏稳定性、过渡性和试行性色彩强烈。

此阶段,对于政府另一主要的经济职能,政府主导的国有企业,改革也在持续进行之中,在"摸着石头过河"的思路之下,国家以行政立法,甚至级别更低的规范性文件为国企改制提供合法性依据,这种改革进路摒弃了全国人大立法所必需的征求意见和多方利益参与程序,更具效率和灵活性,负面影响是影响了工人群体在改革中参与和表达渠道。改革最先涉及的是法定工资,1985 年,全国统一的企业工资等级标准被取消,国家对国营企业实行工效挂钩办法,企业享有内部分配自主权,"管理者"角色开始彰显。之后,涉及的是企业"经营权"。1988 年国务院先后出台了《全民所有制工业企业承包经营责任制暂行条例》《全国所有制工业小型企业租赁经营暂行条例》,国有企业在"国家"这个虚位经营者之外,有了真实的"个人"承包者或租赁者。最后,企业的"所有权"被触及。由于承包制无法摆脱"传统体制的陷阱",[②]进入 20 世纪 90 年代后,国有企业的产权重组成为改革思路的主流,国企出售最初没有任何法律、行政法规甚至规章层面的依据,而仅凭政府内部制定的"规范性文件",出售引发的国有资产流失以及职工规模性"下岗"遭到多方质疑,如 185 名学者曾联合上书认为国企出售违反《宪法》第 6 条、第 7 条、第12 条。

(三)社会主义市场经济时期:经济行政法持续发展和完善阶段(1993 年至今)

1.经济行政法制度持续发展阶段(1993—2011 年)

此阶段经济行政法的制度框架继续完善,与社会主义市场经济下的开放的市

① 邓小平:《解放思想,实事求是,团结一致向前看》,载《邓小平文选(1975—1982 年)》,人民出版社 1983 年版,第 137 页。
② 中国社会科学院经济研究所微观室:《20 世纪 90 年代中国公有企业的民营化演变》,社会科学文献出版社 2005 年版,第 6 页。

场相对应,国家为市场经济建构宏观和微观的各项秩序,保障市场经济的健康发展。此阶段也是政府减少亲自经营的市场份额,国有经济的民营化亦在同步推进。

1992 年党的十四大提出,经济体制改革目标模式关涉社会主义现代化建设全局,明确"建设社会主义市场经济"目标,要求重新确定政府与社会、市场的边界。紧接着,党的十四届三中全会通过的《中共中央关于建立社会主义市场经济体制若干问题的决定》指出,"要使市场在国家宏观调控下对资源配置起基础性作用",即要求政府改变"无所不包"地对经济生活的全面直接管制,促进市场来主导资源配置。这一时期,改革进入经济体制全面转轨阶段,市场经济的发展呼唤和推动经济行政法为其搭建公法秩序的框架。立法延续了上一阶段"宁粗勿慢""宁散勿无"的指导思想,经济行政法步入迅速成长阶段。"1993 至 1995 年间,全国人大及其常委会几乎平均每 13 天制定一部法律,国务院平均 6 天左右制定一部行政法规。"①1997 年,党的十五大报告明确要建立公有制为主体、多种所有制经济共同发展的基本经济制度,经济体制改革以国有企业为中心环节进一步纵深发展,财政、税收、金融等多领域改革广泛跟进。2003 年党的十六届三中全会通过《中共中央关于完善社会主义市场经济体制若干问题的决定》,部署完善社会主义市场经济体制的核心任务,现代产权制度、金融财税体制、国有经济布局、农村税费改革等多个领域协同并进。②在这一时期,是社会主义市场经济体制初步建立和发展的阶段,也是经济行政法蓬勃发展的阶段。经济行政法以市场经济为基础进行建设,至 2011 年,具有中国特色的法律体系基本形成,这其中也包括经济行政法体系。此时法制建设从"以法治国"走向"依法治国",立法指导思想也更开始注重权益保护,《产品质量法》《消费者权益保护法》等市场规制方面的法律不断完善,财政法、金融法等宏观调控的法律进一步充实,自然资源和市场监管立法更加丰富。③尽管经济行政法制度建设取得了较大的进步,但仍然滞后于市场经济发展的速度和需求,在宏观调控、经济促进等职能的行使上存在不少立法空白。④

在国有企业改革方面,此阶段的国有企业改革有两个方面:一方面是将市场性强的国企通过多种出售手段转向市场;另一方面是对国计民生重要的国企加强治理结构改革,提升效益。国企转让中加强了职工权益保护,2004 年国资委、财政部联合出台了《企业国有产权转让管理办法》(以下简称《办法》),其中第 29 条要求"在转让方案中要有经企业所在地劳动保障行政部门审核的职工安置方案"及"拖

① 周泽夏:《改革开放四十年经济法立法的趋势》,载《河北法学》2018 年第 12 期。
② 赵莹:《中国经济体制改革 40 年的实践历程、逻辑进路与未来展望》,载《新疆社会科学》2018 年第 5 期。
③ 薛克鹏:《改革开放四十年经济法和经济法学的互动发展》,载《地方立法研究》2018 年第 6 期。
④ 周泽夏:《改革开放四十年经济法立法的趋势》,载《河北法学》2018 年第 12 期。

欠职工债务的处理方案",为照顾差异性,《办法》未对"安置方案"或"处理方案"设定强制性职工权益保护标准。另外,一些早期制定的法律,如《全民所有制工业企业法》《城镇集体所有制企业条例》等,已经不适应社会经济的发展,需要进行修订。此阶段政府也作为正式的购买主体进入市场,2002年《中华人民共和国政府采购法》获得通过。

2.经济行政法制度完善阶段(2012年至今)

2013年,党的十八届三中全会通过的《中共中央关于全面深化改革若干重大问题的决定》指出:"经济体制改革是全面深化改革的重点,核心问题是处理好政府和市场的关系,使市场在资源配置中起决定性作用和更好发挥政府作用。"要求政府简政放权,加快转变职能,合理划定与市场的边界。党的十九大报告提出,经济要从高速度发展阶段转向高质量发展阶段。这就需要通过规范政府经济职能及其行使,以克服经济发展的瓶颈,进一步激发经济的活力、创新力和竞争力。在改革进入攻坚期和深水区的时期,经济行政法制度建设一方面对原有法律进行调整和修改,涉及消费者保护、金融、外商投资、环境保护、宏观调控、行业规制等方面,共修改了20余部法律;另一方面依据社会经济发展需求,加紧制定新法,加强消费者权益保护,为财政、税收、金融、投融资等领域改革的深入提供法律保障。在这一时期,如何对政府经济职能行使进行规范,受到立法的关注,如2019年颁布的《政府投资条例》对政府投资的概念、范围、决策程序、项目实施、监督管理以及法律责任进行了规定,目的在于调整政府的投资行为,增加透明度,提高投资效益。该条例明确划分政府与市场的投资范围,规定政府投资应当投向"市场不能有效配置资源的社会公益服务、公共基础设施、农业农村、生态环境保护、重大科技进步、社会管理、国家安全等公共领域的项目,以非经营性项目为主"。再如,一些地方已经先于中央开始了对《优化营商环境条例》的制定。从黑龙江、辽宁、吉林、河北、陕西等地的立法来看,其内容主要在于通过规范政府经济职能的行使,来提升营商环境的质量。(见表11-1)

表 11-1　改革开放以来经济行政法的主要法律制度

职能	类型	1979—1993 年 （产生阶段）	1993—2011 年 （发展阶段）	2012 年至今 （完善阶段）
宏观调控职能	财政法	—	《预算法》(1994)、《审计法》(1994)	—
	金融法	—	《商业银行法》(1995)、《保险法》(2009)、《证券法》(1998)、《证券投资基金法》(2003)、《中国人民银行法》(1995)、《银行业监督管理法》(2003)、《反洗钱法》(2006)、《外资银行管理条例》(2006)	《证券投资基金法》(2003)、《期货交易管理条例》(2017)、《农业保险条例》(2012)、《外资保险公司管理条例》(2013)、《存款保险条例》(2015)
	税法	《中外合资经营企业所得税法》(1980)、《个人所得税法》(1980)、《税收征收管理法》(1992)、《企业所得税法》(2007)、《车船税法》(2011)	《增值税暂行条例》(1993)、《营业税暂行条例》(1993)、《城市维护建设税暂行条例》(1995)	—
公共经济资源管理经营职能	自然资源法	《森林法》(1984)、《草原法》(1985)、《渔业法》(1986)、《矿产资源法》(1986)、《土地管理法》(1986)、《野生动物保护法》(1988)	《水法》(2002)、《电力法》(1995)、《节约能源法》(1997)、《可再生能源法》(2005)、《循环经济促进法》(2007)、《清洁生产促进法》(2002)	—
	国有企业法	《企业破产法》(1986)、《全民所有制工业企业法》(1988)	《企业国有资产管理法》(2008)	—
	其他	—	《政府采购法》(2002)、《招标投标法》(1999)	

续表

职能	类型	1979—1993 年（产生阶段）	1993—2011 年（发展阶段）	2012 年至今（完善阶段）
市场监管职能	监管与权益保护	《药品管理法》(1984)、《计量法》(1985)、《标准化法》(1988)、《矿山安全法》(1992)、《行政处罚法》(1996)	《产品质量法》(2003)、《消费者权益保护法》(2003)、《广告法》(1994)、《价格法》(1997)、《农产品质量安全法》(2006)、《食品安全法》(2009)、《城市房地产管理法》(1994)、《对外贸易法》(1994)、《会计法》(1999)、《行政许可法》(2003)	《特种设备安全法》(2013)、《旅游法》(2013)、《电子商务法》(2018)、《资产评估法》(2016)、《网络安全法》(2016)、《行政强制法》(2012)
	劳动法	—	《劳动法》(1994)、《职业病防治法》(2001)、《安全生产法》(2002)、《劳动合同法》(2007)、《劳动争议调解仲裁法》(2007)	—
	竞争法	—	《反不正当竞争法》(1993)、《拍卖法》(1996)、《反垄断法》(2007)	—
	外资企业法	《中外合资经营企业法》(1979)、《外资企业法》(1986)、《中外合作经营企业法》(1988)	—	—
	经济合同法	《经济合同法》(1981)	—	—
	环境保护法	《水污染防治法》(1984)、《环境保护法》(1989)	—	《环境保护税法》(2016)

续表

职能	类型	1979—1993 年 （产生阶段）	1993—2011 年 （发展阶段）	2012 年至今 （完善阶段）
促进经济发展职能	具体产业	《邮政法》(1986)、《铁路法》(1990)	《农业法》(1993)、《建筑法》(1997)、《公路法》(1997)、《民用航空法》(1995)	《电影产业促进法》(2016)、《征信业管理条例》(2013)
	其他	—		《政府投资条例》(2019)

说明：前述法律文件仅列举到行政法规，我国政府主动参与经济活动的大量文件都是以政策或规范性文件的形式表现，非前述列举的法律制度所能囊括。

三、经济行政法制度的变迁动力

由于社会主义市场经济是我国在摸索中发展的，因此经济行政法制度建设的过程是对其他国家法律经验借鉴和理性建构的制度化过程。促使我国经济行政法制度变迁发展的动力主要有三种：

一是市场经济发展倒逼经济行政法的发展和完善。市场经济离不开法律的规范。市场经济要运行，需要构建规制、培育、服务市场的秩序体系。这个秩序体系只能通过制定规范公权力行使和约束利益冲突的经济行政法来架构。在良好的市场经济公法秩序架构之下，市场主体的行为需要经济行政法制度进行规范和服务。当市场经济的发展遇到阻碍，进行机制体制改革时，也需要经济行政法来巩固改革成果。当立法不足以满足社会、经济需求时，经济的发展将"倒逼"法律制度完善。

二是依法行政的需要。法治政府的核心是依法行政，其中最为重要的就是将政府机构、职能、权限、程序和责任通过法律予以明晰，避免权力行使的恣意任性。政府经济职能及其行使也应如此。尽管经济现象错综复杂，市场形势瞬息万变，政府在经济职能作用的发挥上应当具有灵活的空间，但仍需要由法律划定基本的行为规则，防止政府不当的决策和行为扭曲市场竞争机制，损害国家和民众的利益。

三是与国际接轨的需要。加入世界贸易组织，是我国经济发展过程中极为重大的事件。世界贸易组织要求成员国的立法在某些方面需要受到国际协议的制约，其规则对我国经济行政法的发展也起到了深刻影响。为了加入国际经济一体化的进程，我国制定了不少涉外的经济行政法。这也在某种程度上促进了我国部分领域的经济行政法依照世贸组织规则要求发展变迁。[①]

第二节　经济行政法的主要制度
——一个框架性的描述

依据前述对经济行政法研究范畴的观点,我国经济行政法的制度可以分为两个主要的类型:一类是经济管理法律制度;另一类是政府参与市场的法律制度。

一、经济管理法律制度

经济管理法律制度规范化程度不一,其中直接面向市场的微观管理,法制化程序最高,主要的制度框架均表现为人大立法。政府对经济的宏观调控,更多地体现为政策手段;至于政府推进和促进经济发展的手段,则更为复杂且制度化程序最低。

（一）市场管理法律制度

市场管理法律制度包括三个层面:一是构建自由竞争的市场秩序,如《反垄断法》《反不正当竞争法》《反补贴法》等;二是建构某一具体市场的基本经济秩序,包括该领域的准入机制、监管机制,运行中的公共利益维护等,如《人民银行法》《商业银行法》《铁路法》《烟草专卖法》《民用航空法》《银行业监督管理法》等;三是对消费品权利的特别保护,如《消费者权益保护法》《食品安全法》《药品管理法》等。这些立法由于直接面向的是特定的市场主体或消费者,且涉及职业自由、财产权、人身权等基本权益,在依法行政原则之下,往往制定了较高层级的法律规范,是经济行政法中法制化程度最高的一个领域。

这些市场管理法律制度构建成规范的社会主义经济秩序,但仍有进一步完善之处,从法治政府和责任制度的角度,主要的问题在于部分法律和行政法规在政府经济职能的行使违反规定的法律责任上存在欠缺。如《银行业监督管理法》第12条规定,"国务院银行业监督管理机构应当公开监督管理程序,建立监督管理责任制度和内部监督制度",但并未规定对应的法律责任。《反补贴法》规定了政府部门的反补贴调查、反补贴措施、反补贴税及复审等内容,但是没有规定这些措施的相关责任。再如《人民银行法》规定了人民银行的职责范围和可以采用的政策工具,但在人民银行履行责任过程中不作为、违法作为、决策失误造成损害的法律责任上并未加以明确。《人民银行法》第七章的法律责任主要是针对工作人员的,对中国

---

① 　徐彬、陈桂生:《当代中国经济行政法的历史变迁及其动力研究》,载《山东经济》2011 年第2 期。

人民银行这一机构的责任并未阐述。《外汇管理条例》在调节外汇市场方面,也存在同样的问题。^① 此外,有些法律、行政法规虽然对政府经济职能行使的法律责任有所规定,但责任规定不清晰,对法律责任的追究主要是行政处分,而民事赔偿和刑事责任较少涉及。^②

(二)宏观调控法律制度

宏观调控在经济管理中具有重要地位。一方面是因为市场运行自身的局限,决定了宏观调控的必要。市场具有不完备性,一旦发生市场失衡,需要外部介入,即需要通过国家进行权力干预;另一方面是我国社会主义公有制的特殊性决定了宏观调控的必要。公有制意味着政府掌控着大量资源资产,尤其是土地、资本等要素为政府掌握,这也就意味着更需要政府在宏观上把控经济的整体运行。宏观调控的三类手段:

第一类,经济手段。主要通过国家调整市场主体的经济利益,来引导市场主体的经济行为,如通过规划、财政、税收、利率、贷款、货币发行、国债、国家的宏观经济计划等手段,主要侧重于解决经济资源的合理配置问题。

第二类,行政手段。主要通过行政系统及其所属职能部门下达行政命令、指标等行政措施来解决市场的总体问题。如限购、限贷;冻结价格;对某些企业进行关、停、闭、转等。和经济手段相比,行政手段对经济调节更具有针对性、直接性和强制性,见效快,但社会的预期性会比较弱一些,也会带来经济主体的经营困难。例如,房地产市场调控中采用限购、现售的行政措施,抑制了价格上涨,但导致开发商的资金回笼困难,无法如期支付工程款和如期交房,企业破产,农民工工资拖欠,已购房屋业主的利益无法实现,引发大量的社会冲突。这种政策性调控的优势是及时稳定市场,但同时给特定主体带来不可预期的重大损失。政策性调控措施应当遵循什么样的规则,是否有合理适当的救济措施,立法中并未有完善规定。^③ 经济行政法实体规则的不完善使得政府在行使经济职能过程中,习惯性地依赖行政手段,较少使用法律手段,导致随意干预和以"专项行动"为名的突击干预现象较为突出,政策也常朝令夕改,减损了法律可预测性与政府诚信度。如沈阳市政府在 2016 年3 月 1 日下午下发《沈阳市人民政府办公厅关于促进房地产市场健康发展的实施意见(试行)》,支持高校、中等职业学校在校生、新毕业生购房,首付比例可以零首付。然而试行不足半日,这一新政就被沈阳相关部门以暂不具备出台条件为由强

---

① 胡才春:《论政府救市行为法律责任制度的完善》,厦门大学 2011 年硕士学位论文。

② 刘厚金:《政府经济职能法治化:基本内涵、问题分析与实践路径》,载《党政论坛》2018 年第12 期。

③ 薛刚凌:《加强政府经济职能的法律控制》,载《法制日报》2019 年 4 月 12 日第 5 版。

制叫停。① 类似的政府"救市"行为基本上都缺少法律的调整和规制。

第三类,法律手段。无论政府采用经济手段还是行政手段对经济进行干预时,都应该有法律依据,也就是上升为法律手段。一方面,通过法律手段对经济调控,有预期性和明晰性,让市场和社会有安定感,而不至于让市场主体措手不及,缺乏安全性引发焦虑;另一方面,对政府来说,采取市场调控的手段也要慎重考虑,符合法定标准和要求,确保经济调控权的合理运用。即使在紧急情况下需要政府对市场进行干预,也需要特别授权。

(三)促进经济发展的行政法制手段

当前我国政府采取了多种手段促进经济发展(详见表 11-2),这些手段在类型上可大致分为:

第一,整体发展规划和地方规划。如《中国制造 2025》《中长期铁路网规划》等。《中国制造 2025》提出,坚持"创新驱动、质量为先、绿色发展、结构优化、人才为本"的基本方针,坚持"市场主导、政府引导,立足当前、着眼长远,整体推进、重点突破,自主发展、开放合作"的基本原则,通过"三步走"实现制造强国的目标:第一步,到 2025 年迈入制造强国行列;第二步,到 2035 年中国制造业整体达到世界制造强国阵营中等水平;第三步,到中华人民共和国成立一百年时,综合实力进入世界制造强国前列。《中长期铁路网规划》对国家铁路网路建设的中长期目标和网路结构都做了规划和布局。虽然整体发展规划没有强制约束力,而且要随着时代的变化而调整,但意味着政府的努力方面,包括产业政策扶持、项目支持,对地方政府及社会有很大的引导功能,有利于社会和政府形成合力。除了整体发展规划外,我国还有大量的区域和地方发展规划,例如《粤港澳大湾区发展规划纲要》,就是指导粤港澳大湾区当前和今后一个时期合作发展的纲领性文件。规划近期至 2022 年,远期展望到 2035 年。

第二,具体促进措施,包括招商引资,建设支柱产业、打造产业链和培育市场等。这是地方政府的核心工作,备受各级地方政府的重视。有了项目、有了支柱产业和产业链,地方才能有持续的经济增长。为了培育和扶持产业发展,政府会给予各种优惠政策,同时也会重视资本、人才、技术的引进和生态环境的改革,甚至于管理改革,建立良好的管理生态。应该说,中国制造业取得的成就有地方政府的巨大贡献。具体手段包括工业园区建设,土地、税收政策优惠,具体项目扶持等。

第三,信息服务和行政指导。为企业提供市场信息和各种服务,是现代政府的重要任务。在信息收集和获取方面,政府有天然优势,把这些信息及时传递给市场主体也就十分必要。日益发展的信息技术也为政府的信息获取和提供技术支持。

---

① 新浪网:《盘点被紧急叫停政策:沈阳零首付新政半天即告废》,http://news.sina.com.cn/c/nd/2016-05-21/doc-ifxsktkp9080927.shtml,最后访问日期:2019 年 6 月 14 日。

行政指导在经济发展中也是非常重要的政府职能。市场主体的运行涉及内部管理及外部运营多个方面,存在着经营风险、财务风险和法律风险,很容易出现问题,尤其是许多中小企业经验不足,抗风险的能力不强,需要加强指导和服务。

表 11-2　政府促进经济发展职能涉及的部分行使手段

战略手段	整体规则和区域规划等	对经济社会发展作出总体部署
直接手段	财政拨款	各种补贴、补助(对象、标准、额度)
	贷款优惠	政府担保低利率贷款并向银行补偿优惠利率与市场利率间差额
	税收减免	对扶持和需要引进的产业减免税收
	行政许可	通过设置许可控制经济活动
间接手段	工业/科技园区	在投资、激励、服务上采用比较宽松的政策和立法
	基础设施建设	政府财政资源直接参与或鼓励基建
	行政指导等	向企业提供信息服务和行政指导
专项手段	环境政策工具	包括环境规划、环境标准、环境监察、环境影响评价、排污收费、绿色信贷、环境责任保险、生态补偿等

这些促进经济的手段多以政策或规范性文件为载体,制度化程度不高。并且一些制度手段还面临着定性的问题,现实中把土地供给当特别许可,追求财政最大收益,而不考虑市场自身的供需平衡和价格机制,造成了房地产市场的畸形,直接损害了市场的均衡发展。此外,当前经济和社会发展日新月异,新业态、新产业不断涌现,政府经济职能的行使手段也随着有所创新,特别是一些特殊经济区和集成改革试点地区具有"先行先试权",进行了诸多尝试,也急需经济行政法制度为其划定创新边界。

二、政府参与市场的法律制度

(一)政府对公共财富的管理和经营

社会主义公有制决定了政府掌控着大量的公共资源和国家财富,如土地、矿藏、流域、森林等自然资源、国有企业以及外汇等国家财富,政府类似于公共财富的受托人,有义务保护和管理好这些财富,并保证其不贬值或升值。目前,这方面的立法有《全民所有制企业法》《国有资产管理法》《土地管理法》《矿产资源法》《森林法》《外资企业法》等。

政府作为一类特殊的市场主体参与市场运作,与其他市场主体共建市场。作为自然资源和其他公共财富的托管者,政府要将这些资源和财富投入市场运营才能产生更大的价值。因此,政府承担大量的经营职能,即政府直接或间接地参与市场活动。其中,间接的如成立国企,从事涉及国家经济命脉和其他最重要领域的生产经营;直接的有国有资源和资产出让、公共投资、政府采购、政府借债,以及有利益让渡为条件的招商引资(类似于交易)。需要说明的是,政府部分经济职能同时具有管理属性和市场属性,如对公共基础设施的政府投入,既是一种宏观调控的手段,也是一种市场性的行为。但两种性质的行为大体还是能够分开,而且这两种行为的性质不同,对市场运行的影响不同,需要确立不同的规则。

(二)政府采购和公共服务外包

在市场经济条件下,政府的基本经济职能就是公共产品的供给,而政府供给公共产品的方式主要有两种,一是政府亲力亲为,即政府建立企业直接进行公共产品的生产经营,二是以采购的方式实现公共产品的供给,由于政府直接进行生产经营,无法解决高成本低效率的问题,因此越来越多的国家开始放弃政府的直接生产经营,采用"政府采购,民间生产"的方式。[1] 政府采购的主体是政府,是一个国家内最大的单一消费者,购买力非常大。据统计,欧共体各国政府采购的金额占其国内生产总值的 14% 左右(不包括公用事业部门的采购);美国政府在 20 世纪 90 年代初每年用于货物和服务的采购就占其国内生产总值的 26%~27%,每年有 2000 多亿美元的政府预算用于政府采购。正因为如此,政府采购对社会经济有着非常大的影响,采购规模的扩大或缩小,采购结构的变化对社会经济发展状况、产业结构以及公众生活环境都有着十分明显的影响。[2] 正是由于政府采购对社会经济有着其他采购主体不可替代的影响,也有分类将其归入宏观调控。我国 2002 年第九届全国人民代表大会常委会第二十八次会议审议通过《中华人民共和国政府采购法》(该法 2014 年修改),标志着我国政府采购行为,今后将纳入规范化和法制化的轨道。

公共服务外包与政府采购侧重不同,我国行政体制改革所主张的"小政府,大社会"实现的手段之一,就是将可由社会承担的职能承包出去,给政府"瘦身"。随着改革的推进,外包的范围不断扩大,不仅街道清洁、垃圾处理等服务性职能被承包出去,治安管理权、收费权等传统的政府职能也被某些地方政府列入了外包的目录。青岛的街道清扫服务外包,北京东城区的公共厕所服务外包,深圳的能源、水务、燃气、公共交通等公用事业的国际招标,广州市珠江环卫体制实行管理与服务分离,上海用商业化模式治理苏州河,厦门推行下岗人员"社会培训、政府买单"等

---

① 王克稳:《经济行政法基本论》,北京大学出版社 2004 年版,第 187 页。

② https://baike.baidu.com/item/%E6%94%BF%E5%BA%9C%E9%87%87%E8%B4%AD/2238? fr=aladdin,最后访问日期:2019 年 7 月 26 日。

都取得了良好的效果。我国当下并没有制定如《公共服务合同外包法》,合同外包主要依据《政府采购法》或《招标投标法》的程序。

第三节　经济行政法制度运行中存在的主要问题

　　尽管目前经济行政法制度的建设取得了一定成绩,特别是在市场监管法律制度方面,但对政府经济能及其行使的法律仍存在结构性缺失,规范化、法治化程度存在较大的提升空间,可预测性欠缺。无论是在实体规则上还是程序规范上都未跟上我国社会主义市场经济实践的步伐,难以满足经济体制发展与改革的需要。因此在实践中,政府在促进经济增长过程中,较多地倚重行政手段,法律手段使用不足。检视实践,经济行政法制度在运行中的问题主要有以下几个方面。

一、实践中的部分政府经济职能缺少立法关注

　　政府经济职能指政府采用规划、调节、服务、管理、监督等方式介入社会经济活动,使社会经济运行和发展达到预期目标的职责与功能。作为政府的传统职能,经济职能总是随着时代转换和社会发展,不断调整、不断变化。如苏州市政府的经济职能从 20 世纪 80 年代至今就经历了多次转型,从政府直接兴办和发展企业到政府主导产权制度改革和开发区建设,再到提供公共物品、规范市场。[①] 可见政府经济职能内涵丰富,不断发展。要加强对政府经济职能的法律调整和控制,首先要在立法中明确政府经济职能的定位,对其内涵作出科学、合理地界定。然而,部分实践中长期以来的存在的政府经济职能在立法中关注较少。如政府在促进经济发展过程中表现出的具有经营性质的职能。即政府通过组织内部的行政权力和外部的市场整合,运营各种资源,以实现经济战略目标,达到所辖区域利润最大化的职能。[②] 传统理解中对于政府经济职能的判断基于单一制下中央政府和地方政府目标一致的假设,但在实践中,各级地方政府出于地方利益往往使政府职能的具体行使带有各种利益色彩。[③] 在计划经济时代,中央将众多经济决策权下放到地方,并设计了地方政府间就经济业绩进行分散化竞争的考核体制,导致地方政府具有了

---

　　① 张建英:《中国地方政府经济职能转型的实证分析——以苏州市为例》,载《江苏社会科学》2011 年第 1 期。

　　② 黄文华:《城市经营:城市政府的特殊经济职能》,载《城市问题》2006 年第 9 期。

　　③ 张建英:《中国地方政府经济职能转型的实证分析——以苏州市为例》,载《江苏社会科学》2011 年第 1 期。

类似于企业的行为动机和一部分不完整的公司功能,形成了地方政府的经营类职能。[①] 如政府作为城市化投资的主体,通过配置土地和资金采用行政管制或国有企业垄断经营的方式直接推动基础设施建设,或通过创造巨大投资需求引导市场对某一产业进行高速投资。[②] 此类政府经济职能的行使缺少法律的规范,导致政府滥用权力介入市场、逆向调控等问题屡见不鲜。

二、对政府间竞争手段的规范不足

以驱动经济发展和经营配置资源为特色的政府经济职能,导致了政府间的激烈竞争,争投资、争项目、争政策、争园区、争改革权。由于缺少政府间竞争与合作的规制、制度,一些地方政府在行使经济职能时,为拉动所辖区域经济增长,用尽手段甚至于违法让利,出现恶性竞争的现象。主要表现为以下几类:(1)用财政资金补贴竞争性企业,在税收上违反法律规定对引进企业进行越权减免,扭曲市场竞争环境;(2)在审批上,对容易迅速盈利的落后产能"开绿灯"放行,导致出现众多依靠政府投资和高杠杆维持的过剩产业、落后产能、僵尸企业;(3)在决策上对重大项目、重点企业的引进"一事一议",裁量权过大,导致寻租腐败;(4)产业扶持政策不规范,依据不足,扶持力度突破法律、政策底线;(5)在用地上,为吸引企业入驻,违规压低土地价格、未获批文擅自出让、违规调整规划以扩大面积和容积率、违规占用农地建设工业园区等现象屡见不鲜;(6)为了经济利益放弃监管权力,造成资源、生态破坏和环境污染等;(7)为保护本地产业进行贸易封锁和狭隘保护。这些不规范的政府间招商竞争行为,不但导致资源配置不合理、重复建设,为经济可持续良性发展埋下隐患,而且使企业在不同地区引进条件中比价,不断提高入驻条件,无序流动。[③]

三、对政府推进经济发展手段的法制规范不足

传统管理模式中政府全能化、偏人治的行政传统在长期运行中留下惯性,而对政府经济职能行使的监控和监督机制又相对疲软和欠缺,监控缺失,追责不及时不到位,导致政府经济职能在行使过程中具有很大的主观随意性和自由弹性。[④] 特别是政府主动承担的推动经济发展,提升本地竞争力的职能。以地方政府行使招

---

① 刘志彪:《为高质量发展竞争:地方政府竞争问题新解析》,载《河海大学学报(哲学社会科学版)》2018年第2期。

② 张建英:《中国地方政府经济职能转型的实证分析——以苏州市为例》,载《江苏社会科学》2011年第1期。

③ 王瑜、王燕燕、朱凌平:《地方政府招商引资中的恶性竞争》,载《经营管理者》2017年第6期。

④ 刘厚金:《政府经济职能法治化:基本内涵、问题分析与实践路径》,载《党政论坛》2018年第12期。

商引资职能为例,在监控机制方面,政府在引进企业落地之后,应当建立督办机制、验收机制,对企业是否履行项目合同进行评价,跟进各种政策和优惠条件的落实情况,进行风险控制。不少地方政府在事后监控方面,完全没有制定监控机制,放弃了后续管理——如政府在企业没有依照合同约定投资建设到位的情况下,并未跟进采取减少供地规模、减少优惠条件等追究违约责任的行为。一些企业在拿到政府的低价转让用地后,并未开工建设,而是待土地升值后转手出售,赢取高额差价,造成政府资金和土地资源的浪费。再如,政府在和引进目标企业谈判时,承诺各种优惠政策,但企业落户后,又没有兑现承诺,或是招商引资中介建立制度没有到位,成为一纸空文等等,导致政府信用的丧失。而在监督机制方面,政府的一些经济决策,外界能够知晓的渠道并不充分,同时一些经济职能的行使手段,缺少对应的监督措施。如政府投资行为,如地方政府成立的城市建设投资发展公司,除了垄断公共产品供给外,还开放经营商业性项目,与民争利,扭曲了资源配置效率。[①] 这种政府经济职能行使的手段就长期以来缺少对应的监督机制。政府既是运动员又是裁判员,难以发挥监督的作用。

四、经济行政法规则建设不够完备

这种不完备体现在两个层面:一是实体经济建设不完备。经济行政法实体规则的建设无法满足社会主义市场经济发展的要求。一方面是由于政府权责职能不清晰,仍然存在不少立法真空地带,市场经济公法秩序和行政相对人利益的保护难以保障。如政府间的转移支付制度,可以起到缩小区域差异、调解地方财政、促进经济发展等作用,但立法上对此规定不足,实践操作不够透明、规范、合理。另一方面是已有经济行政法实体规则还存在立法不够完备,碎片化的现象。如《人民银行法》《银行业监督管理法》《企业破产法》《预算法》等多部法律中都规定了部分政府应对金融危机的内容,但由于制定时点、适用范围不同,内容可操作性不足,无法形成对政府处置危机行为的系统规范。类似的情况也出现在产业政策领域,尽管《商业银行法》《铁路法》《烟草专卖法》《民用航空法》等立法中都有产业政策相关规范。但普遍缺乏可操作性。政府制定产业政策的制定程序、执行方式、监督机制等内容依然存在缺乏完善的规范。[②]

二是程序制度建设不完备。政府经济行为依照程序而为也是依法行政的重要内容。在改革开放以来的 40 余年来,政府经济职能行使程序规范化的重要性日益

---

① 张建英:《中国地方政府经济职能转型的实证分析——以苏州市为例》,载《江苏社会科学》2011 年第 1 期。

② 乔新生:《制定产业政策法刻不容缓》,第一财经网,https://www.yicai.com/news/5158859.html,最后访问时间:2019 年 7 月 26 日。

为国家和社会所认识。立法上也取得了部分进展。但总体而言,政府经济职能程序方面的法律规范仍然存在大量的填补和完善空间。首先,无论是微观方面的市场监管还是宏观的经济调控,都尚有部分政府经济职能行使的程序未纳入立法视野。在市场监管和规制上,如《保险法》中赋予保险监督管理机构职权以检查保险公司的业务状况、财务状况及资金运用状况,但具体检查程序并未明确。[①] 在经济调控上,职能行使程序化的程度比较低,产业政策、区域经济政策的制定、政府间转移支付等内容不仅缺少实体规则,程序规则也尚付阙如。其次,虽然有些法律简单规定了程序,但内容并不完善。如《预算法》中仅规定预算的审查和批准程序,体现在第 43 条"中央预算由全国人民代表大会审查和批准。地方各级预算由本级人民代表大会审查和批准"上,但预算方案应当如何制定、修改、执行、反馈、监督等一系列程序内容并未制定规范加以明确。[②] 最后,一些政府经济职能的行使具有相关的程序规则,但限于内部工作程序,法治化程度不足。由于是内部工作程序,相关规定比较简单,对自身约束不足,也忽视对利益相关主体正当权益的保护。仅重视实体合法,漠视程序合法,难免使政府经济行为容易突破既定轨道。由于程序规范不够完善,政府在行使经济职能的过程中,往往忽视经济民主,将政府对于市场的介入直接等同于命令—服从,在手段上过于僵化。

第四节　经济行政发展制度展望

一、经济行政法将进入高速发展时期

发展和完善经济行政法体系和规则是时代的要求。十九大提出,新一时期国家经济建设的总纲领是贯彻落实新发展理念、建设现代化经济体系。2035 年要基本实现现代化,意味着我国经济需要再持续保持 20 年中高速增长。这在以市场规则调节经济增长的历史上,无经验可循。从我国改革开放后高速增长 40 年的经验来看,除了发挥市场的决定性作用外,还需要更好地发挥政府经济职能的作用。[③] 过去的经济体制改革发展市场经济,解放了个体,带来了飞速的经济发展。当下国内经济增长减速,发展遇到瓶颈,成本优势减弱,体制成本上升,国外则面临全球外需萎缩,出现反全球化的现象,我国与美国之间存在较大的贸易争端。从过往的高

---

① 刘厚金:《政府经济职能法治化:基本内涵、问题分析与实践路径》,载《党政论坛》2018 年第12 期

② 徐芝兰:《政府经济行为法律规制问题研究》,安徽财经大学 2012 年硕士学位论文。

③ 刘志彪:《为高质量发展竞争:地方政府竞争问题新解析》,载《河海大学学报(哲学社会科学版)》2018 年第 2 期。

速度增长阶段向高质量增长阶段转型,需要从政府层面消除我国经济发展的体制性障碍,重新塑造发展的新动能。一方面,解决职能错位、越位、缺位的问题,简政放权,监管到位,促进市场和社会发挥作用,催生经济社会发展活力;另一方面,发挥我国社会主义市场经济的特色——政府作为经济的强有力驱动,处理市场和企业难以解决的问题。或进行结构调整,矫正要素配置扭曲,引导产业良性发展,消解经济发展中长期积累的结构性、体制性问题;或承担高质量发展过程中新产生的一些经济和社会成本,例如一些国家重点核心项目可能需要通过做强国有资本的方式实现。再如为弥补经济发展短板,需要地方政府承担更多的基础设施、科技创新、生态环境等方面的投资功能。[①] 这些成本市场和企业不宜或不愿承担,只能由政府履行经济职能进行负责。政府经济职能及其行使能否通过改革实现科学化、规范化将极大地影响国家经济高质量发展目标的达成。经济行政法的作用在于理顺政府与市场、政府与社会之间的关系,构建社会主义市场经济公法秩序,规范政府经济职能相关的各项权力及其行使,促进政府经济职能的全面正确履行。为保障发展经济的新一轮驱动,推动实现更高质量、公平、可持续的发展,建立和完善政府经济职能及其行使相关法律制度势在必行。

发展和完善经济行政法体系和规则也是国家治理体系和治理能力现代化的要求。国家治理体系和治理能力的关键在于制度和制度的执行能力。政府作为国家治理现代化的主要发动者和推动者,应完善各方面的制度令之更加科学合理可行,使各领域制度的运行规范化、程序化。在此过程中,制度规则、治理工具、执行能力缺一不可,应当不断地从低到高实现突破性变革。党的十八届三中全会中提出,"要使各方面体制改革朝着建立完善的社会主义市场经济体制发展这一方向协同推进,同时也是各方面自身相关环节更好适应社会主义市场经济发展提出的新要求"。当前政府经济职能及其行使实践和有效治理国家、社会的要求相比,还存在不少问题。政府经济职能及履行游离于法治政府建设的边缘,虽有市场监管等强调依法行政,但大部分经济职能的设定与履行,更多为实践牵引、受政策调整,变化频繁,自由裁量权大,缺乏明晰性、稳定性和整体性,不可预期。不仅影响市场自身的公平竞争和均衡发展,也带来了社会的恐慌和焦虑;影响到民间投资的信心,还引发了大量的官员腐败,影响政府的法治进程。要进一步推进改革,提升国家治理能力,需要从理论和实践上总结改革开放 40 年以来的经验教训,围绕社会主义市场经济的新发展和需求,对政府经济职能及其行使进行重新定位、梳理,完善作为提升治理能力基础的经济行政法制度。

---

① 刘志彪:《为高质量发展竞争:地方政府竞争问题新解析》,载《河海大学学报(哲学社会科学版)》2018 年第 2 期。

二、经济行政法重要制度展望

尽管我国政府经济职能的法治化已经取得了一定成就,但仍然存在巨大的提升空间,除了对微观制度安排上的偏颇和欠缺进行调整之外,更为重要的是从松散、杂乱的个别法律制度调整走向体系框架搭建,在宏观构造层面建构社会主义市场经济背景下的公法秩序,解决国家经济发展的"上游问题"。今后,经济行政法的发展将进一步加强对政府经济职能的法律调整与控制,即建立健全支持保障经济职能准确定位和有效履行、规范政府经济职能行使的一系列法律法规,以社会主义市场经济模式下的政府经济职能及其行使为核心完善经济行政法体系,推动政府与市场关系以及政府间府际关系的理性建构,促进社会主义市场经济健康发展。[①]以下方面应当是未来经济行政法的发展方向。

(一)重新认识政府经济职能,完善职能履行的实体和程序规则

1.全面认识政府经济职能

若立法对职能定位不清,行为性质混淆,会误导规制方向,造成经济秩序混乱。从我国经济改革和实践探索来看,政府的经济职能可概括为四项:第一,经济发展的促进职能;第二,公共经济资源的管理经营职能;第三,经济宏观调控职能;第四,市场监管职能。宏观调控和市场监管是政府核心的经济职能,经济行政法制度建设关注较多。经济发展促进职能和公共经济资源的管理经营职能与前者的最大区别在于,政府在行使经济发展促进职能和公共经济资源的管理经营职能的过程中,为实现特定的经济发展目标,会较强地干预、介入市场,甚至成为市场运作的当事人,如土地出让等自然资源的市场化配置、举办国企、招商引资、产业扶持、市场培育等。可以说,经济发展促进职能和公共经济资源的管理经营职能是政府尤其是地方政府经营所辖区域,促进地域产出最大化和政府租税最大化的重要职能,在促进我国的经济飞速发展过程中起到了极为重要的作用。就促进经济发展职能而言,以经济建设为中心是我国建设发展的长期战略。培育经济增长点,推动经济发展是政府尤其是地方政府的首要任务,也是中央考核地方政府业绩的重要指标。在社会主义市场经济模式下,部分市场要素由政府掌握,如土地、资本;部分分散于社会,如劳动力、技术、信息等。完整的市场只能由政府与社会共同建构,缺一不可。政府通过行使经济发展促进职能,采取各种引导政策和举措,推动产业转型升级和培育要素市场,促进市场发育成熟,加速经济发展。公共经济资源的管理经营职能和我国社会主义制度密切联系。许多经济资源包括自然资源和经营资源为国家所有,政府负有管理、增值保值、合理经营使用的职责。然而,这两项职能及其行

[①] 薛刚凌:《加强政府经济职能的法律控制》,载《法制日报》2019年4月12日第5版。

使的制度化、法治化却长期被忽略。为保障经济行政法制度建设的系统性、科学性、逻辑性和协调性,需要将政府经济职能的内容、职权、程序、手段等纳入法律规范,以作为经济行政法体系构建和发展的基础。同时还需要在准确定位政府经济职能的基础上,进行法律制度的创新,既满足市场需求又符合管理规律,以实现公共经济资源的市场化配置。

2.梳理政府实现经济职能的手段

实践中,履行经济职能的手段多样,如促进经济发展的手段通常包括经济发展规划、政策及项目引导、招商引资、人才和技术引进、各种产业园区和自贸区建设、商品市场和要素市场培育、行政区划调整、区域经济一体化的推进等;公共经济资源管理经营手段包括国有土地出让、公私合作、政府采购、政府发行债券及政府设立国有企业从事特定领域的经营等;宏观调控的手段包括财政、金融、产业政策和行政命令等;市场监管的手段包括行政许可、标准与监测、检查监督、行政处罚、行政强制和合作监管等。每一种履行手段背后的性质定位、权力设定和利益配置都会对市场产生深刻影响,甚至引发社会问题。因此在经济行政法制度的制定中,需要在法律上做出准确定位,详细梳理实践中政府经济职能行使的行政措施和政策工具,并有针对性建立约束规则,以改进政府经济职能法律制度的运行绩效。在对政府经济职能行使手段进行规范时,既要符合管理规律,切实保障手段措施的科学性合理性,又要具有足够的创新性和灵活性来满足市场需要。[①]

3.完善政府经济职能履行实体规则

实体规则是政府经济职能履行的重要支持和保障。一是要调整已有政府经济职能相关立法中失当的实体规范,填补社会需求急迫的制度空白。如市场监管方面,企业超范围经营的法律规定,应根据市场发展要求予以调整。当下如火如荼的共享经济也需建立完善监管立法。再如宏观调控方面,政策制定、税收优惠等与政府经济职能行使极为紧密的内容也迫切需要实体规则进行约束和调整。二是需要建立保障和促进政府经济职能行使的组织法规范。长期以来行政组织立法进展缓慢,效果不佳,对实践需求、管理规律重视程度不足。职能作用的发挥在一定程度上与组织运行的合理性存在密切关联。在理论和实务界需要考量如何围绕政府经济职能对政府机构进行设计,并在组织法上予以体现,以促使其能够最大限度地发挥作用。例如在具体领域的机构设置上,反垄断执法机构需要解决分散、权威性不足的问题,确立独立、权威、统一的执法主体。[②] 在宏观组织体系架构上,需要探索政府经济职能相关机构如何设置才能高效运转,达到决策科学、执行有力、监督有

---

① 薛刚凌:《加强政府经济职能的法律控制》,载《法制日报》2019 年 4 月 12 日第 5 版。

② 刘厚金:《政府经济职能法治化:基本内涵、问题分析与实践路径》,载《党政论坛》2018 年第 12 期。

效的效果。

4.建立政府经济职能行使程序规范

为突破经济发展瓶颈,打造良好的营商环境,需要规范政府经济职能的形式程序以保障政府经济职能有效行使和保护行政相对人合法权益。政府经济职能行使程序的法治化建设,要建立在行使手段类型化梳理的基础上。政府履行经济职能的手段多元,从类型上来看,有规划、政策等重大决定,也有签订招商引资合同,行政处罚等具体处分;有管理性手段,也有市场化手段。目前,法学界比较重视管理性手段的运行规范,但市场化手段由于受到竞争性和保密的制约,不可能公开透明,故而在实体和程序法律规范上建设不足。今后在市场化手段的履行标准程序需要进行制度创新。如在公共资源市场化配置方面,当前土地价格过高,催生了高房价,导致资源过度汇集,影响了其他消费品市场的发展。应当有科学合理的法律规范对土地出让、能源定价等配置过程中的市场测算进行引导、规范和保障,以维护市场均衡和利润比例的合理。此外,还应当重视直接影响行政相对人利益的经济职能行使程序的建设。目前已有处罚、许可、招投标等程序规范,但仍有不少经济职能行使手段的程序应进一步完善,或需要具体细化,以提高可操作性,如行政调查程序;或需要纳入法律调整范围,进行规范,如行政补贴等程序。

(二)建构二元经济竞争秩序,规范政府间竞争手段

传统市场经济国家基于市场与政府的分割,仅注重商品市场秩序的建设和调控监管,通过经济行政法,建构私人主体之间的公平竞争经济秩序。我国有独特的发展轨迹,我国政府主导的社会主义市场经济除了要建立自由竞争的、开放平等的市场秩序外,也要将地方或政府间的经济竞争纳入法治视野,这也是个重要的有待进一步规范的秩序,涉及竞争主体、资源配置、竞争手段和法律责任等。虽然政府间的经济竞争更要服从国家整体利益和实现国家发展战略的需要,但建立竞争规则,进行合理的资源配置和鼓励开发创新,提升地方的整体市场竞争能力,仍然是我国经济发展的重要动力机制之一。长期以来,在"以经济建设为中心"的战略指导下,政府作为经济社会发展中最为重要的推动力量,为了争取所辖区域的发展机遇,纷纷站在了竞争的前台。尽管竞争带来的发展压力和动力促进了经济的飞速发展,但转型时期不规范、低水平的政府竞争也引发了政府间的矛盾、纠纷,为经济健康、可持续发展埋下了隐患。如重复建设和盲目扩张导致资源浪费、环境恶化,地区间贸易封锁和狭隘保护等现象不在少数。[①] 为防止政府间恶性竞争,防止地方政府追逐经济利益而作出违法行为,需要建构合理的政府间竞争规则和合作制度。近年来,我国各地已经开始相关实践,一些地区发布的《关于加强政务诚信建

---

① 薛刚凌主编:《行政体制改革研究》,北京大学出版社 2006 年版,第 210 页。

设的实施意见》《优化营商环境条例》里规定要加强招商领域的政务诚信建设,要严格依法依规出台优惠政策,避免地方政府恶性竞争。如《黑龙江省优化营商环境条例》第 26 条规定:"⋯⋯禁止制定、施行歧视非公有制市场主体的政策措施。禁止限制外地市场主体到本地从事生产经营活动或者限制外地商品、服务进入本地市场,法律、行政法规另有规定的除外⋯⋯各级人民政府和有关部门、事业单位和团体组织使用财政性资金进行招标、政府采购的,不得以从业年限、业绩和人员数量为条件,阻挠、限制市场主体参与竞争。"尽管类似规定在减少政府恶性竞争上有所进步,但从现有规定来看,政府竞争与合作的规则仍未建构完善。在政府竞争方面,一要确立法治、理性、诚实信用等原则以引导竞争有序进行;二要制定招商引资优惠政策不低于发展成本、培育产业政策不采用地方保护等具体竞争规则,明确政府的义务和责任并落实保障;三要完善竞争过程中的纠纷解决方式,健全政府竞争矛盾的化解渠道。[①] 在政府合作方面,应当促进以经济发展为主要内容的多领域合作,完善合作组织机制,探索行政协定、区域公约等合作方式,明确合作双方的内容、形式、权利义务关系,并通过珠三角、长三角以及京津冀区域一体化等地域实践的发展逐渐制度化、法治化。

(三)建立健全政府参与市场的法律制度

政府广泛参与市场运作是一种客观事实,但政府又不同于一般的市场主体,有时政府是以资源垄断者的身份出现在市场上,如土地拍卖,有时具有绝对的地位优势,如政府举办的国有企业参与市场竞争。政府参与市场时如何确保市场的供求平衡,如何保证其与其他主体的公平竞争,都需要特殊考量。政府作为公共利益的代表,如何在市场参与中实现公共利益的最大化,并不是一个简单的问题。例如,土地招拍挂制度就值得反思和批判。从表面上看,土地招拍挂是为了确保公正,实现政府利益最大化,但结果引发地价高、进而导致房价高,造成房地产行业过热、经济结构倾斜,不利于其他消费品市场的发展,也造成一二线城市的居民购房困难,让中产阶级家庭背上沉重的按揭还贷压力和产生焦虑和危机感,影响人民的生活品质。从长远看,并不利于市场的健康发展和社会的和谐目标。需要改变现行单一的价值追求,从公共利益、公民福祉的角度构建政府主导的要素市场的特殊规则。

(四)完善政府管理市场的法律制度

国家层面这方面的制度比较成熟,如计划法、财税法、银行法、价格法、自然资源管理法、市场准入法律制度、产品质量法和消费者权益保障法、反垄断法和反不正当竞争法等,但仍然有许多进一步完善的空间。如对市场进行行政调控的条件

---

① 薛刚凌主编:《行政体制改革研究》,北京大学出版社 2006 年版,第 214 页。

和程序;政府以市场主体身份参与市场行为与宏观调控如何有机对接;财税法如何推进地方经济竞争秩序的合理构建;如何回应技术发展、促进新技术市场的建设和监管等。

地方层面,由于客观存在的激烈经济竞争,地方各级人民政府具备了准经济主体的地位,为了获得更多的资源和在竞争中胜出,政府实施了大量的市场化行为,如招商引资、吸引技术和人才、政府直接投资、公共工程建设、政府举债和税收减免等,大多通过交易或利益让渡的方式来实现促进经济发展的目标。虽然可以依据《政府投资条例》《政府采购法》等,但许多的执行性手段仍然停留在政府的文件层面,其合法性和合理性都存在严重问题。对于政府的各种市场化手段和行为需要做更全面的梳理、研究和论证。如果合理,则需要立法支持和规范;如果不利于市场的发展,违背市场规律或损害市场主体的利益,则要予以否定。

(五)强化政府经济性职能行使的监控和责任追究

政府经济职能的行使包括决策和执行。倘若有令不行、有禁不止,政府的经济决策和制度安排就会大打折扣,甚至无法落实。如一些地方政府为发展经济颁布了一系列促进企业转型升级的政策,但却未建立政策执行的监控机制,导致在规划合理性、政策落实程度上无法得到反馈,无从了解政府经济职能是否发挥应有作用。目前政府经济决策执行的监控机制存在着极大的建设空间。2018 年国家监察体制改革后,通过了新的《监察法》,《行政监察法》被废止。已被废止的《行政监察法》第 18 条曾经赋予了监察机关行使执行监控的权力,即对国家行政机关遵守和执行法律、法规、人民政府决定和命令进行检查。而现有的《监察法》第 11 条规定监察委员会履行监督、调查、处置职责,其工作着眼点主要在治理腐败,对于执行监控则少有涉及。在机制完善方面,可以考虑将以下内容作为执行监控的法定环节:(1)跟踪督查,对政府经济决策执行情况进行定期或不定期的跟踪,综合督查情况进行通报,对执行无进展或问题长期不能解决的予以及时预警;(2)信息反馈共享,整合政府经济决策执行过程中的各方面信息资源,对决策合理性以及是否需要调整进行反馈,并进行各相关部门的共享,避免信息孤岛各自为政;(3)执行评估,对执行效果进行评估,改进政府经济职能行使的绩效,保障国家对经济引导和干预规范的执行和遵守。

以往政府经济职能行使的实体和程序性规范,大多没有合理的责任追究制度和违法救济制度作保障,因而实施情况并不理想。[①] 国务院于 2019 年 4 月 14 日发布的《政府投资条例》在第六章规定了政府投资决策和执行违法的法律责任,迈出了良好的一步。今后仍需要针对政府经济职能履行中的越位、错位、缺位问题完善

---

① 刘厚金:《政府经济职能法治化:基本内涵、问题分析与实践路径》,载《党政论坛》2018 年第 12 期。

责任追究制度。此外,还需要再进一步发展救济制度,实践政策性调控补偿等制度。2018 年各地出台的《优化营商环境条例》开始了此类探索,不少规定了相关制度。如《黑龙江省优化营商环境条例》第 27 条规定:"……(三)因人民政府和有关部门责任导致有效合同不能履行、承诺的合法优惠条件不能兑现,给市场主体造成损失的,应当予以赔偿;(四)因国家利益、公共利益或者其他法定事由需要改变规划、行政决定以及合同约定、承诺的合法优惠条件的,应当依照法定权限和程序进行,给市场主体造成损失的,应当予以相应补偿;(五)财政资金支持、费用减免等方面的现有政策规定与原政策规定或者承诺的合法优惠条件不一致的,按照有利于市场主体的原则执行。各级人民政府和有关部门按照前款规定需要赔偿或者补偿的,应当与市场主体签订书面赔偿或者补偿协议,并依法纳入预算。县级以上人民政府应当建立政府违约失信责任追究机制,开展政府违约失信问题的清理、整治。"

第十二章

经济行政法律制度的实例展开:
行政规制体系的发展与改革

第一节 行政规制体系的定位与组织架构

一、何为"规制"

在近年的国内外学术研究中,规制研究逐渐占据日益重要的地位。但作为研究的基点,究竟何为"规制",却众说纷纭。《布莱克法律词典》中将"规制"界定为"通过规则或限制的控制行为或控制过程"。[①]《牛津英文词典》中则将"规制"界定为"规制的行为或事实",将"去规制"(to regulate)界定为"去控制、支配或导引"。[②]

美国规制经济学的开拓者 Alfred Kahn 在 1970 年指出"规制的实质是政府命令对竞争的明显取代,作为基本的制度安排,它企图维护良好的经济绩效",但 Alfred Kahn 的论述更关注经济性规制、垄断规制。[③] 日本学者植草益曾指出,规

---

① Black's Law Dictionary 1311 (9th ed. 2009).

② 13 The Oxford English Dictionary 524 (2d ed. 1989).

③ [美]丹尼尔·F.史普博:《管制与市场》,余晖等译,上海三联书店、上海人民出版社 1999 年版,第 28 页。

制"是指依据一定的规制,对构成特定社会的个人和构成经济的经济主体的活动进行限制的行为"①。美国法律学者巴拉卡(Barak Y.Orbach)教授认为,"规制是政府对私人领域的干预,是我们不完美现实和人类局限性的副产品",②他认为规制还包括了实施政府干预的法律规则,认为此规则是政府机关创设的有拘束力的法律规范,来试图塑造个人和企业的行为。③

很难为规制给出一个明晰的定义。常常从功能的进路,从控制论(cybernetics)的角度,来使用规制这个概念,并得以接受。美国学者塞尔兹尼克在关于规制的经典论说中,认为规制是"公共机构对那些社会群体重视的活动所进行的持续集中的控制"。④ 英国学者胡德等则指出:"……根据界定,任何人工或天然的控制系统,都至少包含三个要素……必须具备一定的标准制定(standard-setting)能力,从而可以在偏好程度不同的系统状态间作出区分。还必须有一定的信息收集(information-gathering)或监控能力,来生成关于系统当前状态或系统状态变化的知识。此外,必须有一定的对行为加以修正(behaviour-modification)的能力,来改变体系的状态。"⑤

当代规制研究名家,都柏林大学斯科特教授在规制研究中深受胡德(Hood)教授影响,认为应将规制拓展至特定范围的一系列任务,包括设定规则、收集信息、建立反馈或监督机制,并设立纠正违反规范行为的回应机制。⑥ 斯科特教授指出规制的核心含义在于指导或调整行为活动,以实现既定的公共政策目标。

二、中国学术语境下的"规制"话语

知名法制史学者刘笃才教授曾对"规制"语义史加以梳理,他引用《新唐书·韦述传》叙述《唐六典》编撰经过,指出:"及萧嵩引述撰定,述始摩周六官,领其属,事归于职,规制遂定。"又引《宋史·宦者传》评价宦者李神福的短处,指出"然久掌三班,无规制,远近失序,有请托者不能拒之"。⑦

目前我国学界对"规制"一词的表述包括"管制"、"监管"乃至"规管",但作为法

---

① [日]植草益:《微观规制经济学》,朱绍文、胡欣欣等译校,中国发展出版社1992年版,第1页。

② Barak Orbach, What is Regulation?, 30 *Yale J. on Reg.* 10 (2012).

③ Barak Orbach, What is Regulation?, 30 *Yale J. on Reg.* 6 (2012).

④ Philip Selznick, *Focusing Organizational Research on Regulation*, in Roger G. Noll, *Regulatory Science and the Social Sciences*, University of California Press, 363(1985).

⑤ Hood et al. 2001:23.

⑥ [英]科林·斯科特:《规制、治理与法律:前沿问题研究》,安永康译,宋华琳校,清华大学出版社2018年版,第7~11页。

⑦ 刘笃才:《论〈行政许可法〉对自然垄断产业的法律规制》,载黄继忠主编,曲文轶副主编:《自然垄断与规制:理论和经验》,经济科学出版社2004年版,第361页。

律学人,笔者还是认为"规制"一词可以相对更好地表达其间的精髓。笔者较为赞同我国学者马英娟教授的论说,规制是政府行政组织以矫正市场失灵、维持社会正义为目的,基于法律制定相关规范标准,对市场主体的经济活动以及伴随经济活动所产生的社会问题进行的干预和控制,强调行政规制是引导和规范企业和行业自律、激励和规范非政府组织及私人发挥监督作用的前提和保障。[①] 或许不宜将"规制"概念泛化,不宜将"规制"一词来泛指行政任务的方方面面,应将规制概念限定于特定范围、特定职能和特定事项。

三、我国行政规制组织的法律架构

在我国现行宪法与行政组织法框架下,在讨论行政规制组织时,需指出这并非铁板一块,而是由不同层级、不同部门的行政组织组成的协同网络。在行政规制领域,即涉及占主导地位的行政规制部门,还涉及其他相关行政部门,国务院及地方人民政府等各级人民政府在其间也发挥着重要的作用。[②] 但不同部门之间不能各自为政,而是要分工合作,提升效能,使得行政能以系统协调的方式来执行行政事务,实现一体化运作。[③]

(一)占主导地位的行政规制机构

我国自改革开放以来,随着市场经济的发展,市场主体独立地位的提高,社会阶层的不断分化,市场主体的行为也日趋复杂,因此我国先后在证券、保险、银行、药品、安全生产、质量监督领域等建立了规制机构,以加强市场经济下的政府规制。

在专业化的行政规制领域中,诸如中国证券业监督管理委员会、国家药品监督管理局此类的规制机构,有着相对专业化的规制官员、技术支撑机构、信息网络和国际合作网络,有着相对丰富的规制经验,其在专门规制政策的形成和执行中,发挥着重要作用。[④]

1.夯实规制机构的法律基础

在中国的政府规制改革过程中,依然是以"三定方案"来确定机构的设立和变更。法律滞后于机构改革的现象仍时有发生。例如中国银行保险业监督管理委员会、中国证券业监督管理委员会、国家药品监督管理局等机构的设立与变迁,最初都是依据国务院"三定方案"创设的,法律往往成了对规制机构实际权力和实际运

---

① 马英娟:《监管的概念:国际视野与中国话语》,载《浙江学刊》2018 年第 4 期;马英娟:《政府监管机构研究》,北京大学出版社 2007 年版,第 22 页。

② 宋华琳:《论政府规制中的合作治理》,载《政治与法律》2016 年第 4 期。

③ 李洪雷:《行政法释义学》,中国人民大学出版社 2014 年版,第 198 页;詹镇荣:《变迁中之行政组织法——从"组织形式选择自由"到"组织最适诚命"》,载《中研院法学期刊》2010 年第 6 期。

④ 宋华琳:《国务院在行政规制中的作用》,载《华东政法大学学报》2014 年第 1 期。

行程序的追认。有时在机构改革数年后,法律都未能得到及时调整,也影响了行政规制的实际运作。

未来应尽量让机构调整与法律变革同步,实现规制机构的法定化,通过法律来明确规制机构的法律地位,明确规制机构的组织、职权;规定规制机构依法具有制定规则、执行规则和裁决争议的权力,要求规制机构应遵循法定程序行使权力,明确规制机构的问责机制;机构应接受国家权力机关、行政机关的法定监督和公众的社会监督。[①]

2.改进规制机构的规制能力

在美国行政法和规制研究的文献中,所谓的独立规制机构并非完全独立于行政分支的一部分,而是指它因其机构成员的身份保障、合议制的决策程序和累计的专业经验,而相对于传统行政部门有更大的独立性,可以相对更加独立地形成特定专门领域的规制政策,依法作出具体决定。

我国目前的规制机构大致有如下几种设置模式:(1)国务院组成部门:如工业和信息化部负责对电信业的规制;(2)国务院直属机构:如国家市场监督管理总局负责对市场秩序的规制;(3)国务院直属事业单位:如中国证监会、中国银保监会等;(4)国务院部委管理的国家局:如国家民用航空局、国家药品监督管理局等。但无论这些机构的性质为何,其规制能力都显得略有不足。

我国行政规制机构能力的欠缺,主要体现在如下几个方面:

第一,规制机构在所在领域常常缺乏必要的完整规制职权,这在食品安全、环境规制等领域表现得尤为明显,《食品安全法》依然没有能完全改变食品安全分散规制的格局,环境保护中也面临"一条河几个部门,水利部管水,环保部管岸上,水利部上不了岸环保局下不了水"的局面。[②]

第二,在中国,政府领导人并未能充分认识政府规制和政府规制机构的特殊性,传统的行政和政策部门在政治生活和政府管理中占据更为重要的地位,规制机构依然在政府同级领导人全权控制之下。政府规制机构法律地位模糊,职能不清,行政级别较低,政府规制机构的职责以及工作重心,常因政治领导人的关切、媒体和公众的关注、突发事件的发生而转移。

第三,规制机构工作人员特别是负责人并不享有充分的任职保障,规制机构人员流动性较大,某些规制机构是过去行业主管部门演变而来,规制机构人员往往和被规制产业有着千丝万缕的联系,乃至从事着和其任职行为有利害冲突的活动。

第四,规制机构欠缺相称的规制能力。我国政府规制机构仍普遍缺乏第一流的人才,目前规制机构人员尽管具有一定的专业知识,但尚不适应规制复杂社会经

---

① 周汉华:《政府监管与行政法》,北京大学出版社 2007 年版,第 12～13 页。
② 宋华琳:《美国行政法上的独立规制机构》,载《清华法学》2010 年第 6 期。

济事务的要求。规制机构在基础设施建设、信息搜集和处理能力上都有欠缺,对现代规制原理和规制技术缺乏足够的认知,也缺乏足够的应用能力。

在中国,讨论政府规制机构的规制能力,要考虑具体的制度环境,并力图让我国的规制机构尽可能独立地履行职责。为此,可从如下几个方面完善规制机构的独立性:(1)依法赋予规制机构在规制领域所应享有的职权,尽量防止规制权力"碎片化"现象的出现,依法确定规制机构之间,规制机构和传统行政部门之间的协调机制。(2)明确规制机构的规制目标,理解规制机构在政府管理中的独特地位和作用,政府领导人可以去影响规制机构的决定,但不应去干预规制机构的具体政策形成和个案决定。(3)规制机构工作人员特别是负责人应享有任职保障,非有法定事由不得免除、调动或降低其职务;同时不得随意降低或减少规制机构工作人员的薪酬和其他待遇。规制机构人员不得从事与其任职行为有利害冲突的活动。①
(4)强化规制机构的规制能力建设,特别是强化规制机构的基础设施建设,强化规制机构人员的专业性,这也是规制机构独立规制、有效规制的重要保障。

3.健全规制机构的运行程序

我国目前尚无完备的行政程序法律,政府规制制度也处于形成过程之中。我国规制机构也在规制制度和规制程序方面做了很多有益的尝试。例如中国证监会即于 2006 年 10 月,在"查审分离"的基础上,借鉴成熟市场经济国家的行政法官制度,率先在规制机构内部设立专门的行政处罚委员会,以从事案件的审理工作,并进一步规范证券行政处罚程序;国家卫生健康委、环境保护部、国家市场监管总局等部门也在探索规制成本收益分析程序、风险评估程序;证监会、银保监会、市场监管总局在引入契约规制、信息披露、行业禁入等新型规制手段时,也在着力从实体和程序角度规范这些举措,以在有效规制市场的同时,能更好地捍卫相对人权益。

在未来,应完善我国规制机构的内部运行程序,健全信息公开制度,完善公众参与机制,引入规制影响评估制度。并结合不同规制机构的不同特色,设定不同的规制手段和规制程序,让规制机构的政策形成、规则制定、不利决定作出等活动,都置于程序法律制度的卫护之下。

4.培育成熟的规制风格

近年来,已先后进行了历时数年、进行数轮,针对不同领域、不同品种的药品监管专项整治,如 2009 年开始的药品安全专项整治工作,2012 年启动的中药材专业市场专项整治,以及 2016 年启动的针对食品非法添加药物的专项整治。"专项整治"有助于在特定时段革除不同部门之间的壁垒,整合规制资源,对违法行为及时查处,在短期内收效显著。但在组织架构层面,专项整治欠缺制度化的组织形态和

---

① 周汉华:《监管制度的法律基础》,载周汉华:《政府监管与行政法》,北京大学出版社 2007 年版,第 13 页。

协调方式;在行为方式层面,专项整治更为崇尚命令控制式规制工具,可能会带来相对较为高昂的规制成本,不利于相对人的遵从;在法律效果方面,专项整治所崇尚的"从重从快"可能会带来结果的不确定性,有违行政法上的平等原则,有碍执法的统一与公平。[①]

规制机构应对规制资源的现况、规制事务的技术复杂性、被规制主体的组织形态加以评估、分类和排序,特别是分析市场违法行为的类型、发生环节、发生频率,对风险相对较高、违法行为相对频发、规制资源相对薄弱的领域,适时启动专项整治。同时不宜将专项整治作为行政规制的首选工具,不宜将专项整治成为常态化的规制工具。政府部门应培育相对稳定的规制风格,实施以风险分析为基础的规制,实施一以贯之的规制,应以日常规制为首要选项。

(二)相关行政部门的协作

理想的行政组织法会希望"一事进一门",一件事务由一个部门管理,但事务总会有"横看成岭侧成峰"的情形。随着行政事务日益复杂,某一行政规制机构的规制事务,难免与相关行政部门发生关联。例如依据《药品管理法》第 5 条的规定,各级药品监督管理部门负责本行政区域内的药品监督管理工作,其他部门在各自的职责范围内负责与药品有关的监督管理工作。如卫生行政部门负责医疗机构药剂管理和合理用药,专利和商标部门分别负责药品专利审查和药品商标审查的工作。部门职权的交叉可谓难以避免。

总体而言,中国不同级别、不同类型行政机关都是行政管理体系的一部分,都隶属同一系统,是一个不可分割的整体,有可能通过跨部门合作,实现跨部门、跨边界的整体性治理,填补规制罅隙,为公民福祉提供无缝隙的保护。[②] 但不同行政部门的任务不同、观念不同、专业知识不同、信息来源不同、话语体系不同,部门协调合作因此也殊为不易。在推行规制目标的过程中,可以通过监管联席会议、正式或非正式磋商、监管信息共享、提供行政协助、开展联合执法等形式,来推进部门协作。[③]

此外,建立政府信息资源的跨部门共享机制,是部门间开展有效协调与合作的前提。政府信息共享有助于打破政府信息资源的"孤岛",使得不同行政部门能共享必要信息,能更全面、更充分地掌握规制信息,更好地了解规制事务和规制对象

---

① 宋华琳:《专项整治与行政法治》,载《中国市场监管研究》2016 年第 4 期。

② 曾凡军:《基于整体性治理的政府组织协调机制研究》,武汉大学出版社 2013 年版,第 21～54 页。

③ 宋华琳:《药品安全监管改革与法制建设》,载《行政管理改革》2012 年第 9 期。

的全貌,以利于政策形成和执行层面的协作。[1] 目前在中国,上下级行政部门之间"系统内"的信息共享工作相对开展较好,而不同职能的行政部门之间信息共享程度相对较低。未来应尽量以立法的形式明确规定不同部门必须共享的政府信息,为相关部门设定政府信息共享义务,[2]各级政府和行政机关亦应着力建构政府信息共享的技术平台、标准规范、工作程序和管理制度。

(三)各级地方人民政府的角色

各级地方人民政府在政府规制治理体系中占据重要的地位,可以担负领导、组织、协调之责,并承担相应的规制责任,其相应的宪法和组织法依据在于:第一,根据《宪法》第107条的规定,地方各级人民政府"依照法律规定的权限",管理本行政区域内的各项行政工作;第二,根据《宪法》第108条的规定,"县级以上的地方各级人民政府领导所属各工作部门和下级人民政府的工作,有权改变或者撤销所属各工作部门和下级人民政府的不适当的决定",因此地方人民政府可以统一领导本行政区域内的规制工作;第三,《宪法》第3条规定中央和地方国家机构职权的划分,遵循在中央的统一领导下,充分发挥地方的主动性、积极性的原则,在政府规制中,地方人民政府可以有所作为;[3]第四,《宪法》第27条第1款规定,一切国家机关都"实行工作责任制",地方人民政府对本行政区域内的管理工作统一领导、组织和协调,其也应承担相应的责任。[4]

地方政府承担了宪法和法律赋予的多项任务,但是在"发展型地方主义"的关照下,地方政府或许秉承"发展才是硬道理"的思路,更多资源用于履行其发展职能,通过行政手段促进产业发展,注重招商引资、经济发展,乃至给予产业以优惠和激励措施。而行政规制旨在捍卫公众福祉,遏制市场失灵,对于环境治理、职业安全保障、食品药品安全等规制目标,地方政府可能会采取"说起来重要,做起来重要,忙起来不要"的态度。[5] 在未来,地方政府应理性对待公共利益与产业利益之

---

[1] 胡建淼、高知鸣:《我国政府信息共享的现状、困境和出路——以行政法学为视角》,载《浙江大学学报(人文社科版)》2012年第2期;宋华琳:《建构政府部门协调的行政法理》,载《中国法律评论》2015年第2期。

[2] 例如2015年修订的《中华人民共和国食品安全法》第20条规定:"省级以上人民政府卫生行政、农业行政部门应当及时相互通报食品、食用农产品安全风险监测信息。国务院卫生行政、农业行政部门应当及时相互通报食品、食用农产品安全风险评估结果等信息。"

[3] 例如2015年修订的《中华人民共和国食品安全法》第36条第2款规定:"县级以上地方人民政府应当对食品生产加工小作坊、食品摊贩等进行综合治理,加强服务和统一规划,改善其生产经营环境,鼓励和支持其改进生产经营条件,进入集中交易市场、店铺等固定场所经营,或者在指定的临时经营区域、时段经营。"

[4] 朱应平:《论药品安全监管中的地方政府负总责》,载王贵松主编:《宪政与行政法治评论》第5卷,中国人民大学出版社2011年版,第152~154页。

[5] 于安:《论协调发展导向型行政法》,载《国家行政学院学报》2010年第1期。

间的关系,处理好行政规制与产业发展之间的关系,勉力协调本行政区域内的各项规制工作,建立健全行政规制的部门协作机制和信息共享机制,为各专门领域的行政规制提供组织、信息、技术、经费等多方面的保障。

第二节　药品行政规制体系的发展与改革

从全球范围看,在过去的 30 年里,规制改革(regulatory reform)正在发生着深刻而迅速的变化。规制改革是对放松规制、再规制以及改进规制效果措施的综合利用,它所期望的是实现规制功能所涉及的任务,这不仅包括各种规制工具之间的设计和实施,以及规制工具之间的协调与配合,更包括透明、可问责性、效率、适应性和一致性等目标。[①] 规制改革并非连贯的战略史,它在不同的国家,不同的产业结构和利益分布会带来不同的问题,也会带来政策设计上不同的因应之道。

在现代风险社会,由于风险的不确定性,由于风险涉及大量的科学政策问题,个人和自由市场欠缺相应的知识和信息,很难去扮演"决策于未知之中"的预测者角色,去对诸多社会现象所蕴含的风险和收益进行评估,在难以通约的不同价值之间进行衡量。因此必须结合国家和社会的力量,进行有效率的风险规制。[②] 药品规制就是在此背景下,为保障公众的健康权益,降低因药品带来健康风险,而设定的制度安排。

在中国,药品安全规制从前法律时代发展至 1984 年《药品管理法》颁布,至1998 年国家食品药品监督管理局成立,至 2001 年《药品管理法》修改,至 2006 年前后的药品安全事件及郑筱萸事件等,直至 2013 年成立直属国务院的国家食品药品监督管理总局,到 2018 年机构改革中,成立由国家市场监督管理总局直属的国家药品监督管理局。药品规制体系的改革可谓变化频仍。本节试图通过对中国药品规制的制度史描摹,探讨中国的规制国家建立之难,分析中国行政规制能力建设的问题与困境,作为部门行政法研究中的参照领域,来作为行政规制总论的例证,进而为行政规制法律制度的建构提供一些素材。

一、1978 年至 1998 年的中国药品规制体制

(一)《中华人民共和国药品管理法》的颁布

1978 年卫生部、化工部、商业部联合颁发了《药品卫生标准》。1978 年 7 月 30

[①] 经济合作与发展组织编:《OECD 国家的监管政策:从干预主义到监管治理》,陈伟译,法律出版社 2003 年版,第 1 页。

[②] 王泽鉴:《危险社会、保护国家与损害赔偿法》,载《月旦法学》2005 年第 2 期。

日,国务院批准颁发了卫生部制订的《药政管理条例(试行)》。这是中华人民共和国成立以来发布的药品监督管理领域的第二个系统管理法规。该条例共分 11 章 44 条,章节名称分为"总则""药品生产""新药的临床鉴定和审批""药品质量标准""药品供应""药品使用""采种制用中草药""药品检验""麻醉药品和毒剧药品""药品宣传""附则"。1979 年 6 月 30 日,卫生部、国家医药管理总局还依据《药政管理条例》,制定了《医疗用毒药、限制性剧药管理规定》。

在 1979 年 10 月 6 日,卫生部根据国务院关于"药政要立法"的精神,报经世界卫生组织拨专款 10 万美元,已派出中国药政药检工作考察团 10 人,分赴英国、美国、瑞士、瑞典、加拿大、日本等六国以及日内瓦世界卫生组织本部,考察各国药政工作,搜集各国有关药政法规材料,为起草我国药品法提供了参考。[①]

1980 年 9 月 17 日,在《国务院批转卫生部等单位关于加强药政管理禁止制售伪劣药品的报告》(国发〔1980〕242 号文)中,力陈了生产销售伪劣药品的现象和危害性,进而指出:"健全药事法制。由卫生部牵头会同有关部门,总结国内外经验,以 1978 年国务院批转的《药政管理条例(试行)》为基础,拟订'药政法'。应做到有法可依、有法必依、执法必严、违法必究。使药品生产、供应、使用、检验、标准和外贸进、出口等方面,有一完整的法规。"

这加速了《药品管理法》制定的进程。1980 年开始,卫生部牵头起草了《药政法(草案)》,该草案以 1978 年国务院批转的《药政管理条例》为基础,总结了中华人民共和国成立以来药政管理工作的经验教训,针对药品方面存在的问题,广泛征求了有关部门意见,并参考国外的有关法规。其间易稿十余次,1984 年 4 月 17 日经国务院常务会议讨论,同意将其提请全国人大常委会审议。

时任卫生部副部长的谭云鹤于 1984 年 7 月 4 日在六届人大常委会六次会议上作了《关于〈中华人民共和国药政法(草案)〉的说明》,8 月 6 日、8 月 8 日和 9 月 6 日,全国人大法律委员会对此作了审议,并对于集贸市场出售药品、医院制剂的相互调剂、许可证的效期、假劣药的涵盖范围、药品商标的强制注册、中药管理、行政处罚权限及刑事责任等主要八个问题,提出了修改建议。9 月 17 日,全国人大法律委员会副主任委员沈鸿在六届人大常委会七次会议联组会上作《关于〈中华人民共和国药政法(草案)〉(修改稿)修改意见的说明》,就药政药检机构、药品监督员的资格认定、行政处罚的适用等内容,提出了五点修改建议。1984 年 9 月 20 日。沈鸿在六届人大常委会七次会议上作《关于〈中华人民共和国药政法(草案)〉(修改稿)两点修改意见的说明》,他指出,"有些委员提出,《药政法》的名称不够确切。因此,建议改为《药品管理法》",同日,《中华人民共和国药品管理法》(简称《药品管理

[①] 杨光主编:《北京卫生史料·药政篇》,北京科学技术出版社 1996 年版,第 47 页。

法》》获得通过，并规定于 1985 年 7 月 1 日实施。①

（二）中国药品规制制度的初具雏形

1984 年 9 月 20 日颁布的《药品管理法》分为 11 章 55 条，该法的立法目的是，"加强药品监督管理，保证药品质量，增进药品疗效，保障人民用药安全，维护人民身体健康"。该法规定，由国务院卫生行政主管部门主管全国药品监督管理工作；规定了药品生产企业许可制度、药品经营企业许可制度、医院制剂许可制度、新药许可制度，以及药品生产质量管理规范（简称 GMP）制度、药品标准制度、药品广告审批等基本药品管理制度；引入了"假药""劣药"等概念；明确了违反药品管理法规定的法律责任，为我国药品规制体系的建设奠定了蓝图和框架。

1989 年 1 月 7 日，国务院批准了《药品管理法实施办法》。为了规范特殊药品的管理，国务院先后颁布了《麻醉药品管理办法》《精神药品管理办法》《医疗用毒性管理办法》《放射性药品管理办法》等行政法规。为了提高中药品种质量，保护中药生产企业合法权益，促进中药事业的发展，国务院于 1992 年 10 月 14 日颁布了《中药品种保护条例》。

《药品管理法》规定了药品监督管理机构、药品检验所、药品审评委员会、药典委员会、药品监督员的法律地位。此后，卫生部陆续颁布了《药品监督员工作条例》《药政、药检人员和药品监督员工作守则》《药品检验所工作管理办法》等规章，明确了药品监督的职责权限和工作程序；还颁布了《新药审批办法》《新生物制品审批办法》《进口药品管理办法》等部门规章，健全和完善了新药审批、新生物制品审批以及进口药品管理制度。至此，一个有中国特色的药品法制体系可谓粗具雏形。

（三）药品监督管理与行业管理部门之间的矛盾

在 1985 年至 1998 年间，中国药品规制的集中矛盾，在于作为规制主体的国务院卫生行政主管部门和医药行业主管部门之间的矛盾。在 1978 年 8 月 22 日，成立了直属国务院由卫生部代管的国家医药管理总局，之后于 1982 年划归国家经贸委，在 1988 年又成为国务院的直属机构。而医药管理局系统在地方层次上的建制并不健全，以至于时任国家医药管理局局长齐谋甲在 1989 年 12 月 19 日的全国医药管理局长会议上指出："各省要争取在不增加机构人员的前提下，把省总公司恢复为管理局，或者采取变通办法，在省医药总公司的基础上，增加一块医药管理局的牌子。省以下的市、县也可依此精神办理。"②

1988 年 5 月 3 日，在"中医药统一管理"的指导思想下，国务院决定成立国家

---

① 以上《药品管理法》的立法史料，均来自《中华人民共和国法律立法司法解释大全》，河北人民出版社 1991 年版，第 1529～1535 页。

② 《国家医药管理局局长齐谋甲在全国医药管理局长会议上的报告（摘要）》，载《中国卫生年鉴》(1990)，人民卫生出版社 1991 年版，第 18 页。

中医药管理局,负责中药的行业管理。但由于地方机构改革暂缓进行,1989年4月7日,国务委员李铁映在他主持的关于解决中医药有关问题的会议上指出:"国家中医药管理局可以向地方中药管理部门直接发文,部署指导工作,召集会议。"①造成行业主管部门在中央层级是国家医药管理局、国家中医药管理局两家,在地方是一家的局面。

1994年,国务院在《关于进一步加强药品管理工作的紧急通知》中明确指出,"国家医药管理局、国家中医药管理局为国务院药品生产经营行业主管部门",但实际上行业主管部门还涉及卫生部、国内贸易部、核工业总公司、农业部、解放军总后勤部、武警部队等。②

表12-1　1998年机构改革前的药品行业主管部门

管理部门	管理的药品
国家医药管理局	化学原料药及其制剂、抗生素和诊断药品
国家中医药管理局	中药(包含中药材、中药饮片和中成药)
国内贸易部	生化药品
中国核工业总公司	放射性药品
农业部	本部门的药品生产和经营
解放军总后勤部	本系统的药品生产和经营
武警部队	本系统的药品生产和经营

作为法定药品规制机构的卫生部,和作为对下属国营医药企业资产运营有直接控制权的国家医药管理局,二者之间的矛盾以相当直观的形式表现出来。纷争之一,表现在开办药品生产、经营企业问题上,《药品管理法》规定了由卫生行政部门颁发《药品生产企业许可证》《药品经营企业许可证》的制度,而国家医药管理局则试图颁发产品许可证,之后又开始颁发《药品生产企业合格证》《药品经营企业合格证》,这事实上造成了企业的负担。纷争之二,表现在卫生行政部门强调药品监督管理,国家医药管理局则一直试图强调药品是一种特殊商品,并试图说服国务院有关领导去研究药品专营的方案和法规。③ 纷争之三,表现在部分省市通过地方性法规或者地方政府规章的形式,赋予了行业主管部门的部分药品监督处罚权,卫

① 《国务院关于解决中医药有关问题的纪要》,载《中国卫生年鉴》(1990),人民卫生出版社1991年版,第31页。

② 邱靖基:《我国制药工业体制改革纵横谈》,载《中国药业》1998年第7期。

③ 潘广成:《医药法制建设的若干问题》,载《中国药业》1995年第6期;中国社会科学院工业经济研究所药品专营课题组:《关于药品专营问题的探讨》,载《中国工业经济研究》1992年第3期。

生部则先后颁布了《关于制止越权行使药品监督执法职权的函》[卫药发〔1994〕19号]、《关于对地方制定有关药品生产经营规章问题的通知》[卫药发〔1996〕54 号]等文件。①

"九龙治水"的格局,法律规范实效性的低下,使得医药领域存在着诸多长期难以解决的失范现象。如《国务院办公厅关于继续整顿和规范药品生产经营秩序加强药品管理工作的通知》(国办发〔1996〕14 号文)中所指出的:"无证照、出租转让证照违法生产、经营药品。整顿中药材专业市场工作进展迟缓,少数地区违法销售假劣药品、开办药品集贸市场等活动悄然兴起;药品购销活动中的回扣问题相当普遍,药品低水平重复生产的问题也亟待解决。"

二、1998 年至 2007 年的药品规制体制

1998 年 3 月,在中央政府机构改革全面启动的大背景下,确定了权责一致,"一事进一门"的原则。② 根据《国务院机构设置的通知》(国办〔1998〕5 号)开始组建国家药品监督管理局。1998 年 6 月 11 日下发的《国务院办公厅关于印发国家药品监督管理局职能配置、内设机构和人员编制规定的通知》(国办发〔1998〕35号)确定"国家药品监督管理局为国务院直属机构,是国务院主管药品监督的行政执法机构",从而将之前卫生部药政管理局的药品监督管理职能、国家中医药管理局的中药管理职能、国内贸易部的生化药管理职能、中国核工业总公司的放射药品管理职能都划归国家药品监督管理局。③ 我国首次有了专司药品监管的行政规制机构。

由于我国经济体制和产业结构的变化,相应法律体系的不断健全和完善,规制体制的变化与执法主体的转移,法律责任规定的疏漏和打击违法行为的乏力,使得1984 年颁布的《药品管理法》日益无法满足现实需求。④ 自 1999 年 7 月起,国务院法制办公室和国家药品监督管理局草拟了《药品管理法修正案(草案)》,经国务院第 29 次常务会议讨论通过,于 2000 年 8 月提请全国人大常委会审议。2001 年 2

---

① 在《关于对地方制定有关药品生产经营规章问题的通知》[卫药发〔1996〕54 号]文件中,卫生部指出:"据四川、广西等省卫生行政部门反映,一些地方拟制定本地区《药品生产经营管理条例》。《条例》草案中由的内容不仅有悖于《药品管理法》及《实施办法》,而且与国务院国发〔1994〕53 号和国务院办公厅国办发〔1996〕14 号文件精神不符,更与《行政处罚法》相违背。"参见卫生部药政管理局编:《药品监督管理法规汇编》(1994—1996),人民卫生出版社 1997 年版,第 25 页。

② 顾家麒:《构建适应社会主义市场经济的行政管理体制》,载《管理世界》1999 年第 4 期。

③ 在《中共中央国务院关于地方政府机构改革的意见》(1999 年 1 月 5 日)中指出:"将药政、药检和药品生产流通监管职能集中起来,组建药品监督管理部门。"

④ 郝怡纯:《全国人大常委会教科文卫委员会郝怡纯副主任委员在〈药品管理法〉实施 10 周年大会上的讲话》,载《中国药事》1995 年第 4 期;刘鹏:《混合型规制:政策工具视野下的中国药品安全规制》,载《公共管理学报》2007 年第 1 期。

月 28 日,在经过常委会三次会议审议之后,第九届全国人大常委会第二十次会议审议通过了修改后的,共分为 10 章 106 条的《药品管理法》。

在 1998 年之后,国务院先后通过了《医疗器械监督管理条例》(2000)、《药品管理法实施条例》(2002)、《麻醉药品和精神药品管理条例》(2005)等行政法规。2003年,在第十届全国人民代表大会第一次会议上作出决定,在国家药品监督管理局基础上组建"国家食品药品监督管理局"。

在这个时期,中国正在朝着符合现代行政法治和规制理念的药品规制体系迈进,并取得一定进展。但正是这个时期药监部门的种种规制举措,成为人们所诟病的焦点,这其间也折射出在这样一个由行政权主导经济发展,由政府控制企业命脉的转型国家里,建立规制型政府所面临的某种更具普遍意义的困惑。

(一)半垂直管理的药品规制体系

在 1998 年国家药品监督管理局成立之前,药品规制机构是卫生机构中的内设管理机构,而卫生行政部门又是同级人民政府的组成部分,接受同级人民政府的领导。在当时药品规制的研究文献和领导讲话中,"地方保护主义"是经常被提及的关键词。以中药材集贸市场的规制为例,尽管 1984 年颁布的《药品管理法》第 15条第 1 款规定,城乡集市贸易市场可以出售中药材,但在 20 世纪 90 年代后,这些市场大多蜕变为大量违规销售中药材之外药品的集贸市场。而这些违法药品集贸市场的开办,几乎都得到了当地政府某种形式的支持,有的甚至是政府组织开办的。当时的安徽太和药市,湛江的麻章、赤坎药市,成都的五块石药市,都得不到及时查处,某种意义上是"弱龙"被"地头蛇"掀翻的结果。[①]

在 1998 年国家药品监督管理局成立之后,就开始着力建立"全国集中统一、省以下垂直管理的药品监督管理体系",[②]但这只能被称为是一个半垂直管理的规制体系,因为中央和省级药监部门依然是指导与被指导的关系,垂直管理的范围只限于省级以下的层面。[③] 相对此前而言,在半垂直管理的药品规制体系,省级以及地方药品规制机构都是新成立的机构,有利于提高药品规制机构人员的专业化程度。[④] 省级药品规制机构拥有比此前相对更为独立的地位和更大的权力,有利于

---

① 张世臣、史宇广、李勤:《全国中药材专业市场整顿工作回顾》,载《中国药房》1997 年第 3 期。

② 国家食品药品监督管理局:《中国药品监督管理年鉴(2003)》,化学工业出版社 2003 年版,第 16 页。

③ 刘鹏:《混合型规制:政策工具视野下的中国药品安全规制》,载《公共管理学报》2007 年第 1 期。

④ 国家食品药品监督管理局、中编办、人事部在《关于省以下药品监督管理机构编制和人员管理问题的通知》(药监办字〔2001〕93 号)中指出:"各级药品监督管理机构,必须加强药品监督管理公务员队伍的专业化建设。在各级药品监督管理机构中,具有医、药和法律等相关专业知识的比例,原则上不低于本部门编制数的 70%。"

去绕开地方政府的权力来强化规制；也有利于不同地方药品规制机构之间的行政协助，去查处违法药品案件。[①]

新组建规制机构也遭遇到财政经费、办公条件、信息化程度、技术检验设施等基础设施方面的困难。尽管从 2002 年开始，确定中央分五年补助 22 个省、自治区和直辖市地方药品监督管理建设专项经费共 5 亿元，[②]但总体条件依然较为落后。以 2002 年为例，全国共有 1148 个市、县药监机构无办公场所，绝大多数市、县机构只有 1～2 间办公用房，未落实办公场所的市、县多靠租房办公。此外，缺乏开展执法检查、现场验收、案件办理所需的最基本交通工具和调查取证工具以及日常办公设施，从而制约了规制机构的规制能力，影响了其实施法律的实效。[③]

(二)宽松的规制风格与政企间的回旋之门

在 1998 年，是当时的国家医药管理局及其人员构成了国家药品监督管理局的主体部分，并主导了当年的药品规制体制改革。在组建过程中，各地已有的医药管理部门（医药管理局）或医药公司成了统筹药品监督管理工作的职能部门。[④] 而这些部门之前有些是行业主管部门，缺少药品规制所需的经验和知识；有些甚至本身就在从事药品生产经营活动。在这个时期的领导讲话中，反复强调政企分开，监督执法职能和行业管理职能分开。在其他的一些场合，国家药监局主要领导也多次强调了政企脱钩，以及确立"政府掌舵而不划桨"的理念。

但是在药监队伍中，也确然存在着政府与企业之间的回旋之门（revolving door）。大量中高级公务员有着在医药企业曾供职多年乃至出任领导职务的经历，很多公务员都是从作为国有医药企业"婆婆"的前国家医药管理局系统转到药品规制系统的，还有许多药监官员在退休之后，利用自己的关系资源，"下凡"到和自己过去有工作关系的企业工作，通过出任独立董事等高级职位来发挥余热。[⑤]

药监官员为了能给自己留下未来退路，加之主要药监官员的知识结构、工作背

---

① 刘鹏：《混合型规制：政策工具视野下的中国药品安全规制》，载《公共管理学报》2007 年第 1 期。

② 国家食品药品监督管理局：《中国药品监督管理年鉴（2003）》，化学工业出版社 2003 年版，第 4 页。

③ 国家食品药品监督管理局：《中国药品监督管理年鉴（2003）》，化学工业出版社 2003 年版，第 18 页。

④ 《关于省级政府社会保障以及药品监督管理工作机构有关问题的通知》（中编办发〔1998〕8 号文）。

⑤ 例如，原国家食品药品监督管理局局长郑筱萸曾先后供职于杭州第一制药厂、杭州民生制药厂；原国家食品药品监督管理局副局长任德权在之前曾先后供职于中国医药工业公司、国家药材公司、中国医药公司，在退休后出任中贸易股份有限公司独立董事；原国家药品监督管理局副局长戴庆骏之前曾多年供职于山东新华制药厂，在退休后又出任山东新华制药股份有限公司独立董事。

景、思维方式的惯性，以及和被规制产业之间千丝万缕的联系，使得药品规制事实上奉行着相对宽松的规制风格。在这个时期，时任局长的郑筱萸确立了"以监督为中心，监、帮、促相结合"的工作方针。这反映了药品规制机构既想规制又想去促进产业发展的初衷，从而导致了冲突的规制目标和模糊的规制风格，以及药品规制机构规制能力的孱弱。①

在这个时期，以郑筱萸、曹文庄、郝和平等为代表的药监高官和企业界有着过于密切的联系，最终他们被绳之以法，这也给药品监管事业带来了损失。吴仪副总理也于2007年2月8日针对郑筱萸事件指出，这些暴露出药品监管部门"监管工作思想有偏差，对政府部门工作定位不正确，没有处理好政府职能部门与企业的关系、监管与服务的关系、商业利益与公众利益的关系，单纯强调'帮企业办事，促经济发展'，没有把保障公众用药安全这一中心任务落实好"②。

（三）规制工具理念与实效的乖违

作为社会性规制领域中的常用规制工具，许可、认可以及标准制定等方式在药品规制中得到了普遍的应用。在郑筱萸主政的1998年至2005年里，进行了药品注册的改革、GMP认证以及地方标准升国家标准几件大事。这些举措代表了现代政府规制理念和行政法治趋势，但在实践中并未收到本来力图达到的效果。以下是笔者对这几个举措进行的简略分析。

1.药品注册

药品的制造技术极其复杂，产品危害后果具有滞后性，为此，世界各国都设立了药品注册制度。药品注册也是为《药品管理法》所确认的，一项具有相当含金量的权力。在1998年至2005年间，药品规制机构将许可权更多地集中于中央部门，弱化了地方部门的权力；在审评中还增大了固定审评人员的作用，弱化了专家的地位。

考虑到我国以仿制为主的医药产业格局，使得中央药品规制机构面对大量类似的许可申请时，在确定申请资料是否符合获得审批的构成要件，以及在程序和时限方面，具有广袤的行政裁量权。为此，企业也会试图去俘获规制机构官员，从而使得许可中出现宽严失据的情况。例如，2005年批准的新药申请数量是11086个。③ 时任国家食品药品监督管理局局长的郑筱萸为8家企业谋取利益，直接或

① 马昌博、龙玉琴：《郑筱萸落马掀起药监风暴 中央彻查力护用药安全》，载《南方周末》2007年2月1日。

② 诗淇：《吴仪痛陈药品监管漏洞 透明度不足造成暗箱操作》，载《第一财经日报》2007年2月9日。

③ 王强：《"药监"郑筱萸》，载《商务周刊》2007第2期。

者间接非法收受财物折合人民币约 649 万元。①

2.《药品生产质量管理规范》认证

《药品生产质量管理规范认证》（简称 GMP 认证）是国家依法对药品生产企业（车间）和药品品种实施 GMP 监督检查并取得认可的一种制度，是国际药品贸易和药品监督管理的重要内容，也是确保药品质量稳定性、安全性和有效性的一种科学、先进的管理手段。

1999 年 11 月，国家药品监督管理局为实施 GMP 规定了最后期限，要求在 2004 年 6 月 30 日前，所有药品制剂和无菌原料生产必须通过 GMP 认证。凡未能取得认证的，将一律不准进行药品生产。GMP 认证是国际通行的制度，但是它注重对厂房、设施及设备安装等硬件改造的确认和验证，由于欠缺配套的资金税收等方面的扶助措施，导致很多中小企业和老企业都因难以支付高昂的技术和硬件改造成本而被迫停产。

但国家食品药品监督管理局并没有足够的人力去实施 GMP 认证，因此，将部分认证权力下放给省级药品规制机构。在临近 2004 年最后期限之前，药品 GMP 认证中也出现了某些失范现象，规制机构事实上降低了 GMP 标准，并没有实现通过认证遏制低水平重复优化产业结构的初衷。此外，由于疏于对 GMP 认证的后续规制，使得后来在通过 GMP 认证的企业中，依然出现了诸多假劣药品事件。②

3.地方标准升国家标准

在现代行政国家和工业社会中，标准成为药品规制过程中的一个重要环节。在某种意义上，药品标准构成了药品规制的起点，它是保证药品质量的国家法定技术依据，是药品生产、销售、使用和监督管理的重要技术保障。在药品规制实践中，它对相对人的利益，可能产生比形式意义的法律、行政法规和规章还要密切的关联。③

1984 年颁布的《药品管理法》规定了国家标准和地方标准两级标准，由于地方标准的存在，影响了药品标准的统一，从而造成了同一品种在不同地区有不同标准的局面，造成有的品种疗效依据不足，有的复方制剂组方不尽合理等现象。④ 为此，我国从 20 世纪 90 年代开始地方标准的整顿。在 2001 年 2 月 28 日修订后颁布的《药品管理法》第 32 条中规定，"药品必须符合国家药品标准"，取消了地方标

---

① 北京市第一中级人民法院刑事判决书，〔2007〕一中刑初字第 1599 号。

② 罗昌平、张映光：《郑筱萸罪与罚》，载《财经》2007 年第 7 期。

③ 朱芒：《论行政规定的性质——从行政规范体系的角度定位》，载《中国法学》2003 年第 1 期；宋华琳：《论行政规则对司法的规范效应——以技术标准为中心的初步观察》，载《中国法学》2006 年第 6 期。

④ 《第五章　药品管理》，http://www.sfda.gov.cn/WS01/CL0065/23407.html（2002 年 1 月 20 日国家食品药品监督管理局网站发布）。

准的存在。

由此展开了一场被称为"地标转国标"的运动,将原来根据地方标准获得的地方药品批准文号,经审核批准后成为符合国家标准的国家药品批准文号。但在这项应当开展的工作进行中,未能预料到整体工作量会涉及近 15 万个药品批准文号,工作量的巨大,规制资源的匮乏,历史遗留问题的复杂,出现了企业利用换发药品批准文号的机会,提供虚假资料骗取批准文号,以及部分省级药品规制部门把关不严,乃至个别工作人员参与造假的情况,使得大量不应换发文号或者应予撤销文号的药品获得了文号。[①]

从以上的论述中,可以发现,药品规制机构所使用的许可、认证以及标准等规制工具,在实践中并没有取得应有的效果。其原因在于:首先,规制机构依然"快刀难断藕丝情",过于受产业界的左右,不能根据客观的标准进行中立化的规制;其次,药品规制机构的裁量权过大,既缺少来自外部的制约,也缺少通过规则和程序所课以的自我拘束;最后,药品规制机构欠缺足够的人力、财力、物力资源,来进行许可、认证和标准升级工作,换言之,药品规制机构所设定的规制目标和工具,已超出了自己的机构能力范围。而这些规制工具所带来的问题,在医药产业不断集聚,最终以 2006 年以来若干危机事件的形式,突出地表现出来。

(四)药品规制中的危机事件

政府规制政策的形成往往伴随着危机、灾难、悲剧或丑闻。面对药害事件的"悲剧"和"危机",市场的缺陷得以更为充分的暴露,公众的意见和愤怒经由媒体而被放大。"危机时刻"的出现,会使得本来没有成为公共议程一部分的议题,变成当下公共议程的迫切要务;有时会成为政治家实现其胸中块垒的助力,让那些本来还遭遇到不同利益团体顽强阻击的公共议题,赢得来自更多方面的支持度,从而促成规制变迁的发生。在晚近,次第发生的齐二药事件、欣弗事件等系列药品安全事件,以及郑筱萸、曹文庄等系列腐败案件的审理,都极大推动和影响着我国的药品规制改革。

在 2007 年 7 月 10 日,前国家食品药品监督管理局局长郑筱萸被执行死刑。[②]此外,原国家食品药品监督管理局药品注册司司长曹文庄被判处执行死刑,缓期二年执行;国家药典委员会原秘书长王国荣因受贿罪被判处无期徒刑;国家食品药品监督管理局药品注册司原助理巡视员卢爱英,因受贿、巨额财产来源不明两罪被决

---

① 北京市第一中级人民法院刑事判决书,(2007)一中刑初字第 1599 号,第 30、36 页。

② 《经最高人民法院核准 郑筱萸 10 日上午被执行死刑》,http://news.xinhuanet.com/lianzheng/2007-07/10/content_6353701.htm,最后访问日期:2015 年 8 月 30 日。

定执行 14 年徒刑。^①从中可以看出,在发展中国家规制和许可可以成为问题的解决之道,也可以构成问题的本身。药监高官不仅有着决定是否许可以及许可品种范围的裁量权,还有程序和时限方面的裁量权。在那个时期,部分药监官员和被规制企业结成一个熟稔的、相互知根知底的小共同体,相互之间结成了政企同盟。同时药监部门一方面未能充分地通过立章建制的方式,来实现对行政裁量权的自我拘束;另一方面,已有的裁量基准和程序规则,也未曾得到充分的尊重。

三、2008 年至今的药品规制改革

(一)2008 年的机构改革

在 2008 年的机构改革中,国家食品药品监督管理局改由卫生部管理,由国务院直属机构改为部委管理的国家局,其不能以自己的名义制定部门规章,这也影响了其制定和实施食品药品规制政策的机构自主性。在 2008 年至 2013 年间,相关的药品规章,是由国家食品药品监督管理局起草,然后报卫生部法制司,经卫生部部务会议审议,以卫生部部颁规章的名义颁布。在此期间,自 2008 年以后,取消了药品规制的省以下垂直管理体制,改由地方属地管理。

(二)2013 年的机构改革

2013 年 3 月全国人大会议审议通过的《国务院机构改革和职能转变方案》提出,将国务院食品安全委员会办公室以及国家食品药品监督管理局的职责、国家质量监督检验检疫总局的生产环节食品安全监督管理职责、国家工商行政管理总局的流通环节食品安全监督管理职责加以整合,组建国家食品药品监督管理总局,对生产、流通、消费环节的食品安全和药品的安全性、有效性实施统一监督管理。国务院随即于 2013 年 4 月要求各地"将原食品安全办、原食品药品监管部门、工商行政管理部门、质量技术监督部门的食品安全监管和药品管理职能进行整合,组建食品药品监督管理机构,对食品药品实行集中统一监管"^②。

2013 年的机构改革,试图构建食品药品统一规制的大部门管理体系。新的食药监部门可以更好地整合食品药品规制的行政资源、技术资源、信息资源,一方面,可以围绕特定的规制目标、规制重心、规制事项,更好地统一调配规制资源,更有效率地查处食品药品市场中的违法行为;另一方面,也能减少食品药品市场中守法者的守法成本,减轻被规制者的负担。

在 2013 年机构改革中,成立正部级的、作为国务院直属机构的国家食品药品

---

① 《国家药监局药品注册司原司长曹文庄被判死缓》,http://news.xinhuanet.com/lianzheng/2007-07/09/content_6346875.htm,最后访问日期:2015 年 8 月 30 日。

② 《国务院关于地方改革完善食品药品监督管理体制的指导意见》(国发〔2013〕18 号,2013 年 4 月 10 日)。

监督管理总局,这有助于增强规制的专业性、透明性和自主性,有助于形成更契合实际的规制政策,有助于通过出台部门规章、制定规则和指南,对药品规制这样一个具有高度专业性、技术性的领域,进行更具回应性、更为量体裁衣式的规制。[①]

(三)2018年的机构改革

根据2018年第十三届全国人民代表大会第一次会议批准的《国务院机构改革方案》,将国家工商行政管理总局的职责、国家质量监督检验检疫总局的职责、国家食品药品监督管理总局的职责,以及国家发展和改革委员会的价格监督检查与反垄断执法职责,商务部的经营者集中反垄断执法以及国务院反垄断委员会办公室等职责整合,组建国家市场监督管理总局,作为国务院直属机构。[②]

但在国家层面,药品监管部门依然具有相对独立性,组建了国家药品监督管理局。国家药品监督管理局负责药品安全监督管理。负责药品标准管理、药品注册管理、药品质量管理、药品上市后风险管理,负责执业药师资格准入管理,负责组织指导药品、医疗器械和化妆品监督检查,负责指导省、自治区、直辖市药品监督管理部门工作。[③] 药品监管部门的监管方略、监管风格,预计仍有一定的延续性。

国家药品监督管理局作为国家市场监督管理总局管理的国家局,为副部级,没有部门规章制定权,它可以拟定部门规章的实体内容,但需由国家市场监督管理总局审议后,由国家市场监督管理总局以部门规章的形式发布。

药品监管部门也经历着职能转变的挑战,这体现在如下几个方面:第一,深入推进简政放权。减少具体行政审批事项,逐步将药品广告、药物临床试验机构、等审批事项取消或者改为备案。第二,强化事中事后监管。完善药品全生命周期管理制度,强化全过程质量安全风险管理,创新监管方式,加强信用监管,全面落实"双随机、一公开"和"互联网＋监管",提高监管效能,满足新时代公众用药需求。第三,有效提升服务水平。加快创新药品审评审批,建立上市许可持有人制度,推进电子化审评审批,优化流程、提高效率。第四,全面落实监管责任。完善药品审评、检查、检验、监测等体系,提升监管队伍职业化水平。加快仿制药质量和疗效一致性评价,推进追溯体系建设,落实企业主体责任,防范系统性、区域性风险,保障药品安全有效。[④]

机构改革方案也明确了不同层级药品监管部门的事权划分。国家药品监督管

---

① 宋华琳:《对大部制下食药监管的期许》,载《东方早报》2013年3月14日。

② 《国务院机构改革方案》,http://www.gov.cn/xinwen/2018-03/17/content_5275116.htm,最后访问日期:2019年4月4日。

③ 《国家药品监督管理局职能配置、内设机构和人员编制规定》,http://www.gov.cn/zhengce/2018-09/10/content_5320814.htm,最后访问日期:2019年4月4日。

④ 《国家药品监督管理局职能配置、内设机构和人员编制规定》,http://www.gov.cn/zhengce/2018-09/10/content_5320814.htm,最后访问日期:2019年4月4日。

理局负责制定药品监管制度,负责药品研制环节的许可、检查和处罚。省级药品监督管理部门负责药品生产环节的许可、检查和处罚,以及药品批发许可、零售连锁总部许可、互联网销售第三方平台备案及检查和处罚。市县两级市场监督管理部门负责药品零售的许可、检查和处罚。[①]

四、结语与启示

以上是对中国药品行政规制体系的粗略勾勒,并尽量对制度的流脉、制度的改革以及制度改革的动因加以探寻。从这项研究中,或可得出以下更具一般意义的见解。

(一)有必要进行有效率的风险规制

正如《联邦党人文集》第 2 篇所指出的:"再没有比政府不可缺少这件事情更加明确的了;同样不可否认的,无论政府何时组成和怎样组成,人民为了授予它必要的权力,必须把某些自然权利转让给它。"[②]市场越来越无法被描述为一项自治的制度,无法被描述为让竞争着的原子在其中运转的自发机制。[③] 特别是在现代风险社会下,个人无法有充分的能力去规避充满不确定性的风险。在中国,目前的食品药品安全、水质安全、矿山安全等都存在着实实在在的风险。为此中国在逐渐摆脱全能主义国家的桎梏后,需要建立规制型国家,而非一个哈耶克式的"守夜人"政府。[④] 要结合国家和社会的力量,进行有效率的风险规制,从而让公民实际获得更多的权利与自由。

(二)混合型规制和建立规制型政府的挑战

某种意义上,我国近年来药品注册制度的改革,药品标准、标签和说明书制度的完善,药品召回制度的建立,都可以视为是现代行政规制工具的运用。但是,GMP 飞行检查、电子监管码的实施等做法,又可以看到对传统命令—控制型方法的重现。在药品监管中,过多使用了以事前许可为中心的规制方式,重心依然没有转到事中事后监管,也尚未实现国家治理能力和治理体系的现代化,未能充分调动多元主体来有效进行合作治理。

某种意义上,我们的规制型政府和现代规制制度还尚未建立,依然"在路上"。

---

① 《国家市场监督管理总局职能配置、内设机构和人员编制规定》,http://www.gov.cn/zhengce/2018-09/10/content_5320813.htm,最后访问日期:2019 年 4 月 4 日。

② [美]汉密尔顿、杰伊、麦迪逊:《联邦党人文集》,程逢如、在汉、舒逊译,商务印书馆 1995 年版,第 7 页。

③ [匈牙利]卡尔·波兰尼:《大转型:我们时代的政治与经济起源》,冯钢、刘阳译,浙江人民出版社 2007 年版,第 185 页。

④ 王绍光:《安邦之道:国家转型的目标与途径》,三联书店 2007 年版,第 362 页。

药品规制的中立、科学、透明和可问责机制都有待继续加强;规制的激励机制不足,使得规制政策执行受阻;规制机构裁量权过大,缺少明确的裁量基准,缺少对规制者权力的制约;未能建立规制影响评估制度,在形成规制决策时,缺少对替代方案的考虑,缺少对规制成本和收益的评判。这些也是我国社会性规制领域普遍存在的共性问题,如何摒弃"全能主义"国家和计划经济的遗产,建立中国的规制型政府,可谓道阻且长。[①]

(三)对规制体制改革尚缺乏法治化、理性化的思考

从 1998 年至 2018 年,在每次机构改革中,药品规制体制都发生了相当的变革。改革中客观上存在"翻烧饼"的现象,有时候还难逃分分合合的周期律。这也反映出我国规制体制改革方案形成过程充满了神秘色彩,改革方案缺少行政法学者、公共管理学者的参与,缺少从法治角度的思考,机构改革中的随意性过大,偶然性过多,机构改革缺乏总体设计和科学论证,往往采取"一刀切"或"运动式"方法。

在我国药品规制体制改革中,始终未能清晰处理三对关系:第一,如何对待卫生行政与药品行政的关系。对于卫生行政和药品行政是分还是合,未能有清晰的把握,整体而言,卫生行政更侧重对医疗机构和医疗活动的管理,药品行政则更侧重对药品风险的规制。因此药品行政或应当独立于卫生行政之外,但是药品规制所涉及的医疗机构用药安全、医疗机构药剂管理、疫苗预防接种安全问题,所涉及的药品可及性、可获得性问题,又和卫生行政部门息息相关。因此如何设立独立于卫生行政部门的药品行政部门,又加强药品行政和卫生行政部门之间的协作和联系,是需要研究的课题。

第二,如何看待药品规制与普通产品规制的关系。普通产品规制更关注产品质量问题,而药品比普通产品的风险更高,药品生产经营者和消费者之间信息不对称程度更高,药品规制更关注风险和安全问题。[②] 维护普通产品的质量,相对更多可以利用市场竞争、民事责任等机制;而药品质量的维护,相对更多需要行政规制的介入。相对于普通产品规制而言,药品规制需要更多的科学知识、专业信息、规制经验,药品规制机构应具有更强的独立性、专业性。因此如何看待市场规制、产品规制与药品规制的关系,也涉及当下如何审视市场监管部门与药品监管部门关系的问题。

第三,如何看待属地管理与垂直管理的关系。垂直管理是指上级政府部门对下级政府部门在特定行政领域的直接控制。一般而言,上级政府部门对下级政府

---

① 刘鹏:《混合型规制:政策工具视野下的中国药品安全规制》,载《公共管理学报》2007 年第1 期。

② 赵鹏:《食品药品和普通产品:监管体制分道抑或合流?——基于问题特征和法定任务差异的分析》,载《行政法学研究》2016 年第 3 期。

部门的人事任免、经费保障、工资福利和日常工作有着支配性的地位。在推行垂直管理的领域和层级,上级政府工作部门对下级政府工作部门是领导与被领导的关系。从 20 世纪 90 年代后期开始,中央决定在一些部门推行完全的垂直管理或省以下垂直管理,这有助于有效规制社会风险,革除行政执法中的地方保护主义,同时有助于优化和改善行政执法队伍的整体素质,加强行政执法基础设施的建设,有助于行政执法资源的优化与整合。[①] 在药品规制领域,在 1998 年至 2008 年间,曾推行过省以下垂直管理的药品规制模式。

但也应看到垂直管理存在的一些弊端,在垂直管理模式下,过多职能部门被"垂直",被划归上级部门领导,可能会弱化权力的制约和控制机制,削弱地方政府机构和职能的完整性,弱化了地方政府可问责的基础。因此,在未来,应在推进地方政府机构改革的背景下,根据各层级政府的职责重点,合理调整地方政府机构设置。调整和完善垂直管理体制,进一步理顺和明确权责关系。在 2008 年以来,相对更强调属地管理,强调地方各级人民政府在行政规制中的作用,强调地方政府来负责本行政区域的行政规制工作,统一领导、组织、协调本行政区域内的规制工作,建立健全相应的工作机制和信息共享机制。

---

① 姜明安、余凌云主编:《行政法》,科学出版社 2010 年版,第 121 页。

第十三章

教育行政法制度的发展与变迁

　　教育是当今世界各国政府最为重视的公共服务领域之一。纵观世界各国特别是发达国家公共教育的发展历程,教育法律制度的建立是教育公平的基础,也是政府的基本责任,公共教育的发展水平是衡量一个国家、一个地区和一个城市社会经济发展水平重要的指标之一。改革开放40年来,我国教育法治建设取得了巨大进展,教育立法从空白到雏形初现,教育行政从政策导向转变为法治导向,教育司法逐步发展,教育行政法制度得以不断完善,初步形成了中国特色社会主义教育法律体系。要实现教育行政法制度的进一步发展,不仅要回顾其发展历程,总结、吸取制度建设经验,更要通过对发展现状的分析,发现并关注实践中面临的问题与困境,从而为教育行政法制度的未来发展提供方向。

第一节　教育行政法制度的发展历程

　　十一届三中全会开启了我国法制建设的新篇章,教育行政法制度的发展也由此展开。在经历阶段式的发展后,基本形成了具有整体性、系统性的"五纵六横"的教育法体系框架。这些法律法规的制定和实施,对落实教育优先发展,实施科教兴国战略,促进社会主义物质文明和精神文明建设,建立具有中国特色的社会主义现代化教育制度,维护教育关系主体的合法权益,加速教育法治建设提供了根本的法律保障。随着法治建设的不断加强,具体教育行政行为得到发展,建立了相应的法律制度,从而实现了具体教育行政行为的类型化。

一、教育行政法制度的逐步确立

我国教育行政法制度的发展,与改革开放、法治建设相同步。中华人民共和国成立后的 30 年间,国家没有出台过与教育相关的法律;直到 1978 年,党的十一届三中全会将法制作为我国拨乱反正的治国方略,开启了我国法制建设的划时代时期,教育行政法制的进程才随之展开。教育行政法制度发展至今主要经历了三个阶段:即大规模初始立法阶段(1978—1992 年)、体系化初步形成阶段(1993—2003 年)和修改完善阶段(2004 年至今)。

(一)第一阶段(1978—1992 年):大规模初始立法阶段

该阶段我国的教育立法实践开始起步,教育立法数量不断增加,立法内容开始区分不同教育阶段、教育领域和教育主体,为我国教育行政法制度的发展奠定了良好的基础。

1980 年 2 月,为响应邓小平提出的"要建立学位制度",解决恢复高考后的学位制度困境,第五届全国人民代表大会常务委员会第十三次会议通过了《中华人民共和国学位条例》,该《条例》以适应社会主义现代化建设的需要,促进我国科学专门人才的成长,促进各门学科学术水平的提高和教育、科学事业的发展为立法目的,成为新中国第一部由国家最高权力机关制定的教育法律,标志着我国法制建设开始步入正轨。国务院于 1981 年制定了《中华人民共和国学位条例暂行实施办法》,细化规定了授予学位的学科门类、各级学位的授予条件、学位评定委员会的职权与构成。《学位条例》及《学位条例暂行实施办法》在此后很长一段时间内,成为我国高等教育领域最重要的法律。

1982 年,第五届全国人民代表大会第五次会议通过了新的宪法,其中对于法制建设的重视和教育的规定对以后教育法制建设具有重大意义,为依法治教提供了最高的法律依据。

1985 年,中共中央制定颁发了《关于教育体制改革的决定》,提出"在全国有计划、有步骤地普及九年义务教育的任务""加强教育立法",这是中央文件中首次提出实行九年义务教育,为教育体制改革和教育制度体系构建奠定了基础。

1986 年,第六届全国人民代表大会第四次会议通过了《中华人民共和国义务教育法》,对义务教育的性质、范畴、管理体制、运行规则、法律主客体以及各级各类教育利益者应承担的权利和义务作出了具体规定。各级各类教育行政单位以此为基础,制定了具体的实施条例和规章制度,从而实现了义务教育办学的规范运行。此外,根据国家制定的教育法律法规内容和地方教育发展实践,各级地方政府制定了众多的地方性教育行政和学校管理法规。有学者将《义务教育法》看成是我国教育法治化的真实开端,其原因就在于,这是一部专业性和针对性都纯粹用来指导教育的法律,由全国最高权力部门制定实施,对义务教育领域的方方面面做了明确而具体的规定。一方面,《义务教育法》以法律的形式明确实现"两基"目标的时间表,即到 2000 年基本普及九年义务教育、基本扫除青壮年文盲。2001 年 1 月 1 日我国政府向全世界庄严宣布:中国实现了基本普及九年义务教育和基本扫除青壮年文盲的战略目标。自此,我国实现了从一个文盲大国、人口大国向教育大国、人力资源大国的历史性跨越。另一方面,《义务教育法》中"免收学费""征收教育事业费附加"的规定,标志着九年制义务教育的框架基本形成;为进一步落实九年义务教育制度,国务院还同时实施了《征收教育费附加的暂行规定》,其历经 1990 年、2005 年、2011 年三次修改后,至今仍然有效。

在此期间,国务院还颁布了 9 部相关行政法规,分别是 1983 年《全国中小学勤工俭学条例》、1986 年《普通高等学校设置暂行条例》、1986 年《高等教育管理职责暂行规定》、1988 年《扫除文盲工作条例》(于 1993 年修改)、1988 年《高等教育自学考试暂行条例》(于 2014 年修改)、1989 年《幼儿园管理条例》、1990 年《学校体育工作条例》(于 2017 年修改)、1990 年《学校卫生工作条例》、1991 年《禁止使用童工规定》(于 2013 年修改)。

(二)第二阶段(1993—2003 年):体系化初步形成阶段

这一阶段,全国人大及其常委会在不到十年的时间里制定了 6 部教育法律,各类教育基本法规也逐步出台,基本形成了一个以《宪法》为支撑,以《教育法》为契机,以《高等教育法》《义务教育法》《职业教育法》等为基础的基本教育法律框架,教育工作基本实现了"有法可依"。

1993 年 10 月,第八届全国人民代表大会常务委员会第四次会议通过了《中华人民共和国教师法》。该法律对教师的权利、义务、任用、考核、培训和待遇等方面作了全面的规定,明确了教师在我国社会主义现代化建设中的重要地位,是我国教师队伍建设走向规范化、法制化的根本保障。同年,中共中央国务院颁布了《中国教育改革和发展纲要》,提出了要争取到 20 世纪末期,初步建立起教育法律、法规体系的框架,这是国家层面首次明确提出关于教育法治化体系构建的规定。可以说,20 世纪 90 年代以来出台的各种教育法律法规都受到《中国教育改革和发展纲要》的推动。在此期间,国务院还制定了一批教育行政法规,并对中华人民共和国成立以来制定的数百个教育行政法规进行了整理和汇编。各地有权制定地方性法规的人民代表大会及其常务委员会,根据自己所辖地区教育发展的需要和可能,颁布了一批地方性法规。国务院各部委以及省级人民政府也制定了一大批有关教育的政府规章,从而大大丰富了教育法的内容。

1995 年,《中华人民共和国教育法》由第八届全国人民代表大会第三次会议通过,就教育方针、基本制度、学校、教师、受教育者等各个方面进行了详细规定,奠定了我国教育法治化的法理基础。此外,中共中央国务院和教育部等部门依据相关法律制定了具体的法规、规章和条例,对各个教育类别的具体教育问题作了规划性的、针对性的规定。1996 年,第八届全国人民代表大会常务委员会第十九次会议通过了《中华人民共和国职业教育法》,以立法的形式规定了职业教育的体系、实施与保障,基本实现了职业高中招生数与普通高中相当的目标。1998 年,第九届全国人大常委会第四次会议通过了《中华人民共和国高等教育法》,对高等教育的基本制度、学校设立与组织、教师与学生、投入和保障进行了规定,成为指导高等教育的基本法律。《高等教育法》的通过标志着我国教育法规体系框架基本形成。

21 世纪,我国教育行政法制度建设进入了崭新的时代。2000 年,全国人大常委会制定了《通用语言文字法》,规定了学校和教师应以普通话和规范汉字作为教学用语用字。2000 年,为了更好地协调民办教育和公办教育的和谐关系,实现全社会关心教育的局面和推动民办教育的持续快速发展,在 1997 年国务院颁布的《社会力量办学条例》基础上,第九届全国人大常委会第三十一次会议通过了《民办教育促进法》,就民办学校的设立与组织、教师与学生、资产与管理、变更与终止作出了规定,成为社会力量参与办学的基本法律依据,赋予了民办教育与公办教育同等的法律地位。为了更好地实施该法,国务院 2004 年制定了《民办教育促进法实施条例》。

全国人大常委会以学校体育发展、学校预防未成年人犯罪教育、学校国防教育为目的,制定了 1995 年《中华人民共和国体育法》(于 2016 年修正)、1999 年《中华人民共和国预防未成年人犯罪法》(于 2012 年修正)、2001 年《中华人民共和国国防教育法》(于 2018 年修正)。

(三)第三阶段(2004 年至今):修改完善阶段

教育法律体系初步形成之后,随着教育体制改革的深入、市场经济的发展,我国教育立法进入修改完善和酝酿新的立法时期。

2004 年,在对《学位条例》的修改中,取消了学位评定委员会组成人员名单需"报主管部门批准"的规定,满足了"扩大高等学校办学自主权"的需求。

2006 年,《义务教育法》进行了全面修改,主要修改的内容有:教育方针方面,提出了实施素质教育。教育保障方面,从免收学费进一步拓宽到免收杂费,并将义务教育全面纳入财政保障范围。教育管理体制方面,要求促进教育均衡发展,不得设立重点学校和重点班;从"地方负责,分级管理"到"省级统筹,以县为主";从依户籍"就近入学"到允许随监护人工作或居住地入学。2015 年,《义务教育法》又进一步做出修改,规定了教科书按微利定价的原则。

2009 年、2015 年全国人大常委会对《教育法》进行了修改。强调促进教育公平,实现教育均衡发展的理念,提出加快普及学前教育、公办学校不得营利的政策;同时,完善了违规招生及颁发证书、作弊及组织作弊的法律责任。

2013 年、2016 年对《民办教育促进法》的修改中,将民办学校分为营利性、非营利性两类管理,其中,义务教育学校不得营利。对非营利性民办学校,提供与公办学校同等政策优惠;同时,细化了民办学校、政府部门的法律责任。

2015 年修改的《高等教育法》中,专科学校设立的审批权得到下放,学术委员会的职责被进一步细化,高校办学水平引入了第三方评估机制。

在此期间,国务院新制定了 3 部相关行政法规,分别为 2009 年《全民健身条例》和 2012 年《校车安全管理条例》、《教育督导条例》。

尽管我国在该阶段并没有制定新的教育法律,但《国家中长期教育改革和发展规划纲要(2010—2020 年)》其中一章专门对新时期教育法治建设作了全面战略部署,明确提出了"六修五立"的立法计划,即修订《教育法》《职业教育法》《高等教育法》《学位条例》《教师法》《民办教育促进法》,就考试、学校、终身学习、学前教育、家庭教育进行立法,该计划在中国教育法治建设历史上具有里程碑式的意义。同时,《国家教育事业发展"十三五"规划》中提出推动修订《职业教育法》《教师法》《学位条例》,推进起草《学前教育法》《终身学习法》,有关学校、家庭教育的法律预计将会在 2020 年后提上立法日程。

二、教育行政法制度的体系化

从体系化的角度看我国当前教育立法的现状,虽然还没有最终形成一个内容和谐一致、形式完整统一的有机整体,但是教育法的体系框架已基本形成。与此同时,随着教育规章和规范性文件大量产生,在教育行政领域,具体教育行政行为的类型化也基本完成。

(一)"五纵六横"法律框架初见端倪

法律体系根据制定机关的不同和法律形式的不同划分为不同的层次,根据法律规范内容的不同划分为不同的部门。具体地说,教育法的体系结构由纵向五个层次和横向六个部门构成。

《教育法》是我国教育法体系的第一个层次。它是以宪法为依据制定的基本法律,主要规定我国教育的基本性质、地位、任务、基本法律原则和基本教育制度等。《教育法》是全部教育法规的母法,是协调教育部门内部以及教育部门与其他社会部门相互关系的基本准则,也是制定教育领域不同部门的单行法律及行政法规、规章的依据。作为教育领域的基本法律,《教育法》由全国人民代表大会制定。

单行法律是我国教育法体系的第二个层次,主要调整各个教育部门的内外部关系。根据规范内容的不同以及我国的具体国情和实际需要,现已有《中华人民共和国义务教育法》《中华人民共和国职业教育法》《中华人民共和国高等教育法》《中华人民共和国民办教育促进法》《中华人民共和国教师法》《中华人民共和国学位条例》几部单行法律,由全国人大常务委员会制定。

《中华人民共和国义务教育法》是调整实施义务教育而产生的各种社会关系的单行法。我国义务教育包括通常意义的普通初等教育和普通初级中等教育,因此,其调整范围主要包括实施普通小学教育、普通初级中学教育中产生的重要关系和问题。

《中华人民共和国职业教育法》是以实施职业教育涉及的社会关系为调整范围的单行法。在我国,职业教育包括各级各类职业学校教育和各种形式的职业培训。该法调整的主要内容包括我国职业教育的体系、职业教育的实施、职业教育的保障条件等方面。

《中华人民共和国高等教育法》是以高等教育部门内外部关系为调整范围的单行法。我国高等教育通常包括专科教育、本科教育和研究生教育等不同层次,这些都纳入该法的调整范围。有关学位授予工作中产生的关系及问题也应属于该法调整和规范的范围,因此,《中华人民共和国学位条例》也是包括在这一类中的。从其调整的范围看,除了高等学校的研究生教育之外还包括科学研究机构所实施的研究生教育。

《中华人民共和国民办教育促进法》是调整民办教育部门内外部关系的单行法。民办教育是指国家机构以外的社会组织或者个人,利用非国家财政性经费,面向社会实施的教育。纳入该法调整的主要有民办学校及其他教育机构的设立、民办学校的组织与活动、民办学校的教师与受教育者、民办学校资产与财务管理、国家对民办学校及其他教育机构的管理、国家对民办教育的扶持和奖励、民办学校的变更与终止等项事务。

《中华人民共和国教师法》是调整教育教学活动中以教师为一方而产生的社会关系的单行法。随着现代社会和现代教育的发展,教师已经成为一种人数众多的职业,同时也是教育事业发展中的一个最重要的因素,因而构成了教育调整的一个相对独立的部门。该法调整的主要有教师的法律地位、待遇、权利义务、任职资格、职务评定、评价考核、进修提高以及师资培养等方面的内容。

教育行政法规是教育法体系的第三个层次,主要是为实施《教育法》和各单行法而制定的规范性文件,此外,属于较为具体的问题、《教育法》或各单行法未予规范的问题,也可由行政法规加以调整。属于这一层次的行政法规由国务院制定和发布,它是我国教育法的主体,应根据教育事业发展的需要予以增加或调整。

地方性法规、自治条例、单行条例是教育法体系的第四个层次。其中地方性法规是省、直辖市和有地方立法权的人民代表大会及其常务委员会为执行国家有关教育的法律、行政法规,根据本行政区域的实际需要而制定的规范性文件。自治条例、单行条例则是民族自治地方的人民代表大会依照当地民族的政治、经济和文化的特点而制定的规范性文件。地方性法规和自治条例、单行条例规范着各地方政治、经济和文化等方面的活动,其中有关教育活动的法律规范是教育法体系的重要组成部分。

政府规章是教育法体系的第五个层次,属于这一层次的政府规章一般由国务院各部委制定和发布,其效力要低于行政法规。政府规章的制定主要依据法律和行政法规,并且可以因实际工作的需要而决定其内容。此外,省、自治区、直辖市及省、自治区人民政府所在地和经国务院批准的较大的市人民政府,根据行政需要而制定的规章,也是这一层次不可缺少的一部分内容。由于各地实际情况有差异,因此,这一层次的法律规范也就因地而异。

上述的教育法体系,还只是一个雏形,尚需不断完善,但是作为一个体系框架,已经对中国的教育改革与发展产生着实际的影响。可以说,教育的普及和发展正是在法律的保护和促进下才得以实现的,而教育的法制化本身必然会进一步促进法律的形式合理化和结构体系化,从而使法律有可能在新的范围内施加影响。

(二)具体教育行政行为类型化基本完成

随着民办教育的兴起、学校法人化的推进,政府与学校分离,具体教育行政行为从具体的教育行政管理转向依法监管、提供服务,具体教育行政行为的类型化也基本完成。[①]

教育行政许可方面,在 2004 年《行政许可法》实施的基础上,教育部于 2005 年出台了《实施教育许可若干规定》,政府的 39 项行政审批职能被取消,5 项管理方式被改变,其中包含了政府的收权、放权行为,对于转变教育行政许可职能、改革教育行政管理体制有着指导作用。行政审批权的下放,赋予了高校更多的办学自主权,促使高校不断完善内部治理机制,理顺其外部关系,使高校办学更好地满足社会化需求。行政管理方式转变中,明确了只能由教育行政部门来实施的审批事项,统一许可使教育行政许可行为更具公信力,也能杜绝了许可过程中的腐败行为。

教育行政处罚方面,1998 年国家教育委员会依据《教育法》《行政处罚法》的相关规定,颁布实施了《教育行政处罚暂行实施办法》。该《办法》在《行政处罚法》的基础上,进一步明确了行政处罚权的权力主体。针对撤销学校或其他教育机构资格的行政处罚,明确列出了只能由国务院实施的类型;其他类型的行政处罚,则是依照学校的级别、类型来划分处罚权。

教育行政复议方面,我国现阶段虽未以专门立法的形式规定教育行政复议制度,但通过相关立法的发展,行政相对人的权利救济方式得以不断完善。1995 年颁布的《教育法》规定学生享有申诉权,1998 年《高等教育法》仅笼统规定了学生的权利受法律保护,2005 年教育部颁布了《普通高等学校学生管理规定》,规定了二级申诉制度,使高等学校学生的权利得到进一步保护。

[①] 管华:《教育法治四十年:回顾与展望》,载《法学评论》2018 年第 4 期。

教育行政诉讼方面,教育纠纷经历了从不可诉到可诉的转变。教育行政诉讼受案范围的模糊,使得教育纠纷是否可诉一直存在争议;直到"田永案"和"肖涵案"明确了学生和学校之间的行政法律关系,使教育行政诉讼由不可诉转向可诉。随着教育行政法治化的深入,学生伤害事故、学校处分、学位证书争议、教师劳动人事争议等逐渐成为教育诉讼的主要类型。

行政确认、行政奖励、行政给付等各种具体行政行模式在教育行政领域也被广泛运用,对于调整教育行政法律关系有着重要作用。教育行政确认主要解决了教育领域的资质问题,就学校办学资质、教师从业资格、学生毕业证书的颁发进行了规定。教育行政奖励对教师教学科研成果,以及教师、学生的表彰制度进行了规范。教育给付制度,主要针对的是奖学金、助学金的颁发、管理问题。

此外,教育法规中还有一种特殊的教育行政行为——教育督导,即行使督导职权的机构和人员,受本级政府或同级教育行政部门的委托,对下级人民政府、教育行政部门和各级各类学校的工作进行监督、检查、评估和指导,以保证教育的方针、政策、法规的贯彻执行。

第二节　教育行政法制度的主要内容

20 世纪 80 年代以后,我国步入教育法治新时期,全国人大及其常委会开始了全面的教育立法工作,在 21 世纪初初步形成相对完整的教育法体系,其中《教育法》奠定了整个教育法体系的框架性制度。进入新时期,随着教育事业的快速发展、教育改革的不断深化,教育领域的一些既有立法已难以适应教育发展的需求,教育的规模、质量、管理体制、治理结构、社会大众对教育的需求以及教育领域出现的各种乱象呼唤着教育立法的革新。在此背景下,国家先后开展了《义务教育法》《教育法》《高等教育法》《民办教育促进法》的修法工作,教育立法的内容与体系进一步完善,教育领域的立法经验也日臻成熟。我国现阶段形成了以《教育法》为基本框架,以政府对学前教育、义务教育、职业教育、高等教育的相应职责为内容来的教育行政法制度。

一、《教育法》奠定的框架性制度

《教育法》是以《宪法》为依据制定的基本法律,主要规定我国教育的基本性质、地位、任务、基本法律原则和基本教育制度等。《教育法》是教育领域的基本法,在我国法律体系和教育法规体系中占有重要的地位。

（一）以受教育权的实现为逻辑起点落实国家义务

在 20 世纪福利国家出现的背景下,受教育权作为一项积极权利开始得到各国法律的肯定。根据《经济、社会和文化权利国际公约》第13条第2款的规定,对于公民经济、社会和文化权利的实现,国家负有包括尊重、保护、促进和给付几个方面在内的重要法律义务。具体而言,国家对于受教育权保护义务的形式体现为立法机关、行政机关和司法机关的具体保护。我国《宪法》第46条与第19条分别对公民的受教育权以及国家的教育方针加以规定。基本权利是国家以宪法方式订明的最高法价值,其效力向法秩序的所有下位法律领域放射,各部门法须于立法中加以贯彻。

《教育法》以部门法的形式实现了国家对受教育权的立法保护,只有在全国人大的立法形成公民的具体权利后,才能为公民基本权利得到较为全面的保障提供一个前提条件。[①] 在受教育权保障的过程中,其内容也不断得到丰富,受义务教育权、终身教育权、教育选择权、学习权、救济权等基本权利项下的具体权利也不断得到立法的关注。

(二)以基本法的基础地位统辖教育法律体系

法律体系通常是指一个国家全部现行法律规范分类组合为不同的法律部门而形成的有机联系的统一整体。完善的法律体系须有一部处于基本法地位的基础性立法为统领,发挥提供基本法律原则、框定立法范围、确立基本法律制度框架等功能,进而统辖门类齐全、结构严密、内在协调的各类法律规范。我国现行教育法律体系的框架为:以《教育法》为基本法律,纵向上分为基本法律、单行法律、行政法规、地方性法规、政府规章五个层次,横向上包含《学位条例》《义务教育法》《教师法》《职业教育法》《高等教育法》《民办教育促进法》6个教育法律部门。这个法律体系具有一定的整体性和系统性,5个层次、6个部门纵横交错,此外还有百余种相关的法律法规填充其中,形成一个广覆盖、多层次的立体式法律网络,结构相对完整、内容基本全面、层次较为清晰、功能相对明确,是30余年来中国教育法制理论与实践不断发展、完善的结果。[②]

一方面,《教育法》作为教育法律体系的基本法为教育领域的其他单行立法提供了依据。《教育法》是国家全面调整各类教育关系,规范我国教育工作的基本法律,在我国教育法规体系中处于"母法"地位,具有最高的法律权威。其他单行教育法规的制定和实施,都要以《教育法》为依据,不得与《教育法》确立的原则和规范相违背。另一方面,《教育法》作为中央立法,在我国教育发展规模和水平、发展类型和模式存在差异性和非均衡性的现实区域特征基础上,为地方教育领域的立法提

---

① 秦前红、叶海波:《论立法在人权保障中的地位——基于法律保留的视角》,载《法学评论》2006年第2期。

② 秦惠民、谷昆鹏:《对完善我国教育法律体系的思考》,载《北京师范大学学报(社会科学版)》2016年第2期。

供了上位法依据并预留了法律制度创新的空间。《教育法》作为中央立法确立了教育立法的基本原则与基本精神,宣示了我国教育发展的基本方针与基本方向,明确了我国教育体系的基本框架,这些原则性规定都成为地方立法加以落实与细化的内容。教育领域的地方立法通过将教育基本法的规定予以具体化、可操作化、地方化来体现中央立法的生命力,来解决本区域内教育面临的问题;或通过积极作为进行创制性立法的有益探索,为我国教育法治各个领域的制度创新提供了鲜活的实践与宝贵的经验,特别是在学前教育、民办教育、终身教育、学校立法等领域开展了诸多前瞻性的立法,这些立法降低了教育未来发展的风险成本,也为中央立法提供实证的经验和可资借鉴的制度规范。

(三)以公益性为核心确立教育法律制度的基本原则

立法原则体现了创制法律的出发点,是贯彻于整个法律体系的"灵魂"。与医疗领域一样,教育属于具有公益性行业。教育的公益性是由教育作为公共服务的基本属性所决定的,教育通过培养人提供一种社会公共服务,教育服务主要属于公共产品或准公共产品的范畴,全体社会公众都应该无差别地享有,具有非排他性、非竞争性。《教育法》明确规定教育活动必须符合国家和社会公共利益,以教育基本法的形式确立了教育法律制度设计与构建的核心均应坚守、保障公益性为价值追求,具体体现为教育公益、教育公平与教育终身三个基本原则。其中,公益性原则与公平性原则是基本公共服务应当遵循的共性原则。(1)教育公益性原则。教育是一种无排他性的普惠性利益和维系着国家、民族发展根本利益的重要领域和全局性事业。(2)教育公平性原则。教育公平是社会公平的重要基础。最新修订的《教育法》总则中增加了"国家采取措施促进教育公平,推动教育均衡发展"的规定,使得教育公平从一项国家政策、政治要求转化成为明确的法律要求,落实为国家责任。教育公平的内涵主要包含两个方面:一是教育机会的公平,二是国家在教育资源配置方面的公平。国家应依据公平性的原则,合理配置教育资源,注意向农村地区、边远贫困地区和民族地区倾斜,加快缩小教育差距的步伐,促进教育均衡发展。

(四)以社会转型为契机重塑政府、市场、社会的责任

在计划经济时期,教育作为国家的权力与责任,由政府举办,计划调控,封闭办学,集中管理。教育基本被定位为政治上层建筑,是一个封闭的与市场无涉的领域。[①] 市场经济体系的建立,冲破了计划经济时期总体性社会结构的格局,社会结构的分化引发了教育主体的分化,主要表现为:一是教育的提供者由于社会力量的

---

① 周光礼、刘献君:《政府、市场与学校:中国教育法律关系的变革》,载《华中师范大学学报(社会科学版)》2006 年第 5 期。

介入,打破了政府作为教育唯一提供者的垄断格局;二是教育这种传统的公共物品可以转化为私人物品或准私人物品向公民提供,从而促使营利性组织的介入;[①]三是教育举办者已由过去的政府一统天下分化为政府、企事业组织、社会团体和公民个人的多元参与。

社会转型期,教育领域政府、市场与社会的关系亦在重构,变革时期教育领域的基本立法的重要内容之一便是以法律的形式科学、合理的界分各类教育法律关系主体权利、义务与责任,以回应社会结构的变迁。我国最新修订的《教育法》框定了我国教育事业的根本性质与法律地位;以基本法的形式明确了政府应当切实有效的履行教育领域的公共职责,特别是在公立学校、民办学校设立、规制、促进、保障等方面的职责;确立了各级各类学校及其他教育机构的地位、功能并原则上规定了其权利与义务,整体上构建了政府、市场、社会的多中心治理格局。

《教育法》对我国教育管理体制作出了明确规定,在总则中明确规定由国务院和地方各级人民政府根据分级管理、分工负责的原则进行。明确了国务院和地方各级人民政府对于教育工作具有义不容辞的法律责任。目的在于:(1)明确各级政府责任,规范学校办学行为,促进管办评分离,形成政事分开、权责明确、统筹协调、规范有序的教育管理体制;(2)提高政府决策的科学性和管理的有效性,培育专业教育服务机构;(3)完善教育中介组织的准入、资助、监管和行业自律制度;(4)积极发挥行业协会、专业学会、基金会等各类社会组织在教育公共治理中的作用。

在《教育法》奠定了教育立法的基本框架的基础上,作为单行法的《幼儿园管理条例》《义务教育法》《高等教育法》《职业教育法》《学位条例》分别明确了不同阶段公民的受教育权,并在此基础上界定了各级各类教育阶段的政府职能。明确了学前教育公益性、普惠性的特征,确立坚持政府主导、社会参与、公办民办并举的办园体制;明确了义务教育的强制性、统一性、标准化、均衡化的特征;明确了高等教育中办学自主权的范围等。总之,教育是一个多层次、多主体的领域。作为基本法的《教育法》与教育领域的其他单行法共同组成了效力分明、层级多样的教育法律体系,为不同阶段教育关系的调整提供了相对健全的依据。

二、学前教育阶段的政府职责

2010 年以来,中央政府在宏观层面调整了对学前教育发展的政策定位,更加强调政府在学前教育发展中的职责和义务。基于学前教育政策的调整,从法律的

---

① 市场来运作教育,尽管是以私人物品的面目出现,但仍是一种市场化的公益行为。劳凯声先生提出:“营利性组织对教育的有限介入即实现了自己的利益,同时又满足了社会成员对教育的多元化需求,因而实现了公益,因此,大多数国家对营利性组织举办的教育都采取了比较宽容的政策。”参见劳凯声:《变革社会的教育权与受教育权:教育法学基本问题研究》,北京教育科学出版社 2003年版,第 23 页。

角度确定政府在学前教育发展中的基本职责,保障学前教育的长足发展。

(一)落实保障供给的职责

1.规划与设置

"制定和实施学前教育改革与发展规划是政府最基本的责任。首先,要把学前教育纳入整个经济和社会发展规划,在顶层设计上确保科学发展。同时,要科学确定学前教育改革与发展的基本原则和指导思想,从国家发展和整个教育发展的战略高度科学落实目标任务与主要措施,在厘清政府与市场边界的基础上,准确定位各级政府所扮演的角色与承担的基本责任,建立和完善体制机制,制定路线图与时间表,解决好体系构建、网点布局、资源提供及可持续发展等方面的重大问题,努力满足人民群众对学前教育的基本需求。"[①]2018 年 11 月《中共中央、国务院关于学前教育深化改革规范发展的若干意见》提出目标:"到 2020 年,全国学前三年毛入园率达到 85%,普惠性幼儿园覆盖率(公办园和普惠性民办园在园幼儿占比)达到 80%。广覆盖、保基本、有质量的学前教育公共服务体系基本建成,学前教育管理体制、办园体制和政策保障体系基本完善。"

2.提供"财""地""人"的保障

(1)学前教育的"财力"保障

无论是政府直接提供还是通过购买社会服务的方式保障供给,都需要有财力上的支持和保障。《国务院关于当前发展学前教育的若干意见》明确要求各级政府要将学前教育经费列入财政预算,加大对学前教育的财政支持力度。在幼儿园"人力"投入方面政府的主要职责有:其一,地方政府新增教育经费要向学前教育倾斜,财政性学前教育经费在同级财政性教育经费中要占合理比例。"倾斜"的程度、合理比例的幅度以及动态调整的范围等内容需要明确。其二,各地根据实际研究制定公办幼儿园生均经费标准和生均财政拨款标准。这个标准应当公开,且应随着经济和社会的发展动态调整。其三,建立学前教育资助制度,资助家庭经济困难儿童、孤儿和残疾儿童接受普惠性学前教育。需要制定有关规范,明确资助的对象、条件、幅度、程度、监督等内容。

(2)学前教育的用地保障

《国务院关于当前发展学前教育的若干意见》规定,城镇小区没有配套幼儿园的,应根据居住区规划和居住人口规模,按照国家有关规定配套建设幼儿园。新建小区配套幼儿园要与小区同步规划、同步建设、同步交付使用。建设用地按国家有关规定予以保障。未按规定安排配套幼儿园建设的小区规划不予审批《北京市学前教育条例》第 20 条规定:城市新建、改建居住区,应当按照市人民政府的有关规

---

① 李天顺:《以公益普惠的学前教育奠基未来》,载《人民教育》2011 年第 11 期。

定和建设标准,规划建设配套的学前教育设施。这个条款体现了"就近入学"的原则。

(3)学前教育的"人力"保障

在幼儿园"人力"投入方面政府的主要职责有:其一,核定公办幼儿园教职工编制。合理确定生师比,核定公办幼儿园教职工编制,逐步配齐幼儿园教职工。严禁"有编不补"、长期使用代课教师。其二,健全幼儿教师资格准入制度。应当明确从业人员的从业条件和禁止条件,严把入口关。其三,加强幼儿园教师的培养。建设一批幼儿师范专科学校。加大面向农村的幼儿教师培养力度,扩大免费师范生学前教育专业招生规模。积极探索初中毕业起点五年制学前教育专科学历教师培养模式。其四,对幼儿园教师的培训。创新培训模式,为有志于从事学前教育的非师范专业毕业生提供培训,对幼儿园园长和教师进行一轮全员专业培训。其五,依法保障幼儿园教师地位和待遇。认真落实公办园教师工资待遇保障政策,统筹工资收入政策、经费支出渠道,确保教师工资及时足额发放、同工同酬。其六,严格教师队伍管理。《中共中央、国务院关于学前教育深化改革规范发展的若干意见》中指出:"强化师德师风建设,通过加强师德教育、完善考评制度、加大监察监督、建立信用记录、完善诚信承诺和失信惩戒机制等措施,提高教师职业素养。对违反职业行为规范、影响恶劣的实行'一票否决',终身不得从教。"

(二)对民办学前教育的积极扶持职责

对民办学前教育的扶持需要政府的管理和引导相结合。政府既要履行管理职责,实施差别化的扶持政策,对非营利性和营利性学校进行分类管理,并且进一步简政放权,吸引更多的社会资源进入教育领域。同时,政府也要加强引导作用,创新扶持方式,实施多元化的优惠政策,在财政、税收、教师等方面进行多种手段的扶持。

1.分类管理之下的差别化扶持

政府对民办幼儿园负有积极扶持的职责。《民办教育促进法》第46条规定:县级以上各级人民政府可以采取购买服务、助学贷款、奖助学金和出租、转让闲置的国有资产等措施对民办学校予以扶持;对非营利性民办学校还可以采取政府补贴、基金奖励、捐资激励等扶持措施。2017年《国务院关于鼓励社会力量兴办教育促进民办教育健康发展的若干意见》提出,要实行非营利性和营利性的分类管理,实施差别化的扶持政策,也即国家积极鼓励和大力支持社会力量举办非营利性民办幼儿园,在政府补贴、政府购买服务、基金奖励、捐资激励、土地划拨、税费减免等方面对非营利性民办幼儿园给予扶持。政府根据经济社会发展需要和公共服务需求,通过政府购买服务及税收优惠等方式对营利性民办幼儿园给予支持。2018年《中共中央、国务院关于学前教育深化改革规范发展的若干意见》提出:"2019年6月底前,各省(自治区、直辖市)要制定民办园分类管理实施办法,明确分类管理政策。现有民办园根据举办者申请,限期归口进行非营利性民办园或营利性民办园分类登记。"2019 年《北京市普惠性幼儿园认定与管理办法(试行)》进一步将普惠性幼儿园定义为非营利性幼儿园,完善相关的政府保障、管理及监督机制。

2.立足现实的准入政策

《国务院关于鼓励社会力量兴办教育促进民办教育健康发展的若干意见》指出,各地要重新梳理民办学校准入条件和程序,进一步简政放权,吸引更多的社会资源进入教育领域。《北京市学前教育社区办园点安全管理工作基本要求(试行)》确立了社区办园点的各项最低条件,例如园舍安全要求、常规设施设备安全要求、人员基本条件、安全管理要求等,体现了"分类治理、妥善解决无证办园问题"的精神,将幼儿园按照规模与条件区分为幼儿园、小规模幼儿园与社区办园点三类。幼儿园的规模不同,对其设施与条件等方面的要求亦有所不同,但都应符合最低限度的基础条件。小规模幼儿园的标准本由北京市教委汇总有关机关制定,则由其拟定社区办园点的标准亦属合理。在合规幼儿园资源严重不足,而各种社区办园点又普遍存在的情况下,通过设定相应的标准,将一部分符合基础条件的社区办园点合法化的做法实有其必要。这是因为,如果将其都纳入"非法办园""黑园"的范畴,不但不能使相当部分的幼儿无法接受幼儿教育,而且也无限度加大了政府的监管责任。因为对合法幼儿园的常规监管和对"非法办园"的查处显然有所不同,政府所承担的责任也有大小之别:查处非法办园的责任显然要重于对合规幼儿园的日常监管责任。这个文件因此也体现了区分政府责任的意图。

3.多样化扶持方式的落实

(1)财政扶持

《国务院关于鼓励社会力量兴办教育促进民办教育健康发展的若干意见》指出,财政扶持民办教育发展的资金要纳入预算,地方各级人民政府应建立健全政府补贴制度,明确补贴的项目、对象、标准、用途。完善政府购买服务的标准和程序,建立绩效评价制度,制定向民办学校购买就读学位、课程教材、科研成果、职业培训、政策咨询等教育服务的具体政策措施。该《意见》规定了三方面的政府职责:一是财政扶持民办幼儿园的资金须纳入预算;二是建立健全政府补贴制度;三是完善政府购买服务的标准和程序。这里需要明确的是,地方政府对民办幼儿园的财政扶持,依然是履行政府保障学前教育资源供给义务的手段。政府提供财政扶持的目的,仍是保障居民享受平价、优质民办教育资源的权利。

(2)税费优惠

《国务院关于鼓励社会力量兴办教育促进民办教育健康发展的若干意见》提出了若干优惠政策,须由地方政府有关主管部门负责落实:一是非营利性民办幼儿园与公办幼儿园享有同等待遇,按照税法规定进行免税资格认定后,免征非营利性收入的企业所得税。对于营利性幼儿园仍要继续征收企业所得税。二是民办幼儿园用电、用水、用气、用热,执行与公办学校相同的价格政策。这个税费的优惠政策不区分幼儿园的营利性与非营利性质。

（3）用地优惠

《国务院关于鼓励社会力量兴办教育促进民办教育健康发展的若干意见》规定了差别化用地的政策，须由政府土地管理部门负责落实：一是民办幼儿园建设用地按科教用地管理。二是非营利性民办幼儿园享受公办幼儿园同等政策，按划拨等方式供应土地。三是营利性民办幼儿园按国家相应的政策供给土地。只有一个意向用地者的，可按协议方式供地。土地使用权人申请改变全部或者部分土地用途的，政府应当将申请改变用途的土地收回，按时价定价，重新依法供应。

（4）教师权益

《国务院关于鼓励社会力量兴办教育促进民办教育健康发展的若干意见》提出要"完善学校、个人、政府合理分担的民办学校教职工社会保障机制"。从政府职责的角度看，其具体内容主要有：其一，户籍部门的职责：落实跨统筹地区社会保险关系转移接续政策，完善民办幼儿园教师户籍迁移等方面的服务政策。其二，人事管理部门的职责：探索建立民办幼儿园教师人事代理制度和交流制度，促进教师合理流动；民办幼儿园教师在资格认定、职务评聘、培养培训、评优表彰等方面与公办幼儿园教师享有同等权利。非营利性民办幼儿园教师享受当地公办幼儿园同等的人才引进政策。

（三）基于学前教育特殊性的监督管理

学前教育的对象是学龄前儿童，对象的特殊性使得政府需依其特点对学前教育领域进行监管，政府应对非法办学以及幼儿园收费标准进行监管，特别是针对幼儿园的安全设施进行监管。

1.办园监管

《国务院关于当前发展学前教育的若干意见》要求教育部门要完善政策，制定标准，充实管理、教研力量，加强学前教育的监督管理和科学指导。教育部于2017年4月发布《幼儿园办园行为督导评估办法》，规定了政府对幼儿园的办园条件、安全卫生、保育教育、教职工队伍、内部管理等五个方面监管职责。

2.收费监管

公办幼儿园与民办非营利性以及营利性幼儿园实行不同的收费标准。《国务院关于当前发展学前教育的若干意见》要求省级有关部门根据城乡经济社会发展水平、办园成本和群众承受能力，按照非义务教育阶段家庭合理分担教育成本的原则，制定公办幼儿园收费标准。非营利性民办幼儿园则逐步实行市场调节价，具体政策由省级人民政府根据办学成本以及本地公办教育保障程度、民办学校发展情况等因素确定。营利性民办学校收费实行市场调节价，具体收费标准由民办学校自主确定。从政府职责的角度看，政府有关部门首先应当制定公办幼儿园收费标准；其次，制定非营利性民办幼儿园市场调节价的具体政策；最后，加强收费监管，幼儿园实行收费公示制度,坚决查处乱收费。

3.安全监管

《国务院关于当前发展学前教育的若干意见》要求各地要高度重视幼儿园安全保障工作,加强安全设施建设,配备保安人员,健全各项安全管理制度和安全责任制,落实各项措施,严防事故发生。相关部门按职能分工,建立全覆盖的幼儿园安全防护体系,切实加大工作力度,加强监督指导。主要包括校舍安全、消防安全、食品安全、治安安全。

三、义务教育阶段的政府职责

基本公共服务是公民的基本权利,保障人人享有基本公共服务是政府的重要职责。受教育权是义务教育的权利基础,公共服务理论是国家保障义务教育的责任基础。义务教育的实现程度取决于国家特定时期的经济和社会发展状况。义务教育的法律特征要求国家通过明确财权事权、制定基础标准、规范支出责任分担方式等措施保障义务教育的公平可及。

(一)政府的保障责任

1.制定教育均衡化标准

义务教育是基本公共服务的重要组成部分,需要通过标准化的手段来实现均等化。标准具有价值性、内生性、抽象化、客观性以及共通性和广泛性等特征,而标准化是一个使得标准的这些基本属性得以发扬的过程。基本公共服务的标准化是将标准这一自然科学领域的概念推广到政府管理、社会治理领域的一种尝试,而标准化与基本公共服务治理之间的契合性使这种推广成为可能。

《国务院关于印发"十三五"推进基本公共服务均等化规划的通知》关于"义务教育"一项仅包括了公用经费保障、免费提供教科书、家庭经济困难学生生活补助、贫困地区学生营养膳食补助等四项标准。地方政府可以根据需求增加相应的义务教育均衡化标准体系。坚持每一项标准的可量化,有助于进一步完善义务教育的均衡化。政府可根据实际情况就实现教育机会分配和教育资源配置的均衡发力,并可以进一步就义务教育课程、教学等有关教育质量均衡的标准进一步探索,通过立法的刚性约束全面构建义务教育优质均衡发展的目标体系。

2.平衡财政投入结构

《义务教育法》规定财政供给的统筹责任交付省级政府执行,因此省级政府在义务教育相关政策的贯彻执行上有更大的主动权。国务院在 2016 年出台的《关于推进中央与地方财政事权和支出责任划分改革的指导意见》中,已将政府间义务教育事权与支出责任划分改革列为优先改革的重要领域之一。

地方政府应当测算教育的财政投入,特别是其中用于支付教师的工资福利、基本建设费用、教育商品和服务的费用等,保障义务教育经费不短缺。对于义务教育中面向残废人的特殊教育,需要进行单独的测算,以确保不同群体义务教育机会获得的均等性。

3.保障教师队伍质量

政府应着力构建以义务和责任为重、兼顾个人发展为目标的科学导向机制,构建以征询制度为核心的合理选拔机制;构建物质和精神并重的有效激励机制;构建交流学校同行和学生评价为主的考评机制;构建必要的交流教师培训机制;构建区域义务教育交流教师数据库;构建以教师交流信息公开为主体的督导问责机制等。

(二)政府的督导责任

《国家中长期教育改革和发展规划纲要(2010—2020年)》指出,地方政府负责落实国家方针政策,开展教育改革试验,根据职责分工负责区域内教育改革、发展和稳定。针对义务教育办学行为规范事权,在由中央负责制定全国义务教育办学行为规范的准则的前提下,省级政府应强化对区县督查、指导和问责的职责,市县严格执行国家制定的办学行为准则。

政府对义务交易的督导职责首先体现在对义务教育学校的规范化建设的监管之上。为此,《北京市教育委员会、北京市人民政府教育督导室关于印发北京市区(县)小学规范化建设工程专项督导评价指标体系的通知》已经制定了比较完备的北京市区(县)小学规范化建设工程专项督导评价指标体系。不过,除了对学校规范化建设的监管以外,有关立法应进一步督促区域内教育行政部门切实履行推进义务教育均衡发展职责,如针对流动人口就学难题,可以及时监测北京市流动人口变动和义务教育阶段随迁子女就学情况,针对流动人口相对集中区域,基于义务教育需求状况,提高教育规划和布局的应对能力,改变局部教育资源的紧张对流动儿童就学公立学校办学条件的影响,为促进流动儿童学校适应提供良好的学校环境。

四、高等教育中的政府职责

如何正确定位政府在高等教育管理中的职能,能否找到政府职能良好的切入点,理顺两者相对稳定却动态发展的关系,直接影响着政府职能的发挥和高等教育的未来发展。

(一)政府的管理职责

政府在高等教育中的管理职责包括统筹协调、准入审批。

1.高等教育事业的统筹协调

《高等教育法》第13条规定:"国务院统一领导和管理全国高等教育事业。省、自治区、直辖市人民政府统筹协调本行政区域内的高等教育事业,管理主要为地方培养人才和国务院授权管理的高等学校。"

政府统筹协调高等教育资源分配。高等教育活动的进行,完成教学、科研、人才培养等任务,需要人力、财力、物力的支持,按照怎样的方式在高等教育领域分配这些资源,保证高等教育活动的有效运行和有序发展就成为政府统筹协调的职责之一。高等教育服务是准公共产品,政府是高等教育资金等的重要来源,教育预算也是在政府的财政预算中占有一定的比重,要求政府需要对高等教育进行一定的投入,在社会其他渠道投资确实或不足的时候,甚至需要政府直接提供高等教育服务,来弥补对高等教育投资不足的问题。

政府统筹协调教育公平。社会公平包括接受高等教育机会的公平,也就是一个人可以通过公平的竞争来获得更好的高等教育机会,政府要成为这一公平竞争机制的维护者。政府要创造公平的教育机会除了政策上的措施,还应该包括实际经济方面的措施,高等教育不是完全的公共产品,仍具有市场调节的部分,比如要接受高等教育,需要支付较高的费用,这就要求政府通过为家庭贫困又无法提供有效担保去贷款的学生提供完成学业所必需的资助,来实现教育平等。

2.高等学校的审批设立

《高等教育法》第 29 条规定:"设立实施本科及以上教育的高等学校,由国务院教育行政部门审批;设立实施专科教育的高等学校,由省、自治区、直辖市人民政府审批,报国务院教育行政部门备案;设立其他高等教育机构,由省、自治区、直辖市人民政府教育行政部门审批。审批设立高等学校和其他高等教育机构应当遵守国家有关规定。审批设立高等学校,应当委托由专家组成的评议机构评议。高等学校和其他高等教育机构分立、合并、终止,变更名称、类别和其他重要事项,由本条第一款规定的审批机关审批;修改章程,应当根据管理权限,报国务院教育行政部门或者省、自治区、直辖市人民政府教育行政部门核准。"

其中,第 1 款将设立高等学校的审批权一分为二,分类审批,以放权为主,规定设立实施本科及以上教育、专科教育的高等学校,分别由国务院教育行政部门、省级人民政府审批。在高等教育法修改之前,教育管理体制权限比较集中,对设立高校的授权规定比较模糊。此次教育行政审批权下放,符合简政放权的要求,有利于释放市场的活力,激发设立高校的社会意愿,对促进高等教育的发展,用市场的方式和社会资源力量推动高等教育发展具有重要意义。在第 2 款关于审批高等学校的设立的规定中,将应当"聘请"改为"委托"由专家组成的评议机构评议,这同样是政府职能转变的体现,使得专家组成的评议机构有了更明确的权限范围。

(二)教育质量的监督评估职责

在以知识经济为核心的新时代,高等教育进入了以提升质量为重点的发展时期。2010 年 7 月,国务院全面部署实施《国家中长期教育改革和发展规划纲要(2010—2020 年)》,明确提出"把提高质量作为教育改革发展的核心任务",要求高校"建立以提高教育质量为导向的管理制度和工作机制,把教育资源配置和学校工作重点集中到强化教学环节、提高教育质量上来"。追求卓越,提升高等教育质量,已经成为高等教育发展的重要课题。

我国关于高等教育质量评估的规定始于 1953 年,最初学习苏联采取"成绩考评法",之后仅简单地规定由政府各职能部门对大学的工作进行检查、监督,并未涉及质量评估与保障问题。改革开放后,1985 年,在《中共中央关于教育体制改革的决定》中提出"教育管理部门要组织教育界、知识界和用人部门定期对高等学校的办学水平进行评估"的目标,这也是我国首次提到政府对教育质量的评估职责。之后,我国颁布《高等教育法》,其中第 44 条明确规定:"高等学校的办学水平、教育质量,接受教育行政部门的监督和由其组织的评估。"

政府是对高校教育质量进行监督和评价的主体,高等教育评估工作由政府和教育行政部门负责,教育行政部门针对评价高等教育质量成立了专门的教育评估机构。政府对高等教育质量的评估方式主要有三种:一是合格评估,合格评估是以《普通高等学校设置暂行条例》《中华人民共和国学位条例》为依据,国家教育委员会组织实施,在新建普通高校被批准建立之后有第一届毕业生时进行的,对新建普通高等学校的基本办学条件和基本教育质量进行评估的一种认可制度。二是办学水平评估,其主要是进行教育工作状况的判断和教育工作经验的相互交流,评估结论分优秀、良好、合格、不合格四种,不排名次。我国的普通高等学校本科教学工作水平评估就属于办学水平评估。三是选优评估,选优评估主要是针对普通高等学校进行的,在办学水平评估的基础上进行遴选优秀、择优支持。

2017 年《国家教育事业发展"十三五"规划》指出:"鼓励社会中介机构对高等学校学科专业水平进行评估,建立科学规范的评估制度,推进专业社会评价。"[①]作为高等教育改革中不可或缺的环节,教育质量评价工作由最初的政府监督管理逐步发展政府、学校、社会等多方主体共同参与评估。政府在"放管服"的政策指导下,转变自身职能方式,实行简政放权,变管制为服务,尊重社会评价组织的独立性与专业性。同时,政府也需加大对社会评价机构的监督力度,构建科学的、有公信力的社会评估体系,及时将评估结果进行反馈,实现评价、监督和结果反馈的良性循环。

(三)政府的保障职责

教育投入是高等教育发展的物质基础,为保证高等教育长期稳定发展,需要政府健全以财政拨款作为保障、引导多种社会资金投入的教育经费筹集体制,从而大幅度增加教育投入。2015 年,在《高等教育法》的修订过程中,将原本的"以财政拨款为主、其他多种渠道为辅的教育资金筹集制度",修改为"以举办者投入为主、受教育者合理分担培养成本、高等学校多种渠道筹措经费的机制"。此番修改,为社

---

① 《国务院关于印发国家教育事业发展"十三五"规划的通知》,http://www.gov.cn/zhengce/content/2017-01/19/content_5161341.htm,最后访问日期:2019 年 7 月 22 日。

会资金进入高等教育领域开拓了入口,有利于鼓励和引导社会对高等教育资金的投入。

1.财政拨款保障

高等教育经费财政保障力度不足,是我国一直以来面临的困境。为使高等教育财政拨款进一步法治化,《教育法》《高等教育法》均用专章规定了教育投入和条件保障,即各级人民政府应按照事权和财权相统一的原则,在财政预算中将教育单独列项,同时保证教育经费逐步增长。

我国现阶段的高等教育学校具体分为公立高校、民办高校两大类,由于办学主体、学校性质、资金来源等存在差异,国家财政对公立高校、民办高校实施不同的财政拨款政策。针对国家举办的高等教育,《高等教育法》规定,国务院和省、自治区、直辖市人民政府需保证国家举办的高等教育的经费逐步增长。国务院教育行政部门会同国务院其他有关部门根据在校学生年人均教育成本,规定高等学校年经费开支标准和筹措的基本原则;省、自治区、直辖市人民政府教育行政部门会同有关部门制订本行政区域内高等学校年经费开支标准和筹措办法,作为举办者和高等学校筹措办学经费的基本依据。针对民办高等教育,《国家中长期教育改革和发展规划纲要(2010—2020 年)》规定,相关民办学校通过政府委托,需承担拨付相应教育经费的责任。县级以上人民政府可以根据本行政区域的具体情况设立专项资金,用于资助民办学校。

2.对社会资金投入的引导和鼓励

社会资金投入是高等教育资金的重要组成部分,充分调动全社会办教育积极性,扩大社会资源进入教育途径,多渠道增加教育投入。《国家中长期教育改革和发展规划纲要(2010—2020 年)》指出:"完善非义务教育培养成本分担机制,根据经济发展状况、培养成本和群众承受能力,调整学费标准。"因此,政府应鼓励和引导社会力量捐资、出资办学,充分调动社会主体的办学积极性,进而扩大社会资本进入教育领域,解决非义务教育阶段教育资本财政投入不足的困境。

五、职业教育阶段的政府职责

我国职业教育的资金来源高度依赖市场投入,国家和社会投入相对较少,现阶段需要政府就教育投入经费予以政策化倾斜。同时,完善职业教育督导评估办法,建立职业教育定期督导评估和专项督导评估制度,落实督导报告、公报、约谈、限期整改、奖惩等制度,促进职业教育的现代化发展。

(一)拨款扶持职责

职业教育的经费来源主要有三种渠道:政府投入、社会投入(包括企业等办学者的投入和社会捐赠)、市场投入(即学生学杂费)。2008 年,中国尽管有 1/4 的高等职业学校是私立的,但在中国高等职业学校的经费来源中,社会投入仅占 3%,

而学生个人的投入(即学费)是高等职业教育最主要的经费来源,占据了近一半的比重。同一年,在中国普通高等专科和本科学校中,学杂费收入仅占其全部经费来源的 38.2% 和 31.0%。由此可以看出,中国高等职业教育的筹资高度依赖于市场投入,而国家和社会的投入均相对不足。

2014 年《国务院关于加快发展现代职业教育的决定》:"地方教育附加费用于职业教育的比例不低于 30%。加大地方人民政府经费统筹力度,发挥好企业职工教育培训经费以及就业经费、扶贫和移民安置资金等各类资金在职业培训中的作用,提高资金使用效益。县级以上人民政府要建立职业教育经费绩效评价制度、审计监督公告制度、预决算公开制度。"

2019 年 1 月《国家职业教育改革实施方案》中再度强调:"在保障教育合理投入的同时,优化教育支出结构,新增教育经费要向职业教育倾斜。鼓励社会力量捐资、出资兴办职业教育,拓宽办学筹资渠道。进一步完善中等职业学校生均拨款制度,各地中等职业学校生均财政拨款水平可适当高于当地普通高中。各地在继续巩固落实好高等职业教育生均财政拨款水平达到 12000 元的基础上,根据发展需要和财力可能逐步提高拨款水平。组织实施好现代职业教育质量提升计划、产教融合工程等。经费投入要进一步突出改革导向,支持校企合作,注重向中西部、贫困地区和民族地区倾斜。"

(二)督导职责

2014 年《国务院关于加快发展现代职业教育的决定》:"教育督导部门要完善督导评估办法,加强对政府及有关部门履行发展职业教育职责的督导;要落实督导报告公布制度,将督导报告作为对被督导单位及其主要负责人考核奖惩的重要依据。完善职业教育质量评价制度,定期开展职业院校办学水平和专业教学情况评估,实施职业教育质量年度报告制度。注重发挥行业、用人单位的作用,积极支持第三方机构开展评估。"

2019 年《国家职业教育改革实施方案》中指出,建立健全职业教育质量评价和督导评估制度。以学习者的职业道德、技术技能水平和就业质量,以及产教融合、校企合作水平为核心,建立职业教育质量评价体系。定期对职业技能等级证书有关工作进行"双随机、一公开"的抽查和监督,从 2019 年起,对培训评价组织行为和职业院校培训质量进行监测和评估。完善职业教育督导评估办法,建立职业教育定期督导评估和专项督导评估制度,落实督导报告、公报、约谈、限期整改、奖惩等制度。国务院教育督导委员会定期听取职业教育督导评估情况汇报。

第三节　教育行政法制度的实践分析

自 20 世纪 80 年代我国开始进行教育行政法制建设,至今教育行政法制度已走过近 40 年。在这 40 年的历程中,我国先后出台了多部法律、法规以及规范性文件等,在制度建设上取得了长足的进步,但同时面临着新的挑战。

一、办学体制的多元化对法律制度的挑战

自改革开放以来,我国逐步形成了从单一办学体制到以政府办学为主体、公办学校和民办学校共同发展的办学体制多元化的转变。但办学体制的多元化又对法律制度带来了新的挑战,虽然最新修订的《民办教育促进法》对多元办学体制进行了确认,并标志着民办教育进入分类管理的新阶段,从法律的层面回应了多元办学体制的实践需求,但是在分类管理背景下民办教育的具体立法仍需有待完善。

(一)新版《民办教育促进法》对多元办学体制的回应

办学体制改革是我国教育体制改革的重要组成部分。当前,我国深化办学体制改革,必须坚持教育公益性原则,健全政府主导、社会参与、办学主体多元、办学形式多样、充满生机活力的办学体制,形成以政府办学为主体、全社会积极参与、公办教育和民办教育共同发展的格局。

改革开放以来,与经济体制改革相适应,国家积极稳妥地推进办学体制改革,改变了单一的政府包揽办学的体制,逐步形成了以政府办学为主体、公办学校和民办学校共同发展的格局。与公立学校不同,民办学校利用民间资本举办,市场机制是其办学的主要形式。市场的介入使教育领域中原有的社会关系以及由此产生的利益关系和利益机制开始变化,"简政放权"的改革目标因此有了新的含义,即除了由中央向地方放权以及政府向学校放权这两个向度的放权之外,政府还面临着与市场的权力再分配,相当一部分在计划经济时代属于政府管辖范围的权力和事务开始逐步向市场转移,成为市场调节的对象。最新修订的《教育法》《高等教育法》《民办教育促进法》对多元办学体制进行了确认,从调整政府与公立学校的关系、政府与民办学校的关系出发构建了多元办学体制之下教育领域的法律制度,以对公立学校、非营利性民办学校、营利性民办学校多个方面分类规制的方式推动了我国现代教育制度的发展。

2016 年 11 月 7 日,第十二届全国人民代表大会常务委员会第二十四次会议审议通过了《关于修改〈中华人民共和国民办教育促进法〉的决定》,标志着民办教育进入分类管理的新阶段,从法律的层面回应了多元办学体制的实践需求。整体而言,此次修法从促进公办教育和民办教育共同发展的大格局出发,立足于民办教

育的健康可持续发展,明确了改革的目标和走向,回应了困扰民办教育和民办学校发展的一系列关键问题。

随后,国务院发布《国务院关于鼓励社会力量兴办教育、促进民办教育健康发展的若干意见》,教育部等部委联合发布了《民办学校分类登记实施细则》《营利性民办学校监督管理实施细则》,初步形成了民办教育改革的顶层设计框架,作为操作层面的文件,两个细则遵循《民办教育促进法》修法精神,具体细化了该《若干意见》的相关要求,初步构建了上位法律、国务院文件、部门规章相衔接的,相对完整的分类管理改革制度和实施体系,同时针对现实问题回应了民办学校的诉求,明确了促进和规范民办教育发展的价值导向,这对促进民办学校发展、提高办学质量、规范办学行为将产生深远影响。民办教育的分类管理是对多元办学体制形成的法律保障,也为进一步推动医疗服务机构的多元化提供了立法经验。

(二)分类管理背景下民办教育的制度构建

2016 年教育部等部门发布了《民办学校分类登记实施细则》,开启了民办学校分类管理的时代,新修订的《民办教育促进法》标志着民办教育进入分类管理的新阶段。《民办教育促进法》中规定对非营利性和营利性民办学校进行分类管理,是我国民办教育改革的重要突破口,是一项复杂的、多方位的综合体制改革。社会力量办学已成为我国基础教育的重要部分,探索分类管理体制下多元合作办学机制改革,有助于更好地吸纳社会资源,构建优质教育体系,以满足人民群众多样化高质量的教育需求。

1.分类管理背景下民办教育的政府职责定位

面对民办教育的异军突起,如何在多元办学体制之下厘清政府与教育的关系,特别是政府在民办教育领域职能定位的明晰成为民办教育发展的关键。在我国民办教育体制的探索进程中,政府职能的转变与明确是贯穿始终的核心议题。最新修改的《民办教育促进法》确立了民办学校分类管理的法律制度,启动了改革开放后我国民办教育重兴以来影响面最广、意义最为深远的改革,对于新时期政府职能的定位。

(1)以中央立法实现民办教育领域政府职责法定化

《民办教育促进法》及配套政策中明确规定了"各级人民政府应当依法支持和规范社会力量举办民办教育"的原则性条款,强调各级政府民办教育管理责任。在此原则之下,在其他章节亦规定了政府的责任条款,进一步深化与拓宽各级政府或其相关部门"应当"依法履行发展民办教育的重要职责。

教育领域政府职能的开展是给付行政的范畴,相较于秩序行政,给付行政更加强调运用鼓励、促进等行政管理手段,而出于弥补市场失灵的需要,亦需要政府发挥规范、监管民办教育的作用,总体而言民办教育领域政府的职能主要体现为鼓励、规范、引导、扶持、服务等主要方面。《民办教育促进法》是以"促进"为名的法律,专门设"扶持与奖励",凸显政府的职能应以保障、扶持为主,同时为了教育公益性的保障、营造公平竞争的市场环境、维持民办教育的市场秩序,政府还应履行必要的监管责任,例如规划职责、保障职责、扶持职责、监管职责等,即使是监管也是为了更好地促进。

(2)以分类管理为前提重塑民办教育领域政府、市场、社会的关系

《民办教育促进法》修改的重大亮点与关键举措是实施分类管理,营利性与非营利性民办教育分类管理,是突破长期制约民办教育发展制度和政策瓶颈的根本手段,也是新阶段民办学校自身健康、持续发展的迫切要求。

准入制度、产权制度、财务会计和资产管理制度、内部治理结构、政府服务和监管的基本制度等,是民办教育健康发展不可缺少的基本制度。在民办教育恢复和发多年之后,这些基本制度规范仍很不健全,有的甚至处于缺失状态,使民办教育发展面临的一些迫切问题缺乏解决的基本依据。根据国际经验,在营利性与非营利性组织分类的框架下,私立教育相关制度才有了发展和完善的前提和基础。由于营利性组织和非营利性组织在组织目标和价值、运行规律、内部治理结构等方面有明显差别,两类组织与政府、市场、社会、服务对象的关系,以及组织存在和发展所遵循的基本规则也有明显区别。因此,营利性与非营利性的区分,是民办教育制度建设的逻辑起点,在尊重教育规律的基础上行使政府职能。

(3)以公益性的引导与维护厘定民办教育政府职责的目标

立法原则体现了创制法律的出发点,教育的公益性是由教育作为公共服务的基本属性所决定的,教育通过培养人提供一种社会公共服务,教育服务主要属于公共产品或准公共产品的范畴,全体社会公众都应该无差别地享有,具有非排他性、非竞争性。《教育法》明确规定教育活动必须符合国家和社会公共利益,以教育基本法的形式确立了教育法律制度设计与构建的核心均应坚守、保障公益性为价值追求,将公益性确立为教育法律体系的基本原则。《民办教育促进法》也明确规定民办教育事业属于公益性事业,是社会主义教育事业的组成部分。

公益性不排除营利性,公益性的实现并不取决于办学所采取的形式,如果所提供的教育是高效率、多样化、可选择的,有上学愿望的公民能按意愿在教育体系内接受适合自己的教育,达到既使社会受益又使个人受益的共享,即使营利也不违背公益性。[①] 民办教育的公益性构成了国家介入其中并通过立法确立权利义务关系的理由,就世界范围而言,无一不是通过立法对民办教育办学条件、教育阶段、办学领域等加以限制,对民办学校的运作实施监督与管理,同时在税收、用地、财政扶持等方面作出规定,通过政府职能的行使,以公益性实现为目标,既要促进民办教育社会功能的发挥,还要防止民办学校在运作过程中可能产生的妨害公共利益的行为。

---

① 余雅凤:《公共性:民办学校立法分类规范的分析基础》,载《教育研究》2018 年第 3 期。

(4)以办学自主权的赋予确立民办教育政府职责的边界

政府职能错位、放权不够、限制过多以及学校办学自主权没有充分落实,导致民办学校发展活力与后劲不足,这是阻碍民办教育改革创新的一大顽疾。《民办教育促进法》赋予了民办学校独立的法人地位及自主决定办学的权利,具体包括招生权、教育教学权、教师聘任权、收费权、学费定价权等,以期在分类管理的新思路之下,通过民办学校自主权的确认,廓清政府与学校的边界。[①]

2.分类管理背景下民办教育地方立法现状

尽管分类管理改革的顶层设计基本完成,但距离建立成熟的营利性与非营利性民办学校分类管理的制度体系尚有距离,全面推行民办学校分类管理还存在诸多政策瓶颈问题需要解决。尤其是在顶层设计框架之下,《民办教育促进法》将许多事项交给地方去探索,省级立法主体在推进民办学校分类管理改革中将扮演关键角色。各省如何加快地方立法制定(修订)进程,完善分类后的配套政策,就成为推进民办学校分类改革、促进民办教育规范健康发展必须解决的重要问题。[②] 新《民办教育促进法》实施近一年,目前尚未有地方性法规、规章及时跟进,主要是以出台规范性文件的方式来回应中央的要求、细化新法的具体措施。

整体而言,地方民办教育配套政策的整体态势表现为:一是在指导思想、基本原则、加强民办学校党建工作、增强思想政治教育等方面内容基本与国家文件保持一致。二是在多元主体办学、税收优惠、用地、保证师生权益、完善法人治理结构、资产管理制度、规范办学行为、改进政府管理方式等方面,各地举措有所突破。三是在分类管理、退出机制、补偿或奖励、财政扶持等方面,大部分地区进行了制度创新。四是在分类登记、现有民办学校补偿或奖励等方面,各地政策进行了探索性的规定。

(三)需要建立与完善的配套制度

目前地方配套政策存在着不足。首先,地方立法层次不高。《民办教育促进法》修订后给地方立法的时间间隙较短,许多地方民办教育立法是基于现实需要仓促出台,存在专业人员参与不足、立法任务不够明确、实践主体经验相对欠缺等问题。这些问题都会影响地方立法工作的承接,导致立法水平参差不齐,甚至某些省区并没有开展立法工作。[③] 其次,地方立法相关制度可操作性仍需增强。例如,兼

---

① 董圣足:《新政之下地方民办教育制度调适与创新的若干思考》,载《浙江树人大学学报》2017 年第 2 期。

② 吴开华、邵允振、赵小平:《分类管理背景下广东民办教育地方性法规修订探析》,载《地方立法研究》2018 年第 1 期。

③ 朱凯琳、李祥:《营利性民办高校地方立法的实践与反思》,载《重庆高教研究》2018 年第 3 期。

具义务教育与非义务教育的学校能否选择营利性学校？目前仅有湖北在文件中规定，同时举办义务教育和其他教育的民办学校，如选择营利性，要严格区分义务教育和非义务教育的产权属性，资产、财务分别入账，实行两个法人主体。但是，实践中如何拆分原来的法人主体，涉及重新设立法人、取得行政许可、土地确权、办学场所、品牌许可等问题，非常复杂。最后，民办教育培训机构的具体政策整体匮乏。民办教育培训机构近些年来越来越多地承载起学生对于教育多样化、个性化的需要，也正是因为这个原因，近年来民办教育培训行业风生水起，被受众需要的同时，也得到了资本市场的青睐。

在目前出台的地方配套政策中，上海结合分类管理改革和培训市场专项整治需要，重新修订了《上海市民办培训机构设置标准》《上海市营利性民办培训机构管理办法》《上海市非营利性民办培训机构管理办法》等文件，将面向社会举办的专门从事文化教育或职业技能培训的非学历教育机构纳入许可监管范畴，细化了设置标准，完善了网上申请、管理、举报等功能，建立了市、区、街镇三级联动的综合治理体系。此外四川与武汉市也分别出台了民办培训机构的设置标准，而其他省市均缺失对于民办教育培训机构监管的具体政策。

二、不同教育阶段存在的问题与制度困境

(一)学前教育存在的问题与制度困境

学前教育是基础教育的重要组成部分，是终身教育的奠基阶段，发展有利于适龄幼儿的学前教育对于提高全民的整体素质具有深远意义。但目前学前教育总体水平不高，结构不合理，办学水平、质量与社会需求相比差距较大。尤其是在学前教育资源以及学前教育均衡性方面存在着严重不足，并且政府作为学前教育责任的第一承担者的地位未能充分体现，这些问题的存在已严重阻碍了学前教育的发展。

1.学前教育资源的供需矛盾

按照 2017 年的统计数据，截至 2017 年年底，全市共有幼儿园 1604 所，共计收托儿童 445535 人（共 15810 个班）；教职工总数为 69100 人，其中专任教师共 37903 人。在总数中，民办幼儿园共 664 所，在园幼儿 160478 人，教职工 29080 人，专职教师 13815 人。[①] 单纯从数量而言，目前全市学前教育总体上出现了供不应求的

---

① 《2017—2018 学年度北京教育事业发展统计概况》，北京市教育委员会，http://jw.beijing. gov.cn/xxgk/ywdt/ywsj/201804/t20180404_41205.html，最后访问日期：2018 年 10 月 28 日。按照北京市人民政府副市长王宁在一份报告中提供的数据，"到 2017 年底，全市经审批的幼儿园数量达到 1957 所，教职工约 7 万人，专任教师近 4 万人，在园儿童数量超过历史最高点水平，达到 44.6 万人"。

情况,难以有效满足学龄前儿童入园的需要,局部地区入园难的矛盾较为突出。由于人口出生高峰、外来人口大量涌入以及家庭育儿观念转变等多因素叠加,社会入园需求急剧攀升,学前教育学位资源供给紧张,社会出现"入园难"问题。根据市卫计委提供的 2015 年至 2017 年实际出生人口数,到 2020 年,北京市户籍适龄儿童有 45.5 万人,非户籍适龄儿童有 28 万人,而按照教育部要求的 85% 的入园率来测算,北京市仍将面临约 17 万个学位缺口,学前教育仍然面临资源供给不足的问题。[①]

2.政府作为学前教育责任的第一承担者的地位未能充分体现

按照 2012 年的统计,全市共有独立法人的幼儿园 1305 所,另有 302 个分园,共计收托儿童 31.1 万人。其中教育部门办园 356 所,收托幼儿 10.8 万人;集体办园 222 所,收托幼儿 3.1 万人;其他部门、企事业及部队办园 219 所,收托幼儿 7.2 万人;民办园 508 所,收托幼儿 10 万人。可见,至少在数量上,当前教育部门所办幼儿园仅承担了三分之一的责任,社会力量办园则承担了三分之二的责任。在财政资金投入上,目前财政经费也主要投入于教育部门所办幼儿园,对社会力量所办幼儿园的投入上却很有限,特别是对民办幼儿园的投入更是极少。目前,街道、乡镇办园存在体制不顺畅,财政投入少,设备不足,编制少,人员归属不清等问题。街道幼儿园虽然也属于政府办园,但由于政府对街道幼儿园的投入少、编制少、设备不足,街道办事处不愿意背负幼儿园退休职工的庞大医疗费用,致使街道幼儿园数量逐年减少,学前教育资源严重流失。

3.学前教育均衡性不足

在《北京市学前教育条例》实施的过程中,学前教育均衡性仍有不足,学前教育平等权问题仍需进一步落实。(1)城区和远郊区县幼儿园在空间布局、办园条件、教育质量等方面存在明显差异。大部分优质学前教育资源都集中在城区,特别是城区的示范园和一级一类幼儿园中。这些幼儿园受到教育行政部门的大力扶持,有充足的经费支持,而地处郊区尤其是农村的幼儿园,由于教育经费不足,教育教学条件、教师待遇和进修机会都相对匮乏。(2)不同性质的幼儿园之间差距也较为明显。由于目前本市财政投入的学前教育经费只能保障教育部门办园,其他类型幼儿园办园经费大多需要由举办者自行负担。部分企事业单位及街道办园由于其缺少稳定的经费投入,所执行的收费标准又偏低,其收入仅能勉强维持幼儿园的运转,缺少必要的发展经费,校舍条件难以改善、教育教学设备难以及时更新、教师收入难以保障、教育质量难以提高,形成恶性循环。(3)民办幼儿园在教师培训、职称评定等方面还没有完全享受与公办幼儿园教师的同等待遇。

[①] 王宁:《关于"落实学前教育三年行动计划完善学前教育公共服务体系建设"议案办理情况暨学前教育供给保障情况的报告》,载《北京市人民代表大会常务委员会公报》2018 年第 3 期。

(二)义务教育存在的问题与制度困境

受教育权是义务教育的权利基础,公共服务理论是国家保障义务教育的责任基础。义务教育的实现程度取决于国家特定时期的经济和社会发展状况。目前我国各级教育普及水平不断提高,国民受教育机会进一步扩大,义务教育均衡化取得了显著的成绩。但与义务教育均等化仍有一定差距,因义务教育优质资源不均衡的问题,进而体现在对"就近上学"与"自主择校"两个问题的平衡上;因家长对"入学"观念的不同,进而产生了义务教育与在家上学冲突的问题。

1.义务教育均等化与择校问题

首先,义务教育均等化仍有一定差距。一是义务教育优质均衡发展的统筹推动力度不足。仅有少数地区以政府的名义制定了区域推进义务教育优质均衡发展的实施意见。而多数地区实现区域教育优质均衡发展的影响因素和推进举措,缺乏系统分析、顶层设计和统领统筹。二是城乡教师资源配置不均衡。根据《中国统计年鉴(2017)》分地区普通小学、普通初中情况[①],城乡教师资源配置数量差距明显,且城乡教师水平不一,也一定程度存在学科教师不配套现象。三是城乡办学条件差异仍较大。表现在农村生均教育教学设施配置水平较低。

其次,由于义务教育优质教育资源不均衡的问题,则导致有关义务教育入学机会平等的问题又集中体现在对"就近入学"和"自主择校"两个问题的平衡之上。从"就近入学"与"自主择校"的关系来说,"就近入学"所要实现的公平是建立在通过对受教育者"自主择校"权限制的基础之上。不过,实施"就近入学"需要一定的条件,需要一个实践过程。"就近入学"在法理层面的本意是实现适龄儿童和少年入学的公平性和方便性,意味着受教育者应当在法律规定和保障的服务半径内享受义务教育,同时防止其他因素阻碍受教育者获得义务教育的权利,但是,当义务教育普及率和巩固率达到较高水平之后,对教育公平的追求则更多地体现在对"高质量"和"高水平"义务教育的普及上,人民群众的教育利益诉求也转向了较高层面的要求。"自主择校"借助市场因素有着自身的积极意义,但使得在竞争中校际间的差距越拉越大,把优质教育资源与普通教育资源的供需矛盾对立起来,这就在一定程度上妨碍了义务教育的普及与提高。

2.义务教育与在家上学的冲突

"在家上学"指适龄儿童在家自学、家长自行教授或延师施教、家长组织微型学校、私塾等施行教育的形式,是一种非学校化的、家长自助的教育类型。[②]

---

① 《中国统计年鉴(2017)》,中华人民共和国国家统计局,http://www.stats.gov.cn/tjsj/ndsj/2017/indexch.htm,最后访问日期:2018 年 1 月 7 日。

② 《中国在家上学研究报告(2013)发布》,21 世纪教育研究院,http//www.21ecdu.org/?ycon/id/261/m/475.html,最后访问日期:2018 年 1 月 5 日。

我国《宪法》第 46 条第 1 款规定："中华人民共和国公民有受教育的权利和义务。"此规定了公民的受教育权利与义务,但并未限定公民受教育的途径与方式。因此,从《宪法》层面来说,在提供的教育内容、方式正当的情况下,"在家上学"可认为是公民行使受教育权利并积极履行受教育义务的方式。《未成年人保护法》第 13 条规定:"父母或者其他监护人应当尊重未成年人受教育的权利,必须使适龄未成年人依法入学接受并完成义务教育,不得使接受义务教育的未成年人辍学。"根据《义务教育法》及《未成年人保护法》的相关规定,"入学"接受义务教育的"入学"此一法律概念,导致"在家上学"的合法性尚存疑问,则产生了义务教育与在家上学的冲突问题。

一种观点认为"入学"等于"入校"。《义务教育法》第 2 条第 2 款规定:"义务教育是国家统一实施的所有适龄儿童、少年必须接受的教育,是国家必须予以保障的公益性事业。"《教育法》第 17 条规定"国家实行学前教育、初等教育、中等教育、高等教育的学校教育制度"。同时相关配套法律对学校所做的诸多规定,以体系解释的方法分析,义务教育阶段的"入学"仅指"国家统一实施的"的学校教育,而不包括"在家上学"这一形式。《宪法》第 46 条第 2 款,《教育法》第 3 条、第 14 条、第 15 条、第 18 条、第 25 条以及《义务教育法》第 3 条、第 7 条、第 26 条、第 35 条、第 38 条、第 39 条均对该观点提供了条文支撑,明确国家具有教育的指导、规划、管理、监督、处罚等权能,需提供适龄儿童平等入学的机会。另一种观点则认为,"入学"意指"学习义务教育的相关内容"。相关法律规定了国家的职能、学校的责任及家长的义务,是针对"入校"接受义务教育的形式予以规制,但并未表示此为适龄儿童接受义务教育的唯一法定形式,未禁止儿童以"在家学习"的形式履行受教育义务。[①]由于上述认识分歧,在家上学的合法性依旧存疑。

(三)职业教育存在的问题与制度困境

《国家教育事业发展"十三五"规划》对职业教育的改革发展作出了部署,要求创新技术技能人才培养模式,培养更多适合社会发展的技能型人才,大力推广校企合作办学模式,职业教育的发展迎来前所未有的机遇。同时,当前职业教育也面临着诸多问题与挑战,国家虽重视职业教育,但在教育经费投入上仍存在不足,政府对于职业教育的专项拨款资金较少,且在校企合作办学模式上因缺乏长效机制。

1.政府职业教育经费投入不足且差异较大

职业教育的经费来源主要有三种渠道:政府投入、社会投入(包括企业等办学者的投入和社会捐赠)、市场投入(即学生学杂费)。而政府职业教育经费投入应是职业教育经费来源的主要渠道。首先,我国在提高职业教育经费投入问题上出台

---

① 何颖:《当前我国义务教育阶段"在家上学"的法学分析》,载《教育学报》2012 年第 4 期。

了一系列相关的政策,保障职业教育经费投入。例如在《国家中长期教育改革和发展规划纲要(2010—2020 年)》就指出,"要大力发展职业教育,健全多渠道投入机制,加大职业教育投入"。但由于地方政府对职业教育的重视程度不够,导致大多数地方还没有完全落实这些政策,大多数省份距离国家的要求还相差甚远,政府对于职业教育的专项拨款资金较少。其次,因地方政府财力投入有限,诸多保障性措施往往没有兑现,例如"城市教育费附加不低于 30%、地方教育费附加不低于 20%用于职业教育"的政策在部分地区未能真正落实到位,规定在部分地区尤其是县级政府无法落实,分属省、市、县管理的职业院校经费投入差异较大,中西部地区职业教育生均经费远低于东部发达地区。

2.人才培养供需不符,专业与产业脱节

职业院校专业设置缺乏统筹管理,专业设置与企业人力资源需求相脱节。随着经济发展水平的提高,经济结构和产业结构变化所需的人才职业教育供不应求,并且由于职业院校与产业企业信息的不对称,专业设置缺乏前瞻性和预见性,跟不上产业布局调整、生产技术更新换代的步伐,满足不了新兴产业的人力资源需求。例如第三产业中的咨询、策划、广告设计等专业人才比较紧缺;相反,职业教育所培养的有些专业人才,社会则不需要。如一段时期职业教育出现文秘、会计、计算机技术等人才的饱和过剩现象。此外,职业教育所培养的人才质量规格不适应经济发展的需求,或是所培养的人才职业技能与职业素质不高,或者是普通文化基础知识不厚实,缺乏发展的后劲,从而出现职业学校毕业生要么毕业后不能马上上岗,要么岗位适应能力不强的现象。

3.校企合作缺乏长效机制

目前关于校企合作的政策规范在《职业教育法》中没有明确规定,校企合作处于无法可依、无章可循的状态。

目前校企合作办学的长效机制尚未形成,校企合作处在职业院校一厢情愿的状态,企业对校企合作并不热心,因为这对企业而言是无利润或低利润的;若企业参与办学税收优惠政策不能落实,则企业积极性不高;职业院校与企业合作的层次、深度不够,主要表现为假象合作、被动合作和牵制性合作,例如大部分职业院校校企合作仅限于订单培养、顶岗实习等企业用工层面,有的甚至是临时用工,工学矛盾突出,合作的广度和深度不够;校企合作方式单一、实习专业与岗位对接度差;学生到企业顶岗实习人身保险缺少保障,没有享受到实习工人的待遇。总而言之,由于企业是盈利性机构,在缺乏财政补助、不能保证利益效果的前提下,大多数的校企合作都是短期的、人脉关系式的低层次合作,加之经验缺乏,合作模式不规范等等,引发一系列学生被企业侵权事件,产教结合的真正实现遥遥无期。

(四)高等教育存在的问题与制度困境

大学章程和高校自主权是大学自治的一组基本概念,是高等教育改革的核心内容。大学章程是大学设立的基本要件,是大学组织、运营规则的凝聚,是高等学校依法自主办学、实施管理和履行公共职能的基本准则。基于章程治理的高校自主权,因缺乏内部自我约束以及监督机制,出现了诸多起因自主权而导致的教育行政纠纷案件。因此有必要利用法治解决高校自主权落实的制度方案。

1.章程功能定位不明使其难以发挥功效

章程的效力位阶是章程自主权大小的法律表现,决定其创制大学自治制度的空间。在我国,如何确立大学章程的效力位阶关系到章程建设在大学制度改革的功能定位。目前,我国教育法与高等教育法中对大学规章的效力位阶并无明确规定,因此章程的功能定位不明。《高等学校章程制定暂行办法》第 23 条在章程制订程序中规定:地方政府举办的高等学校的章程由省级教育行政部门核准,其中本科以上高等学校的章程核准后,应当报教育部备案;教育部直属高等学校的章程由教育部核准;其他中央部门所属高校的章程,经主管部门同意,报教育部核准。从核准权配置的角度而言,被核准的章程效力位阶必然不会高于核准机关的规范性文件的效力。位阶不明则自主权的空间不明,自主权空间不明则功能定位不清;位阶越低,制度创新的空间则越小,功能越发有限。随着大学制度建设的深化,明确章程的效力位阶必然成为不可回避的问题。

从立法现状而言,章程仅仅只是我国高等教育制度的子制度,其功能和内容必然受制于框架性制度,受制于我国更高位阶的高等教育法律制度(如我国的高等教育法)的限制。认识到这点是确定章程在大学改革制度创新的范围、功能定位的前提基础。目前,学界有关大学章程的法律位阶、效力范围等问题的争论,正是章程在大学制度体系中层级性问题的集中体现。这一问题的解决关系到我国大学章程建设能够在何种空间与范围内进行制度创新,也关系到我国章程的效力来源的问题。从权力运用的实际状况而言,大学治理结构的具体形式和作用机制取决于大学各种事务的决策权力在不同主体间的配置情况,但这种权力绝不是大学的自我赋予,而是来源于各个大学所在国家不同历史时期高等教育制度的整体环境,包括各种正式化制度和非正式化制度。大学制度的层次性决定了章程与其他制度之间的相互依存关系,也决定了孤立的章程建设在现代大学制度建构中作用的局限性。明确章程的外围制度的多层次性及相互关系的复杂性是我们分析制度转轨和演进的内在逻辑起点,也是促进大学改革取得实质进展和成效的前提条件。

2.缺乏对高校自主权的约束与监督

在我国,20 世纪 80 年代以来,分权、放权成为我国高等教育体制改革的核心,并通过法律确立了高等学校的法人地位,逐步归还大学应有的办学自主权。《中华人民共和国高等教育法》第 31 条至第 38 条规定了高校办学自主权的范围和内容,即高等院校享有自主招生权;自主设置调整学科专业;自主制定教学计划、选编教材、组织实施教学活动;自主开展科学研究、技术开发和社会服务;自主开展国际交流与合作;自主确定教学、科学研究、行政职能部门等内部组织机构的设置和人员配备;按照国家有关规定,评聘教师和其他专业技术人员的职务,调整津贴及工资分配以及对财产、国家财政性资助、受捐赠财产依法自主管理和使用的权利。然而,随着政府的简政放权、高校的办学自主权逐步扩大,发生了多起因招生录取、学籍管理、校规处分、学位证书发放等而导致的典型教育行政纠纷案件,例如"田永诉北京科技大学拒绝颁发毕业证、学位证案""甘露诉暨南大学开除学籍决定案"等,这些现象表明,学校的办学自主权不受制约,可能带来教育行政纠纷。因此,有必要利用法治解决高校自主权落实的制度方案。

首先,明确公立高校的行政诉讼被告资格。公立高校作为法律法规授权的组织可以成为行政诉讼适格的被告主体,应纳入行政诉讼制度的监督范围,将公立高校学生教育行政纠纷纳入行政诉讼的救济范围。

其次,法院对司法审查可以延伸到高校内部的管理。高校有权依据上位法制定校纪、校规并依此对在校学生进行教学管理和违纪处分,但其制定的校纪、校规和据此进行的教学管理和违纪处分,必须符合法律、法规和规章的规定,必须尊重和保护当事人的合法权益。在此基础上,法院对高校校纪校规具有司法审查权限。

最后,明确正当程序原则为高校行使管理权应当遵循的基本原则。高等学校依据违背国家法律、行政法规或规章的校规、校纪,对受教育者作出退学处理等决定的,人民法院不予支持。高等学校对因违反校规、校纪的受教育者作出影响其基本权利的决定时,应当允许其申辩并在决定作出后及时送达,否则视为违反法定程序。

三、教育行政纠纷的几种典型类型

近年来,教育行政机关及各大高校频繁被诉,教育行政纠纷案件频繁发生,引起了社会各界的广泛关注。其中以学生与高校之间发生的教育行政纠纷居多。特别是自 1998 年"田永诉北京科技大学拒绝颁发毕业证、学位证案"后,至此越来越多的学生通过对母校提起诉讼,进而维护自己的合法权益。教育行政纠纷是指教育行政主体在教育行政管理、教育行政服务、教育行政合作、教育行政救济等活动中所发生的法律争议。教育行政纠纷的典型类型主要分为以下两种,即在义务教育阶段主要因学区划分问题引发的行政争议以及与高等教育自主权相关的争议,例如招生争议、学位授予纠纷以及违纪处分争议等。

(一)与义务教育相关的行政争议

由于义务教育学区划分问题主要是涉及公民平等受教育权的问题,因此导致我国与义务教育相关的行政争议,即因学区划分问题引发的行政争议。义务教育阶段强调教育公平以及就近入学,但由于优质教育资源的不均衡,就产生所谓的名校,以致产生公民受教育权并不平等的问题。随着人民群众对优质教育的需求越来越高,而名校学位有限,这就产生了严重的供需矛盾。

自从我国实行学区划分以来,学区划分引起的行政诉讼案件逐年增加,很多地区的学生家长采取司法救济手段,但往往以不予受理该案件为最终结果。基于学区划分而引发的是否属于行政诉讼受案范围、就近原则判定以及程序正当性的争议是我们应关注的焦点。《中华人民共和国义务教育法》中规定了义务教育阶段学生免试就近入学原则、以县为主、属地管理原则以及公开、公平、公正等学区划分原则,但是它并没有具体规定怎样来贯彻实施这些原则。

首先,目前的"就近入学"政策以户籍所在地决定所上学校,对于适龄儿童来说并非真正的教育机会均等。由于父母户籍所在地教育质量的差异,办学水平参差不齐,"就近入学"只能保证最低条件下的入学机会平等,而学生往往很难获得同质的教育内容。其次,要保证"就近入学"的有效实施,就需要解决好学校间差距过大的问题。教育资源的有限性不可避免地使人们关注优质教育资源配置的有效性和公平性。

总之,学区划分引发争议的根本原因还是在于优质资源的稀缺以及分布的不合理等社会根源,将学区划分纳入法治轨道只能在现阶段最大限度地保证划分过程的公平公正,并不能从根本上解决问题。只有真正实现义务教育的均衡化发展,并且使优质教育资源的覆盖范围不断扩大,才能从根本上解决学区划分过程中存在的问题。

(二)与高等教育相关的行政争议

高校自主权是指高等学校在教学学习管理方面所享有的自主决定的权利。高等学校有权制定校规校纪,也有权依据校规校纪对学生进行管理和处分。高校办学自主权的具体范围和内容由具有行政法性质的教育法规定。《教育法》规定高等学校享有招生自主权、依据法律法规授予学位证书的权利以及对违纪大学生享有处分权等权利,以致学生与高校之间的纠纷主要集中在招生、学位授予以及违纪处分等方面。

1.招生争议

首先,高等教育公平问题一直是社会各界关注的热点问题,尤其是高校招生政策中如何分配高等教育资源(如招生名额)所带来的公平问题引起了广泛的关注。由于我国高校招生工作是在高校招生计划指导下进行的,这种计划招生是高校根据国家政策、社会需求以及办学条件,以省(市、区)为单位的招生指标,因此被称之为"省级定额制",其具体运作过程对高等教育的公平性有着重要影响。省份定额制招生引发的教育公平问题主要表现为地区间公平问题。由于各地区是按照各省份的招生指标,并未制定统一的招生标准,因此在我国经济发达的中东部地区和沿海地区招生资源较多,而在西部地区或者经济欠发达地区的招生资源较少,招生优惠政策较少,这种地区招生在一定程度上是不公平的,因为它剥夺了我国中部和中西部地区学生的平等受教育权。其次,高校招生自主权的不断扩大,也加大了对公民受教育权等权利的侵犯。例如"林群英诉厦门大学博士生招录违规案""程蕴诉清华大学高考不予录取案"。由于招生简章的法律性质以及规定不明确,如优先录取、调整以及如何变更和说明等未明确规定,则导致学生与学校之间观念上产生分歧。因此,一方面要明确招生简章的法律性质,明确考生与高校之间的法律关系,完善高校招生行为的司法审查机制;另一方面要细化招生简章的具体规定。如优先录取、调整以及如何变更和说明等。总之,要加强对高校招生自主权的监督,充分保障公民的受教育权。

2.学位授予纠纷

现实中,高校学位纠纷主要集中在不授予学位、补授学位以及撤销学位等。自1999 年"刘燕文诉北京大学拒绝颁发毕业证、学位证案"后,越来越多的学生将学位纠纷诉诸于法律。《中华人民共和国学位条例》(简称《学位条例》)第 7 条和第 8条规定:"国务院设立学位委员会,负责领导全国学位授予工作。""学士学位,由国务院授权的高等学校授予;硕士学位、博士学位,由国务院授权的高等学校和科学研究机构授予。"

学位授予是国家或某种公认的教育机构对具备一定学术水平或受教育水平的公民授予相应学位的一种法定权力。学位授予争议的焦点问题主要集中在学位授予条件和学位授予程序两个方面。在学位授予条件方面,不少高校除遵循《学位条例》之外,附加了诸如大学英语四六级成绩必须合格或在读期间发表论文作为授予学位硬性指标。在学位授予程序方面,"刘燕文案"中学校学位评定委员会与学院论文答辩委员会对于票决结果上的悬殊,未进行充分理由说明,违反正当程序原则,以致学校决定的合理性遭受质疑。因程序瑕疵而形成学位纠纷案件的情况则更为普遍,如学位授予单位没有聘请专家评阅论文或聘请的专家与论文涉及的专业没有密切关联;参加学位评定委员会的教学、研究人员,没有进行遴选或从本单位专家中产生的人数太少;决议投票方式存在问题;评定委员会成员不足法定人数等。总之,学位评定委员会表决机制等均有待商榷,应当结合学科特点,建立一种回归知识理性的学术评审规范。

3.违纪处分争议

高等学校对大学生的违纪行为进行处分,是高等学校实施教学活动和对大学生进行有效管理的需要,是高校维护正常教学秩序、完成教学任务不可或缺的手段。

根据《教育法》第 28 条的规定,高校有权按照章程自主管理,组织实施教育教学活动,并有权对大学生进行学籍管理,实施奖励或者处分。《普通高等学校学生管理规定》第 51 条规定,对有违反法律法规及校纪校规行为的学生,学校应当给予批评教育,并可视情节轻重给予纪律处分。由此可知,《教育法》第 28 条以及《普通高等学校学生管理规定》第 51 条是高等学校享有违纪处分权的法律依据,处分违纪大学生是高等院校所享有的法定权利。根据《普通高等学校学生管理规定》第51 条的规定,违纪处分的种类有警告、严重警告、记过、留校察看和开除学籍五种。由此可知,取消入学资格、取消学籍、退学、不颁发毕业证和不授予学位等对大学生的处理规定,不属于违纪处分。例如"田永诉北京科技大学拒绝颁发毕业证、学位证案"中,北京科技大学以田永考试作弊违反校规校纪对其作出退学处理,并以田永已按退学处理、不具备北京科技大学学籍为由,拒绝为其颁发毕业证书,拒绝向学生颁发毕业证以及学位证。本案中被告对原告作出退学处理决定所依据的北京科技大学所制定的第 068 号通知,与《普通高等学校学生管理规定》第 29 条规定的法定退学条件相抵触,故被告所作退学处理决定违法。因此,有些高校将大学生违纪处分与退学处理、大学生毕业证和学位证相联系在一起的做法是不合法的,其严重侵害大学生的合法权益。

由于开除学籍意味着大学生受教育权将受到严重影响,涉及学生的核心利益,因此,《普通高等学校学生管理规定》第 52 条专门对开除学籍的情形作了八种具体的规定,高校在对违纪学生作出开除学籍处分时应当认真对照该规定,不得在法定八种情形之外开除大学生的学籍。学生对高等院校作出的开除学籍等严重影响其受教育权利的决定可以依法提起诉讼。人民法院审理此类案件时,应当以相关法律、法规为依据,参照相关规章,也可参考高等院校正式公布的且不违反上位法精神的校纪校规的规定。对于警告、严重警告、记过和留校察看四种纪律处分的情形,国家没有作出具体的限制性规定,高校可以依据自己的情况规定具体的处分情形。

总之,高等学校依法具有相应的教育自主权,有权制定校纪、校规,并有权对在校学生进行教学管理和违纪处分,但是其制定的校纪、校规和据此进行的教学管理和违纪处分,必须符合法律、法规和规章的规定,必须尊重和保护当事人的合法权益。

第四节　教育行政法制度的发展展望

改革开放 40 年来,我国教育法治事业取得巨大成就,立法上初步形成了"五纵六横"的教育法体系框架,政府积极履行各教育阶段的法定职责,教育行政司法也取得了突破。在国家和社会发展的新时代,教育行政法的发展也面临着新的制度困境,应在分析不同教育阶段存在的问题的基础上,提出对于多元化办学体制的完善建议,推进学前教育、义务教育、职业教育以及高等教育的改革与发展,进一步强化教育法治的价值理念,全面推进教育法治的现代化进程。

一、完善多元化办学体制的制度保障

经过多年的探索,民办教育的相关制度在积极探索与变革中不断建立健全,最新修订的《中华人民共和国教育法》《中华人民共和国高等教育法》《中华人民共和国民办教育促进法》《中共中央国务院关于学前教育深化改革发展的若干意见》等教育法律体系对多元办学体制进行了确认,标志着我国民办教育进入分类管理的新阶段,民办教育的发展将在分类管理的框架之下进行制度创新。尽管分类管理改革的顶层设计基本完成,但离建立成熟的营利性与非营利性民办学校分类管理的制度体系尚有距离。在顶层设计的框架之下,应在准入规则、政府职能、机构治理、行业自律以及投融资制度等方面,提出更为细致的保障措施。

(一)构建合理的市场准入制度

《民办教育促进法》对民办教育的准入领域、准入方式、准入条件、准入程序、准入标准等进行了规定,但目前尚未有地方性法规、规章及时跟进,而地方政府主要是以出台规范性文件的方式回应中央的要求、细化新法的具体措施。市场准入制度后续的构建重点在于在国家标准的基础之上,根据各地的实际情况,对地方标准进行建立与完善,特别是针对营利性民办教育市场准入制度的关切。标准制定的高低,意味着营利性民办教育市场主体进入市场门槛的高低,因此,在新法实施后,对于作为新的市场主体的营利性民办学校,应当从准入的层面完善其发展的激励制度,给营利性民办学校的发展创设积极宽松、公平有序的政策环境。

(二)转变政府职能,创新管理方式

在教育变革的时代,切实促进政府职能的转变,厘定政府、市场与社会的职责边界,以有效的制度创新激发各主体发展教育的积极性,构建促进我国教育健康、可持续发展的治理体系是一个重大的时代命题。民办教育立法应当深入推进"放管服"改革,将清单式管理引入民办教育的治理,按照"法定职责必须为、法无授权不可为"的原则,在教育系统内全面实行权力清单、责任清单负面清单制度,[①]建立规范、精简和高效的教育行政审批流程,创新行政管理方式,改进和提升教育管理服务质量。

(三)关注营利性民办教育培训机构的治理

我国民办教育机构数量庞大、种类繁多,覆盖领域广泛,经营范围类别也五花八门,如文化咨询、教育咨询、技术服务、中介服务、学生课外辅导服务等,而目前在市场上活跃的民办教育培训机构普遍未经教育部门或者人力社保部门批准,而是

---

① 《在教育系统全面实行权力清单、责任清单、负面清单制度》,载《上海法治报》2016 年 11 月 7 日第 A04 版。

直接在工商行政管理部门登记,多属于无证经营的情形。

我国民办教育机构的发展现状为有效的监管带来难度,也为民办教育新政的落实带来了挑战,未来应从以下方面促进其规范发展:第一,全面把握现存民办教育机构数量、类型及经营范围,可以参考已公布的《民办教育促进法实施条例(征求意见稿)》第 15 条的规定确定民办教育机构的分类标准。第二,在民办教育分类标准确定的基础上,开展分类规制,特别是明确属于教育行政执法的主要对象,即以从事针对中小学学生以升学为目的、与课程辅导有关、进行课业培训的民办培训机构。此类教育培训机构干扰与冲击了公办学校的教学秩序,冲击了课堂教学内容,并影响了公立学校教师的执业行为,应当予以重点监管。此外,针对以职业技能为主的职业资格培训、职业技能培训及面向成年人开展文化教育培训、非学历继续教育,或者实施语言能力、艺术、体育、科技、研学等有助于素质提升、个性发展的教育教学活动的培训机构的监管应当区别于中小学学生以升学为目的、与课程辅导有关、进行课业培训的民办培训机构。第三,应当根据最新出台的中央文件,明确规范校外培训机构的主要目的,在此基础上合理界定教育部门的监管范围。根据教育部办公厅等四部门联合发布了《关于切实减轻中小学生课外负担开展校外培训机构专项治理行动的通知》,对校外培训机构进行专项整治的重点在于以下两点:一是治理无资质和有安全隐患的培训机构,把确保学生安全放在首要位置。对存在重大安全隐患的校外培训机构要立即停办整改。二是治理数学语文等学科类超纲教超前学等“应试”培训行为,把减轻学生校外负担放在最突出位置。

(四)强化行业组织的自律

《国务院关于印发深化标准化工作改革方案的通知》中指出:“鼓励具备相应能力的学会、协会、商会、联合会等社会组织和产业技术联盟协调相关市场主体共同制定满足市场和创新需要的标准,供市场自愿选用,增加标准的有效供给。”行业协会的管理,介于政府与市场之间,既避免了过于强制性的监管不利于行业发展,又不同于市场的自由竞争可能破坏行业秩序,以其自身的专业性与自律性的优势成为民办教育管理体制中的重要一环。在政府履行管理职责之外,应鼓励和支持各类民办教育行业协会、社会中介机构及其他非营利性联盟组织,参与民办教育的共同治理,维护民办教育行业秩序,强化民办学校的自我约束能力。[①]

(五)完善民办教育投融资制度及风险防范的制度设计

资本推动下的民办教育大爆发,势必对原有的民办教育生态产生冲击,面对分类管理的顶层设计,未来的立法一方面应当为资本进入教育领域提供引导机制与

---

① 董圣足:《新政之下地方民办教育制度调适与创新的若干思考》,载《浙江树人大学学报》2017 年第 2 期。

政策保障,畅通民办教育投融资的体制机制;另一方面应建立健全因投融资引发的办学风险进行制度防范,如建立健全民办教育办学风险预警机制、建立健全民办教育状况监测机制,对民办教育关联交易的公开化、透明化、规范化进行规制,实施信息强制披露制度。此外,针对教育投融资过程中的失范行为,监管部门应加大执法力度并实施违规失信的惩戒机制等。

二、以普惠性为核心发展学前教育

党的十八大报告明确提出要办好学前教育,之后国家有关部门出台了一系列的政策文件,对学前教育事业发展的方向、规模和速度,以及质量、效益和督导等作了系统部署,以规范和促进学前教育的快速发展。《关于深化教育体制机制改革的意见》中明确指出,创新学前教育普惠健康发展的体制机制,强调鼓励多种形式办园。在坚持学前教育公益性和普惠性的原则下,探索公办民助、公建民营、公办民管、民办公助等多种办园形式,有效推进解决入园难、入园贵的问题。

(一)明确学前教育的公益属性

学前教育的公益属性是世界趋势。《国家中长期教育改革和发展规划纲要(2010－2020 年)》《国务院关于当前发展学前教育的若干意见》指出,学前教育是终身学习的开端,明确学前教育是国民教育体系的重要组成部分,是重要的社会公益事业。办好学前教育,关系亿万儿童的健康成长和千家万户的切身利益,关系国家和民族的未来。这是对学前教育性质的明确定位。

(二)明确普惠性是发展学前教育的重要任务

《国家中长期教育改革和发展规划纲要(2010－2020 年)》确定的学前教育发展目标是:积极发展学前教育,到 2020 年,普及学前一年教育,基本普及学前两年教育,有条件的地区普及学前三年教育。2010 年《国务院关于当前发展学前教育的若干意见》提出"发展学前教育,必须坚持公益性和普惠性,努力构建覆盖城乡、布局合理的学前教育公共服务体系,保障适龄儿童接受基本的、有质量的学前教育"。

(三)建立政府主导、社会参与、公办民办并举的办园体制

《国家中长期教育改革和发展规划纲要(2010－2020 年)》确定了"建立政府主导、社会参与、公办民办并举的办园体制",在国家提出"大力发展公办幼儿园,积极扶持民办幼儿园"的政策指导之下,必须要对"将社会力量办学确定为举办学前教育机构的主体,将政府举办的学前教育机构定位在提高教育质量方面的示范和引导作用"的旧体制进行相应的调整,明确政府在发展学前教育事业中的主导地位。在政府主导之下,鼓励社会力量的参与,最终形成公办与民办共同发展的学前教育体系。

(四)明确平等、公平是发展学前教育的基本原则

公平是法律价值追求的根本属性,其本质上是资源配置的正当性、合理性和均衡性。权利平等即受教育权平等是学前教育法律正义理念的内在价值。学前教育的未来立法应重点关注在正视个体差异,力避学前教育同质化,为社会提供适合不同儿童身心发展的学前教育,保障幼儿受教育的机会平等;缩小城乡之间、区域之间学前教育发展水平的差距,实现教育的起点公平;鼓励并保障各类性质学前教育办学主体的平等发展,维护和实现学前教育资源分配公平等方面,并在立法的基础上具体化为政府的义务。

三、促进义务教育的均衡性发展

义务教育是根据法律规定,适龄儿童和青少年都必须接受,国家、社会、家庭必须予以保证的国民教育。教育立法是确保施行义务教育的措施之一,随着义务教育的不断发展,当前义务教育的立法方向是细化标准以促进其均衡发展以及通过优化结构来保障其财政投入。

(一)根据发展需求细化和增加义务教育均衡发展的标准

义务教育是基本公共服务的重要组成部分,需要通过标准化的手段来实现均等化。标准具有价值性、内生性、抽象化、客观性以及共通性和广泛性等特征,而标准化是一个使得标准的这些基本属性得以发扬的过程。基本公共服务的标准化是将标准这一自然科学领域的概念推广到政府管理、社会治理领域的一种尝试,而标准化与基本公共服务治理之间的契合性使这种推广成为可能。

标准化通过提供政治化价值、管理化价值和制度化价值来推进基本公共服务的治理。这表现为,首先,标准化用技术手段传达和承载基本公共服务的公平性、公益性价值属性,在标准化过程中发挥群众参与的民主价值;其次,作为一种政策工具的标准化可以提供执行动力,克服政府组织执行的困境,健全执行体系并促进政府间关系的协调;最后,标准化也提供制度价值,标准作为一种规范,不但是对相关法律的一种弥补,而且其灵活性、及时性也是对法律法规的某种替代。作为制度的标准化可以保障政府基本公共服务提供的全面性、持续性,摆脱离散性困境。基本公共服务标准化从价值指导、体系机制构建以及具体维度的量纲上进行标准化梳理,重在标准的制定过程和标准化的实施机制。[①]

在义务教育办学标准事权划分上,我国确立了由中央负责制定全国义务教育的基本办学标准的思路,但并不禁止各省结合本地实际制定不低于国家标准的地方执行标准,并要求市县负责落实义务教育的办学标准,以充分发挥基层政府的信

---

① 郁建兴、秦上人:《论基本公共服务的标准化》,载《中国行政管理》2015年第4期。

息优势。《国务院关于印发"十三五"推进基本公共服务均等化规划的通知》(国发〔2017〕9 号)关于"义务教育"一项仅包括了公用经费保障、免费提供教科书、家庭经济困难学生生活补助、贫困地区学生营养膳食补助等四项标准。省级政府可以根据需求增加相应的义务教育均衡化标准体系。坚持每一项标准的可量化,有助于进一步完善义务教育的均衡化。因此,在地方立法上,可以根据实际情况就实现教育机会分配和教育资源配置的均衡发力,并可以进一步就义务教育课程、教学等有关教育质量均衡的标准进一步探索,通过立法的刚性约束全面构建义务教育优质均衡发展的目标体系。

(二)筹划总量,优化结构,保证义务教育财政投入的绝对增长

国务院在 2016 年出台的《关于推进中央与地方财政事权和支出责任划分改革的指导意见》中,已将政府间义务教育事权与支出责任划分改革列为优先改革的重要领域之一。

《义务教育法》规定财政供给的统筹责任交付省级政府执行,因此,省级政府在义务教育相关政策的贯彻执行上有更大的主动权,其可以根据具体情况安排资金的调配,并在资金的使用和监控上有相当的力度。目前,义务教育财政供给仍然存在个别环节的供给不足,地方各级政府之间条块分明,过于严格的配置不利于构建新型的服务型政府。因此,政府需要在精细测算教育的财政投入(包括各级政府用于义务教育的工资福利支出、对个人和家庭的补助支出、商品和服务支出、资本性支出、基本建设支出等不同用途的经费投入)方面的资金缺口,从而提高财政投入的精准性。

同时,实现优质均衡还需解决各级各类教育间财政投入不均衡、校际间教育资源不均衡、特殊群体教育机会不均衡等问题,这些问题的落脚点均为财政投入的结构问题。对此,政府首先应该按照标准比例或发达国家一般比例科学划分小学和初中教育的资金投入比重;其次,识别学校的办学需求,平衡校际间的生均教育经费的差异;再次,通过完善教育管理体制,深化"放管服"改革,持续激发学校特色办学动力,提高教育经费的使用效率;最后,重视特殊群体,包括特殊教育儿童、流动人口子女、贫困家庭儿童对义务教育的特殊需求。

四、调整政府职能,重振职业教育

职业教育作为一种跨界教育,是联系教育与经济社会最为密切的教育类型,推动职业教育的发展,对于提升经济社会发展水平及国家体竞争力具有重要意义。我国职业教育经历了发展、调整、滑坡以及现在的重振时期,目前,针对职业教育发展中存在的诸多问题,我国积极推进职业教育改革,调整政府职能、完善职业教育结构、深化产教融合以及促进职业教育投融资保障体系的构建。

(一)提升政府宏观管理和综合协调职责

政府在履行管理职能时,既不能过分干预市场,也不能放任市场,而是应该提升其宏观管理职能,注重发挥综合协调职责,具体表现在以下几个方面:

1.协调职业教育与社会经济发展

随着经济社会的发展与进步,经济和产业结构变化所需人才与职业教育培养方向上存在着供需不符的问题。一方面是经济新常态下,人工成本的增加激发了职业教育的巨大需求,从制造大国向制造强国迈进的过程中,需要大批的高素质技能型人才;另一方面,职业教育体系培养出的毕业生,在专业方向与专业能力上往往达不到企业所需的要求。

在新形势下,政府要发挥其主导作用,通过政策指导对职业教育进行创新性改革,转变职业教育的发展理念。明确对人才的培养是一种长期性、持续性行为,在以网络信息为主的新科技时代之下,技术内容更新速度快,技术岗位多元化,要培养技术人才适应现代化的用人需求,在坚持就业导向之外,还需重视培养学生扎实的技能基础。政府发挥宏观管理与协调职能,引导和强化职业教育院校对于学生技术技能的培养,在专业方向和技能水平上均与社会经济发展相适应,形成出良好的供需体系。

2.协调职业教育与其他类型教育

目前,职业教育仍然是整个国民教育体系中的薄弱环节,在国家大力提倡重振职业教育,促进职业教育改革的政策指引下,政府应在协调职业教育与其他教育方面做出努力。一直以来,推进职业教育与其他教育类型的衔接与沟通,是实现职业教育持续发展以及提升职业教育社会认可度的重要方式。政府应构建职业教育与其他教育类型之间的流动和沟通机制,更加有效地将职业教育纳入终身教育体系中。在法律修订上,注重职业教育与普通教育之间的沟通问题,建立两者沟通的宏观指导政策,明确两者沟通的方式、途径,确保技能教育、学历教育之间能够对接,进而全面提升劳动者素质。[①]

(二)完善职业教育结构,健全职业教育体系建设

在职业教育层次方面,《中国制造2025》中明确规定,高等职业学校教育包括专科、本科和研究生层次教育。研究生层次的职业教育可以由普通高等学校实施。这个文件极大地丰富了职业教育体系,把职业教育提升到了研究生层次。中等职业学校教育由中等职业学校实施;高等职业学校教育则根据需要和条件分别由高等职业学校和普通高等学校实施。其他学校按照教育行政部门规定的标准和程

[①] 张晓冬、史京娇:《我国〈职业教育法〉:现实问题与完善展望》,载《职业技术教育》2018年第30期。

序,可以实施相应层次的职业学校教育。

在职业教育体系构建上,"我国国家资格框架中学历证书和职业资格证书还未融通和互认",[1]这导致了教育系统和劳动系统相互隔离,无法真正的衔接起来。因此,我国的职业院校必须通过与其他学历的融合来不断发展自身的内部动力,通过建立学历教育和职业资格证书互认制度,逐步建立以社会、市场需求为导向的高职教育,将学历教育与终身教育结合起来。[2] 2014 年,国务院出台了《中国现代职业教育体系建设规划(2014—2020 年)》,提出了我国教育体系的基本框架示意图。这不仅预示了未来中国高等教育"二次重点发展目标"的基本路线,也明确提出了未来要确立"高职院校—技术应用学士—专业学位毕业生"的高职教育体系。

(三)深化产教融合,完善校企合作机制

校企合作是职业教育的灵魂,也是职业教育相较于其他类型教育的优势所在,深化产教融合、校企合作是推动我国职业教育科学发展,提升其在新时代社会服务能力的必由之路。《职业教育法》第 23 条规定:"职业学校、职业培训机构实施职业教育应当实行产教结合,为本地区经济建设服务,与企业密切联系,培养实用人才和熟练劳动者。职业学校、职业培训机构可以举办与职业教育有关的企业或者实习场所。"《国家中长期教育改革和发展规划纲要(2010—2020 年)》《国务院关于加快发展现代职业教育的决定》和《现代职业教育体系建设规划(2014—2020 年)》等文件均对校企合作办学提出了明确的要求,党的十九大报告更是将"深化产教融合,校企合作"提升到了实现我国教育强国关键举措的重要高度。

深化产教融合,完善校企合作机制,一是强化企业的主体地位,我国职业教育中的校企合作,不仅仅需要学校的主动性,企业更是在职业人才培养中扮演着重要角色。要想充分发挥学校和企业在合作办学中的双主体优势,关键在于充分调动企业参与职业教育校企合作办学的积极性和主动性,逐步提高行业企业参与办学的程度,吸引优势企业与学校共建共享生产性实训基地,促进企业深度参与办学、参与教学改革、参与科技成果转化和职工培训等。二是要保持办学的定力。学校在教学目标的制定上,既要满足企业短期的人才需求,更要注重对学生工匠精神和技术技能的培养,促进学生的技术技能、团队合作以及职业素养的提升。三是对校企合作机制的建立进行前瞻性规划。逐步建立产学合作教育协会等组织,加强对区域经济社会发展、产业转型升级等信息的搜集与整理,并针对人才需求的转变为

---

① 肖凤翔:《国家资格框架中学历证书和职业资格证书的等值》,载《教育发展研究》2015 年第 3 期。

② 郑智勇、肖林、王书林:《改革开放 40 年我国高职教育的进展、问题与展望》,载《教育与职业》2018 年第 20 期。

职业教育校企合作办学提供和制定有效的运作方案。[①]

(四)推进职业教育投融资保障体系构建

《国家中长期教育改革和发展规划纲要(2010—2020 年)》明确提出:"加大教育投入。教育投入是支撑国家长远发展的基础性、战略性投资,是教育事业的物质基础,是公共财政的重要职能。要健全以政府投入为主,多渠道筹集教育经费的体制,大幅度增加教育投入。"为确保高职教育多元化投融资体系的形成,应推进新型的高职教育投融资保障体系的构建,创造良好的政策环境。

推进职业教育投融资保障体系的构建,主要包括以下几个方面,一是通过制定法律法规使得投融资法制化,高等职业教育多元化投融资体系的形成,离不开政府发挥宏观调控职能,作为制度的提供者、监督者及信息服务者,政府应建立健全高职教育融资的基础制度,建立适合高职教育的公共财政制度,强化高职教育的预算制约制度,确保高等职业教育的投资和融资的规范化建设。[②] 二是落实职业院校的办学自主权,使得职业院校成为融资主体,自主发展融资渠道、决定融资方式,充分发挥市场的主动性,提升资金的使用率。三是为投融资营造宽松的环境,为了建立更好的职业教育投资环境,政府应发挥其引导和鼓励作用,通过制定税收信贷优惠政策、更新职业教育投资观念,建立职业教育财政监督系统,吸引更多的社会力量投入到职业教育领域。

五、大学自主权与法治的协调

高等学校的行政化是当前我国高等教育的热点问题,一部分人认为原因过多的政府控制,由此要求政府进一步放权,实行大学自治;也有人认为行政化是因为在高等学校内部的行政权力对学术权力的压制,由此要求以学术权力取代行政权力,实行教授治校。因此,高等教育体制改革的方向在于完善大学的内部治理和理顺大学的外部关系,重构政府、市场与学校的关系。

(一)完善大学内部治理机制

从法学的视角讲,高等学校法人治理结构主要研究权利配置和权利运行机制的构造问题,即高等学校法人各权利主体之间的权利配置与权利运行机制问题。《中华人民共和国教育法》和《中华人民共和国高等教育法》在依法确立高等学校法人资格的同时,对我国高等学校法人的权利机制,即高等学校法人内部各主体之间的权利与义务配置关系作了相应的安排。

---

① 姜乐军:《我国职业教育校企合作办学的成效、反思与展望》,载《职教论坛》2018 年 7 月。

② 罗园珍:《高职教育投融资政策探索与保障体系建构》,载《教育财会研究》2013 年 12 月。

1.董事会制度完善民主决策机制

学校法人治理制度与公司法人治理有相似之处。在公司中董事会便是由各方利益代表者组成,形成民主决策。在中华人民共和国成立前,我国有不少大学设有董事会,中华人民共和国成立后,建立以党的领导为核心的大学领导体制,不再设立董事会。但改革开放后,随着高等教育改革董事会重新进入大学。20 世纪 80 年代,"产学合作教育"模式的诱发了大学董事会制度,先后有汕头大学、洛阳大学、武汉工学院、安徽大学、中国矿业大学等组建了高等学校董事会。

目前公立学校的董事会类型大致包括三种:(1)半决策型,董事会有权审议决定学校的重大事务,但无权任命校长,只能提名校长或副校长人选报政府批准任命。(2)监督、指导型,这类入学的办学经费主要由国家下拨,这类董事会一般由上级主管部门批准成立,指定聘任董事长。(3)行业对口型。董事由聘请的企业领导、行业对口单位组成,对学校进行行业指导。[①]

大学管理体制改革必须协调好党的领导、校长负责、学术自律之间的关系,将党委权力纳入我国大学的内部权力体系中。在大学董事会的制度构建中,首先,国家应立法保障董事会的法律地位,赋予大学最高权力机构的地位。其次,对于大学董事会的成员构成,可借鉴三三制原则:三分之一为政府任命的党委和行政人员,三分之一为教育专家、企业代表、基金会、财团和社会名流等,三分之一为学校教授、教工和学生代表。三三制组成的董事会搭建了党委权力、行政权力、学术权力和民主权力(教职工、学生和社会利益相关者)四种权力合作的平台。董事会的作用在于既可以保持大学与政府、社会之间的稳定、有效的联系,保证办学资金持久充实地流入和接收到社会需求的有效反馈,又可以防止政府对大学的行政化管理及企业对学校的市场化控制,保证高等学校的学术自由性质。最后,大学董事会的主要权力和职责应集中体现在大学章程和发展规划的制定,财政的预算和审批,还有人事任命等方面。

2.强化监督机制

监督体系包括两类:一是源自大学外部的监督;二是源自大学内部的权力制约监督,内部的监督委员会中包括纪检、监察和教授会等代表各方的权力监督力量。这两类监督共同组成监督体统,在高等学校法人治理中发挥类似于公司治理结构中监事会的作用。

(1)成立由政府派出的监事会进行监督

由国务院或教育部或地方政府派出的监事会对派出政府或政府机构负责,主要职责在于监督高等学校的财务状况与高等学校的办学方向,主要目的在于执行政府的公共管理职能,因此不涉及高等学校依法自主办学的其他事务。

---

① 钟晓东、陈洪涛:《我国高校董事会运行机制研究》,载《黑龙江高教研究》2004 年第 12 期。

(2)建立大学内部的长效监督机制

仅仅依靠外部监督并不能解决所有问题,更重要的监督来自学校内部的长效监督机制,分别是:代表了党委或上级党委的纪检机构,对高等学校治理中党务工作及党员的监督;代表着上级行政的监察机构,对高等学校治理中行政权力是否合法行使的监督;代表着教师群体的教授会,对高等学校治理中的学术问题尤其是教育质量的监督。

在这样的权力分配与制衡关系中,监事会监督与高等学校内部监督(纪检、监察、工会、教代会、教授会)相结合,建立起较为完善的监督网络,有效地解决了高等学校权力监督弱化的制度缺陷,从而有利于大学法人的机制完善与机构健全。

(二)理顺大学外部关系

高等学校改革的目标是在坚定大学理念的基础上,针对现有制度中存在的不足进行完善,使大学发挥其本来的价值意义。在大学的外部关系中,主要存在的问题是"政府对大学的行政化管理过多"和"社会参与大学管理和监督较少",因此,在大学外部关系中,我们要发展以结果为导向的政府绩效监督和建立社会参与大学治理的机制。

1.以结果为导向的政府绩效监督

自 20 世纪 80 年代以来,无论国家的政治形态、经济发展水平以及高等教育的发展阶段是否相同,公立大学变革的模式都具有很大的相似性,即逐渐调整以往由政府主导高等教育管理的方式,解除政府对公立大学的管制;下放政府的管理权力,扩大高校自主权;消除垄断,引入市场机制,以增强管理的弹性,提高效率;重视高等教育对社会的责任,引导高等教育机构积极回应市场需求。

我国以法人化为特征的现代公立大学的改革,主要包括以下几个方向:一是在管理机制上,与传统的行政干预相比较,应更加强调市场机制;二是在管理过程上,不同于传统的注重管理过程与事前规制,而是更加强调管理的结果和绩效,即注重对部门所要达到的目标及管理的结果进行事后的监督和评估;三是在管理方式上,相对于以往的直接干预,引入"契约"或"合同"等方式进行间接管理。另外,在绩效评估方面,其主要方式是由社会中介组织和政府部门进行认证与评估。

通过上述改革,可在政府、社会与公立大学之间构建起由"市场和竞争"主导的新秩序,并通过"大学的发展规划设定—规划完成程度的评估—财政资源的配置"三者间的联动性制度设计,在公立大学与政府之间建立一种新型的"契约"关系,从而实现对公立大学的管理从"事前规制"向体现结果导向的"事后检查"的转型。

2.建立社会参与大学治理的机制

在以市场为导向的经济背景下,现代大学的外部关系结构不再只由政府构成,社会的积极参与是完善大学外部机制的重要条件。社会参与大学办校机制要求一系列的制度设计,包括参与投资制度、参与决策制度、参与管理制度、参与评估制度。现代大学与社会的外部关系中,最重要的就是投资制度与评估制度。

"高等教育财政投资所占比重逐年减少,通过收取部分培养费、学校的服务收入等财政外资金收入逐年增加,并有取代财政投资的趋势。高等院校作为独立法人的办学实体,自身筹资功能不断增强,高等教育办学经费多元化格局已经形成。"[①]就社会参与大学投资而言,独立的法人地位使大学作为一个权责自负的法律主体,而不是政府的行政附属。大学可以依法自主接受社会投资,与社会资金投入者建立合作机制。

目前,行政主导下的教育评估引发了很多争议。由于评估过程不够公开,得到的结果也难以公正、公平,达不到良好的社会效益。针对这一问题,建立社会第三方评估机制是必要的。此时,大学的法人治理与社会评估密切相关。大学只有确立了独立的法人地位,社会评估才能不受政府的干预,才能保证公正公平。社会第三方评估机制的建立需要从以下几个方面完善:(1)健全评估法律机制。在教育评估领域,特别是在评估的实施过程中,制定专门的法律规定各评估主体的职责、评估检查的内容、标准和程序,使实施中有统一的规范。(2)转变政府角色。政府应从"运动员"转到"裁判员"的"角色"。政府通过建立合理、公平、透明的规则,切实维护大学利益主体竞争秩序。改革初期政府要花大力气培育中介评估机构,并对其进行监督。(3)建立多元评估指标体系。大众型高等教育阶段要满足社会多层次教育需求。各种类型的高等学校有各自的特色和发展方向。因此分类型、分层次、分学科的评估体系才能确保评估的公正。

---

① 王冲、叶子荣:《高等教育投资与公共财政》,载《教育发展研究》2004 年第 4 期。

第十四章

卫生行政法制度的变迁与发展

在"法治中国"和"健康中国"的进程中,我国卫生行政法的发展面临着前所未有的机遇与挑战。随着生命科学的飞速发展和生物技术的广泛应用,医疗、法律与生命伦理问题越来越受到学界的普遍关注,互联网医疗、医学人工智能、医疗大数据、代孕合法性、异种器官移植、尊严死、同性婚姻、生育控制、人工生殖技术、基因工程及人类遗传资源法律保障等现实迫切需要回应的新问题接踵而来,这些卫生行政法中新兴的关注点同样值得进一步深入研究。在卫生行政法制发展的 40 年中,我国建立中国特色医药卫生行政体制,逐步实现人人享有基本医疗卫生服务的目标,将健康融入所有政策,推进健康中国建设,提高了人民健康水平,实现了对公民健康相关权益的保障。

第一节　卫生行政法制度的发展历程

法律与人的健康(包含生命)发生关联有很悠久的历史,但只是在近代以来,随着"卫生"领域的扩张,卫生法的重要性才日益凸显。目前,加快建设社会主义法治国家,对卫生法制化建设寄予新期待,对卫生行政法制化建设提出新要求,需要形成完备的法律规范体系,高效的法治实施体系,严密的法治监督体系,有力的法治保障体系。

一、卫生行政法的本质

(一)卫生行政法与卫生法

卫生法(health law)是国家意志和利益在卫生领域中的具体体现,它通过对人们在医学发展和保护人体健康的实践中各种权利与义务的规定,调整、确认、保护和发展各种卫生法律关系和医药卫生秩序,是国家进行医药卫生管理的重要工具,是我国社会主义法律体系的重要组成部分。国内对"卫生法"的称谓是基于世界卫生组织(WHO)的大卫生的理念,将"medical law"(医疗或医学法学)视为"卫生法"的一部分(狭义);而近似于"health law"(广义),并得到普遍认同。通说认为,卫生法是由国家制定或认可,并由国家强制力保证实施的,旨在调整保护人体健康活动中形成的各种社会关系的社会规范的总和。狭义的卫生法仅指由全国人民代表大会及其常务委员会所制定的各种卫生法律。广义的卫生法,不但包括上述各种法律,而且包括授权的其他国家机关制定颁布的,从属于卫生法律的法规和规章,如卫生条例、规则、决定、标准、章程、办法等,还包括宪法和其他部门法律中有关卫生活动的内容。所谓"与人体健康活动",主要就是"卫生"活动。法律与人的健康(包含生命)发生关联有很悠久的历史,但只是在近代以来,随着"卫生"领域的扩张,卫生法的重要性才日益凸显。

卫生法的概念包括几层含义。从表现形式上看,卫生法是各种卫生法律规范的总称;从调整对象上看,卫生法是以卫生法律关系为调整对象的法律;从创制主体和方式上看,卫生法是由国家专门机关制定、认可解释的行为规范;从内容上看,卫生法是以与卫生相关的权利和义务为内容的;从保障角度上看,卫生法与其他法律一样都以国家强制力为后盾。然而,卫生概念含义广泛。而卫生领域的法律历史悠久。因此,卫生法的概念在目前还存在争议。

卫生法学作为研究卫生法这一社会现象及其发展规律的一门新兴交叉学科,属于行业法的范畴,其研究领域横跨宪法、民商法、刑法、行政法、诉讼法等多个法律部门,在这个意义上,卫生法亦可称之为跨部门法。通说认为,20 世纪以来,自然科学和社会科学从分化逐渐走向融合、渗透,尤其是进入 20 世纪 60 年代以来,随着传统生物医学模式的日渐式微,取而代之的是生物—心理—社会全新医学模式的蓬勃发展,为卫生法学这门新兴交叉差学科提供了孕育的环境和成长的助力。

关于卫生法学的名称,自其成立时起就处于争议之中,有的称之为"医事法学",有的称之为"生命法学"。当前,"卫生法学"已经越来越获得大多数人的认可,但这几个概念之间的关系常常被忽略。实际上,卫生法学主要包含卫生行政与医疗服务法两个分支,具言之,卫生行政是指研究卫生行政法及其发展规律的一门法律科学,医疗服务专指卫生法中主要调整医疗服务法律关系的法律法规的总称。另外,卫生法中还涉及人类遗传资源、基因工程、辅助生殖、器官移植和脑死亡、安乐死等热点生命科学争议领域。在英语国家，描述卫生法的对应概念是"health law"，直译为健康法。因此，国内也有学者建议使用"健康法"来指代所有与人体健康相关活动中的法律规范的。但就中文而言，健康不如卫生一次更能反映"与人体健康相关活动"这一内容。

当前，我国卫生行政法学正从平台搭建为主转向以平台与内涵建设并重的转型期，是加速打造学科高地、构筑学术高峰的发力期，是全面融入国际、不断拓展提升学术影响的机遇期。在"基本医疗卫生与健康促进法"出台之后，中国卫生行政法学必将迎来新的时代，踏上新的征程。

（二）卫生行政法与医事法

在实践中，还会见到使用医事法指代几乎同样宽泛的卫生法。医事法是源于日本和中国台湾的概念。在日本，与医疗相关的法律被概括地称为"医疗事务法"，该法是跨越公法与私法的开放的体系，内容包括民法中的医疗合同、债务不履行与侵权责任、说明义务、损害赔偿，公法中的自我决定权、食品与药品安全、公共卫生、医疗业的许可、医疗技术的统治、医疗与刑法，医疗纠纷的解决与预防，生命伦理与法律等。部分学者认为医事概念的内涵较之卫生更为广大，医事法包涵卫生法，卫生法已成为医事法的组成部分。相反，更多的学者认为"卫生"这一概念比"医事"外延大，医事仅指医疗活动及其所发生的各种社会关系，而大卫生概念不仅包含公共卫生和疾病控制，还包括医事、药事等一切与人体生命健康相关的活动。卫生行政法主要是公法意义上的医事法，主要包括自我决定权、食品与药品安全、公共卫生、医疗业的许可、医疗技术的统治、医疗与刑法，医疗纠纷的解决与预防，生命伦理与法律等。

（三）卫生行政法与药事法

药事行政法研究应该说是一项永无止境的浩大的系统性研究，它以行政法学为经，以现实的药事法为纬，加以考察研究，从而最终成为一个经纬交错、相对独立的体系。药事行政法的深入缜密研究，要求研究者具有较为开阔的知识结构。比如药事组织法研究，需要运用一定的宪法学、行政学理论；药事立法研究，需要以相应的立法学及法理学原理为支撑；而医药行政指导研究则要求研究者对宏观经济调控过程有相应的了解。这样宽的"口径"，必然要求每一位研究者都必须不断充实、提高自我，以期能够运用行政法学、药事管理学、政治学、宪法学、法理学乃至经济学的多学科交叉的研究方法，使研究成果更加丰满。

（四）卫生行政法与公共卫生法

公共卫生法研究的是政府与诸如医疗保健机构、企业、社群（community）、媒体及学术界这样的伙伴协作在确保人民健康所需的条件方面（勘定、预防和减少人群中的健康风险）所享有的权力和所负的义务，以及政府为共同利益而对人民的自主权、隐私权、自由权、财产权及其他受法律保护的权益加以约束时的界限。公共卫生法的首要目标是,在合乎社会正义的前提下,尽可能使人群的身体与心理健康达到最高水平。由此定义衍生出以下主题:(1)政府的权力与义务;(2)政府权力的强制性及其界限;(3)"公共卫生体制"(public health system)里的伙伴;(4)以人群而非个体为关注点(population focus);(5)社群与公民参与;(6)预防导向;(7)社会正义。因此,卫生行政法中与公共卫生安全相关的法律是其最核心的内核,对公共卫生的立法与实施能够集中体现国家对公民健康及健康权益给付中的义务以及政府在应对公共卫生危机中的职责。

(五)卫生行政法与国际卫生法

所谓国际卫生法,就是用以调整国家之间。类似国家的政治实体之间以及国际组织之间,在保护人体健康活动中所产生的权利义务关系,以及有法律拘束力的原则、规则和制度的总称。早在1851年,在巴黎举行的第一次国际卫生会议上,产生了第一个区域性的《国际卫生公约》,其目的是协调国际贸易及减轻战争带来的疾病而达成的国际检疫协议。第二次世界大战后,特别是1948年世界卫生组织成立后,为实现其"使全世界人民获得可能的最高水平的健康"的目标,提出了一系列的国际公约、协定,使国际卫生法得到了迅速发展。目前,国际卫生法的内容已涉及公共卫生与疾病控制、临床医疗、职业卫生、人口和生殖健康、特殊人群健康保护、精神卫生、卫生资源、药物管理、食品卫生、传统医学等许多方面。我国已成为WHO和WTO的正式成员,必须遵守有关国际卫生法的规定,同时要根据国际卫生法的原则,维护我国人民的合法权益。我们能够看到,从国际卫生法的视角进行观察其主要发展领域集中在卫生公法也就是卫生行政法的范畴,卫生行政法也是国际卫生法的关注焦点。

(六)部门法与行业法的争议

通说认为,卫生法是部门法,法律部门的划分,无论从法律发展史的角度来看,还是从世界各国法律比较的角度来看,都不是一个普遍的现象。立足于划分法律部门的意义的立场上,在生命法学研究过程中之所以要强调生命法的独立部门法地位:从研究的角度来说,是为了使生命法学研究者能够对生命法这一法律群进行专门的研究,以形成一定的理论分析框架,是人们更好地把握生命法这类法律现象及其变化发展的规律,从而对这类法律现象及其发展形成理性的认识;从完善法律体系的角度来说,则是为了便于立法者立足于全面保障人类生命健康与生命尊严的特殊需要,更加合理地设计法律体系和制定立法规划,以优化和完善我国社会主义法律体系,重构法律部门之间的相互关系,综合实现法律保障人类生命健康及维护人性尊严需要的主题与职能;从法律适用的角度来看,也是为了实现理性执法和司法的需要,可以使执法者和司法者更宏观、更准确地把握生命法的理念,从而深刻地理解人类生命健康与生命尊严维系方面的法律需求,更准确和理性地把握法律在人类生命健康与生命尊严维护和保障方面的作用机理,从而在法律使用过程中实现理性司法、灵活执法,更好地保障人类生命健康与人性尊严,维护人类生命社会秩序的良性发展。

此外,也有观点认为,卫生法是行业法。卫生法属于行业法的范畴,其研究领域横跨宪法、民商法、行政法、刑法等多个法律部门,因此,卫生法又可称之为跨部门法。由此可见,无论如何定位卫生法,卫生行政法都是界定卫生法的重要依据,卫生行政法也在卫生法的发展历程中占有重要一隅。

总之,卫生行政法是以卫生公法作为研究对象,研究卫生公法中的社会现象及其发展规律的一门新兴的部门法学。随着卫生行政法研究的不断深入,它已经成为医学人文学科中的重要内容。在生物、心理、社会医学模式确立后,这一学科所具有的医学与法学、人文社会科学交叉学科的研究内容不断拓展,卫生行政法学的产生和发展,对于丰富和增强社会主义法治理念,围绕医药公共卫生领域的法律问题重点规制,拓展了"近医学科",促进医学与医药卫生事业的进步,保障人民的生命健康与社会和谐均有重要作用。

二、卫生行政法制度的发展历程

1949 年中华人民共和国成立后,我国卫生法进入了一个崭新的发展阶段,综合观之,其大致经历了四个阶段:第一阶段为探索(1949—1965 年)阶段,其中,1957 年 12 月 23 日,全国人民代表大会常务委员会第八十八次会议发布并施行《中华人民共和国国境卫生检疫条例》,这是我国第一个专门性的卫生法律,在防止传染病由国外传入或者由国内传出、保护人体健康等方面发挥了重要的作用。尽管这一阶段的卫生立法数量较少,层次较低,且几乎均被后续颁布的法律规范性文件所取代,但在中华人民共和国成立初期,立足于缺医少药的现实情境,国家及卫生行政部门在卫生立法上均做出了积极的努力,尤其致力于公共卫生方面的立法。第二阶段为停滞阶段。由于受到"文化大革命"的影响,这一期间我国的卫生立法工作几乎停滞。不过,我们应当注意的是,这一时期仍有 2 个立法文件值得提及。其一为 1974 年 10 月 18 日,我国卫生部发布并实施《卫生部同意将接触炭黑引起的尘肺列入职业病范围的复函》。该复函指出:从上海市 1971 年以来的现场临床观察结果来看,工人接触炭黑引起的尘肺职业性明显,患者均有程度不同的症状,肺部 X 线表现也比较明显,根据卫生部 1957 年公布试行的《职业病范围和职业病患者处理办法的规定》,同意将接触炭黑引起的尘肺列入职业病范围,并且建议有关工厂认真做好防尘工作。要采取积极措施,加强劳动保护,对接触炭黑作业的工人要进行定期体检,已确诊的患者要积极治疗。其二为 1975 年 1 月 17 日,中华人民共和国第四届全国人民代表大会第一次会议通过《中华人民共和国宪法》,其在

第 27 条第 2 款明文规定:"公民有劳动的权利,有受教育的权利。劳动者有休息的权利,在年老、疾病或者丧失劳动能力的时候,有获得物质帮助的权利。"可以说,这是对 1954 年《宪法》第 93 条的有效承继,也是公民健康权保障的重要法源。另外两个阶段为快速发展和深化发展阶段,而从改革开放后卫生行政法制发展的 40 年历程来评析则主要聚焦快速发展和深化发展阶段,而卫生行政法制发展 40 年历程中主要内容也集中在这两个阶段。

第二节 卫生行政制度的主要内容

改革开放之后,我国的医药卫生立法获得了迅猛发展,我国社会经济和技术发展水平不断提高,随着社会主义市场经济体制的逐步形成与完善,卫生改革的不断深化,卫生法制建设的重要性与迫切性也越来越明显。同时卫生行政立法工作的社会环境日益良好,卫生行政法制取得了突破性的进展,并进入了一个繁荣发展的时期。改革开放后直至今日,我国卫生法的发展大致经历了两个阶段,即快速发展阶段(1977—2013 年)、深化发展阶段(2014 年至今),其中快速发展阶段又可分为起步阶段(1977—1993 年)、形成阶段(1994—2002 年)和完善阶段(2003—2013 年)。

一、快速发展阶段(1977—2013)

这一时期,受制于之前法制建设的阻滞和人才的短缺,我国卫生法学领域的专业人才更是捉襟见肘。培养具有扎实理论基础和素养的专业人才成为当务之急,积极应对国内的各项卫生法律实务工作,卫生法学的国际交流能力与条件上存在一定的欠缺,导致这一阶段的卫生法学国际交流较为零星,呈现出个人参与卫生法学国际交流为主的特点,整体上处于相对封闭的阶段。不过,这一期间最值得一提的就是"首届全国卫生法学理论研讨会"的举办。此阶段共 36 年,卫生立法的发展也影响了卫生行政法的立法进程,以下将从起步、形成和完善三个阶段对这一时期我国卫生行政法的发展进行梳理,并通过医事法、药事法、公共卫生法、健康保健法以及医学伦理法进行分类阐释。

(一)起步阶段:1977—1993 年

这一时期的卫生行政立法和实施虽是初步发展,但是从内容上看是全方位的,尤其在食品卫生和医事行为规制两个方面较为突出,有力回应了这一阶段的社会现实和公众需求。

1.医事法中卫生行政法的发展历程

医事法中与卫生行政相关的立法主要集中规范医务人员的任职资格和工作规

范、医疗行为与医疗法律关系、患者的相关权利以及法律责任和违法阻却事由等。其中,1979 年,我国卫生部发布并施行《卫生技术人员职称及晋升条例(试行)》;1981 年,卫生部发布并施行《卫生技术人员职务试行条例》;1982 年,卫生部发布并施行《全国医院工作条例》《全国中医医院工作条例(试行)》;1987 年,国务院发布了《药品监督员工作条例》;1988 年卫生部、国家中医药管理局发布并施行《医师、中医师个体开业暂行管理办法》;1993 年,卫生部发布《中华人民共和国护士管理办法》。这些卫生行政法规集中规定了医师、中医师、卫生技术人员、药品监督员及护士的任职资格及工作规范,开始分类规范不同医疗人员的行业规范。针对医疗行为与医疗事故的处理,1987 年,国务院发布了《医疗事故处理办法》;1988 年,卫生部发布并施行《医疗事故分级标准(试行)》;1989 年,国家中医药管理局发布并施行《中医医疗机构管理办法(试行)》;1979 年卫生部、农业部、财政部、国家医药管理总局、全国供销合作总社发布并施行《农村合作医疗章程(试行草案)》;1992 年卫生部发布并施行《医院工作制度的补充规定(试行)》《卫生监督员管理办法》《外国医师来华短期行医管理暂行办法》。最高人民法院针对特殊的医疗事故问题和案件作出专项复函,如 1990 年,最高人民法院发布《关于当事人对医疗事故鉴定结论有异议又不申请重新鉴定而以要求医疗单位赔偿经济损失为由向人民法院起诉的案件应否受理的复函》;1992 年,最高人民法院发布并施行《关于李新荣诉天津市第二医学院附属医院医疗事故赔偿一案如何适用法律问题的复函》。从立法与实施可以看出,这一阶段的医事立法侧重于构建规范化的医疗制度体系,形成更为规范的有关医务工作人员的行为制度体系,注重对个体开业的医师和中医师进行管理,并对相关法律规范的适用做出了指导,为公民的生命健康权益的保护和医学技术的进一步革新提供立法保障。但此阶段,由于医事立法的动态立法要求高,立法难度相对较大,加上立法主体知识结构以及立法技术尚且不足等原因,我国医事立法情况同世界各国有关医事立法的大致情形相比,同样相对迟滞,并未形成统一的医事法典。

2.药事法中卫生行政法的发展历程

1977—1993 年,我国卫生部发布并施行《医院药剂工作条例》《中华人民共和国药品管理法施行办法》《医院药剂管理办法》《药品生产质量管理规范》《药品卫生检验方法》《药品检验所工作管理办法》《假药、劣药报告制度》《医药卫生档案管理暂行办法》《新药审批办法》《生物制品管理规定》《新生物制品审批办法》《关于新药保护及技术转让的规定》《进口药品管理办法》《关于医疗用毒药、限制性剧药管理规定》《全国中医医院医疗设备标准(试行)》《非医用加速器放射卫生管理办法》《中国医学微生物菌种保藏管理办法》《关于加强生物制品和血液制品管理的规定(试行)》《开展整顿生物制品、血液制品的施行办法》《血液制品无菌试验暂行规程》《肝炎诊断试剂管理规定(试行)》《中药保健药品的管理规定》《化妆品卫生监督条例》

《化妆品卫生监督条例施行细则》《化妆品卫生监督检验实验室资格认证办法》《药品监督管理行政处罚规定(暂行)》，并对 1988 年 3 月 17 日(88)卫药字第 20 号颁布的《药品生产质量管理规范》进行了修订；卫生部、国家医药管理总局联合发布并施行《新药管理办法(试行)》《麻醉药品生产管理办法》《麻醉药品经营管理办法》《关于安钠咖、强痛定、氨酚待因片、复方樟脑酊等精神药品的暂行管理办法》；卫生部、公安部、国家核安全局发布并施行《放射性同位素及射线事故管理规定》；卫生部、国家工商行政管理局发布并施行《药品广告管理办法》；卫生部、商业部发布并施行《生化药品生产经营企业管理办法》；国务院发布并施行《药政管理条例》《麻醉药品管理办法》《麻醉药品管理条例》《医疗用毒性药品管理办法》《放射性药品管理办法》《中药品种保护条例》；国家医药管理局发布并施行《医疗器械产品质量管理办法》《医疗器械管理暂行办法》《医疗器械新产品管理暂行办法》；中华人民共和国第六届全国人民代表大会常务委员会第七次会议通过《中华人民共和国药品管理法》等卫生行政法规。同样可以看出，这一阶段从药品的生产、检验、使用、管理等多个方面建立和完善了药事立法，并对生物制药、新药的审批保护、进口药品管理、保健药品、血液制品、麻醉药品、化妆品以及医疗器械等进行了立法规制，细化了药品的管理规范，有利于适应药品管理随着医疗科研技术水平的动态发展而进步，出台了多部监督管理办法以确保法律法规的有效实施。这一阶段的药事立法更进一步完善了药品的监督管理体系，对于规范药品，保障公民健康权益有着重要的意义。

3.公共卫生法立法发展历程

1977—1993 年，我国卫生部发布并施行了一系列卫生行政法规和规章，其中与其他部门联合发布的主要有：卫生部、交通部、中国民航管理局、铁道部颁布并施行《中华人民共和国国境口岸卫生监督办法》；卫生部、公安部、国家教育委员会发布并施行《医院消毒供应室验收标准(试行)》《放射工作人员健康管理规定》《艾滋病监测管理的若干规定》；卫生部、国家教育委员会发布并施行《学校卫生工作条例》；卫生部、国家商检局发布《中华人民共和国出口食品卫生管理办法(试行)》；卫生部、农业部联合发布了《布鲁氏菌病诊断方法、疫区判定和控制区考核标准》；卫生部、劳动人事部联合发布了《乡镇企业劳动卫生管理办法》；卫生部、工商行政管理总局发布并施行《农村集市贸易食品卫生管理试行办法》《街头食品卫生管理暂行办法》；国务院批准或者发布并施行《中华人民共和国食品卫生管理条例》《公共场所卫生管理条例》《中华人民共和国尘肺病防治条例》《中华人民共和国国境卫生检疫法实施细则》《中华人民共和国进出口动植物检疫条例》《流动人口计划生育管理办法》；卫生部和国家工商局发布并施行《食品广告管理办法》《医疗广告管理办法》；最高人民法院、最高人民检察院、公安部、司法部、卫生部发布《精神疾病司法鉴定暂行规定》；国家中医药管理局发布并施行《关于加强气功医疗管理的若干规定(试行)》；第五届全国人民代表大会常务委员会第二十五次会议通过《中华人民共和国食品卫生法(试行)》；第六届全国人民代表大会常务委员会第十八次会议通过《中华人民共和国国境卫生检疫法》；第七届全国人民代表大会常务委员会第六次会议通过了《中华人民共和国传染病防治法》。

这一阶段的卫生立法主要集中在食品安全、公共卫生防御和特殊人群的保护上。卫生部以及其他各部门出台了一系列针对监督管理食品安全的法律法规,旨在保证食品安全,防止食品污染和有害因素对人体的危害,保障公众的身体健康;规制公共卫生,完善传染病防治的相关立法,能够有效预防、控制和消除传染病的发生和流行,保障人体健康和公共卫生;通过立法加大对民生的日益关注、对妇女儿童的人体健康权益的保护,卫生立法在不断地完善,体现着其以人的生命健康权益维护为重心的宗旨。

(二)形成阶段:1994—2002 年

这一阶段的立法是十分注重医事行为方面的立法,《互联网医疗卫生信息服务管理办法》的出台,使得这一阶段的卫生立法接轨时代特征,取得了较大的立法成就,为后续医事行为的规范化奠定了坚实的基础。卫生行政类的法律从数量上与其他部门法相比占据明显的优势,从跨专业和技术性角度比较,卫生行政类的法律也是颇具特色。该部门法律包含大量操作规程、技术常规和卫生标准,这些规程和标准都是受法律的强制性、禁止性规范进行确立的,并且这些法定的标准和要求往往就是行政相对人是否违法的判断依据。这种技术性规范和卫生标准贯穿于各种卫生法律法规,主要包括医疗卫生保健、医疗卫生保险、食品药品监督管理、医师从业资格认定、化妆品、保健品、传染病防疫、环境健康、职业健康、精神健康等方方面面。这与卫生法调整法律关系和调节手段的多样性密切相关。一部完善的卫生行政法律制度体系按照规范调整的不同领域和发挥的不同作用应当大致需要对以下制度进行立法确认,这些制度包括:疾病预防与控制法律制度、公共卫生监督管理法律制度、人口与生殖健康法律制度、劳动安全卫生法律制度、健康相关产品法律制度、突发公共卫生事件应急处理法律制度、环境保护法律制度、特殊人群健康保护法律制度、卫生资源管理法律制度、血液与血液制品相关法律制度、医政管理法律制度等等。以上这些制度在我国这一阶段的立法规划中,专门涉及公共卫生和公民健康的法律规范中已经大部分有所涉及。同时,这些领域和具体制度已经基本囊括了卫生行政法的各个重要领域。

这些卫生专门法律多是行政管理立法,其目的在于一方面调整政府卫生行政机关与医疗保健机构及其从业人员之间的卫生行政管理关系;另一方面则是调整政府有关行政管理机关(诸如食品药品监督管理机关)与公民、法人和其他组织在从事经济与社会活动中发生的与保护公众健康、维护公共卫生秩序有关的权利义务关系。同时,我们也能够看出的是这些卫生行政法律规范往往提供了很多程序性和技术性的规范指引,大多未明晰实体意义上的国家对公民健康权利的具体保障义务,从而导致在健康权侵害救济与法律责任的追究方面并不能有效起到威慑和惩治的作用。

(三)完善阶段:2003—2013 年

自 2003 年以后,我国卫生行政立法开始进入一个新的阶段。自 2003 年至 2013 年,全国人民代表大会常务委员会修订或制定发布《中华人民共和国侵权责任法》《中华人民共和国传染病防治法》《中华人民共和国食品安全法》《中华人民共和国精神卫生法》;国务院及其常务委员会发布《乡村医生从业管理条例》《护士条例》是有关医护人员执业管理;《中华人民共和国中医药条例》是有关中医药管理;《中国人民解放军实施〈中华人民共和国药品管理法〉办法》《麻醉药品和精神药品管理条例》是有关药品管理;《疫苗流通和预防接种管理条例》是有关疫苗管理;《突发公共卫生事件应急条例》《医疗废物管理条例》《血吸虫病防治条例》《中华人民共和国食品安全法实施条例》是有关公共卫生、医疗废物、传染病、食品安全的管理;国家中医药管理局发布《中医药政务信息报送管理暂行办法》是有关中医药管理;国家安全生产监督管理总局发布《非药品类易制毒化学品生产、经营许可办法》是有关药品管理;国家质量监督检验检疫总局发布《出入境口岸食品卫生监督管理规定》《出入境特殊物品卫生检疫管理规定》是有关国境卫生检疫。

另外,这一时期主要的行政法规是由卫生部单独或者联合其他部门发布,主要包括医师事业管理、医疗机构的相关管理、医疗纠纷的相关规定、医疗广告管理、医学教育管理、医疗技术临床应用的管理、卫生系统信息化管理、放射卫生防护管理、药品监督管理、医疗设备与医疗器械管理、临床用血管理、有关烟草管理、公共场所卫生管理、有关突发公共卫生事件应急处理管理、有关传染病防控管理、消毒产品管理、医疗废物的管理、食品安全卫生管理、有关学校卫生监督管理、有关血液管理、职业病防控管理、生活饮用水卫生管理、化妆品卫生管理、健康相关产品管理、有关各领域卫生标准的管理、母婴保健管理、互联网医疗保健管理、健康保障管理、医学伦理管理等卫生行政法规。2013 年,十二届全国人大一次会议表决通过了《关于国务院机构改革和职能转变方案的决定》,批准了《2013 年国务院机构改革方案》,依据方案内容:(1)组建国家卫生和计划生育委员会,将国家人口和计划生育委员会的研究拟订人口发展战略、规划及人口政策职责划入国家发展和改革委员会,国家中医药管理局由国家卫生和计划生育委员会管理,不再保留卫生部、国家人口和计划生育委员会;(2)组建国家食品药品监督管理总局,保留国务院食品安全委员会,具体工作由国家食品药品监督管理总局承担,新组建的国家卫生和计划生育委员会负责食品安全风险评估和食品安全标准制定,不再保留国家食品药品监督管理局和单设的国务院食品安全委员会办公室。国家卫生和计划生育委员会和家食品药品监督管理总局证书批准组建后单独或者联合其他部门发布了一系列卫生行政法规范,其中,国家卫生和计划生育委员会单独或者联合其他部门所发布的卫生行政法规主要规制医师执业管理、医疗机构管理、医疗技术临床应用管理、食品安全卫生管理、精神卫生管理、健康保障管理等;国家食品药品监督管理局单独或联合其他部门发布的行政法规涉及药品管理、器械管理、保健食品管理等领域。

总之,这一阶段的卫生立法重在对之前卫生立法的修正与完善,从以上的整理结果来看,这一时期有关医疗机构的发展和管理,内地(大陆)较为侧重于我国香港、澳门和台湾地区,以及与外国合作、合资经营医疗机构,开放政策渠道,提供政策便利。在医师执业管理上,我国也以相关规定为我国港澳台地区及外国医师在我国内地(大陆)的诊疗行为保驾护航,保障港澳台医师、外国医师也能和具有行医资格的中国医师一样在中国进行合法的诊疗活动,为更多患者提供诊疗服务。自"非典"以来,国家和政府开始重视突发公共卫生事件和传染病的防控工作,所以,这一时期也制定了很多有关突发公共卫生事件和传染病的预防、应急和处理的法律法规、规章,加强国家应对突发公共卫生事件和传染病的反应力和预防工作。在药品和医疗器械管理方面,国家强化了药品和医疗器械生产、经营管理规范,确定了药品召回机制。食品安全卫生管理也得到较大扩展。2009年国务院发布《关于深化医药卫生体制改革的意见》,确立医改方案,旨在建立健全覆盖城乡居民的基本医疗卫生体系,逐渐落实健康体检、居民健康卡管理等具体措施。但从立法内容上考察,更为侧重对药品的法律规制。同时,随着2009年《中共中央国务院关于深化医药卫生体制改革的意见》这一新医改文件的颁布,其对卫生法提出了更高的要求,进一步完善相关卫生法律法规,推进基本医疗卫生立法,明确政府、社会和居民在促进健康方面的权利和义务,保障人人享有基本医疗卫生服务。建立健全卫生标准体系,做好相关法律法规的衔接与协调。加快中医药立法工作,完善药品监管法律法规,逐步建立健全与基本医疗卫生制度相适应、比较完整的卫生法律制度。

(四)深化发展阶段(2014年至今)

2014年至今,卫生行政立法进入深化发展阶段。自2014年至2018年,全国人民代表大会常务委员会修订《中华人民共和国食品安全法》,修改《中华人民共和国人口与计划生育法》。国务院发布《医疗纠纷预防和处理条例》有关医疗纠纷预防处理管理;《国务院关于加快发展康复辅助器具产业的若干意见》《关于修改〈医疗器械监督管理条例〉的决定》有关医疗器械管理;《国务院关于修改〈疫苗流通和预防接种管理条例〉的决定》(本决定自公布之日起施行,《疫苗流通和预防接种管理条例》根据本决定作相应修改,重新公布)有关疫苗管理;《国务院办公厅关于促进和规范健康医疗大数据应用发展的指导意见》有关健康保障相关政策;2012年6月7日,国务院办公厅印发《关于县级公立医院综合改革试点的意见》,全国有18个省的311个县(市)开展了改革试点。各地按照保基本、强基层、建机制的要求,遵循上下联动、内增活力、外加推力的原则,围绕政事分开、管办分开、医药分开、营利性和非营利性分开的改革要求,以破除以药补医为关键环节,以改革补偿机制和能力建设为切入点,统筹推进管理体制、补偿机制、人事分配、价格机制、医保支付制度、采购机制、监管机制等综合改革。按照保基本、强基层、建机制的要求,遵循上下联动、内增活力、外加推力的原则,围绕政事分开、管办分开、医药分开、营利性和非营利性分开的改革要求,以破除"以药补医"机制为关键环节,以改革补偿机制和落实医院自主经营管理权为切入点,统筹推进管理体制、补偿机制、人事分配、价格机制、医保支付制度、采购机制、监管机制等综合改革,建立起维护公益性、调动积极性、保障可持续的县级医院运行机制。坚持以改革促发展,加强以人才、技术、重点专科为核心的能力建设,统筹县域医疗卫生体系发展,力争使县域内就诊率提高到 90% 左右,基本实现大病不出县。

国家发改委、卫生部等 9 部委 2009 年 8 月 18 日发布了《关于建立国家基本药物制度的实施意见》,这标志着我国建立国家基本药物制度工作正式实施。根据规定,基本药物是适应我国基本医疗卫生需求,剂型适宜,价格合理,能够保障供应,公众可公平获得的药品。国家将基本药物全部纳入基本医疗保障药品目录,报销比例明显高于非基本药物,降低个人自付比例,用经济手段引导广大群众首先使用基本药物。这主要先由基层医疗机构开始执行。保证基本药物足量供应和合理使用,有利于保障群众基本用药权益,转变"以药补医"机制,也有利于促进药品生产流通企业资源优化整合,对于实现人人享有基本医疗卫生服务,维护人民健康,体现社会公平,减轻群众用药负担,推动卫生事业发展,具有十分重要的意义。同年,11 月 23 日发布了《关于印发改革药品和医疗服务价格形成机制的意见的通知》,宣布将调整政府管理药品价格范围,实行分级管理,规范药品定价机制,鼓励药企在不突破政府管理价格的前提下,依据市场供求自主定价。"高诊费、低药费"是此次改革的一个方向,通知提出,要逐步降低政府指导价药品的流通差价率,对流通环节差价率(额)实行上限控制,并对高价和低价药品实行差别差率控制,低价药品差价率从高,高价药品差价率从低,利用价格杠杆促进药品流通领域兼并重组,扩大规模,集约经营,降低成本,减少流通费用。改革还鼓励药品研发创新,在合理审核药品成本基础上,根据药品创新程度,对销售利润实行差别控制。允许创新程度较高的药品在合理期限内保持较高销售利润率,促进企业研制开发创新药品。坚持计划生育基本国策,启动实施单独两孩政策。2013 年 11 月 12 日,党的十八届三中全会通过的《中共中央关于全面深化改革若干重大问题的决定》全文公布,明确"坚持计划生育的基本国策,启动实施一方是独生子女的夫妇可生育两个孩子的政策,逐步调整完善生育政策,促进人口长期均衡发展"。12 月 23 日,十二届全国人大常委会举行第六次会议,审议了国务院关于提请审议关于调整完善生育政策的决议草案等议案。各地根据实际情况,确定启动实施单独两孩政策具体时间,通过省级人民代表大会或其常委会修订地方条例或作出规定,依法组织实施。该决定还明确提出深化医药卫生体制改革,统筹推进医疗保障、医疗服务、公共卫生、药品供应、监管体制综合改革。深化基层医疗卫生机构综合改革,加快公立医院改革,取消以药补医,健全全民医保体系,鼓励社会办医等。针对专项社会办医,12月30日,国家卫生计生委、国家中医药局印发了《关于加快发展社会办医的若干意见》,对加快发展社会办医,提升服务能力,加强监管等作出了规定。2013年全国共有900多个县开展了以取消以药补医机制为关键环节的综合改革,各地贯彻落实国办《关于巩固完善基本药物制度和基层运行新机制的意见》,以投入换机制的综合改革效果持续显现。

在经历31年的打磨之后,2014年7月24日,国务院法制办发布《中华人民共和国中医药法(征求意见稿)》(以下简称《征求意见稿》),向社会公开征求意见。1983年,中医药立法倡议首次提出。2008年,第十一届全国人大常委会将《中医药法》列入本届立法规划的二类项目。2011年11月,原卫生部部务会审议通过《中医药法(草案送审稿)》。国务院法制办于2012年1月向有关机构和专家发文,征求对草案送审稿的意见。今年,《征求意见稿》的发布,让中医药立法首次走到前台。大部分中医界人士认为,中医药立法条件已经成熟。一是近年来相关政策准备充分。在国务院2003年颁布《中医药条例》、2009年出台《关于扶持和促进中医药事业发展的若干意见》的背景下,立法能进一步统一认识,保障上述扶持政策落到实处。二是中医药立法对中国医改和发展中国特色医药卫生事业有独特的作用,有助于促进中医药简便价廉优势的充分发挥。三是在世界范围内,针对传统医学的法律保护已经相当普遍,对我国形成倒逼机制。据世界卫生组织统计,全球已有54个国家制定了与传统医学相关的法案,有92个国家颁布了草药相关法案。《征求意见稿》发布后,社会各界提出了不同的意见。如《征求意见稿》提出,单辟传统中医师类别并进行备案制监管,被认为挑战了《执业医师法》,考虑到传统中医师大多是民间中医,鱼龙混杂,如何对其进行考核鉴定也让人疑虑。《征求意见稿》提出,具备中药材知识和识别能力的乡村医生,可以自种、自采、自用地产中药材,也被认为跳出了《药品管理法》的规制,使中医在用药规范上出现了空白地带。有专家认为,中医的临床疗效判定标准、传承教育、科研方法,都有其不同于现代医学的特点,建立适应上述特点的中医药发展、监管体系,"从操作技术上来说非常难"。《征求意见稿》发布后,各方广泛讨论,有争议,也有共识。其中一个重要的共识是:继承和弘扬中医药,扶持和促进中医药事业发展,发挥中医药在保护公众健康方面的作用,需要在法律层面得到确认。在这一共识之下,争议、疑虑才有希望解决、消融。而且,争论本身就是智慧碰撞的过程,更有利于一部可操作、有价值、符合大多数人利益的法律诞生。《中医药法》要早日正式出台,还需要立法者、参与者、关心者和广大公众用非凡的耐心、能力、智慧,凝聚更大的共识,为我国传统医药发展、人民健康福祉谋一个更好的未来。

2018 年 1 月 10 日,国家卫生计生委发布《关于发布〈血液储存要求〉(WS 399—2012)第 1 号修改单的通告》。同年 1 月 10 日,中华人民共和国国家卫生和计划生育委员会发布并实施《国家卫生计生委关于修改〈新食品原料安全性审查管理办法〉等 7 件部门规章的决定》。同年 6 月 20 日,国务院通过了《医疗纠纷预防和处理条例》,自 10 月 1 日正式实施。7 月 17 日,国家卫健委为贯彻落实《国务院办公厅关于促进"互联网＋医疗健康"发展的意见》有关要求,进一步规范互联网诊疗行为,发挥远程医疗服务积极作用,提高医疗服务效率,保证医疗质量和医疗安全,国家卫生健康委员会和国家中医药管理局组织制定了《互联网诊疗管理办法(试行)》《互联网医院管理办法(试行)》《远程医疗服务管理规范(试行)》。

这一时期的卫生行政法的发展是在第三时期(即完善阶段)的进一步得到深化发展,是在"健康中国"和"法治中国"全面推进的指导思想下进行的主动调整,其立法的着眼点在传统医疗卫生的基础上更为侧重健康方面的立法构建,加强对医疗器械的立法与监管,以及《基本医疗卫生与健康促进法》的制定均为适例。另外,这一阶段出现很多有关"网络""互联网"的卫生行政管理方向,包括"网络售药""网络食品""互联网保健""医疗器械网络销售""互联网药品""网络餐饮"等,使卫生行政立法与时俱进,随管理对象与互联网的结合纵深发展。在巩固上一阶段卫生行政立法的同时,这一阶段的相关规定也强化了药品、医疗器械、食品安全等方面的相关管理,例如确立药品医疗器械飞行检查制度,确定食品召回制度等。食品安全管理方面,将其细化为保健食品、特殊医学用途配方食品、婴幼儿配方乳粉产品配方,更加细致地保证特别群体普遍食用食品的安全和卫生。同时,卫生法发展 40 年中划时代意义的时期应当追溯到 2014 年 10 月 23 日,中国共产党第十八届中央委员会第四次全体会议通过了《中共中央关于全面推进依法治国若干重大问题的决定》。该决定指出,依法治国是坚持和发展中国特色社会主义的本质要求和重要保障,必须贯彻落实党的十八大和十八届三中全会精神,高举中国特色社会主义伟大旗帜,以马克思列宁主义、毛泽东思想、邓小平理论、"三个代表"重要思想、科学发展观为指导,深入贯彻习近平总书记系列重要讲话精神,坚持党的领导、人民当家作主、依法治国有机统一,坚定不移走中国特色社会主义法治道路,坚决维护宪法法律权威,全面推进"法治中国"建设。2016 年 8 月 26 日,中共中央政治局审议通过了"健康中国 2030"规划纲要,从而确立了今后 15 年推进健康中国建设的行动纲领。

第三节　卫生行政法制度的实践分析

卫生行政法制度在具体实施过程中往往会遇到很多桎梏,相关规定比较简明扼要,内容相对笼统,适应复杂和动态变化的实际情况有待完善。只有进一步的完善才能强化医疗秩序的维护,有效约束医疗行为,保护患者权利,调动医务人员的积极性,有力地推动了卫生改革的发展。从上述卫生法行政法制度内容分析的基础上,我们需要进一步对改革开放后的 40 年来我国卫生行政法的实践情况进行梳理与分析,仍然主要聚焦两个阶段快速发展阶段(1977—2013 年)和深化发展阶段(2014 年至今)。2003 年可谓是我国卫生行政法律制度实践发展的分水岭,由于"非典"疫情的爆发,引起国家和政府对公共卫生的关注,对我国的卫生法律体系和制度的建设具有重大历史意义。这一年在我国发生的非典型肺炎疫情是对我国突发公共事件应急制度、机制和能力的一次严峻考验。

一、快速发展阶段

对我国行政法制度的快速发展阶段的实践分析也从起步阶段(1977—1993 年)、形成阶段(1994—2002 年)和完善阶段(2003—2013 年)三个部分展开。

(一)起步阶段

这一阶段与改革开放的政策一致,在医疗机构开始试点经济管理,也关注公费医疗和农村合作医疗制度的建设。此外,允许个体开业行医,重视医疗事故之预防,进一步关注医疗行业经济体制改革。关注医疗行业经济体制改革,加强中医药发展和规范计划生育。注重血液制品和传染病的管理,重点预防艾滋病。关注民族医药发展和医疗行业经济体制改革。部属医院开始试行承包责任制,掀起职工医疗制度改革的浪潮。

(二)形成阶段

这一阶段加强职工医疗保障制度改革,并且发展和完善农村合作医疗。卫生立法的形成阶段是发展较快也比较平稳的阶段,以充实卫生法医疗内容为主,十分注重医事行为方面的立法。第一次以法律的形式明确了医疗机构的宗旨和医师的职责,也为患者权利保护提供了法律依据和制度化的渠道。《互联网医疗卫生信息服务管理办法》的出台,使得这一阶段的卫生行政法制接轨时代特征,取得了较大的成就,为后续医事行为的规范化奠定了坚实的基础。总的来说,这一阶段卫生行政法制实践的主要特点是:强化医疗秩序的维护,注重对医疗行为的约束,重视对患者权利的保护,注意调动医务人员的积极性。有力地推动了卫生改革的发展,相关规定比较简明扼要,但内容具有较强的包容性,能较好地适应复杂和动态变化的实际情况。这一阶段,政府财政投入趋向政策导向为主,实际投入有所缩减,基本医疗卫生服务体系也由公益性转变为趋利性,基本药物供应保障体系由统购统销逐渐完成放宽管控的转型,在基本医疗保障方面职工医保和新农合卓见成效。

(三)完善阶段

这一时期国家和政府的侧重点在于医事、药事和公共卫生方面,但在医疗损害责任、食品安全、精神卫生和医疗体制改革方面有了新变化。为切实加强公共卫生建设,2003 年 7 月,我国政府确定了公共卫生体系建设总目标:我国将争取用 3 年左右的时间,建立健全突发公共卫生事件应急机制、疾病预防控制体系和卫生执法监督体系。在医事方面,2009 年新颁布的《侵权责任法》第七章对医疗损害责任作出了新的规定,这在我国医疗侵权法律发展史上具有里程碑意义。这些规定为医疗机构和相关人员依法行医、依法解决纷争、依法维权提供了法律依据,对于建立和完善医疗侵权法律制度将起到积极作用。在公共卫生方面,我国为适应新形势发展的需要,为了从制度上解决现实生活中存在的食品安全问题,更好地保证食品安全而制定的,其中确立了以食品安全风险监测和评估为基础的科学管理制度,明确食品安全风险评估结果作为制定、修订食品安全标准和对食品安全实施监督管理的科学依据,颁布了《食品安全法》,以法律的形式保障公民“舌尖上”的安全,也为政府落实食品安全监管提供了法律依据。同时,政府部门出台相应的部门规章巩固公共卫生中的传染病防治、精神卫生、食品安全、母婴保健、职业病防控、公共场所卫生与特定场所卫生等方面的管理,通过保障人们生活的方方面面的卫生安全,保障每个人都享有的健康权。用更长一段时间,完善我国农村卫生体系、城市基本医疗服务体系、环境卫生体系和财政经费保障体系。

中国共产党十六届三中全会通过的《中共中央关于完善社会主义市场经济体制若干问题的决定》指出,要深化公共卫生体制改革:强化政府公共卫生管理职能,建立与社会主义市场经济体制相适应的卫生医疗体系。加强公共卫生设施建设,充分利用、整合现有资源,建立健全疾病信息网络体系、疾病预防控制体系和医疗救治体系,提高公共卫生服务水平和突发性公共卫生事件应急能力。加快城镇医疗卫生体制改革。改善乡村卫生医疗条件,积极建立新型农村合作医疗制度,实行对贫困农民的医疗救助。发挥中西医结合的优势。搞好环境卫生建设,树立全民卫生意识。健全卫生监管体系,保证群众的食品、药品和医疗安全。该《决定》必将对我国卫生体制改革和卫生事业发展产生深远而重大的影响。

根据《中共中央、国务院关于进一步加强农村卫生工作的决定》的精神,2003 年我国开始着手推行新型农村合作医疗制度,以增强农民抵御大病风险能力,解决农民因病致贫、返贫问题,提高农民健康保健水平。按计划,到 2010 年,新型农村合作医疗制度要基本覆盖全国农村居民。为了尽快实现这一目标,中央财政将对中西部地区（除市区以外）参加新型合作医疗的农民提供每年人均 10 元的合作医疗补助资金，地方财政也相应提供每年人均不低于 10 元的补助，以推动这些地区的农民参加合作医疗。目前，全国新型农村合作医疗试点工作已全面启动，12 月上旬国务院召开了全国新型农村合作医疗试点会议。截至 2003 年 12 月，全国已有 304 个新型农村合作医疗试点县；同时，国家将云南、湖北、浙江、吉林四个省作为新型农村合作医疗试点省。

2005 年 10 月 11 日，中国共产党第十六届五中全会审议通过《制定"十一五"规划的建议》，明确了我国"十一五"时期卫生发展的总体要求、基本目标，这就是：加大政府对卫生事业的投入力度，完善公共卫生和医疗服务体系。提高疾病预防控制和医疗救治服务能力，努力控制艾滋病、血吸虫病、乙型肝炎等重大传染病，积极防治职业病、地方病。加强妇幼卫生保健，大力发展社区卫生服务。深化医疗卫生体制改革，合理配置医疗卫生资源，整顿药品生产和流通秩序。认真研究并逐步解决群众看病难、看病贵问题。支持中医药事业发展，培育现代中药产业。

在社会发展的过程中，发生重大传染病疫情、群体性不明原因的疾病、重大食物和职业中毒、放射性损害以及其他严重影响公众健康的突发公共卫生事件是不可避免的。紧急处置这类突发公共卫生事件，涉及面广，情况复杂。特别是涉及对一部分社会主体权益的限制与调整。因此，需要在总结经验教训的基础上，进一步完善应对突发公共卫生事件的法律制度。国务院依照《传染病防治法》的有关规定，制定了《突发公共卫生事件应急条例》，以建立统一、高效、权威的应急处理机制。《突发公共卫生事件应急条例》，需要在法律上进一步明确政府承担的义务，公民和组织在应对突发公共卫生事件过程中的权利和义务，明确规定平等的社会权利主体之间、因突发事件而产生的纠纷的处理原则等。随后，2004 年修订《传染病防治法》，对上述问题作出有关规定。国家总结"非典"防治经验，开始高度重视公共卫生体系建设。另外，"非典"过后到基本医疗卫生制度改革开放这一时段内，我国仅用了世界卫生总费用的 1%～2%，有效保障了占世界总人口 1/5 人群的基本医疗卫生需求，卫生公平和享有初级卫生保健水平曾排名世界第 41 位。

发生在 2008 年的因饮用三聚氰胺超标的三鹿婴幼儿奶粉而出现首例患"肾结石"病症的婴幼儿事件而至今仍然让人心存余悸。该事件揭露出国内婴幼儿配方奶粉的配方成分存在的严重安全问题。据统计，目前我国婴幼儿奶粉有近 1900 个配方，平均每个企业有 20 多个配方，《食品安全法》在婴幼儿奶粉产品配方方面实行了注册制，食品药品监管部门对婴幼儿奶粉企业配方变化通过注册制度予以监管，监管部门在审核婴幼儿奶粉企业提供的配方研发报告和其他材料的基础上来界定奶粉配方发生变化后的科学性及安全性并实行注册管理，这种新修改的注册制度比之前的备案制更加有利于保证奶粉这类特殊食品的安全。在生产环节加强监管的同时，新法还加大了相关违法行为的处罚额度。如对生产经营营养成分不符合国家标准的婴幼儿配方奶粉等违法行为,修订前的《食品安全法》规定,最高可以处罚货值金额 10 倍的罚款,而新修改的《食品安全法》对于此类违法行为已经提高到最高可以处罚货值金额 30 倍的罚款。因此,这些关乎婴幼儿健康的奶粉配方注册制度无疑对保障婴幼儿的生命健康权至关重要,其最大的特点就是带有较强的专业性和技术性,对于这样的健康权保障制度在具体操作的过程中必然需要借助专业技术人员的检验与检疫,从而使得与卫生法相关的健康权的保障制度更多的是关于各种卫生标准程序的规定和说明,彰显出这些规范性文件的专业性和技术性特点。

总之,这一阶段进一步完善相关卫生行政法律法规,推进基本医疗卫生立法,明确政府、社会和居民在促进健康方面的权利和义务,保障人人享有基本医疗卫生服务。建立健全卫生行政标准体系,做好相关法律法规的衔接与协调。加快中医药立法工作,完善药品监管法律法规,逐步建立健全与基本医疗卫生制度相适应、比较完整的卫生法律制度。新医改提出了"有效减轻居民就医费用负担,切实缓解'看病难、看病贵'"的近期目标,以及"建立健全覆盖城乡居民的基本医疗卫生制度,为群众提供安全、有效、方便、价廉的医疗卫生服务"的长远目标,其重大意义在于建立中国特色的医药卫生体制,逐步实现人人享有基本医疗卫生服务远大目标。

二、深化发展阶段

在这一深化发展阶段,值得指出的是,在公共卫生方面,政府加强了特殊医学用途食品和婴幼儿奶粉产品的注册管理工作。随着我国互联网络技术的壮大发展,政府与时俱进,开始对互联网诊疗、互联网医院、远程医疗、网络餐饮、网售食品、网售药品等管理工作加以重视。

2015 年 8 月 29 日,全国人大常委会第十六次会议讨论并通过《刑法修正案(九)》,将"致使医疗无法进行,造成严重损失"纳入"聚众扰乱社会秩序罪"。这意味着"医闹"今后将入刑。维护医疗机构的秩序就是保护人民的健康。"医闹入刑"意味着医院有了一个法律的天然屏障,这也是最底线的保障。

为进一步维护正常医疗秩序,建立和谐医患关系,国家卫生和计划生育委员会起草了《医疗纠纷预防与处理条例(送审稿)》,报送国务院并向社会公开征求意见。意见征集截止日期为 2015 年 11 月 30 日。《医疗纠纷预防与处理条例》只有预防重于处理才能实现立法初衷,关键有四:其一,建立中国医务人员最高工作强度制度;其二,建立创收、工作量与医务人员收入脱钩的绩效考评制度;其三,摒弃"救死扶伤"的陈旧理念,树立"帮助病人"的全新理念;其四,建立高风险检查手术的强制无过错医疗意外保险制度,将医疗行为的高风险性社会化分担。

2016 年 8 月 26 日,中共中央政治局审议通过了"健康中国 2030"规划纲要,从而确立了今后 15 年推进健康中国建设的行动纲领。

2017 年 3 月,国家卫计委发布了新版《医师执业注册管理办法》,本《办法》于 2017 年 4 月 1 日正式实施。届时医师注册管理将迎来重大变化:医生区域注册制将推向全国;医师多点执业点数量不限,执业医师可异地多点执业;实行医师电子注册管理。修改后第 17 条明确提出,医师跨执业地点增加执业机构,应当向批准该机构执业的卫生计生行政部门申请增加注册。执业助理医师只能注册一个执业地点。此举等于放开了医生(执业助理医师除外)跨区域多点执业注册。从本质上说,此次出台的《办法》,就是激励医生走出去的"一子",但要盘活全局,还有赖于公立医院进一步的配套改革。让医疗资源真正流通起来,医生能获得与自身知识和资历都匹配的阳光收入,对于患者和医生双方来说,才是一种真正的双赢。

2017 年 12 月 13 日,最高人民法院发布《最高人民法院关于审理医疗损害责任纠纷案件适用法律若干问题的解释》(以下简称《解释》),从次日即 12 月 14 日起即施行。《解释》共 26 条,其中首次明确了医疗机构在紧急情况下经批准采取的救助措施引发纠纷,医疗机构不承担赔偿责任。其中,司法解释规定 5 种情形属于"不能取得患者近亲属意见",在紧急情况下,不需等患方书面同意,医生可以自行决定采取救治措施抢救生命垂危的患者,包括近亲属不明的,不能及时联系到近亲属的,近亲属拒绝发表意见的,近亲属达不成一致意见的,法律、法规规定的其他情形。针对上述 5 种情形,医疗机构自行采取措施的抢救行为将受法律保护。司法解释规定,在以上情形下,医务人员经医疗机构负责人或者授权的负责人批准立即实施相应医疗措施,患者因此请求医疗机构承担赔偿责任的,法律将不予支持;同时规定,医疗机构及其医务人员怠于实施相应医疗措施造成损害,患者请求医疗机构承担赔偿责任的,应予支持。《解释》在很大程度上消除了医疗机构的后顾之忧,使其在紧急情况下放心大胆地投入对患者的积极救治中去。本来,在病情与生命的危急关头,时间就是一切,也应当当机立断,是容不得耽误救治时机的。救死扶伤作为医生的天职,就应该赋予他们应有的救治权,使其没有后顾之忧地及时投入到紧急救治中去。相信《解释》实施后,患者会得到更好的救治,其生命健康会得到更好的保障,从而减少许多无谓的风险。

山东非法疫苗案件发生在 2016 年 3 月,山东警方破获案值 5.7 亿元非法疫苗案,疫苗未经严格冷链存储运输销往 24 个省市。疫苗含 25 种儿童、成人用二类疫苗。案件告破,检察机关对涉嫌非法经营疫苗犯罪的 125 人批准逮捕,立案侦查职务犯罪 37 人。该案件再次暴露我国二类疫苗的监管问题。2018 年 7 月 15 日,国家药品监督管理局发布通告指出,长春长生生物科技有限公司冻干人用狂犬病疫苗生产存在记录造假等行为,随后引起一系列连锁反应,至今仍余波未平。这是长生生物自 2017 年 11 月份被发现百白破疫苗效价指标不符合规定后不到一年,再曝疫苗质量问题。而伴随国家加强管理疫苗的决心和人们对疫苗问题的关注,出台疫苗管理法成为 2019 年卫生法领域的焦点。

2016 年发生的"魏则西事件",受百度竞价排名与莆田系医院的虚假宣传的影响,促使大学生魏则西因患滑膜肉瘤于当年 4 月医治无效而去世。他生前在知乎上描述自己的治病经过,通过百度搜索,发现了武警北京总队第二医院的生物免疫疗法,说可以治疗他的病。借钱完成治疗后出现了癌细胞肺部转移,随后才得知这种疗法无效。"魏则西事件"把中国最大搜索引擎百度的医疗竞价排名、莆田系、部队医院科室外包等问题推向了舆论口。随着事件的不断发酵,中国国家网信办的联合调查组调查百度,百度整改,中国部队医院亦被推动改革。2018 年是军改医院取得实质进展的一年,尤其体现在五大战区总医院的相继组建。新一轮军改启动后,原来以陆军为核心的七大军区调整为五大战区。在深化国防和军队改革中,为与新的领导指挥体制相适应,解放军调整组建了军委直属的联勤保障部队,负责管理辖区内的军队医院改革事宜。需要指出的是,军队医院的改革,必将促使部队医疗人才的流动,推动医疗人才市场化进程。

2018 年下半年,世界首例基因编辑婴儿轰动全世界。贺建奎公布了一项震惊业界的试验结果:两名被基因编辑过的女性双胞胎人类已经诞生。尽管贺建奎打着"免疫 HIV 病毒感染"的名号对人类胚胎进行编辑,但实际成果显示,这两枚最终出生的胚胎在相关编辑上是失败的——她们并没有能够获得免疫能力。而被编辑过的部分,以及由于 CRISPR 的脱靶效应造成的问题,会带来怎样的后果,仍是未知数。这一事件造成了巨大的影响,以至于美国的医学科研界以及世界卫生组织都将因此起草相应的规章条例,来详细规范基因编辑在人类胚胎上的使用。

2017 年 12 月《中华人民共和国基本医疗卫生与健康促进法(草案)》提请第十二届全国人民代表大会常务委员会第三十一次会议进行审议。草案首次在法律层面上直接提出健康是人的基本权益,以及国家实施健康中国战略。根据近年来的改革实践,草案提出了公民依法享有健康权,国家和社会依法实现、保护和尊重公民的健康权,并明确"公民有依法参加基本医疗保险的权利和义务",对公民的健康教育权、疫苗接种权利、特殊情况下的知情同意权、个人隐私权以及应当相应履行的义务作出了具体规定。此外,草案提出了促进健康的系列制度设计和规定,规定了政府和社会在构建健康支持性环境中的职责和任务,同时也强化个人的健康意识和责任,力求通过法律的引领,培育人人参与、人人建设、人人共享的健康社会。草案第四章对构建医疗卫生服务体系作出了系列规定,提出医疗卫生机构以公立医疗卫生机构为主导,坚持非营利性医疗机构为主体、营利性医疗机构为补充的总体布局,鼓励社会力量举办医疗卫生机构。为了使医改的一些重要举措于法有据,草案将医改中行之有效的政策用立法的形式固定下来。比如,在推进分级诊疗制度方面,草案第 50 条明确提出:"国家对基本医疗服务实行分级诊疗制度。分级诊疗实行首诊负责制和转诊审核责任制,鼓励非急诊患者首先到基层医疗卫生机构就诊,逐步建立起基层首诊、科学转诊的机制,并与基本医疗保险制度相衔接。"草案同时健全了药品保障制度,涉及实行基本药物制度,健全药品供应保障制度,建立健全药品储备制度,药品价格监测体系,建立药品监测预警机制和短缺药品生产供应机制等。在第 65 条,草案特别提出基本药物全部纳入基本医疗保险药品报销目录,实行最优惠的报销政策,确保基本药物公平可及、合理使用。2018 年 10 月 22 日,草案提请十三届全国人大常委会第六次会议进行第二次审议。这是卫生与健康领域第一部基础性、综合性的法律,旨在落实宪法关于国家发展医疗卫生事业、保护人民健康的规定。十二届全国人大常委会第三十一次会议 2017 年 12 月对该法草案进行初次审议后,常委会组成人员和各方面普遍认为,制定该法对于保障和实现人人享有基本医疗卫生服务、发展医疗卫生事业、深化医药卫生体制改革,提高公民健康水平,推进健康中国建设,具有重要意义,同时也提出了修改完善的意见建议。为进一步体现保障基本医疗卫生服务公平可及,草案二审稿提出,公民依法享有从国家和社会获得基本医疗卫生服务的权利。国家建立基本医疗卫生制度,建立健全基本医疗卫生服务体系。针对基层医疗卫生服务能力薄弱的现状,草案二审稿明确,国家采取多种措施,优先支持基层医疗卫生机构发展,提高基层服务能力。为增强医改有效措施的制度刚性,草案二审稿规定,国家推进基本医疗服务实行分级诊疗制度;国家推进基层医疗卫生机构实行家庭医生签约服务模式。针对问题疫苗案件暴露的突出问题,草案二审稿增加规定,国家实行有计划的预防接种制度。用于预防接种的疫苗应当严格按照药品生产质量管理规范生产,符合国家药品标准,保证安全有效。国家对儿童实行预防接种证制度。为落实"大健康"理念,草案二审稿提出,将公民主要健康指标的改善情况纳入政府目标责任考核。此外,草案二审稿还增加了不少健康促进措施:国家加强影响健康的环境问题预防和治理,组织开展环境质量对健康影响的研究,采取措施预防和控制与环境问题有关的疾病;国家建立科学、严格的食品、饮用水安全监督管理制度;加强全民健身指导服务,普及科学健身知识和方法。

2019 年 3 月 5 日,李克强总理在政府工作报告中指出:继续提高城乡居民基本医保和大病保险保障水平,居民医保人均财政补助标准增加 30 元,一半用于大病保险。降低并统一大病保险起付线,报销比例由 50% 提高到 60%,进一步减轻大病患者、困难群众医疗负担。加强重大疾病防治。我国受癌症困扰的家庭以千万计,要实施癌症防治行动,推进预防筛查、早诊早治和科研攻关,着力缓解民生的痛点。做好常见慢性病防治,把高血压、糖尿病等门诊用药纳入医保报销。抓紧落实和完善跨省异地就医直接结算政策,尽快使异地就医患者在所有定点医院能持卡看病、即时结算,切实便利流动人口和随迁老人。深化公立医院综合改革。促进社会办医。加快建立远程医疗服务体系,加强基层医护人员培养,提升分级诊疗和家庭医生签约服务质量。坚持预防为主,将新增基本公共卫生服务财政补助经费全部用于村和社区,务必让基层群众受益。加强妇幼保健服务。支持中医药事业传承创新发展。药品疫苗攸关生命安全,必须强化全程监管,对违法者要严惩不贷,对失职渎职者要严肃查办,坚决守住人民群众生命健康的防线。在国家基本药物制度在基层全面实施并向大医院延伸,取消绝大部分药品政府定价,对部分专利药品、独家生产药品由国家开展价格谈判,首批谈判药品降价50%以上。种种举措共同作用下,过去"看病贵"的局面获得了极大改善。我国健康事业的发展,公共卫生医疗体系的完善,最直观的体现就是公立医院公益性的回归。近些年来,公立医院改革在控制医疗费用方面取得了积极进展,医疗费用涨幅明显下降。随着药品价格透明化以及公立医院统一取消药品加成,群众切实感受到了降负成果。建构一套普惠而高效的公共医疗卫生制度,素来是世界性的难题。对发展中国家来说,要实现这一目标更是困难重重。而必须看到的是,中国近些年来在此方面成绩斐然,其创造性的改革路径以及制度设计,堪称全球瞩目的中国方案。

总之,相较于2003年至2013年的完善阶段,深化发展阶段在卫生领域的健康保障和医学伦理方面出台的规范性法律文件还不全面,但是在国家和社会未来的发展过程中,这两方面国家和政府将会有所建树。在健康保障的医疗保障政策方面,自2009年新医改政策提出到2019年十年期间,政府一直并将持续致力于医疗体制改革的实践探索和调整修正。

第四节　卫生行政法制度的发展展望

从卫生行政法制变迁的40年来看,卫生行政法制度的及价值取向应当是落实宪法关于健康权保障的基本要求。任何国家或者地区的基本医疗卫生行政法律的重要目的基本上都是促进国民健康与保障国民健康权的实现。从本质上来看,国家和政府提供基本医疗卫生服务的核心目的都是解决公民健康权的保障问题。开展卫生行政立法工作,旨在实现和落实全体公民人人可以享有,政府和社会都能够承担的与经济发展相适应的基本医疗卫生服务,并且通过预防、治疗和卫生保健等基本医疗服务职能,促进社会成员健康权的保障与实现。因此,卫生行政法制度应以《宪法》关于健康权保障的基本要求为依据,同时符合《立法法》要求的基础上具体涵盖公法和私法、实体法和程序法的相关内容来构建基本医疗卫生法的法律体系,力图创设一部具有医学与法学的跨专业融合性、综合性的卫生行政法律制度体系。

一、公民的健康和健康权益保障是卫生行政法制发展的核心价值

健康是人全面发展的基础,是千家万户的幸福源泉。以健康为载体的健康权由最初的人类观念形态转化为宪法的基本权利,这个过程经历了核心内容的不断

丰富与完善,宪法基本权利内涵也得以彰显。健康权是一项混合性质的综合性宪法权利,包括从社会权角度剖析的积极权利性质以及从人权角度观察的消极权利性质。社会福利国家其本质上要求国家不得直接或间接地干预公民享有健康权,同时,对公民健康权的保障还要求国家通过立法与颁布相关法规,使得人民可以享有平等、公平与共享的优质健康服务及健康设施。一方面,国家在制定健康权保障施政方针与措施及进行健康成本的分配比例与资源配置的过程中,应当时刻铭记负有创设条件来实现公民健康权的义务。另一方面,当前,我国医药卫生事业发展水平与人民群众健康需求及经济社会协调发展要求不适应的矛盾还比较突出。国家应当高度关注人民健康权的实现问题,在最大程度上实行公正、公平的医疗卫生政策,强化政府责任,使得普通民众能够享受普遍的健康保健服务及适当的卫生条件。人民可以要求保障其个人最基本生存环境的权利,国家不能只消极地不加侵害,必须扶助社会弱势群体,并维持其基本生活的需要,这就更要求国家应有积极作为,使全体公民在生理与心理健康方面的最基本权利得以真正实现。

(一)卫生行政法制发展要求国家和政府对公民健康权益负担不侵害义务

健康权首要的功能体现为防御权,即防范国家对个人健康权的损害甚至剥夺。因此,健康权的防御权功能要求国家不得侵害个人的健康权,例如,不得侵害健康的生活环境、职业健康、精神健康等。一旦国家作出此等行为,个人有权请求国家停止侵害。因此,健康权的防御权功能中还包含着一项主观的请求权。在实践中,国家侵害个人健康权的例子日益多见,例如国家进行核武器实验侵犯公民健康、监禁犯人侵犯其精神健康、政府经营烟酒公司直接或间接侵害公民健康、政府开办的血站致输血者感染艾滋病等。因此,在健康权这里,首先强调国家的不侵害义务是必要的。

国家的不侵害义务是指国家的法律、政策、行动等不得阻碍或干扰人们享受健康权的能力。这实际上是对所有国家机关提出的要求。立法机关所制定的法律不得侵犯公民的健康权。行政机关在行使行政权的过程中也不得侵犯公民的健康权,司法机关在裁判时要充分考虑到值得宪法保护的健康法益,在解释和适用法律的过程中不得侵犯健康权。国家不得侵害健康权是否意味着健康权不能被限制?有学者认为,不存在对健康权的限制。其理由在于,生命、健康等涉及人性尊严的法亦应受到宪法和法律的绝对保护,为基本权利的核心价值,不得限制。从理论上说,生命、健康虽然涉及人性尊严,但并不是人性尊严本身,因此,它们并非绝对不可限制。另外,生命、健康虽然都是重要的基本权利,是其他基本权利实现的基础。但严格说来,生命与健康并不能等量齐观。即使认为生命权不能被限制(如禁止死刑),但是,健康权的限制并不是不可想象的。例如,当涉及严重的传染性疾病暴发或传播的紧急公共卫生事件时,国家可以对健康权予以适当的限制。

国家对不侵害义务的违反主要有两种情形:第一,国家对于健康中立义务的违反。国家在食品、医疗、卫生等健康资源的分配上对于不同群体、个人予以歧视对待。目前，我国最为突出的健康歧视发生于城市和乡村之间，城市的人口比例与城市占有的健康资源的比例严重失衡。第二，国家对于健康自由权的侵害，既可能通过积极的行为，如酷刑、身体或心理的虐待，也可能通过消极的行为，如故意延迟提供或隐瞒健康保护或治疗的有关信息；既可能是直接危害健康的行为，如上述几种行为，也可能是对不健康习惯的助长行为，如鼓励吸烟、饮酒或服用其他有害物质。

（二）卫生行政法制发展要求国家和政府对公民健康权益负担不侵害义务

健康权具有典型的社会权面向，《经济、社会与文化权利国际公约》纳入健康权就是一个明证。在这种权利属性之下，公民有权从国家获得与健康有关的利益。因此，健康权具有受益权的功能。健康权的受益权功能对应于国家的给付义务。国家通过采取积极的行动为公民提供促进和改善健康水平的物质条件和资源。依照经济、社会和文化权利委员会对《经济、社会与文化权利国际公约》的解释，健康权要求国家采取适当措施（包括行政措施）以充分实现健康权，如：提供卫生保健，包括保证所有人获得富于营养的安全的食物和清洁的水，基本卫生条件和适当的住房和生活条件；提供足够数量的医院、诊所和其他卫生措施，促进和支持建立提供咨询和精神卫生服务的机构；提供所有人都能支付得起的公共、私营或混合健康保险制度，开展宣传活动等。

国家给付义务的实现同样有赖于立法机关、行政机关和司法机关的协力。对于健康权这样的社会权，它的实现尤其需要立法机关对于国家给付的种类、范围、条件等作出明确的规定。只有立法机关明确了国家给付的具体内容，行政机关才得以依照法律的规定履行给付义务。如果行政机关没有依法履行给付义务，个人得依据法律之规定向行政机关提出履行的请求，甚至向法院提出针对行政机关的诉讼。因此，作为受益权的健康权是需要立法形成的基本权利。一般来说，仅仅从宪法上关于健康权的规定无法直接推导出相应的请求权。当然，这里可能存在例外的情形。例如，健康权结合人权条款（《宪法》第 33 条第 1 款）可以推导出对于符合人性尊严的最低标准的健康权的请求权。这里的最低标准可以考虑基本初级卫生保健、最基本和有营养的食物、卫生条件、安全的饮用水、基本药物等方面。

健康权的实现在很大程度上取决于国家的财政能力和其他资源供给能力。一个国家的经济发展水平与健康权的实现息息相关。资源的有限性决定了国家实现健康权可能是一个"逐渐的"过程，而不是一蹴而就的。在此过程中，国家应该以最大的诚意、以最有效的资源利用方式、尽可能地促进健康权的实现。当然，最低标准的健康权不属于这里所说的逐步实现的权利内容，对于最低标准的健康权，国家需要"立即"履行其给付义务。另外，即使对于逐步实现的内容，国家也并未必是在一个共同的过程中平均化地予以实现。国家可以选择某些事项予以优先实现。但是，这种优先顺序的确定必须要经过审慎的议会民主程序，以保证健康权实现的公平、公正。

(三)卫生行政法制发展要求国家和政府对公民健康权益负担保护义务

对健康权的侵害除了来自国家之外,也可能来自国家之外的第三方。在现代社会,随着社会主体的发展和膨胀,这种趋势越来越明显。因此,就健康权的保障而言,国家不但要自我克制,而且要防范公民受到第三方的侵害。国家不是在制度、组织、程序上提供权利实现的条件,而是直接保护公民免于第三方的侵害,所以,在某些情况下,行政机关和司法机关也被认为应当承担对基本权利的保护义务。

立法机关通过行政法的建构,采用行政处罚、行政强制、行政征收、行政检查、行政命令等对相对人不利的方式,建立行政法秩序,保护公民的健康权益免受他人的危害。例如,制造、买卖、储存、运输、邮寄、携带、使用、提供、处置传染病病原体(《治安管理处罚法》第30条),用非食品原料生产食品或者在食品中添加食品添加剂以外的化学物质(《食品安全法》第85条),医疗机构使用假药、劣药尚未构成犯罪的(《中华人民共和国药品管理法实施条例》第68条)等行为都由相应的行政法规范予以规制。行政法上规定的保护责任主要由行政机关来承担。行政机关应该专业、及时、高效地履行其保护职责,防止公民的健康权受到第三方的侵害。

(四)卫生行政法制发展要求国家和政府对公民健康权益负担制度保障义务

制度性保障最早是由卡尔·施米特提出的。按照施米特的观点,制度性保障是指在宪法的规范之下,某些具有一定范畴、任务及目的制度应为国家宪法所承认,受到宪法的特别保护,而非立法者所能加以废除。这些制度无论在逻辑上还是法律上都完全不同于基本权利,二者要予以严格区分。施米特提出制度性保障的初衷实际上是要将前国家的古典自由(基本)权与宪法所承认的价值区分开来。健康权属于宪法所承认的价值,但不属于古典自由权。因此,健康保障制度是宪法所承认并受宪法保护的制度,立法机关不得随意的废除或放弃。不唯如此,立法机关还必须积极地建构和维护各种制度,如卫生制度、医疗保障制度、食品安全制度、药品供给制度、环境保护制度等,保障公民享有适当的健康照护和健康的基本前提条件。

改革开放以来,我国在医疗、卫生、健康方面的立法逐步完善,制定了《传染病防治法》《食品安全法》《药品管理法》《职业病防治法》等相关法律,也制定了《医疗机构管理条例》《突发公共卫生事件应急条例》《化妆品卫生监督条例》等行政法规,初步形成了我国医疗、卫生、健康的法律框架。但是,也可以看到,我国在医疗、卫生、健康方面仍然存在很大的制度完善的空间。例如,在医疗保险方面,我国目前没有专门的法律予以规范。《社会保险法》虽然以专章作了规定,但比较笼统、原则。它对于职工基本医疗保险制度作了一些规定,但对于城镇居民基本医疗保险和新型农村合作医疗没有作太多的规定,仅规定国家建立和完善城镇居民基本医疗保险制度,并授权国务院规定新型农村合作医疗的管理办法。国务院虽然制定了农村合作医疗方面的行政法规,但由于其效力等级较低,以及制度设计不尽完善,影响了农村医疗保险制度的效果。因此,我国需要制定一部专门的《医疗保险法》对公民的医疗保险作出统一的规定。再比如,我国只有个别地方通过地方性法规或规章的形式禁止在公共场所吸烟,但在国家层面尚缺乏一部"控烟法"。实际上,我国的吸烟者已经超过 3 亿人,7.4 亿人受到"二手烟"的危害,每年死于吸烟相关疾病的人数高达 140 万人。我国已经成为吸烟的最大受害国。

当然,制度性保障课予国家的义务与国家的给付义务可能存在一定的交叉与重合。国家的给付义务也包含有"制度"给付的内容,但是,它主要指的是有行动能力的行政机关向公民提供实现健康权所需要的设施、物品、服务、条件等。因此,给付义务强调的是国家的行政给付。制度性保障更加强调国家建立、健全、维护实现健康权的各种制度、政策,体现制度的面向。

(五)卫生行政法制发展要求国家和政府对公民健康权益负担组织与程序保障义务

对于健康权的实现,国家有义务提供适当的组织和程序。组织和程序保障有三个方面的内容:第一,积极创造一定的条件,以利于健康权的实现。二是防患于未然,使对健康权的损害之可能性通过组织和程序保障降到最低点。三是当特定公民的健康权受到侵害之时,特定组织和程序提供个人救济以恢复健康权。

就健康权的组织保障来说,国家在建立健康制度时,尤其要注意设计相关的组织,以保障健康权的真正实现。例如,在构造环境污染危害公民的身体健康的环境保护制度时,应该设计相应的"公益组织",允许它代表公民就环境污染侵害公民健康的事件提起诉讼。《环境保护法》第 58 条规定,一定的公益组织可以对污染环境、破坏生态,损害社会公共利益的行为向法院提起诉讼。但是,公益组织能否代表公民起诉行政机关不履行监管职责的行为,法律并没有作出规定,这在一定程度上影响环境保护法执行的效果。另外,健康权实现的程序保障也尤其重要。立法机关仅仅把权利的具体内涵规定下来是不够的,它有义务去规定这些权利受到侵害时如何寻求司法救济。再如,对于一些适用政府定价或政府指导价的药品,国家有必要建立价格听证制度。虽然价格法对于价格听证作了一般性规定,但药品价格听证需要由立法者予以具体地建构。这种听证制度也是有利于健康权实现的程序保障。再如,针对国家权力侵犯健康权的情况,尤其是立法者侵害健康权的情况,我国的法秩序目前还没有提供有效的救济途径。公民尚不能以宪法上的健康权为依据向法院或其他司法性质的机构提起宪法诉讼。这不能不说是宪法实施中的一大缺憾。未来,在构建和完善我国宪法监督制度的过程中,尤其应该注意这种因为具体争议引起的宪法审查方式。

二、卫生行政法发展的核心方略——"卫生基准法"的出台

我们应当意识到的是虽然我国目前仍未出台卫生法的基准法,但是卫生法母法《基本医疗卫生和健康促进法》的立法工作已全面启动,并将该法定位为一部落实《宪法》基本要求、指导医药卫生体制改革发展大局、关系群众切身利益、保障公民健康权益、对经济社会发展影响重大的重要法律。《中共中央国务院关于深化医药卫生体制改革的意见》(中发〔2009〕6号)提出"基本医疗卫生立法"这样一个医改法律概念,该《医改意见》的政策导向主要包括:建立基本医疗卫生制度、加快推进基本医疗卫生立法、保障人人享有基本医疗卫生服务。以国家医改政策为指导,建立配套卫生法律制度,力求在最大程度上确保公民健康权的尊重、保护和实现。国务院《"十二五"期间深化医药卫生体制改革规划暨实施方案》(国发〔2012〕11号)中亦指出:随着新医改向纵深推进,利益格局深刻调整,体制性、结构性等深层次矛盾集中暴露,改革的难度明显加大,制度法规建设的任务更加紧迫。在我国政府大力支持的政策导向指引下,牵动我国13亿人口健康保障的《基本医疗卫生法》终于在2014年12月30日正式提上立法日程,骤然引发举国关切。《基本医疗卫生法》是一部落实《宪法》基本要求、指导医药卫生体制改革发展大局、关系群众切身利益、保障公民健康权益、对经济社会发展影响重大的重要法律。卫生法母法从人大代表递交提案,到列入立法规划,再到启动实质立法程序,历时十余年,屡经更名,立法路程荆棘丛生,曲折蜿蜒。从我国固有的立法体系规划设计中进行观察,公开资料显示,《基本医疗卫生法》的归入法律类别由"行政法"转换到"社会法"再变更到"第一类项目",名称也由"初级卫生保健法"被更名为"基本医疗卫生保健法"再更名为"基本医疗卫生法"直到正在被二审的"基本医疗卫生和健康促进法"。

为了促进卫生行政法的发展,《基本医疗卫生和健康促进法》的核心内容最重要的是明晰与强调国家在对公民提供基本医疗服务的过程中应当履行的健康权保障责任。对比国际社会卫生基准法的立法内容与经验,基本医疗卫生法立法内容应在健康权的宪法保障的基本要求指导下,首先,明确基本医疗服务的范畴,把基本医疗服务定位在健康权保障的范畴内,通过立法为健康权中最核心的基本医疗与卫生保障相关权利设置规范和救济渠道,从而切实有效地实现《基本医疗卫生和健康促进法》的立法目的。其次,恪守基本医疗卫生法立法基本原则,从公共卫生法律制度、基本医疗服务体系制度化、食品安全健康保障法律制度、基本药物制度、基本医疗保险制度、基本医疗救助制度、基本医疗卫生监管制度、基本医疗卫生法领域对健康权的救济制度以及特殊及弱势群体人群健康保障法律制度等方面展开研讨,通过实证分析不断丰富《基本医疗卫生法》的立法内容。同时,2014年10月30日,《人民政协报》发表题为《积极推进基本医疗卫生法立法》的文章,也建议在《基本医疗卫生法》的立法中,以实实在在的具体举措保障人民群众少生病、看得上

病、看得起病、看得好病的基本需求。同时建议实施"科教兴医、人才强医"战略,以政策的吸引力重点解决基层卫生机构人才问题,使人才"下得去、留得住、用得上";促进新药和新型医疗器械的国产化,提升以医疗技术为支撑的医疗服务能力和水平,使人民群众看得好病。

总之,《基本医疗卫生法》的立法动议为落实卫生行政法的发展提供了一个有利的契机,也为学者们表达各自对基本医疗卫生法的立法构想创造了平台。基本医疗卫生服务应该是健康权核心内容基本医疗与卫生保健权利的综合体现,国家和政府保障公民在罹患普通疾病时得到基本的医疗卫生服务是国家和政府健康给付的第一要务,通过卫生基准法相关制度的规范来履行国家对公民健康权益的给付义务是任何一个法治国度的当务之急。同时,迫切需要该法律的出台能使得宪法关于健康权保障的基本要求落到实处,从而为实现与完善卫生行政法的进一步发展奠定基石。

三、卫生行政法发展的典型特征——卫生应急立法

卫生行政法发展历程中的一个最重要的特征就是应急立法的特征,针对突发公共卫生事件应急法制是规范政府应对突发公共卫生事件各种措施,保护公民合法权益的法律规范的总称,是国家权力与公民权利、公共利益与个人利益的一种平衡。我国为公民提供的在公共卫生及医疗保健方面的健康权保障是可圈可点的。近年来威胁公众健康的突发性公共卫生事件偶有发生,诸如 2003 年的"非典"事件及 2011 年我国台湾地区的"塑化剂"事件。

与一般法律制度相比,突发公共卫生事件应急法律制度具有如下特征:(1)紧急处置性;(2)权力优先性;(3)程序特殊性;(4)医疗救助性;(5)社会配合性;(6)救济有限性。纵观各国应对公共卫生事件法制,结合我国应急卫生行政法律政策的规定,突发公共卫生事件行政应急法制制度的构成应从以下几个方面进行完善:(1)程序制度。程序是应急行为从始至终的步骤、方式和时间、顺序等构成的过程。程序制度是行政法制中至关重要的制度。对突发公共卫生事件来说,程序制度应该包括启动程序、运行程序和解除程序。突发公共卫生事件应急法制的启动、运行和解除程序应由行为主体、行为方式、时间、违反程序规定的法律后果几个部分构成。(2)权力配置制度。权力配置分为分权和集权两个方向,在应对突发公共卫生事件时,分权和集权都存在。分权强调应急反应的灵活和效率,集权则体现应急措施的统一性和协调性。从权力配置的制度构成上看,主要包括:权力主体、权力范围、违反权力配置的法律责任。应急指挥组织设置属于权力主体范畴,另外权力主体还包括基层医疗机构、各级人民政府及其卫生行政机构、其他需要其配合行政机构。每种主体都配置不同的应急权力。如应急指挥机构的人员调配权、基层医疗机构的隔离治疗权和医学观察权、公安部门的强制隔离权、媒体报道权等。权力的

具体范围均应有法律规定。作为完善的制度,保证应急权力的有效运行必须规定违反权力配置的法律后果。(3)监测预警制度。突发公共卫生事件的监测是全面、及时地捕捉疫情的动态信息。突发公共卫生事件的预警"是由卫生行政部门根据监测所得的信息,及时社会发出突发公共卫生事件可能发生的预警报告"。从制度构成来看,监测预警制度应该包括监测预警的主体、内容、方式、时间和违法责任几个部分。为确保监测信息的及时、准确,应建立一个监测网络体系。预警必须及时。规定卫生行政当局平时定期通过大众媒体发布公共卫生新闻,报告发病情况、趋势和预防措施。预报信息必须准确、及时、权威。违反法律规定的应该承担相应的法律责任和纪律处分。(4)应急处置制度。应对突发公共卫生事件必定要采取一定的措施。应急处置措施应当果断、有力、有效,不能随意采取,因此,必须有法律的规定,或者依据法律授权制定。与权力配置制度相衔接,应急处置制度应该由处置主体、处置措施、处置时间及违法责任几个部分构成。强调处置时间规定。应急处置措施包括行政当局积极指挥、迅速进行医疗救治和积极开展疾病控制工作几个方面。(5)权利保障制度。法律制度建立的最终价值目标就是保障权利。权利保障制度主要由权利保障主体、权利保障的范围、权利保障的措施、权利救济几部分构成。从权利保障的主体来看,突发公共卫生事件应急法律制度不仅应该保障一般普通公民的合法权利,也不应该忽视对特殊群体的权利保护。权利保障的措施可以各种各样,如经济补偿、精神补偿等。权利救济制度不可少,"无救济则无权利",法律规定了权利保障制度,就应该允许公民在权利受到侵害时有获得救济的权利。(6)信息公开制度。信息公开制度是突发公共卫生事件应急法律制度的重要基本制度。从其制度构成上看,主要包括:信息公开的主体、信息公开的时间、信息公开的方式、违反规定的责任。对突发公共卫生事件而言,信息公开的主体应该具有权威性,公开的信息具有可靠性,同时对突发公共卫生事件的应对具有指导性。信息公开的及时性也是应对突发公共卫生事件的要求,也是信息公开制度的基本构成之一。因此,为了更好地发挥卫生行政法律制度在应对突发性和重大公共卫生事件的作用,必须积极完善立法技术和实现实际运行。

四、卫生行政法发展的显著标注——和谐医患关系的建立

近些年,暴力伤医事件频发,暴力程度逐步升级,医患关系成为社会关注焦点。医患信任解体及畸形的"以药养医"现象都是医患纠纷存在的复杂而深刻的原因。在这种医患纠纷案件频发且冲突严峻的形势下,诸多有识之士亦通过不同角度为

医患纠纷的解决、医患关系的改善提供方案和策略。① 尽管这些方式和策略五花八门且众说纷纭，但是，从目前的整体形势来看收效甚微，社会上不乏出现极端"暴力伤医"案例。2014 年 6 月 2 日，湖南中医药大学第一附属医院发生一起暴力伤医事件便是其中一例。② 众所周知，医疗纠纷的解决往往成为医患双方自由博弈的结果，在极端情况下甚至出现"以闹维权"的情况。目前自媒体以及互联网技术的发达使得类似事件的扩散速度和影响力大为增强，加之诊疗行为的专业性和信息不对称性，易使医疗纠纷出现一边倒的局面。医院集中、医疗纠纷频发的城市"职业医闹"业已成型，而这种非常规、非正常的纠纷解决方式具有很强的示范效应，在某种程度上加剧了医患矛盾的恶化趋势，增加了医疗纠纷解决的困难程度。基于医患关系的严峻形势与"以闹维权"社会乱象的严重程度，2015 年 8 月 29 日，全国人大常委会表决通过了《刑法修正案（九）》，其中，将《刑法》原第 290 条的"聚众扰乱社会秩序罪"这一条款增添"医疗"一项，即"聚众扰乱社会秩序，情节严重，致使工作、生产、营业和教学、科研、医疗无法进行，造成严重损失的，对首要分子，处三年以上七年以下有期徒刑"。正如上文所述，"医闹"将正式入刑，这项规定是对医生、护士等医务人员等特殊职业群体的生命健康权的保障，也是打击"以闹维权"以及缓和医患关系极端化的依据。

在这种医患关系存在的社会背景下探索建立融洽与和谐的医患关系首先需要医患双方都能够树立正确的责任意识，而卫生专项行政立法也需要加紧跟进才能与其他部门法相互配合共同为构建良好医患法制环境作出推进。早在 2007 年卫生部、国家中医药管理局、中国保监会就联合下发了《关于推动医疗责任保险有关问题的通知》，明确要求医疗单位要树立正确的风险意识，积极参与医疗责任保险，通过保险化解医疗风险。2009 年国务院先后出台了《中共中央国务院关于深化医药卫生体制改革的意见》和《国务院关于印发医药卫生体制改革近期重点实施方案

---

① 2014 年 3 月 6 日，全国政协医卫界别 90 位委员联名向大会递交"紧急提案"，建议将医疗机构列为公共场所进行安保，并由国务院法制办牵头，尽快制定出台《医疗机构治安管理条例》。全国政协医卫界、农工民主党，均以界别、党派提案的形式，呼吁国家有关部门尽快阻止医院暴力事件再发生，维护医疗秩序，维护医生的尊严和生命。参见《90 位委员联名递交提案要求立法遏制暴力伤医》，http://lianghui.blogchina.com/2110110.html，最后访问日期：2015 年 4 月 18 日。

② 2014 年 6 月 2 日，湖南中医药大学第一附属医院发生一起暴力伤医事件。一名肺癌并多发转移患者因抢救无效死亡，参与抢救的值班女医生和一名怀孕 5 个半月的值班护士被家属暴力殴打致伤，家属还逼值班医生下跪，对其实施殴打。据湖南省卫生厅介绍，医生王雅被患者家属殴打致颅脑损伤：脑震荡、头皮血肿、创伤性蛛网膜下腔出血，多发性软组织挫伤，耳鸣、听力下降，外伤性耳聋，外伤性子宫损伤。护士谭小飞因被患者家属殴打恐吓导致晚期先兆流产。目前两名医务人员正在医院住院接受治疗。在此过程中，死者家属还多次公然侮辱、恐吓医务人员，打砸医生办公室，殴打医院保安，在病房烧、撒纸钱，点蜡烛，直到 2 日下午 5 点才将死者尸体移离病房，严重扰乱了医院正常的医疗秩序。

（2009—2011 年）的通知》明确了我国医药卫生体制改革的指导思想、基本原则和总体目标。其次，明确人民调解医患纠纷结论的法律效力。通过法律、法规授权专门负责解决医疗纠纷的社会组织足够的法律地位，明确其所出具文书的效力等级，同时简化调解协议司法确认的要求，在人民调解与诉讼的制度衔接上明确调解协议的初步证据效力以及针对诉讼当事人的禁止反言制度。此外，可以效仿西方发达国家的庭前和解和诉讼交易制度，探索建立起不同纠纷解决进程环节的比例赔偿制度，通过经济手段引导当事人节约司法资源，鼓励当事人自行和解。再次，以尽快救济受害人为基点，建立具备公信性的独立的第三方鉴定机制。在摒弃了有失公允的"自我鉴定""上下级鉴定"等传统模式的基础上，使鉴定意见和结论能够得到索赔、诉讼等各环节的采信。同时改变鉴定结论的用途，不再直接将上述医疗赔偿鉴定结论作为统计医院差错率、责任事故率的指标和相应的医院或医生的评级考核依据。而是通过建立公共开放的数据平台，逐步积累鉴定数据，构建起医疗损害赔偿数据库，从而解决当前医疗责任保险真实信息不充分、不对称、缺乏相应的风险测算依据等问题。最后，探索互助组织纠纷解决机制的运作模式。结合当前不断发生的暴力伤医事件，建立以维护医生权益的，以医生个人身份加入的医疗从业互助组织。建立医疗人员职业行为风险基金，实现行业内的风险转移和行业自保。总之，在这种医患关系的指引下才能促使医疗机构和医务工作人员能更好地为患者提供完善的医疗服务，从而促使卫生行政法的进一步发展。

五、卫生行政法发展的核心目的——保护公民公平、平等地享有基本医疗卫生服务

卫生行政法发展究竟是为了所有公民还是仅仅为了一部分人？这个问题可能是我们在进行医疗卫生体制改革的时候需要解决的一个理念层面上的先决问题。这或许能为我们提供一种新的思路：在构建卫生行政法律体制的时候，应将更多的注意力放在如何保障公民健康权获得救济上面以及如何限制政府侵犯公民健康权方面。古典宪政哲学认为，限制了政府的权力，公民的权利自然就得到了保障，这是从公民权利与政府公共权力的紧张关系中得出的结论。卫生行政法律制度的核心目的应当是保护公民公平、平等地享有基本医疗卫生服务，为了使这些法律制度能够发挥其应有的作用，并且适应卫生行政法制的发展进程，应当重点关注以下原则：第一，注重制度调研、我国国情及我国已有的一些地方立法或者实践的成功经验的理论与实际相结合的原则；第二，基本医疗卫生领域很多基础概念和含义并未界定清晰，诸如西方医学与民族医学、医疗行为的界定、血液的法律属性、医疗事故与医疗侵权的关系、医患法律的法律关系界定等具体问题，因此，在立法和实践过程中应当确立厘清争议问题的原则与界限。

卫生行政法律制度与公民健康权保障、基本医疗与卫生保健、医患关系的规制

等问题存在着密切联系,它的基本原则的设立自然也与这些问题休戚相关。在卫生行政法律制度基本原则的确立过程中,应当考虑包括公民健康权的保障原则,这是落实《立法法》的宪法原则的要求,同时,健康权的保障原则诸如公正平等原则、资源最优化配置原则、合理政策原则及紧急医疗救助原则与基本医疗卫生行政法制的立法基本理念也是不谋而合的,更重要的是只有将卫生行政法律制度定位在对公民健康权益的保障方面,才能真正实现公民享有基本医疗卫生服务和获得完善的法律救济渠道。

对比国际社会卫生基准法的立法内容与经验,卫生行政法律制度应在相关法律和规范性法律文件基本要求指导下,首先明确基本医疗服务的范畴,通过设置规范和救济渠道,从而切实有效地实现卫生行政法律制度的立法目的;其次,从公共卫生法律制度、基本医疗服务体系制度化、食品安全健康保障法律制度、基本药物制度、基本医疗保险制度、基本医疗救助制度、基本医疗卫生监管制度、基本医疗卫生法领域对健康权的救济制度以及特殊及弱势群体人群健康保障法律制度等方面完善,通过实证分析不断丰富和实践立法内容。在卫生行政法律制度中,以实实在在的具体举措保障人民群众少生病、看得上病、看得起病、看得好病的基本需求。实施"科教兴医、人才强医"战略,以政策的吸引力重点解决基层卫生机构人才问题,使人才"下得去、留得住、用得上";促进新药和新型医疗器械的国产化,提升以医疗技术为支撑的医疗服务能力和水平,使人民群众看得好病。

六、卫生行政法发展的重要举措——政府信息披露义务的履行

政府管制医疗机构的准入、管制医生的执业地点、执业范围,是担心信息不对称下,患者可能遭受的健康危害;政府管制药品销售,是担心患者潜在的用药风险;政府限制医疗机构的业务范畴,是防范机构服务能力与患者需求不相匹配;而医疗行业自身的专业复杂性带来的行业监管难度较高,又使得政府对放开管制慎之又慎。然而,互联网技术的发展极大地降低了信息不对称程度,相关各方交易成本大大减少,长效信誉机制逐步建立,从政府到社会各方在信息公开、数据公开的环境下进行监督监管更加便捷全面,资源优化配置效率明显提高,这使得政府多年对医疗行业重重管制的理由将不复存在。此时,政府只需要建立强制信息披露制度,制定信息披露的规则,要求医疗机构、医生乃至药品销售机构的信息定期通过网络等渠道向社会公众公布,即可对医疗机构造成足够的约束,从而也减轻了政府自身的工作量和监管难度。只要政府建立强制信息披露制度,具体的监管工作无须政府亲为,切身利益攸关的患者和社会各界会,包括行业协会、媒体等将自发对医疗机构进行监督,通过社会声誉形成惩恶扬善的良性循环并且加强对医疗机构的第三方监督。

现阶段以基本医疗与卫生保障法律体系建构为重点推动卫生行政法律体制的

改革将是一个明智的选择。当前医保基金本身的可持续问题,也迫使我们必须完善医疗保障支付体系。从预防、诊疗、康复护理和临终关怀的角度引导构建新的符合生命规律的医保服务健康维护体系,根据疾病轻重缓急、难易不同引导患者取不同医疗水平层级的医院有序就医,充分盘活现有医疗资源的潜力,集约化运行整个基本医疗与卫生保障体系。同时,根据医疗需求与财政投入,合理增加新的医疗机构,构建患者经济实力和心理状态能接受的医疗保障支付体系,不断增强保障人民的健康水平。最终促使以患者健康权保障为价值取向的基本医疗与卫生保健法律体系的建立,这将是一个国家公民平等享有基本医疗与卫生保健服务的基础,也是卫生行政法制发展大的现实需要。

综上,公正是现代国家治理制度中最重要的道德原则,国家治理制度中体现的公正和正义要求全体社会成员对社会基本价值的平等分配才是符合实质公正与程序公正,这些社会基本价值包括最大限度的自由和机会、财富与收入的均衡、人性尊严的基础等方面。而实现社会基本价值的公正分配需要通过达成社会契约的形式与制定法律保障制度来完成。公民与国家所定的社会契约内容里主张国家或者政府对公民提供最基本的健康照护的义务是应然之意,在健康照护与疾病康复方面,此种契约被认为是理性契约,国家和公民均应认同且接受。因此,卫生行政法律制度的核心内容中最重要的是明晰与强调国家在对公民提供基本医疗服务的过程中应当履行的责任。在健康法治的发展进程中,为卫生行政法律制度提供了一个有利的契机,也为学者们表达各自对卫生行政法律制度的构想创造了平台。国家和政府保障公民在罹患普通疾病时得到基本的医疗卫生服务是落实健康权保障的第一要务,通过卫生行政相关基准法和制度的规范来履行国家与政府对公民健康权的给付义务是任何一个法治国度的当务之急。我国的卫生行政法律制度发展之路并非一帆风顺,但是我们的国家和政府顺势而为的施政举措也足以让人欢欣鼓舞,同时,迫切需要卫生行政法律制度的基本要求落到实处,精准实现我国卫生行政法制发展40年的历史使命。

第十五章

行政复议制度的变迁与发展

40 年来的改革开放,不仅是经济的改革,更是涉及我国政治、法治建设等方方面面的改革。我国现代的行政复议制度是在改革开放进程中发展的,行政复议的制度建设也伴随着改革的深入越来越完善。

第一节 行政复议的发展历程

一、行政复议的由来

复议在法律层面,包括行政复议和司法复议。行政复议是指公民、法人或者其他组织认为行政机关的具体行政行为侵犯其合法权益,向行政复议机关提出行政复议申请,行政复议受理行政复议申请、作出行政复议决定的法律制度。司法复议是指对司法机关作出的具体决定不服向原机关或上级机关提起的重新审查程序。行政复议重在由行政机关重新审查,司法复议主要是对程序性事项,由原机关或者上级机关进行的审查,如《法官法》第 25 条规定:"考核结果以书面形式通知本人。本人对考核结果如有异议,可以申请复议。"《民事诉讼法》第 47 条规定申请人对法院作出的回避决定不服的,可以在接到决定时向原法院申请复议一次。第 108 条规定当事人对保全或者先予执行的裁定不服的可以申请复议一次。第 202 条规定:"执行法院对执行异议作出裁定后,当事人、利害关系人对裁定不服的,可以向上一级法院申请复议。"本书所指的复议系指行政复议制度。

行政复议由"行政"和"复议"二次合成,行政法涉及的行政主要是公行政,不仅包括国家行政,还包括非国家机关的公共团体和组织从事的执行、管理活动。复议由"复"和"议"组成,字面意义为重复议论,再次议论,如《史记》载:"孝景用其计,而六国畔逆,以错首名,天子诛错以解难。事在袁盎语中。是后宫者养交安禄而已,莫敢复议。"现在复议一般限定在法律层面使用,中华人民共和国成立之后,"复议"作为一种救济程序被我国立法所采用。首开规定"复议"之先河的是 1950 年 9 月 1 日政务院第四十八次政务会议通过的《新解放区农业税暂行条例》,该《条例》第 23 条规定:"纳税户如认为有调查不实、评议不公或计算错误等情事时,得向农业税调查评议委员会声请复议、复核;如仍有不服,可再向乡(村)、区、县人民政府申诉;乡(村)、区、县人民政府应及时调查,由县人民政府依法裁定。但在申诉期间,纳税户须按原定税额如期交纳,俟裁定后清理之。"之后 1950 年 12 月 15 日政务院第六十三次政务会议通过的《税务复议委员会组织通则》和《印花税暂行条例》再次规定了"复议"制度。特别是《税务复议委员会组织通则》对行政复议的宗旨、解决争议的性质、行政复议的体制、行政复议机构的组成、运作要求等作出了既简要又明细的规定。

二、改革开放以来行政复议的变迁

(一)行政复议制度的建立(1978—1990)

"文革"之后,我国开始反思"文革"教训,对各方面工作进行恢复和整顿,法制得到发展,规范约束社会秩序的刑法、民法、诉讼法等法律在 20 世纪 80 年代初期相继出台。但是,约束行政机关的公法并未像上述法律那样顺利推进,步伐比较缓慢,步履更为艰难。中国公法学的真正发展、兴盛是在改革开放后的这 40 年。"1978 年成为我国当代公法制度建设的起始年份。"①改革开放初期,公法制度的改革主要是基于 1982 年出台的《宪法》,在经济建设层面展开的改革,公法制度建设也主要围绕经济建设展开。全国人大及其常委会颁布的法律以及国务院颁布的行政法规的立法目的或主要功能都旨在为经济建设创造一个良好的制度环境。

我国行政复议制度的正式建立要归功于 1989 年出台的《行政诉讼法》,该法规定了行政复议的基本框架、基本原则和核心内容。为了配合行政诉讼法的实施,1990 年 11 月 9 日,国务院第七十一次常务会议通过了《行政复议条例》,进一步规范、健全和发展了我国的行政复议制度。该条例共 10 章 57 条,分为总则、审理行

---

① 韩大元:《公法的制度变迁》,北京大学出版社 2009 年版,第 6 页。

政复议范围、复议管辖、复议机构、复议参加人、申请与受理、审理与决定、期间与送达、法律责任、附则。具有以下特点：

一是明确行政复议的目的是监督和救济之双重目的。《行政复议条例》第 1 条规定：为了维护和监督行政机关依法行使职权，防止和纠正违法或者不当的具体行政行为，保护公民、法人或者其他组织的合法权益，根据宪法和有关法律，制定本条例。

二是明确行政复议实行一级复议制。

三是《行政复议条例》对复议机关内设的负责有关复议工作的机构明确为复议机构，并在第四章整章规定复议机构。具体包括：复议机关应当根据工作需要，确立本机关的复议机构或者专职复议人员；县级以上的地方各级人民政府的复议机构，应当设在政府法制工作机构内或者与政府法制工作机构合署办公；行政复议机构或者专职行政复议人员在行政复议机关的领导下工作。

四是复议管辖为条条为主，即行政复议案件管辖实行"上一级主管部门"管辖为主，"本级政府"管辖为辅。对县级以上的地方各级人民政府工作部门的具体行政行为不服申请的复议，由上一级主管部门管辖，上一级没有相应主管部门的，或者法律法规规定由人民政府管辖的，由本级人民政府管辖。

五是《行政复议条例》定的程序属于外部程序，对内部程序未作规定。如复议期限、复议与诉讼的关系、复议答复制度等，但对复议审理程序等未作规定。

总体而论，《行政复议条例》从内容和形式上更多的是当时《行政诉讼法》的简单复制，很多是来源于《行政诉讼法》，在复议本身区别于诉讼方面的独特规定不多。

（二）独立行政复议制度的诞生（1990—1999）

1999 年，《行政复议法》出台，标志着我国独立的行政复议制度正式诞生。《行政复议法》规定了复议的原则、范围、程序、案件办理等。相比于《行政复议条例》，《行政复议法》具有以下特点：

一是删除了维护功能，强调防止、纠正、保护、保障和监督五项功能。

二是没有专设复议机构一章，由行政复议机关负责法制工作的机构办理行政复议具体事项，行政复议机关负责法制工作的机构即行政复议机构。复议机构增加了受理复议申请、处理或转送对规范性文件的审查职责。

三是扩大了受案范围。包括将申请行政机关发放抚恤金、社会保险金、纳入复议范围，将侵犯法律、法规规定的经营自主权扩大为侵犯合法的经营自主权。除列举的具体行政行为外，凡是认为行政机关的其他具体行政行为侵犯其合法权益的均可以申请行政复议。

四是对其他规范性文件允许申请人一并提出审查申请。开创了其他规范性文件一并审查之先河。

五是放宽复议申请期限。从复议条例规定的 15 日内提出申请扩展至 60 日。特殊情况下的申请期限也有很大变化,复议法规定因不可抗力或者其他正当理由耽误法定申请期限的,申请期限自障碍消除之日起继续计算。《行政复议条例》规定的是自障碍消除后 10 日内可以申请延期。

六是规定了可以口头提出申请。对于口头申请行政复议的,行政复议机关应当当场记录申请人的基本情况、行政复议请求、申请行政复议的主要事实、理由和时间。

七是对部门的复议申请,可以选择。除国家安全部门和实行垂直领导的行政机关的具体行政行为不服的申请,实行垂直复议外,其他对部门的具体行政行为的复议申请实行选择性双重复议。

八是新增了行政裁决制度。对国务院部门和省级政府的具体行政行为不服的,先原级复议,对复议决定不服的可以选择,既可以向法院起诉,也可以向国务院申请裁决,国务院作出的裁决是最终裁决。

九是部门派出机构的复议管辖。对部门派出机构以自己名义作出的具体行政行为不服申请的复议管辖,可以选择向设立该派出机构的部门或者该部门的本级人民政府申请。

十是加强对不予受理的监督。对不予受理行为,上行政机关有权实行行政复议监,对无正当理由不予受理的责令受理,必要时上级行政机关可以直接受理。

十一是扩大了申请人的知情权、查阅权和参与权。申请人和第三人可以查阅被申请人提出的书面答复、作出具体行政行为的证据、依据和其他有关材料。

十二是复议决定形式。增加了确认具体行政行为违法的决定。并且被申请人不提出书面答复、不提交当初作出具体行政行为的证据、依据和其他有关材料,视为具体行政行为没有证据,决定撤销该具体行政行为。被撤销的,不得以同一事实和理由作出相同或基本相同的具体行政行为。

十三是对自然资源所有权和使用权的确权决定不服的,实行复议前置。省政府确认土地等自然资源的所有权、使用权的行政复议决定为最终裁决。

(三)复议程序进一步优化时期(1999—2007)

《行政复议法》创立较晚,有关规定过于原则,实践中一些复议机关除了适用《行政复议法》外,还会参考适用《行政诉讼法》办案。随着行政诉讼制度不断健全、行政纠纷类型日益更新,行政复议与行政诉讼在制度上的脱节逐步明显,使得行政复议工作的开展受到了制度上的许多制约。又鉴于国务院《全面推进依法行政实施纲要》对依法行政提出了新要求,根据党的十六届六中全会提出的"完善行政复议制度"的要求,有必要总结行政复议实践经验,把行政复议法规定的各项制度具体化,进一步增强行政复议制度的可操作性,国务院原法制办公室起草了《行政复议法实施条例》。

2007 年,《行政复议法实施条例》公布,该《实施条例》强化了复议机关责任,畅通了复议渠道,健全复议审理方式,完善了行政复议的程序,加强了工作监督和指导,也明确了责任追究机制。程序内容更多,如听证、举证和调取证据、复议中止、调解,有一定的准司法化。

第二节 行政复议有关制度改革情况之考察

一、地方实践与行政复议制度创新

行政复议的很多创新来自地方的实践,为行政复议法的修改和完善提供了宝贵的"地方性知识"。改革开放以来,地方在行政复议的实践方面主要是:

（一）在畅通复议申请渠道的创新

不收费,门槛低,程序便捷,这些鲜明的独特优势让行政复议制度深深扎根于群众,服务于群众,取信于群众。近年来,各级行政复议机关不断加强行政复议普法宣传,使群众熟悉行政复议的功能、程序和申请条件;采取多种措施积极畅通行政复议申请渠道,方便群众就近、快速申请复议。越来越多的群众知晓并选择行政复议这一法定渠道表达诉求、维护权益,行政复议制度的社会认知度和公信力与日俱增。山东省青岛市在全国首创行政复议受理范围"负面清单"制度,该市于 2017年 12 月 8 日印发《青岛市行政复议立案工作规定》规定行政复议受理范围的"负面清单"制度,确定了 18 种行政复议不予受理的情形,对于在"负面清单"之外的,只要是行政机关不履行法定职责的,均属于行政复议受理范围。四川省成都高新区打造行政复议申请"邮政绿色通道",申请人可就近在邮政网点专用柜台专门办理复议申请,并使用专用信封免费邮寄,申请材料通过绿色通道可实现隔天送达,真正实现行政复议全程免费。广东省广州市建立行政复议案件受理中心,统一接收群众行政复议案件申请材料,接收后依法转送有权机关处理。北京市东城区在和平里、景山、龙潭以及永定门外四个街道设置四个便民行政复议受理点。北京市政府法制办还开通网上行政复议信息服务平台。申请人在平台填写并保存相关信息后,系统可以自动生成规范的行政复议申请书,并提供下载打印功能,有助于解决群众反映的"申请书难写""申请书不规范"的问题。浙江省义乌设立全国首个"互联网复议局","民告官"实现"零次跑":把"行政复议云平台"采用微信作为平台基础,群众"扫一扫"就能申请复议,"点一点"就能查看案件,"收一收"就能接收文书。以"网络听证室"代替"实体听证室",通过网络视频功能实现网上听证审理、调解和解,并全程录音录像。

（二）在维护群众合法权益方面的探索

公平正义是行政复议工作的永恒准则，增进人民福祉是行政复议工作的价值取向。各级行政复议机关通过阳光听证、实地调查核实证据、调解和解等措施，公开、公平、公正办理行政复议案件，实质性化解行政争议，维护了被违法行政行为侵犯的合法权益，密切了群众依靠政府解决问题、化解争议的质朴情感，筑牢了群众信赖党和政府、支持党和政府的民心基础。如浙江省临海市在材料接收和立案期间指定专职调解负责人跟进调解，对案情简单、标的额较小的案件及时疏导、调解。案件审理过程中积极丰富调解手段，尽力疏解当事人情绪。江西省政府成功化解一起群众不服省政府征地批复的群体性行政争议。3 位村民代表从 400 千米外的住地连夜坐火车赶到南昌赠送锦旗，其中一位老村支书反复说："我劝百姓要相信党和政府，要相信法律。"山西省政府行政复议程序中以调解的方式成功地化解一起争议长达 20 年的土地纠纷，当事人说："省政府搬开了压在我们心头二十年的一块石头，解除了我们二十年的心病，原省政府法制办工作人员的作风的确体现了为人民服务的宗旨。"有的行政复议机关充分吸收专家参与案件审理，提高行政复议的权威性、专业性和公信力。如福建省厦门市政府行政复议委员会聘任专家学者专业人士委员，使专家委员比例提高到 38%，提升了复议工作的公信力。上海市于 2011 年 10 月成立了上海市政府行政复议委员会试点工作，2012 年，共召开 6 次案件审议会议，审议了 10 起重大、疑难、复杂的行政复议案件，市政府根据案审会的审议意见作出最终的行政复议决定。有的复议机关加强行政复议标准化建设，为群众救济自身合法权益提供便捷、高效、低成本的公共法律服务产品。如浙江省义乌市行政复议局通过行政复议 GB/T19001—2016 质量管理标准化体系认证，设置"行政复议组织环境标准体系、行政复议立案标准体系、行政复议审理标准体系、行政复议决定标准体系、行政应诉标准体系"五大标准体系。有的行政复议受到行政机关的负责人高度重视，如辽宁省政府副省长潘利国旁听行政复议听证会。江苏省海门市委副书记、市长姜龙主持复议案件听证会。复议作为化解行政争议的重要渠道，作用越来越明显。

（三）重视加强复议普法宣传工作

各级行政复议机关在行政复议工作中积极落实"谁执法谁普法"普法责任制，采取多种群众喜闻乐见的方式方法加强普法宣传，既帮助群众能知、会用行政复议制度，也引导群众在解决问题过程中学习有关行政管理领域的法律知识，依法维权，促使法治理念深入人心，促进法治社会建设培育。如鄞州区积极开展行政复议以案普法工作，将办案过程转化为普法过程；将判案效果转化为普法效果；将普法贯穿于行政复议工作全过程。有的复议机关向社会公开行政复议法律文书。如山东省青岛市制定《青岛市行政复议决定书网上公开办法》，累计公开复议文书 754

份。有的复议机关将办案过程变为普法过程。如广西壮族自治区柳州市人民政府行政复议巡回庭到融水县公开审理某林地确权案,把坐堂办案转变为巡回办案,既促使争议各方定分止争,也对旁听群众也起到现场普法的作用。

除了以上主要的制度创新之外,地方在行政复议审理机制方面更加规范,审理效果更为凸显,一是进一步加大实地调查和听证审理力度。2016 年,内蒙古自治区全区共办理行政复议案件 2024 件,举行行政复议听证会 874 次,召开案件协调论证会 1570 次,实地调查取证累计行程达 20 多万千米。二是注重运用调解、和解等方式实质性化解行政争议。如山东省淄博市 2017 年上半年,通过调解、和解方式结案的案件 107 件,占案件审结总数的 40%。三是加强行政复议案件信息公开力度,建造"阳光复议工程"。重庆市出台了《行政复议决定书网上公开暂行规定》,淄博市出台了《行政复议决定书公开制度》。[①]

二、行政复议体制改革

(一)行政复议体制改革的政策依据

2006 年 9 月,中共中央办公厅、国务院办公厅联合下发《关于预防和化解行政争议健全行政争议解决机制的意见》,明确提出要"积极探索符合行政复议工作特点的机制和方法"。2006 年 10 月,党的十六届六中全会通过的《中共中央关于构建社会主义和谐社会若干重大问题的决定》中明确提出要完善行政复议制度。2006 年 12 月,国务院召开全国行政复议工作会议,对"有条件的地方和部门可以开展行政复议委员会的试点"作出了具体部署。2008 年,国务院原法制办公室发布《关于在部分省、直辖市开展行政复议委员会试点工作的通知》(国法〔2008〕71 号),决定在北京市、黑龙江省、江苏省、山东省、河南省、广东省、海南省、贵州省开展行政复议委员会试点,其他有条件的省、自治区、直辖市,也可以结合本地区行政复议工作的实际情况,探索开展相关工作。开展行政复议委员会试点,是行政复议体制改革的突破口。之后,国务院原法制办启动了《行政复议法》的修改工作,期望通过修改法律推动行政复议体制改革。特别是党的十八届三中全会提出"改革行政复议体制,健全行政复议案件审理机制,纠正违法或不当行政行为"的要求后,行政复议体制改革成了 180 多项对依法治国具有重要意义的改革举措之一,上升为国家改革战略地位。

(二)行政复议管辖权的集中

根据 2013 年 10 月的统计数据,全国各地方有 30450 个行政机关具有行政复

---

① 李明征主编:《法治政府建设新成就——党的十八大以来全面推进依法行政成绩单》,中国法制出版社 2017 年版,第 178~183 页。

议职权(包括政府 3281 个、部门 27169 个),其中省级政府 31 个,省政府所属部门 1363 个;市级政府(含直辖市的区县)430 个,市政府所属部门 12348 个;县级政府 2820 个,县政府所属部门 13458 个。复议权过于分散,政府及各职能部门都是复议机关,但设备不均,如在 30450 个地方各级复议机关中,配齐听证室、接待室和阅卷室的复议机关有 1029 个,占 3.3%。案件数量分布也不均,有的每年不足 10 件。

目前来看,行政复议体制改革主要集中在复议管辖权的集中。这不同于司法体制改革,上一轮的司法体制改革主要成果:一是解决司法"去地方化"问题,包括省以下法院、检察院的人财物收归省级统管,设置跨行政区划的法院、检察院,最高人民法院设立巡回法庭;二是去"行政化"问题,包括推行员额制,推行司法责任制,在刑事司法领域推行"以审判为中心的改革"以及"认罪认罚从宽改革"。从在全国试点的改革措施来看,行政复议体制改革的核心还是在复议管辖权的集中,之后才是行政复议审理权的改革。

在行政复议管辖权集中方面,主要有两种模式:

一是以浙江为代表的行政复议局模式。2017 年 6 月,浙江省政府印发《关于深化行政复议体制改革的意见》,要求做到一级政府行政复议工作以"一个口子"对外,形成一支稳定、专业的行政复议人员队伍,建立较为完善的行政复议工作机制,努力推进行政复议能力建设,发挥行政复议在推进依法行政、解决行政争议中的重要作用。关于行政复议体制改革试点情况,浙江省在义乌市率先试点,2015 年 8 月省政府批复《义乌市行政复议体制改革试点工作方案》,2015 年 9 月,义乌市挂牌成立全国首家行政复议局,实行"政府集中管辖"。2016 年 7 月,浙江省在桐庐县、黄岩区扩大试点,两地行政复议局于 2016 年 9 月相继挂牌,至 2017 年 4 月,两地行政复议案件分别增长 36% 和 250%。2016 年 7 月,浙江省行政复议局正式运行。运行一年内接收省级部门移送的行政复议案件 446 件,直接纠错率为 12.8%。

2017 年 6 月,浙江省印发《浙江省人民政府关于深化行政复议体制改革的意见》规定,对以市、县(市、区)政府工作部门及其依法设立的派出机构等为被申请人的行政复议申请,原则上由该部门的本级政府统一受理,行政复议决定以本级政府名义作出,加盖政府印章。对向政府工作部门申请行政复议的案件,应当转送本级政府行政复议机构集中承办,并以该政府工作部门名义作出行政复议决定,加盖部门印章。

浙江模式有很好的优势,通过改革,以往"多机关、多窗口",群众找不到、找不准复议机关的局面,转变为"一个窗口对外、一套程序审案、一个标准断案、一班专业人马定纷争"的清晰格局;以往各政府部门力量配置不平衡,"有案无人办""有人无案办"并存的尴尬局面,转变为握指成拳的强大合力。改革后,群众提出行政复议申请更加方便了,政府集中办案的质量和效率进一步提高了,群众合法权益得到更严格的保护,依法行政得以更严密的监督。

二是以山东为代表的完全集中模式。2011 年 4 月,经山东省政府批准,济宁市政府完全集中了包括公安、国土、交通等 51 个行政机关的行政复议权,成立了行政复议委员会,开始对复议案件实行集中受理、集中审理、集中决定的"完全集中"模式。省级行政复议案件由省政府法制办统一办理。山东省大力推行行政复议体制改革,全省实现了"一级政府只设立一个行政复议机构"的工作目标。2016 年全省行政复议纠错率达 41.21%,发挥了行政复议实质性化解矛盾纠纷的优势作用。虽然取得了很好的成绩,但是,山东完全集中模式带来的问题是与行政复议法审理模式相冲突。按照山东模式,济南市政府审理了济南市工商局的行政复议案件,也即济南市历下区、济阳县等地工商部门作为被申请人的复议案件,原来由济南市工商局或者属地政府管辖,如果申请人向济南市工商局申请行政复议,则该类案件现由济南市政府直接管辖。这样通过改革,济南市政府直接管辖了本应该由济南市工商局管辖的行政复议案件。山东省的复议权集中模式增加了政府的复议案件量,也并未给申请人提供便捷。

此外,广东省珠海市大力推行行政复议体制改革,实现相对集中复议权。改革以来,该市复议案件量年均增长 40%,首选复议解决行政争议的达 80%,复议后提起诉讼的不足 10%,复议后败诉率仅 3.8%,极大提高了复议在公众心目中的法律地位和公信力。2017 年 11 月 16 日,湖北省黄冈市政府下发《市人民政府办公室关于黄冈市行政复议委员会改革的意见》,将该市行政复议委员会办公室更名为市行政复议局,统一受理、审理行政复议案件,实现"一窗受理、一局办理、一体负责",积极打造为老百姓化解行政争议的高效品牌。据了解,这是该省设立的首个行政复议局。

(三)行政复议审批权的改革

行政复议审理权的改革,涉及集中行政复议职责后的工作机构如何设置的问题。目前各地试点的主要有行政复议委员会、行政复议局和行政复议中心三种形式。这里以行政复议委员会作为重点介绍。

行政复议委员会试点,引入专家、律师、社会贤达人士等体制外的人员组成行政复议委员会审理复议案件。2008 年 9 月 16 日,国务院原法制办明确北京、黑龙江、江苏、山东等 8 个省市开展行政复议委员会试点。从通知看,开展行政复议委员会试点工作的意义之一是优化行政复议资源配置、充分发挥行政复议制度功能的重要途径。受现行政管理体制的制约,我国行政复议机关较为分散。据初步统计,我国有行政复议权的机关有 1.8 万多个,但地方三级政府的专职行政复议人员仅有 1532 人,区县级人民政府专职行政复议人员平均仅有 0.2 人,行政复议力量严重不足。同时,原本有限的行政复议资源被分散在各个政府工作部门中。由于行政管理工作的不同特点,政府工作部门的行政复议工作任务又很不平衡,有的部门有人没案办,有的部门有案没人办,行政复议资源不能得到优化利用,加剧了行政复议资源的紧张,成为制约行政复议制度发挥应有作用的瓶颈。根据行政管理体制改革的要求和步骤,在行政复议委员会试点过程中探索并逐步推行相对集中行政复议审理权,可以有效集中现有分散的行政复议资源,有效强化政府依法解决行政争议的功能,保障行政复议制度功能的充分发挥,也是在不大规模增加现有编制的前提下,加强行政复议力量的途径。

从地方实践来看,黑龙江省和北京市的行政复议委员会试点工作比较典型。2007年7月,哈尔滨市政府开展行政复议委员会试点,试点工作分为两个阶段:第一阶段从2007年7月到2009年6月,主要在市政府本级建立全新模式的行政复议委员会,按照新机制审理行政复议案件;第二阶段从2009年6月考试在进一步完善行政复议委员会案件审理机制的基础上,实行相对集中行政复议审理权改革。哈尔滨市的复议改革将行政复议的功能定位为"准司法性的行政争议裁决机制",构建了程序正义保证实体正义的复议新机制,遵循权力制衡、公开公正、民主决策。

2007年9月12日,北京市人民政府办公厅印发《关于设立北京市人民政府行政复议委员会的通知》(京政办发〔2007〕58号),规定北京市政府行政复议委员会是市政府负责审理行政复议案件、指导本市行政复议制度建设工作的审议机构,主要负责审议市政府重大疑难行政复议案件和研究本市行政复议工作中的重大问题等。行政复议委员会由主任委员、常务副主任委员、副主任委员、常任委员和非常任委员组成。北京市出台了《北京市人民政府行政复议委员会非常任委员遴选办法》,规定非常任委员不超过30名,必须具有8年以上工作经验,系高等院校及研究机构、国家部委以及有关国家机关的法律或者相关专业人士等条件。在第一届行政复议委员会的28名委员中,不仅有由北京市常务副市长担任的主任委员,更有来自北京部分高校、研究机构的18名"外脑"担任非常任委员。2013年,该市的行政复议委员会的非常任委员也扩大到30个。从效果上来说,北京市收到行政复议申请的数量由2008年的2001件,一直上升到2011年的2802件。"更可喜的是,2012年,全市受理行政复议数量为2753件,首次超过同期行政应诉一审案件数量2680件。"从成立至2013年,北京市政府行政复议委员会共召开了52次案审会,审理了131件行政复议案件。[1] 与此同时,北京市的15个区县也都先后开展了行政复议委员会试点,并且创新工作方式方法。如石景山区尝试了公开审理案件模式,即由申请人自由选择一名非常任委员,同区政府行政复议委员会指定的一名非常任委员以及两名案件承办人一起组成案件审理小组,共同开庭审理案件。审理程序中不仅设置了当事人陈述、举证质证、辩论等环节,还引入了调解机制促使双方当事人和解。参加案件审理的专家委员还对案件进行了现场点评,以案说法。

---

[1] 张洋:《行政复议,如何突破"官官相护"——复议委员会改革探析》,载《人民日报》2013年11月27日第17版。

除通知要求的 8 个省市外,很多地方也都自行开展了行政复议委员会的试点工作。比如上海市并非行政复议委员会试点的地方,但该市于 2011 年 10 月成立了上海市政府行政复议委员会试点工作,2012 年,共召开 6 次案件审议会议,审议了 10 起重大、疑难、复杂的行政复议案件,市政府根据案审会的审议意见作出最终的行政复议决定。

行政复议委员会制度试点取得效果是好的,但是有些问题也引起了重视,比如行政复议委员会的性质是议事机构,还是具有实体决定权的机构;其与行政复议案件办理的法制机构之间是何种关系;行政复议委员会是具体的案件审议机构,还是应当主要以解决行政复议中的疑难问题为主;关于行政复议委员会作出的裁决意见是否应该是最终裁决的问题,甚至可否以行政复议委员会的意见作为案件结果,实行复议意见排他。这些也有待从法律和制度层面上予以确定。

三、行政复议规范化建设

2011 年 12 月 29 日,国务院原法制办行政复议司印发《关于进一步加强行政复议工作规范化建设的实施意见》的通知。行政复议工作规范化建设主要从行政复议受理、审理、规范行政复议决定、规范行政复议指导监督、规范行政复议基础工作,以及为行政复议工作规范化建设提供保障等方面加强行政复议规范化建设。行政复议规范化建设涉及行政复议的方方面面,地方也陆续出台加强地方行政复议工作规范化建设的意见。比如北京市在 2013 年 2 月推出行政复议工作规范化建设考核办法,对行政复议工作规范化建设设置考核指标,甚至包括接待要做到统一着装,建立接待的首问责任制;对于补正需要一次性告知申请人需要补正的内容和合理期限;对于无法直接确定是否受理的应该先行受理;按期结案率必须达到100%、依法送达率达100%等。北京市每年都会组织对各区县的行政复议文书和案卷集中进行考核,对优秀文书进行奖励,对不合格案卷给予批评等措施。此外,北京市还出台了《北京市行政复议典型案例评析季报暂行规定》,对典型案例进行评析,各行政复议机关行政复议典型案例评析季报的情况需要纳入年度行政复议工作的考核评价内容。这些制度较好地规范了行政复议办案工作,提高了行政复议的公信力。

第三节 行政复议实施状况之考察

一、行政复议在法治政府建设中的地位和作用

2006 年,中办、国办印发《关于预防和化解行政争议健全行政争议解决机制的

意见》(中办发〔2006〕27 号)明确提出要充分发挥行政复议在解决行政争议中的重要作用,努力实现"把行政争议主要化解在基层、化解在初发阶段、化解在行政程序中"。同年召开的中央十六届六中全会通过的《中共中央关于构建社会主义和谐社会若干重大问题的决定》,明确提出要完善行政复议制度。值得一提的是,2006 年12 月 2 日至 3 日,国务院在重庆召开了全国行政复议工作座谈会,国务院原秘书长华建敏同志作了名为《加强行政复议工作 促进社会和谐稳定》的重要讲话。会议提出要坚持"以人为本 复议为民",完善行政复议制度,健全公正合理、高效便民、监督到位、保障有力的行政复议体制和运行机制,全面提高行政复议能力,力争把大部分行政争议化解在基层、化解在初发阶段、化解在行政系统内部。2000 年,前国家主席胡锦涛在中央政治局学习上指出:"发挥行政复议作为解决行政争议主渠道的作用。"2013 年 11 月 12 日,中共十八届三中全会通过了《中共中央关于全面深化改革若干重大问题的决定》,该《决定》提出把行政复议作为创新社会治理体制、有效预防和化解社会矛盾的重要途径。明确提出:"改革行政复议体制,健全行政复议案件审理机制,纠正违法或不当行政行为。"2014 年 10 月 23 日,中共十八届四中全会通过了《关于全面推进依法治国若干重大问题的决定》,该《决定》提出健全社会矛盾纠纷预防化解机制,完善调解、仲裁、行政裁决、行政复议、诉讼等有机衔接、相互协调的多元化纠纷解决机制。《法治政府建设实施纲要(2015—2020年)》在依法有效化解社会矛盾纠纷中要求加强行政复议工作,具体为:完善行政复议制度,改革行政复议体制,积极探索整合地方行政复议职责。健全行政复议案件审理机制,加大公开听证审理力度,纠正违法或不当行政行为。提高行政复议办案质量,增强行政复议的专业性、透明度和公信力。县级以上地方政府要依法加强行政复议能力建设,推动相关机构设置、人员配备与所承担的工作任务相适应,充分发挥行政复议在解决行政争议中的重要作用。切实提高行政复议人员素质,落实办案场所和有关装备保障,行政复议经费列入本级政府预算。

二、行政复议实施情况之考察

(一)《行政复议条例》的实施状况

中国法制出版社在 1993 年 6 月出版了《行政复议概览(1991—1992)》[①]该书对《行政复议条例》出台后全国各地行政复议的实施情况有所涉及。据 1991 年上半年 21 个省、自治区、直辖市的不完全统计,各级复议机关共受理复议案件 13236件,比全国各级人民法院同期受理的一审行政诉讼案件(11449 件)多 17.87%。审结复议案件 12464 件,占受理复议案总数的 94.2%。其中,撤销原具体行政行为的

---

① 李培传主编:《行政复议概览(1991—1992)》,中国法制出版社 1993 年版,第 521 页。

2475 件,占 18.7%;变更原具体行政行为的 2012 件,占 15.2%;维持原具体行政行为的 7028 件,占 53.1%;申请人撤回复议申请的 1720 件,占 13.0%。这段时期,申请人对复议决定基本上是满意的,对复议制度本身及复议实际运作还是抱有较大期望和信任,复议决定质量较好,法院撤销和变更的复议决定只有 18%。这几年,复议案件从一般只涉及公安、工商、物价、税务等几个执法部门,扩展至规划、房产、土地、公用、环卫、劳改、劳动、烟草、海关、计生、海监、交运、技监、电力、文化等近 20 个部门。以乡、县、市(地级)省级政府为被申请人的案件也时有发生。复议行为也从处罚扩展至侵犯企业自主权、不作为、强制措施、违法设定义务等。

此外,这一阶段的行政复议还有不足,主要表现为行政复议案件少,如北京市粗略统计,每年由各级行政机关实施的各种较为典型的具体行政行为近千万件,相对人不服并申请复议的仅有 300 件,仅占总数的三分之一。复议宣传不够,《行政复议条例》没能像行政诉讼法那样宣传广泛,社会知名度不大。此阶段的调查显示,有 36% 左右的人知道行政诉讼但不知道《行政复议条例》,复议机关对复议申请受理不积极,有的复议机关首长明确指示复议机构要坚持两条原则:第一,能不受理的尽量不受理;第二,实在推不过的尽量维持。在复议机构设置方面,复议人员无名分、待遇低、工作难度大等因素,使得复议工作打不开局面。

(二)《行政复议法》的实施状况

《行政复议法》颁布实施头两年,各省、自治区、直辖市政府和国务院有关部门,组织了各类宣传活动,充分利用报刊、广播、电视等宣传舆论工具,采用街头咨询、办宣传栏、宣传车流动宣传、发放传单和有关资料、知识竞赛、文艺晚会等多种形式,广泛宣传《行政复议法》。[①] 同时,重视《行政复议法》配套制度建设,一是地方性法规和规章,如《北京市人民政府关于贯彻中华人民共和国行政复议法实施条例的意见》《云南省行政复议条例》《广东省行政复议实施办法》等;二是国务院部门规章,如《交通行政复议规定》《人力资源社会保障行政复议办法》《税务行政复议规则》《中国证券监督管理委员会行政复议办法》《中国保险监督管理委员会行政复议办法》等;三是规定行政复议案件的办理程序。2001 年,国务院办公厅发布《关于国务院行政复议案件处理程序若干问题的通知》(国办发〔2001〕38 号),规范了国务院行政复议案件的办理程序。之后,地方政府也制定了不少有关行政复议办案程序的规定,如《北京市人民政府行政复议案件办理程序》《山东省行政复议工作程序若干规定》《安徽省行政复议程序暂行规则》《云南省行政复议案件办案规则》等。

从案件上来看,1999 年至 2010 年,全国平均每年通过行政复议解决的行政争议 8 万多起。2011 年至 2013 年,平均每年 11 万多起。2014 年全国收到 15 万多

---

① 周汉华主编:《行政复议司法化:理论、实践与改革》,北京大学出版社 2005 年版,第 117 页。

起,2015 年全国收到 16 万多起,2016 年全国收到 18 万多起,2017 年全国复议案件 23 万。总体来说,除了 2017 年之外,行政复议化解行政争议案件数量与行政复议差距不算太大,但行政复议办案人员明显低于行政审判法官数量。比如北京、吉林、上海、江苏、浙江、福建、湖北、湖南、广东、海南、四川、宁夏、贵州、云南、重庆、青海等 16 个省、自治区、直辖市各级行政复议机关共有专职行政复议人员 1789 人,上述地方省、市、县三级法院行政庭共有人员 5566 人。行政复议力量明显低于行政诉讼力量,案多人少矛盾非常突出。(见表 15-1)

表 15-1　行政复议和行政诉讼受理数量对比

单位:万①

	2013 年	2014 年	2015 年	2016 年	2017 年
行政复议案件	11.4	13.2	14.8	16.5	23.0
行政诉讼(一审)	12.1(审结)	15.1	24.1	22.5(审结)	91.3(审结)

以 2016 年为例,案件涉及的领域和事项,公安、土地、房屋征补(拆迁)、劳动和社会保障、工商、食品药品、城乡规划等 7 个领域的案件较为集中,占总案件的 75% 以上。案件涉及行政处罚、政府信息公开、举报投诉处理、行政征收、行政不作为、行政确认、行政强制措施、行政确权、行政许可等事项。其中,政府信息公开类案件连续 3 年成为仅次于行政处罚的案件类型,举报投诉处理类案件增长较快,已经成为第三大案件类型。②(见表 15-2)

表 15-2　行政复议案件涉及的事项

事　项	行政处罚	政府信息公开	举报投诉处理	行政征收	行政不作为	行政确认	行政强制措施	行政确权	行政许可	其他③	合计
数　量	63953	22803	15809	11784	10897	9872	8647	7968	4032	9144	164909
百分比	38.78%	13.83%	9.59%	7.15%	6.61%	5.99%	5.24%	4.83%	2.44%	5.54%	100%

①　数据系整理中国政府法制信息网所公布的历年全国行政复议、行政应诉案件统计数据而得,http://www.chinalaw.gov.cn/Department/node_601.html,最后访问日期:2019 年 7 月 26 日。

②　《2016 年全国行政复议、行政应诉案件统计数据》,中国政府法制信息网,http://www.chinalaw.gov.cn/Department/content/2017-04/19/601_89993.html,最后访问日期:2019 年 7 月 26 日。

③　包括行政裁决、行政划拨、行政给付、行政登记、行政批准等事项。

审理结果来看,近些年维持的比例大都在 50% 左右,直接纠错率(撤销、变更、确认违法和责令履行)为 10%~17% 之间,综合纠错率(以调解、自我纠错后申请人撤回申请等)为 30% 左右。

(三)全国各地行政复议的变化及增长过快之分析

2017 年,广州市的行政复议案件量再次超过该市一审行政诉讼案件量。至此,这一纪录已连续保持了 11 年。2017 年,广州市共收到行政复议案件申请 7336 件,同比增长 46.2%,并继续维持在占广东省复议总数 20% 以上的高位。说明行政复议公信力显著提升。广州市的做法:统一的行政复议案件受理中心,集中接收全市行政复议案件材料;推行行政复议案件公开庭审工作,2017 年仅市政府开庭审理复议案件 790 件,开庭率达 41%,允许旁听;行政复议文书公开常态化;建立行政复议案件回访制度,对复议案件多发、问题集中的行政机关进行走访、反馈、督查,倒逼行政机关依法行政水平的提高;纠错率高,2017 年综合纠错率为 30.8%。

近些年,行政复议案件增长较快,其中政府信息公开和举报投诉处理类复议案件最为突出。有的行政争议在初发阶段没有得到及时化解,一些当事人通过政府信息公开、举报投诉等有意制造行政复议案件,宣泄不满情绪。由于申请政府信息公开和举报投诉几乎没有门槛,一些申请人为实现其他诉求,通过这两种途径反复申请行政复议,之后再提起行政诉讼,或者直接提起行政诉讼,致使政府信息公开和举报投诉处理案件增多增长很快。实践中,申请人更倾向于选择上级行政机关,政府信息公开和举报投诉处理已经成为部分省部级行政机关重要的案件来源。政府信息公开已经成为反映社会矛盾的"低平台"、对政府发泄不满情绪的"出气筒",滥用信息公开申请权、复议权和诉讼权增多。《最高人民法院公报》(2015 年第 11 期)刊发了一起典型案例,即陆红霞诉南通市发展和改革委员会政府信息公开答复案。对行政诉讼中滥用政府信息公开申请权问题进行规制。鉴于行政复议滥用申请权的情况也很突出,有个别申请人向行政机关大量地、反复地提起政府信息公开申请,之后又不断申请复议,2016 年 4 月 18 日,国务院原法制办以《行政复议工作动态》形式向全国行政复议机关转发陆红霞案,供复议机关处理同类案件参考,对规范政府信息公开申请权和行政复议权的正确行使起到了较好的作用。

第四节　行政复议新发展

一、机构改革与行政复议的发展

(一)机构改革情况

2018 年 3 月 19 日,中共中央印发《深化党和国家机构改革方案》的通知,包括党中央机构改革、国务院机构改革,全国政协机构改革、深化行政执法体制改革等。本次党和国家机构改革是改革开放以来规模最大、范围最广、利益调整最深刻的一次。党中央机构改革方面,职责相近的党政机关合并设立或合署办公,如国家公务员局并入中组部,对外保留国家公务员局牌子。新闻出版和电影管理职责归中宣部,中宣部对外加挂国家新闻出版署(国家版权局)、国家电影局牌子。国家民族事务委员会归口中央统战部领导,国家民委仍是国务院组成部门。国务院机构改革方面,组建自然资源部、生态环境部、农业农村部、退伍军人事务部、应急管理部、国家市场监督管理总局等,重新组建司法部,整合组建市场监管综合执法队伍、生态环境保护综合执法队伍、文化市场综合执法队伍等。机构改革后,国务院组成部门26个。

(二)机构改革与行政复议的变化

机构改革对行政复议的影响较大。如这次机构改革,国税与地税进行了合并。2018年6月,全国各省(自治区、直辖市)级以及计划单列市国税局、地税局合并并且统一挂牌,标志着国税地税征管体制迈出阶段性关键一步。7月底前,市、县级税务局将逐步分布完成集中办公、新机构挂牌等改革事项。在行政复议方面,合并前的国税局实行垂直管辖,即对国家税务局作出的具体行政行为不服,向上一级国家税务局申请行政复议,对地方税务局作出的具体行政行为不服,可以向上一级地方税务局或者地方税务局所属的人民政府申请行政复议。根据国家税务总局2018年修改的《税务行政复议规则》,复议管辖调整为:对各级税务局的具体行政行为不服的,向其上一级税务局申请行政复议;对计划单列市税务局的具体行政行为不服的,向国家税务总局申请行政复议。即地方人民政府不再受理税务行政复议案件。但是,2019年7月,中办和国办统一印发的《国税地税征管体制改革方案》对税务部门领导管理体制作了规定,明确国税地税机构合并后实行双重领导的管理体制。这种领导体制与行政复议管辖并不存在理论上的对应关系。

这次机构改革,带来的问题之一是对地方司法局的行为不服,应该如何复议。原复议办理机构的法制办即将全部合并至司法行政部门,对地方司法局的行为不服,从行政复议法上来说,应该去上一级司法局复议,如果复议权集中,只能去当地政府申请行政复议。而当地政府具体办理行政复议职责的又是司法局,这样就形成了司法局审理司法局作为被申请人的行政复议案件。与行政复议倡导的上级监督体制存在不协调性。不仅在复议方面,在应诉方面也存在一些问题,如司法局办理行政复议后如何应诉的问题。原办理行政复议案件的法制办很多都是政府的内设机构,一般不是适格的被告。现在办理部门为司法行政部门,应诉主体是司法局,还是政府也会给法院带来适格被告的难题。

机构改革的问题之二是一些行政职能划归党的部门管理的复议。比如《公务员考试录用违纪违规行为处理办法》规定"报考者对违纪违规行为处理决定不服的,可以依法申请行政复议",公务员录用调配、考核奖励、培训和工资福利等由党的组织部门管理。从行政复议的性质来说,党的部门不能成为行政复议被申请人,可否以组织部门为被申请人存疑。从目前来看,中组部对外保留国家公务员局牌子,理论上来讲,国家公务员局仍然可以作为行政复议被申请人。

二、行政复议法的修改

随着行政诉讼法的修改,行政复议法的修改更是提上了议事日程。除了官方对行政复议法的修改一直在探索之外,理论界也在为行政复议法的修改建言献策,如应松年教授领导的团队于 2011 年和 2012 年对复议法的修改进行了集中讨论,形成了《行政复议法修改建议稿》。该《修改建议稿》分为 10 章、114 条。主要新颖之处在于:一是规定行政复议机关设立行政复议委员会和行政复议办公室,行政复议委员会依法审理行政复议案件,行政复议办公室协助复议委员会,具体办理行政复议事项。行政复议委员会以专章规定,包括委员会的设置、组成、职责、审理方式、资格要求以及不服行政复议专员处理的异议程序。二是对行政复议范围以排除方式规定,列举不属于行政复议范围的情形,列举之外的均属于行政复议范围。三是对国务院部门和省级政府行政行为的管辖,《修改建议稿》提出了两套方案,除了现行法律规定的原级复议方案外,提出向国务院行政复议委员会申请行政复议。四是对复议程序进一步优化,如规定了回避、言辞辩论、非法证据排除、证据证明效力等制度,有较浓的司法化倾向。五是复议决定形式更丰富,取消维持决定,驳回分为驳回复议申请决定和驳回复议请求决定,规定了情况决定,确认违法或不当决定,规定了行政复议不利变更禁止原则等。六是对行政复议责任进行了细化。

此外,最高人民法院耿宝建法官、中国政法大学行政法学王青斌教授均提出了《行政复议法修改建议稿》,对行政复议法的修改提出了很好的修改建议。[①]

行政复议法修改争议较多的地方,首先集中在行政复议的功能定位。最主要的是行政说和准司法说。"行政说"认为行政机关作出的活动就是"行政"的性质,"准司法说"认为行政复议是行政机关运用司法权的结果。2007 年的《行政复议法实施条例》围绕化解行政争议所进行的制度设计及其运行,清楚表明行政复议对于纠纷解决行之有效。行政复议对于行政纠纷具有鲜明的"居中裁判"性质。几个修改稿均将行政复议立法目加入"解决行政争议",突出行政复议化解行政争议的功能,也与十八届四中全会提出的"完善调解、仲裁、行政裁决、行政复议、诉讼等有机衔接、相互协调的多元化纠纷解决机制"有所对应。对于行政复议的目的,主要包括内部监督、自我纠错、权利救济、化解纠纷四个方面,对这几个方面如何排列顺序,也体现行政复议的性质认定。

---

① 耿宝建:《行政复议法修改展望》,法律出版社 2016 年版;王青斌:《行政复议制度的变革与重构——兼论〈行政复议法〉的修改》,中国政法大学出版社 2013 年版。

行政复议法的修改,更多体现在行政复议的范围到底有多宽。应该说行政复议范围存在一个变化过程,2014 年行政诉讼法修改之前,行政复议范围较行政诉讼范围更为广泛,如行政复议可以审查行政行为的合理性,可以对规范性文件一并审查。2014 年行政诉讼法的修改增加了对行政行为的合理性可以审查,以及对规范性文件在诉讼中可以一并审查,并且该法也将行政协议纳入行政诉讼范围。可以说,行政复议和行政诉讼解决纠纷越来越具有同一性,甚至行政诉讼审查的内容比行政复议还多。2017 年 9 月 13 日,国务院原法制办对交通运输部关于复议的请示作出认为,政府特许经营协议等协议争议不属于《中华人民共和国行政复议法》第 6 条规定的行政复议受案范围。也即,政府特许经营协议属于行政诉讼范围,不属于行政复议范围。至于政府特许经营协议之外的行政协议,如土地房屋征收补偿协议、政府招商引资合同等是否属于复议范围,目前还未明确。

行政复议法修改,行政复议体制改革、行政复议受理和审理程序、行政复议决定方式、行政复议制度保障等方面也是修法的重点。比如受理制度,因行政复议法对复议申请期限规定较为原则,可操作性的规定不多,而行政诉讼对起诉期限规定较为详细。行政复议实践中会参考行政诉讼的起诉期限,2014 年 7 月 30 日,国务院原法制办公室以《行政复议工作动态》形式发布《关于认定被征地农民"知道"征收土地决定有关问题的意见》(国法〔2014〕40 号),该意见对于实践中各地方对认定被征地农民知道征收土地决定问题把握标准不一致的问题,规定行政机关在征收土地决定作出后,没有告知被征地农民申请行政复议的权利、行政复议机关或者申请期限的,行政复议申请期限参照《最高人民法院关于执行〈中华人民共和国行政诉讼法〉若干问题的解释》第 41 条办理,即行政复议申请期限从公民、法人或者其他组织知道或者应当知道申请行政复议的权利、行政复议机关或者申请期限之日起计算,但从知道或者应当知道征收土地决定内容之日起最长不得超过 2 年。有的复议机关借鉴更为超前,除了征地案件外,复议审理的其他类型案件均参照行政诉讼法的起诉期限执行。该做法也获得了一些地方法院的认可,也是行政复议法修改的主要内容之一。

三、行政复议制度的未来发展

从目前情况来看,行政复议仍然是行政纠纷化解的重要渠道,仍将在法治政府和社会矛盾纠纷化解方面发挥重大作用。未来行政复议工作重点应该是行政复议体制改革工作。通过集中行政复议职责,集约利用行政复议资源,提高复议办案质量和效率,从根本上提升全国行政复议工作整体水平。

行政复议法律制度相比较行政诉讼法来说,原则性仍然较强,一些与行政诉讼不相协调的地方需要修改。可以预见,未来行政复议法的修改仍将是行政复议改革的重要内容。同时,行政复议规范化、专业化和信息化建设也将是重点。行政复议也将在确保复议公平公正高效方面深入推进,行政复议宣传工作仍然任重道远。应该说行政复议大有可为,也将越来越受到重视。

第十六章

行政诉讼制度的变迁与发展

党的十一届三中全会在引领我国开始走向改革开放和现代化建设的伟大征程的同时,开启了我国法治建设的新纪元。我国行政诉讼制度与改革开放相伴而生,同步发展。40 年来,我国行政诉讼制度不断完善,不但成为行政法制度的重要组成部分,而且为促进法治建设和推进我国经济社会发展发挥了重要作用。

第一节　行政诉讼发展历程

从世界行政诉讼制度发展史来看,这一制度的建立和发展并非一帆风顺。不过,在过去短短的 40 年中,我国行政诉讼经历了从诞生、发展和完善的不断发展过程,成为我国法治建设的重要内容和推动力量。

一、行政诉讼的本质

一般认为,行政诉讼是解决行政争议的制度,与民事诉讼、刑事诉讼并称为三大诉讼制度。不同于民事诉讼、刑事诉讼,行政诉讼所解决的行政争议的特殊性在于,它是发生在行政主体与普通公民、法人或者其他组织之间因行政权的行使而引发的争议,其中一方是在行政管理或者公共管理中居于优势地位的行政主体。因而,行政诉讼虽应归入诉讼范畴,具有为公民、法人或者其他组织提供救济渠道的特性,但另具有的两个特殊性质更能体现和反映行政诉讼的本质。

1.公民对峙行政机关的制度

虽然当今世界各国的行政诉讼或者司法审查制度呈现出多样化态势,但本质是公民对峙行政机关的制度。事实上,行政诉讼为公民、法人或者其他组织提供了质疑行政机关,并与行政机关对峙的公共场所或者场域。在此场所或者场域中,作为被管理对象的公民、法人或者其他组织,能够与作为管理者、行政权力拥有者和行使者的行政机关在法庭上平起平坐,平等对话,这恰恰是现代行政法的基本要求和基本精神,也是现代行政法所努力的方向。现代行政法的发展表明,无行政诉讼,则无现代行政法。因此,行政诉讼在法律上有重大意义。

从世界历史发展来看,这一制度的建立在不少国家去除了曾被认为行政权力不受质疑、不受法院审查的神话,把高高在上的国家机关拉到并置于与公民、法人或者其他组织平等的地位,从而开启了国家治理和法治建设新的历程。就我国而言,行政诉讼的建立同样打破了我国在传统上行政机关或者"官"不能被诉的观念,是"一场颠覆'官贵民贱'的立法革命"①。行政诉讼制度在我国的建立,不仅为认为自己的权益受到侵害的公民、法人或者其他组织提供了质疑行政决定的正式渠道,也为缓解和化解官民之间的争议提供了合法、正当的途径,是我国行政法制度重要的、不可或缺的组成部分,是我国民主法治建设中的重大发展。

2.司法制约行政的制度

现代法治不但要求公民遵法守法,而且要求行政机关必须奉法守法。行政机关严格依法行使权力,是依法行政的精髓和实质。然而,仅靠行政机关自觉守法来实现依法行政并不现实,由于行政权力所具有的主动性、能动性和裁量性,客观上需要对行政机关依法行使权力施加有效的制约和监督。在现代社会,虽然对行政的监督是多元、多层和多维的,但行政诉讼无疑是十分有效的手段。

行政诉讼确立了司法监督和制约行政的权力架构,赋予法院通过司法程序审查行政机关所作出的行政行为的合法性并予以裁判的权力。这一约束机制尽管带有事后性,但具有很强的独立性和外部性,尤其是一种经常性、直接性的监督和约束机制。在行政诉讼中,法院有权直接对行政行为的合法性进行审查,并对该行为作出撤销、变更、责令履行、确认违法无效等裁判。

正是行政诉讼具有如此的特性,这一制度建立的不是一帆风顺的。从世界发展观察,其建立于近代资本主义制度发展之后。1949 年中华人民共和国成立后②,

---

① 张维炜:《一场颠覆"官贵民贱"的立法革命》,载《中国人大》2014 年 1 月 16 日。

② 中国行政诉讼制度可追溯到 1914 年 3 月 31 日中华民国政府公布的《平政院编制令》和 5 月 18 日公布的《行政诉讼录例》。

行政诉讼在我国虽有发展,但真正的制度建立则是改革开放后[①]。

二、行政诉讼制度初创阶段(1978—1989)

行政诉讼制度在我国的发展,与改革开放同步,与法治建设同步,40 年来大体经历了三个阶段:即初创阶段(1978—1989 年)、确立发展阶段(1989—2014 年)和变革阶段(2014 年以来)。

(一)起步与尝试[②]

1978 年 12 月召开的十一届三中全会,是中华人民共和国成立以来我们党历史上具有深远意义的伟大转折,在开启改革开放序幕的同时,也开启了我国法治的恢复与重建的序幕。党的十一届三中全会明确提出要使"制度和法律具有稳定性、连续性和极大的权威,做到有法可依,有法必依,执法必严,违法必究"。[③] 与党和国家工作重心从以阶级斗争为纲转向以经济建设为中心这一重大转变相适应,我国法治建设的主要任务是为经济建设和社会稳定服务。不过由于改革开放初期我国法治建设几近空白,立法成为改革开放初期我国法治建设的重点任务。

随着行政管理的广泛运用,难免会有异议甚至争议出现,为因行政管理而带来的异议提供法律上的解决途径提上议事日程。然而,其时不仅没有行政诉讼制度,甚至法院亦不享有解决行政争议的职权。1979 年颁布的《人民法院组织法》[④]第 3 条规定:"人民法院的任务是审判刑事案件和民事案件,并且通过审判活动,惩办一切犯罪分子,解决民事纠纷,以保卫无产阶级专政制度,维护社会主义法制和社会秩序,保护社会主义的全民所有的财产、劳动群众集体所有的财产,保护公民私人所有的合法财产,保护公民的人身权利、民主权利和其他权利,保障国家的社会主义革命和社会主义建设事业的顺利进行。人民法院用它的全部活动教育公民忠于社会主义祖国,自觉地遵守宪法和法律。"此规定仅授权法院审理刑事案件和民事

[①] 从 1950 年开始,有个别法律法规规定发生行政争议时,可以向法院提起诉讼。例如,1950 年 6 月 28 日由中央人民政府委员会通过的《土地改革法》规定,农村阶级成分的确定构成土地的没收、征收和分配的基础。该法第 31 条规定,确定阶级成分的评定会,"由乡村人民政府报请区人民政府批准。本人或其他人如有不同意见,得于批准后十五日内向县人民法庭提出申诉,经县人民法庭判决执行"。但是,并没有具体的程序规定,未形成行政诉讼制度。

[②] 有关我国改革开放初期行政诉讼制度立法的研究,除可以从当时立法的文献和资料寻找外,近年来亦有研究开始关注和梳理。代表性研究有:林莉红:《中国行政诉讼的历史、现状与展望》,载《河南财经政法大学学报》2013 年第 2 期;胡建淼、吴欢:《中国行政诉讼法制百年变迁》,载《法制与社会发展》2014 年第 1 期;王万华:《新中国行政诉讼早期立法与制度》,载《行政法学研究》2017 年第 4 期;等。

[③] 《中国共产党第十一届中央委员会第三次全体会议公报》(1978 年 12 月 22 日通过)。

[④] 1979 年 7 月 1 日,第五届全国人民代表大会第二次会议通过,1979 年 7 月 5 日,全国人民代表大会常务委员会委员长令第 3 号公布,自 1980 年 1 月 1 日起施行。

案件的权力,不过随着发展处理行政争议成为课题,相关立法开始为相关的行政争议规定了诉讼渠道。

梳理相关规定,最早领域应当是与税收的领域①,特别是涉外事项。1980 年 9 月 10 日,第五届全国人民代表大会第三次会议通过的《中外合资经营企业所得税法》②和《个人所得税法》③,首次赋予当事人就行政争议向法院起诉的权利。前者第 15 条规定:"合营企业同税务机关在纳税问题上发生争议时,必须先按照规定纳税,然后再向上级税务机关申请复议。如果不服复议后的决定,可以向当地人民法院提起诉讼。"后者第 13 条规定:"扣缴义务人和自行申报纳税人同税务机关在纳税问题上发生争议时,必须先按照规定纳税,然后再向上级税务机关申请复议。如果不服复议后的决定,可以向当地人民法院提起诉讼。"

1981 年 12 月 13 日,第五届全国人民代表大会第四次会议通过的《外国企业所得税法》④,再度赋予当事人向法院起诉的权利。第 16 条规定:"外国企业同税务机关在纳税问题上发生争议时,必须先按照规定纳税,然后再向上级税务机关申请复议。如果不服复议后的决定,可以向当地人民法院提起诉讼。"

虽然有研究认为,由国务院制定的行政法规《对外合作开采海洋石油资源条例》⑤,也赋予了当事人就行政争议向法院起诉的权利。不过,从其第 28 条规定来看,应当不属于行政诉讼范围。第 28 条规定:"作业者、承包者违反本条例规定实施石油作业,石油工业部有权提出警告,并限期纠正。如未能在限定的期限内纠正,石油工业部有权采取必要的措施,直至停止其实施石油作业。由此造成的一切经济损失,由责任方承担。对严重违反本条例规定的责任者,石油工业部可处以罚款,直至向司法机关提起诉讼。"

---

① 有研究者指出,1979 年的《全国人民代表大会和地方各级人民代表大会选举法》(1979 年 7 月 1 日第五届全国人民代表大会第二次会议通过,1979 年 7 月 4 日全国人民代表大会常务委员会委员长令第 2 号公布,1980 年 1 月 1 日起施行),首次规定公法意义上的诉讼制度。参见王万华:《新中国行政诉讼早期立法与制度》,载《行政法学研究》2017 年第 4 期。该法第 25 条规定:"对于公布的选民名单有不同意见的,可以向选举委员会提出申诉。选举委员会对申诉意见,应在三日内作出处理决定。申诉人如果对处理决定不服,可以向人民法院起诉,人民法院的判决为最后决定。"不过,一直以来此诉讼不是按照行政诉讼来处理,而不是按照民事诉讼来处理,即选民资格案件。请参见《民事诉讼法》第 181 条、第 182 条。

② 1980 年 9 月 10 日,全国人民代表大会常务委员会委员长令第 10 号公布,自公布之日起施行。

③ 1980 年 9 月 10 日,全国人民代表大会常务委员会委员长令第 11 号公布,自公布之日起施行。

④ 1981 年 12 月 13 日,全国人民代表大会常务委员会委员长令第 13 号公布,自 1982 年 1 月 1 日起施行。

⑤ 国务院于 1982 年 1 月 30 日发布并实施。

从历史发展上看,上述三项规定具有开创性意义。正是这些立法赋予了当事人诉权,开启了我国由司法途径解决行政争议之路,为行政诉讼制度建立奠定的基础。同时,这些规定也设置了行政复议与行政诉讼并行,并在税收领域率先确立了行政复议前置的安排。

(二)适用民事诉讼程序

虽然立法已赋予公民、法人或者其他组织针对行政行为提出诉讼的权利,但由于缺乏匹配的诉讼程序,此类诉讼依然无法落实,因此尽快为此类诉讼确立程序机制就成为迫切而现实的课题。

鉴于其时制定独立的行政诉讼程序规则并不现实,1982年3月8日由全国人大常委会通过的《民事诉讼法(试行)》[①]允许行政诉讼采用民事诉讼程序及其规定的方式进行审理和裁判。《民事诉讼法(试行)》第3条第2款规定:"法律规定由人民法院审理的行政案件,适用本法的规定。"据当时参与《民事诉讼法(试行)》制定的顾昂然同志回忆:"在制定民诉法时,我汇报,有人反映现在是'官告民一告一个准,民告官没门儿'。彭真同志对此十分重视,在民诉法试行中增加了行政诉讼,为日后制定行诉法积累了经验。"[②]这虽是简单得不能再简单的规定,具有重要意义,它既是面向过去的规定,也是面向未来的规定:不但为行政案件的解决提供了程序安排,是改革开放后我国行政诉讼制度建设迈出的重要一步,而且允许单行法对可以提起行政诉讼事项作出规定,为未来行政案件的拓宽开辟了通道。

(三)单行立法对行政案件的规定

《民事诉讼法(试行)》第3条第2款的规定,确立了通过单行立法逐步把行政争议纳入诉讼渠道解决的思路。从字面上,所使用的是"法律规定",不过最高人民法院通过司法解释明确了"法律"的范围,"根据这一规定,凡是全国人民代表大会及其常务委员会制定的法律、国务院制定的行政法规、省和直辖市的人民代表大会及其常务委员会制定的地方性法规、民族自治地方的人民代表大会制定的自治条例和单行条例中规定向人民法院起诉的行政案件,如当事人向人民法院起诉,人民法院应予受理"。[③] 即法律、行政法规、地方性法规、自治条例和单行条例,有权规定提起行政诉讼事项。由《民事诉讼法(试行)》授权,单行法律、法规开启了规定行政案件的征程。

---

① 自1982年10月1日起试行。

② 陈丽平采访整理:《顾昂然:新中国立法工作的"活字典"(下)》,http://www.legaldaily.com.cn/zt/content/2009-08/11/content_1146287.htm? node=8236,最后访问日期:2018年2月10日。

③ 最高人民法院《关于地方人民政府规定可向人民法院起诉的行政案件法院应否受理问题的批复》(1987年10月9日)。

1982 年 5 月,《国家建设征用土地条例》①确立了土地领域行政诉讼②;1982 年 8 月 23 日,同日通过的《海洋环境保护法》和《商标法》③分别确立了海洋环境保护行政诉讼④和知识产权领域的行政诉讼⑤;同年 11 月 19 日通过的《食品卫生法(试行)》⑥,建立了食品卫生行政诉讼⑦。除中央层面的立法外,地方立法在 1982 年同样迈出重要步伐。1982 年 12 月 16 日,北京市第七届人民代表大会常务委员会第二十五次会议通过并自公布之日起施行的《北京市建设拆迁安置办法》,具有重要意义。其第 26 条规定:"被迁单位和被迁户已由建设单位按本办法进行合理安置,又经其上级机关和所在单位动员仍拒不搬迁的,由所在区、县房地产管理部门决定限期迁出,当事人不服的,可以在限期前向所在区、县人民法院起诉;期满不起诉又不搬迁的,由区、县房地产管理部门提请所在区、县人民法院依法处理。"

---

① 1982 年 5 月 4 日全国人民代表大会常务委员会第二十三次会议原则批准,1982 年 5 月 14 日国务院公布,1982 年 5 月 14 日起施行。

② 《国家建设征用土地条例》第 25 条:"挪用或占用补偿费和安置补助费的,责令退赔;情节严重的,对主管人员和直接责任人员给予行政处分,可以并处罚款。侵占招工、转户指标的,招工、转户无效;情节严重的,对主管人员和直接责任人员给予行政处分,可以并处罚款。上列各项,行政处分由土地管理机关提出意见,报请县级以上人民政府批准,责令所在单位或其上级主管机关决定和执行。经济制裁由土地管理机关决定并限期执行;当事人不服的,可以在期满前向人民法院起诉;期满不起诉又不履行的,由土地管理机关提请人民法院依照民事诉讼程序强制执行。在征地过程中,煽动群众闹事,阻挠国家建设,贪污、盗窃国家和集体财物,行贿、受贿,敲诈勒索,以及其它违法犯罪行为,构成犯罪的,由司法机关依法追究刑事责任;情节轻微、不构成犯罪的,分别给以治安管理处罚或经济制裁、行政处分。"

③ 1982 年 8 月 23 日第五届全国人民代表大会常务委员会第二十四次会议通过,自 1983 年 3 月 1 日起施行。

④ 《海洋环境保护法》第 41 条规定:"凡违反本法,造成或者可能造成海洋环境污染损害的,本法第五条规定的有关主管部门可以责令限期治理,缴纳排污费,支付消除污染费用,赔偿国家损失;并可以给予警告或者罚款。当事人不服的,可以在收到决定书之日起十五日内,向人民法院起诉;期满不起诉又不履行的,由有关主管部门申请人民法院强制执行。"

⑤ 《商标法》第 39 条规定:"有本法第三十八条所列侵犯注册商标专用权行为之一的,被侵权人可以向侵权人所在地的县级以上工商行政管理部门要求处理。有关工商行政管理部门有权责令侵权人立即停止侵权行为,赔偿被侵权人的损失,赔偿额为侵权人在侵权期间因侵权所获得的利润或者被侵权人在被侵权期间因被侵权所受到的损失;对情节严重的,可以并处罚款。当事人不服的,可以在收到通知十五天内,向人民法院起诉;期满不起诉又不履行的,由有关工商行政管理部门申请人民法院强制执行。"

⑥ 1982 年 11 月 19 日全国人民代表大会常务委员会第二十五次会议通过,自 1983 年 7 月 1 日起试行。

⑦ 《食品卫生法(试行)》第 38 条规定:"当事人对食品卫生监督机构给予的行政处罚不服的,在接到处罚通知之日起十五天内,可以向人民法院起诉。但是,对食品控制的决定应当立即执行。对罚款的决定不履行又逾期不起诉的,由食品卫生监督机构申请人民法院依照中华人民共和国民事诉讼法(试行)规定的程序强制执行。"

此后,单行立法确立了行政诉讼案件的类型不断增多。不过,值得特别一提的是,1986 年制定的《治安管理处罚条例》①确立了治安行政诉讼,第 39 条规定:"被裁决受治安管理处罚的人或者被侵害人不服公安机关或者乡(镇)人民政府裁决的,在接到通知后五日内,可以向上一级公安机关提出申诉,由上一级公安机关在接到申诉后五日内作出裁决;不服上一级公安机关裁决的,可以在接到通知后五日内向当地人民法院提起诉讼。"该规定了揭开了治安行政诉讼很长时间主导行政诉讼案件量的序幕。据统计,到 1989 年《行政诉讼法》颁布前,"已有 130 多个法律和行政法规规定了公民、组织对行政案件可以向人民法院起诉"②。

与此同时,法院审理行政案件的组织行政庭在建设之中。1986 年 10 月,湖北省武汉市中级人民法院和湖南省汨罗县(1987 年撤县建市)人民法院率先成立行政审判庭。③ 1987 年 1 月 14 日,最高人民法院发布《关于建立行政审判庭的通知》,提出:"建立行政审判庭要采取积极而又慎重的态度,要先试点,总结了典型经验再推开。""凡目前尚不试办行政审判庭的地方法院,仍按最高人民法院的通知,分别由民事审判庭和经济审判庭受理行政案件。"1988 年 10 月 4 日,最高人民法院行政审判庭正式成立。④

二、行政诉讼制度确立发展阶段(1989—2014)

1989 年颁布并于 1990 年实施的《行政诉讼法》⑤,标志着独立的行政诉讼制度在我国全面、正式确立,标志着我国刑事诉讼、民事诉讼和行政诉讼三大诉讼制度

---

① 1986 年 9 月 5 日第六届全国人民代表大会常务委员会第十七次会议通过,自 1987 年 1 月 1 日起施行。

② 王汉斌:《关于〈中华人民共和国行政诉讼法(草案)〉的说明——1989 年 3 月 28 日在第七届全国人民代表大会第二次会议上》,http://www.npc.gov.cn/wxzl/gongbao/2000-12/27/content_5002264.htm。也可参见应松年主编:《行政诉讼法学》,中国政法大学出版社 2002 年修订 2 版,第 31 页。

③ 凡夫:《中国行政审判 20 年发展与人权保护》,载《人权》2004 年第 1 期。蔡小雪:《最高人民法院行政审判庭的成立过程》,载《人民司法》2016 年第 33 期。不过,就成立的具体时间有不同说法。有认为,二者都在 10 月 6 日;也有认为,汨罗县法院行政审判庭成立时间为 10 月 11 日。请参见傅煜:《行政审判庭三代"掌门人"讲述"民告官"30 年变迁》,http://www.sohu.com/a/160190614_123753,最后访问日期:2019 年 7 月 22 日。

④ 凡夫:《中国行政审判 20 年发展与人权保护》,载《人权》2004 年第 1 期;江必新主编:《中国行政诉讼制度的完善——行政诉讼法修改问题实务研究》,法律出版社 2005 年版,第 7 页;《最高人民法院行政审判庭正式建立并开展工作》,载《最高人民法院公报》1988 年第 4 期。

⑤ 该法于 1989 年 4 月 4 日由全国人大通过,自 1990 年 10 月 1 日起实施。2014 年 11 月 1 日全国人大常委会通过《关于修改〈中华人民共和国行政诉讼法〉的决定》,第一次修正;2017 年 6 月 27 日,全国人大常委会通过《关于修改〈中华人民共和国民事诉讼法〉和〈中华人民共和国行政诉讼法〉的决定》,第二次修正。

全面建立,是我国民主法治建设史上的里程碑。此后,我国行政诉讼进入发展完善阶段。

(一)细化完善

《行政诉讼法》颁布实施意义重大,推动了社会的关注,行政诉讼案件量也在增加。不过,从处理案件和应对实践来看,仅靠一部行政诉讼法还不能适应现实需要,需要对相关安排进行细化和补充。其中,司法解释发挥了重大作用。

针对行政诉讼法的规定,最高人民法院先后两次发布系统性解释,即 1991 年 5 月 29 日通过的《关于贯彻执行〈中华人民共和国行政诉讼法〉若干问题的意见(试行)》[①]和 1999 年 11 月 24 日通过的《关于执行〈中华人民共和国行政诉讼法〉若干问题的解释》[②]。这两次司法解释均以行政诉讼法规定为依据、以司法实践需要为基础对相关问题作出规定,特别是两次司法解释发展了诸多行政诉讼制度和行政法理论。[③]

随着发展,司法解释也致力于专门问题和专门领域的细化和补充。例如,针对证据问题,2002 年最高人民法院发布《关于行政诉讼证据若干问题的规定》[④];针对行政赔偿诉讼,1996 年制定《关于人民法院执行〈中华人民共和国国家赔偿法〉几个问题的解释》[⑤];1997 年制定《关于审理行政赔偿案件若干问题的规定》[⑥];针对中国加入世贸组织之后的行政案件审理问题,最高人民法院先后于 2002 年发布《关于审理国际贸易行政案件若干问题的规定》[⑦]、《关于审理反倾销行政案件应用法律若干问题的规定》和《关于审理反补贴行政案件应用法律若干问题的规定》[⑧];针对行政许可案件,2009 年发布《关于审理行政许可案件若干问题的规定》[⑨];针对政

---

① 1991 年 5 月 29 日最高人民法院审判委员会第 499 次会议讨论通过,1991 年 6 月 11 日公布,自 1991 年 7 月 11 日起试行。

② 1999 年 11 月 24 日最高人民法院审判委员会第 1088 次会议通过,2000 年 3 月 8 日公布,自 2000 年 3 月 10 日起施行。

③ 江必新:《司法解释对行政法学理论的发展》,载《中国法学》2001 年第 4 期。

④ 2002 年 6 月 4 日,最高人民法院审判委员会第 1224 次会议通过,自 2002 年 10 月 1 日起施行。

⑤ 1996 年 5 月 6 日,最高人民法院审判委员会第 811 次会议讨论通过。

⑥ 1997 年 4 月 29 日发布,自 1997 年 4 月 29 日起施行。

⑦ 2002 年 8 月 27 日,最高人民法院审判委员会第 1239 次会议通过,自 2002 年 10 月 1 日起施行。

⑧ 二者于 2002 年 9 月 11 日由最高人民法院审判委员会第 1242 次会议通过,自 2003 年 1 月 1 日起施行。

⑨ 2009 年 11 月 9 日,最高人民法院审判委员会第 1476 次会议通过,自 2010 年 1 月 4 日起施行。

府信息公开案件,2011 年发布《关于审理政府信息公开行政案件若干问题的规定》①;等。

(二)反思调适

行政诉讼制度在细化完善过程中,也遭遇到发展瓶颈。随着我国经济社会的快速发展,行政诉讼制度跟不上时代发展的步伐,日渐暴露出一些问题,主要表现为:即使存在行政违法行为,一些公民及组织不敢告、不愿告,存在"信访不信法"现象;一些公民、组织虽敢于将行政机关诉诸法院,也因种种原因无法立案,存在"告状无门"现象;即便法院受理,因欠缺充分有效的审理、裁判手段,不少行政争议无法获得实质性解决;公民、组织即使胜诉,一些裁判也不能得到充分执行。上述问题导致行政诉讼陷入尴尬的境地:一方面,行政争议量与行政诉讼利用率反差明显。官民争议数量居高不下,但行政诉讼案件数量一直在低位运行。另一方面,司法本身是正义的化身与公众对司法的不信任反差明显。社会对实现公平正义的诉求持续高涨,但行政诉讼化解争议和矛盾的能力却不高,行政诉讼裁判存在"高上诉率""高申诉率"现象。

2002 年,全面修改《行政诉讼法》的动议,摆上了全国人大的议事日程。面对如此形势,最高人民法院通过司法解释等方法对行政诉讼制度进行调整。2007 年12 月 17 日,最高人民法院发布《关于行政案件管辖若干问题的规定》②,通过适当提高级别管辖、调整地域管辖方法提升法院审判的中立性和公信力;同日,最高人民法院发布《关于行政诉讼撤诉若干问题的规定》③,旨在正确引导和处理行政诉讼中当事人因和解而申请撤诉的行为,努力妥善化解行政争议。

三、行政诉讼制度变革阶段(2014 年至今)

自 2014 年以来,行政诉讼制度变革进入实质阶段,不仅对相关制度进行调整,也开始构建新的制度。

(一)《行政诉讼法》首次系统修订

在经历多年的研究、争议和探讨之后,2014 年 11 月 1 日全国人大常委会通过《关于修改〈中华人民共和国行政诉讼法〉的决定》。此次修改虽不是彻底大修,但是《行政诉讼法》实施 20 多年后完成系统修订。

修正案致力行政诉讼面临的突出问题,即"立案难、审理难、执行难"三大顽疾,

---

① 2010 年 12 月 13 日,最高人民法院审判委员会第 1505 次会议通过,自 2011 年 8 月 13 日起施行。

② 最高人民法院审判委员会第 1441 次会议通过,自 2008 年 2 月 1 日起施行。

③ 最高人民法院审判委员会第 1441 次会议通过,自 2008 年 2 月 1 日起施行。

并设计了相应的解决机制。调整行政诉讼目的,强化权利救济和纠纷解决①,在制度上延长起诉期限②,注重纠纷的根本性解决③;扩大受案范围,将受案范围的一般范围扩大至"行政行为"④,明确将行政协议纳入受案范围之中,把将规章以下规范性文件纳入附带审查范围;把明显不当纳入合法性审查范围,加大法院对行政行为审查力度;增加判决方式种类,为不同类型的请求和案件设置有针对性的裁判方式;规定更为严厉的措施,加强执行力度⑤。

《行政诉讼法》修改实施后取得不错成效,行政诉讼案件量有大幅增加。

(二)增加行政公益诉讼

公益诉讼是诉讼制度的新发展,国内学术界虽倡导建立中国的行政公益诉讼,但 2014 年修订的行政诉讼法未明确规定行政公益诉讼。不过,有关公益诉讼的试点,为行政公益诉讼发展提供了可能。

2015 年 7 月,全国人大常委会通过《关于授权最高人民检察院在部分地区开展公益诉讼试点工作的决定》⑥,授权最高人民检察院在生态环境和资源保护、国有资产保护、国有土地使用权出让、食品药品安全等领域开展提起公益诉讼试点。经过 2 年的试点,2017 年 6 月底,全国人大常委会通过《关于修改〈中华人民共和国民事诉讼法〉和〈中华人民共和国行政诉讼法〉的决定》⑦,正式确立行政公益诉讼。

根据规定,人民检察院在履行职责中发现生态环境和资源保护、食品药品安

---

① 修正后的《行政诉讼法》第 1 条规定:"为保证人民法院公正、及时审理行政案件,解决行政争议,保护公民、法人和其他组织的合法权益,监督行政机关依法行使职权,根据宪法,制定本法。"

② 修正后的《行政诉讼法》将直接起诉的一般起诉期限从过去的 3 个月为延长到 6 个月,规定:"公民、法人或者其他组织直接向人民法院提起诉讼的,应当自知道或者应当知道作出行政行为之日起六个月内提出。法律另有规定的除外。"

③ 修正后的《行政诉讼法》第 61 条第 1 款规定:"在涉及行政许可、登记、征收、征用和行政机关对民事争议所作的裁决的行政诉讼中,当事人申请一并解决相关民事争议的,人民法院可以一并审理。"

④ 《行政诉讼法》第 2 条规定:"公民、法人或者其他组织认为行政机关和行政机关工作人员的行政行为侵犯其合法权益,有权依照本法向人民法院提起诉讼。前款所称行政行为,包括法律、法规、规章授权的组织作出的行政行为。"

⑤ 修正后的行政诉讼法采取了两项新措施:一是对"将行政机关拒绝履行的情况予以公告",通过向社会公开促使行政机关履行法院的裁判;二是对拒不履行裁判的相关行政人员予以拘留。修正后的《行政诉讼法》第 90 条第 5 项规定:"拒不履行判决、裁定、调解书,社会影响恶劣的,可以对该行政机关直接负责的主管人员和其他直接责任人员予以拘留;情节严重,构成犯罪的,依法追究刑事责任。"

⑥ 2015 年 7 月 1 日,第十二届全国人民代表大会常务委员会第 15 次会议通过。

⑦ 2017 年 6 月 27 日,第十二届全国人民代表大会常务委员会第 28 次会议通过。

全、国有财产保护、国有土地使用权出让等领域负有监督管理职责的行政机关违法行使职权或者不作为,致使国家利益或者社会公共利益受到侵害的,应当向行政机关提出检察建议,督促其依法履行职责。行政机关不依法履行职责的,人民检察院依法向人民法院提起诉讼。

(三)行政诉讼法第三次系统性解释

由于新行政诉讼制度的实施,实践中出现了不少新情况、新问题,2018 年 2 月 8 日最高人民法院发布《关于适用〈中华人民共和国行政诉讼法〉的解释》[①],这是最高人民法院继 1991 年、2000 年对行政诉讼法的适用作出的第三次系统性解释。

该司法解释除对行政诉讼受案范围、管辖、诉讼参加人、证据、起诉与受理、审理与判决、执行等常规性问题作出细化规定外,还专门对行政机关负责人出庭应诉、复议机关作共同被告、相关民事争议的一并审理、规范性文件的一并审查等新情况作出安排。

第二节　行政诉讼的运行情况分析

改革开放 40 年中,行政诉讼在我国经历了从无至有,制度从尝试至建立再到不断完善的过程。相应地,行政诉讼的实践也逐步展开。本部分以《中国法律年鉴》的统计数字为基础[②],对行政诉讼运行情况加以分析,展示行政诉讼的实际情况。

一、行政诉讼运行的总体情况

(一)行政诉讼一审总体情况

根据相关数据整理,形成 1988 年至 2017 年全国一审行政诉讼量统计表(见表 16-1)和相应的曲线图(见图 16-1)。

从曲线图和统计表中可以看出,自 1988 年至 2017 年整整 30 年间,全国一审行政诉讼的案件量整体上处于逐步上扬的态势。从 1988 年不到 1 万件,到 2017 年增长到逾 90 万件。不过,增长速度呈缓慢之势。2009 年之前,数量基本在年 10 万件以下。从统计表中更为明细数据中可以看到,2001 年全国一审行政诉讼量首次超过 10 万件。但是,只有在 2009 年之后,全国年一审行政诉讼量才稳定在 10

---

① 2017 年 11 月 13 日,由最高人民法院审判委员会第 1726 次会议通过,自 2018 年 2 月 8 日起施行。

② 受数据来源的限制,本书的数据主要从 1988 年开始。

万件之上。

在 1988 至 2017 年 30 年间平稳增长态势中,可以观察到两个增长较快的时段:第一段是 1990 年至 1997 年,即在行政诉讼法颁布实施之年开始,行政诉讼一审案件量有明显的增长。1990 年约为 1.3 万件,到 1991 年上升到近 2.6 万件,增长近两倍;1994 年为 3.5 万件,1995 年增长到 5.5 万件,到 1996 年则又上长到近 8 万件。第二段是 2014 年至 2017 年,即在行政诉讼法修订后至今。2014 年,全国一审行政诉讼为 14 万件多,2015 年则上升到 22 万件,增加近 6 成之多。2017 年则猛增到 91 万多件,是 2016 年的 3 倍多。两个时段的增长,与制度的建立与调整密切相关。从中可以看出,制度对运行的直接作用。

不过,30 年间在一审案件量整体上扬态势中,仍在可以观察到有一段波折甚至案件量下滑的时期,即 1999 年至 2006 年间。1999 年,在全国一审行政诉讼案件量持续增长 10 年之后首次出现下降,2000 年再度下降。虽然 2001 年回暖,但之后又出现下滑。这一反复且低谷时期,一直持续到 2007 年才有改观。然而,值得注意的是,行政诉讼一审量下降和数量不高时期,恰恰是我国其纠纷、矛盾较多,特别是官民矛盾突出的时期。这表现在这一时期行政诉讼制度未充分发挥其应有作用,也正是基于此行政诉讼制度修订更为迫切和必要。

表 16-1　1988 年至 2017 年全国一审行政诉讼量统计表①

单位:件

年度	数量	年度	数量	年度	数量
1988	8573	1998	98350	2008	108398
1989	9934	1999	97569	2009	120312
1990	13006	2000	85760	2010	129133
1991	25667	2001	100921	2011	136353
1992	27152	2002	80728	2012	129583
1993	27911	2003	87919	2013	123194
1994	35083	2004	92613	2014	141880
1995	52596	2005	96178	2015	220398
1996	79966	2006	95617	2016	225000
1997	90557	2007	101510	2017	913000

---

① 数据来源:《中国法律年鉴》。

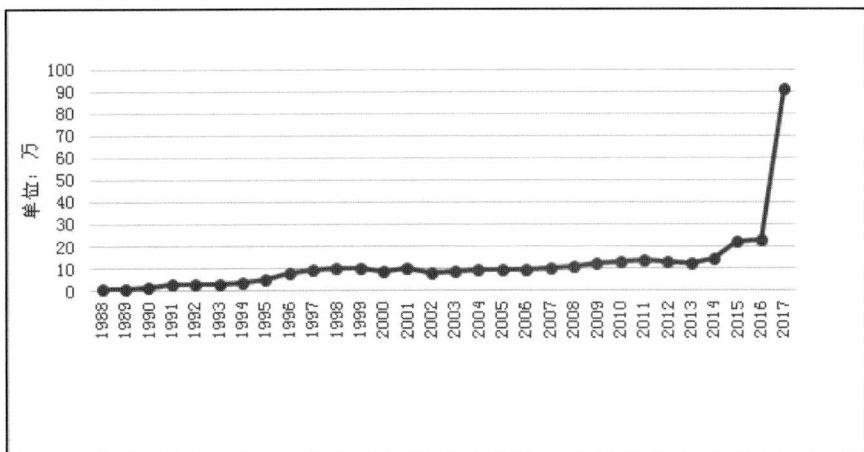

图 16-1　1988 年至 2017 年全国一审行政诉讼量变化图①

(二)行政诉讼二审和再审情况

从 1988 年至 2015 年全国第二审行政诉讼量变化图中可以看出,1988 年至 2015 年近 30 年间行政诉讼二审案件量,如一审行政诉讼案件量一样呈整体上升趋势。1988 年,全国二审行政诉讼不足 5000 件,2015 年上升到近 8 万件。不过,近 30 年也出现过下降的情况,如 1993 年、2003 年、2011 年和 2012 年连续出现下降。(见图 16-2)

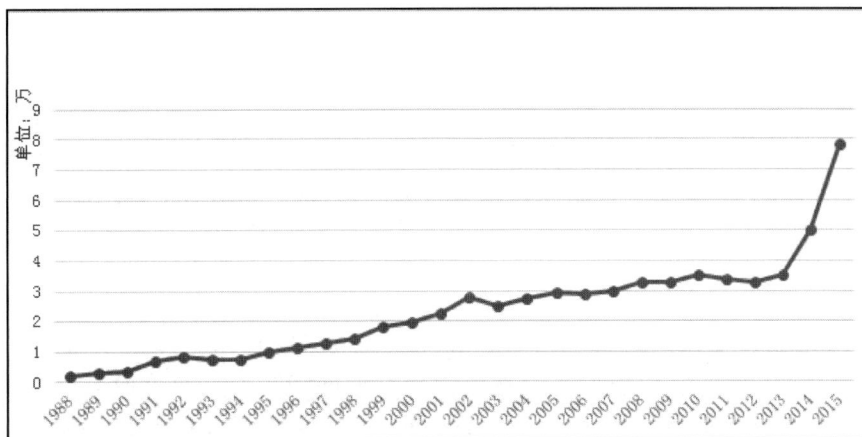

图 16-2　1988 年至 2015 年全国第二审行政诉讼量变化图②

---

① 数据来源:《中国法律年鉴》。
② 数据来源:《中国法律年鉴》。

与全国行政诉讼一、二审呈总体上升态势不同,再审变化波动变化很大。行政诉讼一、二审的案件量多取决于公民、法人或者其他组织的选择,也取决于法院对案件量的控制和调配,特别是一审。而再审则基本由法院和相关有权主体决定,当事人不起主要作用,同时为保证案件的终结性,再审条件严格。因此,从 1988 年至 2015 年全国再审行政诉讼量变化图(见图 16-3)中可以看出,这一数量基本在 2000 件以下,只有在 1997 至 2001 年 5 个年度中超过 2000 件,不过即使最高年份也未超过 3500 件。

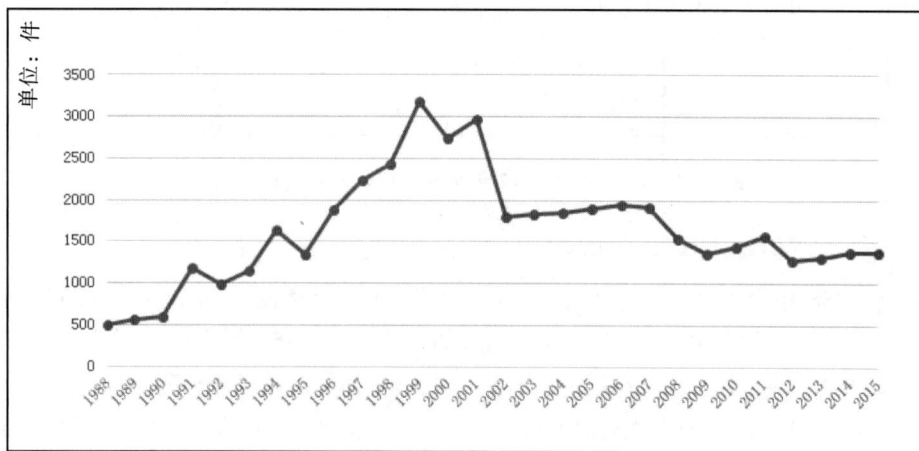

图 16-3　1988 年至 2015 年全国再审行政诉讼量变化图

二、行政诉讼一审情况分析

行政诉讼第一审及其裁判情况,是行政诉讼情况的集中反映,也最具行政诉讼的特色。本部分从全国一审行政诉讼案件分布情况和裁判情况两方面分析行政诉讼一审的具体运行。

(一)一审行政诉讼案件分布情况

改革开放以来,随着我国经济社会发展,经济社会日益呈现多元化,行政诉讼案件的形态越来越多,这既包括因行政管理领域的增多而行政诉讼案件的类型越来越多,也包括行政行为的多样化而带来行政诉讼的种类越来越多。不过,从统计数据(见图 16-4)中可以看出,在多样化和多元化的背后一些类型的案件主导行政诉讼的态势清晰可见。

整体来看,在近 1988 年至 2015 年的 30 年中,公安、资源、城建、劳动保障、工商、交通六类案件基本主导行政诉讼。六项案件几乎占到全部行政诉讼案件量的

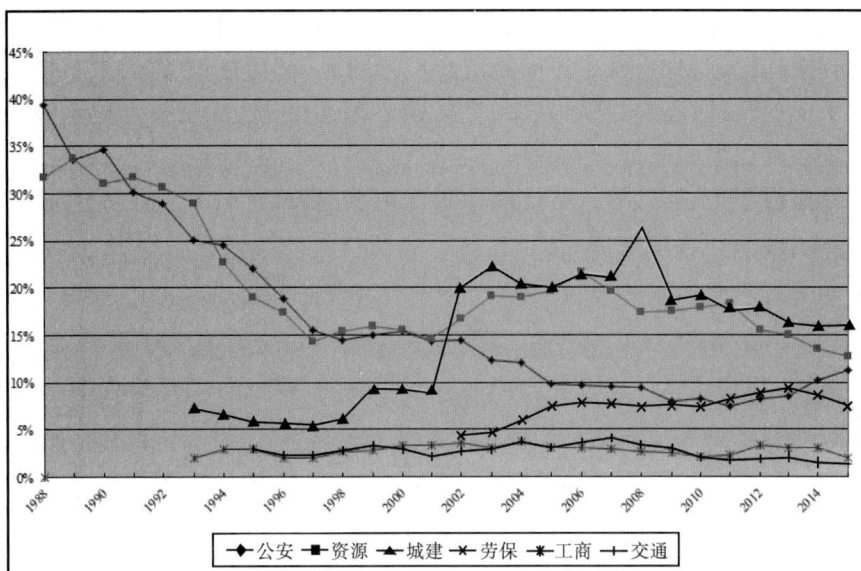

图 16-4　1988 年至 2015 年部分案件占全国法院受理一审行政诉讼比例图[①]

半壁江山,在 1988 年高达 70%,最低点的 2001 年也有 40%。

在六类案件主导的整体态势下,也可清晰地看出六类案件本身在近 30 年间的变化情况。工商类和交通类两类案件态势稳定,数量变动不大,占比始终在 5% 之下。相反,其他四类案件则变动明显。公安领域的案件占比整体呈下降之势,城建和劳动保障整体呈上升之势,而资源类案件先降后升。总体来看,以案件所涉领域观察,基本可以 2000 年为分界线,2000 年之前公安领域和资源领域的行政诉讼在整体行政诉讼中占主导地位,2000 年之后资源类和城建类行政诉讼则主导地位。主导的行政诉讼类型的变迁,恰恰是伴随中国经济社会发展和政府职能的转变,行政管理重点出现了微妙变化,政府职能从管制型政府向服务型政府的转变,除高权领域外经济管理、社会管理和公共服务的职能加强,行政管理增多,争议增多,相应的争议解决也出现变化。

(二)一审行政诉讼裁判情况分析

如果说一审行政诉讼的案件量和案件类型反映了公众和社会诉求的变化,一审行政诉讼裁判情况则在相当大程度上说明了法院对诉求回应情况。

1.法院使用判决和裁定情况

判决和裁定是法院处理行政诉讼案件的重要方式,其中判决处理实体问题,是法院审理行政案件终结时,根据审理所查清的事实,依据法律规定对行政案件实体

---

① 　数据来源:《中国法律年鉴》。

问题作出的结论性处理决定。而裁定涉及程序问题,是法院审理行政案件过程中或者执行案件的过程中,就程序问题所作出的判定。根据行政诉讼法的规定,裁定包括不予受理、驳回起诉、管辖异议、终结诉讼、中止诉讼、移送或者指定管辖、诉讼期间停止行政行为的执行或者驳回停止执行的申请、财产保全、先予执行、准许或者不准许撤诉等 15 类之多。不过,《中国法律年鉴》统计的项目主要有驳回起诉、撤诉、移送、终结和其他类等。因此,从法院在行政诉讼中使用判决、裁定情况,可以观察有多少案件进入处理程序之中,有多少案件被排除在外。

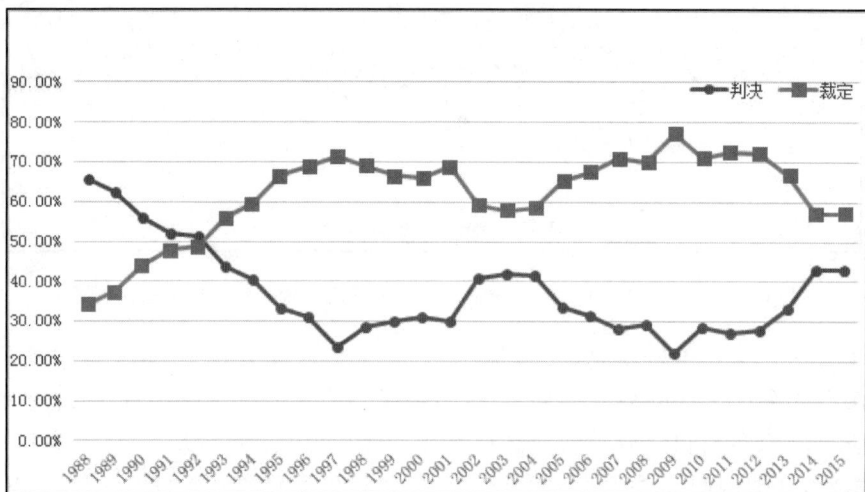

图 16-5 1988 年至 2015 年使用判决和裁定处理行政诉讼情况①

从变化图(见图 16-5)中可以清晰看出,以 1993 年为分界线,在此之前法院使用判决方式处理案件的方式高于使用裁定方式,特别是 1988 年近 70%,但之后持续下降。1993 年之后,法院使用裁定方式比例首次超过判决,且基本维持在逾六成之多,2010 年甚至高达近 80%。

2.法院对驳回起诉和撤诉裁定使用

如前所述,裁定的种类达十数种,不过在统计中主要使用了驳回起诉、撤诉、移送、终结和其他五类,且移送、终结数量少,同时数据不连续和充分,本书以驳回起诉、撤诉为观察对象形成如下变化图。(见图 16-6)

从变化中可以看出,法院以驳回起诉为由在近 30 年中基本保持稳定,占比自1998 年后在 10% 左右。值得关注的是,在行政诉讼中撤诉率一直居高不下,占比在 30% 以上,1991 年之后更是始终在 40% 之上。行政诉讼中的撤诉情形较复杂,

---

① 数据来源:《中国法律年鉴》。

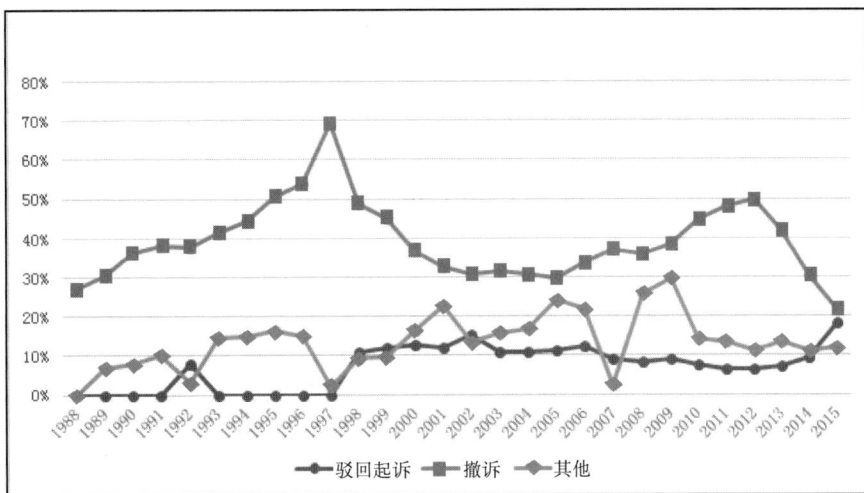

图 16-6　1988 年至 2015 年全国一审判决驳回起诉和撤诉情况①

申请撤诉包括两种情形:一种是被诉行政行为未发生改变原告主动申请撤诉,另一种则是被告在诉讼中改变被诉行政行为,原告接受并申请撤诉。对于后者,虽未必意味着案件实体问题未得到处理或解决,但整体来看如此高的撤诉率是值得关注的现象。

3.一审判决情况

前述分析已表明,一审法院使用判决处理案件的比重不高。在 2014 年行政诉讼修订之前,法院所使用的判决形式主要有:维持判决、撤销判决、履行判决、变更判决、确认判决、驳回诉讼请求判决、不予赔偿、予以赔偿等,2014 年行政诉讼法修正案删除维持判决,又新增给付判决、被告承担继续履行、采取补救措施或者赔偿损失等。在这些判决中,维持判决、驳回诉讼请求判决、确认合法判决、不予赔偿,属于对支持被告的判决方式,而其他判决方式则是有利于原告的判决方式。下文对一审判决的分析,主要从两方面展示 40 年来行政诉讼一审判决的变迁情况。

第一,一审判决支持原告与支持被告判决情况。

从图 16-7 可以看出,近 30 年来,有三分之二的年份,全国一审行政诉讼支持原告请求比例低于支持被告,例外年份只有 1995 年至 2000 年以及 2005 年 7 个年份。特别是在 1988 年至 1994 年间,支持被告的比例明显高于支持原告的;2001 年至 2004 年,亦出现相同态势。

单从支持被告变化分析,近 30 年中法院对被告的支持并非一直居高不下。1997 年前,支持被告的比例处于持续下降态势,而且态势明显。1988 年,近 50% 的高比例支持被告,到 1997 年下降到仅 10% 多,这也是历年最低点。1997 年之

---

①　数据来源:《中国法律年鉴》。

后,支持被告的比例上升,虽有波动,但基本维持在20%。

从支持原告情况来看,与支持被告情况相比,近30年中整体波动幅度相对较小,在15%左右浮动。不过,在平稳中亦可存在下降的态势。事实上,可以把近30年间分为五个阶段:1988年至1992年,2003年至2005年,和2012年至2015年,呈上升态势;不过,从1992年至2001年,2005年至2012年,则有更长阶段的下降态势。

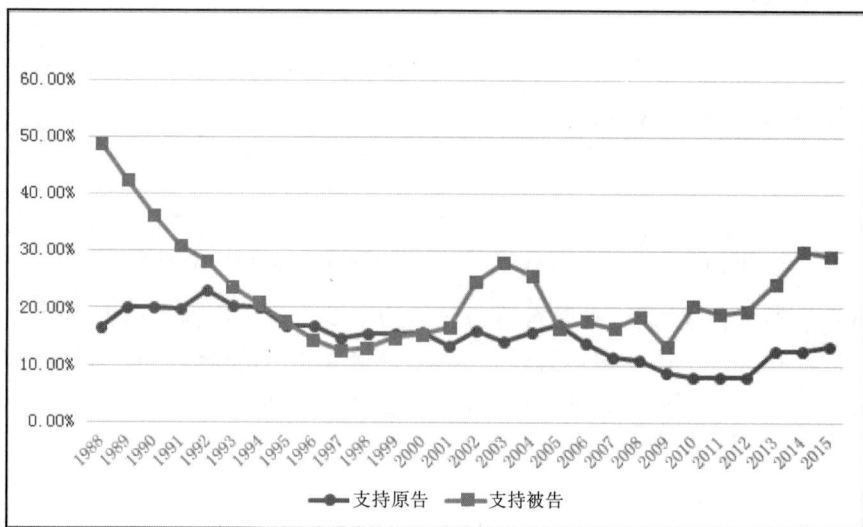

图16-7 1988年至2015年全国一审判决支持原告与支持被告判决情况①

第二,一审部分判决形式使用情况。

从统计数据中可以看出,维持判决、驳回诉讼请求判决、撤销判决、履行判决、变更判决是法院使用较多的方式。

从图16-8中可以清晰看到,维持判决和撤销判决是主要的两个判决方式,而二者恰恰是分别代表着法院支持被告与支持原告的两种相反的判决方式。1997年前,维持判决几乎与支持被告的判决发展态势相同,从1988年至1997年10年间经历了明显下滑;尔后10年,维持判决的使用则处于缓慢上升态势;2008年后,维持判决又处于下降明显态势,其逐渐被驳回诉讼请求判决所替代。事实上,2015年5月1日修订的行政诉讼法生效后,维持判决完成历史使命,在行政诉讼一审判决中彻底消失。

近30年中,撤销判决使用的发展轨迹几近于支持原告的判决发展轨迹重合。这充分说明撤销判决是原告请求多,法院使用也多的支持原告的判决方式。相反,支持原告的其他判决形式使用率普遍不高,近乎可以忽视不计,所占比重最高不超

①　数据来源:《中国法律年鉴》。

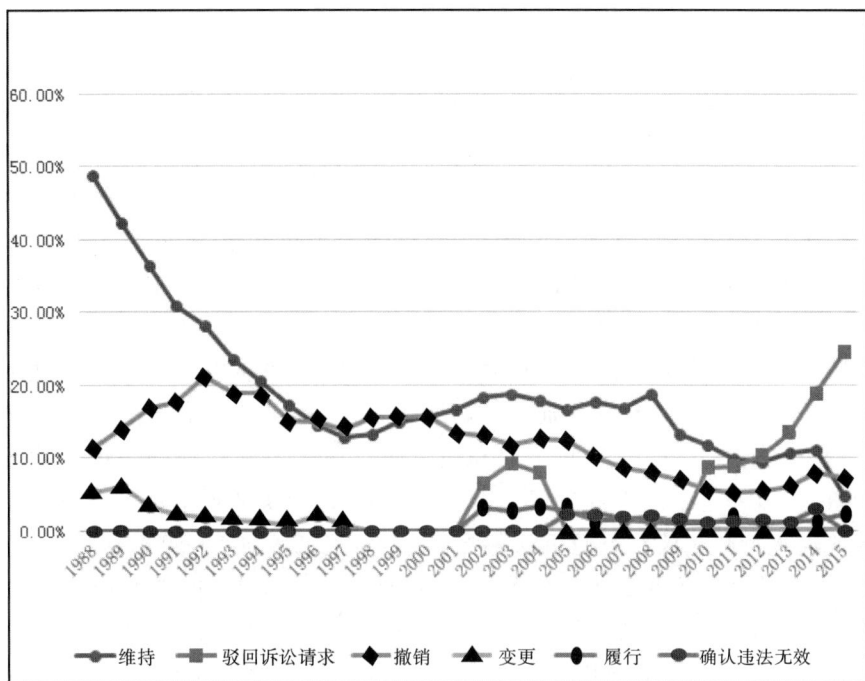

图 16-8　1988 年至 2015 年全国一审部分判决形式使用情况

过 3%,无论是履行判决、变更判决,还是确认行政行为违法无效的判决皆如此。不过,这三种判决方式也显示某种规律。1997 年前,变更判决虽使用率不高,但仍占有一席之地,甚至是与撤销判决一同构成了支持原告的判决方式。但是,在整体判决方式中作用走低。与此同时,履行判决和确认违法无效两种判决方式使用在走高。

第三节　行政诉讼理论与制度变迁的重点

行政诉讼是一项复杂的制度安排,其自身的存在及其运行都需要与之相适应的设计。事实证明,任何制度安排及其良好运行都需要不断调适和完善,特别是其核心的要素。在 40 年的发展历程中,行政诉讼的理论认识不断深化,制度安排也在调适。

一、性质

行政诉讼是何种性质的制度,这是行政诉讼理论和制度安排必须首先回答的重大问题。40 年间,学术界和实务界形成了有关行政诉讼性质的两个基本判断和基本安排：

1.行政诉讼是一项独立的诉讼制度

一些国家、地区制定的行政诉讼法不完全是独立自主的，采用了准予援引民事诉讼法规定的做法。例如，韩国《行政诉讼法》第 14 条规定：“本法没有特别规定的事项，准用法院组织法和民事诉讼法。”日本《行政案件诉讼法》第 7 条规定：“(本法无规定的事项)有关行政案件之诉讼，就本法中未规定的事项而言，皆依民事诉讼法之例。”在日本，甚至存在着把行政诉讼法作为民事诉讼法特别法的时期。在没有严格公法与私法界分的国家，也不存在独立的行政诉讼法。

我国行政诉讼经历从无至有的发展，早期发展采用准用民事诉讼法规定的做法，独立性不足。不过，1989 年通过的行政诉讼法，标志着独立于的行政诉讼制度在我国的正式确立。第一，行政争议和民事争议属于不同性质的争议。前者为公法上的争议，后者是私法上的争议。第二，两种争议解决的渠道和方式不同。行政争议主要通过行政复议和行政诉讼解决，民事争议通过仲裁、调解、诉讼等方式处理。第三，无论是解决和处理的实体上还是程序上，二者皆适用独立的法律规则。这事实上意味着公法与私法规则的独立、并行。虽然修订后的《行政诉讼法》第101 条规定：“人民法院审理行政案件，关于期间、送达、财产保全、开庭审理、调解、中止诉讼、终结诉讼、简易程序、执行等，以及人民检察院对行政案件受理、审理、裁判、执行的监督，本法没有规定的，适用《中华人民共和国民事诉讼法》的相关规定。”①之所以准用民事诉讼法有关规定，主要是基于立法技术上的考虑，避免立法的重复。

2.行政诉讼法是行政法不可或缺的组成部分

行政诉讼制度发展初期，学术界和实务部尽管认可行政诉讼是独立的诉讼制度，行政诉讼法是有一定独立性的法律规则体系，但是把行政诉讼法与行政法的关系视为或者等同为民事诉讼法与民法、刑事诉讼法与刑法的关系，即把行政诉讼法看作是单纯的程序法，甚至是可以独立于行政法的程序规则。这一看法和做法不但矮化了行政诉讼及行政诉讼法的作用，而且割裂了其与行政法的关系。

随着我国行政诉讼制度及实践的深化和行政法的整体发展，学术界和实务界形成两个共识：一是行政诉讼虽为诉讼制度，但是也是司法监督行政制度，它对推动公民、法人或者其他组织与行政机关的平等对话具有重要价值和意义；二是行政诉讼制度是行政法的重要组成部分，一个国家没有行政诉讼制度，就难言有真正的行政法；行政诉讼制度的存在及良好运行，是一个国家拥有行政法的标志。

---

① 1999 年 11 月 24 日通过的《关于执行〈中华人民共和国行政诉讼法〉若干问题的解释》第 97 条规定：“人民法院审理行政案件，除依照行政诉讼法和本解释外，可以参照民事诉讼的有关规定。”

二、目的

行政诉讼目的关系到行政诉讼制度设计的初衷及其要达到预期,是一个重大、复杂且充满争议的问题。从行政诉讼制度发展来看,这一问题始于行政诉讼立法之时,并伴随着行政诉讼运行始终。有关行政诉讼的争论和相关的制度建设,大致可以分为三个阶段。

(一)始于立法之时的争议

有关行政诉讼目的的确定,在我国行政诉讼法单独立法时就成为争议点。其时存在两种不同看法,一种看法认为行政诉讼立法的目的在于"保障和维持公民的合法权益",另一种看法则"同时强调行政诉讼立法的目的还在于保障行政机关依法行使权力,认为保护公民的合法权益和保障行政机关依法行使权力不是对立的,而是统一的"。[①]

保护公民权益与维护行政机关之争,是有关行政诉讼目的的讨论的第一阶段。这一争议没有在 1989 年通过的行政诉讼法终结,因为维护行政机关目的写入了行政诉讼法。《行政诉讼法》第 1 条规定:"为保证人民法院正确、及时审理行政案件,保护公民、法人和其他组织的合法权益,维护和监督行政机关依法行使行政职权,根据宪法制定本法。"尽管"维护"行政机关被载入法律,不过随着对行政诉讼制度本质认识的深化,学术界对把维护行政机关依法行使职权作为行政诉讼目的进行了批判,认为这与行政诉讼性质冲突,不应当作为行政诉讼目的。

(二)保护权益、维持法治与争议解决之争

维持行政机关不应成为行政诉讼目的虽然成为共识,但没有终结有关行政诉讼目的的讨论,反而引发或者激发了更广泛也是更深入的争论,促使行政诉讼目的的讨论进入第二个阶段。在此阶段,有关行政诉讼的目的讨论,可以概括为保护权益、维持法治与争议解决之争。[②] 这一争论以《行政诉讼法》第 1 条规定为基础,并结合行政诉讼和行政法本质展开。

保护公民权益,是明确载入行政诉讼法规定的目的,其要求行政诉讼致力于为认为自己权益受到行政侵害的公民、法人或者其他组织提供司法救济的机会和渠道。行政诉讼应具有此种目的,并不存在争议。关键在此目的之外,是否应当还有其他目的。维持法治特别是维持行政法治目的,是主张行政诉讼的目的不应局限于救济公民、法人或者其他组织的个体权益,而应当是纠正违法行政行为,保证行

---

① 张树义:《〈行政诉讼法(草案)〉若干争论问题再思考》,载《法学》1989 年第 3 期。
② 杨伟东:《行政诉讼目的探讨》,载《国家行政学院学报》2004 年第 3 期;王贵松:《行政诉讼法的目的论解释》,载罗豪才主编:《行政法论丛》第 9 卷,法律出版社 2006 年版,第 148~177 页。

政机关依法行政,实现行政法治。争议解决目的主张诉讼的基本目的是化解争议,行政诉讼也应当不例外。

行政诉讼应当一元目的还是多元目的[①],在多元目的结构是否有主要目的,成为学术界和实务界讨论的焦点。保护权益、维持法治与争议解决之争,伴随行政诉讼法的修订整个过程。正是基于这一讨论,修订后的行政诉讼调整了行政诉讼目的,规定"为保证人民法院公正、及时审理行政案件,解决行政争议,保护公民、法人和其他组织的合法权益,监督行政机关依法行使职权,根据宪法,制定本法"。从规定内容看,多元目的成为行政诉讼的安排。不过,从行政诉讼法相关制度的安排分析,行政诉讼法明显强化了权益保护和争议解决的目的。[②]

(三)主观诉讼与客观诉讼的讨论

整体来看,保护权益、维持法治与争议解决之争,主导了我国行政诉讼发展过程,并影响了我国行政诉讼制度和实践。不过,随着行政诉讼类型多样化主张的主涨,围绕行政诉讼目的的争议出现了升级转换,主观诉讼与客观诉讼的探讨增多,而二者的探讨关系到行政诉讼结构的安排。主观诉讼本质是以公民的权利救济为中心的诉讼安排,要求行政诉讼围绕着起诉人是否享有权利、权利是否可能受到侵害、如何救济等主轴来构建。客观诉讼注重公法秩序的维持,强调通过行政诉讼达成良好的公法秩序实现的目标。法国的处罚之诉、撤销之诉,带来有明显的客观诉讼的性质。[③]

主观诉讼与客观诉讼的探讨,事实上与行政诉讼类型化直接相关。行政诉讼类型化是行政诉讼制度发展的高级形态,是行政诉讼制度走向成熟的重要标志。行政诉讼的类型化或建立行政诉讼类型,是在承认行政争议的多样性和当事人诉讼请求不同的基础上,针对不同类型的请求和案件确立不同的起诉条件、审理规则和裁判方式等的安排。行政诉讼类型化有两个基本前提:一是存在或认可有不同类型或类别的行政争议或诉讼请求;二是处理或解决这些不同类型的争议或请求需要采用不同的方式、适用不同的规则。适度推动行政诉讼制度类型化的发展,是我国行政诉讼制度重要的发展方向,也是调适主观诉讼和客观诉讼关系的重要途径。

---

① 马怀德:《保护公民、法人和其他组织的权益应成为行政诉讼的根本目的》,载《行政法学研究》2012 年第 2 期;胡肖华、谢忠华:《论行政诉讼目的的多维性》,载《湘潭论坛》2010 年第 5 期。

② 杨伟东:《行政诉讼制度和理论的新发展——行政诉讼法修正案评析》,载《国家检察官学院学报》2015 年第 1 期。

③ 薛刚凌、杨欣:《论我国行政诉讼构造:"主观诉讼"抑或"客观诉讼"?》,载《行政法学研究》2013 年第 4 期。

三、受案范围

在我国,受案范围是行政诉讼中的重大问题,无论是制度安排还是理论研究中始终是热点和焦点问题。40 年来,我国行政诉讼受案范围理论与实践发展可以集中概括为三个方面。

（一）范围不断扩大

行政诉讼制度发展进程,也是我国行政诉讼受案范围不断扩大的过程。扩大进程大体上可以分为三个阶段。

1.单行立法列举阶段

1982 年通过的《民事诉讼法（试行）》第 3 条第 2 款规定:"法律规定由人民法院审理的行政案件,适用本法的规定。"在开启我国行政诉讼制度新篇章的同时,也确立了行政诉讼受案范围:以单行立法列举为依据。这一阶段一直持续至 1990 年《行政诉讼法》实施。

在这一阶段,通过司法解释将单行立法的范围确定为法律、行政法规、地方性法规,以及单行立法规定公民、法人或者其他组织不服行政机关的行政决定可诉诸法院的数量不断增多,不断扩大行政诉讼受案范围,也为其后制定行政诉讼法积累了经验。

2.以具体行政行为为基本范围阶段

1989 年通过的行政诉讼法高度重视受案范围,列"受案范围"专章作出规定。一般认为,行政诉讼法中涉及受案范围的规定包括第 2 条、第 11 条、第 12 条,共 3 条规定。其中,第 2 条为总体规定:"公民、法人或者其他组织认为行政机关和行政机关工作人员的具体行政行为侵犯其合法权益,有权依照本法向人民法院提起诉讼。"该规定确定了受案范围的基本范围,即具体行政行为。在第 2 条规定之下,第 11 条和第 12 条是对受案范围的肯定性列举和否定性列举规定。梳理并概括这些规定,很长时间以来我国行政诉讼受案范围被概括为:凡涉及公民、法人或者其他组织人身权、财产权的所有外部具体行政行为。[①]

然而,由于实践中行政机关的行为多种多样,加之对《行政诉讼法》第 2 条规定的轻视甚至忽视,实践中行政诉讼受案范围被严格限定。2000 年最高人民法院于颁布《关于执行〈中华人民共和国行政诉讼法〉若干问题的解释》对受案范围采用新的立场,立足于尽可能在行政诉讼法规定范围内扩大受案范围的思路,明确规定:"公民、法人或者其他组织对具有国家行政职权的机关和组织及其工作人员的行政行为不服,依法提起行政诉讼的,属于人民法院行政诉讼的受案范围。"[②]在此基础

[①] 罗豪才、应松年主编:《行政诉讼法学》,中国政法大学出版社 1990 年版,第 107 页。

[②] 《关于执行〈中华人民共和国行政诉讼法〉若干问题的解释》第 1 条第 1 款。

上,指明哪些事项不属于受案范围。

3.以行政行为为基本范围阶段

2014 年修订的《行政诉讼法》把行政诉讼受案范围扩大作为修改法律的重点内容。"从理论上说,所有行政争议都应当能够通过行政诉讼解决,扩大《行政诉讼法》的受案范围具有进步意义。实践中行政诉讼立案难,主要原因是法律、法规明确规定应当受理的案件,法院不受理。所以,此次修改的重点是解决法院该立案而不立案的问题,畅通诉讼渠道,强化对不受理的约束。当然,根据实践的发展和需要,适当扩大了受案范围。"①

修订后的行政诉讼法摒弃把受案范围局限于"具体行政行为"的规定,《行政诉讼法》第 2 条规定:"公民、法人或者其他组织认为行政机关和行政机关工作人员的行政行为侵犯其合法权益,有权依照本法向人民法院提起诉讼。前款所称行政行为,包括法律、法规、规章授权的组织作出的行政行为。"从而把受案范围的基本范围扩大至"行政行为"。

除在对基本范围的扩大外,修订后的行政诉讼法亦对学术界和实务界呼吁的事项作出规定。将行政协议纳入受案范围之中,修订后的《行政诉讼法》第 12 条第 1 款第 11 项规定,法院受理公民、法人或者组织因"认为行政机关不依法履行、未按照约定履行或者违法变更、解除政府特许经营协议、土地房屋征收补偿协议等协议"而提起的行政诉讼;将规章以下规范性文件纳入附带审查范围,《行政诉讼法》第 53 条规定:"公民、法人或者其他组织认为行政行为所依据的国务院部门和地方人民政府及其部门制定的规范性文件不合法,在对行政行为提起诉讼时,可以一并请求对该规范性文件进行审查。前款规定的规范性文件不含规章。"删除在受案范围中附加"人身权、财产权"限制的要求,修订前的《行政诉讼法》第 11 条第 1 款第 8 项规定"认为行政机关侵犯其他人身权、财产权的"具体行政行为具有可诉性,修订后的《行政诉讼法》第 12 条第 1 款第 11 项把此内容修改为"认为行政机关侵犯其他人身权、财产权等合法权益的"。

(二)采用渐进扩大之路

我国行政诉讼受案范围扩大不是一步到位,而是循序渐进逐步扩大的,这一思路在行政诉讼法立法时即可确定。"行政法还不完备,人民法院行政审判庭还不够健全,行政诉讼法规定'民可以告官',有观念更新问题,有不习惯、不适应的问题,也有承受力的问题,因此对受案范围现在还不宜规定太宽,而应逐步扩大。"②

虽然随着我国经济社会发展加速和法治建设进程加快,行政争议日益多元和复杂,受案范围的扩大需求越来越高,扩大的思路依然如此。

① 童卫东:《进步与妥协:〈行政诉讼法〉修改回顾》,载《行政法学研究》2015 年第 4 期。
② 王汉斌:《关于〈中华人民共和国行政诉讼法(草案)〉的说明》(1989 年 3 月 28 日)。

（三）规定方式决定范围大小

在相当长的时间中，学术界和实务界把受案范围中的可诉事项与不可诉事项作为关注和研究的重点。不过，在发展和研究中，受案范围的规定方式受到越来越多的重视。受案范围的规定方式不只是技术问题，而直接决定受案范围的大小、宽窄。

1989 年《行政诉讼法》在受案范围界定上采用了列举方式，即列出可诉性事项和不可诉事项。这一方式虽有助于澄清某一案件的可诉性与否，但无法适应不断发展新型案件，更关键的问题在于无法明确受案范围的基本立场，即行政行为可诉性的假定。因此，学术界用概括加排除的模式规定受案范围，即用概括方式确定受案的基本范围之后，应仅列举不予受理事项，不再列举受理事项。[①] 其"合理性在于：可以最大限度地拓展行政诉讼受案范围的张力，尽可能在更大的范围内全面保护行政相对人的合法权益。同时，也消弭了过去因分别列举应受理的案件与不应受理的事项之后未形成紧密对接而产生的空白地带"[②]。不过，遗憾的是，修订后的行政诉讼法未采纳这一做法。

四、原告资格

行政诉讼原告是行政诉讼的启动者，是行政争议或行政诉讼重要一方。由于行政行为影响广泛，涉及利益主体可能众多，何者有权启动行政诉讼是行政诉讼需要审慎处理的事项。整体来看，40 年来我国行政诉讼原告资格不断拓宽。

（一）管理相对人标准

在 1989 年行政诉讼法颁布前，行政诉讼原告资格基本奉行的是管理相对人标准，即行政决定或行政行为直接所针对的公民、法人或者其他组织享有原告资格。这是极为严苛的标准，带有明显的限制性，其排除了其他受行政决定或者行政行为不利影响者诉诸法院的资格。事实上，即使在行政诉讼法颁布实施后的一段落时间里，这一认识或者这一标准在实践中仍得以运用。

管理相对人标准是行政诉讼制度发展早期采用的标准，它既是司法管理主义的体现，也是司法功能有限的体现。

（二）法律上利害关系标准

修订的行政诉讼法第 41 条第 1 项首次对行政诉讼原告作出的明确规定："原告是认为具体行政行为侵犯其合法权益的公民、法人或者其他组织。"该规定确立了我国行政诉讼原告的基本要求：一是公民、法人或者其他组织；二是认为自身的

---

① 应松年：《行政诉讼法律制度的完善发展》，载《行政法学研究》2015 年第 4 期。

② 方世荣：《论我国行政诉讼受案范围的局限性及其改进》，载《行政法学研究》2012 年第 2 期。

权益受到侵害;三是受侵害的权益是合法权益。不过,由于行政诉讼法未对"合法权益"作出界定,更未对公民、法人或者其他组织的合法权益与被诉行政行为的关联性作出指引,因而行政诉讼原告资格成为弹性空间过大的安排,而在行政诉讼发展初期实践中极易演化为严格要求,这就是在行政诉讼法实施早期认为只有行政管理相对人才有行政诉讼原告资格的原因。

随着行政诉讼发展,严苛的原告资格标准显然与立法规定不符,也与现实需要不合,认识的改变和标准的调整渐渐发生。2000 年最高人民法院于颁布《关于执行〈中华人民共和国行政诉讼法〉若干问题的解释》确立了"法律上利害关系"标准,即第 12 条"与具体行政行为有法律上利害关系的公民、法人或者其他组织对该行为不服的,可以依法提起行政诉讼"之规定。表面看,"法律上利害关系"与"合法权益"皆属不确定法律概念,不过透过该司法解释对现实中原告资格的澄清,事实上清晰地展示了对"法律上利害关系"采用较为宽松解释的导向。司法解释明确规定农村土地承包人等土地使用权人[①]、非国有企业被注销、撤销等时[②]、股份制企业的股东大会、股东代表大会、董事会等认为行政行为侵犯企业经营自主权时[③]、联营企业、中外合资或者合作企业的联营、合资、合作各方[④]等情形下的特定主体的原告资格,皆指向保护相关主体权益的思路。

(三)利害关系人标准

修订后的《行政诉讼法》第 25 条第 1 款规定:"行政行为的相对人以及其他与行政行为有利害关系的公民、法人或者其他组织,有权提起诉讼。"与修订前的《行政诉讼法》及其司法解释的规定相比,该规定更为全面。不过,是否确立了新标准,即"利害关系人标准",换言之,"利害关系人标准"是否比"法律上利害关系"更为宽泛,尚需观察。

---

① 《关于执行〈中华人民共和国行政诉讼法〉若干问题的解释》第 16 条规定:"农村土地承包人等土地使用权人对行政机关处分其使用的农村集体所有土地的行为不服,可以自己的名义提起诉讼。"

② 《关于执行〈中华人民共和国行政诉讼法〉若干问题的解释》第 17 条规定:"非国有企业被行政机关注销、撤销、合并、强令兼并、出售、分立或者改变企业隶属关系的,该企业或者其法定代表人可以提起诉讼。"

③ 《关于执行〈中华人民共和国行政诉讼法〉若干问题的解释》第 18 条规定:"股份制企业的股东大会、股东代表大会、董事会等认为行政机关作出的具体行政行为侵犯企业经营自主权的,可以企业名义提起诉讼。"

④ 《关于执行〈中华人民共和国行政诉讼法〉若干问题的解释》第 15 条规定:"联营企业、中外合资或者合作企业的联营、合资、合作各方,认为联营、合资、合作企业权益或者自己一方合法权益受具体行政行为侵害的,均可以自己的名义提起诉讼。"

五、审查标准

审查标准指进入到行政诉讼被诉行政行为法院以何标准予以审查并作出判决,它是深化行政诉讼核心的重要问题,不但关系到司法权对行政权的介入程度,而且直接影响对公民、法人或者其他组织权益的救济力度。

公认地,合法性审查是构成了我国行政诉讼基本原则。修订前的《行政诉讼法》第 5 条规定:"人民法院审理行政案件,对具体行政行为是否合法进行审查。"修订后的《行政诉讼法》延续了这一规定,第 6 条规定:"人民法院审理行政案件,对行政行为是否合法进行审查。"因此,合法性是法院判断被诉行政行为的基本标准,相应地判决方式主要体现为合法的行政行为法院应予支持、确认合法,违法的予以撤销、确认违法无效等,法院原则上不得替代行政机关作出决定,否则逾越司法权。不过,"合法性"的范围决定了审查标准的宽窄。

(一)合法性的狭义范围

《行政诉讼法》修订前,合法性的具体判断标准集中体现在第 54 条规定之中,特别是第 54 条第 2 项规定,即"具体行政行为有下列情形之一的,判决撤销或者部分撤销,并可以判决被告重新作出具体行政行为:(1)主要证据不足的;(2)适用法律、法规错误的;(3)违反法定程序的;(4)超越职权的;(5)滥用职权的"。该规定现予法院判定(具体)行政行为构成违法的基本标准,因而实际上确立了(具体)行政行为合法的基本要求。在此之外的(具体)行政行为的合理性问题,法院原则上不得介入,除非属于行政处罚显失公正。

在传统的合法性标准之下,法院对行政行为的判决方式有限。维持判决、确认合法、驳回诉讼请求判决,属于支持被告的判决形式;撤销判决(包括全部撤销与部分撤销)、变更判决、确认违法无效、履行判决,属于支持原告的判决形式。不过,对履行判决和变更判决,特别是后者,行政诉讼法作出较严格的限制。其中,变更判决严格限定在行政处罚。[①]

(二)合法性范围的拓宽

修订后的《行政诉讼法》第 70 条规定:"行政行为有下列情形之一的,人民法院判决撤销或者部分撤销,并可以判决被告重新作出行政行为:(一)主要证据不足的;(二)适用法律、法规错误的;(三)违反法定程序的;(四)超越职权的;(五)滥用职权的;(六)明显不当的。"同时,第 77 条规定:"行政处罚明显不当,或者其他行政行为涉及对款额的确定、认定确有错误的,人民法院可以判决变更。"相对修订前相比,合法性标准最大的调整是把"明显不当"纳入合法性范畴,成为判断所有行政行

---

① 修订前的《行政诉讼法》第 54 条第 4 项规定:"行政处罚显失公正的,可以判决变更。"

为是否合法的标准之一,从而改变了传统上显失公正或者明显不当属于合理性范畴,除行政处罚外法院原则上不得干预的认识,大大提高了对行政行为合法性要求,扩大了法院的审查强度。

与此同时,《行政诉讼法》赋予法院针对不同情况作出相应裁判的更大空间。扩大变更判决的适用情形,第 77 条第 1 款规定:"行政处罚明显不当,或者其他行政行为涉及对款额的确定、认定确有错误的,人民法院可以判决变更。"新增给付判决,第 73 条规定:"人民法院经过审理,查明被告依法负有给付义务的,判决被告履行给付义务。"针对行政协议案件,提供新的判决方式。第 78 条规定:"被告不依法履行、未按照约定履行或者违法变更、解除本法第十二条第一款第十一项规定的协议的,人民法院判决被告承担继续履行、采取补救措施或者赔偿损失等责任。被告变更、解除本法第十二条第一款第十一项规定的协议合法,但未依法给予补偿的,人民法院判决给予补偿。"

第四节　行政诉讼的贡献和未来发展

过去 40 年是我国行政诉讼制度生成、生长的 40 年,行政诉讼对推动我国经济社会和法治建设做出积极、重大贡献。不过,面临的新形势,我国行政诉讼同样面临挑战,需要新的发展。

一、行政诉讼和《行政诉讼法》的贡献

行政诉讼制度的建立,特别是《行政诉讼法》的颁布实施,是我国法治建设的里程碑事件,具有重大意义。40 年来,行政诉讼制度的发展和行政诉讼的运行,对我国法治建设和经济社会发展发挥着积极的作用。

(一)落实官民平等要求

官民关系是国家治理和政府治理中的重要关系,从历史发展观察不同时期官民关系可能存在明显不同。应当说,现代国家根本性颠覆了传统上官贵民贱的官民关系,强调公民权利具有本源性,国家权力、行政权力派生性,构建官民平等的新型关系。不过,官民平等既涉及理念改变,更关乎制度落实,特别是在行政机关一旦拥有行政权力,享有在特定情况下对公民、组织可以施加一定的控制和约束时,没有强有力的制度作保障,官民平等就难以在现实中得以落实。

行政诉讼制度在我国的发展,尤其是《行政诉讼法》的颁布实施,有力地践行官民平等理念。行政诉讼的建立意味着政府或行政机关虽享有行政权力,有权依法作出影响公民、法人或者其他组织的决定,但并非高高在上,不容置疑,所作出的决定更不是绝对合法或者正确。当行政机关作出决定后,若受到影响的公民、法人或

者其他组织认为决定违法,可以通过行政诉讼等有效的途径,诉诸行政之外的法院对该决定的合法性进行审查。公民、法人或者其他组织寻求行政诉讼救济的权利,是为法律所保护的权利。修订后的《行政诉讼法》更为清晰地指明了这一点,第3条规定:"人民法院应当保障公民、法人和其他组织的起诉权利,对应当受理的行政案件依法受理。行政机关及其工作人员不得干预、阻碍人民法院受理行政案件。"在行政诉讼这一场域中,被告行政机关或相关行政权力的行使者不再具有行政管理过程中的优势地位,而与原告公民、法人或者其他组织地位平等。《行政诉讼法》明确规定:"当事人在行政诉讼中的法律地位平等。"①事实上,为保护原告权益,我国行政诉讼法规定在一般性行政诉讼案件中,被告需对作出的行政行为承担举证责任。②

因而,行政诉讼制度安排的基本逻辑,正是行政机关应与公民、组织居于平等地位;行政诉讼的运行,正在于落实官民平等的理念。从我国行政法发展观察,行政诉讼制度的确立对改变传统的行政权力认识具有根本性的意义,并由此开启了我国规范行政权力运行和以权利为导向的行政法制度的构建。

(二)助推行政法制度建设

改革开放之后,我国经济社会的发展,经济活动和社会活动不断增多,行政机关作用日益突出,但是缺乏相应的规则和规则发展的导向。行政诉讼制度的建立及其运行成为我国行政法制度建设的助推器,推动了我国行政法制度的体系建设和重要内容的建设。

行政诉讼制度的建立和《行政诉讼法》的颁布实施,率先带动了我国行政监督救济制度的发展。由于《行政诉讼法》确立了行政复议与行政诉讼并行的行政争议解决机制,并且列专章规定行政侵权赔偿责任③。这些规定具有重大导向作用,要

---

① 《行政诉讼法》第8条。

② 《行政诉讼法》第34条规定:"被告对作出的行政行为负有举证责任,应当提供作出该行政行为的证据和所依据的规范性文件。被告不提供或者无正当理由逾期提供证据,视为没有相应证据。但是,被诉行政行为涉及第三人合法权益,第三人提供证据的除外。"从而确立在行政诉讼中原则上由被告承担举证责任的要求,只有在特定情形或者特定案件中才由原告承担举证责任。《行政诉讼法》第38条规定:"在起诉被告不履行法定职责的案件中,原告应当提供其向被告提出申请的证据。但有下列情形之一的除外:(一)被告应当依职权主动履行法定职责的;(二)原告因正当理由不能提供证据的。在行政赔偿、补偿的案件中,原告应当对行政行为造成的损害提供证据。因被告的原因导致原告无法举证的,由被告承担举证责任。"

③ 修订前的《行政诉讼法》第九章确立了行政赔偿责任,虽只有3条规定,但在国家赔偿法制定前具有重大意义。在1994年《国家赔偿法》通过后,《行政诉讼法》第九章规定完成了历史使命。不过,直到2014年《行政诉讼法》才真正删除了第九章的规定。

求尽快建立相关制度。1990 年,国务院制定《行政复议条例》①,对行政复议制度作出具体规定,以配合《行政诉讼法》的实施。1999 年,全国人大常委会通过《行政复议法》②。1994 年,全国人大常委会通过《国家赔偿法》③,完成对国家赔偿制度的构建。至此,行政复议、行政诉讼和国家赔偿为"三驾马车"行政救济制度体系完成。

行政诉讼的发展对我国行政法制度的第二波推动,是助力于行政行为制度的发展。行政诉讼的运行意味着行政机关的行政行为需接受司法的审查,这既需要为法院提供明晰的行政行为的标准,包括主体、行为、程序等,也需要为行政机关提供可执行的行为规范。因此,行政行为立法成为迫切的要求。20 世纪 90 年代中后期,专门行政管理领域的立法快速发展,而且以《行政处罚法》④为代表的综合性立法启动。尔后,《行政许可法》⑤和《行政强制法》⑥相续通过,行政行为立法"三步曲"宣告完成。

行政监督监督法、行政行为法和行政组织法,共同构成了我国行政法制度体系。在这一体系中,行政诉讼立法既是先行者,更是助推者。

(三)营造良好的社会环境

尽管对行政诉讼的目的有不同的认识,但不可否认行政诉讼担负着化解行政争议和保护公民、法人或者其他组织的使命。行政诉讼的存在,事实上为对行政决

---

① 1990 年 11 月 9 日,《行政复议条例》由国务院第七十一次常务会议通过,自 1991 年 1 月 1 日起开始实施。

② 1999 年 4 月 29 日,第九届全国人民代表大会常务委员会第九次会议通过 根据 2009 年 8 月 27 日第十一届全国人民代表大会常务委员会第十次会议《关于修改部分法律的决定》第一次修正,根据 2017 年 9 月 1 日第十二届全国人民代表大会常务委员会第二十九次会议《关于修改〈中华人民共和国法官法〉等八部法律的决定》第二次修正。为完善行政复议制度,2007 年 5 月 23 日国务院第 177 次常务会议通过《中华人民共和国行政复议法实施条例》,自 2007 年 8 月 1 日起施行。

③ 1994 年 5 月 12 日,第八届全国人民代表大会常务委员会第 7 次会议通过,自 1995 年 1 月 1 日起施行。此后,根据 2010 年 4 月 29 日第十一届全国人民代表大会常务委员会第 14 次会议通过、自 2010 年 12 月 1 日起施行的《全国人民代表大会常务委员会关于修改〈中华人民共和国国家赔偿法〉的决定》第一次修正;根据 2012 年 10 月 26 日第十一届全国人民代表大会常务委员会第 29 次会议通过、自 2013 年 1 月 1 日起施行的《全国人民代表大会常务委员会关于修改〈中华人民共和国国家赔偿法〉的决定》第二次修正。

④ 1996 年 3 月 17 日,第八届全国人民代表大会第四次会议通过,自 1996 年 10 月 1 日起施行。之后,根据 2009 年 8 月 27 日第十一届全国人民代表大会常务委员会第十次会议《关于修改部分法律的决定》第一次修正;根据 2017 年 9 月 1 日第十二届全国人民代表大会常务委员会第二十九次会议《关于修改〈中华人民共和国法官法〉等八部法律的决定》第二次修正。

⑤ 2003 年 8 月 27 日,由第十届全国人民代表大会常务委员会第四次会议通过,自 2004 年 7 月 1 日起施行。

⑥ 2011 年 6 月 30 日,第十一届全国人民代表大会常务委员会第二十一次会议通过,自 2012 年 1 月 1 日起施行。

定或行政行为心怀不满或者遭受侵害的当事人，提供了合法的表达异议或者获得补救的机会和渠道，从而有助于良好的官民关系的建立，更有助于营造良好而有序的社会环境。

如本章第二节所述，虽然行政诉讼的运行曾在一段时间中表现不尽如人意，但的确为化解相当多的行政争议提供了有效的方式，并在不少案件中满足了公民、法人或者其他组织的诉求。

二、行政诉讼面临的时代课题

在相当大程度上可以说，过去 40 年见证了我国行政诉讼发生发展的成长历程，而未来 40 年应当是见证成熟的行政诉讼制度和实践的完善过程。这是源自时代的呼唤。

（一）公共行政的改革

为解决政府系统庞大和行政职能过度膨胀带来的财政危机、管理危机和信任危机，自 20 世纪 70 年代末西方发达国家启动了轰轰烈烈的公共行政的变革。改革的重点是改革政府和放松规制，[1]压缩和减少政府对市场和社会不必要的干预，以充分市场和社会的作用。

与世界公共行政改革几乎同步，我国在 20 世纪 80 年初开始推行政改革和动政府职能的转变，核心就是要实现从计划经济下的"全能政府"向市场经济下的"有限政府"转变。改革涉及三项主要内容：一是大幅度削减政府职能，市场力量和社会组织作用提升；二是强调公私合作，公、私之间的边界出现一定的模糊，甚至公私融合；三是政府管理的方式手段转换，传统以命令—服从为核心的治理模式和方法弱化，契约化、市场化和非强制性的手段引入并在一些领域广泛使用。

这场改革影响到公与私的界定及相应规则的适用，进而影响到行政诉讼的范围和调整对象。

（二）司法定位的转变

传统上，法院奉行的是司法克制主义，严格限制自己的角色和定位，限定在依法解决和裁判个体性的纠纷。然而，第二次世界大战后司法作用扩张的历史，司法由克制主义转向能动主义之势。

法院的作用不局限于法律性问题，而常常涉及政治性和政策性问题；法院不但解决个体性纠纷，而且处理公益性纷争；同时法院和法官在运用司法裁量权时可能更为大胆。因此，司法定位出现了重大变化，司法大范围涉足社会、经济和政治问题，以多种方式，如扩大集团诉讼、扩大宣告性判决以及对反对政府行为的诉讼提

---

① 周志忍等：《当代国外行政改革比较研究》，国家行政学院出版社 1999 年版，第 4～21 页。

供慷慨资助,减少了传统上接近司法的条件限制,从而使寻求司法保护变得越来越容易。①

司法能动主义在我国行政诉讼如何体现、是否应有限度,是未来行政诉讼发展中的重要课题。

(三)争议解决的多元化

面对现代社会的争议多样化和当事人诉求的多元化,传统司法在应对中显得力不从心,一方面诉讼案件数量多,法院案件压力大,另一方面对当事人而言诉讼成本高,在行政领域还面临司法审查的限度问题。由此,引发了争议解决的多元化的发展动向,替代性纠纷解决方式(Alternative Dispute Resolution)受到重视。

与民事纠纷的解决多元化有所不同,多元化的行政争议解决不但面临多元化渠道的关系和协调问题,而且要面对新的机制如何构建问题。

三、行政诉讼的未来发展重点

面对新形势和新时代对满足人民日益增长的美好生活需要的要求②,行政诉讼制度需要适应未来的发展要求,不断推动制度完善和实施效果。其中,在下列方面值得关注。

(一)确立行政诉讼新定位

行政诉讼定位,是行政诉讼作用发挥的重要问题。2014 年行政诉讼法修订过程中,这一问题即成为探讨的热点问题。伴随着行政诉讼制度发展,特别是新形势下司法在我国的定位变化,需要重视行政诉讼定位。这涉及两个重要方面:

一是行政诉讼在保护公益作用中的定位。行政诉讼的基础定位是保护个体权益,2014 年修订的《行政诉讼法》强化了我国行政诉讼制度在实现行政诉讼基础定位的导向及其制度保障。不过,行政诉讼在完成基础定位的前提下,在保护公共利益和捍卫行政法治的客观诉讼的道路需要走多远、能走多远,这是我国行政诉讼制度未来发展的课题。整体来看,我国行政诉讼制度需要在保护个体权益的基础上致力于公共利益和行政法治的捍卫,应当成为发展方向。

---

① [美]克里斯托弗·沃尔夫:《司法能动主义——自由的保障还是安全的威胁?》,黄金荣译,中国政法大学出版社 2004 年版,第 46 页。

② 党的十九大报告指出:"中国特色社会主义进入新时代,我国社会主要矛盾已经转化为人民日益增长的美好生活需要和不平衡不充分的发展之间的矛盾。我国稳定解决了十几亿人的温饱问题,总体上实现小康,不久将全面建成小康社会,人民美好生活需要日益广泛,不仅对物质文化生活提出了更高要求,而且在民主、法治、公平、正义、安全、环境等方面的要求日益增长。"参见习近平:《决胜全面建成小康社会夺取新时代中国特色社会主义伟大胜利——在中国共产党第十九次全国代表大会上的报告》(2017 年 10 月 18 日)。

二是行政诉讼在行政争议解决体系中的定位。在多元化争议解决机制潮流下,行政诉讼之外的替代行政争议解决机制应当发挥作用。目前,我国行政复议作用未能充分发挥,专业性的行政争议机制尚有待建立。在行政争议解决体系中,行政诉讼既是行政争议最终解决的屏障,也是其他解决机制的促进者和引领者。

(二)开放行政诉讼之门

在接近正义的理念下,打开司法之门应成为我国行政诉讼的基本方向。当然这不意味着在现实中所有的行政争议都需要通过行政诉讼加以解决,而是在制度上提供了容许性和可接纳性,我国行政诉讼制度发展必须消除和扫除行政争议进入行政诉讼设置的不必要的障碍。因此,未来我国行政诉讼制度需要确立两项基本要求:

一是除非不适于司法介入,所有行政争议皆可以通过行政诉讼解决。不适合司法介入,主要指直接涉及高度政治性判断或者复杂的技术性问题,法院难以或者无法作出判断。更为重要的是,适应公共行政改革的需要,应对行政争议作扩大,主要指因从事公共职能或公共事务管理职能的争议。目前,行政诉讼法对行政争议的行政限定主要采用的是形式标准,即行政机关和行政机关之外的法律、法规、规章授权的组织作出的行为引发的争议,这一标准既无法适应各类社会组织大量存在的现实和公共行政改革带来的问题。考虑到我国政府职能转变和公私关系的变迁,我们亦应摒弃形式标准,代之以实质性标准,即从事公共职能或公共事务管理职能的活动。对从事公共职能或公共事务管理职能的判定,可以考虑以下因素:其一,是否有法律、法规授权;其二,是否原属于政府职能或国家应承担的事务;其三,活动或行为是否本质上依行政方式运转或作出;其四,活动或行为是否影响成员的地位、身份;其五,是否有替代的充分救济等。

二是除非过分浪费司法资源,尽可能拓宽原告资格。从世界发展和现实需要观察,行政诉讼原告资格不断拓宽,标准不断变迁,出现了从"法定权利受到损害"到"法律上的利益受到侵害",再到"法律值得保护的利益受到侵害"或"事实上受到损害"的日益宽松的标准发展线路,与此同时行政公益诉讼得到认可。我国行政诉讼原告资格也需要适应发展需要,在避免或者防止过分浪费司法资源的"好事者"进入行政诉讼外,原则上应现予公民、法人或者其他组织诉诸司法的权利。

(三)提高行政诉讼的公正性

通常认为,司法是维系社会公平和正义的化身,是捍卫社会公正的屏障。《全面推进依法治国若干重大问题的决定》[①]明确指出:"公正是法治的生命线。司法公正对社会公正具有重要引领作用,司法不公对社会公正具有致命破坏作用。"行

----

① 2014 年 10 月 23 日中国共产党第十八届中央委员会第四次全体会议通过。

政诉讼解决的是官民之间的行政争议,司法的秉公裁断既难亦尤显重要。

提高法院独立行使行政审判权的保障力度。鉴于行政诉讼被告常常为行使行政职能的行政机关,同样为国家机关,难免有形或者无形地受到行政影响,进而影响行政审判的公正性。因此,在统一推进司法体制改革时,亦应考虑行政审判的特殊性,通过跨行政区划法院的设置和跨行政区划管辖,在级别管辖和地域管辖上保障法院不受行政或其他权力干扰。

完善行政审判审级制度。在现有两审终审的基础上,研究和探索在行政诉讼引入第三审的可能性和生意人方案,可以考虑第三审实行法律审。

(四)增强行政诉讼的服务性

虽然司法公正是行政诉讼中至关重要,但便民性同样是评判司法质量的重要指标。

一是简化行政机关类被告确定。行政机关类被告是行政诉讼被告最典型、最常见的形式,由于我国行政机关种类多,关系复杂,行政诉讼被告采用谁作出行为且对该行为的后果承担直接责任者为被告的规则,在实践中确定被告较为复杂。[①]同时,这一做法过分强调了单个的、具体的行政机关责任,忽视或淡化了行政管理的整体性。因此,有必要改变行政机关类被告的确定的分散性安排,确定思路和标准应简单明了,方便当事人。故,可以考虑在地方政府层级内统一由一级政府承担被告。

二是设置类型化诉讼程序。为满足公民、法人或者其他组织的请求,提高司法裁判的针对性,应基于诉讼类型化的发展要求设置类型化的诉讼程序,强化行政诉讼制度的精细化设计。同时,为防止程序复杂化带来的不服,应加强法官释明权义务和诉讼程序的合理转换机制。

---

① 修订后的《行政诉讼法》第 26 条针对不同情形下行政诉讼被告作出规定。内容如下:"公民、法人或者其他组织直接向人民法院提起诉讼的,作出行政行为的行政机关是被告。经复议的案件,复议机关决定维持原行政行为的,作出原行政行为的行政机关和复议机关是共同被告;复议机关改变原行政行为的,复议机关是被告。复议机关在法定期限内未作出复议决定,公民、法人或者其他组织起诉原行政行为的,作出原行政行为的行政机关是被告;起诉复议机关不作为的,复议机关是被告。两个以上行政机关作出同一行政行为的,共同作出行政行为的行政机关是共同被告。行政机关委托的组织所作的行政行为,委托的行政机关是被告。行政机关被撤销或者职权变更的,继续行使其职权的行政机关是被告。"事实上,这样的规定还远不能适用复杂的行政组织现实,司法解释不得不针对不同情况再加以具体规定。可参见最新的系统司法解释最高人民法院《关于适用〈中华人民共和国行政诉讼法〉的解释》第 19 条至第 26 条。

第
十
七
章

国家赔偿制度的变迁与发展

改革开放以来,我国的国家赔偿制度建设取得了长足进步。就功能和现实意义而言,国家赔偿制度是有关国家承担侵权赔偿责任的法律规范及其组织机构的总和。国家赔偿的法律规范,只是我们审视国家赔偿制度变革的逻辑起点。除此之外,还要围绕着国家赔偿责任的承担,去探寻相关的组织机构设置乃至具体的政策方针。为了在有限的篇幅内,更加立体地呈现国家赔偿制度演变的轨迹,以相应的理论研究成果作为补充也十分必要。

第一节　国家赔偿制度的发展历程

1994 年 5 月 12 日第八届全国人大常委会第七次会议通过了《中华人民共和国国家赔偿法》(下称 1994 年《国家赔偿法》),该法于 1995 年 1 月 1 日起施行。这标志着我国国家赔偿制度的正式建立,但并不是我国国家赔偿制度的起点。在国家赔偿制度全面建立之前,我国的国家赔偿制度已历经中华人民共和国成立前、中华人民共和国成立初期、改革开放初期与行政赔偿先行这几个阶段。

一、中华人民共和国成立前的国家赔偿制度

中华人民共和国成立前的国家赔偿制度是由国民党政府通过《宪法》和特别法

确立的,最早关于国家赔偿的规定见于 1934 年《宪法(草案)》第 26 条:"凡公务员违法侵害人民之自由或权利者,除依法律受惩戒外,应负刑事及民事责任。被害人民就其所受损害者,并得依法律向国家请求赔偿。"国家赔偿制度的建立首先体现在行政赔偿领域,1932 年公布的《行政诉讼法》第 2 条规定,"提起行政诉讼得附带请求损害赔偿","前项损害赔偿除适用行政诉讼之程序外准用民法之规定,但第二百一十六条之规定所失利益不在此限"。[①]

除《宪法》和《行政诉讼法》之外,当时还有一些法律规定同样规定了国家赔偿制度的具体内容。例如,1930 年公布的《土地法》第 68 条规定:"因登记错误遗漏或虚伪致使受损害者,由该地政府机关负损害赔偿责任。"1933 年公布的《警械使用条例》第 10 条,1934 年公布的《戒严法》第 11 条,1944 年公布的《国家总动员法》第 28 条分别规定了因警察人员违法使用警械造成他人伤亡,因国家实行戒严、动员造成他人损失的,政府负赔偿或者补偿的责任。

就中华人民共和国成立前的国家赔偿制度来说,不能不提及中国革命战争年代红军"三大纪律八项注意"中的"损坏东西要赔",这在实质意义上就是国家赔偿。[②] 现在谈到的国家赔偿制度一定是法律规范意义上的,但行政或工作意义上的国家赔偿才是其现实基础和历史渊源。

二、中华人民共和国成立初期的国家赔偿制度

中华人民共和国成立初期的国家赔偿制度,可以概括为虚化的宪法原则、靠政策维系的国家赔偿制度。尽管中华人民共和国成立几十年都没有国家赔偿法,但是因为有着强大的现实需要,国家赔偿工作始终存在。但这样的国家赔偿工作缺乏法律规范和法理支撑,多是国家为实现政治目的和社会秩序而实施的"政策落实",避而不谈"赔偿"。这是因为,法理意义上的国家责任与公民意识尚未建立。

中华人民共和国成立初期的 1953 年,中共中央发布《关于处理各级人民法院过去时期所发生的错捕、错判、错杀问题的指示》,提出对于在"土改""三反""五反"中产生的冤假错案,本着"有错即改"的精神,实事求是地改判和平反、抚恤救济。1954 年《宪法》第 99 条明确规定:"由于国家机关工作人员侵犯公民权利而受到损失的,有取得赔偿的权利。"这是中华人民共和国首次采用宪法的形式确认了国家侵权的事实和受害人取得赔偿的权利。与此同时,中华人民共和国的法律、法规和政策也零星规定了国家赔偿的内容。例如,1954 年《中华人民共和国海港管理暂行条例》第 20 条规定:"港务局如无法律依据,擅自下令禁止船舶离港,船舶得向港

---

① 赵勇:《近代中国国家赔偿制度的产生》,载《人民论坛》2015 年第 17 期。

② 刘爱卿:《人民法院国家赔偿工作回顾与展望——写在建国 60 周年暨最高人民法院建院 60 周年之际》,载《山东审判》2010 年第 2 期。

务局要求赔偿由于未离港所受之直接损失,并得保留对港务局之起诉权。"1956 年司法部制定的《司法部关于冤狱补助费开支问题的答复》、1963 年劳动部制定的《劳动部复关于被甄别平反人员的补发工资问题》等文件都成了当时处理冤假错案的具体依据。

1976 年以后,随着我国民主法制事业的恢复和发展,国家又进行了一系列冤假错案的复查和平反工作,重点对历次政治运动中受到冲击和迫害的人给予平反昭雪。国家采取了补发工资、发放生活困难补助费、返还查抄没收的财产、安排工作等方式赔偿和补偿受害人的损失。例如,1980 年 3 月 24 日发布的《国务批转国家劳动总局关于八省市自治区纠正冤假错案安排劳动指标座谈会的报告》、1986 年 5 月 24 日发布的《中共中央组织部、中共中央统战部、最高人民法院、最高人民检察院、公安部、司法部关于抓紧复查处理政法机关经办的冤假错案的通知》等文件都是当时的具体政策依据。

三、改革开放初期

改革开放初期法治的恢复和建立,为国家赔偿制度的正式建立提供了必要的法治环境。侵权、责任、公民等基础性的要素和观念,也正是在这一阶段得以逐渐形成。1982 年《宪法》再次明确了国家赔偿责任。《宪法》第 41 条规定:"由于国家机关和国家机关工作人员侵犯公民权利而受到损失的人,有依照法律取得赔偿的权利。"与 1954 年《宪法》相比,新宪法的规定在两方面有所发展:一是规定了国家机关的侵权行为及赔偿责任;二是提出了制定专门法律确认国家赔偿的要求。1986 年《中华人民共和国民法通则》规定:"国家机关或者国家机关工作人员在执行职务中,侵犯公民、法人的合法权益造成损害的,应当承担民事责任。"这是我国在宪法之外,首次以法律的形式规定国家赔偿责任,这一规定在落实宪法原则与保证公民、法人取得赔偿方面发挥了一定作用。此后的《治安管理处罚条例》《海关法》《民用航空器适航管理条例》等法律、法规也规定了国家赔偿内容,但由于对国家赔偿的范围、方式、标准、程序等缺乏具体规定,使得国家赔偿责任的实现仍存在一定困难。

《中华人民共和国民法通则》的上述规定引发了不少所谓"民事赔偿案件",其实质内容上应属于国家赔偿案件。最典型的如"邹树文案":邹树文夫妇在"文革"中怕再次被抄家,将一盒金珠首饰"上交"给南京市杭大附中红卫兵总部负责人王自力(高三学生)和张登舟(初二学生)。1973 年以来,邹树文及其家属多次向有关部门提出要求落实政策、清退财物。江苏省高级人民法院就上述问题请示最高人民法院能否作为民事赔偿案件由人民法院受理。根据 1987 年 11 月 6 日发布的《最高人民法院关于邹树文金珠首饰在"文革"中下落不明,人民法院能否作为民事赔偿案件受理的批复》,最高人民法院认为:"邹树文夫妇要求清退'文革'中'上交'

的金珠首饰,根据中央有关文件的规定,属于落实政策的问题,不应按一般民事赔偿案件由人民法院受理。"当时的国家赔偿制度尚未建立,因而上述批复采用了"民事赔偿案件"的称呼,但从实质意义上的法律关系判断,该案就是国家赔偿责任案件。1995 年 1 月 29 日发布的《最高人民法院关于〈中华人民共和国国家赔偿法〉溯及力和人民法院赔偿委员会受案范围问题的批复》延续了这一做法,规定:"属于 1994 年 12 月 31 日以前应予赔偿的部分,适用当时的规定予以赔偿。当时没有规定的,参照《国家赔偿法》的规定予以赔偿。"这一方面说明对国家赔偿的需求是固有的、国家赔偿制度的建立是必须的,另一方面体现了国家赔偿制度的法定性,不能机械地从理论出发去看待国家赔偿。

四、行政赔偿先行探索

1989 年,我国颁布了民主法制建设史上具有里程碑意义的《行政诉讼法》,该法赋予公民、法人和其他组织对行政机关具体行政行为不服可以提起诉讼的权利,同时还规定因违法具体行政行为受到损害的人有取得国家赔偿的权利。该法第九章对行政赔偿责任的构成要件、赔偿义务主体、赔偿程序、追偿及赔偿费用来源等作了较为全面的规定,是我国建立健全国家赔偿制度,特别是行政赔偿制度的又一重要步骤。

参与过立法讨论的应松年教授讲,立法过程中讨论的意见是"行政机关的行为侵犯了公民的权益,造成损害,总不能只说一句'对不起'了事,应该给予赔偿。但当时《国家赔偿法》尚未制定,因而决定在《行政诉讼法》中增加一章,专门规定行政赔偿。同时又考虑到在诉讼法中不宜规定过多,因而只是从原则上(主要是程序方面)规定了几条,能使受损公民可以提起赔偿请求。同时加紧制定《国家赔偿法》。"[1]这说明,当时就已经认识到了国家赔偿制度的必要性。当然,该法只对行政侵权及赔偿责任作了规定,且行政赔偿的范围仅限于违法的具体行政行为造成的损害,对具体行政行为以外的行为,特别是司法行为未能涉及,对于赔偿方式和标准也未作规定。因此,有必要制定一部更为全面的国家赔偿法,以进一步完善我国的国家赔偿制度。

五、国家赔偿制度的正式建立

1989 年《行政诉讼法》公布后,行政诉讼案件的数量逐年递增,行政赔偿案件也随之增加。为了进一步落实《宪法》和《行政诉讼法》的规定,更好地处理行政赔偿案件,解决司法侵权问题,全国人大根据立法规划,委托曾负责起草《行政诉讼

---

[1] 应松年:《在〈中华人民共和国国家赔偿法〉实施二十周年座谈会上的发言》,载《国家赔偿办案指南》[2014 年第 4 辑(总第 10 辑)],法律出版社 2015 年版,第 26 页。

法》的行政立法研究组着手研究起草《国家赔偿法》。1991 年 4 月,行政立法研究组向全国人大常委会法制工作委员会提交了国家赔偿法试拟稿。法制工作委员会即组织有关法律专家组成起草小组,在总结实践经验的基础上,借鉴国外有关国家赔偿的规定,在上述试拟稿的基础上修改后于 1992 年 10 月起草了《国家赔偿法(试拟稿)》。该试拟稿经印发有关部门、各地方和法律专家征求意见,并进一步调查研究和修改,而后拟定了《国家赔偿法(草案)》,于 1993 年 10 月 22 日提请第八届全国人大常委会第四次会议审议。1994 年 5 月 12 日,第八届全国人民代表大会常务委员会第七次会议通过了《国家赔偿法》,并于 1995 年 1 月 1 日起正式施行。1994 年《国家赔偿法》正式确立了与私法赔偿相对应的国家侵权公法赔偿制度,当损害属于"违法行使职权"所导致时,就应属于国家赔偿的范畴,而不能采取民事赔偿制度下的"私法路径"。[①]

六、国家赔偿制度建立初期

1994 年《国家赔偿法》颁布实施后,各国家机关纷纷制定配套法规、规章和司法解释,贯彻执行《国家赔偿法》。1995 年 1 月 25 日国务院发布的《国家赔偿费用管理办法》,对国家赔偿费用的分级财政列支、赔偿费用的申请核拨条件、程序以及追偿、法律责任等作了明确规定。1994 年 12 月 23 日最高人民法院发布《关于贯彻执行〈中华人民共和国国家赔偿法〉设立赔偿委员会的通知》,要求中级以上人民法院设立赔偿委员会,并在 1995 年 1 月底前组建完成。1995 年 1 月 29 日最高人民法院作出《关于〈中华人民共和国国家赔偿法〉溯及力和人民法院赔偿委员会受案范围问题的批复》。此后最高人民法院又连续下发了《关于人民法院执行〈中华人民共和国国家赔偿法〉几个问题的解释》《人民法院赔偿委员会审理赔偿案件程序的暂行规定》《人民法院审理行政案件的暂行规定》《最高人民法院关于审理行政赔偿案件若干问题的规定》《关于民事、行政诉讼中司法赔偿问题的解释》等文件。最高人民检察院于 1994 年 12 月 2 日也通过了《人民检察院刑事赔偿工作办法(试行)》。公安部于 1995 年 2 月 13 日下发了《公安部关于贯彻实施〈国家赔偿法〉有关问题的通知》。司法部于 1995 年 8 月 24 日通过了《司法行政机关行政赔偿、刑事赔偿办法》。此外,许多地方为了贯彻执行国家赔偿法,还制定了一批地方性法规和规章。

《国家赔偿法》实施初期,全国中级以上人民法院全部设立了赔偿委员会和审理赔偿案件的专门机构,有关赔偿工作已全面展开。刑事赔偿以及民事、行政诉讼中司法赔偿案件从最初全国每年只受理几百件,发展到现在每年受理二千余件。

---

① 杜仪方:《行政赔偿中的"行使职权"概念——以日本法为参照》,载《法商研究》2018 年第 2 期。

我们可以用案件审理统计数字进行比较分析。1995 年 197 件,1996 年 398 件,1997 年 531 件,这三年合计 1126 件;1998 年 1632 件,1999 年 2154 件,2000 年 2447 件,这三年合计 6233 件,2001 年 1 月至 10 月 1972 件。前三年年平均三百余件,后四年年平均二千余件。后四年是前三年的近 6 倍。充分说明,国家赔偿审判工作在这七年中,取得了较大发展。据统计,截至 2003 年 10 月 1 日,全国各级法院已受理国家赔偿案件 15066 件,审结 14103 件,其中决定赔偿 5017 件。另据有关资料显示,全国各级检察机关 10 年共立案办理赔偿案件 7823 件,决定赔偿 3167 件,支付赔偿金 5819.53 万元。《国家赔偿法》实施初期,公安机关也通过行政复议和行政诉讼依法办理了大量国家赔偿案件。

当时,国家赔偿法的实施还存在相当多的困难。就法院而言,各级人民法院受理的赔偿案件与客观存在的应当赔偿的案件数量相去甚远。例如,人民法院 1996 年一、二审宣告无罪的共有 2281 人,而因此受理的赔偿案件才 35 件。这其中的原因是多方面的,有国家赔偿法不普及,公民、法人和其他组织不懂得用国家赔偿法保护自己合法权益的;有少数赔偿义务机关规避赔偿,甚至威胁赔偿申请人的;有的法院领导对赔偿工作重视不够,认识不充分;等等。

七、2010 年的全面修改至今

随着我国法治建设深入推进,以及依法治国、国家尊重和保障人权相继写入《宪法》,《国家赔偿法》于 2010 年进行了一次较为全面的修正。从归责原则调整和赔偿事项范围的扩大,到确认程序和举证质证,再到精神损害赔偿的确立,这是我国国家赔偿制度的重大调整和完善。相应地,国务院于次年出台了《国家赔偿费用管理条例》,替代了 1994 年《国家赔偿法》开始施行时出台的《国家赔偿费用管理办法》。新的规定明确了国家赔偿费用的预算安排,并加强了各级财政部门对赔偿义务机关的监督。

1994 年《国家赔偿法》在修改之前,已长期饱受非议,甚至被称为"国家不赔法"。在实施的过程中,国家赔偿这一迁移自异域的法律制度不适应中国本土环境的缺陷不断暴露。随着公民权利意识的不断高涨,国家机关的工作也面临较大障碍,因而掀起了修改法律的呼声。

2010 年国家赔偿制度的修正是一个进步,许多新的举措得以法制化,诸如:取消了单独前置的确认违法程序,搬掉了国家赔偿的"拦路虎";引进举证责任倒置原则,让公安机关举出未刑讯逼供之证据;增加精神损害赔偿;明确支付赔偿金时限;增加质证和监督程序;方便冤假错案受害人行使求偿权等。但新法也还存在一些具体问题,例如精神损害赔偿标准偏低。[①] 修改后的《国家赔偿法》对程序合法、结果错误的刑事拘留只在超期羁押时才予以赔偿、未超期羁押一概不赔的限定,是很不适当的。[②] 本来赔偿法(草案)一、二、三审稿规定程序合法、结果错误的刑事拘留一律赔偿,但在四审审议时有人大常委会委员提出突发事件、群体性事件和严重打砸抢烧事件时的紧急情况下,该条的实施有困难,因此最终通过的法律文本对该条作出了修改。

单看国家赔偿的案件数量,与我国的法治水平并不相符。新《国家赔偿法》修改的时候,原本预计国家赔偿案件会在刑事赔偿和非刑事司法赔偿这两个领域出现较大幅度的提升,但是后来的情况表明,案件数量和之前的阶段基本持平。国家赔偿制度仍然面临不小的挑战:一方面,我国的《国家赔偿法》存在实体上让位于行政补偿、程序上司法行政化等制度悖论;另一方面,国家赔偿的纠纷解决功能也在向正式制度之外逃逸,大量的案外协调活动强化了国家赔偿制度的"政策实施"功能定位,弱化了"纠纷解决"功能。[③]

第二节　国家赔偿制度的主要内容

国家赔偿制度的意义十分重大,是我国人权保护历程的里程碑。这也是继行政诉讼和行政复议之后,规范和约束政府行为的又一项重要制度。国家赔偿制度的功能在于,当公民的人身权、财产权受到公权力侵犯并造成损害时,提供适当的保护和救济。国家赔偿制度还在促进国家机关及其工作人员依法行使职权、加强廉政建设、维护社会安定、密切政府与人民群众的关系等方面具有重大意义。

自 1994 年《国家赔偿法》开始实施起,国家赔偿制度全面建立已经过了二十多年。总的来讲,国家赔偿工作从无到有、从小到大,对切实保障公民、法人和其他组织的合法权益,监督国家机关依法行使职权,发挥了显著的作用,取得了不少的成就。

与此同时,国家赔偿制度仍存在较为明显的不足。国家赔偿的规定较为原则,对赔偿义务机关约束不够,有的机关对应予赔偿的案件拖延不予赔偿,当事人的合法权益难以得到保障;有的地方赔偿经费保障不到位,赔偿金支付机制不尽合理;赔偿项目的规定难以适应变化了的情况,范围仍需要拓展;刑事赔偿范围的规定不

---

① 马怀德、孔祥稳:《我国国家赔偿制度的发展历程、现状与未来》,载《北京行政学院学报》2018 年第 6 期。

② 庄绪龙:《刑事拘留国家赔偿的制度漏洞与补正机制》,载《法律适用》2017 年第 5 期。

③ 蒋成旭:《国家赔偿的制度逻辑与本土构造》,载《法制与社会发展》2019 年第 1 期。

够明确,实施中存在分歧。

无论是成就还是不足,都是国家赔偿制度变革的重要问题,两方面的内容相伴而生,紧密地交织在一起。没有完美无缺的制度构造,只有在变革中不断地进行调整,才能实现法治建设的长足进步。

一、赔偿委员会机制

赔偿委员会机制实质上是指采用哪种模式、通过哪个机关终极解决国家赔偿纠纷,我国选取了由人民法院内设赔偿委员会、通过特殊的决定程序终局解决的模式。赔偿委员会机制最早是由 1994 年《国家赔偿法》确立的,该法第 23 条规定:"中级以上的人民法院设立赔偿委员会,由人民法院三名至七名审判员组成。赔偿委员会作赔偿决定,实行少数服从多数的原则。赔偿委员会作出的赔偿决定,是发生法律效力的决定,必须执行。"有学者认为,前述条文对赔偿委员会性质没有明确的规定,审判组织地位未得到法律确认,职能定位简单模糊。[①]

赔偿委员会制度确立之后,进入了逐步规范和调整完善的过程中。1999 年 4 月 26 日发布的《最高人民法院赔偿委员会工作规则》,逐项列出了最高人民法院赔偿委员会的职能。除讨论、决定各类案件之外,还包括:讨论司法解释草案;讨论、研究赔偿工作的重大事项,总结赔偿工作经验,监督、指导地方各级法院的赔偿工作;讨论、决定其他有关赔偿工作的重大事项。结合赔偿委员会须两个月召开一次例会的特别规定,可以认为,赔偿委员会不仅要决定赔偿案件,更承担着引领和推动人民法院国家赔偿各项工作的职能。最高人民法院赔偿委员会的工作规则,是制度完善的重要成果,该工作规则引领了全国各地法院赔偿委员会制度的规范化。

2002 年 1 月 7 日发布的《最高人民法院关于各高、中级人民法院赔偿委员会及其办公室机构设置的通知》,对赔偿委员会办公室独立设置或开展工作作出了安排。一方面,再次明确全国中级以上地方人民法院应当设立赔偿委员会及其办公室,并强调赔偿委员会主任委员由副院长兼任。另一方面,规定赔偿委员会办公室有条件的应当独立设置。独立设置确有困难的,可以挂靠在行政审判庭,但不合署办公,应当独立开展工作。赔偿委员会办公室的人员编制与行政审判庭分别设定,以保持人员相对稳定。

赔偿委员会办公室直接负责国家赔偿确认案件的审理。根据 2008 年 11 月 28 日发布的《最高人民法院关于赔偿委员会办公室负责审理国家赔偿确认案件的通知》,原由最高人民法院审判监督庭负责的国家赔偿确认工作调整为由最高人民法院赔偿委员会办公室负责。同时要求全国各地中级以上人民法院尽快做出调

[①] 冯子轩:《赔偿委员会职能扩展探讨——以刑事司法赔偿为视角》,载《社会科学家》2011 年第 2 期。

整,并将相关审判人员充实到赔偿委员会办公室工作。这一调整是考虑到实际工作需要,国家赔偿确认案件的数量不断下降,且审判监督庭本身任务繁重,熟悉国家赔偿业务的法官较少,不利于提高国家赔偿确认案件的审理质量。这样的工作调整,有利于合理设置审判监督庭和赔偿委员会办公室的工作职能,使得国家赔偿工作进一步专业化。除了案件审理,国家赔偿确认案件的请示及相关工作也一并调整至赔偿委员会办公室。这一调整是在全国各地中级以上人民法院确保赔偿委员会办公室独立开展工作一段时间之后进行的,制度的完善就是应当循序渐进,需要遵照先后顺序和运作规律。

最高人民法院赔偿委员会办公室实现了单独设立和职责的明确化。2012 年12 月 14 日发布的《最高人民法院关于赔偿委员会办公室主要职责的通知》,是以最高人民法院赔偿委员会办公室单独列入内设职能部门序列为契机,对赔偿委员会办公室主要职责予以明确化。这一机制改革得到了中央机构编制委员会办公室的批准,是赔偿委员会机制完善的标志性步骤,也使得赔偿委员会制度的顶层设计迈出了重要一步。最高人民法院赔偿委员会办公室主要职责如下:依法审理国家赔偿案件;执行赔偿委员会决定事项;审查处理赔偿告诉、申诉案件;对下级法院国家赔偿工作进行指导;参与制定有关司法解释。

最高人民法院赔偿委员会在工作规则的层面进一步调整和完善了赔偿委员会制度。2014 年 12 月 8 日发布的《最高人民法院赔偿委员会工作规则》是在 1999 年司法文件基础上的修订,改动幅度有限,是在保持原有框架的基础上进一步明确化、科学化。修订的主要内容有:第一,明确赔偿委员会与审判委员会的关系,审判委员会的决定,赔偿委员会应当执行;第二,赔偿委员会会议的运作更加科学,不仅区分一般议题和案件,还要求承办人会前写出审查报告并与合议庭共同对案件事实负责,并且写明处理意见的有关法律依据;第三,进一步明确赔偿委员会办公室的工作职责,包含负责赔偿委员会的会务工作和执行赔偿委员会决定事项。

长期以来,赔偿委员会制度在机构职能、审理范围、工作规则等方面不断完善,在框架性、原则性问题上没有方向性的调整或颠覆性的修改。这表明赔偿委员会制度得到了稳固的确立。

二、国家赔偿的范围

国家赔偿范围,即国家承担赔偿责任所涉及的具体情形的范围。有理论认为,国家赔偿的边界不仅取决于致害行为,还应当涵盖受侵犯的合法权益的范围,以及损害认定的范围。确实,国家赔偿通常以支付赔偿金为赔偿方式,具体数额的多少受到上述因素的综合影响,在解读上可以采取多元的角度。但是,制度层面的国家赔偿范围是法律意义上的,自 1994 年《国家赔偿法》发布以来一般指的都是:"国家机关及其工作人员在行使职权时,哪些行为侵犯公民、法人和其他组织的合法权益造成的损害,由国家通过侵权机关依法向受害人承担赔偿责任。"①

制度层面的国家赔偿范围包含了行政赔偿范围、刑事赔偿范围、非刑事司法赔偿范围,这三大板块的分割在 1994 年《国家赔偿法》中就得到了确立。行政赔偿和刑事赔偿都是以专章的形式进行规定,都分别以所在章的第一节首先对赔偿范围加以规定。行政赔偿范围规定于第 3 条、第 4 条、第 5 条,分别体现了侵犯人身权、财产权以及不承担赔偿责任的情形。刑事赔偿范围规定于第 15 条、第 16 条、第 17 条,仍然是区分为遣返人身权、财产权以及不承担赔偿责任的情形。非刑事司法赔偿不仅没有专章规定,还列在了第五章"其他规定"当中,只有第 31 条。无论是哪一类国家赔偿,都采取了列举式的规定方式,而没有像日本、韩国等国家一样,采取概括式的规定方式。此外,有学者主张 1994 年《国家赔偿法》第 2 条即概括式的规定,②但这一条的内容实质上只是国家赔偿制度的归责原则或构成要件。虽有学者据此认为我国的国家赔偿范围采取了概括式和列举式相结合的制度,但由于 2010 年修正的《国家赔偿法》去掉了"违法",增加了"有本法规定的""情形",这一观点变得缺乏说服力。当前,国家赔偿是法定赔偿,其赔偿范围的确定需要严格依照法律明确列举的情形,因而是列举式的规定方式。

国家赔偿范围之所以采取列举式的规定方式,从根本上反映了我国的综合国情,特别是社会主义法治建设的阶段性。总体上讲,我国国家赔偿的范围相比于发达国家还有相当明显的差距。一方面,我国是一个 13 亿人口的大国,地区发展不平衡,平均的财政实力不强,而国家赔偿的费用来源于国家财政;另一方面,国家机关工作人员面临的履职环境复杂而多变,挑战艰巨。因而,国家赔偿的范围应当顺应国情,逐步提高。

国家赔偿范围的变化,是国家赔偿制度变革的重要内容,是引发社会各界关注的重中之重。2010 年《国家赔偿法》对赔偿范围的拓宽有限,与 1994 年《国家赔偿法》相比,仍在赔偿范围方面呈现出突出的狭窄性特征。③ 2010 年《国家赔偿法》在行政赔偿范围上的变化主要是两个方面:第一,将殴打或唆使、放纵他人殴打等暴力行为均扩张至各种方式的非暴力虐待;第二,将"违反国家规定征收财物、摊派费用"扩充至"违法征收、征用财产",不仅扩大至征用还使得表述更为科学。

2010 年《国家赔偿法》在刑事赔偿范围上,主要是使得错误拘留和错误逮捕的规定更加科学。抽象的判断标准变得更加规范化、明确化。这样的修正有赖于《刑事诉讼法》的完善,是建立在刑事诉讼制度日益成熟的基础上。但这并不能完全反映刑事赔偿范围的变化,最高人民法院 2015 年 12 月 28 日作出的《最高人民法院、

---

① 金俊银:《国家赔偿的范围——国家赔偿法简介(二)》,载《人民司法》1994 年第 9 期。

② 房绍坤等:《国家赔偿法原理与实务》,北京大学出版社 1998 年版,第 101 页。

③ 秦祖伟、刘唐:《论国家赔偿范围狭窄性与拓展的可行性》,载《人民论坛》2013 年第 35 期。

最高人民检察院关于办理刑事赔偿案件适用法律若干问题的解释》，对刑事赔偿的范围作出了明显的扩大解释。依照 2010 年《国家赔偿法》，对条件和程序合法的超期拘留措施以及任何逮捕措施的国家赔偿，均必须以其后决定撤销案件、不起诉或者判决宣告无罪终止追究刑事责任为条件。但是，上述司法解释第 2 条规定了"解除、撤销拘留或者逮捕措施后虽尚未撤销案件、作出不起诉决定或者判决宣告无罪"，只要符合终止侦查等六种情形，仍然按照"终止追究刑事责任"认定，从而实质意义上符合国家赔偿的范围。刑事赔偿范围的变化不仅有符合立法精神的扩张，也有必要和科学的限缩。依照 2010 年《国家赔偿法》第 18 条第 1 项，"违法对财产采取查封、扣押、冻结、追缴等措施的"，即属于国家赔偿范围。而上述司法解释第 3 条"附加"了合理的限制条件："且办案机关未依法解除查封、扣押、冻结等措施或者返还财产的。"这一条件并非真正意义上的附加，因为违法对财产采取强制措施的赔偿标准是返还原物，如果已经依法解除，损害就得到了填补，再纳入国家赔偿范围就没有实际的意义。

非刑事司法赔偿即民事、行政诉讼中的司法赔偿，这方面的赔偿范围从法律的字面上看没有进行调整。这是因为，该条所列举的具体情形仍然相对抽象，具有很大的弹性空间。事实上，这方面的赔偿范围也通过司法解释和司法政策在实践中进行了一定的扩大。例如，最高人民法院 2013 年 6 月 4 日作出的《最高人民法院关于限制出境是否属于国家赔偿范围的复函》规定："经研究认为，根据《中华人民共和国国家赔偿法》第 38 条的规定，人民法院在民事诉讼过程中违法采取限制出境措施的，属于国家赔偿范围。"之后，最高人民法院于 2016 年 9 月 7 日作出的《最高人民法院关于审理民事、行政诉讼中司法赔偿案件适用法律若干问题的解释》，不仅细化了违法采取对妨害诉讼的强制措施、违法采取保全措施以及对判决、裁定及其他生效法律文书执行错误的具体情形，还明确列举了违法采取先予执行措施的具体情形。后者是明显的扩大解释，严格依照《国家赔偿法》的原文规定无法将违法采取先予执行措施纳入国家赔偿范围。这一方面国家赔偿范围的扩张还体现在上述司法解释的第 6 条："人民法院工作人员在民事、行政诉讼过程中，有殴打、虐待或者唆使、放纵他人殴打、虐待等行为，以及违法使用武器、警械，造成公民身体伤害或者死亡的，适用国家赔偿法第 17 条第 4 项、第 5 项的规定予以赔偿。"

三、国家赔偿的立案工作

1994 年《国家赔偿法》对国家赔偿案件的立案工作没有明确地加以规定，特别是没有指定负责的机构。在此后一段时期的实践当中，国家赔偿的立案工作有的由立案部门负责，有的由赔偿办负责，两者之间固然也存在一定的分工与配合，但是流程并不规范。这一方面是因为全国各地中级以上人民法院的赔偿办设置并不统一，有的挂靠在行政庭，有的单独设置；另一方面是因为不少地方的国家赔偿案件较少,因而没有形成成熟的工作机制。

为规范和指导该项工作,最高人民法院于 2000 年 1 月 11 日发布实施了《关于刑事赔偿和非刑事司法赔偿案件立案工作的暂行规定(试行)》,确定了理赔案件和裁决案件的立案工作由立案部门和赔偿办分别负责的二元模式。但由于很多地方法院的国家赔偿案件不多,不能同时在两个部门配备熟悉国家赔偿的专业人员,往往转化为一元模式,实质上由其中一个部门负责,另一个部门起到形式上的配合作用。最高人民法院虽以领导讲话、全国性会议等多种方式反复强调,国家赔偿理赔和裁决案件的立案工作均不属于赔偿委员会的职责,但是很多法院仍然在沿用二元模式,赔偿办往往在实质上发挥着审查立案的作用。

面对上述问题,最高人民法院终于在 2010 年《国家赔偿法》实施之后,于 2012 年 1 月 13 日发布实施了《最高人民法院关于国家赔偿案件立案、案由有关问题的通知》。该规定明确了,国家赔偿案件统一由收到申请的人民法院立案部门负责立案审查。还单独规定涉法信访接待工作,由人民法院立案信访部门负责。立审分离是符合审判工作规律的客观要求,从学理的角度分析一向站得住脚。但是,立审分离的实现要以很多现实条件作为基础,法律实施从来都不是一蹴而就的。国家赔偿工作有其自身的特点,即便人民法院的审判工作很早就在整体上实现了立审分离,国家赔偿的立审分离仍然经过了相当长的一段时间才得以解决。国家赔偿案件立案工作的统一是制度变革的突出成就,具有重要意义。

四、国家赔偿的归责原则

归责原则是国家赔偿立法的首要问题,也是《国家赔偿法》总则中最为重要的内容。奠定其核心地位的要素不是"原则",而是"归责",归责是对责任归属的判断。国家赔偿有诸多原则,例如有研究提出"依法赔偿原则"具有基础性、原则性的地位,[①]但居于最核心地位的一定是国家赔偿归责原则。国家赔偿的归责原则能够串联国家赔偿制度的各个方面,也可以贯穿单个国家赔偿案件的始终,而依法赔偿原则的作用仅在于确立国家赔偿的法定性。

国家赔偿法的归责原则关注的是以何标准和依据确定国家对其侵权行为承担责任,它是确立国家赔偿责任的关键所在。归责原则的形式制约着国家赔偿制度的实效,是国家赔偿立法和修改时讨论的重中之重。总体而言,我国的国家赔偿归责原则经历了从确立单一违法归责原则到多元化规则原则并举的变革过程。判断国家是否承担责任,关键在于公权力机关的相关行为是否为职务行为。[②] 但是,变

---

① 王玎:《论国家赔偿法中的"依法赔偿原则"》,载《攀登》2014 年第 3 期。

② 秦涛、张旭东:《论〈监察法〉"行使公权力"的判定标准——基于国家赔偿理论中"行使职权"的探讨》,载《上海行政学院学报》2019 年第 2 期。

革的重点在于"违法性",而不是职权性,争议集中于前者。

1994 年《国家赔偿法》制定之时,就对是否采用过错原则进行过探讨。英国是过错原则,美国和世界上很多国家都是违法和过错原则。我国要采用或嵌入过错原则却存在一定的困难,既受限于赔偿申请人的举证,也因为过错判断较为主观性难以操作。归根结底,当时的法治水平达不到要求,无论是公职人员队伍还是公民一般素养都不能适应这样的归责原则。因而,1994 年《国家赔偿法》第 2 条第 1 款确定了违法原则作为国家赔偿的归责原则:"国家机关和国家机关工作人员违法行使职权侵犯公民、法人和其他组织的合法权益造成损害的,受害人有依照本法取得国家赔偿的权利。"即,只要是违法行使职权造成的客观损害,就应当赔偿。

这一规定是符合当时情况的,结构较为单一的原则,可操作性强,有利于引领国家赔偿制度的建立,但因为对赔偿义务机关及其公职人员的追责引发了传导式的不良效应。随着法治政府建设的推进,工作考核越来越重视"违法"。作出国家赔偿决定,即意味着存在违法,导致赔偿义务机关在面临赔偿案件时采取各种方式推脱,甚至干扰法院赔偿机构的运作。此外,违法归责原则也引发了法律适用不一等问题,在理论与实践中均存在明显的缺陷。[①]

因而,国家赔偿制度实践进一步提出,对"违法"不能拘泥于字面意义僵化地理解,而应作扩张解释。另外,国家的侵权行为样态繁多,性质各异,单一的违法归责原则不能完全调整其赔偿责任,应另以结果责任原则为补充。2010 年《国家赔偿法》第 2 条第 1 款规定:"国家机关和国家机关工作人员行使职权,有本法规定的侵犯公民、法人和其他组织合法权益的情形,造成损害的,受害人有依照本法取得国家赔偿的权利。""违法行使职权"中的"违法"被去掉,并不代表彻底背离违法归责原则。而是采用了以违法归责原则为主,以过错及无过错归责原则为补充的多元化归责原则体系。这也平息了学界多年来的争论,响应了构建归责原则体系的呼吁。[②]

可以作如下划分和理解。第一,适用违法归责原则的情形应当包括:纳入行政赔偿范围的致害行为;刑事赔偿领域中违反《刑事诉讼法》实施的拘留行为,刑讯逼供、殴打、虐待等行为或者唆使、放纵他人实施殴打、虐待的行为,违法查封、扣押、冻结、追缴行为;非刑事司法赔偿中违法采取的对妨害诉讼的强制措施、保全措施。第二,过错归责原则主要适用于无法实现违法判断,又不适用结果责任的情形。对于国家赔偿领域能否采用过错责任,学术界尚存争议。过去的司法实践中存在过错责任适用的情况,将来也不会消失。毕竟很多损害是由于不作为造成的,而法律

① 简海燕:《对我国国家赔偿违法归责原则的反思》,载《国家行政学院学报》2008 年第 3 期。
② 陈校、章志图:《国家赔偿归责原则与实践适用探析》,载《政治与法律》2009 年第 10 期。

不可能为所有的行为都预设行为模式。[①] 所以,如果由于法律法规尚不健全,实际上应该赔偿的,采用其他原则却无法实现违法判断,又不适合进行结果归责,那么就应该采用过错归责。第三,无罪的人被超期拘留、逮捕、判刑,以及无罪的人被处以罚金,没收财产的,应当适用结果归责原则。这里需要讨论的是执行错误的问题,适用结果归责原则还是违法归责?因为修正后的《国家赔偿法》第38条前后表述并不一样,关于妨害民事诉讼的强制措施和保全措施采用的是"违法"的,而执行采用的是"错误"的表述,并没有"违法"的限定词,所以执行错误原则上适用结果责任,即只要执行对象、标的搞错了,无论执行人员是否存在过错,也无论是不是违反了既定法律规范,都应纠正错误并返还财产或恢复原状,不能返还或恢复的,要支付赔偿金。但要注意,执行是一个整体程序,其中的情况非常复杂,为了充分保障赔偿请求人的权益,此前最高人民法院的司法解释实际上把违法责任和过错责任都纳入了执行错误的范围。理论上,这是可以的,特别是不作为行为,应当采用过错归责。但司法实践中,一定要从严掌握违法和过错原则的适用,一定要注意把握因果关系,不能随意扩大"执行错误"的范围。[②]

五、国家赔偿的程序

行政赔偿程序可以与行政复议程序及行政诉讼程序相衔接,基本上能保证求偿人实现其权利。司法赔偿程序则是国家赔偿法的瓶颈:确认违法程序极端粗糙;赔偿委员会的功能严重缺失,因此整个程序基本上失去价值。此外,国家赔偿程序与刑事附带民事诉讼程序如何协调立法未作规定。以下提出分析建议:(1)应当彻底改造确认程序。①确认程序弊端严重;②对确认程序的重新设计。(2)应协调国家赔偿程序与刑事附带民事诉讼程序之间的关系。(3)可考虑重新设置赔偿委员会。赔偿委员会设置在人民法院导致其功能缺失,从而影响司法赔偿案件的合理解决。

国家赔偿的程序从创建之始就不是整体性的,没有规定在1994年《国家赔偿法》的总则当中,而是由"行政赔偿"与"刑事赔偿"这两章自行规定,至于"非刑事司法赔偿"的程序,则"适用本法刑事赔偿程序的规定"。因而,国家赔偿的程序可以分为行政赔偿与司法赔偿两部分,后者包含了刑事赔偿和非刑事司法赔偿。2010年《国家赔偿法》仍然保留了这样的程序格局,在程序上区别行政赔偿与司法赔偿。

1994年《国家赔偿法》全面确立了国家赔偿的确认程序,第9条第1款规定:

[①] 刘少军:《论我国刑事不作为国家赔偿制度的构建》,载《安徽大学学报(哲学社会科学版)》2017年第4期。

[②] 江必新主编、最高人民法院赔偿委员会办公室编著:《最高人民法院国家赔偿最新司法解释理解与适用》,中国法制出版社2012年版,第247~248页。

"赔偿义务机关对依法确认有本法第三条、第四条规定的情形之一的,应当给予赔偿。"第 20 条第 1 款规定:"赔偿义务机关对依法确认有本法第十五条、第十六条规定的情形之一的,应当给予赔偿。"由此可见,确认国家机关职务行为是否违法既是请求国家赔偿的前置条件,也是赔偿请求人获得国家赔偿的必经程序。国家赔偿法设定的赔偿义务机关的多元性及职务违法行为的多样性,决定了国家赔偿确认程序的复杂性。准确理解与把握国家赔偿确认程序,不仅关系到能否正确贯彻实施国家赔偿法,还关系到赔偿义务机关能否合法及时处理好国家赔偿案件,早已得到理论与实务界的重视。① 国家赔偿的确认程序经历了一个由存到废的变革过程。在国家赔偿的实践中,确认程序暴露出诸多问题。不仅增加了一个必经的程序为赔偿申请人带来负担,还使得赔偿义务机关借助这个程序自我裁断。确认程序在责任主体、确认期限、确认标准等关键问题上长期难以完善,最终导致了 2010 年《国家赔偿法》取消确认程序。

行政赔偿程序可以与行政复议程序及行政诉讼程序衔接,基本上能保证求偿人实现其权利。司法赔偿程序则是国家赔偿法的瓶颈,非刑事司法赔偿更是国家赔偿程序完善的重要方面。起初,非刑事司法赔偿程序主要体现在两个司法解释中:最高人民法院于 2000 年 9 月 16 日发布的《关于民事、行政诉讼中司法赔偿若干问题的解释》、最高人民法院于 2000 年 1 月 11 日发布的《关于刑事赔偿和非刑事司法赔偿案件立案工作的暂行规定(试行)》。2010 年《国家赔偿法》实施一段时间之后,最高人民法院于 2017 年 9 月 7 日发布了《最高人民法院关于审理民事、行政诉讼中司法赔偿案件适用法律若干问题的解释》,集中规定非刑事司法赔偿程序问题,完善的内容主要集中于审查立案、申请时点、请求实效、审理期限等方面。

六、国家赔偿的费用

1994 年《国家赔偿法》施行之时,国务院同时出台了《国家赔偿费用管理办法》,对赔偿费用的来源及管理作出了具体规定,但在实践中的以下环节存在弊端:(1)国家赔偿费用的来源得不到保证;(2)赔偿金的支付存在困难。依据该办法,国家赔偿费用"列入各级财政预算,由各级财政按照财政管理体制分级负担"。费用来源仅在规范层面得到粗略的保障,实际上长期受限于各地的财政情况,在落实上呈现出很大的差异。即便财政资金供应充足,不少地方的赔偿金支付仍旧存在困难。

根据 1994 年《国家赔偿法》和国务院 1995 年发布的《国家赔偿费用管理办法》,赔偿义务机关、复议机关、赔偿委员会作出决定生效后,由赔偿义务机关先行给付,然后到财政机关申请核拨。多年以来,真正到财政机关申请核拨或者财政机

---

① 殷锦昌:《国家赔偿确认程序初探》,载《人民司法》1996 年第 2 期。

关主动予以核拨的情况很少发生。东部地区多数地方财政每年都有编列预算,但赔偿义务机关仍避免申请核拨。原因是多数赔偿义务机关有一部分自有资金足以支付,因担心遭受负面评价不申请核拨。例如深圳市有几个年度的财政预算中一直有国家赔偿经费 5000 万元,曾经出现过没有一家赔偿义务机关申请核拨的情况。西部地区多数是工资财政,许多财政没有这笔预算,赔偿义务机关到财政核销不了。① 国家赔偿费用来源较为单一,十分依赖地方财政。国家赔偿费用在落实上的困难,很大程度上是财政体制导致的。基层财政状况的千差万别和相对紧张,使国家赔偿费用管理制度必须面对的现实。

随着 2010 年《国家赔偿法》的修正,国务院于 2011 年发布实施了《国家赔偿费用管理条例》,明确了国家赔偿费用的预算安排,要求加强各级财政部门对国家赔偿义务机关的监督,对赔偿案件的执行提供了坚实保障。

《国家赔偿费用管理条例》呈现出的变革和进步,突出体现在废除了《国家赔偿费用管理办法》第 7 条:"国家赔偿费用由赔偿义务机关先从本单位预算经费和留归本单位使用的资金中支付,支付后再向同级财政机关申请核拨。"这一规定使得使得国家赔偿容易沦为"单位赔偿",即赔偿义务机关以自有资金进行赔偿,严重影响了国家赔偿制度的正常运作。《国家赔偿费用管理条例》不再要求赔偿义务机关先行支付,而是统一由财政部门按照预算和财政国库管理的有关规定支付国家赔偿费用。《国家赔偿费用管理办法》第 10 条规定:"财政机关审核行政赔偿的赔偿义务机关的申请时,发现该赔偿义务机关因故意或者有重大过失造成国家赔偿的,或者超出国家赔偿法规定的范围和标准赔偿的,可以提请本级政府责令该赔偿义务机关自行承担部分或者全部国家赔偿费用。"申请核拨时的追偿审查加剧了"单位赔偿"的现象,阻碍了申请国家赔偿的渠道畅通。《国家赔偿费用管理条例》取消了这项审查,以追偿制度的变革带动国家赔偿费用制度的进步。

《国家赔偿费用管理条例》在为赔偿义务机关提供充分财政支持和松绑的同时,也完善了追责情形:第一,明确了违反国家赔偿法支付国家赔偿费用的情形,具体是指违反规定的范围和计算标准;第二,新增了不依法支付国家赔偿费用的情形,以及截留、滞留、侵占国家赔偿费用的情形;第三,新增了未依照规定责令有关工作人员、受委托的组织或者个人承担国家赔偿费用或者向有关工作人员追偿国家赔偿费用的情形;第四,新增了未依照规定将应当承担或者被追偿的国家赔偿费用及时上缴财政的情形。上述追责情形使得国家赔偿费用的支付有了较为有力的保障。

---

① 吴兢:《法制焦点:国家赔偿离我们有多远?》,载《人民日报》2002 年 3 月 27 日第 11 版。

七、国家赔偿的监督

1994 年《国家赔偿法》即规定："赔偿委员会作出的赔偿决定,是发生法律效力的决定,必须执行。"这意味着受其调整的刑事赔偿案件和非刑事司法赔偿案件都是一决终局,没有相应的申诉和重新审查程序。决定如果发生错误,不能得到应有的纠正。赔偿委员会生效决定缺乏有效、必要地监督,违反了司法审判的一般规律。应司法实践纠正错误案件的需要,1996 年发布的《最高人民法院关于人民法院赔偿委员会审理赔偿案件程序的暂行规定》第 23 条规定:"赔偿委员会决定生效后,赔偿委员会如发现原认定的事实或适用法律错误,必须改变原决定的,经本院院长决定或者上级人民法院指令,赔偿委员会应当重新审理,依法作出决定。"这一规定从法院系统的内部构建了赔偿决定的监督程序,推动了司法实践对赔偿请求人和赔偿义务机关申诉权的认可。这一规定实质上保障了国家赔偿的公正性,对于相关问题的解决起到了相当重要的作用。但是,在司法解释及其上位法的层面仍然长期缺乏申诉和监督问题的相关规定,国家赔偿监督程序没有得到正式确立。

2010 年《国家赔偿法》新增加了第 30 条,不仅正式确立了对赔偿委员会生效决定的监督制度,还对具体的制度框架作出了初步的规定:"赔偿请求人或者赔偿义务机关对赔偿委员会作出的决定,认为确有错误的,可以向上一级人民法院赔偿委员会提出申诉。赔偿委员会作出的赔偿决定生效后,如发现赔偿决定违反本法规定的,经本院院长决定或者上级人民法院指令,赔偿委员会应当在两个月内重新审查并依法作出决定,上一级人民法院赔偿委员会也可以直接审查并作出决定。最高人民检察院对各级人民法院赔偿委员会作出的决定,上级人民检察院对下级人民法院赔偿委员会作出的决定,发现违反本法规定的,应当向同级人民法院赔偿委员会提出意见,同级人民法院赔偿委员会应当在两个月内重新审查并依法作出决定。"这一规定不仅肯定了原有的法院内部监督,还确立了赔偿请求人和赔偿义务机关的申诉权以及检察院的监督权。因而,赔偿监督具有了三种形式。

但是,上述条文受限于法律规范的稳定性和抽象性,没能对赔偿监督的具体程序作出细致规定。赔偿监督制度的实施遇到了很多问题,集中于以下三个方面:第一,"认为确有错误"的申诉标准偏向主观、过于模糊,使得国家赔偿案件呈现出过高的申诉率;第二,"赔偿决定违反本法规定"的重新审理标准过于宽泛、不好把握,既不能区隔于瑕疵,也不能统一不同法院、检察院之间的认识;第三,重新审理中遇到的各类情况缺乏相应的程序性规定,难以达到有法可依,容易引发争议。

经过司法实践的数年探索,国家赔偿监督制度面临的基本问题有了较为成熟的解决方式。因而,最高人民法院于 2017 年 4 月 20 日发布了《最高人民法院关于国家赔偿监督程序若干问题的规定》。至此,赔偿委员会已生效决定的监督问题基本实现了解决路径的法治化,但实践仍然比较薄弱。[1] 需要强调,赔偿委员会生效决定的监督不包括行政赔偿案件的审判监督,后者要依照行政诉讼法的相关规定执行。

第三节　国家赔偿制度的实践分析

一、国家赔偿制度实践的概括分析

(一)概括分析的数据困境

国家赔偿制度的实践分析,本应按照实证研究的路径系统性进行。这需要依托各方面的细致统计数据,如全国国家赔偿案件收案量、结案量、赔偿率、申诉率等。但难点在于,尚无细致、权威的相关数据,无论是覆盖的年度还是领域都相当有限。这是因为,国家赔偿制度规定由行使职权时侵犯公民、法人和其他组织的合法权益造成损害的国家机关为赔偿义务机关,导致行政机关、检察机关、公安机关、司法行政机关、法院等都可以依法处理具体的国家赔偿案件。目前,没有任何专门的机构能够统合出全面的国家赔偿案件数据。

此外,国家赔偿案件相关数据的公开程度较为低下:一方面,仅有法院和检察院部分公开国家赔偿案件相关数据,行政机关等鲜有相关的数据公布;另一方面,国家赔偿案件数据的系统性欠缺,法院和检察院公开的国家赔偿案件数据缺乏必要的申诉率、案由、案件类型、裁定率、驳回率等关键信息。

从时间角度考察已有的国家赔偿案件相关数据,也能发现明显的不足。即便是系统性编纂成果,如《全国法院司法统计公报》和《中国法律年鉴》,也迟至 2002 年才开始单独汇总记录全国法院审理国家赔偿案件的数据。数据的细致程度较低,不仅缺乏特定年份的行政赔偿案件数据,决定赔偿金额等数据也不全。

当前,国家赔偿案件数据是碎片化的,难以系统、严格、全面地进行定量分析。但是,仍然可以依托有限的数据,结合其他信息进行研判,得出对国家赔偿制度实践状况的一些认识。

(二)全国法院受理案件数量

全国法院审理国家赔偿案件的状况,能够代表性地反映国家赔偿制度的总体运行情况。全国法院审理国家赔偿案件的比例,是全部国家赔偿案件的重头。截至 2014 年 12 月,全国法院共受理国家赔偿案件 13.4 万余件,审结 12.5 万余件。

---

① 张建升等:《完善制度建设　推进国家赔偿工作稳步发展》,载《人民检察》2015 年第 9 期。

几乎是同期,全国各级检察机关依法决定给予赔偿 1.3 万余件,数量上与法院相差明显。[1]

重点选取 2010 年前后共 10 年的实践状况进行分析,不仅基于这一阶段的国家赔偿统计数据较为严整,更是考虑到制度变化对于实践状况的影响十分突出。2010 年《国家赔偿法》的修改较为全面,以取消确认程序、畅通请求渠道、调整归责原则、扩大赔偿范围、完善赔偿程序、提高赔偿标准、改进经费保障等方式,使国家赔偿制度在规范层面和操作层面上都有比较明显的进步。[2]

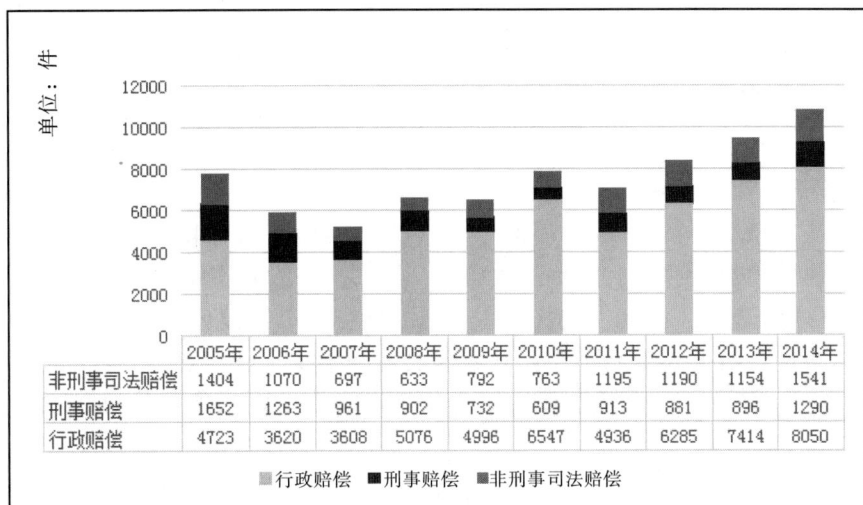

	2005年	2006年	2007年	2008年	2009年	2010年	2011年	2012年	2013年	2014年
非刑事司法赔偿	1404	1070	697	633	792	763	1195	1190	1154	1541
刑事赔偿	1652	1263	961	902	732	609	913	881	896	1290
行政赔偿	4723	3620	3608	5076	4996	6547	4936	6285	7414	8050

图 17-1　全国法院审理国家赔偿案件收案量统计

如图 17-1 所示,全国各级法院国家赔偿案件数量波动明显。总体而言,2005年至 2010 年持续下降,自 2010 年起逐年增长,2014 年更是出现大幅增长。国家赔偿案件数量的波动,与国家赔偿制度的发展紧密相关。行政赔偿起步较早,早在1994 年《国家赔偿法》发布之前,行政诉讼就可附带提出赔偿申请,导致其数量与比例明显较高。2010 年《国家赔偿法》的修正扩大了司法赔偿范围,理顺了一些机制,直接导致非刑事司法赔偿案件的大幅增长。

(三)地方法院受理案件数量

以浙江省全省法院受理国家赔偿案件数量为例。1995 年至 2014 年,浙江省法院共受理国家赔偿案件 4858 件,审结 4428 件。其中,行政赔偿案件约占全部国家赔偿案件的 80%。司法赔偿案件数量不多,约占全部国家赔偿案件的 20%,共

①　彭波、徐隽:《全国法院共受理国家赔偿案 13 万余件》,载《人民日报》2015 年 1 月 8 日第 11 版。

②　杜仪方:《新〈国家赔偿法〉下刑事赔偿的司法实践研究》,载《当代法学》2018 年第 2 期。

受理 723 件,审结 717 件,平均每年 36 件。其中,以法院为赔偿义务机关的案件有 434 件(刑事司法赔偿案件 167 件,非刑事司法赔偿 267 件),占全部赔偿案件的 60% 以上;以公安机关为赔偿义务机关的有 166 件,占全部赔偿案件的 23%;以检察机关为赔偿义务机关的案件 115 件,占全部赔偿案件的 16%;而以国家安全机关和监狱作为赔偿义务机关的案件合计仅 8 件,占全部赔偿案件的 1%。[①]

数据直观地显现出,浙江省法院与全国法院案件数据分布特点高度一致。案件数量波动上升是最为突出的共性,背后的原因主要在于国家赔偿制度的变化,如 2000 年最高人民法院出台了《关于民事、行政诉讼中司法赔偿若干问题的解释》,直接导致浙江省司法赔偿案件数量在次年达到历史最高的 69 件。

(四)全国法院决定赔偿状况

近几年全国法院决定赔偿金额,需要结合案件数量进行认识。2012 年,全国各级法院审结国家赔偿案件 6141 件。[②] 2013 年,全国各级法院审结国家赔偿案件 2045 件,决定赔偿金额 8735.2 万元。[③] 2014 年,全国各级法院审结国家赔偿案件 2708 件,决定赔偿金额 1.1 亿元。2015 年,全国各级法院审结国家赔偿案件 5439 件,决定赔偿金额 2.4 亿元。2016 年,全国各级法院审结国家赔偿案件 5812 件。[④] 2017 年,全国各级法院审结国家赔偿案件 13232 件。[⑤] 尽管缺少一些年份的赔偿金额,仍然可以发现,决定赔偿金额与案件数量呈现出正相关,案均赔偿金额变化不大,仅有小幅波动。

如图 17-2 所示,全国法院审理行政赔偿案件的赔偿率波动下降,显现出法治政府建设的水平不断提高。近些年出现小幅反弹,与行政诉讼制度的改革,特别是新《行政诉讼法》的实施分不开关系。但总体而言,赔偿率较低。有学者研究发现,相对人从行政赔偿诉讼中获得救济的难度甚至在增大,而九成以上的行政赔偿纠纷并不是通过法院的判决得到化解的,且这一比重还在不断增加。[⑥] 考虑到行政

---

① 江勇:《关于浙江省司法赔偿案件的调查》,载《人民司法》2015 年第 17 期。

② 《关于审判、检察、公安和司法行政工作——中国法治建设年度报告(2012)》,https://www.chinalaw.org.cn/Column/Column_View.aspx? ColumnID=900&InfoID=8158,最后访问日期:2019 年 4 月 2 日。

③ 《最高法:去年全国法院审结国家赔偿案 2045 件》,https://www.chinacourt.org/article/detail/2014/03/id/1227247.shtml,最后访问日期:2019 年 4 月 2 日。

④ 数据参考中国法学会网站:《中国法治建设年度报告(2016 年)——关于审判、检察、公安和司法行政工作》,https://www.chinalaw.org.cn/Column/Column_View.aspx? ColumnID=900&InfoID=24071,最后访问日期:2019 年 4 月 2 日。

⑤ 数据参考中国法学会网站:《中国法治建设年度报告(2017 年)——关于审判、检察、公安和司法行政工作》,https://www.chinalaw.org.cn/Column/Column_View.aspx? ColumnID=900&InfoID=28257,最后访问日期:2019 年 4 月 2 日。

⑥ 蒋成旭:《国家赔偿的制度逻辑与本土构造》,载《法制与社会发展》2019 年第 1 期。

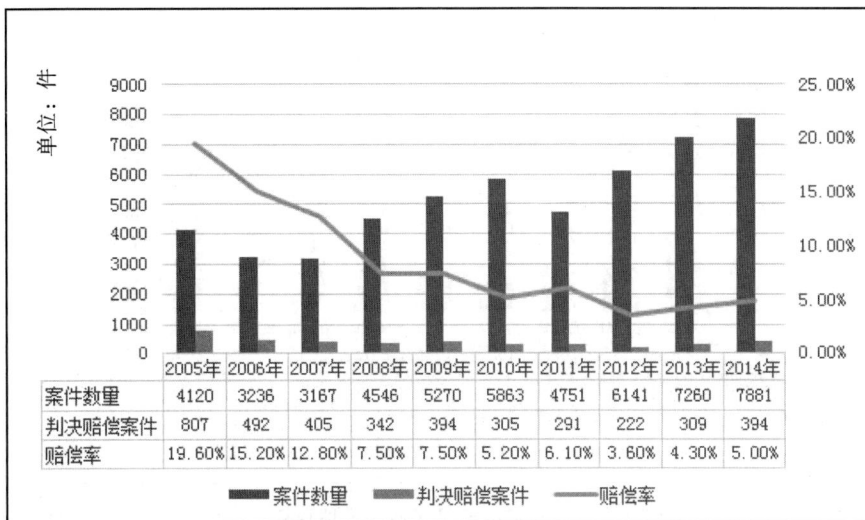

图 17-2　全国法院审理行政赔偿案件赔偿率统计

赔偿案件在国家赔偿案件中占据绝对比例,这也是社会上有声音认为《国家赔偿法》是"不赔法"的重要缘由。究其原因:一方面,行政赔偿大多是在行政诉讼中附带提出,提出的可能性因行政诉讼案件的庞大基数显著提升;另一方面,不少申请人对国家赔偿并不熟悉,容易提出不符合法定要求的申请。国家赔偿是法定赔偿,其赔偿范围、赔偿事项均严格限定在明文规定的范畴,当前的范围较窄,赔偿率的低下反映了其与现实期待具有明显差距。

　　如图 17-3 所示,全国法院审理司法赔偿案件的赔偿率总体上不断下降,显示出司法机关依法履职能力逐年提高。相比于行政赔偿案件的赔偿率,司法赔偿案件的赔偿率明显较高,并且比值不断提升,这反映出司法机关纠正冤假错案的决心。不能因为司法赔偿案件的赔偿率高,就认为司法机关的法治水平低于行政机关,必须要结合案件数量综合分析。司法赔偿案件数量远远低于行政赔偿案件,一方面是由于程序不畅,另一方面是赔偿范围较窄导致的。2015 年与 2016 年,司法赔偿案件总量分别达到了创纪录的 5844 件与 5824 件,决定赔偿案件则分别为 763 件与 849 件,赔偿率分别为 13％与 15％。案件数量创纪录的同时,决定赔偿案件数量虽同比大幅上升,与历史同期相比却并不算高,赔偿率也进一步下降。这表明,司法赔偿案件的范围越来越大,司法机关的法治水平也在同时提高,这是一个值得肯定的现象。

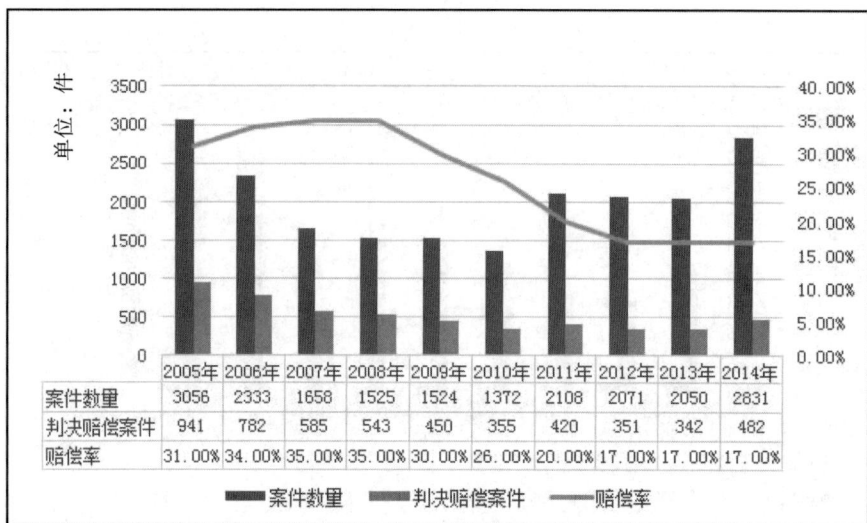

图 17-3　全国法院审理司法赔偿案件赔偿率统计[1]

二、国家赔偿制度实践的重点分析

(一)追偿追责制度的实践

据财政部的一项调查显示,以行政追偿为例,2002 年至 2004 年,我国向责任人追偿赔偿费用合计约 217 万元,仅占财政部核拨的赔偿费用总额的 3％。[2] 追偿程序不合理,是我国国家赔偿费用追偿率很低的一个重要原因。[3] 国家赔偿追偿追责的建立,是依托《国家赔偿法》第 16 条和第 31 条,分别为行政赔偿、刑事赔偿的追偿追责依据。至于非刑事司法赔偿的追偿追责,则是要根据第 38 条参照刑事赔偿进行。行政赔偿进行追偿追责的前提是"有故意或重大过失",刑事赔偿进行追偿追责的前提是"以刑讯逼供等方式造成公民身体伤害或者死亡"或"在处理案件中有贪污受贿、徇私舞弊、枉法裁判行为"。追偿的形式都是要求责任人员承担部分或者全部赔偿费用,追责的形式是"给予处分"或"追究刑事责任"。追偿追责的主体均为赔偿义务机关。《国家赔偿法》关于追责追偿制度的规定过于简略,其主要特点可以被归纳为:第一,赔偿义务机关自主决定追责追偿;第二,追偿的规定先于追责,对于满足追偿条件的,一并科以政纪责任或刑事责任;第三,没有规定追

---

① 数据来源:《中国法律年鉴》。

② 初立秀:《浅议国家赔偿法上的追偿追责问题》,载《国家赔偿办案指南》(第 2 辑),中国法制出版社 2012 年版,第 227 页。

③ 吴光升:《论国家赔偿费用追偿程序之完善》,载《政治与法律》2014 年第 3 期。

偿的标准。[①] 在实践中,追偿追责制度的运行并不顺畅,与国家赔偿费用支出数额巨大形成鲜明对比。[②]

总体而言,追偿追责的情形较少。例如,山东省 2012 年颁布了司法赔偿责任认定与追究办法的规定,但几年来并未有追偿追责的案例。[③] 导致这一现象的原因是多方面的,不能简单归结于重视程度不高。第一,国家赔偿归责原则由单一的违法归责原则,转而纳入了结果责任原则等多元归责原则,这本身就反映了认定赔偿义务机关承担违法责任的困难,进而也从宏观上决定了难以对具体责任人员进行追偿追责。第二,由于刑事赔偿制度是按照责任后置理念建构的,导致赔偿义务机关往往不是导致违法责任产生的机关,而追偿追责的法定主体是赔偿义务机关,难以对其他机关的人员进行追责。第三,追偿追责的法定情形设定了较高门槛,一旦启动相应程序,意味着相关责任人员要承担很沉重的处分,赔偿义务机关对所属人员进行追究则不可避免地偏向于袒护或采取其他较轻方式。第四,追偿追责牵涉的人员往往较为广泛,从内部行政流程上很容易关联到多部门、多级别的责任人员,赔偿义务机关自行处理的可行性不强。[④] 第五,追偿追责的可操作性不强,法律的规定较为模糊,没有统一、权威的机关进行请示,具体追偿决定的作出和执行难以得到保障。

值得注意的情况是,实践中的追责通常不导致追偿。实践中,能够有效进行追责的国家赔偿案件,大多是能够称得上社会热点的重大案件。即便是单个案件,也呈现出处理人数较多、法定责任较重、涉及刑事责任的特点。但是,在相关的公开信息中,均无法找到追偿程序启动的痕迹。实际上,这并不是严格意义上的国家赔偿追偿追责程序,启动追责程序的通常是上级有关部门,启动的依据也不是《国家赔偿法》,因而仅有一般意义上的追责,没有特殊设计的追偿。

(二)赔礼道歉的适用现状

1994 年《国家赔偿法》建立了赔礼道歉机制,明确了损害受害人名誉权、荣誉权的具体情形。该机制的实施并不容易,直至 1999 年,最高人民法院赔偿委员会才在对北京市高级人民法院的批复中明确:"赔礼道歉不宜作为决定书中的主文内

---

① 曲三强、李沙沙:《论国家赔偿中的行政追责追偿》,载《中共浙江省委党校学报》2017 年第 1 期。

② 李颖丽、贾丽英:《论国家赔偿追偿追责在司法实践中的运用》,载《法律适用》2019 年第 5 期。

③ 唐明:《权利保障与责任追究的衡平——两个案例引发的国家赔偿问题思考》,载《法律适用》2015 年第 9 期。

④ 何君、黄菊:《国家赔偿追偿追责的现实冲突和价值平衡》,载《法律适用》2019 年第 5 期。

容,但应在决定书的理由部分加以表述。"①最基本的问题迟至五年后才以个案批复的形式明确,足以表明赔礼道歉在落实上的困境。造成困境的缘由,从北京市高级人民法院于 1999 年发布的规定中可以窥见端倪:"赔偿委员会认为赔偿义务机关应在公开宣布决定时向受害人当场赔礼道歉的,须事先与赔偿义务机关协商。"②

国家赔偿中赔礼道歉的申请意愿十分强烈,在审结案件中高达七八成以上。不过,实现的可能性较小,近半数请求得不到支持。更有研究表明,其选取的两个具有代表性的法院,其决定中赔礼道歉的执行情况十分严峻,绝大部分没有得到执行。赔偿义务机关倾向于以"不知情"或是"只需要经济补偿而无须赔礼道歉"等理由进行搪塞。③

赔礼道歉机制不仅是狭义上的赔礼道歉,还包含了消除影响和恢复名誉。实践中对于这三者的适用存在长期混乱,法条中无法直观解读出三者的相互关系,择一与组合的方式五花八门。直至 2014 年,最高人民法院明确了:"消除影响、恢复名誉与赔礼道歉作为非财产责任方式,既可以单独适用,也可以合并适用。其中,消除影响、恢复名誉应当公开进行。"④

(三)精神损害抚慰金

实践中最为突出的现象是,类似案件的精神损害抚慰金数额悬殊。造成这一现象的原因十分复杂,最根本的是精神损害难以用金钱计量,无论如何建立认定标准都难以客观、统一。精神损害赔偿制度迟至 2010 年才于《国家赔偿法》的修正中确立,实施经验不足是赔付金额悬殊的客观原因,制度实践尚在探索阶段。2013 年的"张氏叔侄案"十分著名,被认为是在精神损害抚慰金赔偿方面具有里程碑意义的案件,当时创造了精神损害抚慰金自 2010 年确立以来的最高纪录。在分别支付约 65.57 万元人身自由权赔偿金的基础上,还分别支付了 45 万元的精神损害抚慰金。该案能够成为里程碑,不仅是因为其赔付金额创纪录,更重要的是发展了《国家赔偿法》第 35 条的内涵:⑤一方面有助于解读"相应",提出了"错误、定罪、量

---

① 《最高人民法院赔偿委员会关于北京高院请示孙连贵申请国家赔偿一案的批复》,〔1999〕赔他字第 3 号,1999 年 6 月 1 日发布。

② 《北京市高级人民法院关于印发〈国家赔偿案件公开宣布决定程序的规定〉(试行)的通知》,京高法发〔1999〕368 号,1999 年 10 月 14 日发布。

③ 参见李喜莲、孙晶:《"秋菊"式诉求的回应——论国家赔偿中赔礼道歉责任的司法适用》,载《法律科学(西北政法大学学报)》2014 年第 5 期。

④ 《最高人民法院关于人民法院赔偿委员会审理国家赔偿案件适用精神损害赔偿若干问题的意见》,法发〔2014〕14 号,2014 年 7 月 29 日发布。

⑤ 《国家赔偿法》第 35 条:"致人精神损害造成严重后果的,应当支付相应的精神损害抚慰金。"

刑、刑罚执行、工作生活受到的影响"等几个具体的方面；另一方面有助于解读"抚慰"，有力破除了抚慰意味着赔付数额较低的观念，由象征性向补偿性靠拢。[1]

国家赔偿"有精神损害"的举证责任及其审查认定标准都存在一定的混乱，对赔偿申请人举证责任的免除不尽统一。[2] 国家赔偿精神损害抚慰金的审查事项，在出台专门规定之前，一般是参照《最高人民法院关于确定民事侵权精神损害赔偿责任若干问题的解释》第10条："（一）侵权人的过错程度，法律另有规定的除外；（二）侵害的手段、场合、行为方式等具体情节；（三）侵权行为所造成的后果；（四）侵权人的获利情况；（五）侵权人承担责任的经济能力；（六）受诉法院所在地平均生活水平。"[3]公安部对于国家赔偿中有关精神损害赔偿的主张，重点审查下列事项："（一）是否存在《国家赔偿法》第三条或第十七条规定的侵犯人身权行为；精神损害事实及后果；侵犯人身权行为与精神损害事实及后果的因果关系。"[4]

对于精神损害抚慰金数额的确定，既存在一定的客观基准，还包含有考量因素。客观基准只能圈定大致范围，考量因素则是帮助法官得出具体数额。[5] 学理上的界定仍有争议，实践中不会明确区分。最高人民法院对于上述因素的罗列较为细致，2014年发布的司法解释规定："应当综合考虑以下因素确定精神损害抚慰金的具体数额：精神损害事实和严重后果的具体情况；侵权机关及其工作人员的违法、过错程度；侵权的手段、方式等具体情节；罪名、刑罚的轻重；纠错的环节及过程；赔偿请求人住所地或者经常居住地平均生活水平；赔偿义务机关所在地平均生活水平；其他应当考虑的因素。"[6]公安部出台的专门规定，则是对前述司法解释内容进行参照。[7] 一些地方也出台有专门规定，如广东省发布的《关于在国家赔偿工作中适用精神损害抚慰金若干问题的座谈会纪要》，确定了多种情形下精神损害抚慰金赔偿数额计算的一般标准，主要是以丧失人身自由的时间长短为主要依据，结

---

[1] 浙江省高级法院赔偿委员会：《国家赔偿精神损害抚慰金的确定问题探讨》，载《浙江审判》2013年第4期。

[2] 郭庆珠：《法院对精神损害抚慰金国家赔偿请求的审查认定研究——基于河南省法院2011年、2012年案例考察》，载《政治与法律》2014年第1期。

[3] "要准确适用精神损害赔偿规定，在新的规定出台前，精神损害抚慰金可参照最高人民法院《关于确定民事侵权精神损害国家赔偿责任若干问题的解释》的相关规定"，《公安部关于贯彻执行国家赔偿法有关问题的通知》，公通字〔2010〕47号，2010年9月18日发布。

[4] 《公安机关办理国家赔偿案件程序规定》第19条，中华人民共和国公安部令第150号，2018年9月1日发布。

[5] 杜仪方：《国家赔偿中的"相应"精神损害抚慰金》，载《浙江学刊》2015年第1期。

[6] 《最高人民法院关于人民法院赔偿委员会审理国家赔偿案件适用精神损害赔偿若干问题的意见》，法发〔2014〕14号，2014年7月29日发布。

[7] 《公安机关办理国家赔偿案件程序规定》第30条第2款，中华人民共和国公安部令第150号，2018年9月1日发布。

合其他损害或者损失的情况综合确定。①

第四节　国家赔偿制度的发展展望

一、继续拓展国家赔偿范围

在行政赔偿范围方面："规章以下具有普遍约束力的违法的决定命令"以及行政不作为尚未纳入法定赔偿范围,公有公共设施致害则是因已有其他救济渠道而面临较大的争议。② 在刑事赔偿范围方面:刑法中罪责刑相适应原则的确立使得轻罪重判、少罪多判已违反形式裁量权而系违法行为,应将其纳入赔偿范围;取保候审中的违法罚款及违法没收保证金的行为也应纳入刑事赔偿范围。在非刑事司法赔偿范围方面:违法采取保全、先予执行或妨害诉讼的强制措施以及错误执行等情形,还有待进一步扩大。最长远和根本的,最终是要变国家赔偿范围的确立方式。我国司法赔偿范围过窄主要受制于列举的确立方式,应用概括的方式规定所予赔偿的事项。

二、提高国家赔偿计算标准

国家赔偿大致有惩罚性、补偿性、抚慰性三种计算标准。我国目前采抚慰性原则,称为"生存权保障原则"。今后应当采取以下措施:第一,对人身自由的赔偿额应当有一适当的幅度;第二,造成身体健康权伤害的,应当参照民法通则的规定对受害人的实际损失予以赔偿;第三,造成财产权损害的,不仅应当赔偿直接损失,还应赔偿间接损失。③

我国国家赔偿的范围比较窄,标准比较低。据立法参与者回忆,制定《国家赔偿法(草案)》的时候总体上有一个测算:"按照 1994 年的标准,根据当时的司法水平,全国一年要赔的冤假错案金额大概为 20 个亿(事后证明这个测算很不准确);当时国库用于国家赔偿的只能拿出两个亿来。这样,赔偿标准、赔偿范围等的确定就不得不考虑这些因素,因而制定的赔偿标准较低。"④随着我国综合国力的不断

---

① 广东省高级人民法院、广东省人民检察院、广东省公安厅联合发布的《关于在国家赔偿工作中适用精神损害抚慰金若干问题的座谈会纪要》,粤高法〔2011〕382 号。

② 江必新主编、最高人民法院赔偿委员会办公室编著:《〈中华人民共和国国家赔偿法〉条文理解与适用》,人民法院出版社 2010 年版,第 73 页。

③ 管君:《论国家赔偿中的"直接损失"》,载《甘肃政法学院学报》2015 年第 1 期。

④ 陈春龙:《国家赔偿法问题触目惊心　赔偿法应是人权保障法》,http://news.sohu.com/20050911/n226924067.shtml,最后访问日期:2019 年 4 月 8 日。

提高,提高国家赔偿计算标准显得较为迫切。

此外,赔偿法明文列举的赔偿事项亟待增加。由于法定赔偿原则,未能列举的赔偿事项无法进行赔偿。目前,赔偿申请中普遍提出的律师费、交通费、误工费等维权带来的必要成本均无法赔偿。

三、完善国家赔偿的计算规则

(一)探索共同过错或混合过错情况下的赔偿责任承担

在国家赔偿审判实践中,一些损害结果是由于多种原因造成的,既不能完全由赔偿请求人承担,也不能完全由赔偿义务机关承担,需要在有过错的加害人之间分担。如何确定赔偿的性质以及各自赔偿的份额,是需要加以研究的问题。具有共同过错的加害人属于民事主体的案件中,情况就更加复杂,需要认真加以研究。[1]

(二)确立直接损失与间接损失的区分标准

国家赔偿法以赔偿直接损失为原则,但是,国家赔偿法没有明确规定直接损失与间接损失的区分标准,给国家赔偿审判工作带来了一定的困难。各地执行的标准不尽统一,因而引发了一些不必要的争议。

(三)探索补救措施的多样性

国家赔偿法实行的是法定赔偿原则,即赔偿范围和赔偿数额基本上由法律加以规定,任何个人和机关都不得擅自更改法律规定的范围和数额。应当要自觉维护国家赔偿法的统一性和权威性,严格依法办事。但在个别案件中,给付的赔偿数额与实际造成的损失,或者与赔偿请求人的要求,乃至赔偿请求人因受侵害后的实际承受能力相比,差距很大。如何弥补这个差距,平衡相应的社会矛盾,是十分值得研究的问题。

四、完善国家赔偿听证、质证程序

1994年《国家赔偿法》未规定赔偿委员会审理赔偿案件的方式。根据最高人民法院1996年发布的《人民法院赔偿委员会审理赔偿案件程序的暂行规定》:"赔偿委员会审理案件不公开进行,如果对赔偿请求人、赔偿义务机关或者复议机关调查取证,应当分别进行。"实践证明,由于缺乏必要的透明度,即使赔偿决定符合法律规定,赔偿请求人也往往因为程序不公开、不透明,对赔偿决定不理解而不肯息诉。1998年以后,部分人民法院尝试将听证引入赔偿委员会审理程序,把赔偿请求人和赔偿义务机关召集到一起,对申请赔偿的事项进行举证、质证。实践证明,听证后作出的赔偿决定,赔偿请求人服判息诉以及赔偿义务机关自觉履行赔偿决

---

① 刘宗德:《公私协力所生国家赔偿责任归属之研究》,载《行政法学研究》2015年第1期。

定的比率均大幅提升,很好地实现了法律效果与社会效果的有机统一。但是,无论是修正后的《国家赔偿法》第 27 条,还是《关于人民法院赔偿委员会审理国家赔偿案件程序的规定》,抑或是《最高人民法院办公厅关于国家赔偿法实施中若干问题的座谈会纪要》,均只规定了进行听证或质证程序的情形,并没有对听证、质证程序进行其他方面的具体规定,亟待进一步完善。

五、制定国家赔偿的证据规则

国家赔偿法对于人民法院赔偿委员会审理赔偿案件的程序仅作出了原则规定。司法实践中,一些赔偿请求人、赔偿义务机关往往对违法侵权行为造成的损害后果各执一词,由于缺乏一个法定的举证、质证、认证的程序规定和相关的证据规则,某些赔偿案件迟迟不能作出赔偿决定。因此,制定国家赔偿审判证据规则势在必行。制定证据规则就是要规定赔偿请求人、赔偿义务机关各自应当承担的举证责任,规定证据的公开展示、披露以及质证、认证等相关程序和规则。目前,国家赔偿审判证据规则的制定不能寄希望于一蹴而就,要依托各地法院积极探索,提供经验和素材。

六、落实国家追偿规定

《国家赔偿法》关于国家追偿的规定已有 20 年,内容包括国家行政追偿和国家司法追偿两部分。但由于各种原因,此一规定很难落到实处,成了被法学界戏称的"休眠条款"。[①] 全国有少数法院曾作出《关于人民法院落实国家赔偿追偿制度若干问题的规定(试行)》,使国家追偿从纸面规定走向实际执行迈出了一步。目前,全国大部分省市都出台了《××省/市国家赔偿费用管理办法》,也调整国家赔偿的追偿活动。浙江省 2016 年发布的《浙江省国家赔偿费用管理办法》,对追偿情形、追偿比例、追偿金额、追偿决定的作出及听取意见和提出异议等内容均进行了规定,甚至对缴付和追偿责任加以规范。但由于《国家赔偿法》本身对如何追偿规定不细,赔偿义务机关对下属迁就姑息,致使"休眠条款"在全国范围内尚未真正唤醒,实际被追偿的具体事例鲜有耳闻。2013 年和 2014 年,北京律师联合上书全国人大常委会,建议加快落实此制度。[②] 人情因素干扰是我国选择追偿主体时必须考虑的因素,目前虽然还不能将检察机关作为追偿主体,但应当加强检察机关对国家赔偿费用追偿的监督,积极探索有条件地将检察机关作为追偿主体。[③]

---

① 曲三强:《论国家赔偿中的行政追责追偿》,载《中共浙江省委党校学报》2017 年第 1 期。

② 《一部直指冤假错案和国家赔偿要害的理论专著——〈中国国家赔偿论〉作者陈春龙教授采访记》,http://www.iolaw.org.cn/showNews.aspx? id=50789,最后访问日期:2019 年 4 月 8 日。

③ 吴光升:《论国家赔偿费用追偿程序之完善》,载《政治与法律》2014 年第 3 期。

七、明确赔偿与补偿的关系

赔偿与补偿的关系问题，从理论上进行的判断一直是较为模糊的。两者的逻辑轨道不同，赔偿是从公权力违法行为对公民造成损害的角度出发，补偿是从公权力合法行为给公民造成损失的角度出发。当然，公权力违法与合法的判断并不容易，实践中的公权力行为类型十分丰富，总是产生新难点，但真正的难点在于赔偿和补偿的程度。赔偿有惩罚性、填平性、抚慰性之分，补偿也有程度的大小，可以因为对纯粹经济损失的容纳而高于填平实际损失。这实质上还关系到对所受损害或损失的认识，依据不同的法理基础，实际受损的认定所要考虑的因素有相当大的不同。我国目前有许多单行法都涉及补偿的问题，随着国家赔偿范围的不断扩大，对两者科学区分显得更加迫切。

后记

    行政法是调整国内公共行政的法律部门,其生长发展根源于我国经济社会的深刻变革。四十年改革开放,我国从高度集中的计划经济转型至社会主义市场经济,经济、社会结构发生了巨大变迁,国家以经济建设为中心,中央与地方"管理相对集中、经济相对分权"的"统分结合"模式以及共产党执政与政府管理有机结合的管理方式,造就了中国独特的公共行政结构,也造就了独特的中国行政法框架体系。政府与个人、政府与市场及政府与政府之间权利义务的界分,立法和司法实践中对行政法秩序的确认尤其是对个人权利的救济和保障,不断推动着中国行政法模式的形成与发展。

    本书是对改革开放四十年来中国行政法秩序的梳理和分析,不限于成型法律制度的讨论,而是力求对正在发展中的中国行政法秩序进行框架和状态描述。由于法律制度的成熟程度不一,也有许多讨论是以党和政府的政策、规划和改革形成的惯例为基础。本书第一章侧重于中国行政法秩序的框架分析,第二章至第八章及第十四章至第十六章是对一般行政法制度的归纳总结,第九章至第十三章是对专门领域行政法制度的探讨。

    本书各章分工及作者简介如下:

    第一章   薛刚凌(华南师范大学法学院教授,博士生导师)

第二章　杨欣(中国劳动关系学院法学院教授,法学博士)

第三章　陈鑫(北京电子科技学院副教授,法学博士)

第四章　蔡乐渭(中国政法大学法学院副教授,法学博士)

　　　　潘静雯(中国政法大学宪法学与行政法学专业硕士研究生)

第五章　蔡乐渭(中国政法大学法学院副教授,法学博士)

　　　　潘静雯(中国政法大学宪法学与行政法学专业硕士研究生)

第六章　范志勇(洛阳师范学院法学和社会学院副教授,法学博士)撰写第一、

　　　　二、四、五节

　　　　青锋(原国务院法制办行政协调司司长)撰写第三节

第七章　王霁霞(北京科技大学文法学院副教授,法学博士)

第八章　范志勇(洛阳师范学院法学和社会学院副教授,法学博士)

第九章　王万华(中国政法大学法学院教授,博士生导师)

第十章　高文英(中国公安大学法学院教授,博士生导师)

第十一章　陈小勤(中共福建省委党校,副教授)

　　　　　薛刚凌(华南师范大学法学院教授,博士生导师)

第十二章　宋华琳(南开大学法学院教授,博士生导师)

第十三章　李昕(首都师范大学法学院教授,法学博士)

第十四章　乔宁(首都医科大学医学人文学院讲师,法学博士)

第十五章　薛刚凌(华南师范大学法学院教授,博士生导师)

第十六章　杨伟东[中央党校(国家行政学院)法学部教授,博士生导师]

第十七章　刘飞(中国政法大学中欧法学院教授,博士生导师)

　　　　　李琦(中国政法大学宪法学与行政法学专业博士研究生)

全书由薛刚凌、杨欣统稿。